SAXON Matemáticas™
Intermedias 4

Libro del estudiante

Stephen Hake

A Harcourt Achieve Imprint

www.SaxonPublishers.com
1-800-284-7019

AGRADECIMIENTOS

Este libro fue posible gracias a la importante contribución de muchas personas y a los dedicados esfuerzos y al talento del equipo en Harcourt Achieve.

Agradecimientos especiales a Chris Braun por su esmerado trabajo en los ejercicios de los Preliminares, los diálogos de Resolución de problemas y las evaluaciones de los estudiantes. Las largas horas y la asistencia técnica de John y James Hake fueron invaluables para alcanzar los plazos de publicación. Y como de costumbre, la paciencia y el apoyo de Mary son muy valiosos.

– Stephen Hake

Créditos

Editorial: Joel Riemer, Hirva Raj, Paula Zamarra, Smith Richardson, Gayle Lowery, Robin Adams, David Baceski, Brooke Butner, Cecilia Colome, Pamela Cox, James Daniels, Leslie Bateman, Michael Ota, Stephanie Rieper, Ann Sissac, Chad Barrett, Heather Jernt.

Diseño: Alison Klassen, Joan Cunningham, Alan Klemp, Julie Hubbard, Lorelei Supapo, Andy Hendrix, Rhonda Holcomb.

Producción: Mychael Ferris-Pacheco, Jennifer Cohorn, Greg Gaspard, Donna Brawley, John-Paxton Gremillion

Encuadernación: Cathy Voltaggio, Kathleen Stewart

Marketing: Marilyn Trow, Kimberly Sadler

E-Learning: Layne Hedrick

ISBN 13: 978-1-6003-2538-0
ISBN 10: 1-6003-2538-6

ACERCA DEL AUTOR

Stephen Hake es autor de seis libros de la serie **Matemáticas Saxon**. Su autoridad como escritor se deriva de 17 años de experiencia como maestro de matemáticas en los grados 5 a 12 y su experiencia como especialista de matemáticas en El Monte, California. Como tutor de matemáticas, ha logrado que sus estudiantes ganen premios de honor y reconocimiento en competencias a nivel local, regional y estatal.

Stephen lleva escribiendo planes de estudio de matemáticas desde 1975 y para Saxon lo hace desde 1985. También es el autor de diversos concursos de matemáticas incluyendo el primer concurso *Math Field Day* del condado de Los Ángeles. Stephen contribuyó a la publicación que realizó en 1999 la Academia Nacional de Ciencias sobre la *Naturaleza y la Enseñanza de las matemáticas en los grados intermedios.*

Stephen es miembro del Consejo Nacional de Maestros de Matemáticas y del Consejo de Matemáticas de California. Recibió su BA en la universidad United States International University y su MA en Chapman College.

VISTA GENERAL DEL CONTENIDO

TABLA DE CONTENIDO

Unidades de instrucción integradas y distribuidas

Clave de destrezas:
NO = Números y operaciones
A = Álgebra
G = Geometría

M = Medición
DAP = Análisis de datos y probabilidad
PS = Resolver problemas
CM = Comunicación

RP = Razonamiento y demostración
C = Conexiones
R = Representación

Clave de destrezas:
NO = Números y operaciones
A = Álgebra
G = Geometría

M = Medición
DAP = Análisis de datos y probabilidad
PS = Resolver problemas
CM = Comunicación

RP = Razonamiento y demostración
C = Conexiones
R = Representación

Clave de destrezas:
NO = Números y operaciones
A = Álgebra
G = Geometría

M = Medición
DAP = Análisis de datos y probabilidad
PS = Resolver problemas
CM = Comunicación

RP = Razonamiento y demostración
C = Conexiones
R = Representación

Sección 9 *Lecciones 81–90, Investigación 9*

Clave de destrezas:
NO = Números y operaciones
A = Álgebra
G = Geometría

M = Medición
DAP = Análisis de datos y probabilidad
PS = Resolver problemas
CM = Comunicación

RP = Razonamiento y demostración
C = Conexiones
R = Representación

TABLA DE CONTENIDO

Clave de destrezas:
NO = Números y operaciones
A = Álgebra
G = Geometría

M = Medición
DAP = Análisis de datos y probabilidad
PS = Resolver problemas
CM = Comunicación

RP = Razonamiento y demostración
C = Conexiones
R = Representación

Querido estudiante,

Estudiamos matemáticas porque juega un papel muy importante en nuestras vidas. Nuestro horario de clases, nuestro trayecto hasta la tienda, la preparación de nuestras comidas y muchos de los juegos que jugamos involucran las matemáticas. Los problemas de planteo de este libro a menudo se toman de experiencias de la vida diaria.

Cuando seas adulto, las matemáticas se volverán aún más importantes. De hecho, tu futuro puede depender de las matemáticas que estás estudiando ahora. Este libro te ayudará a aprender matemáticas y a aprenderlas bien. Mientras completas una lección verás que se presentan problemas similares una y otra vez. *Resolver cada problema día tras día es el secreto del éxito.*

Tu libro incluye lecciones diarias e investigaciones. Cada lección tiene tres partes.

1. La primera parte se llama los Preliminares, éstos incluyen prácticas de operaciones básicas y cálculo mental. Estos ejercicios mejoran tu velocidad, precisión y habilidad para desarrollar matemáticas en tu mente. Los Preliminares incluyen además un ejercicio de resolución de problemas como ayuda para aprender estrategias para resolver problemas complicados.

2. La segunda parte de la lección es el Nuevo Concepto. Esta sección introduce un nuevo concepto matemático y presenta ejemplos que utilizan el concepto. La Práctica de la lección te da la oportunidad de resolver problemas utilizando el nuevo concepto. Los problemas están rotulados a, b, c y así sucesivamente.

3. La parte final de la lección es la Práctica escrita. Esta sección repasa los conceptos inclu con anterioridad y te prepara para conceptos que se enseñarán en lecciones posteriores. Resolver estos problemas te ayudará a practicar tus destrezas y recordar conceptos que ya has estudiado.

Las Investigaciones son variaciones de la lección diaria. Las investigaciones de este libro incluyen actividades que ocupan un período de clase completo. Las Investigaciones contienen su propio conjunto de preguntas, pero no incluyen Práctica de la lección o Práctica escrita.

Recuerda resolver cada problema de cada Práctica de la lección, Práctica escrita e Investigación. Haz tu trabajo lo mejor posible y experimentarás el éxito y verdadero aprendizaje que permanecerá contigo y te servirá mucho en el futuro.

Temple City, California

CÓMO USAR TU LIBRO

¡Matemáticas Intermedias Saxon 4 es diferente a cualquier otro libro de matemáticas que hayas utilizado! No tiene ilustraciones de colores que te distraigan del estudio. El enfoque Saxon te permite ver belleza y estructura dentro de las propias matemáticas. Comprenderás más las matemáticas, tendrás más confianza para desarrollar las matemáticas y estarás bien preparado cuando debas tomar clases de matemáticas en la escuela preparatoria.

Comienza con los Preliminares

Comienza cada lección practicando tus destrezas básicas y conceptos, cálculo mental y resolución de problemas. Fortalece tu cerebro matemático ejercitando diariamente. ¡Pronto sabrás estas operaciones de memoria!

¡Aprende algo nuevo!

Cada día trae un nuevo concepto, pero sólo tendrás que estudiar una pequeña parte de él ahora. Desarrollarás este concepto durante todo el año de modo que lo entiendas y recuerdes al momento de la prueba.

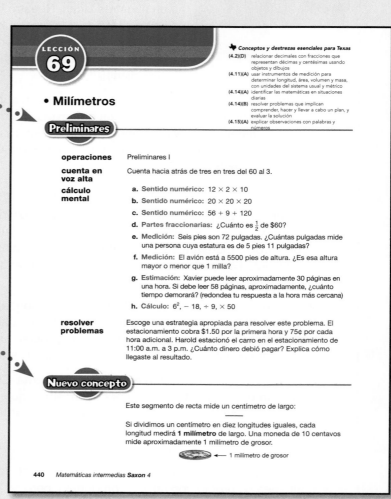

LECCIÓN 69

♣ *Conceptos y destrezas esenciales para Texas*

(4.2)(D) relacionar decimales con fracciones que representan décimas y centésimas usando objetos y dibujos
(4.11)(A) usar instrumentos de medición para determinar longitud, área, volumen y masa, con unidades del sistema usual y métrico
(4.14)(A) identificar las matemáticas en situaciones diarias
(4.14)(B) resolver problemas que implican comprender, hacer y llevar a cabo un plan, y evaluar la solución
(4.15)(A) explicar observaciones con palabras y números

• Milímetros

Preliminares

operaciones Preliminares I

cuenta en voz alta Cuenta hacia atrás de tres en tres del 60 al 3.

cálculo mental
a. Sentido numérico: $12 \times 2 \times 10$
b. Sentido numérico: $20 \times 20 \times 20$
c. Sentido numérico: $56 + 9 + 120$
d. Partes fraccionarias: ¿Cuánto es $\frac{1}{2}$ de $60?
e. Medición: Seis pies son 72 pulgadas. ¿Cuántas pulgadas mide una persona cuya estatura es de 5 pies 11 pulgadas?
f. Medición: El avión está a 5500 pies de altura. ¿Es esa altura mayor o menor que 1 milla?
g. Estimación: Xavier puede leer aproximadamente 30 páginas en una hora. Si debe leer 58 páginas, aproximadamente, ¿cuánto tiempo demorará? (redondea tu respuesta a la hora más cercana)
h. Cálculo: 6^2, − 18, ÷ 9, × 50

resolver problemas Escoge una estrategia apropiada para resolver este problema. El estacionamiento cobra $1.50 por la primera hora y 75¢ por cada hora adicional. Harold estacionó el carro en el estacionamiento de 11:00 a.m. a 3 p.m. ¿Cuánto dinero debió pagar? Explica cómo llegaste al resultado.

Nuevo concepto

Este segmento de recta mide un centímetro de largo:

Si dividimos un centímetro en diez longitudes iguales, cada longitud medirá **1 milímetro** de largo. Una moneda de 10 centavos mide aproximadamente 1 milímetro de grosor.

← 1 milímetro de grosor

440   *Matemáticas intermedias* **Saxon 4**

Actividad

Transformaciones y triángulos congruentes

Materiales:
• **Actividad 31 de la lección**

Encuentra la fórmula En esta actividad desarrollarás un plan para predecir el movimiento de un triángulo y así determinar **congruencia.**

a. Recorta los dos triángulos rectángulos de la **Actividad 31 de la lección,** o utiliza los manipulables de triángulos.

b. **Haz una predicción** Coloca los dos triángulos en las posiciones que se muestran abajo. Planifica una manera de mover uno de los triángulos utilizando una traslación y una rotación, para así mostrar que los triángulos son congruentes. Recuerda que en la posición final un triángulo debe quedar sobre el otro. Escribe una conclusión. Incluye dirección y grados en tu respuesta.

c. **Haz una predicción** Coloca los dos triángulos en las posiciones que se muestran abajo. Planifica una manera de mover uno de los triángulos para así mostrar que los triángulos son congruentes. Recuerda que en la posición final un triángulo debe quedar sobre el otro. Escribe tu conclusión. Incluye dirección y grados en tu respuesta.

Práctica de la lección

a. **Concluye** ¿Puede un triángulo rectángulo tener dos ángulos rectos? ¿Por qué?

b. ¿Cuál es el nombre de un triángulo que tiene por lo menos dos lados de igual longitud?

c. **Haz un modelo** Utiliza una ficha de color para modelar una traslación, una reflexión y una rotación.

498   *Matemáticas intermedias* **Saxon 4**

Entra en acción

Sumérgete en las matemáticas con una actividad práctica. Explora un concepto matemático con tus amigos mientras trabajan juntos y utilizan manipulables para ver las nuevas conexiones de las matemáticas.

¡Comprueba!

La Práctica de la lección te permite comprobar si entendiste el nuevo concepto de hoy.

¡Ejercita tu mente!

Cuando desarrollas los ejercicios de la Práctica escrita, repasas el nuevo concepto de hoy y además las matemáticas que estudiaste en lecciones anteriores. Cada ejercicio será de un concepto diferente, – ¡no sabrás lo que vas a encontrar! Es como un juego de misterio – impredecible y desafiante.

A medida que repases conceptos anteriores del libro, se requerirá que utilices destrezas mentales más avanzadas para demostrar lo que sabes y por qué las matemáticas funcionan.

El conjunto mixto de la Práctica escrita es como el formato mixto de la prueba de tu estado. ¡Practicarás para la "gran" prueba todos los días!

Práctica escrita   *Integradas y distribuidas*

1. ¿Cuántas yardas son ciento cincuenta pies?
(Inv. 2, 71)

2. Tammy le pasa $6 al dependiente para pagar un libro. Recibe 64¢ de cambio. El impuesto es de 38¢. ¿Cuál es el precio del libro?
(83)

3. Sergio es 2 años mayor que Rebecca. Rebecca tiene el doble de edad que Dina. Sergio tiene 12 años de edad. ¿Qué edad tiene Dina? *(Pista: Primero encuentra la edad de Rebecca).*
(94)

4. Escribe cada decimal como número mixto:
(84)
   a. 3.295   **b.** 32.9   **c.** 3.09

* 5. a. **Representa** Tres cuartos de los 84 concursantes responden de manera incorrecta. ¿Cuántos concursantes responden de manera incorrecta? Haz un dibujo para ilustrar el problema.
(Inv. 5, 95)

   b. ¿Qué porcentaje de los concursantes contestó de manera incorrecta?

6. Estos termómetros muestran las temperaturas mínima y máxima promedio diaria en North Little Rock, Arkansas, durante el mes de enero. ¿Cuál es el intervalo de temperaturas?
(18, 97)

7. a. ¿Cuánto mide el diámetro de este círculo?
(21)
   b. ¿Cuánto mide el radio de este círculo?

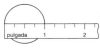

Cómo usar tu libro   **xix**

¡Conviértete en investigador!

Sumérgete en los conceptos matemáticos y explora las profundidades de las conexiones matemáticas en las Investigaciones.

Continúa desarrollando tu razonamiento matemático a través de las aplicaciones, actividades y ampliaciones.

INVESTIGACIÓN 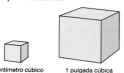 **11**

🔎 *Conceptos y destrezas esenciales para Texas*

(4.7) usar estructuras de organización para analizar relaciones entre conjuntos de datos, como los pares ordenados en una tabla

(4.11)(A) usar instrumentos de medición para determinar longitud, área, volumen y masa, con unidades del sistema usual y métrico

(4.11)(C) usar modelos de unidades cúbicas estándares para medir volumen

(4.11)(D) estimar volumen en unidades cúbicas

Enfoque en

• Volumen

Las figuras como cubos, pirámides y conos ocupan espacio. La cantidad de espacio que una figura ocupa se conoce como su **volumen**. Medimos el volumen con **unidades cúbicas**, como centímetros cúbicos, pulgadas cúbicas, pies cúbicos y metros cúbicos.

1 centímetro cúbico   1 pulgada cúbica

El modelo del cubo que construimos en la Lección 99 tenía un volumen de una pulgada cúbica.

Éste es el modelo de un sólido rectangular construido con cubos. Cada cubo tiene un volumen de 1 centímetro cúbico. Para encontrar el volumen del sólido rectangular, podemos contar el número de centímetros cúbicos que se utilizaron para hacerlo.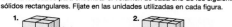

Una manera de contar los cubos pequeños es contar los cubos de la primera capa y después multiplicar ese número por el número de capas. Hay seis cubos en la capa de arriba y hay dos capas en total. El volumen del sólido rectangular es de 12 centímetros cúbicos.

Cuenta los cubos para encontrar el volumen de cada uno de los siguientes sólidos rectangulares. Fíjate en las unidades utilizadas en cada figura.

1.   **2.**

3.   **4.**

Investigación 11   **699**

Enfoque en

• Resolver problemas

Al estudiar matemáticas, aprendemos a utilizar herramientas que nos permiten resolver problemas. Encontramos problemas matemáticos en la vida diaria. Podemos llegar a ser expertos en resolver problemas al utilizar las herramientas que tenemos en nuestra mente. En este libro practicaremos diariamente cómo resolver problemas.

Esta lección tiene tres partes:

Procedimiento para resolver problemas Los cuatro pasos que seguimos al resolver problemas.

Estrategias para resolver problemas Algunas estrategias que nos permiten resolver problemas.

Formular y resolver problemas Describe cómo resolvemos o formulamos un problema.

Procedimiento de cuatro pasos para resolver problemas

Resolver un problema es como llegar a un lugar, de modo que el proceso de resolver un problema es semejante al proceso de hacer un viaje. Imagina que estamos en el continente y que deseamos llegar a una isla cercana.

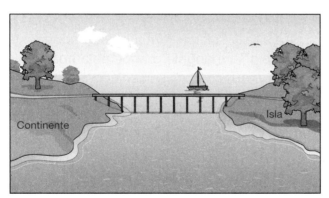

Paso	Procedimiento para resolver problemas	Hacer un viaje
1	**(Comprende)** Sabes dónde estás y adónde quieres ir.	Estamos en el continente y queremos llegar a la isla.
2	**(Planifica)** Planea tu ruta.	Podemos utilizar el puente, el bote o nadar.
3	**(Resuelve)** Sigue el plan.	Haz el viaje a la isla.
4	**(Comprueba)** Comprueba que llegaste al lugar correcto.	Verifica que llegaste al destino deseado.

Para resolver un problema, es útil formular algunas preguntas durante el proceso.

Paso	Sigue el procedimiento	Pregúntate
1	Comprende	¿Qué información me dan? ¿Qué me piden calcular o hacer?
2	Planifica	¿Cómo puedo utilizar la información para resolver el problema? ¿Qué estrategia puedo utilizar para resolver el problema?
3	Resuelve	¿Seguí el plan? ¿Está correcto mi cálculo?
4	Comprueba	¿He respondido la pregunta que me hicieron? ¿Es razonable mi respuesta?

A continuación mostramos cómo seguir estos pasos para resolver un problema de planteo.

Ejemplo 1

Ricardo ordenó nueve triángulos congruentes pequeños en filas para formar un triángulo grande.

Fila uno
Fila dos
Fila tres

Si Ricardo amplía el triángulo a 5 filas, ¿cuántos triángulos pequeños habrá en la fila cuatro y en la fila cinco?

Paso 1: Comprende el problema. Ricardo utilizó nueve triángulos congruentes pequeños. Puso los triángulos pequeños de tal modo que la fila uno tiene 1 triángulo, la fila dos tiene 3 triángulos y la fila tres tiene 5 triángulos.

Nos piden encontrar el número de triángulos pequeños en la fila cuatro y la fila cinco si el triángulo grande se amplía a cinco filas.

Paso 2: Haz un plan. La primera fila tiene un triángulo, la segunda fila tiene tres triángulos y la tercera fila tiene cinco triángulos. Vemos que hay un patrón. Podemos hacer una tabla y continuar el patrón hasta ampliar el triángulo grande a cinco filas.

Paso 3: Resuelve el problema. Seguimos nuestro plan haciendo una tabla que muestre el número de triángulos utilizados en cada fila si el triángulo grande se amplía a 5 filas.

Fila	uno	dos	tres	cuatro	cinco
Número de triángulos	1	3	5	7	9

+2   +2   +2   +2

Vemos que el número de triángulos pequeños de cada fila aumenta en 2 cuando se agrega una fila nueva.

$$5 + 2 = 7 \qquad 7 + 2 = 9$$

Esto significa que la fila cuatro tiene **7 triángulos** y que la fila cinco tiene **9 triángulos.**

Paso 4: Comprueba la respuesta. Volvemos a leer el problema para ver si utilizamos la información correcta y respondimos la pregunta. Hicimos una tabla para mostrar el número de triángulos pequeños que había en cada fila. Encontramos un patrón y ampliamos el triángulo a cinco filas. Sabemos que la fila cuatro tiene 7 triángulos pequeños y que la fila cinco tiene 9 triángulos pequeños.

Podemos comprobar nuestra respuesta dibujando un diagrama y contando el número de triángulos en cada fila.

Nuestra respuesta es razonable y correcta.

Ejemplo 2

El señor Jones construyó una cerca alrededor de su jardín de forma cuadrada. Puso 5 postes en cada lado del jardín, incluyendo un poste en cada esquina. ¿Cuántos postes utilizó el señor Jones?

Paso 1: Comprende el problema. El señor Jones construyó una cerca cuadrada alrededor de su jardín. Puso 5 postes en cada lado del jardín. Hay un poste en cada esquina de la cerca.

Paso 2: Haz un plan. Podemos hacer un modelo de la cerca utilizando clips para representar cada poste.

Paso 3: Resuelve el problema. Seguimos nuestro plan haciendo un modelo. Primero mostramos un poste en cada esquina de la cerca.

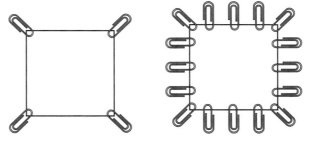

Sabemos que cada lado tiene cinco postes. Vemos que cada lado de nuestro modelo ya tiene dos postes. Agregamos tres postes a cada lado de la cerca para mostrar cinco postes por lado.

Cada lado de la cerca tiene ahora cinco postes, incluyendo uno en cada esquina. Encontramos que el señor Jones utilizó **16 postes** para construir la cerca.

Paso 4: Comprueba la respuesta. Volvemos a leer el problema para ver si utilizamos la información correcta y si respondimos la pregunta. Sabemos que nuestra respuesta es razonable porque cada lado del cuadrado tiene 5 postes, incluyendo el poste en cada esquina. También vemos que hay cuatro postes de esquina y 3 postes en cada uno de los cuatro lados. El señor Jones utilizó 16 postes para construir la cerca.

1. Escribe en orden los cuatro pasos del procedimiento para resolver problemas.

2. ¿Cuáles son las dos preguntas que respondemos para comprender el problema?

Consulta el siguiente problema para responder las preguntas **3–8.**

Katie salió de su casa a la hora que muestra el reloj. Llegó a casa de Monica 15 minutos después. Se demoraron 30 minutos en almorzar. ¿A qué hora terminaron de almorzar?

3. **Haz la conexión** ¿Qué información nos dan?

4. **Verifica** ¿Qué te piden encontrar?

5. ¿Qué paso del procedimiento para resolver problemas completaste al responder las preguntas 3 y 4?

6. Describe tu plan para resolver el problema.

7. **Explica** Resuelve el problema siguiendo tu plan. Muestra tu trabajo. Escribe tu solución al problema de modo que todos la comprendan.

8. Comprueba tu trabajo y tu respuesta. Vuelve a leer el problema. Asegúrate de utilizar correctamente la información. Asegúrate de encontrar lo que te pidieron. ¿Es razonable tu respuesta?

Estrategias para resolver problemas

Al considerar cómo resolvemos un problema, escogemos una o más estrategias que parezcan ser útiles. Observando la ilustración del comienzo de esta lección, podemos escoger nadar, tomar el bote o cruzar el puente para viajar desde el continente hasta la isla. Otras estrategias pueden no ser tan efectivas para el problema ilustrado. Por ejemplo, escoger caminar o viajar en bicicleta a través del agua no son estrategias razonables para esta situación.

Al resolver problemas matemáticos, también seleccionamos estrategias que son apropiadas para el problema. Las **estrategias para resolver problemas** son tipos de planes que podemos utilizar para resolverlos. Abajo hay una lista de diez estrategias que practicaremos en este libro. Durante todo el año, puedes consultar estas descripciones mientras resuelves los problemas.**Haz una actuación o haz un modelo.** El mover objetos o personas nos puede permitir visualizar el problema y llevarnos a la solución.

Utiliza razonamiento lógico. Todos los problemas requieren razonamiento, pero en algunos problemas utilizamos la información dada para eliminar alternativas, de modo que podamos acercarnos a la solución. A menudo se puede utilizar una tabla, un diagrama o una ilustración para organizar la información dada y hacer más visible la solución.

Haz un dibujo o un diagrama. El hacer un dibujo o un diagrama nos permite comprender y resolver problemas, especialmente problemas sobre gráficas, mapas o figuras.

Escribe un enunciado de números o una ecuación. Podemos resolver muchos problemas de planteo sustituyendo los números dados en las ecuaciones o enunciados numéricos y encontrando después el valor de cada incógnita.

Haz un problema más sencillo. Podemos hacer más fáciles algunos problemas complicados utilizando números más pequeños o menos elementos. Es probable que el resolver el problema más sencillo nos permita ver un patrón o un método que nos ayude a resolver el problema complejo.

Encuentra un patrón. El identificar un patrón que nos permita predecir qué sigue al ampliar el patrón, puede llevarnos a la solución.

Haz una lista organizada. Hacer una lista nos permite organizar nuestro razonamiento sobre un problema.

Estima y comprueba. El estimar un resultado y probar esa estimación en el problema puede desencadenar un proceso que nos lleve al resultado que buscamos. Si la estimación no es correcta, se utiliza esta información para hacer una estimación mejor. Sigue mejorando tus estimaciones hasta llegar al resultado.

Haz o utiliza una tabla, cuadro o gráfica. Ordenar la información en una tabla, cuadro o gráfica, nos permite organizar y registrar datos. Es probable que esto revele patrones o relaciones que nos permitan resolver el problema.

Comienza por el final. A menudo resulta más fácil encontrar el camino a través de un laberinto si se comienza por el final y se retrocede hasta llegar al comienzo. Del mismo modo, es más fácil resolver algunos problemas trabajando con la información que se da al final del problema para llegar a la información que no se conoce y que está cerca del comienzo del problema.

9. Nombra algunas estrategias que se utilizan en esta lección.

Esta tabla muestra el lugar en este libro en que aparece cada estrategia por primera vez.

Estrategia	Lección
Hacer una actuación o Hacer un modelo	Lección 1
Utilizar razonamiento lógico	Lección 13
Hacer un dibujo o diagrama	Lección 9
Escribir un enunciado numérico o una ecuación	Lección 28
Hacer un problema más sencillo	Lección 20
Encontrar un patrón	Lección 8
Hacer una lista organizada	Lección 46
Estimar y comprobar	Lección 15
Hacer o utilizar una tabla, un diagrama o una gráfica	Lección 3
Comenzar por el final	Lección 57

Formular y resolver problemas

A veces un problema nos pide que expliquemos nuestro razonamiento. Esto nos permite medir nuestra comprensión matemática y resulta fácil de hacer.

- Explica cómo resolviste el problema.

- Explica cómo sabes que tu respuesta es correcta.

- Explica por qué es razonable tu respuesta.

Para estas situaciones, podemos describir la manera en que seguimos nuestro plan. Ésta es una descripción de la manera en que resolvimos el ejemplo 1.

Hicimos una tabla y continuamos un patrón para ampliar el triángulo grande a cinco filas. Encontramos que la fila cuatro tenía 7 triángulos pequeños y que la fila cinco tenía 9 triángulos pequeños.

10. Escribe una descripción de cómo resolviste el problema del ejemplo 2.

Otras veces nos piden escribir un problema para una ecuación dada. Asegúrate de incluir los números y las operaciones correctos para representar la ecuación.

11. Escribe un problema de planteo para $9 + 5 = 14$.

🔺 *Conceptos y destrezas esenciales para Texas*

(4.3)(A)   usar suma para resolver problemas

(4.14)(A) identificar las matemáticas en situaciones diarias

(4.14)(B) resolver problemas que implican comprenderlos

(4.14)(C) desarrollar plan o estrategia para resolver problemas

(4.15)(B) relacionar lenguaje informal con lenguaje matemático

(4.15)(C) explicar observaciones en palabras y números

(4.16)(B) justificar por qué una respuesta es razonable

• Repaso de la suma

operaciones	Preliminares A[1]
cuenta en voz alta	Contar de dos en dos del 2 al 20.
cálculo mental	**Suma diez a un número en a–f.**

   a. Sentido numérico: $20 + 10$

   b. Sentido numérico: $34 + 10$

   c. Sentido numérico: $10 + 53$

   d. Sentido numérico: $5 + 10$

   e. Sentido numérico: $25 + 10$

   f. Sentido numérico: $10 + 8$

   g. ¿Qué número es uno menos que 36?

resolver problemas

Seis estudiantes planean subir a la montaña rusa en el parque de diversiones. En cada fila del carro se pueden sentar tres estudiantes. ¿Cuántas filas ocupan seis estudiantes?

Enfoque de la estrategia: Haz una actuación

(Comprende) Nos dicen que seis estudiantes subirán a la montaña rusa. En cada fila se pueden sentar tres estudiantes. Nos piden encontrar el número de filas que ocupan seis estudiantes.

(Planifica) Seis estudiantes voluntarios pueden *actuar* la situación del problema.

(Resuelve) Tu maestro llama a seis estudiantes al frente del salón y los alinea en filas de tres. Tres estudiantes ocupan una fila del carro y tres más ocupan una segunda fila del carro. Como no queda ningún estudiante, sabemos que seis estudiantes ocupan **dos filas** del carro de la montaña rusa.

---

[1] Para ver las instrucciones sobre cómo utilizar las actividades Preliminares, consulte el prólogo por favor.

Comprueba Sabemos que nuestro resultado es razonable, porque al actuar vemos que seis estudiantes se dividen en dos grupos iguales de tres. Cada grupo de tres estudiantes completa una fila.

¿Cuántas filas ocupan seis estudiantes si sólo se pueden sentar dos en cada fila?

Nuevo concepto

Leamos matemáticas

Podemos escribir un enunciado numérico de suma tanto de forma horizontal como vertical. Escribe un enunciado numérico de suma en forma horizontal. Escribe un enunciado numérico de suma en forma vertical.

Suma es la combinación de dos grupos en uno solo. Por ejemplo, estamos sumando cuando contamos los puntos de las caras superiores de un par de cubos de números.

$$4 \quad + \quad 3 \quad = \quad 7$$

cuatro   más   tres   es igual   a siete

Los números que se suman se llaman **sumandos.** El resultado se llama **suma.** La suma $4 + 3 = 7$ es un **enunciado numérico.** Un enunciado numérico es un enunciado completo que utiliza números y símbolos en lugar de palabras. A continuación mostramos dos modos de sumar 4 y 3:

4	sumando	3	sumando
+ 3	sumando	+ 4	sumando
7	suma	7	suma

Observa que si cambia el orden de los sumandos, la suma permanece igual. Esto se cumple para dos números cualesquiera y se llama **Propiedad conmutativa de la suma. Cuando sumamos dos números, cualquiera de ellos puede estar primero.**

$$4 + 3 = 7 \qquad 3 + 4 = 7$$

Cuando sumamos cero a un número, el número no cambia. Esta propiedad de la suma se llama **Propiedad de identidad de la suma.** Si comenzamos con un número y le sumamos cero, la suma es idéntica al número inicial.

$$4 + 0 = 4 \qquad 9 + 0 = 9 \qquad 0 + 7 = 7$$

Escribe un enunciado numérico para este dibujo

Un enunciado numérico para este cuadro es
4 + 5 = 9. El enunciado numérico **5 + 4 = 9** también es correcto.

Al sumar tres números, se pueden sumar en cualquier orden. A continuación se muestra seis maneras de sumar 4, 3 y 5. En cada manera el resultado es 12.

4	4	3	3	5	5
3	5	4	5	4	3
+ 5	+ 3	+ 5	+ 4	+ 3	+ 4
12	12	12	12	12	12

Mostrar tres maneras de sumar 1, 2, 3.

Podemos formar dos enunciados numéricos que comiencen con el sumando 1.

$$1 + 2 + 3 = 6 \qquad 1 + 3 + 2 = 6$$

Podemos formar dos enunciados numéricos que comiencen con el sumando 2.

$$2 + 1 + 3 = 6 \qquad 2 + 3 + 1 = 6$$

Podemos formar dos enunciados numéricos que comiencen con el sumando 3.

$$3 + 1 + 2 = 6 \qquad 3 + 2 + 1 = 6$$

Muchos problemas de planteo relatan un cuento. Algunos cuentos son sobre **juntar cosas.** Lee este cuento:

D'Jon tiene 5 canicas. Compra 7 canicas más. Después D'Jon tiene 12 canicas.

Leamos matemáticas

Traducimos el problema usando una fórmula de suma.

D'Jon tenía:
5 canicas

Él compró algunas más: 7 canicas

Total: 12 canicas

Este cuento tiene un argumento. D'Jon tiene **algunas** canicas. Luego compra **otras** canicas. Cuando juntó las canicas encontró el número **total** de canicas. Problemas con un argumento **"algunos y algunos más"** se pueden expresar con una **fórmula de suma.** Una fórmula es un método para resolver cierto tipo de problemas. A continuación presentamos una fórmula para resolver problemas con un argumento de "algunos **y algunos más**":

Fórmula	**Problema**
Algunas	5 canicas
+ Algunas más	+ 7 canicas
Total	12 canicas

A continuación mostramos el problema escrito de manera horizontal:

Fórmula: Algunas + algunas más = Total
Problema: 5 canicas + 7 canicas = 12 canicas

Un relato o cuento se puede convertir en un problema de planteo si falta uno o más números. A continuación hay tres problemas de planteo que podemos escribir sobre las canicas de D'Jon:

D'Jon tiene 5 canicas. Compra 7 canicas más. ¿Entonces cuántas canicas tiene D'Jon?

D'Jon tiene 5 canicas. Compra otras canicas más. Entonces D'Jon tiene 12 canicas. ¿Cuántas canicas compra D'Jon?

D'Jon tiene algunas canicas. Compra 7 canicas más. Entonces D'Jon tiene 12 canicas. ¿Cuántas canicas tenía D'Jon antes de comprar las 7 canicas?

Para resolver un problema de planteo podemos seguir el procedimiento para resolver problemas de cuatro pasos.

Paso 1: Lee y convierte el problema.

Paso 2: Haz un plan para resolver el problema.

Paso 3: Sigue el plan y resuelve el problema.

Paso 4: Comprueba si tu resultado es razonable.

Un plan que nos permite resolver problemas de planteo es *escribir un enunciado numérico.* Hacemos esto escribiendo los números que conocemos en la fórmula.

Ejemplo 3

Matías ve 8 patos. Luego ve 7 patos más. ¿Cuántos patos ve Matías en total?

Este problema tiene un argumento "algunos y algunos más". Escribimos los números que conocemos en la fórmula.

Fórmula: Algunos + algunos más = Total

Problema: 8 patos + 7 patos = Total

Podemos reducir el enunciado numérico a $8 + 7 = t$.

Encontramos el total sumando 7 y 8.

Matías ve **15 patos** en total.

Una manera de comprobar el resultado es viendo si completa el problema de manera correcta.

*Matías ve 8 patos. Luego ve 7 patos más. Matías ve **15 patos** en total.*

Símbolos matemáticos
Se puede usar cualquier letra mayúscula o minúscula para representar un número. Por ejemplo, podemos usar *T* o *t* para representar un total.

Samantha ve 5 árboles en el campo este, 3 árboles en el campo oeste y 4 en el campo norte. ¿Cuántos árboles ve Samantha en total?

En este cuento hay tres sumandos.

Fórmula	**Problema**
Algunos	5 árboles
Algunos más	3 árboles
+ Algunos más	+ 4 árboles
Total	Total

Utilizando la suma encontramos que Samantha ve **12 árboles en total.**

Comprobamos el resultado para ver si es razonable.

Hay tres sumandos: 5 árboles, 3 árboles y 4 árboles. Cuando juntamos los árboles, sumamos $5 + 3 + 4$. El número de árboles es **12.**

A algunos de los problemas de este libro le falta un sumando. Cuando falta un sumando y se conoce la suma, el problema es encontrar el sumando que falta. ¿Puedes encontrar el sumando que falta en este enunciado numérico?

2	+	?	=	7
dos	más	?	es igual	a siete

Como sabemos que $2 + 5 = 7$, el sumando que falta es 5. Se puede utilizar una letra para representar un número que falta, como vemos en este ejemplo.

Ejemplo 5

Encuentra el sumando que falta:

a. $\begin{array}{r} 4 \\ + n \\ \hline 7 \end{array}$

b. $b + 6 = 10$

a. La letra n representa un sumando que falta. Como $4 + 3 = 7$, la letra n representa el número **3** en este enunciado numérico.

b. En este problema se utiliza la letra b para representar el sumando que falta. Como $4 + 6 = 10$, la letra b representa el número **4.**

Práctica de la lección

Suma:

a. 5 + 6 **b.** 6 + 5 **c.** 8 + 0

d. 4 + 8 + 6 **e.** 4 + 5 + 6

f. D'Anya corre 5 vueltas en la mañana. Corre 8 vueltas en la tarde. ¿Cuántas vueltas corre en total? Escribe un enunciado numérico para este problema.

g. (**Encuentra la fórmula**) Escribe dos enunciados numéricos de este dibujo para demostrar la Propiedad conmutativa.

h. (**Haz una lista**) Muestra seis maneras de sumar 1, 3 y 5.

Encuentra cada sumando que falta:

i. 7 + n = 10 **j.** a + 8 = 12

k. (**Haz la conexión**) Copia en una hoja estos dos patrones. En cada una de esta seis cajas escribe "sumando" o "suma".

$$\boxed{} + \boxed{} = \boxed{} \qquad \begin{array}{r} \boxed{} \\ + \boxed{} \\ \hline \boxed{} \end{array}$$

Práctica escrita — *Integradas y distribuidas*

(**Encuentra la fórmula**) Escribe un enunciado numérico para los problemas **1** y **2.** Luego resuelve cada problema.

*1. Hay 5 estudiantes en la primera fila y 7 en la segunda fila. ¿Cuántos estudiantes hay en las dos primeras filas?

*2. Ling tiene 6 monedas en su bolsillo izquierdo y 3 monedas en su bolsillo derecho. ¿Cuántas monedas tiene Ling en ambos bolsillos?

Encuentra cada suma o sumando que falta:

3. 9 + 4 **4.** 8 + 2

*5.
$$\begin{array}{r} 4 \\ + n \\ \hline 9 \end{array}$$

*6.
$$\begin{array}{r} w \\ + 5 \\ \hline 8 \end{array}$$

*7.
$$\begin{array}{r} 6 \\ + p \\ \hline 8 \end{array}$$

*8.
$$\begin{array}{r} q \\ + 8 \\ \hline 8 \end{array}$$

Comenzando con esta lección, se indican con un asterisco los ejercicios que incluyen contenidos de mayor dificultad o presentados recientemente. Animamos a los estudiantes a trabajar primero en los ejercicios señalados con un asterisco en los que podrían requerir ayuda, dejando los ejercicios más fáciles para el final.

9. $3 + 4 + 5$

10. $4 + 4 + 4$

11. $6 + r = 10$

12. $x + 5 = 6$

13.
$$\begin{array}{r} 5 \\ 5 \\ + 5 \\ \hline \end{array}$$

14.
$$\begin{array}{r} 8 \\ 0 \\ + 7 \\ \hline \end{array}$$

15.
$$\begin{array}{r} 6 \\ 5 \\ + 4 \\ \hline \end{array}$$

16.
$$\begin{array}{r} 9 \\ 9 \\ + 9 \\ \hline \end{array}$$

17.
$$\begin{array}{r} m \\ + 9 \\ \hline 10 \end{array}$$

18.
$$\begin{array}{r} 9 \\ + f \\ \hline 12 \end{array}$$

19.
$$\begin{array}{r} z \\ + 5 \\ \hline 10 \end{array}$$

20.
$$\begin{array}{r} 0 \\ + n \\ \hline 3 \end{array}$$

21. $3 + 2 + 5 + 4 + 6$

22. $2 + 2 + 2 + 2 + 2 + 2 + 2$

(**Representa**) Escribe un enunciado numérico para cada dibujo:

*23.

*24.

*25. (**Haz una lista**) Muestra seis maneras de sumar 2, 3 y 4.

*26. **Selección múltiple** A veces un número que falta se muestra con una forma en lugar de una letra. Encuentra el número correcto en el △ siguiente enunciado numérico:

$$\triangle + 3 = 10$$

A 3 **B** 7 **C** 10 **D** 13

*27. (**Representa**) Dibuja un cubo de números para mostrar $5 + 6$.

*28. (**Haz la conexión**) Escribe un enunciado numérico horizontal que sume 17.

*29. (**Haz la conexión**) Escribe un enunciado numérico vertical que sume 15.

*30. (**Encuentra la fórmula**) Escribe y resuelve un problema de planteo de suma utilizando los números 10 y 8.

⬥ **Conceptos y destrezas esenciales para Texas**

(4.3)(A) usar suma para resolver problemas

(4.14)(B) resolver problemas que implican comprenderlos

(4.14)(C) desarrollar plan o estrategia para resolver problemas

(4.14)(D) uso de la tecnología para resolver problemas

(4.15)(A) explicar y anotar las observaciones usando palabras y números

(4.15)(B) relacionar lenguaje informal con el lenguaje matemático y símbolos

• Sumandos que faltan

Preliminares

operaciones	Preliminares A
cuenta en voz alta	Contar de cinco en cinco del 5 al 50.
cálculo mental	Para **a–f,** sumar diez a un número.

     a. Sentido numérico: $40 + 10$

     b. Sentido numérico: $26 + 10$

     c. Sentido numérico: $39 + 10$

     d. Sentido numérico: $7 + 10$

     e. Sentido numérico: $10 + 9$

     f. Sentido numérico: $10 + 63$

     g. ¿Qué número es uno menos que 49?

resolver problemas

Escoge una estrategia apropiada para resolver este problema. Maria, Sh'Meika y Kimber van de picnic. Quieren hacer dibujos de las nubes en el cielo. Sharon trajo 15 hojas de papel y seis lápices para compartir con las otras dos niñas. ¿Cuántas hojas de papel y cuántos lápices puede tener cada niña si los comparten por igual?

Nuevo concepto

Destreza mental

Comenta
¿De qué otra manera puedes encontrar el número del tercer lanzamiento?

Representa Derek lanzó tres veces un cubo de números. El dibujo de abajo muestra el número de puntos de la cara superior del cubo para cada uno de los dos primeros lanzamientos.

primer
lanzamiento

segundo
lanzamiento

El número total de puntos en los tres lanzamientos fue 12.

¿Puedes hacer un dibujo para mostrar el número de puntos de la cara superior del cubo de números de Derek en el tercer lanzamiento?

Escribimos un enunciado numérico, o una **ecuación,** para este problema. Los primeros dos números son 5 y 3. No conocemos el número del tercer lanzamiento, así que utilizamos una letra. Sabemos que el total es 12.

$$5 + 3 + t = 12$$

Para encontrar el sumando que falta, primero sumamos 5 y 3, que suman 8. Luego pensamos, "¿Ocho más qué número es igual a doce?" Como 8 más 4 es igual a 12, el tercer lanzamiento es ⬚.

Ejemplo

Visita www. SaxonMath.com/ Int4Activities para una actividad en linea.

Encuentra cada sumando que falta:

a.
$$\begin{array}{r} 6 \\ n \\ + 5 \\ \hline 17 \end{array}$$

b. $4 + 3 + 2 + b + 6 = 20$

a. Sumamos 6 y 5, que suman 11. Pensamos "¿Once más qué número es igual a diecisiete? Como 11 más 6 es igual a 17, el sumando que falta es **6.**

b. Primero sumamos 4, 3, 2 y 6, que es igual a 15. Como 15 más 5 es 20, el sumando que falta es **5.**

Práctica de la lección

Encuentra el sumando que falta:

a. $8 + a + 2 = 17$

b. $b + 6 + 5 = 12$

c. $4 + c + 2 + 3 + 5 = 20$

Práctica escrita   *Integradas y distribuidas*

Encuentra la fórmula   Escribe un enunciado numérico para los problemas **1 y 2.** Luego resuelve cada problema.

[1] ***1.** Hoppy, el conejo de Jordan, come 5 zanahorias en la mañana y
(1) 6 zanahorias en la tarde. ¿Cuántas zanahorias come Hoppy en total?

---

[1] Los números en cursiva que aparecen entre paréntesis debajo del número de cada problema son números de referencia de las lecciones. Estos números indican las lecciones en que se presenta el concepto principal para ese problema específico. Si necesita ayuda adicional, consulte la discusión, los ejemplos o los problemas de práctica de esa lección.

*2. Cinco amigos montan sus bicicletas desde la escuela al lago. Ellos recorren
(1) 7 millas y luego descansan. Todavía deben recorrer 4 millas. ¿Cuántas millas hay desde la escuela al lago?

Encuentra cada suma o sumando que falta:

3. $9 + n = 13$
(1)

4. $7 + 8$
(1)

5.
(1)
$$\begin{array}{r} p \\ +\ 6 \\ \hline 13 \end{array}$$

*6.
(2)
$$\begin{array}{r} 5 \\ 2 \\ +\ w \\ \hline 12 \end{array}$$

7.
(1)
$$\begin{array}{r} 4 \\ 8 \\ +\ 5 \\ \hline \end{array}$$

8.
(1)
$$\begin{array}{r} 9 \\ 3 \\ +\ 7 \\ \hline \end{array}$$

*9.
(2)
$$\begin{array}{r} 8 \\ b \\ +\ 3 \\ \hline 16 \end{array}$$

10.
(1)
$$\begin{array}{r} 9 \\ 7 \\ +\ 3 \\ \hline \end{array}$$

11.
(1)
$$\begin{array}{r} 2 \\ 9 \\ +\ 6 \\ \hline \end{array}$$

12.
(1)
$$\begin{array}{r} 3 \\ 8 \\ +\ 2 \\ \hline \end{array}$$

13.
(1)
$$\begin{array}{r} 9 \\ 5 \\ +\ 3 \\ \hline \end{array}$$

14.
(2)
$$\begin{array}{r} 2 \\ m \\ +\ 4 \\ \hline 9 \end{array}$$

15.
(2)
$$\begin{array}{r} 5 \\ 3 \\ +\ q \\ \hline 9 \end{array}$$

16.
(2)
$$\begin{array}{r} 2 \\ 3 \\ +\ r \\ \hline 7 \end{array}$$

17.
(2)
$$\begin{array}{r} 5 \\ 3 \\ +\ t \\ \hline 10 \end{array}$$

18.
(1)
$$\begin{array}{r} 8 \\ 4 \\ +\ 6 \\ \hline \end{array}$$

19.
(2)
$$\begin{array}{r} 2 \\ x \\ +\ 7 \\ \hline 11 \end{array}$$

20.
(1)
$$\begin{array}{r} 5 \\ 2 \\ +\ 6 \\ \hline \end{array}$$

*21. $5 + 5 + 6 + 4 + x = 23$
(2)

*22. (**Haz una lista**) Muestra seis maneras de sumar 4, 5 y 6.
(1)

(**Representa**) Escribe un enunciado numérico para cada dibujo:

*23.
(1)

24.
(1)

25. (Verifica) ¿Cómo se llama el resultado cuando sumamos?
(1)

*26. Selección múltiple ¿Qué número es ☐ en el siguiente enunciado
(1) numérico?

$$6 + \boxed{} = 10$$

A 4 **B** 6 **C** 10 **D** 16

*27. (Representa) Haz un dibujo para mostrar 6 + 3 + 5.
(2)

*28. (Haz la conexión) Escribe un enunciado numérico horizontal que sume 20.
(1)

29. (Haz la conexión) Escribe un enunciado numérico vertical que sume 24.
(1)

*30. (Encuentra la fórmula) Escribe y resuelve un problema de planteo de
(1) suma utilizando los números 7, 3 y 10.

Para los más rápidos

Conexión con la vida diaria

Hay 35 cuadros de pintura en la exhibición de arte. Las pinturas se hicieron utilizando óleos, pinturas al pastel o acuarelas. Trece de las pinturas se pintaron con acuarelas. El mismo número de pinturas con óleo se pintaron utilizando pasteles. ¿En cuántas pinturas se utilizaron pastel? Explica cómo encontraste el resultado.

LECCIÓN 3

- ## Secuencias
- ## Dígitos

🟥 **Conceptos y destrezas esenciales para Texas**

(4.13)(A) usar objetos concretos para determinar todas las combinaciones posibles de un conjunto de datos

(4.14)(B) resolver problemas que implican comprenderlos, hacer y llevar a cabo un plan y evaluar si es razonable la solución

(4.14)(C) desarrollar plan o estrategia para resolver problemas

(4.16)(A) hacer generalizaciones a partir de patrones o de conjuntos de ejemplos y contraejemplos

operaciones	Preliminares A
cuenta en voz alta	Contar de dos en dos del 2 al 40.

cálculo mental

Sentido numérico: Suma diez, veinte o treinta a un número en **a–f.**

a.	20 + 20	**b.**	23 + 20	**c.**	43 + 10
d.	24 + 30	**e.**	50 + 30	**f.**	10 + 65

g. ¿Qué número es uno menos que 28?

resolver problemas

Kazi tiene nueve monedas para ponerlas en sus bolsillos izquierdo y derecho. Encuentra las formas en que Kazi puede distribuir las monedas en los dos bolsillos.

Enfoque de la estrategia: Haz una tabla

(**Comprende**) Nos dicen que Kazi tiene nueve monedas que puede poner en sus bolsillos izquierdo y derecho. Nos piden que encontremos las formas en que Kazi puede distribuir las monedas en sus dos bolsillos.

Si Kazi pone las nueve monedas en su bolsillo izquierdo, tiene cero monedas para poner en su bolsillo derecho. Esto significa que "9 izquierdo, 0 derecho" es una posibilidad.

Si Kazi mueve una moneda del bolsillo izquierdo al bolsillo derecho, quedan ocho monedas en su bolsillo izquierdo (9 − 1 = 8). Esta posibilidad es "8 izquierdo, 1 derecho". Vemos que hay múltiples formas en las que Kazi puede distribuir las monedas en sus bolsillos izquierdo y derecho.

(**Planifica**) Podemos *hacer una tabla* para organizar las formas en que Kazi puede distribuir las monedas.

Resuelve Hacemos una tabla con una columna rotulada "izquierdo" y la otra "derecho". Comenzamos escribiendo las combinaciones que ya encontramos. Luego completamos las filas nuevas hasta completar la tabla.

Observa que la suma de los números en cada fila es 9. También observa que hay diez filas, lo que significa que hay diez maneras diferentes en las que Kazi puede distribuir las monedas en sus bolsillos izquierdo y derecho.

Comprueba Sabemos que nuestra respuesta es razonable, porque Kazi puede poner de 0 a 9 monedas en un bolsillo y el resto en el otro bolsillo, que son diez formas. Hicimos una tabla como ayuda para encontrar todas las formas.

Número de monedas

izquierdo	derecho
9	0
8	1
7	2
6	3
5	4
4	5
3	6
2	7
1	8
0	9

¿Qué otra estrategia problemas podemos utilizar para resolver este problema?

Nuevo concepto

Secuencias

Contar es una destreza matemática que se aprende al comienzo de nuestra vida. Cuando contamos de uno en uno decimos "uno, dos, tres, cuatro, cinco, ..."

$$1, 2, 3, 4, 5, \ldots$$

Estos números se llaman **números de conteo.** Los números de conteo continúan infinitamente. También podemos contar de otras formas en vez de uno en uno.

Contar de dos en dos: 2, 4, 6, 8, 10, ...

Contar de cinco en cinco: 5, 10, 15, 20, 25, ...

Estos son ejemplos de patrones de conteo. Un patrón de conteo es una **secuencia.** Una secuencia de conteo puede avanzar contando hacia arriba o hacia abajo. Podemos estudiar una secuencia de conteo para descubrir una regla. Luego se puede encontrar más números de la secuencia.

Ejemplo 1

Encuentra la regla y los tres números siguientes de esta secuencia de conteo:

$$10, 20, 30, 40, \underline{\quad}, \underline{\quad}, \underline{\quad}, \ldots$$

La regla es **contar hacia arriba de diez en diez.** Contando de esta manera, encontramos que los tres números siguientes son **50, 60,** y **70.**

Ejemplo 2

Encuentra la regla de esta secuencia de conteo. Luego, encuentra los números que faltan en la secuencia.

30, 27, 24, 21, ____, 15, ...

La regla es **contar hacia abajo de tres en tres.** Si contamos hacia abajo de tres en tres desde 21, encontramos que el número que falta en la secuencia es **18.** Siguiendo la regla, vemos que 15 es tres menos que 18.

Dígitos

Para escribir los números utilizamos **dígitos. Los dígitos son los numerales 0, 1, 2, 3, 4, 5, 6, 7, 8 y 9.** El número 67,896,094 tiene ocho dígitos y el último dígito es 4.

El número 356 tiene tres dígitos y el último dígito es 6. El número 67,896,094 tiene ocho dígitos y el último dígito es 4.

Ejemplo 3

¿Cuántos dígitos tiene el número 64,000?

El número 64,000 tiene **cinco dígitos.**

Ejemplo 4

¿Cuál es el último dígito de 2001?

El último dígito de 2001 es **1.**

Ejemplo 5

Haz un modelo **¿Cuántos números diferentes de tres dígitos puedes escribir utilizando los dígitos 1, 2 y 3? Cada dígito se puede utilizar sólo una vez en cada número que escribas.**

Podemos representar el problema escribiendo cada dígito en una hoja de papel aparte. Luego cambiamos el orden de los papeles hasta encontrar todas las posibilidades. Podemos evitar repetir el orden escribiendo primero el número menor y luego el resto de los números en orden de conteo, hasta llegar al número mayor.

123, 132, 213, 231, 312, 321

Encontramos que podemos formar **seis números diferentes.**

Práctica de la lección

Generaliza Escribe la regla y los tres números siguientes de cada secuencia de conteo:

a. 10, 9, 8, 7, ____, ____, ____, ...

b. 3, 6, 9, 12, ____, ____, ____, ...

Haz la conexión Encuentra el número que falta en cada secuencia de conteo:

    c. 80, 70, ____, 50, …   **d.** 8, ____, 16, 20, 24, …

¿Cuántos digitos hay en cada número?

    e. 18   **f.** 5280   **g.** 8,403,227,189

¿Cuál es el último dígito de cada número?

    h. 19   **i.** 5281   **j.** 8,403,190

    k. ¿Cuántos números diferentes de tres dígitos puedes escribir utilizando los dígitos 7, 8 y 9? Cada dígito se puede utilizar sólo una vez en cada número que escribas. Haz una lista con los números en orden de conteo.

Práctica escrita   *Integradas y distribuidas*

Encuentra la fórmula Escribe un enunciado numérico para los problemas **1** y **2**. Luego resuelve cada problema.

* 1. Diana tiene 5 dólares, Sumaya tiene 6 dólares y Britt tiene 7 dólares. En
₍₁₎ total, ¿cuánto dinero tienen las tres niñas?

* 2. El CD favorito de Taye tiene 9 canciones. Su segundo CD favorito tiene
₍₁₎ 8 canciones. En total, ¿cuántas canciones tienen los dos CD favoritos de Taye?

* 3. ¿Cuántos dígitos hay en cada número?
₍₃₎
    a. 593   **b.** 180   **c.** 186,527,394

* 4. ¿Cuál es el último dígito de cada número?
₍₃₎
    a. 3427   **b.** 460   **c.** 437,269

Encuentra cada sumando que falta:

5. $5 + m + 4 = 12$ *** 6.** $8 + 2 + w = 16$
₍₂₎   ₍₂₎

Concluye Escribe el número que sigue en cada secuencia de conteo:

* 7. 10, 20, 30, ____, …   *** 8.** 22, 21, 20, ____, …
₍₃₎   ₍₃₎

* 9. 40, 35, 30, 25, ____, …   *** 10.** 70, 80, 90, ____, …
₍₃₎   ₍₃₎

Generaliza Escribe la regla y los tres números siguientes de cada secuencia de conteo:

*11. 6, 12, 18, _____, _____, _____, . . .
(3)

12. 3, 6, 9, _____, _____, _____, . . .
(3)

13. 4, 8, 12, _____, _____, _____, . . .
(3)

*14. 45, 36, 27, _____, _____, _____, . . .
(3)

Haz la conexión Encuentra el número que falta en cada secuencia de conteo:

*15. 8, 12, _____, 20, . . .
(3)

*16. 12, 18, _____, 30, . . .
(3)

17. 30, 25, _____, 15, . . .
(3)

18. 6, 9, _____, 15, . . .
(3)

19. ¿Cuántos rectángulos se muestran? Cuenta de dos en dos.
(3)

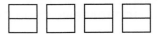

20. ¿Cuántas X se muestran? Cuenta de cuatro en cuatro.
(3)

```
X X    X X    X X
X X    X X    X X
X X    X X    X X
X X    X X    X X
```

*21. **Representa** Escribe un enunciado numérico para el dibujo de abajo.
(1)

22.
(1)
```
  4
  8
  7
+ 5
```

23.
(1)
```
  9
  5
  7
+ 8
```

24.
(1)
```
  8
  4
  7
+ 2
```

25.
(1)
```
  2
  9
  7
+ 5
```

*26. **Selección múltiple** Si △ = 3 y ☐ = 4, entonces, ¿△ + ☐ es igual a
(1) cuál de los siguientes?

A 3 **B** 4 **C** 5 **D** 7

*27. ¿De cuántas formas diferentes puedes ordenar las letras a, b y c? No es
(3) necesario formar palabras con las diferentes formas que escribas.

*28. (**Haz la conexión**) Escribe un enunciado numérico horizontal que sume 9.
(1)

*29. (**Haz la conexión**) Escribe un enunciado numérico vertical que sume 11.
(1)

*30. (**Encuentra la fórmula**) Escribe y resuelve un problema de planteo de
(1) suma que sume 12.

Para los más rápidos

Conexión con la vida diaria

Iván observa que los números de las tres primeras casas del lado derecho de una calle son 2305, 2315 y 2325.

a. ¿Qué patrón observas en esta lista de números?

b. Si el patrón sigue, ¿cuáles son los números de las tres casas siguientes?

c. Las casas del lado izquierdo de la calle tienen números correspondientes terminados en 0. ¿Cuáles son los números de las seis primeras casas del lado izquierdo de la calle?

d. ¿Qué patrón se utiliza para el número de las casas del lado izquierdo de la calle?

• Valor posicional

❦ *Conceptos y destrezas esenciales para Texas*

(4.1)(A)   usar valor posicional para leer, escribir y comparar números

(4.14)(B) resolver problemas que implican comprenderlos

(4.14)(C) desarrollar plan o estrategia para resolver problemas

(4.14)(D) usar herramientas y tecnología para resolver problemas

(4.15)(A) explicar observaciones en palabras y números

(4.15)(B) relacionar el lenguaje informal con el lenguaje matemático

operaciones	Preliminares A
cuenta en voz alta	Contar de cinco en cinco del 5 al 100.
cálculo mental	Suma diez, veinte o treinta a un número en **a–f.**

    a. Sentido numérico : $66 + 10$

    b. Sentido numérico: $29 + 20$

    c. Sentido numérico : $10 + 76$

    d. Sentido numérico: $38 + 30$

    e. Sentido numérico: $20 + 6$

    f. Sentido numérico: $40 + 30$

    g. Suma 10 a 77 y luego resta 1. ¿Cuál es el resultado final?

resolver problemas

Escoge una estrategia apropiada para resolver este problema. Lorelei tiene un total de nueve monedas en sus bolsillos izquierdo y derecho. Ella tiene **algunas monedas** (por lo menos dos) en cada bolsillo. Haz una tabla que muestre el posible número de monedas en cada bolsillo.

Nuevo concepto

Haz un modelo Para aprender **valor posicional,** utilizamos manipulables de dinero y dibujos para mostrar diferentes cantidades de dinero. Utilizamos billetes de $100, $10 y $1.

Ejemplo 1

Escribe la cantidad de dinero que se muestra en el dibujo de abajo.

Como hay 2 centenas, 4 decenas y 3 unidades, la cantidad de dinero que se muestra es **$243.**

Ejemplo 2

Haz un modelo **Utiliza manipulables de dinero o haz un diagrama para mostrar $324 utilizando billetes de $100, $10 y $1.**

Para mostrar $324, utilizamos 3 centenas, 2 decenas y 4 unidades.

3 centenas   2 decenas   4 unidades

El valor de cada lugar se determina por su posición. Los números de tres dígitos como 324 ocupan tres lugares diferentes.

posición de las unidades ⎯⎯⎯⎯⎯⎯⎯⎯⎯⎯⎯⎤
posición de las decenas ⎯⎯⎯⎯⎯⎯⎯⎯⎤ |
posición de las centenas ⎯⎯⎯⎤ | |
               ↓ ↓ ↓
               <u>3</u> <u>2</u> <u>4</u>

Vocabulario de matemáticas

Podemos usar dinero para mostrar el valor posicional porque nuestro sistema numérico y nuestro sistema monetario se basan en sistemas de base diez.

Destreza mental

Haz la conexión

¿Qué representa el cero en $203? ¿Qué representa el cero en 230?

 Actividad

Comparar cantidades de dinero

Materiales necesarios:

- Conjunto de manipulables de dinero de **Actividades 2, 3** y **4 de la lección**

Haz un modelo Utiliza manipulables de dinero para mostrar $203 y $230. Escribe la cantidad de dinero que es mayor.

¿En qué lugar está el dígito 7 en 753?

El 7 está en el tercer lugar desde la derecha, que muestra el número de centenas. Esto significa que el 7 está en el **lugar de las centenas.**

Práctica de la lección

a. (**Haz un modelo**) Utiliza manipulables de dinero o haz un diagrama para mostrar $231 utilizando billetes de $100, $10 y $1.

b. (**Haz un modelo**) Utiliza manipulables de dinero o haz un diagrama para mostrar $213. ¿Cuál es menor, $2531 ó $213?

¿En qué lugar está el dígito 6 en cada uno de estos números?

c. 16 **d.** 65 **e.** 623

f. Utiliza tres dígitos para escribir un número igual a 5 centenas, 2 decenas y 3 unidades.

Práctica escrita   *Integradas y distribuidas*

1. Cuando Roho mira el grupo de fichas de colores, ve 3 rojas, 4 azules,
(1) 5 verdes y 1 amarilla. ¿Cuántas fichas de colores hay en total? Escribe el enunciado numérico para encontrar el resultado.

*2. (**Representa**) Escribe un enunciado numérico para este
(1) dibujo:

3. ¿Cuántos centavos hay en 4 monedas de cinco centavos? Cuenta de
(3) cinco en cinco.

5¢   5¢   5¢   5¢

Encuentra cada suma o sumando que falta:

4.   4
(1) $+ n$
     ‾‾‾‾
      12

5.   4
(1)   5
     $+ 3$
     ‾‾‾‾

6.   13
(1) $+ y$
     ‾‾‾‾
      19

7.   7
(1) $+ s$
     ‾‾‾‾
      14

*8. $4 + n + 5 = 12$
(2)

9. $n + 2 + 3 = 8$
(2)

Escribe la regla y los tres números siguientes de cada secuencia de conteo:

* **10.** 9, 12, 15, _____, _____, _____, . . .
(3)

* **11.** 30, 24, 18, _____, _____, _____, . . .
(3)

* **12.** 12, 16, 20, _____, _____, _____, . . .
(3)

* **13.** 35, 28, 21, _____, _____, _____, . . .
(3)

14. ¿Cuántos dígitos hay en cada número?
(3)
    a. 37,432   **b.** 5,934,286   **c.** 453,000

* **15.** ¿Cuál es el último dígito de cada número?
(3)
    a. 734   **b.** 347   **c.** 473

* **16.** (**Representa**) Haz un diagrama para mostrar $342 en billetes de $100,
(4) $10 y $1.

17. ¿Cuánto dinero muestra este dibujo?
(4)

Haz la conexión Encuentra el número que falta en cada secuencia de conteo:

18. 24, _____, 36, 42, . . .   * **19.** 36, 32, _____, 24, . . .
(3)   (3)

* **20.** ¿Cuántas orejas tienen 10 conejos? Cuenta de dos en dos.
(3)

* **21.** ¿En que lugar está el dígito 6 en 365?
(4)

* **22.** (**Representa**) Escribe un enunciado numérico para este
(1) dibujo:

23. Encuentra el sumando que falta:
(2)
$$2 + 5 + 3 + 2 + 3 + 1 + n = 20$$

*24. **Explica** ¿Cómo encuentras el sumando que falta en el problema **23**?
(2)

25. Muestra seis maneras de sumar 6, 7, y 8.
(1)

*26. **Selección múltiple** En el número 123, ¿qué dígito muestra el número
(4) de las centenas?

  A 1   **B** 2   **C** 3   **D** 4

*27. **Haz una predicción** ¿Cuál es el número de las decenas en esta
(3) secuencia de conteo?

$$1, 2, 3, 4, 5, \ldots$$

*28. ¿Cuántos números diferentes de tres dígitos puedes escribir utilizando
(3) los dígitos 2, 5 y 8? Cada dígito se puede utilizar sólo una vez en cada
número que escribas. Haz una lista de números en orden de conteo.

*29. **Haz la conexión** Escribe un enunciado numérico que tenga los
(1) sumandos 6 y 7.

*30. **Encuentra la fórmula** Escribe y resuelve un problema de planteo de
(1) suma utilizando los números 2, 3 y 5.

Para los más rápidos

Conexión con la vida diaria

A Andrés le pidieron resolver este acertijo:

"¿Qué número soy? Tengo tres dígitos. Tengo un 4 en el lugar de las decenas, un 7 en el lugar de las unidades y un 6 en el lugar de las centenas."

Andrés dijo que la respuesta era 467. ¿Respondió correctamente? Utiliza manipulables de dinero para explicar tu respuesta.

☙ *Conceptos y destrezas esenciales para Texas*

(4.3)(A) usar suma para resolver problemas que usan números enteros

(4.14)(A) identificar las matemáticas en situaciones diarias

(4.14)(B) resolver problemas que implican comprenderlos, hacer y llevar a cabo un plan y evaluar si es razonable la solución

(4.14)(C) desarrollar plan o estrategia para resolver problemas

(4.15)(B) relacionar lenguaje informal con lenguaje matemático

• Números ordinales
• Los meses del año

Preliminares

operaciones

Preliminares A

contar en voz alta

Contar de cuatro en cuatro del 4 al 40.

cálculo mental

Sentido numérico: Suma un número que termine en cero a otro número en **a–e.**

a. $\begin{array}{r} 24 \\ + 60 \\ \hline \end{array}$	**b.** $\begin{array}{r} 36 \\ + 10 \\ \hline \end{array}$	**c.** $\begin{array}{r} 50 \\ + 42 \\ \hline \end{array}$
d. $\begin{array}{r} 33 \\ + 30 \\ \hline \end{array}$	**e.** $\begin{array}{r} 40 \\ + 50 \\ \hline \end{array}$	

f. Suma 10 a 44 y luego resta 1. ¿Cuál es el resultado final?

g. Suma 10 a 73 y luego resta 1. ¿Cuál es el resultado final?

resolver problemas

Escoge una estrategia apropiada para resolver este problema. Farica tiene un total de nueve monedas en sus bolsillos izquierdo y derecho. Ella tiene algunas monedas (por lo menos dos) en cada bolsillo. Tiene más monedas en su bolsillo derecho que en su bolsillo izquierdo. Haz una tabla que muestre el número posible de monedas que hay en cada bolsillo.

Nuevos conceptos

Números ordinales

Si queremos contar el número de niños en una fila decimos, "uno, dos, tres, cuatro, ..." Estos números nos indican cuántos niños contamos. Para describir la posición de un niño en una fila utilizamos palabras como *primero, segundo, tercero, cuarto....* Los números que indican posición u orden se llaman **números ordinales.**

Ejemplo 1

Hay diez niños en la fila del almuerzo. Pedro es el cuarto de la fila.

   a. ¿Cuántos niños hay delante de Pedro?

   b. ¿Cuántos niños hay detrás de él?

Un diagrama nos permite comprender el problema. Dibujamos y rotulamos el diagrama utilizando la información que nos dan.

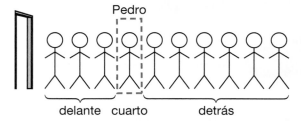

   a. Como Pedro está cuarto en la fila, vemos que delante de él hay **tres niños.**

   b. El resto de los niños está detrás de Pedro. En el diagrama vemos que detrás de él hay **seis niños**.

Los números ordinales se pueden abreviar. La abreviación consiste en un número de conteo y letras o, *do, ro ,* o *to.* Estas son algunas abreviaciones:

primero 1ro	sexto 6to	undécimo .... 11°
segundo .. 2do	séptimo .. 7°	duodécimo .. 12°
tercero 3ro	octavo .... 8°	décimo tercero ... 13°
cuarto 4to	noveno.... 9°	vigésimo .... 20°
quinto 5to	décimo ... 10°	vigésimo primero... 21°

Ejemplo 2

Andy está 13° en la fila. Kwame está 3ro en la fila. ¿Cuántos estudiantes hay entre Kwame y Andy?

Comenzamos dibujando un diagrama.

A partir del diagrama observamos que entre Kwame y Andy hay **nueve estudiantes.**

Los meses del año

Utilizamos números ordinales para describir los meses del año y los días de cada mes. Esta tabla muestra los doce meses del año en orden. Un año normal tiene 365 días. Un año bisiesto tiene 366 días. El día adicional de un año bisiesto se agrega al mes de febrero cada cuatro años.

Mes	Orden	Día
Enero	primero	31
Febrero	segundo	28 or 29
Marzo	tercero	31
Abril	cuarto	30
Mayo	quinto	31
Junio	sexto	30
Julio	séptimo	31
Agosto	octavo	31
Septiembre	noveno	30
Octubre	décimo	31
Noviembre	undécimo	30
Diciembre	duodécimo	31

Vocabulario de Matemáticas

Treinta días tiene septiembre, abril, junio y noviembre. Todos los demás tienen 31, excepto febrero que tiene 28.

Al escribir fechas podemos utilizar números para representar el mes, día y año. Por ejemplo, si Adolfo nació el vigésimo sexto día de enero de 1998, él puede escribir su fecha de nacimiento de esta manera:

2/26/98

La forma de esta fecha es **"mes/día/año."** El 2 representa el segundo mes, que es febrero y el 26 representa el vigésimo sexto día del mes.

Ejemplo 3

J'Nae escribe su cumpleaños así: 7/8/99.

a. ¿En qué mes nació J'Nae?

b. ¿En qué año?

a. En Estados Unidos normalmente escribimos el número del mes primero. El primer número que J'Nae escribe es 7. Ella nació en el séptimo mes, que es **Julio.**

b. A menudo abreviamos los años utilizando sólo los dos últimos dígitos del año. Asumimos que J'Nae nació en **1999.**

Ejemplo 4

> **La licencia de conducir del señor Chitsey vence el 4/29/06. Escribe esa fecha utilizando el nombre del mes y los cuatro dígitos del año.**
>
> El cuarto mes es abril y "06" representa al año 2006. La licencia del señor Chitsey venció en **abril 29, 2006.**

Práctica de la lección

a. Jayne es la tercera en la fila y Zahina es la octava. ¿Cuántas personas hay entre ellas? Haz un dibujo para mostrar las personas de la fila.

b. Escribe tu fecha de cumpleaños en la forma mes/día/año.

c. Escribe la fecha en que se celebrará el día de la Independencia en la forma mes/día/año.

Práctica escrita

Integradas y distribuidas

*1. **Encuentra la fórmula** En la tienda de comestibles hay 5 personas en la
(1) primera fila, 6 personas en la segunda fila y 4 personas en la tercera fila. En total, ¿cuántas personas hay en las tres filas? Escribe un enunciado numérico para encontrar el resultado.

Encuentra el sumando que falta:

2.
(2)
$$\begin{array}{r} 2 \\ 6 \\ + x \\ \hline 15 \end{array}$$

3.
(2)
$$\begin{array}{r} 1 \\ y \\ + 7 \\ \hline 14 \end{array}$$

4.
(2)
$$\begin{array}{r} 3 \\ z \\ + 5 \\ \hline 12 \end{array}$$

5.
(2)
$$\begin{array}{r} 1 \\ n \\ + 6 \\ \hline 13 \end{array}$$

6.
(2)
$$\begin{array}{r} 2 \\ 5 \\ + w \\ \hline 10 \end{array}$$

7.
(1)
$$\begin{array}{r} 2 \\ + a \\ \hline 7 \end{array}$$

8.
(1)
$$\begin{array}{r} r \\ + 5 \\ \hline 11 \end{array}$$

9.
(1)
$$\begin{array}{r} 3 \\ + t \\ \hline 5 \end{array}$$

*10. Tadeo nació en 8/15/93. Escribe la fecha de nacimiento de Tadeo
(5) utilizando el nombre del mes y los cuatro dígitos del año.

Concluye Escribe la regla y los tres números siguientes en cada secuencia de conteo:

11. 12, 15, 18, _____, _____, _____, ...
(3)

12. 16, 20, 24, _____, _____, _____, ...
(3)

*13. 28, 35, 42, _____, _____, _____, ...
(3)

*14. Encuentra el número que falta: 30, _____, 42, 48
(3)

*15.  **Explica** ¿Cómo encontraste el número que falta en el problema **14?**
(3)

*16. **Representa** Haz un diagrama para mostrar $432 en billetes de
(4) $100, $10 y $1.

*17. **Representa** Escribe un enunciado numérico para el dibujo de abajo.
(1)

18. ¿En qué lugar está el dígito 8 en 845?
(4)

*19. **Representa** Utiliza tres dígitos para escribir el número que es igual a
(4) 2 centenas, más 3 decenas, más 5 unidades.

*20. **Haz una predicción** Si el patrón continúa, ¿cuál es el próximo número
(3) encerrado en un círculo?

1, 2, ③, 4, 5, ⑥, 7, 8, ⑨, 10, ...

21. Siete niños tienen, cada uno, dos mascotas. ¿Cuántas mascotas tienen
(3) los niños? Cuenta de dos en dos.

22. (1)	**23.** (1)	**24.** (1)	**25.** (1)
5	5	9	8
8	7	7	7
4	3	6	3
7	8	5	5
4	4	4	4
+ 3	+ 2	+ 2	+ 9

*26. **Selección múltiple** Jenny es la tercera en la fila. Jessica es la séptima
(5) en la fila. ¿Cuántas personas hay entre Jenny y Jessica?

A 3   **B** 4   **C** 5   **D** 6

27. (Haz una predicción) ¿Cuál es el décimo número en esta secuencia de
(3) conteo?

$$2, 4, 6, 8, 10, \ldots$$

*28. ¿De cuántas formas diferentes puedes ordenar las tres letras r, s y t?
(3) No es necesario que las diferentes formas que escribas formen
palabras.

*29. (Haz la conexión) Escribe un enunciado numérico que tenga los
(1) sumandos 5 y 4.

*30. (Encuentra la fórmula) Escribe y resuelve un problema de planteo de
(1) suma utilizando los números 1, 9 y 10.

Para los más rápidos

Conexión con la vida diaria

Durante el cuarto mes de cada año, el parque Stone Mountain cerca de Atlanta, Georgia, es el anfitrión de la Feria Latina, uno de los eventos culturales hispánicos más grandes del estado. ¿Cómo se llama el mes en que se celebra la Feria Latina? Si Amy y Carlos asisten al festival el próximo año el 21 del mes, ¿cómo escribirías esa fecha en la forma mes/fecha/año?

⬆ *Conceptos y destrezas esenciales para Texas*

(4.3)(A) usar suma para resolver problemas que usan números enteros
(4.14)(B) resolver problemas que implican comprenderlos, hacer y llevar a cabo un plan y evaluar si es razonable la solución
(4.14)(C) desarrollar plan o estrategia para resolver problemas
(4.15)(A) explicar observaciones usando palabras y números
(4.15)(B) relacionar lenguaje informal con lenguaje matemático

• Repaso de la resta

operaciones Preliminares A

cuenta en voz alta Contar de tres en tres del 3 al 30.

cálculo mental **Sentido numérico:** Nueve es uno menos que diez. Al sumar 9 a un número, mentalmente podemos sumar 10 y luego pensar en el número que es uno menos que la suma. Para 23 + 9 podemos pensar, "23 + 10 es 33, y uno menos que 33 es 32".

a. 33
  + 10

b. 33
  + 9

c. 46
  + 10

d. 46
  + 9

e. 65
  + 10

f. 65
  + 9

resolver problemas Escoge una estrategia apropiada para resolver este problema. En la galería comercial, Bao ganó 8 boletos premiados y Sergio ganó 4 boletos premiados. Ellos deciden compartir los boletos en partes iguales. ¿Cuántos boletos debe darle Bao a Sergio de manera que tengan el mismo número de boletos premiados? ¿Cuántos boletos tendrá cada niño? Explica cómo llegaste a tu resultado.

Nuevo concepto

Recuerda que cuando sumamos, combinamos dos grupos en un solo grupo.

4 + 2 = 6
cuatro más dos es igual a seis

Cuando **restamos,** separamos un grupo en dos grupos. Para quitarle dos a seis, restamos.

$$
\begin{array}{ccccc}
\underset{\text{seis}}{6} & \underset{\text{menos}}{-} & \underset{\text{dos}}{2} & \underset{\text{es igual a}}{=} & \underset{\text{cuatro}}{4}
\end{array}
$$

Cuando restamos un número de otro, el resultado se llama **diferencia.** Si restamos dos de seis, la diferencia es cuatro.

$$
\begin{array}{r}
6 \\
-\,2 \\
\hline
4
\end{array} \text{ diferencia}
$$

A continuación escribimos horizontalmente "dos restado de seis":

$$6 - 2 = 4$$

Podemos comprobar un resultado de resta sumando la diferencia al número restado. Esto es como hacer el problema "al revés". La suma debe ser igual al número inicial.

$$
\begin{array}{ccc}
\textbf{Restar del total} & \begin{array}{r} 6 \\ -\,2 \\ \hline 4 \end{array} & \textbf{Sumar} \\
\text{Seis menos dos} & & \text{Cuatro más dos} \\
\text{es igual a cuatro.} & & \text{es igual a seis.}
\end{array}
$$

$$
\begin{array}{c}
\textbf{Resta} \longrightarrow \\
6 - 2 = 4 \\
\longleftarrow \textbf{Suma}
\end{array}
$$

En la resta, el orden de los números tiene importancia. La expresión $6 - 2$ significa "quitar dos a seis". Esto no es lo mismo que $2 - 6$, que significa "quitar seis a dos".

(**Comenta**) Como la suma y la resta son operaciones opuestas, podemos utilizar la suma para comprobar la resta y la resta para comprobar la suma. Cuando las operaciones son opuestas, una operación cancela la otra. ¿Cómo podemos utilizar la resta para comprobar la suma $6 + 8 = 14$?

Una **familia de operaciones** es un grupo de tres números que se pueden ordenar para formar cuatro operaciones. Los tres números 2, 4 y 6 forman una familia de operaciones de suma y resta.

$$
\begin{array}{cccc}
\begin{array}{r} 2 \\ +\,4 \\ \hline 6 \end{array} &
\begin{array}{r} 4 \\ +\,2 \\ \hline 6 \end{array} &
\begin{array}{r} 6 \\ -\,2 \\ \hline 4 \end{array} &
\begin{array}{r} 6 \\ -\,4 \\ \hline 2 \end{array}
\end{array}
$$

Reconocer familias de operaciones de suma y resta puede ayudarnos a conocer las operaciones.

Vocabulario de matemáticas

Una **expresión** es un número, una letra o una combinación de números y letras. Las expresiones con frecuencia contienen uno o más signos de operación.

$3 \quad a \quad 4n \quad 6 + t$

Una *ecuación* es un enunciado numérico que indica que dos expresiones son iguales. Una ecuación siempre incluye el signo igual.

$$\underbrace{3 + 5}_{} = \underbrace{8}_{}$$
expresiones

Ejemplo

Los números 3, 5, y 8 forman una familia de operaciones de suma y resta. Escribe dos operaciones de suma y dos operaciones de resta utilizando estos tres números.

$$\begin{array}{r} 3 \\ +5 \\ \hline 8 \end{array} \quad \begin{array}{r} 5 \\ +3 \\ \hline 8 \end{array} \quad \begin{array}{r} 8 \\ -3 \\ \hline 5 \end{array} \quad \begin{array}{r} 8 \\ -5 \\ \hline 3 \end{array}$$

Haz la conexión Podemos escribir una familia de operaciones utilizando tres números, porque la suma y la resta son operaciones relacionadas. ¿Cómo escribirías una familia de operaciones para 9, 9 y 18?

Práctica de la lección

Resta. Luego comprueba tus resultados sumando.

a. $\begin{array}{r} 14 \\ -8 \\ \hline \end{array}$ **b.** $\begin{array}{r} 9 \\ -3 \\ \hline \end{array}$ **c.** $\begin{array}{r} 15 \\ -7 \\ \hline \end{array}$ **d.** $\begin{array}{r} 11 \\ -4 \\ \hline \end{array}$ **e.** $\begin{array}{r} 12 \\ -5 \\ \hline \end{array}$

f. **Haz la conexión** Los números 5, 6 y 11 forman una familia de operaciones. Escribe dos operaciones de suma y dos operaciones de resta utilizando estos tres números.

g. **Explica** ¿Cómo puedes comprobar un resultado de resta? Da un ejemplo.

Práctica escrita
Integradas y distribuidas

*1. (6) $\begin{array}{r} 14 \\ -5 \\ \hline \end{array}$ ***2.** (6) $\begin{array}{r} 15 \\ -8 \\ \hline \end{array}$ **3.** (6) $\begin{array}{r} 9 \\ -4 \\ \hline \end{array}$ **4.** (6) $\begin{array}{r} 11 \\ -7 \\ \hline \end{array}$

5. (6) $\begin{array}{r} 12 \\ -8 \\ \hline \end{array}$ **6.** (6) $\begin{array}{r} 11 \\ -6 \\ \hline \end{array}$ **7.** (6) $\begin{array}{r} 15 \\ -7 \\ \hline \end{array}$ **8.** (6) $\begin{array}{r} 9 \\ -6 \\ \hline \end{array}$

9. (6) $\begin{array}{r} 13 \\ -5 \\ \hline \end{array}$ **10.** (6) $\begin{array}{r} 12 \\ -6 \\ \hline \end{array}$ **11.** (1) $\begin{array}{r} 8 \\ +n \\ \hline 17 \end{array}$ **12.** (1) $\begin{array}{r} a \\ +8 \\ \hline 14 \end{array}$

13. (1) $3 + w = 11$ **14.** (2) $1 + 4 + m = 13$

*15. (6) **Haz la conexión** Los números 4, 6 y 10 forman una familia de operaciones. Escribe dos operacions de suma y dos operaciones de resta utilizando estos tres números.

Generaliza Escribe la regla y los tres números siguientes de cada secuencia de conteo:

*16. 16, 18, 20, ____, ____, ____, …
₍₃₎

*17. 21, 28, 35, ____, ____, ____, …
₍₃₎

*18. 20, 24, 28, ____, ____, ____, …
₍₃₎

*19. ¿Cuántos días tiene el décimo mes del año?
₍₅₎

20. **Representa** Haz un diagrama para mostrar $326.
₍₄₎

21. ¿En qué lugar está el dígito 6 en 456?
₍₄₎

Encuentra cada sumando que falta:

22. $2 + n + 4 = 13$
₍₂₎

23. $a + 3 + 5 = 16$
₍₂₎

*24. ¿Cómo se llama el resultado cuando restamos?
₍₆₎

*25. **Haz una lista** Muestra seis maneras de sumar 3, 4 y 5.
₍₁₎

*26. **Selección múltiple** Las edades de los niños de la familia de Tyrese son
₍₁₎ 7 y 9. Las edades de los niños de la familia de Mary son 3, 5 y 9. ¿Qué enunciado numérico muestra cuántos niños hay en ambas familias?

    A $3 + 7 = 10$ **B** $7 + 9 = 16$

    C $2 + 3 = 5$ **D** $3 + 5 + 9 = 17$

27. ¿Cuántos números diferentes de tres dígitos puedes escribir utilizando
₍₃₎ 6, 3 y 9? Cada dígito se puede utilizar sólo una vez en cada número que escribas. Haz una lista de los números en orden de conteo.

*28. Escribe un enunciado numérico horizontal que sume 23.
₍₁₎

*29. Escribe un enunciado numérico horizontal que tenga una diferencia de 9.
₍₆₎

*30. **Encuentra la fórmula** Escribe y resuelve un problema de planteo de
₍₁₎ suma utilizando los números 6, 5 y 11.

LECCIÓN 7

• Escribir números Hasta el 999

↪ *Conceptos y destrezas esenciales para Texas*

(4.1)(A) usar valor posicional para leer, escribir y comparar números enteros hasta el 999,999,999

(4.14)(B) resolver problemas que implican comprenderlos, hacer y llevar a cabo un plan y evaluar si es razonable la solución

(4.14)(C) desarrollar plan o estrategia para resolver problemas

(4.15)(A) explicar observaciones usando palabras y números

(4.15)(B) relacionar lenguaje informal con lenguaje matemático

Preliminares

operaciones	Preliminares A
cuenta en voz alta	Contar de diez en diez del 10 al 200
cáculo mental	Suma uno menos que diez a un número en **a–c**.

    a. Sentido numérico : 28 + 9

    b. Sentido numérico : 44 + 9

    c. Sentido numérico : 87 + 9

    d. Repaso: 63 + 20

    e. Repaso: 46 + 50

    f. Repaso: 38 + 30

resolver problemas
Escoge una estrategia apropiada para resolver este problema. Steve tiene 5 lápices. Perry tiene 3 lápices. Chad tiene sólo 1 lápiz. ¿Cómo puede un niño darle a otro algunos lápices de modo que cada uno tenga el mismo número de lápices? Explica tu respuesta.

Nuevo concepto

Números enteros son los números de conteo y el número cero.

0, 1, 2, 3, 4, 5, …

Para escribir los nombres de los números enteros hasta el 999 (novecientos noventa y nueve), necesitamos saber las siguientes palabras y cómo juntarlas:

0....cero	10....diez	20....veinte
1....uno	11....once	30....treinta
2....dos	12....doce	40....cuarenta
3....tres	13....trece	50....cincuenta
4....cuatro	14....catorce	60....sesenta
5....cinco	15....quince	70....setenta
6....seis	16....dieciséis	80....ochenta
7....siete	17....diecisiete	90....noventa
8....ocho	18....dieciocho	100....cien
9....nueve	19....diecinueve	

Puedes consultar esta tabla cuando te pidan escribir los nombres de números en los conjuntos de problemas.

Ejemplo 1

Utiliza palabras para escribir el número 44.

Utilizamos la letra "y" para escribir **"cuarenta y cuatro."**

Para escribir números de tres dígitos primero escribimos el número de centenas y luego escribimos el resto del número. **Utilizamos la palabra _y_ entre las decenas y las unidades al escribir números enteros de dos dígitos mayores que 30.**

Ejemplo 2

Utiliza palabras para escribir el número 313.

Primero escribimos el número de centenas. Luego escribimos el resto del número para obtener **trescientos trece.** (No escribimos "trescientos _y_ trece.")

Ejemplo 3

Utiliza palabras para escribir el número 705.

Primero escribimos el número de centenas. Luego escribimos el resto del número para obtener **setecientos cinco.**

Ejemplo 4

Utiliza dígitos para escribir el número seiscientos ocho.

Seiscientos ocho significa "seis centenas más ocho unidades". No hay decenas, entonces escribimos un cero en el lugar de las decenas y obtenemos **608.**

En la lección 4 utilizamos billetes de $100, $10 y $1 para demostrar valor posicional. A continuación presentamos otro modelo para valor posicional. Los cuadrados pequeños representan las unidades. Los rectángulos largos de diez cuadrados representan las decenas. Los bloques grandes de cien cuadrados representan las centenas.

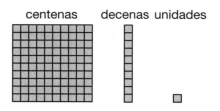

centenas   decenas unidades

Ejemplo 5

Utiliza palabras para escribir el número que muestra este modelo:

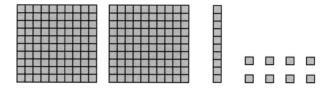

Dos centenas, una decena y ocho unidades es 218, que escribimos como **doscientos dieciocho.**

Ejemplo 6

¿Cuál de estos números es mayor, 546 ó 564?

Comparamos los números enteros considerando el valor posicional de los dígitos. Ambos números tienen la misma cantidad de dígitos, por lo tanto, la posición de los dígitos determina qué número es mayor.

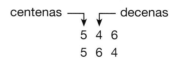

centenas ⌐ ⌐ decenas
5 4 6
5 6 4

Ambos números tienen 5 centenas. Sin embargo, 564 tiene 6 decenas mientras que 546 tiene sólo 4 decenas. Esto significa que **564 es mayor,** y que 546 es menor, sin importar qué dígito hay en el lugar de las unidades.

Ejemplo 7

Ordena estos números de menor a mayor:

36 254 105 90

Al ordenar números enteros verticalmente con los últimos dígitos alineados, también se alinean otros dígitos con el mismo valor posicional.

36

254

10

90

Al observar el lugar de las centenas, vemos que 254 es el número mayor de la lista y que 105 es el siguiente. Al comparar el lugar de las decenas de los números de dos dígitos, vemos que 36 es menor que 90. Escribimos los números en orden:

36, 90, 105, 254

Práctica de la lección

Representa Utiliza palabras para escribir cada número:

a. 0 **b.** 81

c. 99 **d.** 515

e. 444 **f.** 909

Representa Utiliza dígitos para representar cada número:

g. diecinueve **h.** noventa y uno

i. quinientos veinticuatro

j. ochocientos sesenta

k. Utiliza palabras para escribir el número que muestra este modelo:

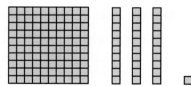

l. **Comprueba** ¿Cuál de estos números es menor, 381 ó 359?

m. Escribe estos números de menor a mayor:

154   205   61   180

Práctica escrita

Integradas y distribuidas

Encuentra la fórmula Escribe y resuelve ecuaciones para los problemas **1** y **2**.

*1. Anitra tiene 8 dólares. Ella necesita 6 dólares más para comprar una radio.
$^{(1)}$ ¿Cuánto cuesta la radio?

*2. Peyton vierte 8 onzas de agua en un jarro que contiene 8 onzas de jugo de
(1) limón. ¿Cuántas onzas de líquido hay en la mezcla?

Encuentra el sumando que falta:

3. $5 + n + 2 = 11$
(2)

4. $2 + 6 + n = 15$
(2)

Resta. Comprueba sumando.

*5.   13
(6)   − 5

6.   16
(6)   − 8

7.   13
(6)   − 7

8.   12
(6)   − 8

(**Representa**) Utiliza dígitos para escribir cada número:

*9. doscientos catorce
(7)

*10. quinientos treinta y dos
(7)

(**Representa**) Utiliza palabras para escribir cada número:

*11. 301
(7)

*12. 320
(7)

*13. (**Representa**) Utiliza palabras para escribir el número que muestra este
(7) modelo:

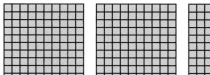 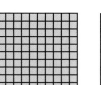

14. (**Representa**) Escribe un enunciado numérico para este
(1) dibujo:

(**Generaliza**) Escribe la regla y los tres números siguientes en cada secuencia de conteo:

15. 12, 18, 24, _____, _____, _____, . . .
(3)

*16. 15, 18, 21, _____, _____, _____, . . .
(3)

(**Haz la conexión**) Encuentra el número que falta en cada secuencia de conteo:

*17. 35, 42, _____, 56, . . .
(3)

*18. 40, _____, 56, 64, . . .
(3)

19. **Haz la conexión** ¿Cuánto dinero muestra este dibujo?
(4)

*20. **Haz la conexión** Los números 7, 8 y 15 forman una familia de
(6) operaciones. Escribe dos operaciones de suma y dos operaciones de
resta utilizando estos tres números.

*21. **Explica** Brad es el duodécimo en la fila. Su hermana es la sexta en
(5) la fila. ¿Cuántas personas hay entre Brad y su hermana? Explica cómo
puedes utilizar el proceso de resolución de problemas de cuatro pasos
para resolver este problema.

22. ¿Qué mes está cinco meses después que octubre?
(5)

23. ¿Cuántos centavos son seis monedas de cinco centavos? Cuenta de
(3) cinco en cinco.

24. $4 + 7 + 8 + 5 + 4$ **25.** $2 + 3 + 5 + 8 + 5$
(1)   (1)

26. $5 + 8 + 6 + 4 + 3 + 7 + 2$
(1)

*27. **Selección múltiple** ¿Qué ecuación de suma se relaciona con
(6) $12 - 5 = 7$?

     A $7 + 5 = 12$ **B** $12 + 5 = 17$
     C $12 + 7 = 19$ **D** $12 - 7 = 5$

*28. ¿Cuántos números de tres dígitos diferentes puedes escribir utilizando
(3) los dígitos 4, 1 y 6? Cada dígito se puede utilizar sólo una vez en cada
número que escribas. Haz una lista de los números de menor a mayor.

*29. Compara 126 y 162. ¿Qué número es menor?
(7)

*30. La tabla muestra la longitud de tres ríos de
(7) Norteamérica.

Escribe los ríos del más largo al más
corto.

**Longitud de ríos
(en millas)**

Río	Longitud
Alabama	729
Green	730
Kuskokwim	724

• Sumar dinero

🔻 *Conceptos y destrezas esenciales para Texas*

(4.3)(A) usar suma para resolver problemas que usan números enteros

(4.14)(A) identificar las matemáticas en situaciones diarias

(4.14)(C) desarrollar plan o estrategia para resolver problemas

(4.15)(B) relacionar lenguaje informal con lenguaje matemático

operaciones	Preliminares B
cuenta en voz alta	Contar de cinco en cinco del 5 al 100.
cálculo mental	En los problemas **a–c,** suma uno menos que diez a un número.

    a. Sentido numérico: $56 + 9$

    b. Sentido numérico : $63 + 9$

    c. Sentido numérico : $48 + 9$

    d. Repaso: $74 + 20$

    e. Repaso: $60 + 30$

    f. Repaso: $49 + 40$

resolver problemas

Copia este diseño de diez círculos en una hoja de papel. En cada círculo escribe un número del 1 al 10 que siga el patrón de "1, salto, salto, 2, salto, salto, 3, ..."

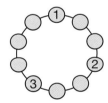

Enfoque de la estrategia: Amplía un patrón

(Comprende) Nos piden copiar el diseño de diez círculos y escribir un número en cada círculo. En el diseño tres círculos ya tienen número. Nos piden seguir el patrón de "1, salto, salto, 2, salto, salto, 3, ..."

(Planifica) Dibujamos el diseño en nuestra hoja de papel y *ampliamos el patrón.*

(Resuelve) Copia el diseño de diez círculos en tu hoja y escribe "1" en el círculo superior, como se muestra. Moviéndote hacia abajo y a la derecha (en el sentido de las manecillas del reloj), sáltate dos círculos (salto, salto) y luego escribe "2" en el círculo siguiente.

Luego sáltate dos círculos más y escribe "3" en el círculo siguiente. Luego sáltate dos círculos más y escribe "4". Continúa saltándote dos círculos y luego escribe el número de conteo que sigue. Tu diseño completo debe quedar como el dibujo de la derecha.

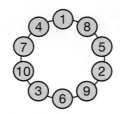

(**Comprueba**) Completamos la tarea ampliando el patrón de "1, salto, salto, 2, salto, salto, 3, ..." en el diseño del círculo hasta completar los diez círculos. Sabemos que nuestro resultado es razonable, porque el patrón es válido incluso si comenzamos por el final y trabajamos hacia delante.

Nuevo concepto

Para modelar o representar la suma de cantidades de dinero, se pueden utilizar manipulables de dinero.

Sakura tiene $24. Luego recibe $15 en su cumpleaños. ¿Cuánto dinero tiene ahora Sakura?

Podemos utilizar y para sumar $15 a $24.

Sakura tiene $24.

2

4

Ella recibe $15.

+

1

5

Ahora ella tiene...

3

9

El total es 3 decenas y 9 unidades, que es $39.

Destreza mental

(**Verifica**)

Explica por qué 3 decenas + 9 unidades es igual a 39.

También podemos sumar $24 y $15 con papel y lápiz. Al utilizar papel y lápiz, sumamos primero los dígitos en el lugar de las unidades. Luego sumamos los dígitos en el lugar de las decenas. (Recuerda incluir el signo de dólar en el resultado.)

Suma unidades. ⎤
Suma decenas. ⎦

$$\begin{array}{r} \$24 \\ + \$15 \\ \hline \$39 \end{array}$$

Ejemplo

Sh'Tania tenía $32. Ella gana $7 cuidando niños. Entonces, ¿cuánto dinero tiene Sh'Tania?

Sumamos $32 y $7. Para sumar con papel y lápiz escribimos los números para alinear los dígitos en el lugar de las unidades.

$$\begin{array}{r} \$32 \\ + \$\ 7 \\ \hline \$39 \end{array}$$

Después de cuidar niños, Sh'Tania tiene **$39.**

Actividad

Sumar cantidades de dinero

Materiales:

- manipulables de dinero de la Lección 4 (de las **Actividades 1, 2, y 3 de la lección**)

Utiliza manipulables de dinero para actuar estos relatos:

1. Nelson paga $36 para entrar al parque de diversiones y gasta $22 en comida y recuerdos. En total, ¿cuánto dinero gasta Nelson en el parque de diversiones?

2. El plomero cobra $63 por repuestos y $225 por mano de obra. En total, ¿cuánto cobra el plomero?

Práctica de la lección

Suma:

a. $53 + $6   **b.** $14 + $75   **c.** $36 + $42

d. $27 + $51   **e.** $15 + $21   **f.** $32 + $6

Práctica escrita — *Integradas y distribuidas*

Representa Utiliza dígitos para escribir cada número en los problemas **1** y **2.**

* 1. trescientos cuarenta y tres
(7)

* 2. trescientos siete
(7)

* 3. Utiliza palabras para escribir el número 592.
(7)

Encuentra el sumando que falta:

4. 2
(2) 4
    + n
   ———
    12

5. 1
(2)   r
    + 6
   ———
    10

6. 1
(2)   t
    + 7
   ———
    14

7. 2
(2)   6
    + n
   ———
    13

*8. $25
(8) + $14
   ————

9. $85
(8) + $14
   ————

10. $22
(8) + $ 6
   ————

*11. $40
(8) + $38
   ————

*12. 13
(6) − 9
   ———

13. 17
(6) − 5
   ———

14. 17
(6) − 8
   ———

15. 14
(6) − 6
   ———

*16. (**Encuentra la fórmula**) D'Jeran tiene $23. Beckie tiene $42. ¿Cuánto dinero
(1, 8) tienen en total D'Jeran y Beckie? Escribe una ecuación para resolver este problema.

*17. (**Representa**) Utiliza palabras para escribir el número que muestra el
(7) modelo:

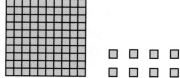

*18. Salma nació el quinto día de agosto de 1994. Escribe la fecha de su
(5) nacimiento de la forma mes/día/año.

(**Generaliza**) Escribe la regla y los tres números siguientes de cada secuencia de conteo:

*19. 12, 15, 18, ———, ———, ———, . . .
(3)

*20. 28, 35, 42, ———, ———, ———, . . .
(3)

21. 5
(1) 8
    7
    6
    4
  + 3
  ———

22. 9
(1) 7
    6
    4
    8
  + 7
  ———

23. 2
(1) 5
    7
    3
    5
  + 4
  ———

*24. **(Haz una lista)** Muestra seis maneras de sumar 5, 6 y 7.
(1)

*25. **(Haz la conexión)** Escribe dos operaciones de suma y dos operaciones
(6) de resta utilizando 7, 8 y 15.

*26. **Selección múltiple** Si $7 + \blacklozenge = 15$, entonces, ¿cuál de las siguientes *no*
(6) es verdadera?

A $\blacklozenge - 7 = 15$ **B** $15 - 7 = \blacklozenge$

C $15 - \blacklozenge = 7$ **D** $\blacklozenge + 7 = 15$

*27. ¿Cuántos números de tres dígitos diferentes puedes escribir utilizando
(3, 7) los dígitos 7, 6 y 5? Cada dígito se puede utilizar sólo una vez en cada
número que escribas. Escribe los números de menor a mayor.

28. Compara 630 y 603. ¿Cuál es mayor?
(7)

*29. La tabla muestra el número de rascacielos
(7) en tres ciudades.

Escribe los nombres de las ciudades de menor
a mayor número de rascacielos.

Rascacielos

Ciudad	Número
Boston	16
Hong Kong	30
Singapur	14

*30. **(Encuentra la fórmula)** Escribe y resuelve un problema de planteo de
(1) suma que de 16.

Para los más rápidos

Conexión con la vida diaria

Mel trabaja en Cumberland Island National Seashore. Comenzó el día
con $13 en la caja registradora. Una familia de cuatro personas que visita
la playa le paga a Mel $4 cada uno por su entrada. ¿Cuál es el total de la
familia que reúne Mel? ¿Cuánto dinero hay ahora en la caja registradora?

Suma con reagrupación

Conceptos y destrezas esenciales para Texas

(4.3)(A) usar suma para resolver problemas que usan números enteros

(4.14)(A) identificar las matemáticas en situaciones diarias

(4.14)(B) resolver problemas que implican comprenderlos, hacer y llevar a cabo un plan y evaluar si es razonable la solución

(4.14)(C) desarrollar plan o estrategia para resolver problemas

(4.14)(D) usar herramientas y tecnología para resolver problemas

(4.15)(B) relacionar lenguaje informal con lenguaje matemático

operaciones

Preliminares B

cuenta en voz alta

Contar de tres en tres del 3 al 30.

cálculo mental

Sentido numérico: Diecinueve es uno menos que 20. Al sumar 19 a un número, mentalmente podemos sumar 20 y luego pensar en el número que es uno menos que la suma.

a.	36 20	**b.**	36 + 19	**c.**	47 + 20
d.	47 + 19	**e.**	24 + 20	**f.**	24 + 19

resolver problemas

Veinte estudiantes van a un viaje de estudios. En cada carro pueden viajar 4 estudiantes. ¿Cuántos carros se necesitan para todos los estudiantes?

Enfoque de la estrategia: Haz un dibujo

(**Comprende**) Nos dicen que 20 estudiantes van de viaje de estudios. También nos dicen que en cada carro pueden viajar 4 estudiantes. Nos piden encontrar el número de carros necesarios para llevar a todos los estudiantes.

(**Planifica**) Podemos actuar este problema, pero se puede encontrar la respuesta más rápido si *hacemos un dibujo.* Podemos dibujar puntos u otros símbolos para representar a los 20 estudiantes y luego encerrar en un círculo grupos de 4 estudiantes.

(**Resuelve**) Dibujamos 20 puntos en nuestra hoja para representar 20 estudiantes. Luego encerramos en un círculo grupos de 4 puntos. Cada círculo con 4 puntos representa un carro.

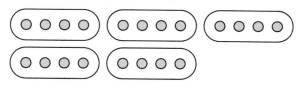

Dibujamos 5 círculos lo que significa que se necesitan **5 carros** para el viaje de estudios. Recuerda, cada punto representa un estudiante y cada círculo representa un carro.

(**Comprueba**) Sabemos que nuestra respuesta es razonable, porque el dibujo nos permite ver cómo se dividen por igual los estudiantes en 5 grupos de 4 estudiantes cada uno.

Nos podemos preguntar cuántos carros se necesitan para un número diferente de estudiantes, como 18, por ejemplo. Para 18 estudiantes podemos borrar dos puntos del dibujo, pero vemos que de todas maneras se necesitan cinco carros (representados por los círculos) para llevar a los 18 estudiantes.

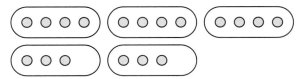

Nuevo concepto

Cuando sumamos, a veces debemos reagrupar, porque no podemos tener un número mayor que 10 como la suma de ningún valor posicional.

Ejemplo 1

Karyn tenía $39. Ganó $14 más barriendo hojas. ¿Cuánto dinero tiene Karyn en total?

(**Haz un modelo**) Podemos utilizar billetes de $10 y $1 para sumar $14 a $39.

Karyn tenía $39.

3

9

Ganó $14.

\+
1

4

En total tiene …

4

13

Destreza mental

(**Verifica**)

¿Por qué 4 decenas + 13 unidades es igual a 5 decenas + 3 unidades?

Como hay más de diez billetes de $1 en la columna de la mano derecha, cambiamos diez billetes de $1 por uno de $10.

5

3

Ahora tenemos 5 decenas y 3 unidades, que son igual a **$53.**

Utilizamos un método semejante cuando sumamos números con papel y lápiz. Para sumar 14 a 39, sumamos los dígitos en el lugar de las unidades y obtenemos 13.

Suma las unidades ⌐

$$
\begin{array}{r}
3\,9 \\
+\,1\,4 \\
\hline
⑬
\end{array}
$$

← 1 decena y 3 unidades

Trece unidades es lo mismo que 1 decena y 3 unidades. Escribimos el 3 en el lugar 1 sobre la columna de las decenas o debajo de ella. Luego sumamos las decenas.

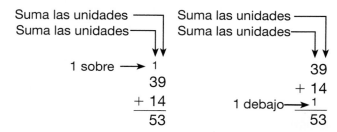

Suma las unidades ⟶
Suma las unidades ⟶

1 sobre ⟶
$$
\begin{array}{r}
1 \\
39 \\
+\,14 \\
\hline
53
\end{array}
$$

Suma las unidades ⟶
Suma las unidades ⟶

$$
\begin{array}{r}
39 \\
+\,14 \\
\end{array}
$$
1 debajo ⟶
$$
\begin{array}{r}
1 \\
\hline
53
\end{array}
$$

Ejemplo 2

Una de las zanahorias más grandes cosechadas pesó 18 libras. Uno de los zucchinis más grandes cosechados pesó 64 libras. En total, ¿cuánto pesaron estos vegetales?

Combinamos los pesos de los dos vegetales sumando:

$$
\begin{array}{r}
^{1} \\
18 \\
+\,64 \\
\hline
82
\end{array}
$$

En total, los vegetales pesaron **82 libras.**

Práctica de la lección

Haz un modelo Demuestra cada problema utilizando manipulables de dinero. Luego suma utilizando papel y lápiz.

a. $\begin{array}{r} \$36 \\ +\ \$29 \\ \hline \end{array}$ b. $\begin{array}{r} \$47 \\ +\ \$\ 8 \\ \hline \end{array}$ c. $\begin{array}{r} \$57 \\ +\ \$13 \\ \hline \end{array}$

Utiliza papel y lápiz para sumar:

d. 68 + 24 **e.** $59 + $8 **f.** 46 + 25

Representa Utiliza dígitos para escribir cada número en los problemas **1** y **2**:

* 1. seiscientos trece
(7)

* 2. novecientos uno
(7)

3. Utiliza palabras para escribir 941.
(7)

Encuentra cada sumando que falta: **4–7**

4. (2)	**5.** (2)	**6.** (2)	**7.** (2)
2	5	h	2
4	g	4	7
$+ f$	$+ 2$	$+ 7$	$+ n$
11	13	15	16

* 8. (9)	*** 9.** (9)	*** 10.** (9)	*** 11.** (9)
33	$47	27	$49
$+ \ 8$	$+ \$18$	$+ \ 69$	$+ \$25$

* 12. (6)	**13.** (6)	**14.** (6)	**15.** (6)
17	12	9	13
$- \ 8$	$- \ 6$	$- \ 7$	$- \ 6$

16. ¿Cómo se llama el resultado cuando sumamos?
(1)

17. ¿Cómo se llama el resultado cuando restamos?
(6)

* 18. ¿Qué mes es dos meses después del duodécimo mes?
(5)

Generaliza Escribe la regla y los números siguientes en cada secuencia de conteo:

* 19. 30, 36, 42, _____, _____, _____, . . .
(3)

* 20. 28, 35, 42, _____, _____, _____, . . .
(3)

21. ¿Qué dígito está en el lugar de las centenas en 843?
(4)

22. 28 + 6
(9)

* 23. $47 + $28
(9)

24. 35 + 27
(9)

*25. (1, 9) **(Encuentra la fórmula)** Milo compra unos pantalones en $28 y una camisa en $17. En total, ¿cuánto cuestan los pantalones y la camisa? Escribe una ecuación para este problema.

*26. (7) **Selección múltiple** ¿Qué número muestra este modelo?

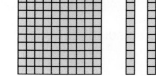

A 31
B 13
C 103
D 130

*27. (3) ¿De cuántas formas diferentes puedes ordenar tres letras utilizando las letras l, m y n? Cada letra se puede utilizar sólo una vez y las diferentes formas que escribas no tienen que formar palabras necesariamente.

28. (7) Compara 89 y 98. ¿Cuál es menor?

*29. (7) La tabla muestra la máxima a la que pueden correr algunos animales en distancias cortas.

Escribe los nombres de los animales, del más rápido al más lento.

Velocidades de Animales

Animal	Velocidad (millas por hora)
Venado de cola blanca	30
Ciervo mula	35
Reno	32

*30. (1) **Encuentra la fórmula** Escribe y resuelve un problema de suma que dé 7.

Para los más rápidos

Conexión con la vida diaria

El equipo de baloncesto de Terri ha jugado cuatro partidos esta temporada. En el primer partido, el equipo anotó 26 puntos. Si el equipo anotó 14 puntos en la primera mitad, ¿cuántos puntos anotó el equipo en la segunda mitad?

En los primeros cuatro partidos de la temporada, el equipo de Terri anotó 26, 34, 35 y 29 puntos. ¿En total, cuántos puntos ha anotado el equipo en esta temporada?

🖖 *Conceptos y destrezas esenciales para Texas*

(4.13)(A) usar objetos para generalizar sobre determinación de combinaciones posibles de conjunto de datos

(4.14)(B) resolver problemas que implican comprenderlos

(4.14)(C) desarrollar plan o estrategia para resolver problemas

(4.15)(A) explicar observaciones usando palabras y números

(4.16)(A) hacer generalizaciones a partir de patrones o de conjuntos de ejemplos y contraejemplos

• Números pares e impares

multiplos

Preliminares K

Una tabla de cien números muestra todos los números del 1 al 100. En tu tabla de cien números sombrea los números que decimos al contar de 2 en 2. ¿Cómo se llaman estos números? ¿Cuáles son los últimos dígitos de estos números?

cuenta en voz alta

Contar de cuatro en cuatro del 4 al 40.

cálculo mental

a. **Sentido numérico:** 28 + 9

b. **Sentido numérico:** 36 + 19

c. **Sentido numérico:** 43 + 9

d. **Sentido numérico:** 25 + 19

e. **Sentido numérico:** 56 + 9

f. **Sentido numérico:** 45 + 19

resolver problemas

Escoge una estrategia apropiada para resolver este problema. En el jardín de su patio trasero, Randall planta tres filas de zanahorias. Él planta ocho zanahorias en cada fila. ¿Cuántas zanahorias planta en total Randall? Explica cómo llegaste al resultado.

Nuevo concepto

Los números que decimos cuando contamos de dos en dos son **números pares.** Fíjate que cada número par termina en 2, 4, 6, 8, ó 0.

2, 4, 6, 8, 10, 12, 14, 16, 18, 20, 22, 24, 26, …

La lista de números pares sigue y sigue. Al contar de dos en dos, no comenzamos con cero. Sin embargo, el número 0 es un número par.

Ejemplo 1

Destreza mental

Generaliza

Piensa en cualquier par de números pares. ¿Será siempre un número par la suma de los dos números pares? o ¿Será siempre un número impar la suma de los dos números pares? Usa ejemplos para apoyar tu respuesta.

¿Cuál de estos números es un número par?

463   285   456

Podemos decir si un número es par observando el último dígito. **Un número es par si el último dígito es par.** Los últimos dígitos de estos números son 3, 5 y 6. De estos, el único dígito par es el 6, por lo tanto, el número par es el **456.**

Si un número entero no es un número par, entonces es un **número impar.** Podemos hacer una lista de números impares comenzando con el número 1. Luego sumamos dos para obtener el siguiente número impar, sumamos dos más para obtener el siguiente número impar y así sucesivamente. La secuencia de números impares es

1, 3, 5, 7, 9, 11, 13, 15, 17, 19, 21, 23, 25, ...

Ejemplo 2

Utiliza los dígitos 2, 7 y 6 para escribir un número impar de tres dígitos mayor que 500. Utiliza cada dígito sólo una vez.

Como 2 y 6 son pares, el número debe terminar en 7. Para ser mayor que 500, el primer dígito debe ser 6. La respuesta es **627.**

Ejemplo 3

Haz un modelo **¿Cuántos números de tres dígitos diferentes puedes escribir utilizando los dígitos 0, 1 y 2? Cada dígito se puede utilizar sólo una vez y el dígito 0 no se puede utilizar en el lugar de las centenas. Escribe los números de menor a mayor y rotúlalos como par o impar.**

Hacemos una lista de números e identificamos cada uno como par o impar. Son posibles **cuatro** números:

102 par

120 par

201 impar

210 par

Destreza mental

Generaliza

¿Será un número impar o un número par la suma de cualquier par de números impares? Explica cómo lo sabes.

Un número par de objetos se puede separar en dos grupos iguales. Seis es un número par. A continuación mostramos seis puntos separados en dos grupos iguales:

Si intentamos separar un número impar de objetos en dos grupos iguales, sobrará un objeto. Cinco es un número impar. Sobra un punto, porque cinco puntos no se pueden separar en dos grupos iguales.

• ← Sobra un punto

Ejemplo 4

En el salón hay el mismo número de niños y niñas. ¿Cuál de los siguientes números puede ser el número total de estudiantes del salón?

25   26   27

Un número par de estudiantes se puede dividir en dos grupos iguales. Como hay igual número de niños y niñas, en el salón debe haber un número par de estudiantes. El único número par de la lista es **26.**

Práctica de la lección

Clasifica Escribe "par" o "impar" para cada número:

a. 563   **b.** 328   **c.** 99   **d.** 0

e. Utiliza los dígitos 3, 4 y 6 para escribir un número par mayor que 500. Utiliza cada dígito sólo una vez.

f. **Explica** ¿Cómo puedes saber si un número es par?

g. ¿Cuántos números de tres dígitos diferentes puedes escribir utilizando los dígitos 4, 0 y 5? Cada dígito se puede utilizar sólo una vez y el dígito 0 no se puede utilizar en el lugar de las centenas. Escribe los números en orden y rotula cada número como par o impar.

Práctica escrita   *Integradas y distribuidas*

Representa Utiliza dígitos para escribir cada número en los problemas **1** y **2.**

* **1.** quinientos cuarenta y dos
(7)

* **2.** seiscientos diecinueve
(7)

* **3.** Los números 4, 7 y 11 forman una familia de operaciones. Escribe dos operaciones de
(6)   suma y dos operaciones de resta utilizando estos tres números.

Representa En los problemas **4** y **5**, utiliza palabras para escribir cada número.

*4. 903
(7)

*5. 746
(7)

*6. ¿Qué número impar de tres dígitos mayor que 600 contiene los dígitos 4,
(10) 6 y 7?

7.   4
(2)
       n
   + 3
   —
   14

8.   p
(2)
       4
   + 2
   —
   13

9.   5
(2)
       q
   + 7
   —
   14

10.   r
(2)
       3
   + 2
   —
   11

11. 15
(6) − 7

12. 14
(6) − 7

13. 17
(6) − 8

14. 11
(6) − 6

*15. $25
(9) + $38

16. $19
(9) + $34

*17. 42
(9) + 8

18. 17
(9) + 49

*19. **Generaliza** Escribe la regla y los tres números siguientes de esta secuencia de
(3) conteo:

$$18, 21, 24, \underline{\quad}, \underline{\quad}, \underline{\quad}, \ldots$$

*20. **Haz una predicción** ¿Cuál es el octavo número en esta secuencia de
(3, 5) conteo?

$$6, 12, 18, 24, \ldots$$

*21. **Encuentra la fórmula** Si Jabari tiene $6 en su alcancía, $12 en su billetera
(1, 8) y $20 en su cajón, ¿cuánto dinero tiene Jabari en total en los tres lugares?
Escribe una ecuación para este problema.

22. $2 + 3 + 5 + 7 + 8 + 4 + 5$
(1)

*23. Escribe la fecha de hoy en la forma mes/día/año.
(5)

*24. **Representa** Utiliza palabras para escribir el número que muestra este
(7) modelo:

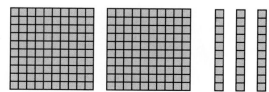

* 25. ¿Qué número es el número par mayor de dos dígitos?
(10)

* 26. **Selección múltiple** Si △ + 4 = 12, entonces ¿cuál de estas *no* es
(6) verdadera?

   A 4 + △ = 12   **B** 12 − △ = 4
   C 12 + 4 = △   **D** 12 − 4 = △

* 27. Haz una lista de menor a mayor de todos los números de tres dígitos que
(10) puedas escribir utilizando los dígitos 8, 3 y 0 en cada número. El dígito 0
   no se puede utilizar en el lugar de las centenas.

* 28. Escribe "impar" o "par" para cada número:
(10)
   a. 73   **b.** 54   **c.** 330   **d.** 209

* 29. (**Haz la conexión**) Escribe un enunciado numérico de resta horizontal.
(6)

* 30. ✏ (**Encuentra la fórmula**) Escribe y resuelve un problema de planteo de
(1) suma. Luego explica por qué tu respuesta es razonable.

Conexión con la vida diaria

En la escuela Janice observa que los casilleros superiores tienen números impares y que los números de los casilleros inferiores son pares. Ésta es una lista de los números de los primeros cinco casilleros inferiores.

   300   302   304   306   308

   a. ¿Son números pares o impares? ¿Cómo lo sabes?

   b. Si este patrón continúa, ¿cuál es el número del próximo casillero inferior?

🔶 *Conceptos y destrezas esenciales para Texas*

(4.10) localizar puntos en una recta numérica usando enteros, fracciones y decimales
(4.15)(A) explicar observaciones usando palabras y números
(4.16)(A) hacer generalizaciones a partir de patrones o de conjuntos de ejemplos y contraejemplos

Enfoque en
• Recta numérica

Cuando "trazamos una recta" con un lápiz, en realidad trazamos un **segmento de recta.** Un segmento de recta es parte de una recta.

————————————
Segmento de recta

Una **recta** se extiende en direcciones opuestas sin fin. Para ilustrar una recta, dibujamos una flecha en cada extremo del segmento de recta. Las flechas muestran que la recta continúa.

Recta

Para hacer una **recta numérica,** empezamos por trazar una recta. Después, colocamos **marcas** sobre la recta, manteniendo la misma distancia entre las marcas.

Después, rotulamos las marcas con números. En algunas rectas numéricas, todas las marcas están rotuladas. En otras rectas numéricas sólo algunas marcas están rotuladas. Los rótulos en una recta numérica nos indican a qué distancia del cero están las marcas.

Ejemplo 1

¿Qué número está señalando la flecha?

Si contamos de uno en uno desde el cero, vemos que nuestro conteo coincide con los números rotulados en la recta numérica. Sabemos que la distancia de una marca a la siguiente es 1.

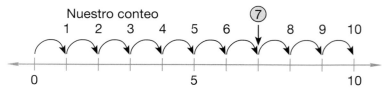

Encontramos que la flecha señala el número **7.**

En algunas rectas numéricas, la distancia de una marca a la siguiente no es 1. Debemos contar de dos en dos, de cinco en cinco, de diez en diez o de algún otro número en otro número para encontrar la distancia entre las marcas.

Ejemplo 2

¿Qué número está señalando la flecha?

Si contamos de uno en uno de una marca a otra, nuestro conteo no coincide con los números rotulados en la recta numérica. Intentamos contando de dos en dos y encontramos que nuestro conteo coincide con la recta numérica. La distancia desde una marca hasta la marca siguiente en esta recta numérica es 2. la flecha señala una marca que está una marca a la derecha del 4 y una marca a la izquierda del 8. El número que es dos más que 4 y dos menos que 8 es **6.**

Ejemplo 3

¿Qué número está señalando la flecha?

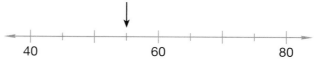

El cero no aparece en esta recta numérica, así que empezamos a contar en el 40. Contar de uno en uno no satisface el patrón. Tampoco contar de dos en dos. Contar de cinco en cinco sí satisface el patrón.

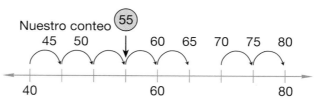

Encontramos que la flecha señala al número **55.**

¿Qué número está señalando la flecha en los problemas **1** y **2**?

1.

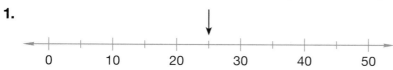

2.

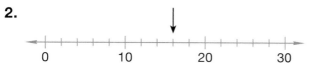

Actividad

Trazar rectas numéricas

a. Copia con cuidado las dos rectas numéricas siguientes en tu hoja. Después escribe el número que representa cada marca bajo las marcas en tu hoja.

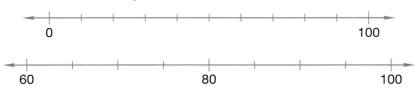

b. Traza una recta numérica del 0 al 10 y rotula el 0 y el 10. Después dibuja marcas para el 2, el 4, el 6 y el 8, pero no rotules las marcas.

Los números mayores que cero se llaman **números positivos.** Una recta numérica también puede mostrar números menores que cero. Los números menores que cero se llaman **números negativos.** El cero no es positivo ni negativo. Para escribir un número negativo con dígitos, ponemos un signo negativo (signo menos) a la izquierda del dígito.

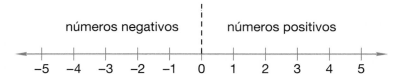

Ejemplo 4

a. Utiliza palabras para escribir −10.

b. Utiliza dígitos para escribir doce negativo.

a. diez negativo

b. −12

Utilizamos números negativos para describir temperaturas muy bajas. Por ejemplo, en un día frío de invierno, la temperatura en Lansing, Michigan, puede ser de "cinco grados bajo cero", lo que se escribe −5 grados.

Los números negativos también se utilizan de otras maneras. Una manera es mostrar una deuda. Por ejemplo, si Tom tiene $3 y debe pagarle $5 a Richard, puede pagarle $3 a Richard, pero Tom todavía le debe $2 a Richard. Podemos escribir −$2 para describir de cuánto es la deuda que tiene Tom.

Ejemplo 5

Al mediodía la temperatura era de 4 grados. Al anochecer la temperatura había disminuído en 7 grados. ¿Qué temperatura había al anochecer?

Podemos utilizar una recta numérica para resolver este problema. Empezamos en 4 y contamos 7 hacia atrás.

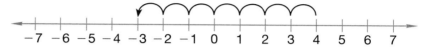

La temperatura al anochecer era de **−3 grados.**

Ejemplo 6

Escribe los cuatro números siguientes en cada secuencia de conteo:

    a. ..., 10, 8, 6, 4, ____, ____, ____, ____, ...

    b. ..., 9, 7, 5, 3, ____, ____, ____, ____, ...

Los números pares e impares pueden ser negativos o positivos.

    a. Ésta es una secuencia de números pares. Contamos hacia atrás de dos en dos y escribimos los cuatro números pares siguientes. Fíjate que el cero es par.

        ..., 10, 8, 6, 4, __**2**__, __**0**__, __**−2**__, __**−4**__, ...

    b. Ésta es una secuencia de números impares. Contamos hacia atrás de dos en dos y escribimos los cuatro números impares siguientes.

        ..., 9, 7, 5, 3, __**1**__, __**−1**__, __**−3**__, __**−5**__, ...

Ejemplo 7

¿Qué número está señalando la flecha?

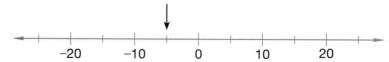

Contar de cinco en cinco satisface el patrón. La flecha señala un número que es cinco menos que cero, que es **−5.**

3. (**Representa**) A las 3 p.m. la temperatura era de 2 grados. A las 5 p.m. la temperatura era 6 grados más baja. ¿Cuál era la temperatura a las 5 p.m.?

4. **(Representa)** Amy tenía \$2, pero debía pagarle \$5 a Molly. Amy le pagó \$2 a Molly y le debe el resto. ¿Qué número negativo describe de cuánto es la deuda de Amy?

5. Escribe el número que es quince menos que cero

    a. utilizando dígitos.

    b. utilizando palabras.

6. **(Concluye)** Escribe los cuatro números siguientes en esta secuencia de conteo:

$$\ldots, 20, 15, 10, 5, \underline{\quad}, \underline{\quad}, \underline{\quad}, \underline{\quad}, \ldots$$

¿Qué número está señalando cada flecha en los problemas **7** y **8?**

7.

8.

Una recta numérica puede ayudarnos a **comparar** dos números. Cuando comparamos dos números, decidimos si un número es **mayor, igual** o **menor que** otro número.

Para mostrar la comparación de dos números que no son iguales, utilizamos los signos mayor que/menor que:

$$>\qquad<$$

El signo de comparación apunta hacia el número más pequeño. Leemos de izquierda a derecha. Si el extremo con punta va primero, decimos "es menor que".

$$3 < 4 \qquad \text{"Tres es menor que cuatro."}$$

Si el extremo abierto va primero, decimos "es mayor que".

$$4 > 3 \qquad \text{"Cuatro es mayor que tres."}$$

Generalmente, las rectas numéricas se trazan de modo que los números son mayores al avanzar hacia la derecha. Cuando comparamos dos números, debemos pensar en sus posiciones en la recta numérica. Para comparar 2 y -3, por ejemplo, vemos que el 2 está a la derecha del -3. Esto significa que 2 es mayor que -3.

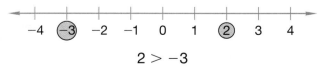

$$2 > -3$$

(Generaliza) Al movernos hacia la derecha en una recta numérica, los números son de mayor valor. ¿Qué enunciado que esté relacionado podemos decir acerca de movernos hacia la izquierda en una recta numérica?

Ejemplo 8

Compara: 2 ◯ −2

Los números 2 y −2 no son iguales. En una recta numérica vemos que 2 es mayor que −2.

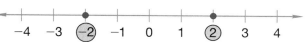

Reemplacemos el círculo por el signo de comparación adecuado:

$$2 > -2$$

Haz la conexión ¿−2 es mayor que cero o menor que cero? Explica por qué.

Ejemplo 9

a. Utiliza palabras para escribir la comparación 5 > −10.

b. Utiliza dígitos y un signo de comparación para escribir "tres negativo es menor que dos negativo".

a. Cinco es mayor que diez negativo.

b. $-3 < -2$

Compara:

9. -3 ◯ 1

10. 3 ◯ 2

11. $2 + 3$ ◯ $3 + 2$

12. -4 ◯ -5

13. **Representa** Utiliza palabras para escribir la comparación $-1 < 0$.

14. **Representa** Utiliza dígitos y un signo de comparación para escribir "dos negativo es mayor que tres negativo".

Ejemplo 10

Ordena estos números de menor a mayor:

$$2, -1, 0$$

En una recta numérica, los números aparecen en orden, por lo tanto utilizar una recta numérica puede ayudarnos a escribir los números en orden.

Vemos que los números ordenados de menor a mayor son **−1, 0, 2**.

Ordena los números de menor a mayor:

15. $0, -2, -3$

16. $10, -1, 0$

Investiga más

Se utilizó un atributo común para agrupar los siguientes números:

245   27   −61   149

Estos números no pertenecen al grupo:

44   − 38   720   150

Explica por que los números fueron clasificados en estos dos grupos. Después escribe un número negativo que pertenece al primer grupo y explica por qué tu número pertenece.

🔶 *Conceptos y destrezas esenciales para Texas*

(4.3)(A) usar suma para resolver problemas que usan números enteros
(4.14)(A) identificar las matemáticas en situaciones diarias
(4.15)(B) relacionar lenguaje informal con lenguaje matemático
(4.16)(B) justificar por qué una respuesta es razonable

• Sumandos que faltan en la suma en problemas de planteo

Preliminares

operaciones   Preliminares A

cuenta en voz alta   Cuenta de dos en dos del 2 al 50 y luego al revés hasta el 2.

cálculo mental   **Sentido numérico:** Suma un número terminado en ø ó 9 a otro número.

a.	28 + 30	b.	28 + 29	c.	37 + 50
d.	37 + 49	e.	56 + 40	f.	56 + 39

resolver problemas   Escoge una estrategia apropiada para resolver este problema. Sigue el mismo patrón de la Lección 8 y copia este diseño de diez círculos en tu hoja. Luego, afuera de cada círculo, escribe la suma del número de ese círculo y de los círculos de cada lado. Por ejemplo, el número afuera del círculo 1 debe ser 13.

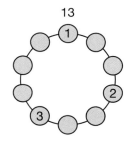

Nuevo concepto

En los problemas de "algunos y algunos más" que resolvimos, se dan en el problema tanto el número de "algunos" como el número de "algunos más". Sumamos los números para encontrar el total.

En esta lección practicamos resolver problemas de planteo en que nos dan el total y falta un sumando. Podemos resolver estos problemas tal como los problemas de aritmética que tienen un sumando que falta—restamos para encontrar el número que falta.

Ejemplo 1

Walter tiene 8 canicas. Luego Lamont le regala algunas más. Ahora tiene 17 canicas. ¿Cuántas canicas le dio Lamont?

Si podemos reconocer el argumento, podemos escribir un enunciado numérico para resolver el problema. Walter tiene algunas canicas. Luego recibe los números en la fórmula.

Fórmula: Algunos + Algunos más = Total

Problema: 8 canicas + m canicas = 17 canicas

Notamos que falta uno de los sumandos. Una manera de encontrar el número que falta es hacer una pregunta de suma.

"¿Qué número más ocho es igual a diecisiete?"

$$8 + m = 17$$

Como $8 + 9 = 17$, sabemos que Lamont le dio **9 canicas** a Walter.

Una manera de comprobar el resultado es observar si éste completa el problema de manera correcta.

Walter tenía 8 canicas. Luego Lamont le dio 9 canicas. Ahora tiene 17 canicas.

Ejemplo 2

Jamie recogió algunas manzanas. Luego recogió 5 manzanas más. Ahora tiene 12 manzanas. ¿Cuántas manzanas recogió Jamie primero?

Éste es un problema de planteo de "algunos y algunos más". Completamos la fórmula.

Algunas	n manzanas
+ Algunas más	+ 5 manzanas
Total	12 manzanas

Podemos hacer una pregunta de suma o de resta para encontrar el número que falta.

"¿Qué número más cinco es igual a doce?"

"¿Doce menos qué número es igual a cinco?"

La respuesta a ambas preguntas es siete. Jamie recogió **7 manzanas** primero.

Algunos problemas de suma son sobre partes que se suman a un entero.

Fórmula: Algunos + Algunos más = Total

Fórmula: Parte + Parte = Entero

El problema del Ejemplo 3 es sobre una clase entera que se divide en dos partes.

Ejemplo 3

Leamos matemáticas

Transformamos el problema utilizando una fórmula de suma.

Una parte: 14 niños
Otra parte: niñas
Toda la clase:
24 estudiantes

Hay 24 estudiantes en la clase entera. Si hay 14 niños en la clase, ¿cuántas niñas hay?

Una parte de la clase son niños y la otra parte son niñas.

Fórmula: Parte + Parte = Entero

Problema: 14 niños + niñas = 24 estudiantes

Podemos escribir el enunciado numérico $14 + g = 24$.

Como $14 + 10 = 24$, sabemos que hay **10 niñas** en la clase.

Justifica ¿Es razonable la respuesta? ¿Cómo lo sabes?

Práctica de la lección

Encuentra la fórmula Escribe y resuelve ecuaciones para los problemas **a–c.**

a. Lucille tenía 4 caléndulas. Lola le dio algunas más. Ahora tiene 12 caléndulas. ¿Cuántas caléndulas le dio Lola a Lucille?

b. Doce de los 25 estudiantes de la clase son niñas. ¿Cuántos niños hay en la clase?

c. A las 7:00 a.m. el aire es frío, pero en la tarde la temperatura aumenta 25 grados hasta llegar a 68°F. ¿Qué temperatura hace a las 7:00 a.m.?

Práctica escrita

Integradas y distribuidas

Encuentra la fórmula Escribe y resuelve ecuaciones para los problemas **1** y **2.**

* **1.** Si durante un día de invierno hay 10 horas de luz, entonces ¿cuántas
(1) horas de oscuridad hay durante el día? (*Pista:* Un día completo tiene 24 horas).

*2. Tamira lee 6 páginas antes del almuerzo. Después del almuerzo leel otras
$^{(11)}$ más. Si Tamira leyó 13 páginas en total, ¿cuántas páginas leyó después
del almuerzo?

3. (**Representa**) Utiliza dígitos para escribir el número seiscientos cuarenta
$^{(7)}$ y dos.

*4. (**Representa**) Utiliza dígitos y símbolos para escribir esta comparación:
$^{(Inv.\ 1)}$ "Doce negativo es menor que cero".

*5. Compara: $-2 \bigcirc 2$
$^{(Inv.\ 1)}$

*6. Utiliza los dígitos 5, 6 y 7 para escribir un número par entre 560 y 650.
$^{(10)}$

*7. (**Representa**) ¿A qué número apunta cada flecha?
$^{(Inv.\ 1)}$
   a.

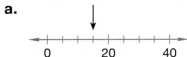

   b.

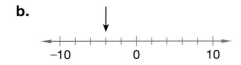

*8. ✏️ (**Analiza**) Se colocaron libros en dos estantes de modo que cada
$^{(10)}$ estante tenga el mismo número de libros. ¿Es un número impar o par el
número total de libros? Explica tu razonamiento.

9.   5
$^{(2)}$ b
  $+\ 7$
  $\overline{18}$

10.   n
$^{(2)}$ 5
  $+\ 3$
  $\overline{15}$

11.   7
$^{(2)}$ a
  $+\ 4$
  $\overline{12}$

12.   m
$^{(2)}$ 2
  $+\ 8$
  $\overline{14}$

13.   12
$^{(6)}$ $-\ 3$

14.   14
$^{(6)}$ $-\ 7$

15.   12
$^{(6)}$ $-\ 8$

16.   13
$^{(6)}$ $-\ 6$

*17.   74
$^{(9)}$ $+\ 18$

*18.   93
$^{(9)}$ $+\ 39$

19.   28
$^{(9)}$ $+\ 45$

20.   28
$^{(9)}$ $+\ 47$

Concluye Escribe los siguientes tres números en cada secuencia de conteo:

*21. ..., 12, 9, 6, _____, _____, _____, ...
(Inv. 3)

22. ..., 30, 36, 42, _____, _____, _____, ...
(3)

*23. **Haz la conexión** Los números 5, 9 y 14 forman una familia de operaciones.
(6) Escribe dos operaciones de suma y dos operaciones de resta utilizando estos tres números.

24. $4 + 3 + 5 + 8 + 7 + 6 + 2$
(1)

25. **Haz una lista** Muestra seis maneras de sumar 7, 8 y 9.
(1)

*26. **Selección múltiple** Si $3 + \blacktriangle = 7$ y si $\blacksquare = 5$, entonces $\blacktriangle + \blacksquare$ ¿es igual
(1) a cuál de los siguientes?

   A 4   **B** 5   **C** 8   **D** 9

*27. ¿Cuántos números impares diferentes de tres dígitos puedes escribir
(10) utilizando los dígitos 5, 0 y 9? Cada dígito se puede utilizar sólo una vez y el dígito 0 no se puede utilizar en el lugar de las centenas.

*28. Compara. Escribe >, <, o =.
(Inv. 1)
   a. 89 ◯ 94   **b.** 409 ◯ 177   **c.** 61 ◯ 26

*29. En la tabla se muestra el área de terreno de tres condados.
(7)

Escribe los nombres de los condados de menor a mayor área.

Área de terreno por condado

Condado	Estado	Área (mi cuadradas)
Cass	Iowa	564
Río Hood	Oregon	522
Weber	Utah	576

*30. **Encuentra la fórmula** Escribe y resuelve un problema de planteo de suma.
(1) Explica por qué tu respuesta es razonable.

LECCIÓN

12

🖐 *Conceptos y destrezas esenciales para Texas*

(4.3)(A) usar suma para resolver problemas que usan números enteros
(4.15)(A) explicar observaciones usando palabras y números
(4.15)(B) relacionar lenguaje informal con lenguaje matemático
(4.16)(B) justificar por qué una respuesta es razonable

• Números que faltan en la resta

operaciones	Preliminares A
cálculo mental	Suma un número terminado en 9 a otro número en **a–f.**

    a. Sentido numérico: 52 + 29

    b. Sentido numérico : 63 + 9

    c. Sentido numérico: 14 + 39

    d. Sentido numérico : 26 + 49

    e. Sentido numérico : 57 + 19

    f. Sentido numérico : 32 + 59

    g. Dinero: \$12 + \$10

    h. Dinero: \$12 + \$9

resolver problemas
Escoge una estrategia apropiada para resolver este problema. Haz un diseño de círculos numerados, como los de las Lecciones 10 y 11, pero utiliza siete círculos en lugar de diez. Utiliza el patrón "1, salto, salto, 2, salto, salto, 3, …" para numerar los círculos, comenzando con el círculo superior. Afuera de cada círculo, escribe la suma del número del círculo y de los dos círculos a cada lado. Describe el patrón o escribe una descripción del patrón para un compañero.

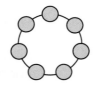

Nuevo concepto

Desde la Lección 1 hemos practicado cómo encontrar el número que falta en problemas de suma. En esta lección practicamos cómo encontrar números que faltan en problemas de resta.

Destreza mental

Comenta

¿Por qué podemos sumar para encontrar un número que falta en un problema de resta?

Recuerda que "restamos hacia abajo" para encontrar el número inferior y "sumamos hacia arriba" para encontrar el número superior.

Resta hacia abajo

Nueve menos seis es igual a tres.

$$\begin{array}{r} 9 \\ -6 \\ \hline 3 \end{array}$$

Suma hacia arriba

Tres más seis es igual a nueve.

Podemos utilizar la "resta hacia abajo" o la "suma hacia arriba" para encontrar el número que falta en un problema de resta.

Ejemplo 1

Encuentra el número que falta:

$$\begin{array}{r} 14 \\ -\ n \\ \hline 6 \end{array}$$

Podemos "restar hacia abajo" o "sumar hacia arriba". ¿Qué parece más fácil?

Resta hacia abajo

¿Catorce menos qué número es igual a seis?

$$\begin{array}{r} 14 \\ -\ n \\ \hline 6 \end{array}$$

Suma hacia arriba

¿Seis más qué número es igual a catorce?

A menudo es más fácil encontrar un número que falta en un problema de resta "sumando hacia arriba". Si sumamos 8 a 6 obtenemos 14, entonces el número que falta es 8. Podemos comprobar nuestra respuesta reemplazando *n* por 8 en el problema original.

$$\begin{array}{r} 14 \\ -\ 8 \\ \hline 6 \end{array} \quad \text{comprueba}$$

Como $14 - 8 = 6$, sabemos que nuestra respuesta es correcta.

Ejemplo 2

Encuentra el número que falta:

$$\begin{array}{r} b \\ -\ 5 \\ \hline 7 \end{array}$$

Intenta "restar hacia abajo" y "sumar hacia arriba".

Resta hacia abajo

¿Que número menos cinco es igual a siete?

$$\begin{array}{r} b \\ -\ 5 \\ \hline 7 \end{array}$$

Suma hacia arriba

¿Siete más cinco es igual a qué número?

Como 7 más 5 es 12, el número que falta debe ser **12.** Para comprobar nuestro resultado, reemplazamos *b* por 12 en el problema original.

$$\begin{array}{r} 12 \\ -\ 5 \\ \hline 7 \end{array} \quad \text{comprueba}$$

Práctica de la lección

Encuentra cada número que falta. Comprueba tus resultados.

a.	b.	c.	d.
14	n	9	n
$- \ n$	$- \ 5$	$- \ n$	$- \ 7$
6	2	2	5

Práctica escrita

Integradas y distribuidas

Encuentra la fórmula Escribe y resuelve ecuaciones para los problemas **1–3.**

*1. Laura encuentra nueve bellotas en el parque. Luego encuentra algunas
(11) más en su patio. Si Laura encuentra diecisiete bellotas en total, ¿cuántas bellotas encuentra en el patio?

*2. En el jardín de las mariposas, todos los día las orugas se convierten en
(1, 9) mariposas. En una semana, 35 orugas se convirtieron en mariposas. A la semana siguiente 27 orugas más se convirtieron en mariposas. En total, ¿cuántas orugas se convirtieron en mariposas?

*3. Demetrius utiliza una regla de 12 pulgadas para revolver la pintura de
(11) una lata. Cuando saca la regla, 5 pulgadas no están cubiertas de pintura. ¿Cuántas pulgadas de la regla están cubiertas de pintura?

*4. **Representa** Utiliza palabras y dígitos para escribir el
(7) número que muestra este modelo:

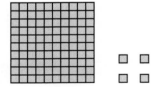

5. La hermana menor de Nathan nació el séptimo día de junio de 2002.
(5) Escribe su cumpleaños en la forma mes/día/año.

*6. Escribe un número impar de tres dígitos menor que 500 utilizando los
(4) dígitos 9, 4 y 6. ¿Qué dígito está en el lugar de las decenas?

*7. **Haz la conexión** ¿A qué número apunta la flecha?
(Inv. 1)

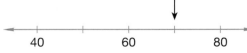

8.
(2)
$$\begin{array}{r} 5 \\ n \\ + 6 \\ \hline 15 \end{array}$$

9.
(2)
$$\begin{array}{r} a \\ 2 \\ + 5 \\ \hline 15 \end{array}$$

10.
(2)
$$\begin{array}{r} 7 \\ 2 \\ + n \\ \hline 15 \end{array}$$

11.
(2)
$$\begin{array}{r} 4 \\ a \\ + 2 \\ \hline 15 \end{array}$$

*12.
(12)
$$\begin{array}{r} n \\ - 6 \\ \hline 8 \end{array}$$

13.
(6)
$$\begin{array}{r} 16 \\ - 8 \\ \hline \end{array}$$

14.
(6)
$$\begin{array}{r} 14 \\ - 7 \\ \hline \end{array}$$

*15.
(12)
$$\begin{array}{r} 12 \\ - a \\ \hline 7 \end{array}$$

*16.
(12)
$$\begin{array}{r} b \\ - 6 \\ \hline 6 \end{array}$$

*17.
(12)
$$\begin{array}{r} 13 \\ - c \\ \hline 8 \end{array}$$

*18.
(9)
$$\begin{array}{r} \$48 \\ + \$16 \\ \hline \end{array}$$

19.
(9)
$$\begin{array}{r} \$37 \\ + \$14 \\ \hline \end{array}$$

(**Concluye**) Escribe los tres números siguientes en cada secuencia de conteo:

*20. ..., 28, 35, 42, _____, _____, _____, ...
(3)

*21. ..., 18, 21, 24, _____, _____, _____, ...
(3)

22. ¿Cuántos centavos son nueve monedas de cinco centavos? Cuenta de
(3) cinco en cinco.

*23. (**Explica**) Escribe la siguiente comparación utilizando palabras y explica
(Inv. 1) por qué está correcta.

$$-3 > -5$$

*24. Ordena estos números de menor a mayor: 0, −2, 4
(Inv. 1)

25. 7 + 3 + 8 + 5 + 4 + 3 + 2
(1)

*26. Selección múltiple ¿De qué manera se puede escribir "cinco restado
(6) de n"?

    A $5 - n$ **B** $n - 5$ **C** $5 + n$ **D** $n + 5$

*27. ¿Cuántos números diferentes de tres dígitos puedes escribir utilizando los
(10) dígitos 4, 2 y 0? Cada dígito se puede utilizar sólo una vez y el dígito 0 no se
puede utilizar en el lugar de las centenas.

*28. Compara. Escribe >, <, o =.
(Inv. 1)
    a. 310 ◯ 295   **b.** 56 ◯ 63   **c.** 104 ◯ 89

29. La tabla muestra el peso normal de tres animales.
(7)

Ordena los nombres de los animales de mayor a menor peso.

Peso normal de animales

Animal	Peso (libras)
Zorro	14
Tejón	17
Nutria	13

30. ✎ **Encuentra la fórmula** Escribe y resuelve un problema de planteo de
(1) suma. Luego explica por qué tu respuesta es razonable.

Para los más rápidos

Conexión con la vida diaria

Brianna ganó $15 por pasear en la tardes al perro de su vecino. Ella utilizó parte del dinero que ganó para comprar un CD. Después de comprar el CD, Brianna guardó $6. Escribe y resuelve una ecuación para encontrar cuánto pagó Brianna por el CD.

Con el dinero que quedó, Brianna quiere comprar un libro que cuesta $10. Escribe y resuelve una ecuación para encontrar cuánto dinero le falta a Brianna. Explica cómo encontraste tu resultado.

🔶 *Conceptos y destrezas esenciales para Texas*

(4.3)(A) usar suma para resolver problemas
(4.14)(A) identificar las matemáticas en situaciones diarias
(4.14)(B) resolver problemas que implican comprenderlos, hacer y llevar a cabo un plan y evaluar si es razonable la solución
(4.14)(C) desarrollar plan o estrategia para resolver problemas
(4.14)(D) usar herramientas y tecnología para resolver problemas
(4.15)(B) relacionar lenguaje informal con lenguaje matemático
(4.16)(B) justificar por qué una respuesta es razonable

• Sumar números con tres dígitos

| **múltiplos** | Preliminares K |

En tu tabla de cien, encierra en un círculo todos los números que decimos al contar de 3 en 3, del 3 al 99. ¿Observas algún patrón de números pares o impares? Explica.

cálculo mental

   a. **Sentido numérico:** 30 + 60

   b. **Sentido numérico:** 74 + 19

   c. **Sentido numérico:** 46 + 9

   d. **Sentido numérico:** 63 + 29

   e. **Sentido numérico:** 42 + 50

   f. **Sentido numérico:** 16 + 39

   g. **Dinero:** $20 + $20

   h. **Dinero:** $19 + $20

resolver problemas

Los meses del año se repiten. Doce meses después de enero es enero del año siguiente. Veinticuatro meses después de enero es enero nuevamente. ¿Qué mes es veinticinco meses después de enero?

Enfoque de la estrategia: Utiliza razonamiento lógico

(**Comprende**) Nos dan esta información:

   1. Los meses del año se repiten.
   2. Doce meses después de enero es enero del año siguiente.
   3. Veinticuatro meses después de enero es enero nuevamente.

Ya conocemos los meses del año (enero, febrero, marzo y así sucesivamente). Nos piden encontrar qué mes viene veinticinco meses después de enero.

Planifica *Utilicemos razonamiento lógico.* Para responder la pregunta combinamos nuestro conocimiento de los meses del año con la información que nos dan.

Resuelve Nos dicen que veinticuatro meses después de enero es enero. Veinticinco meses es un mes más que veinticuatro meses (24 + 1 = 25). Sabemos que un mes después de enero es febrero. Entonces veinticinco meses después de enero es **febrero**.

Comprueba Sabemos que nuestra respuesta es razonable, porque los meses del año se repiten. Veinticuatro meses después de enero es enero, entonces, utilizando razonamiento lógico, sabemos que veinticinco meses después de enero es febrero.

Nuevo concepto

Esmerelda y Denise estaban jugando. Esmerelda tenía $675. Denise cayó en la propiedad de Esmerelda, así que le pagó $175 de renta. ¿Cuánto dinero tiene Esmerelda ahora?

Podemos utilizar manipulables de dinero para sumar $175 a $675. La suma es 7 centenas, 14 decenas y 10 unidades.

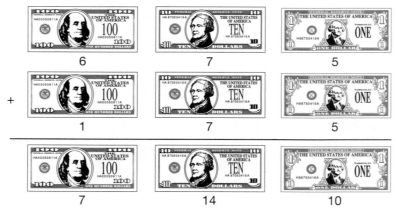

Destreza mental

Justifica

¿Por qué podemos utilizar billetes de $100, $10 y $1 para representar un problema de suma?

Destreza mental

Verifica

¿Por qué cambiamos diez billetes de $1 por uno de $10?

Podemos cambiar 10 unidades por 1 decena y 10 decenas por 1 centena, lo que nos da 8 centenas, 5 decenas y ninguna unidad. Esmerelda tiene $850.

También podemos utilizar papel y lápiz para resolver este problema. Primero sumamos las unidades y reagrupamos. Luego sumamos las decenas y reagrupamos. Como paso final, sumamos las centenas.

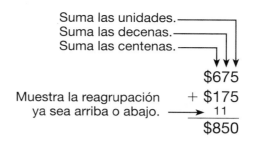

Suma las unidades.
Suma las decenas.
Suma las centenas.

$675
+ $175
  11
$850

Muestra la reagrupación
ya sea arriba o abajo.

Ejemplo

Rayetta compró un carro usado para ir a la universidad. Ella pagó $456 para que lo pintaran nuevamente y $374 por neumáticos nuevos. En total, ¿cuánto dinero gastó Rayetta en pintura y neumáticos?

Comenzamos sumando los dígitos de la columna de las unidades y nos movemos una columna hacia la izquierda a la vez. Escribimos el primer dígito de los resultados de dos dígitos, ya sea sobre o debajo de la columna de lugar siguiente. Encontramos que Rayetta gastó **$830.**

  11
$456
+ $374
$830

Destreza mental

Comenta

¿En qué lugar posicional necesitamos reagrupar? Explica por qué.

Actividad

Sumar dinero

Materiales:
• manipulables de dinero de la Lección 4 (de las **Actividades 2, 3, y 4 de la lección**).

Utiliza manipulables de dinero para dramatizar el problema del ejemplo. Luego describe por escrito cómo puedes reagrupar los billetes para utilizar el menor número de billetes.

Práctica de la lección

Suma:

a. $579
       + $186

b.   408
       + 243

c. $498
       + $ 89

d. $458 + $336

e. 56 + 569

Práctica escrita

Integradas y distribuidas

* 1. Durante el recreo, 77 estudiantes escogen jugar afuera y 19 escogen jugar
(1, 9)   en el gimnasio. ¿En total, cuántos estudiantes juegan durante el recreo?

* 2. El viernes, cinco de los doce estudiantes no tienen tarea para la casa.
(11)   ¿Cuántos estudiantes tienen tarea para la casa?

*3. **Representa** Utiliza palabras para escribir el número 913.
(7)

*4. **Representa** Utiliza dígitos para escribir el número setecientos cuarenta
(7) y tres.

*5. **Representa** Utiliza dígitos y símbolos para escribir esta comparación:
(Inv. 1) "Setenta y cinco es mayor que ochenta negativo".

*6. Compara:
(7,
Inv. 1) **a.** 413 $\bigcirc$ 314   **b.** -4 $\bigcirc$ 3

7. **Haz la conexión** Los números 7, 9 y 16 forman una familia de
(6) operaciones. Escribe dos operaciones de suma y dos operaciones
de resta utilizando estos tres números.

*8. **Representa** ¿A qué número apunta la flecha?
(Inv. 1)

a.

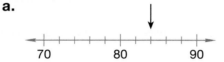

b.

*9. (13) $\begin{array}{r} \$475 \\ + \$332 \\ \hline \end{array}$	***10.** (13) $\begin{array}{r} \$714 \\ + \$226 \\ \hline \end{array}$	***11.** (13) $\begin{array}{r} 743 \\ + 187 \\ \hline \end{array}$	***12.** (13) $\begin{array}{r} 576 \\ + 228 \\ \hline \end{array}$
13. (2) $\begin{array}{r} 8 \\ 5 \\ + k \\ \hline 17 \end{array}$	**14.** (2) $\begin{array}{r} 4 \\ n \\ + 6 \\ \hline 15 \end{array}$	**15.** (2) $\begin{array}{r} 9 \\ a \\ + 6 \\ \hline 17 \end{array}$	**16.** (2) $\begin{array}{r} n \\ 3 \\ + 7 \\ \hline 16 \end{array}$
*17. (12) $\begin{array}{r} 8 \\ - n \\ \hline 2 \end{array}$	**18.** (6) $\begin{array}{r} 17 \\ - 8 \\ \hline \end{array}$	**19.** (6) $\begin{array}{r} 13 \\ - 7 \\ \hline \end{array}$	***20.** (12) $\begin{array}{r} n \\ - 8 \\ \hline 7 \end{array}$
*21. (12) $\begin{array}{r} 14 \\ - n \\ \hline 6 \end{array}$	***22.** (12) $\begin{array}{r} 16 \\ - a \\ \hline 9 \end{array}$	**23.** (12) $\begin{array}{r} n \\ - 9 \\ \hline 7 \end{array}$	**24.** (9) $\begin{array}{r} \$49 \\ + \$76 \\ \hline \end{array}$

*25. (Concluye) Escribe los tres números siguientes en cada secuencia
_(3, Inv. 1) de conteo:

  a. ..., 28, 35, 42, ____, ____, ____, ...

  b. ..., 15, 10, 5, ____, ____, ____, ...

*26. **Selección múltiple** ¿Qué número muestra la suma de estos
₍₇₎ conjuntos?

A 26   **B** 32   **C** 58   **D** 13

*27. ¿Qué temperatura es 5 grados menos que 1 grado?
_(Inv. 1)

*28. Hermanos y hermanas: La tabla muestra los nombres
₍₇₎ y edades de Jeremy y sus hermanos.

Escribe los nombres del hermano menor al
mayor.

Jeremy y sus hermanos

Nombre	Edad (en años)
Jeremy	10
Jack	8
Jackie	13

*29. (Justifica) ¿Es par o impar la suma de tres números pares? Explica y
₍₁₀₎ da varios ejemplos para apoyar tu respuesta.

*30. ¿Cuántos números diferentes de tres dígitos puedes escribir utilizando los
₍₁₀₎ dígitos 0, 6 y 7? Cada dígito se puede utilizar sólo una vez y el dígito 0 no
se puede utilizar en el lugar de las centenas. Rotula tus números como par
o impar.

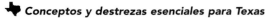

Conceptos y destrezas esenciales para Texas

(4.3)(A) usar suma para resolver problemas que usan números enteros
(4.14)(A) identificar las matemáticas en situaciones diarias
(4.14)(B) resolver problemas que implican comprenderlos, hacer y llevar a cabo un plan y evaluar si es razonable la solución
(4.15)(B) relacionar lenguaje informal con lenguaje matemático
(4.16)(B) justificar por qué una respuesta es razonable

• Restar números de dos y tres dígitos

• Sumandos de dos dígitos que faltan

múltiplos

Preliminares K

Los múltiplos de 4 son los números que decimos al contar de cuatro en cuatro: 4, 8, 12, 16 y así sucesivamente. En tu tabla de cien, encierra en un círculo los múltiplos de 4. ¿Cuáles de los números encerrados en un círculo son pares? ¿Todos los números pares de la tabla están encerrados en un círculo?

cálculo mental

Suma un número terminado en dos ceros a otro número en **a–c**.

  a. Sentido numérico: 300 + 400

  b. Sentido numérico: 600 + 300

  c. Sentido numérico: 250 + 300

  d. Sentido numérico: 63 + 29

  e. Sentido numérico: 28 + 49

  f. Dinero: ¿De qué valor es la moneda que tiene el mismo valor que dos monedas de diez centavos y una moneda de cinco centavos juntas?

  g. Dinero: ¿Cuántas monedas de veinticinco centavos son iguales a un dólar?

  h. Dinero: Si un lápiz cuesta 20¢, ¿cuánto cuestan dos lápices?

resolver problemas

Escoge una estrategia de resolución de problemas apropiada para resolver este problema. Doce meses después de febrero es febrero. Veinticuatro meses después de febrero es febrero nuevamente. El 14 de febrero, la hermana de Paloma cumple 22 meses de edad. ¿En qué mes nació la hermana de Paloma?

82   *Matemáticas intermedias* **Saxon** *4*

Restar números de dos y tres dígitos

KimRee tiene $37. Ella gasta $23 para comprar un juego. ¿Cuánto dinero le queda a KimRee?

Utilizamos billetes para ilustrar este problema.

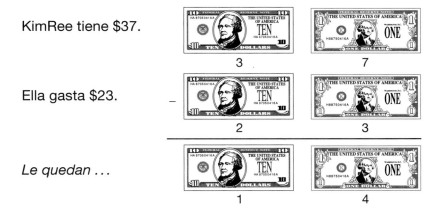

KimRee tiene $37.

Ella gasta $23.

Le quedan ...

El dibujo muestra que KimRee tiene 3 decenas y 7 unidades y que quita 2 decenas y 3 unidades. Observamos que le queda 1 decena y 4 unidades, que son $14.

El problema es un problema de resta. Con papel y lápiz, resolvemos el problema de esta manera:

Primero resta las unidades.
Luego resta las decenas.

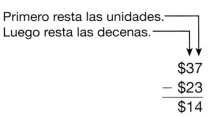

$$\begin{array}{r} \$37 \\ -\ \$23 \\ \hline \$14 \end{array}$$

Ejemplo 1

Resta: 85 − 32

Leemos este problema como "ochenta y cinco menos treinta y dos". Esto significa que se restan 32 de 85. Podemos escribir el problema y su resultado de esta manera:

$$\begin{array}{r} 85 \\ -\ 32 \\ \hline \mathbf{53} \end{array}$$

Verifica Explica por qué es razonable la respuesta.

Resta 123 a 365.

Los números en un problema de resta siguen un orden específico. Este problema significa "comienza con 365 y resta 123". Escribimos el problema y su resultado así:

$$
\begin{array}{r}
365 \\
-\ 123 \\
\hline
\mathbf{242}
\end{array}
$$

Verifica Explica por qué es razonable la respuesta.

Sumandos de dos dígitos que faltan

El sumando que falta en este problema tiene dos dígitos. Podemos encontrar el sumando que falta de a un dígito a la vez.

columna de las unidades ⎤
columna de las decenas ⎦

$$
\begin{array}{r}
56 \\
+\ \_\_ \\
\hline
98
\end{array}
$$

¿Seis más qué número es ocho? (2)
¿Cinco más qué número es nueve? (4)

Los dígitos que faltan son 4 y 2, entonces el sumando que falta es 42.

Encuentra el sumando que falta:

$$
\begin{array}{r}
36 \\
+\ w \\
\hline
87
\end{array}
$$

La letra w representa un número de dos dígitos. Primero encontramos el dígito que falta en el lugar de las unidades. Luego encontramos el dígito que falta en el lugar de las decenas.

$$
\begin{array}{r}
36 \\
+\ w \\
\hline
87
\end{array}
$$

¿Seis más qué número es siete? (1)
¿Tres más qué número es ocho? (5)

El sumando que falta es **51.**

Comprobamos nuestra respuesta reemplazando en el problema original la w con 51.

$$
\begin{array}{rr}
36 & 36 \\
+\ w & +\ 51 \\
\hline
87 & 87 \quad \text{comprueba}
\end{array}
$$

Encuentra el sumando que falta: $m + 17 = 49$

Queremos encontrar un número que al combinarlo con 17 dé un total de 49. El sumando que falta tiene dos dígitos. Encontramos los dígitos de a uno a la vez.

$$\begin{array}{r} m \\ +\ 17 \\ \hline 49 \end{array}$$ ¿Qué número más siete es nueve? (2)
¿Qué número más uno es cuatro? (3)

Encontramos que el sumando que falta es **32.** Comprobamos nuestro resultado.

$$m + 17 = 49$$
$$32 + 17 = 49 \quad \text{comprueba}$$

Práctica de la lección

Haz un modelo Resuelve los problemas **a** y **b** utilizando manipulables de dinero. Luego resta utilizando papel y lápiz.

a. $485 − $242

b. $56 − $33

c. Resta 53 de 97.

d. Resta veintitrés de cincuenta y cuatro.

Encuentra el sumando que falta en cada problema:

e.
$$\begin{array}{r} 24 \\ +\ q \\ \hline 65 \end{array}$$

f.
$$\begin{array}{r} m \\ +\ 31 \\ \hline 67 \end{array}$$

g. $36 + w = 99$

h. $y + 45 = 99$

Práctica escrita

Integradas y distribuidas

Encuentra la fórmula Escribe y resuelve ecuaciones para los problemas **1** y **2.**

* **1.** La tienda de surf tenía cuarenta y dos tablas de surf. La tienda recibió un
(1)   cargamento con diecisiete tablas más. ¿Cuántas tablas había en la tienda de surf?

* **2.** El lunes, Machiko vio cuatro saltamontes en su patio. El martes vio
(11)   otros más. Ella vio un total de once saltamontes durante esos dos días. ¿Cuántos saltamontes vio el martes?

*3. Utiliza los dígitos 1, 2 y 3 para escribir un número par menor que 200.
(10) Utiliza cada dígito sólo una vez.

*4. (Haz la conexión) Utiliza los números 9, 7 y 2 para escribir dos
(6) operaciones de suma y dos operaciones de resta.

*5. Resta setecientos trece de ochocientos veinticuatro.
(14)

*6. Compara:
(Inv. 1)
    a. 704 ◯ 407   **b.** −3 ◯ −5

7. ¿Cuál es el número total de días de los dos primeros meses de un año
(5) normal?

*8. (Representa) ¿A qué número apunta la flecha?
(Inv. 1)

*9. $346   ***10.**   499   ***11.** $421   ***12.** $506
(13) + $298   (13) + 275   (13) + $389   (13) + $210

*13. $438   **14.**   17   **15.**   7   **16.**   5
(14) − $206   (12) − a (1) + b (12) − c
                      9   14   2

17.   8   ***18.**   15   **19.**   3   ***20.**   476
(1) + d (12) − k (2) n (14) − 252
    15   9   + 2
                             13

21.   47   ***22.**   28   ***23.**   75   ***24.**   24
(14) − 16   (14) − 13   (14) + t (14) + e
                            87   67

*25. (Concluye) Escribe los tres siguientes números en cada secuencia de
(3, Inv. 1) conteo:

    a. ... , 81, 72, 63, _____, _____, _____, ...

    b. ... , 12, 8, 4, _____, _____, _____, ...

*26. Selección múltiple Si $\square - 7 = 2$, entonces, ¿cuál de las siguientes *no* es
(12) verdadera?

    A $7 - \square = 2$ **B** $\square - 2 = 7$

    C $2 + 7 = \square$ **D** $\square = 7 + 2$

*27. **Verifica** Al sumar cuatro números pares, ¿es par o impar la suma?
(10) Explica por qué, y da algunos ejemplos para apoyar tu respuesta.

28. Un piano tiene 36 teclas negras y 52 teclas blancas. ¿Tiene un piano
(1, 7) más teclas negras o blancas? ¿Cuántas teclas tiene en total un piano?

*29. **Verifica** ¿Es par o impar la suma de tres números impares? Explica
(10) por qué y da varios ejemplos para apoyar tu respuesta.

30. ¿Cuántos números de tres dígitos diferentes puedes escribir utilizando
(10) los dígitos 9, 1 y 0? Cada dígito se puede utilizar sólo una vez y el dígito
0 no se puede utilizar en el lugar de las centenas. Rotula los números que
escribas como par o impar.

Para los más rápidos

Conexión con la vida diaria

La familia Helman hizo un viaje de 745 millas en carro para visitar a sus parientes. El viaje duró tres días, porque cada día se detuvieron para visitar lugares de interés. El primer día viajaron 320 millas y el tercer día viajaron 220 millas. ¿Cuántas millas viajaron el segundo día? Explica por qué es razonable tu respuesta.

🔻 *Conceptos y destrezas esenciales para Texas*

(4.3)(A) usar suma para resolver problemas que usan números enteros

(4.14)(A) identificar las matemáticas en situaciones diarias

(4.14)(B) resolver problemas que implican comprenderlos, hacer y llevar a cabo un plan y evaluar si es razonable la solución

(4.14)(C) desarrollar plan o estrategia para resolver problemas

(4.14)(D) usar herramientas y tecnología para resolver problemas

(4.15)(B) relacionar lenguaje informal con lenguaje matemático

(4.16)(B) justificar por qué una respuesta es razonable

• Restar números de dos dígitos con reagrupación

operaciones	Preliminares A
cuenta en voz alta	Contar de cuatro en cuatro del 4 al 60.
cálculo mental	Suma un número terminado en dos ceros a otro número en **a–c**.

    a. Sentido numérico: 400 + 500

    b. Sentido numérico: 600 + 320

    c. Sentido numérico: 254 + 100

    d. Sentido numérico: 39 + 25

    e. Sentido numérico: 19 + 27

    f. Dinero: ¿Cuál es el valor de 3 monedas de cinco centavos más dos monedas de un centavo?

    g. Dinero: ¿Cuál es el valor de 3 monedas de veinticinco centavos?

    h. Dinero: El precio de un guante de béisbol es $19. El precio de una pelota de béisbol es $3. ¿Cuánto cuestan en total un guante y una pelota?

resolver problemas

Talmai tiene un total de 10 monedas en sus bolsillos izquierdo y derecho. Él tiene cuatro monedas más en su bolsillo derecho que en su bolsillo izquierdo. ¿Cuántas monedas tiene Talmai en cada bolsillo?

Enfoque de la estrategia: Estima y comprueba

(**Comprende**) Nos indican el número total de monedas (10). Nos dicen que el bolsillo derecho de Talmai contiene cuatro monedas más que su bolsillo izquierdo. Nos piden encontrar el número de monedas que hay en cada bolsillo.

(**Planifica**) Podemos *estimar* los números de monedas y luego *comprobar* si los números corresponden con el problema.

Resuelve Utilizamos familias de operaciones para estimar sólo pares de números que sumen 10. Intentamos hacer una estimación *razonable*. Podemos eliminar la estimación de 5 monedas en cada bolsillo, porque sabemos que Talmai tiene un número diferente de monedas en sus dos bolsillos.

Podemos estimar 6 monedas para el bolsillo derecho y 4 monedas para el bolsillo izquierdo. Esta estimación es incorrecta, porque significa que Talmai tiene 2 monedas más en un bolsillo que en el otro ($6 - 4 = 2$). Si estimamos de manera incorrecta, revisamos nuestra estimación y comprobamos nuevamente.

Para una estimación diferente, podemos intentar con 7 y 3 monedas. Siete monedas son cuatro monedas más que tres monedas ($7 - 3 = 4$), lo que corresponde con el problema. Esto significa que Talmai tiene **7 monedas en su bolsillo derecho y 3 monedas en su bolsillo izquierdo.**

Comprueba Sabemos que nuestra respuesta es razonable, porque 7 monedas más 3 monedas dan un total de 10 monedas y 7 monedas son 4 más que 3 monedas. Utilizamos familias de operaciones y la estrategia *estima y comprueba* para resolver el problema.

Nuevo concepto

Roberto tenía $53. Él gasta $24 para comprar una chaqueta. ¿Cuánto dinero tiene Roberto ahora?

Utilizamos ilustraciones de billetes y manipulables de dinero como ayuda para comprender este problema.

Roberto tenía $53.

Él gasta $24.

Ahora tiene ...

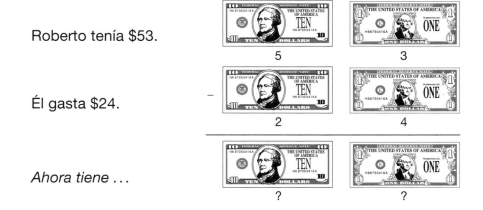

Leamos matemáticas

Comenta

Explica por qué 5 decenas y 3 unidades es igual al mismo número que 4 decenas y 13 unidades.

El dibujo muestra que Roberto tenía 5 decenas y 3 unidades y que quita 2 decenas y 4 unidades. Vemos que Roberto tenía suficientes decenas, pero no suficientes unidades. Para obtener más unidades, Roberto cambió 1 decena por 10 unidades.

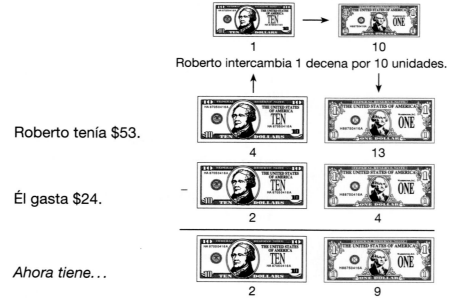

Roberto intercambia 1 decena por 10 unidades.

Roberto tenía $53.

Él gasta $24.

Ahora tiene...

Después de intercambiar 1 decena por 10 unidades, Roberto tiene 4 decenas y 13 unidades. Entonces él puede quitar 2 decenas y 4 unidades de su dinero para pagar la chaqueta. Después de la compra tiene 2 decenas y 9 unidades, que son $29.

Intercambiar 1 decena por 10 unidades es un ejemplo de **reagrupación** o **intercambio.** (En la resta, este proceso también se llama **tomar prestado.**) Cuando restamos a menudo necesitamos reagrupar.

Ejemplo

Santino tiene $56. Él gasta $29 para reparar su bicicleta. ¿Cuánto dinero tiene Santino ahora?

Restamos $29 de $56 y anotamos $56 en la parte superior

$$\begin{array}{r} \$56 \\ - \ \$29 \\ \hline ? \end{array}$$

Sabemos que $56 significa 5 decenas y 6 unidades y que $29 significa 2 decenas y 9 unidades. Como $6 es menos que $9, necesitamos reagrupar antes de restar. Quitamos $10 de $50 y lo sumamos a $6. De 5 decenas y 6 unidades obtenemos 4 decenas y 16 unidades, que siguen siendo $56.

Restamos y obtenemos 2 decenas y 7 unidades, que son **$27.**
Generalmente mostramos la reagrupación de esta manera:

$$\begin{array}{r} \$\overset{4}{\cancel{5}}\,\overset{1}{6} \\ -\ \$2\ \ 9 \\ \hline \$2\ \ 7 \end{array}$$

Restar dinero

Materiales necesarios:

- manipulables de dinero de la Lección 4 (de las **Actividades 2, 3 y 4 de la lección**)

Utiliza manipulables de dinero para representar el problema del ejemplo. Luego describe por escrito cómo reagrupar los billetes de manera que se pueda restar.

Práctica de la lección

Haz un modelo Utiliza manipulables de dinero o haz dibujos para mostrar cada resta:

a. $\begin{array}{r} \$53 \\ -\ \$29 \end{array}$ **b.** $\begin{array}{r} \$56 \\ -\ \$27 \end{array}$ **c.** $\begin{array}{r} \$42 \\ -\ \$24 \end{array}$ **d.** $\begin{array}{r} \$60 \\ -\ \$27 \end{array}$

Utiliza papel y lápiz para encontrar cada diferencia:

e. $63 - 36$ **f.** $40 - 13$

g. $72 - 24$ **h.** $24 - 18$

Práctica escrita *Integradas y distribuidas*

Encuentra la fórmula Escribe y resuelve ecuaciones para los problemas **1** y **2**.

* **1.** Jimmy encontró seiscientas dieciocho bellotas bajo un árbol. Él encontró
(1, 13) ciento diecisiete bajo otro árbol. ¿Cuántas bellotas encontró Jimmy en total?

* **2.** El primer día Rueben recogió dieciséis hojas. El segundo día recogió otras
(11, 14) más, lo que hizo un total de setenta y seis hojas. ¿Cuántas hojas recogió el segundo día?

3. Utiliza los dígitos 3, 6 y 7 para escribir un número par menor que 400.
(10) Utiliza cada dígito sólo una vez.

*4. (Representa) Utiliza palabras para escribir el número 605.
(7)

5. El número impar más pequeño de dos dígitos es 11. ¿Cuál es el número
(10) par más pequeño de dos dígitos?

6. Compara:
(Inv. 1)

    a. 75 ◯ 57   **b.** 5 + 7 ◯ 4 + 8

*7. Resta 245 de 375.
(14)

*8. ¿A qué número apunta la flecha?
(Inv. 1)

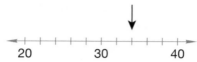

*9. $426
(13) + $298

10. $278
(13) + $456

11. 721
(13) + 189

*12. 409
(13) + 198

13. d
(1) + 7
  12

14. 18
(12) − a
  9

*15. 38
(14) + b
  59

16. c
(12) − 4
  1

17. $456
(14) − $120

*18. $54
(15) − $27

*19. 46
(15) − 28

*20. 35
(15) − 16

*21. (Analiza) ¿Cuál es el número total de días de los dos últimos meses
(5) del año?

*22. (Haz la conexión) Los números 5, 6 y 11 forman una familia de
(6) operaciones. Escribe dos operaciones de suma y dos operaciones de
resta utilizando estos tres números.

*23. 3 + 6 + 7 + 5 + 4 + 8
(1)

(Concluye) Escribe los tres números que siguen en cada secuencia de conteo:

24. ... , 72, 63, 54, _____, _____, _____, ...
(3)

*25. ... , −7, −14, −21, _____, _____, _____, ...
(Inv. 1)

*26. **Selección Múltiple** Si ☐ = 6 y si ☐ + △ = 10, ¿entonces △ es igual
(1)   a cuál de los siguientes?

    A 3   **B** 4   **C** 5   **D** 6

*27. ✎ **Verifica** ¿Es impar o par la suma de un número impar y un
(10)   número par? Explica por qué, y da varios ejemplos para apoyar tu
respuesta.

28. En esta tabla se muestra el número de estudiantes que asisten a tres
(7)   escuelas primarias diferentes:

Matriculados

Escuela	Numero de estudiantes
Washington	370
Lincoln	312
Roosevelt	402

Escribe los nombres de las escuelas de menor a mayor número de
estudiantes.

*29. Un chimpancé pesa alrededor de 150 libras. Un gorila pesa alredor de
(6, 7)   450 libras. ¿Qué animal pesa más? ¿Cuánto más pesa?

30. ¿Cuántos números diferentes de tres dígitos puedes escribir utilizando
(10)   los dígitos 4, 0 y 8? Cada dígito se puede utilizar sólo una vez y el dígito 0
no se puede utilizar en el lugar de las centenas.

Para los más rápidos

Conexión con la vida diaria

El guardián del zoológico anota cada día en una tabla cuánto alimento
consume el panda gigante. La tabla muestra que el panda comió 61
libras de alimento el lunes y 55 libras el martes. ¿Cuánto alimento más
comió el panda el lunes que el martes? Utiliza los bloques de base diez
para resolver el problema. Luego comprueba tu respuesta utilizando
papel y lápiz.

🔸 *Conceptos y destrezas esenciales para Texas*

(4.1)(A) usar valor posicional para leer, escribir y comparar números enteros hasta el 999,999,999

(4.3)(A) usar suma para resolver problemas que usan números enteros

(4.14)(B) resolver problemas que implican comprenderlos, hacer y llevar a cabo un plan y evaluar si es razonable la solución.

(4.15)(B) relacionar lenguaje informal con lenguaje matemático

(4.16)(B) justificar por qué una respuesta es razonable

• Forma desarrollada
• Más acerca de números que faltan en la resta

múltiplos

Preliminares K

Los múltiplos de cinco son los números que decimos al contar de cinco en cinco. En nuestra tabla de cien, encierra en un círculo los múltiplos de 5. ¿Qué dígitos están en el lugar de las unidades en todos los números que encerraste en un círculo? ¿Qué números de los encerrados en un círculo son pares?

cálculo mental

Suma tres números en **a–c.**

a. Sentido numérico: $30 + 40 + 20$

b. Sentido numérico: $300 + 400 + 200$

c. Sentido numérico: $3 + 4 + 2$

d. Repaso: $36 + 19$

e. Repaso: $39 + 27$

f. Dinero: ¿Cuál es el valor de 3 monedas de diez centavos más 1 de cinco centavos?

g. Dinero: ¿Cuál es el valor de 1 moneda de veinticinco centavos más 1 de cinco centavos?

h. Dinero: ¿Cuánto cuestan en total un boleto para el cine de $8 y un refresco de $3?

resolver problemas

Escoge una estrategia de resolución de problemas apropiada para resolver este problema. Sally tiene cuatro monedas en su bolsillo que forman un total de 25¢. ¿Qué monedas tiene Sally en su bolsillo?

Forma desarrollada

El número 365 significa "3 centenas y 6 decenas y 5 unidades". Podemos escribirlo de esta manera

$$300 + 60 + 5$$

Esta es la **forma desarrollada** de 365.

Ejemplo 1

Escribe 275 en forma desarrollada.

La forma desarrollada de 275 es **200 + 70 + 5.**

Ejemplo 2

Escribe 407 en forma desarrollada.

Como no hay decenas, escribimos lo siguiente:

400 + 7

Más acerca de números que faltan en la resta

Ya encontramos números que faltan en problemas de resta "restando hacia abajo" o "sumando hacia arriba". Podemos utilizar estos métodos al restar números con uno o más dígitos.

Restar hacia abajo

$$\begin{array}{r} 56 \\ -\ w \\ \hline 14 \end{array}$$

¿Seis menos qué número es cuatro? (2)
¿Cinco menos qué número es uno? (4)

Encontramos que el número que falta es 42.

Sumar hacia arriba

$$\begin{array}{r} n \\ -\ 36 \\ \hline 43 \end{array}$$

¿Qué número es seis más tres? (9)
¿Qué número es cuatro más tres? (7)

Encontramos que el número que falta es 79.

Ejemplo 3

Destreza mental

Verifica

¿Porqué podemos utilizar la suma para resolver un problema de resta?

Encuentra el número que falta:

$$\begin{array}{r} 64 \\ -\ w \\ \hline 31 \end{array}$$

Escribe el primer número en la parte superior y encuentra el número que falta "restando hacia abajo" o "sumando hacia arriba" un dígito a la vez.

$$\begin{array}{r} 64 \\ -\ w \\ \hline 31 \end{array}\Bigg\downarrow$$ ¿Cuatro menos qué número es uno? (3)

¿Seis menos qué número es tres? (3)

or

$$\begin{array}{r} 64 \\ -\ w \\ \hline 31 \end{array}\Bigg\uparrow$$ ¿Uno más qué número es cuatro? (3)

¿Tres más qué número es seis? (3)

Encontramos que el número que falta es **33.** Comprobamos nuestro trabajo utilizando el 33 en lugar de la *w* en el problema original.

$$\begin{array}{r} 64 \\ -\ w \\ \hline 31 \end{array} \qquad \begin{array}{r} 64 \\ -\ 33 \\ \hline 31 \end{array} \text{ comprueba}$$

Práctica de la lección

Escribe cada número en forma desarrollada:

a. 86 **b.** 325 **c.** 507

Encuentra cada número que falta:

d. $\begin{array}{r} 36 \\ -\ p \\ \hline 21 \end{array}$ **e.** $\begin{array}{r} 47 \\ -\ q \\ \hline 24 \end{array}$ **f.** $\begin{array}{r} m \\ -\ 22 \\ \hline 16 \end{array}$

g. $w - 32 = 43$ **h.** $43 - x = 32$

Práctica escrita

Integradas y distribuidas

Encuentra la fórmula Escribe y resuelve ecuaciones para los problemas **1** y **2.**

*1. Veintitrés caballos están pastando. El resto de los caballos está en el
(11, 14) corral. Si hay ochenta y nueve caballos en total, ¿cuántos caballos hay en el corral?

*2. Hay trescientos setenta y cinco estudiantes de pie en el auditorio.
(1, 13) Los otros ciento siete estudiantes están sentados. En total, ¿cuántos estudiantes hay en el auditorio?

3. Utiliza los números 22, 33 y 55 para escribir dos operaciones de suma
(6) y dos operaciones de resta.

*4. **Representa** Escribe 782 en forma desarrollada.
(16)

5. El número más grande impar de tres dígitos es 999. ¿Cuál es el número
(10) par de tres dígitos más pequeño?

6. Compara:
(Inv. 1)
    a. 918 $\bigcirc$ 819   **b.** -7 $\bigcirc$ -5

7. ¿Cuántos días son seis semanas? Cuenta de siete en siete.
(3)

*8. ⬭ **Representa** ⬭ ¿A qué número apunta la flecha?
(Inv. 1)

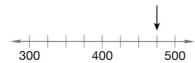

        300   400   500

9. (13)	$576 + $128	**10.** (13)	$243 + $578	**11.** (13)	186 + 285	**12.** (13)	329 + 186

13. (14)	d + 12 17	**14.** (12)	17 $- a$ 9	**15.** (1)	8 $+ b$ 14	**16.** (12)	c $- 7$ 2

*17. (15)	25 $- 19$	***18.** (15)	42 $- 28$	***19.** (15)	46 $- 18$	***20.** (15)	42 $- 16$

*21. (16)	68 $- d$ 34	***22.** (16)	b $- 34$ 15	***23.** (16)	62 $- h$ 21	***24.** (16)	m $- 46$ 32

*25. ⬭ **Concluye** ⬭ Escribe los tres números que siguen en cada secuencia de
(3) conteo:

    a. ..., 16, 20, 24, ____, ____, ____, ...

    b. ..., 16, 12, 8, ____, ____, ____, ...

*26. Selección múltiple Si $n - 3 = 6$, entonces ¿cuál de estos enunciados
(12, 16) numéricos *no* es verdadero?

    A $6 + 3 = n$ **B** $3 + 6 = n$

    C $6 - 3 = n$ **D** $n - 6 = 3$

27. La altitud es una medida de distancia sobre el nivel del mar. En la tabla se
(7) muestran las altitudes de tres ciudades:

Altitud de ciudades

Ciudad	Estado	Altitud (en pies sobre el nivel del mar)
Augusta	ME	45
Troy	NY	35
Hilo	HI	38

Escribe los nombres de las ciudades de mayor a menor elevación.

*28. Dibuja una recta numérica y marca la ubicación de los números 23, 26 y
(Inv. 1) 30 marcando puntos sobre la recta.

*29.  **Explica** La edad de Malika es un número impar. La suma de la edad
(10) de Malika y Elena es un número par. ¿Es la edad de Elena un número
impar o par? Explica cómo lo sabes.

*30. **Explica** Escribe un problema de planteo de suma para la ecuación
(11) $33 + m = 51$. Resuelve el problema para m y explica por qué tu respuesta
es razonable.

Para los más rápidos

Conexión con la vida diaria

Trisha lanza tres veces un dado. Ella obtiene 3, 5 y 4. Escribe todos los
números de tres dígitos que Trisha puede formar utilizando estos dígitos,
una vez en cada número. Luego escribe el número mayor y el menor en
forma desarrollada.

🌵 *Conceptos y destrezas esenciales para Texas*

(4.3)(A) usar suma para resolver problemas que usan números enteros
(4.14)(A) identificar las matemáticas en situaciones diarias
(4.14)(B) resolver problemas que implican comprenderlos, hacer y llevar a cabo un plan y evaluar si es razonable la solución
(4.15)(B) relacionar lenguaje informal con lenguaje matemático
(4.16)(B) justificar por qué una respuesta es razonable

• Sumar números en columna con reagrupación

operaciones	Preliminares B
cuenta en voz alta	Contar de cinco en cinco del 5 al 50 y hacia abajo hasta el 5.
cálculo mental	**a. Sentido numérico:** $200 + 300 + 400$

a. Sentido numérico: $200 + 300 + 400$

b. Sentido numérico: $240 + 200 + 100$

c. Sentido numérico: $36 + 20 + 9$

d. Sentido numérico: $45 + 10 + 29$

e. Sentido numérico: $56 + 20 + 19$

f. Sentido numérico: $24 + 39 + 10$

g. Dinero: ¿Cuál es el valor de 2 monedas de diez centavos, 2 monedas de cinco centavos y 2 monedas de un centavo?

h. Dinero: ¿Cuál es el costo total de un sándwich de $4, una bolsa de *pretzels* de $1 y un refresco de $1?

resolver problemas

Escoge una estrategia apropiada para resolver este problema. En la repisa hay más de 20, pero menos de 30 libros de matemáticas. Austin ordena los libros en dos pilas iguales y luego los ordena en tres pilas iguales. Utiliza estas claves para encontrar cuántos libros de matemáticas hay en la repisa. Explica cómo encontraste el resultado.

Practicamos cómo resolver problemas de suma en los que reagrupamos 10 unidades como 1 decena, pero algunas veces la suma de los dígitos en la columna de las unidades es 20 ó más. Cuando ocurre esto, movemos a la columna de las decenas un grupo de dos o más decenas.

Ejemplo 1

Destreza mental

Haz la conexión

¿Cómo cambia el resultado cuando sumamos dólares?

El número de estudiantes de cuatro salones es 28, 26, 29 y 29. ¿Cuántos estudiantes hay en total en los cuatro salones?

Ordenamos los números verticalmente y luego sumamos las unidades. La suma es 32, que son 3 decenas más 2 unidades. Anotamos el 2 en el lugar de las unidades y anotamos el 3, ya sea sobre o debajo de la columna de las decenas. Luego terminamos de sumar.

$$
\begin{array}{r}
3 \text{ sobre} \longrightarrow 3 \\
28 \\
26 \\
29 \\
+\ 29 \\
\hline
112
\end{array}
\qquad
\begin{array}{r}
28 \\
26 \\
29 \\
+\ 29 \\
3 \text{ debajo} \longrightarrow 3 \\
\hline
112
\end{array}
$$

En total hay **112 estudiantes.**

Ejemplo 2

Destreza mental

Concluye

Para sumar números enteros ¿por qué se alinean los últimos dígitos de la derecha en vez de los últimos de la izquierda?

Suma: 227 + 88 + 6

Alineamos los últimos dígitos de los números. Luego sumamos los dígitos de la columna de las unidades y obtenemos 21.

$$
\begin{array}{r}
227 \\
88 \\
+\ \ \ 6 \\
\hline
\textcircled{21}
\end{array}
$$

El número 21 es 2 decenas más 1 unidad. Anotamos el 1 en el lugar de las unidades y el 2 en la columna de las decenas. Luego, sumamos las decenas y obtenemos 12 decenas.

$$
\begin{array}{r}
{\scriptstyle 2} \\
227 \\
88 \\
+\ \ \ 6 \\
\hline
\textcircled{12}1
\end{array}
$$

Anotamos el 2 en el lugar de las decenas y el 1, que es 1 centena, en la columna de las centenas. Luego terminamos de sumar.

$$
\begin{array}{r}
1\,2 \\
227 \\
88 \\
+\quad 6 \\
\hline
321
\end{array}
$$

Práctica de la lección

Suma:

a.	47	**b.**	28	**c.**	38	**d.**	438
	29		47		22		76
	46		+ 65		31		+ 5
	+ 95				+ 46		

e. 15 + 24 + 11 + 25 + 36

Práctica escrita

Integradas y distribuidas

Escribe y resuelve ecuaciones para los problemas **1** y **2**.

* 1. Veinticuatro niños visitan la feria de ciencias de la escuela. Los demás
(11)   visitantes son adultos. Asisten en total setenta y cinco visitantes. ¿Cuántos visitantes son adultos?

* 2. Cuatrocientos siete aficionados están sentados a un lado de la cancha
(1, 13)   de fútbol durante un partido de eliminatorias. Trescientos sesenta y dos aficionados están sentados al otro lado del campo. ¿Cuántos aficionados vieron en total el partido?

* 3. Utiliza los dígitos 9, 2 y 8 para escribir un número par menor que 300.
(10)   Puedes utilizar cada dígito sólo una vez. ¿Qué dígito está en el lugar de las decenas?

* 4. (**Representa**) Escribe 813 en forma desarrollada. Luego utiliza palabras
(7, 16)   para escribir el número.

5. El número más grande par de dos dígitos es 98. ¿Cuál es el número más
(10)   pequeño impar de dos dígitos?

*6. (Representa) ¿A qué número apunta la flecha?
(Inv. 1)

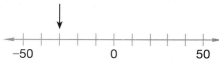

*7. 294
(17) 312
    + 5

8. $189
(13) + $298

9. $378
(13) + $496

10. 109
(13) + 486

*11. 14 + 28 + 35 + 16 + 227
(17)

12. 14 − a = 7
(12)

13. 8 + b = 14
(1)

*14. c − 13 = 5
(16)

15. 11
(12) − d
     9

16. e
(12) − 5
     8

*17. 38
(15) − 29

*18. 57
(15) − 38

19. 34
(14) + b
     86

*20. 48
(16) − c
     25

21. d
(16) − 46
     12

22. y
(16) − 15
     24

(Concluye) Escribe los tres números que siguen en cada secuencia de conteo:

*23. ..., 48, 44, 40, ____, ____, ____, ...
(3)

*24. ..., 12, 15, 18, ____, ____, ____, ...
(3)

*25. (Haz la conexión) Los números 6, 9 y 15 forman una familia de
(6) operaciones. Escribe cuatro operaciones de suma y cuatro de resta
     utilizando estos tres números.

*26. Selección múltiple Nancy piensa en dos números que suman 10 y que
(1, 6) tienen una diferencia de 2. ¿Qué números son?

   A 2 y 8
   C 6 y 4

   B 3 y 7
   D 2 y 10

27. Cuatro amigos miden la frecuencia de su corazón en reposo contando sus
(7) latidos durante un minuto. Los resultados se muestran en esta tabla:

**Frecuencia del corazón en
reposo**

Nombre	Latidos por minuto
Miguel	72
Victoria	68
Simon	64
Megan	76

Ordena los nombres de los amigos desde el que tiene el menor ritmo cardíaco al que tiene el mayor ritmo cardíaco.

*28. Dibuja una recta numérica y marca los puntos para mostrar las
(Inv. 1) ubicaciones de los números 13, 10 y 9.

*29. **Explica** La edad de Darrius es un número par. La suma de la edad de
(10) Darrius y Keb es un número par. ¿Es la edad de Keb un número impar o par? Explica cómo lo sabes.

*30. **Explica** Escribe un problema de planteo de suma para la ecuación
(11) $n + 10 = 25$. Resuelve el problema para n y explica por qué es razonable tu respuesta.

Para los más rápidos

Conexión con la vida diaria

Varias veces al día, el señor Sánchez coloca fruta fresca en una vitrina especial de la tienda de comestibles. Un día coloca 102 naranjas, 115 manzanas, 53 peras, 87 duraznos y 44 toronjas. ¿Cuántas unidades de fruta coloca en el aparato ese día?

 Conceptos y destrezas esenciales para Texas

(4.12)(A) usar termómetro para medir la temperatura y sus cambios

(4.14)(A) identificar las matemáticas en situaciones diarias

(4.14)(B) resolver problemas que implican comprenderlos, hacer y llevar a cabo un plan y evaluar si es razonable la solución

(4.15)(A) explicar observaciones usando palabras y números

• Temperatura

 **Preliminares**

múltiplos

Preliminares K

En tu tabla de cien, encierra en un círculo los múltiplos de tres. Haz una "X" sobre los múltiplos de cuatro. Sombrea los recuadros cuyos números tienen un círculo y una X. ¿Qué observas en el número 12?

cálculo mental

a. **Sentido numérico:** $250 + 300 + 100$

b. **Sentido numérico:** $20 + 36 + 19$

c. **Sentido numérico:** $76 + 9 + 9$

d. **Sentido numérico:** $64 + 9 + 10$

e. **Sentido numérico:** $27 + 19 + 20$

f. **Sentido numérico:** $427 + 200$

g. **Dinero:** ¿Cuál es valor de 1 moneda de veinticinco centavos, 2 monedas de diez centavos y una moneda de cinco centavos?

h. **Dinero:** Cada paquete de canilleras de fútbol cuesta $9. ¿Cuánto cuestan dos paquetes de canilleras?

resolver problemas

Escoge una estrategia apropiada para resolver este problema. Nombra la fecha que es once meses después de agosto 15, 2008.

 **Nuevo concepto**

Una **escala** es un tipo de recta numérica que se utiliza comúnmente para medir. Las escalas se encuentran en reglas, calibradores, termómetros, velocímetros y muchos otros instrumentos. Para leer una escala, primero debemos determinar la distancia entre las marcas de la escala. Luego podemos encontrar los valores de todas las marcas de la escala.

Para medir la temperatura utilizamos un termómetro. Generalmente, la temperatura se mide en grados **Fahrenheit** (°F) o en grados **Celsius** (°C). En muchos termómetros, la distancia entre las marcas de la escala es de dos grados.

Ejemplo 1

¿Qué temperatura se muestra en este termómetro Fahrenheit?

En esta escala hay cinco espacios entre 30° y 40°, por lo que cada espacio no puede ser igual a un grado. Si intentamos contar de dos en dos, encontramos que nuestro conteo corresponde con la escala. Contamos desde 30° hacia arriba y encontramos que la temperatura es **32°F.** El agua se congela a 32°F.

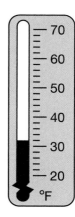

Ejemplo 2

¿Qué temperatura se muestra en este termómetro Celsius?

En la mayor parte del mundo se utiliza la escala Celsius para medir la temperatura. En este termómetro vemos que las marcas también están a dos grados de distancia. Si contamos hacia abajo de dos en dos desde cero, encontramos que la temperatura que se muestra es cuatro grados bajo cero, que escribimos como **−4°C.** El agua se congela a 0°C, entonces −4°C está bajo el punto de congelación.

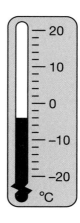

Ejemplo 3

Corina observa el termómetro que está fuera de su ventana a las 7:00 a.m. y nuevamente cuando regresa de la escuela a las 3:00 p.m. ¿Cuántos grados más alta es la temperatura a las 3:00 p.m. que a las 7:00 a.m.?

La temperatura a las 7:00 a.m. es de 54°F. La temperatura a las 3:00 p.m. es de 68°F. Podemos resolver una ecuación o contar hacia arriba desde 54° hasta 68° para encontrar que la temperatura es **14° más alta** a las 3:00 p.m.

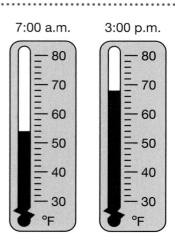

7:00 a.m.   3:00 p.m.

Actividad

Medir la temperatura

Materiales:

- **Actividad 14 de la lección**
- **termómetro de exteriores (Fahrenheit o Celsius)**

Durante una semana, utiliza un termómetro para medir la temperatura fuera del salón. Mide la temperatura en la mañana y en la tarde a la misma hora cada día.

Anota las temperaturas cada día en la **Actividad 14 de la lección.** También anota cada día la diferencia entre la temperatura de la mañana y la temperatura de la tarde.

Al final de la semana, escribe dos conclusiones sobre los datos que reuniste.

Práctica de la lección

¿Qué temperatura se muestra en cada uno de estos termómetros? Incluye las unidades correctas.

a.

b.
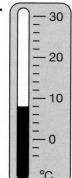

c. Estos termómetros muestran la temperatura mínima y máxima promedio diaria en Duluth, Minnesota, durante el mes de enero. ¿Cuáles son esas temperaturas? ¿Cuál es la diferencia entre las dos temperaturas que se muestran?

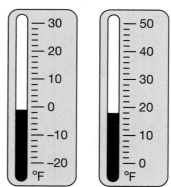

d. Utilizando las temperaturas del problema **c,** encuentra la diferencia entre la temperatura diaria mínima promedio y la temperatura diaria máxima promedio en Duluth durante enero.

Práctica escrita

Integradas y distribuidas

Encuentra la fórmula Escribe y resuelve ecuaciones para los problemas **1** y **2**.

* 1. Tomás corre de ida y regreso hasta la reja en 58 segundos. Si Tomás
(11, 14) demora 21 segundos en correr hasta la reja, ¿cuántos segundos demora en correr de regreso?

2. Doscientos noventa y siete niños y trescientas quince niñas asisten a la
(1, 13) Escuela Madison. ¿Cuántos niños asisten en total a la Escuela Madison?

* 3. **Haz la conexión** Utiliza los números 8, 17 y 9 para escribir dos
(6) operaciones de suma y dos operaciones de resta.

* 4. El dígito de las decenas es el 4. El dígito de las unidades es el 9. El
(4) número está entre 200 y 300. ¿Qué número es?

* 5. **Haz una predicción** ¿Cuál es el octavo número de la siguiente
(3, 5) secuencia de conteo? Describe el patrón que observas.

4, 8, 12, 16, . . .

*6. **Representa** ¿A qué número apunta la flecha?
(Inv. 1)

7. $392
(13) + $278

8. $439
(13) + $339

9. 774
(13) + 174

10. 389
(13) + 398

*11. 13
(17) 25
46
25
+ 29

12. 18
(16) − a
12

13. 8
(1) + b
16

14. c
(12) − 5
3

*15. 62
(15) − 48

*16. 82
(15) − 58

17. 28
(17) 36
57
+ 47

18. 35
(16) − y
14

19. 45
(14) + p
55

*20. 75
(16) − l
42

*21. c
(16) − 47
31

22. e
(14) + 15
37

*23. **Representa** Escribe 498 en forma desarrollada.
(16)

24. Compara:
(Inv. 1)
    a. 423 ◯ 432
          b. 3 ◯ −3

*25. Estos termómetros muestran la temperatura Fahrenheit más alta y la
(18) temperatura Celsius más baja registradas en una escuela el año pasado.
¿Cuáles fueron esas temperaturas?

a.
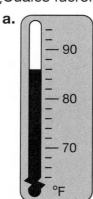

b.
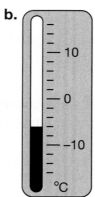

*26. **Selección múltiple** ¿Cuál de estos números es un número impar mayor
que 750?
(10)

    A 846   **B** 864   **C** 903   **D** 309

27. Ordena estos números de mayor a menor:
(7)

          166   48   207   81

*28. (**Encuentra la fórmula**) En Lexington, Kentucky, cae anualmente un
(15) promedio de 46 pulgadas de precipitación. En Huron, Dakota del Sur, cae
un promedio de 25 pulgadas menos. Escribe y resuelve una ecuación para
encontrar el promedio de precipitación anual que cae en Huron.

29. Escribe un enunciado numérico de resta utilizando los números 15 y 10.
(12)

*30. ¿Cuántos números impares son mayores que 1 y menores que 20?
(10)

Para los más rápidos

Conexión con la vida diaria

Para los estudiantes más rápidos Si conocemos la temperatura Celsius,
podemos estimar la temperatura Fahrenheit duplicando la temperatura
Celsius y sumándole 30.

  a. Utilizando este método, estima la temperatura Fahrenheit a la que
se congela el agua, si sabemos que el agua se congela a 0°C.
Explica cómo sabes que tu estimación es razonable.

  b. La temperatura promedio en Austin, Texas, para el mes de
noviembre, es de 20°C. Explica cómo puedes encontrar la
temperatura Fahrenheit promedio estimada en Austin, Texas,
para ese mismo mes. Luego utiliza el método para encontrar la
temperatura Fahrenheit estimada.

• **Problemas de tiempo transcurrido**

🔷 *Conceptos y destrezas esenciales para Texas*

(4.12)(B) usar instrumentos como el cronómetro para resolver problemas de tiempo trascurrido.

(4.14)(A) identificar las matemáticas en situaciones diarias

(4.14)(B) resolver problemas que implican comprenderlos, hacer y llevar a cabo un plan y evaluar si es razonable la solución

(4.14)(C) desarrollar plan o estrategia para resolver problemas

(4.14)(D) usar herramientas y tecnología para resolver problemas

(4.15)(A) explicar observaciones usando palabras y números

múltiplos

Preliminares K

Los múltiplos de seis son 6,12, 18 y así sucesivamente. En tu tabla de cien, encierra los números que son múltiplos de seis. ¿Cuáles de los números encerrados en un círculo son también múltiplos de cinco?

cálculo mental

a. Sentido numérico: 27 + 100

b. Sentido numérico: 63 + 200

c. Sentido numérico: 28 + 20 + 300

d. Sentido numérico: 36 + 9 + 200

e. Sentido numérico: 48 + 29 + 300

f. Sentido numérico: ¿Qué número debe sumarse a 2 para obtener un total de 10?

g. Dinero: ¿Cuál es el valor de 1 moneda de diez centavos, 1 moneda de cinco centavos y 3 monedas de un centavo?

h. Dinero: ¿Cuánto cuestan en total una manzana de 55¢ y una botella de leche de 40¢?

resolver problemas

Escoge una estrategia apropiada para resolver este problema. Matsu tiene ocho monedas en su bolsillo que forman un total de 16¢. ¿Qué monedas tiene Matsu en su bolsillo?

Nuevo concepto

La escala de un reloj contiene en realidad dos escalas. Una escala marca las horas y a veces está numerada. La otra marca los minutos y segundos y a menudo no está numerada. En la página siguiente vemos afuera del reloj la escala para los minutos y segundos.

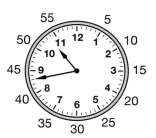

Para decir la hora, leemos la posición de la manecilla corta en la escala de la hora y la posición de la manecilla larga en la escala de los minutos. Si además el reloj tiene una manecilla para los segundos, podemos leer su posición en la escala de los minutos, que también es la segunda escala.

Para escribir la hora del día, escribimos la hora seguida de dos puntos. Luego escribimos dos dígitos para mostrar el número de minutos después de la hora. Utilizamos las abreviaciones **a.m.** para las 12 horas antes del mediodía y **p.m.** para las 12 horas después del mediodía. A esta forma se le llama **forma digital**. El **mediodía** se escribe como 12:00 p.m. y **medianoche** se escribe como 12:00 a.m.

Ejemplo 1

Si es de noche, ¿qué hora muestra el reloj?

Como la manecilla corta está entre 9 y 10, sabemos que son después de las 9 p.m. y antes de las 10 p.m. Para la manecilla larga, contamos 5, 10, 15 y 20 minutos después de las 9:00 p.m. El reloj muestra las **9:20 p.m.**

Sesenta minutos son una hora, 30 minutos son media hora y 15 minutos son un cuarto de hora. Entonces, si son las 7:30, podemos decir que son las "siete y media". A las 6:15 podemos decir que son las "seis y cuarto".

"Siete y media"

"Seis y cuarto"

A veces, cuando la siguiente hora se acerca, decimos el número de minutos que faltan para la hora siguiente. Cuando son las 5:50, podemos decir que "son diez minutos para las seis". Cuando son las 3:45, podemos decir que "son un cuarto para las cuatro".

3:45

"Un cuarto para
las cuatro"

(**Representa**) Dibuja un reloj que muestre las 11:15.

Ejemplo 2

Utiliza la forma digital para mostrar un cuarto para las nueve de la noche.

Un cuarto para las nueve son quince minutos antes de las nueve. En la noche son las **8:45 p.m.**

(**Representa**) Haz un dibujo de un reloj que muestre un cuarto para las nueve de la noche.

Imagina que la práctica de fútbol de Yolis comienza a las 4:00 p.m. y termina a las 5:00 p.m. La cantidad de tiempo desde el comienzo hasta el final de la práctica se llama tiempo transcurrido. El **tiempo transcurrido** es la diferencia entre dos puntos en el tiempo.

Ejemplo 3

El sábado por la mañana, Héctor participa en una caminata para reunir fondos. Los relojes muestran la hora en que parte y termina. ¿Cuántas horas y minutos camina Héctor?

Comienzo

Final

Héctor parte a las 8:00 y termina a las 9:45 a.m. De las 8:00 a.m. a las 9:00 a.m. hay una hora. De las 9:00 a.m. a las 9:45 a.m. hay 45 minutos. Sumamos las dos cantidades de tiempo y encontramos que Héctor camina durante **1 hora 45 minutos.**

Encontrar tiempo transcurrido

Materiales:
- **Actividad 17 de la lección**

Utiliza la **Actividad 17 de la lección** para rotular las horas y dibujar las manecillas en dos relojes; uno mostrando la hora en que comienzan las actividades de la escuela y el otro mostrando la hora en que terminan. Luego calcula el número de horas y minutos desde el comienzo al término de las actividades de la escuela.

Práctica de la lección

Si es de mañana, ¿qué hora muestra cada reloj?

a.

b.

c.

d. Utiliza la forma digital para mostrar diez para las nueve de la noche.

e. ¿Cuántas horas tiene un día completo?

f. ¿Cuántos minutos tiene una hora?

g. ¿Cuántos segundos tiene un minuto?

h. La escuela de Latoya comienza a la hora que se muestra a la izquierda y termina a la hora que se muestra a la derecha. ¿Cuánto dura un día escolar en la escuela de Latoya? Puedes utilizar tu reloj escolar para resolverlo.

Comienzo   Final

Escribe y resuelve ecuaciones para los problemas **1** y **2.**

*1. (**Encuentra la fórmula**) El primer día Shaquana leyó cincuenta y un
(11) páginas. Ella leyó otras más el segundo día. Leyó en total setenta y seis
páginas. ¿Cuántas páginas leyó el segundo día?

*2. Doce de los veintisiete estudiantes del salón 9 son niños. ¿Cuántas niñas
(11, 14) hay en el salón 9?

*3. Si $a + b = 9$, entonces ¿cuál es la otra operación de suma para a, b,
(6) y 9? ¿Cuáles son las dos operaciones de resta para a, b, y 9?

*4. (**Representa**) Escribe 905 en forma desarrollada. Luego utiliza palabras
(7, 16) para escribir el número.

5. Utiliza dígitos y símbolos para escribir esta comparación: "Ciento veinte es
(Inv. 1) mayor que ciento doce".

*6. El miércoles después de la escuela, Jana comenzó su
(19) tarea a la hora que muestra el reloj. Terminó su tarea a las
5:20 p.m. ¿Cuánto tiempo demoró Jana en terminar su
tarea?

*7. El agua se congela a 32° en la escala de Fahrenheit. ¿A qué temperatura
(18) se congela el agua en la escala Celsius?

8. $\begin{array}{r} \$468 \\ + \$293 \\ \hline \end{array}$
(13)

9. $\begin{array}{r} 468 \\ + 185 \\ \hline \end{array}$
(13)

10. $\begin{array}{r} \$187 \\ + \$698 \\ \hline \end{array}$
(13)

11. $\begin{array}{r} 14 \\ - \ a \\ \hline 7 \end{array}$
(12)

12. $\begin{array}{r} 8 \\ + \ b \\ \hline 16 \end{array}$
(1)

13. $\begin{array}{r} c \\ - \ 8 \\ \hline 7 \end{array}$
(12)

14. $\begin{array}{r} 14 \\ - \ d \\ \hline 9 \end{array}$
(12)

*15. $\begin{array}{r} 74 \\ - 58 \\ \hline \end{array}$
(15)

*16. $\begin{array}{r} \$44 \\ - \$28 \\ \hline \end{array}$
(15)

*17. $\begin{array}{r} 23 \\ - 18 \\ \hline \end{array}$
(15)

*18. $\begin{array}{r} \$62 \\ - \$43 \\ \hline \end{array}$
(15)

19. 25
(17)
28
46
+ 88

20. 45
(16)
− p
21

21. 13
(14)
+ b
37

22. f
(16)
− 45
32

23. ¿Cuántas monedas de veinticinco centavos son cuatro dólares? Cuenta de cuatro
(3)
en cuatro.

24. (**Haz la conexión**) Escribe un enunciado numérico para este
(1)
dibujo:

25. (**Concluye**) Escribe los tres números siguientes en cada secuencia de conteo y
(3,
Inv. 1) explica los patrones que observes.

a. ..., 8, 16, 24, _____, _____, _____, ...

b. ..., 8, 6, 4, _____, _____, _____, ...

26. **Selección múltiple** Si $9 - \triangle = 4$, entonces, ¿cuál de estos *no* es
(7)
verdadero?

A $9 - 4 = \triangle$ **B** $\triangle - 4 = 9$

C $4 + \triangle = 9$ **D** $\triangle + 4 = 9$

27. El termómetro muestra la temperatura mínima un día frío de
(18)
invierno en Fargo, Dakota del Norte. ¿Cuál fue la temperatura
mínima ese día?

28. (**Representa**) Escribe la forma desarrollada de.
(16)

29. ¿De cuántas maneras diferentes puedes ordenar las letras e, i
(3)
y o? No es necesario que formes palabras.

30. En la tabla se muestra el número de goles anotados por tres
(7)
jugadores de hockey durante su carrera profesional:

Goles anotados durante la carrera

Jugador	Número de goles
Phil Esposito	717
Wayne Gretzky	894
Marcel Dionne	731

Escribe el número de goles anotados de menor a mayor.

🔖 *Conceptos y destrezas esenciales para Texas*

(4.5)(A) redondear números enteros a la decena, centena o millar más cercanos para aproximar resultados al resolver problemas

(4.10) localizar puntos en una recta numérica usando enteros, fracciones y decimales

(4.14)(B) resolver problemas que implican comprenderlos, hacer y llevar a cabo un plan y evaluar si es razonable la solución

(4.14)(C) desarrollar plan o estrategia para resolver problemas

• Redondear

operaciones

Preliminares B

cuenta en voz alta

Contar de tres en tres del 3 al 30 y luego al revés hasta el 3.

cálculo mental

a. **Sentido numérico:** 56 + 400

b. **Sentido numérico:** 154 + 200

c. **Sentido numérico:** 54 + 29

d. **Sentido numérico:** 35 + 9 + 200

e. **Sentido numérico:** 48 + 19 + 200

f. **Sentido numérico:** ¿Qué número debe sumarse a 3 para obtener un total de 10?

g. **Dinero:** ¿Cuál es el valor de una moneda de veinticinco centavos y 4 monedas de diez centavos?

h. **Dinero:** ¿Cuánto cuestan en total una estampilla de 39¢ y un sobre de 20¢?

resolver problemas

Se ordenaros en dos pilas los libros de matemáticas de la clase sobre la repisa. D'Karla observó las pilas y supo, sin contar, que había un número par de libros. ¿Cómo lo supo?

Enfoque de la estrategia: Haz un problema más sencillo

(**Comprende**) Nos dicen que D'Karla sabe que hay un número par de libros en dos pilas, sin contar. Nos piden que expliquemos cómo lo sabe.

(**Planifica**) Comenzamos con un problema más sencillo para hacer observaciones sobre números pares de objetos. Explicamos cómo supo D'Karla, sin contar, que había un número par de libros.

(**Resuelve**) Podemos pensar, "Pueden colocarse dos libros, uno junto al otro (1 + 1). Tres libros forman pilas desiguales de 2 libros y 1 libro (2 + 1). Cuatro libros forman pilas iguales de 2 libros cada una (2 + 2). Cinco libros pueden formar sólo pilas desiguales (3 + 2 ó 4 + 1). Seis libros pueden formar dos pilas iguales de 3 libros cada una (3 + 3)".

| 1 + 1 = 2 | 2 + 1 = 3 | 2 + 2 = 4 | 3 + 2 = 5 | 3 + 3 = 6 |

Observamos que pueden colocarse 2, 4 y 6 libros en pilas iguales. Si todos los libros son del mismo grosor (como los libros de matemáticas de una clase), esperamos que las pilas sean del mismo alto.

Nos preguntamos: "¿Se pueden colocar un número par de libros en dos pilas iguales?". La respuesta es sí—8 libros pueden formar dos pilas de 4 libros cada una, 10 libros pueden formar dos pilas de 5 libros cada una y 12 libros pueden formar dos pilas de 6 libros cada una. Hemos *hecho una generalización*: números pares de objetos se pueden dividir en dos grupos iguales.

D'Karla supo que dos pilas del mismo alto significaban que había un número par de libros.

(**Comprueba**) Sabemos que nuestra respuesta es razonable, porque hicimos observaciones para encontrar que un número par de objetos se puede dividir en dos grupos iguales. Nuestra estrategia puede describirse como hacer un problema más sencillo. Aplicamos al problema nuestras observaciones acerca de números pares de objetos.

Nuevo concepto

Una de estas oraciones utiliza una *cantidad exacta*. La otra oración utiliza un *número redondeado*. ¿Puedes decir qué oración utiliza una cantidad redondeada?

La radio cuesta alrededor de $70.

La radio cuesta $68.47.

La primera oración utiliza una cantidad redondeada. A veces escogemos redondear una cantidad al múltiplo de diez más cercano. Los **múltiplos** de diez son los números que decimos al contar de diez en diez. A continuación mostramos algunos múltiplos de diez:

10, 20, 30, 40, 50, 60, 70, 80, 90, 100, 110, 120, ...

Para **redondear** un número a la decena más cercana, escogemos el número más cercano que termine en cero. Una recta numérica nos permite comprender el redondeo. Utilizamos esta recta numérica como ayuda para redondear 67 a la decena más cercana.

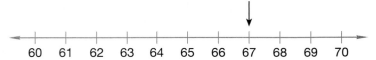

Observamos que 67 está entre 60 y 70. Como 67 está más cerca de 70 que de 60, decimos que 67 es "aproximadamente 70". Cuando decimos esto, hemos redondeado 67 a la decena más cercana.

Ejemplo 1

Ochenta y dos personas asistieron a la matiné en el cine. Aproximadamente, ¿cuántas personas asistieron a la matiné?

Redondear a la decena más cercana significa redondear a un número que diríamos al contar de diez en diez (10, 20, 30, 40 y así sucesivamente). Utilizamos una recta numérica marcada en las decenas para representar este problema.

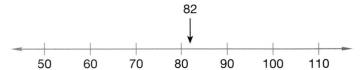

Vemos que 82 está entre 80 y 90. Como 82 está más cerca de 80 que de 90, redondeamos 82 a 80. Aproximadamente **80 personas** asistieron a la matiné.

Ejemplo 2

Destreza mental

Summarize

Utilizando tus propias palabras, explica cómo redondear a la decena más cercana.

Redondea 75 a la decena más cercana.

Setenta y cinco está en medio de 70 y 80.

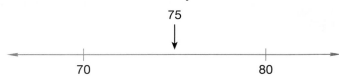

Aunque el número que estamos redondeando está en medio de 70 y 80, la regla es redondear hacia arriba. Asi, 75 se redondea a **80.**

Para encontrar el dólar más cercano, observamos atentamente el número de centavos. Para determinar si $7.89 está más cerca de $7 ó de $8, nos preguntamos si 89 centavos son más o menos que medio dólar. Medio dólar son 50 centavos. Como 89 centavos son más que medio dólar, $7.89 está más cerca de $8 que de $7. Para redondear cantidades de dinero al dólar más cercano, redondeamos hacia arriba si el número de centavos es 50 ó más. Redondeamos hacia abajo, si el número de centavos es menor que 50.

Redondea cada cantidad de dinero al dólar más cercano:

a. $6.49   **b.** $12.95   **c.** $19.75

a. El número de centavos es menor que 50. Redondeamos hacia abajo a **$6.**

b. El número de centavos es mayor que 50. Redondeamos hacia arriba a **$13.**

c. El número de centavos es mayor que 50. Redondeamos hacia arriba al dólar siguiente, que es **$20.**

A veces queremos redondear dinero a cantidades distintas del dólar más cercano. Por ejemplo, podemos escoger redondear $6.49 a $6.50, ya que $6.50 está muy cerca de $6.49 y es bastante fácil sumar y restar.

Ejemplo 4

Redondea cada cantidad de dinero a los 25 centavos más cercanos:

a. $3.77   **b.** $7.48   **c.** $5.98

Imaginemos que tenemos sólo billetes de un dólar y monedas de 25¢ y que queremos acercar la cantidad de dinero a cada cantidad dada.

a. Lo más cerca que podemos llegar de $3.77 es **$3.75.**

b. Lo más cerca que podemos llegar de $7.48 es **$7.50.**

c. Lo más cerca que podemos llegar de $5.98 es **$6.00.**

Práctica de la lección

Representa Redondea cada número a la decena más cercana. Dibuja una recta numérica para mostrar tu trabajo.

a. 78   **b.** 43   **c.** 61   **d.** 45

Redondea cada cantidad de dinero al dólar más cercano:

e. $14.29   **f.** $8.95   **g.** $21.45   **h.** $29.89

Redondea cada cantidad de dinero a los 25¢ más cercanos:

i. $12.29   **j.** $6.95   **k.** $5.45   **l.** $11.81

Práctica escrita   *Integradas y distribuidas*

Escribe y resuelve ecuaciones para los problemas **1** y **2**.

*1. **Encuentra la fórmula** Un panadero horneó 72 panecillos en dos
(11, 14) hornadas. Si 24 se cocieron en la primera hornada, ¿cuántos se cocieron en la segunda?

*2. Cuatrocientos setenta y seis personas asistieron la noche del viernes a la
(1, 13) representación de una obra escolar. Trescientas noventa y siete personas
asistieron a la función del sábado en la noche. En total, ¿cuántas personas
asistieron a las funciones?

El dígito de las unidades es 5. El dígito de las decenas es 6. El número está
entre 600 y 700. ¿Cuál es el número?

4. (**Representa**) Escribe 509 en forma desarrollada. Luego utiliza palabras
(7, 16) para escribir el número.

*5. (**Haz la conexión**) Utiliza dígitos y símbolos para escribir esta comparación:
(Inv. 1) *Veinte negativo es menos que diez.*

*6. En el termómetro se muestra la temperatura de un día de
(18) invierno en Iron Mountain, Michigan. Escribe la temperatura
en grados Fahrenheit y en grados Celsius.

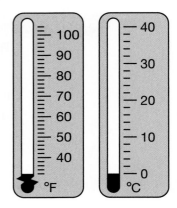

*7. (**Haz la conexión**) Las tardes de los jueves de septiembre, la
(19) práctica de fútbol comienza a la hora que muestra el reloj y
termina a las 5:40 p.m. ¿Cuánto dura la práctica esos días?

*8. (**Explica**) Redondea cada número a la decena más cercana y explica
(20) cómo redondeaste cada uno.

   a. 47   **b.** 74

9. (13)	**10.** (13)	**11.** (13)	**12.** (13)
$\begin{array}{r} \$476 \\ + \$285 \end{array}$	$\begin{array}{r} \$185 \\ + \$499 \end{array}$	$\begin{array}{r} 568 \\ + 397 \end{array}$	$\begin{array}{r} 478 \\ + 196 \end{array}$

13. (12)	**14.** (12)	**15.** (12)	***16.** (15)
$\begin{array}{r} 17 \\ - a \\ \hline 9 \end{array}$	$\begin{array}{r} 14 \\ - b \\ \hline 14 \end{array}$	$\begin{array}{r} 13 \\ - c \\ \hline 6 \end{array}$	$\begin{array}{r} \$35 \\ - \$28 \end{array}$

*17.
(15)
$$\begin{array}{r} 23 \\ -\ 15 \\ \hline \end{array}$$

*18.
(15)
$$\begin{array}{r} 63 \\ -\ 36 \\ \hline \end{array}$$

*19.
(15)
$$\begin{array}{r} 74 \\ -\ 59 \\ \hline \end{array}$$

20.
(14)
$$\begin{array}{r} m \\ +\ 22 \\ \hline 45 \end{array}$$

*21.
(16)
$$\begin{array}{r} k \\ -\ 15 \\ \hline 32 \end{array}$$

*22.
(16)
$$\begin{array}{r} 47 \\ -\ k \\ \hline 34 \end{array}$$

23.
(17)
$$\begin{array}{r} 28 \\ 36 \\ 44 \\ +\ 58 \\ \hline \end{array}$$

24.
(17)
$$\begin{array}{r} 49 \\ 28 \\ 32 \\ +\ 55 \\ \hline \end{array}$$

*25. Redondea cada cantidad de dinero al dólar más cercano:
(20)
    a. $25.67   **b.** $14.42

*26. **Selección múltiple** ¿Qué enunciado numérico describe este modelo?
(7, 9)

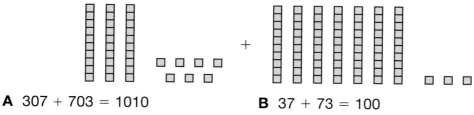

    A 307 + 703 = 1010   **B** 37 + 73 = 100

    C 37 + 73 = 110   **D** 37 + 73 = 1010

27. ¿De cuántas maneras diferentes puedes ordenar las letras b, r y z? Cada
(3) letra puede utilizarse sólo una vez y no es necesario formar palabras.

*28. Redondea cada cantidad de dinero a los veinticinco centavos más
(20) cercanos:

    a. $7.28   **b.** $4.48

29. Esta tabla muestra el área de cuatro islas en millas cuadradas:
(7)

Islas del mundo

Nombre	Ubicación	Área (mi²)
Micronesia	Océano Pacífico	271
Isla de la Juventud	Mar Caribe	926
Isla del Hombre	Océano Atlántico	227
Reunión	Océano Índico	970

Escribe el nombre de las islas de menor a mayor área.

*30. **Encuentra la fórmula** Escribe y resuelve un problema de planteo de
(1) suma que dé 18.

INVESTIGACIÓN 2

🔴 *Conceptos y destrezas esenciales para Texas*

(4.7) usar estructuras de organización para analizar relaciones entre conjuntos de datos, como los pares ordenados en una tabla

(4.11)(A) usar instrumentos de medición para determinar longitud, área, volumen y masa, con unidades del sistema usual y métrico

(4.11)(B) realizar conversiones sencillas entre unidades de longitud, volumen y masa

(4.14)(A) identificar las matemáticas en situaciones diarias

(4.14)(D) usar herramientas y tecnología para resolver problemas

(4.15)(A) explicar observaciones con palabras y números

Enfoque en

• Unidades de longitud y perímetro

Frecuentemente las reglas de pulgadas miden un pie de largo. Doce pulgadas equivalen a un pie. Una **yarda** es igual a tres pies, que son 36 pulgadas. Una milla es una unidad de longitud mucho más grande. Una milla es igual a 5280 pies. Pulgadas, pies, yardas y millas son unidades de longitud en el **Sistema usual de EE. UU.**

Unidades de longitud del Sistema usual de EE. UU.

Abreviaturas	Equivalentes
pulgada....pulg	12 pulg = 1 pie
pie....pie	3 pies = 1 yd
yarda....yd	36 pulg = 1 yd
milla....mi	5280 pies = 1 mi

Visita www. SaxonMath.com/ Int4Activities para una actividad en internet.

1. Un paso largo mide más o menos una yarda. Tony recorre el largo de la habitación con 5 pasos largos. ¿Más o menos cuántas yardas de largo mide la habitación? ¿Cuántos pies de largo?

2. El electricista puso el interruptor a 4 pies del suelo. ¿Cuántas pulgadas son cuatro pies?

3. Una milla son 5280 pies. ¿Cuántos pies son 2 millas?

El **sistema métrico** es el sistema de medida utilizado en casi todo el mundo. La unidad básica de longitud en el sistema métrico es el **metro**. Debe haber una regla de metro en tu salón de clase.

4. Utiliza una regla de 1 yarda y una regla de 1 metro para comparar una yarda con un metro. ¿Cuál es más largo?

5. Howie corre 100 yardas. Jonah corre 100 metros ¿Quién corre más?

Haz un modelo Si das un paso GRANDE, avanzas más o menos un metro. Coloca una regla de metro en el suelo y practica cómo dar un paso de un metro de largo.

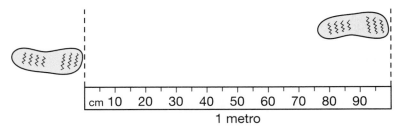

cm 10 20 30 40 50 60 70 80 90

1 metro

6. **Estima** ¿Cuál es la longitud de tu salón de clase en metros? Haz una estimación dando pasos de un metro a lo largo del salón.

En tu pupitre, debes tener una regla de **centímetros**. Un centímetro es una pequeña parte de un metro. Cien centímetros es igual a un metro (así como 100 centavos son iguales a 1 dólar).

7. ¿Cuántos centímetros equivalen a un metro?

8. Utiliza una regla de pulgadas y una regla de centímetros para comparar una pulgada y un centímetro. ¿Cuál es más largo?

9. **Estima** ¿Más o menos cuántos centímetros mide una regla que mide un pie de largo?

10. **Estima** Utiliza una regla de pulgadas para medir la longitud de una hoja de papel. ¿Más o menos cuántas pulgadas mide de largo?

11. Utiliza una regla de centímetros para medir la longitud de tu hoja de papel. ¿Más o menos cuántos centímetros mide de largo?

12. **Estima** Utiliza reglas de pulgadas y centímetros para medir este dibujo de un lápiz. El lápiz mide más o menos:

   a. ¿cuántas pulgadas de largo?

   b. ¿cuántos centímetros de largo?

13. **Estima** Utiliza tus reglas para medir un billete de un dólar. Un billete de un dólar mide más o menos:

   a. ¿cuántas pulgadas de largo?

   b. ¿cuántos centímetros de largo?

Las reglas de centímetros y las reglas de metro a veces tienen pequeñas marcas entre las marcas de centímetro. Las marcas pequeñas tienen una separación de un **milímetro**. Una moneda de 10¢ mide más o menos un milímetro de grosor. Diez milímetros son iguales a un centímetro y 1000 milímetros son iguales a un metro. Aprenderemos más sobre los milímetros en una lección posterior.

Para medir distancias largas, podemos utilizar los **kilómetros**. Un kilómetro es igual a 100 metros, que es un poco más que media milla.

Unidades métricas de longitud

Abreviaturas	Equivalentes
milímetro....... mm	10 mm = 1 cm
centímetro .... cm	1000 mm = 1 m
metro .... m	100 cm = 1 m
kilómetro ...... km	1000 m = 1 km

14. **Estima** ¿Más o menos cuántos pasos GRANDES debe dar una persona para caminar un kilómetro?

15. Una milla mide más o menos 1609 metros. ¿Cuál es más largo, una milla o un kilómetro?

16. ¿Cuántos milímetros son iguales a un metro?

17. **Estima** Esta llave mide más o menos:

    a. ¿cuántas pulgadas de largo?

    b. ¿cuántos centímetros de largo?

    c. ¿cuántos milímetros de largo?

18. **Estima** Este rectángulo mide:

    a. ¿cuántos centímetros de largo?

    b. ¿cuántos centímetros de ancho?

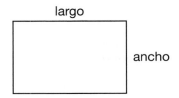

19. Si una hormiga empieza en una esquina del rectángulo de arriba y camina a lo largo de los cuatro lados hasta volver al punto inicial, ¿cuántos centímetros camina?

La distancia alrededor de una figura es su **perímetro**. Para encontrar el perímetro de una figura, sumamos las longitudes de todos sus lados.

En el problema 18 encontramos el perímetro del rectángulo sumando el largo, el ancho, el largo y el ancho. Ésta es una fórmula para encontrar el perímetro de un rectángulo:

Perímetro del rectángulo = largo + ancho + largo + ancho

Si utilizamos la letra P para perímetro, *l* para largo y *a* para ancho, la fórmula se convierte en:

$$P = l + a + l + w$$

Como hay dos largos y dos anchos, con frecuencia escribimos la fórmula así:

$$P = 2l + 2a$$

20. Keisha corre por el perímetro de esta manzana. ¿Cuánto corre Keisha?

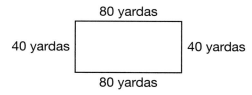

21. ¿Cuál es el perímetro de este cuadrado?

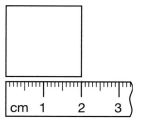

22. ¿Cuál es el perímetro de un cuadrado con lados que miden 10 pulg?

23. Encuentra el perímetro del triángulo de la derecha:

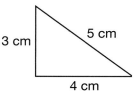

24. **a.** ¿Cuál es el largo del rectágulo de la derecha?

b. ¿Cuál es el ancho del rectágulo?

c. ¿Cuál es el perímetro del rectágulo?

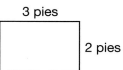

25. (Analiza) Las vacas del tío Beau pastan en un campo cubierto de hierba rodeado por una cerca de alambre. ¿Qué elemento representa el perímetro del campo, el campo cubierto de hierba o la cerca de alambre?

26. (Analiza) En la habitación de Amanda, hay un espejo de cristal rodeado por un marco de madera. ¿Qué elemento representa el perímetro, el espejo de cristal o el marco de madera?

27. (Estima) ¿Cuál es el perímetro de tu salón de clase? Haz una estimación dando pasos de un metro a lo largo de los bordes del salón.

28. (Explica) ¿Cuál es el significado de esta fórmula?

$$P = 2l + 2a$$

Estimar el perímetro

Materiales:

- regla de pulgadas o regla de yarda

Utiliza una regla de pulgadas o una regla de yarda para estimar el perímetro de varios objetos de tu salón de clase.

Los objetos pueden ser:

- tu pupitre
- el escritorio de tu maestro
- una puerta
- la cubierta de un libro
- el pizarrón del salón de clase

Haz una lista de los objetos que escogiste y estima el perímetro de cada objeto.

Describe la relación entre los dos conjuntos de datos de esta tabla:

Perímetros de cuadrados

Perímetro (en pulgadas)	4	8	12	16	20	24
Longitud del lado (en pulgadas)	1	2	3	4	5	6

(**Haz una predicción**) ¿Cuál es el perímetro de un cuadrado cuyo lado tiene una longitud de 10 pulgadas? ¿Cómo lo sabes?

(**Generaliza**) Escribe una fórmula que se puede utilizar para encontrar el perímetro de cualquier cuadrado.

Conceptos y destrezas esenciales para Texas

(4.8)(C) usar atributos para definir figuras geométricas de dos y tres dimensiones
(4.14)(A) identificar las matemáticas en situaciones diarias
(4.14)(B) resolver problemas que implican comprenderlos, hacer y llevar a cabo un plan y evaluar si es razonable la solución
(4.14)(C) desarrollar plan o estrategia para resolver problemas
(4.16)(A) hacer generalizaciones a partir de patrones o de conjuntos de ejemplos y contraejemplos

• Triángulos, rectángulos, cuadrados y círculos

múltiplos

Preliminares K

Los múltiplos de 7 son 7, 14, 21 y así sucesivamente. En tu tabla de cien, encierra en un círculo los números que son múltiplos de siete. ¿Qué número de los encerrados en un círculo es un número par y múltiplo de cinco?

cálculo mental

a. **Sentido numérico:** 44 + 32

b. **Sentido numérico:** 57 + 19

c. **Sentido numérico:** 32 + 43 + 100

d. **Sentido numérico:** ¿Qué número debe sumarse a 6 para obtener 9?

e. **Dinero:** ¿Cuál es el valor total de 2 monedas de veinticinco centavos, 3 monedas de diez centavos y 1 moneda de cinco centavos?

f. **Dinero:** ¿Cuánto cuestan en total una bicicleta de $200 y un casco de $24?

g. **Estimación:** Redondea $13.89 al dólar más cercano.

h. **Estimación:** Redondea 73 yardas a la decena de yarda más cercana.

resolver problemas

Escoge una estrategia apropiada para resolver este problema. El instructor de Educación Física divide a los 21 estudiantes en cuatro equipos. Si el instructor divide la clase tan equitativamente como es posible, ¿cuántos estudiantes hay en cada uno de los cuatro equipos?

En esta lección practicamos dibujar triángulos, rectángulos, cuadrados y círculos.

Ejemplo 1

Vocabulario de matemáticas

Un triángulo cuyos lados tienen la misma longitud se llama **triángulo equilátero**.

Representa **Dibuja un triángulo cuyos lados tengan la misma longitud.**

Puedes practicar en una hoja aparte para comprender cómo dibujar este triángulo. Un triángulo tiene tres lados, pero esos lados se pueden dibujar de muchas maneras diferentes. Si comienzas con "una esquina cuadrada", el tercer lado será demasiado largo.

esquina cuadrada

Este lado es más largo que los otros dos lados.

Éste es un triángulo de lados de igual longitud:

Ejemplo 2

Representa **Dibuja un rectángulo cuyos lados tengan la misma longitud.**

Un rectángulo tiene cuatro lados y cuatro esquinas cuadradas. No es necesario que sea más largo que ancho. Éste es un rectángulo cuyos lados tienen la misma longitud:

Esta figura parece un cuadrado. Sabemos que es un cuadrado, porque tiene 4 lados de la misma longitud. También es un rectángulo. **Un cuadrado es un tipo especial de rectángulo.**

Ejemplo 3

Destreza mental

Analiza
¿Cuánto mide el perímetro de este rectángulo?

Representa **Dibuja un rectángulo que tenga 3 cm de largo y 2 cm de ancho.**

Utilizamos una regla de centímetros como ayuda para hacer el dibujo.

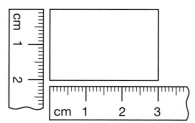

Un **círculo** es una curva plana, cerrada, cuyos puntos son equidistantes de otro que se llama centro. Para dibujar círculos podemos utilizar un instrumento que se llama **compás.** A continuación mostramos dos tipos de compás:

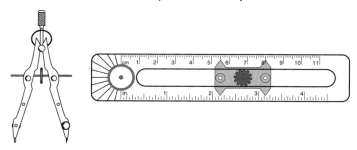

Vocabulario de matemáticas

La palabra radio se deriva de la palabra latina "radius". El plural de radius is "radii", pero el plural de radio es simplemente radios.

Un compás tiene dos puntos: un centro de giro y un extremo para el lápiz. Para dibujar un círculo, giramos el lápiz alrededor del centro de giro. La distancia entre los dos puntos es el **radio** del círculo.

El radio del círculo es la distancia que hay desde el **centro** del círculo hasta su borde.

El **diámetro** de un círculo es la distancia de un lado a otro del círculo, pasando por el centro. Como ilustra este diagrama, el diámetro del círculo es igual a dos radios.

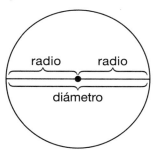

radio   radio

diámetro

Dibujar un círculo

Materiales:
- **compás**

(**Representa**) Utiliza un compás para dibujar un círculo con un radio de 2 cm. Rotula el diámetro y el radio.

Ejemplo 4

Si el radio de un círculo es 2 cm, entonces ¿cuál es el diámetro del círculo?

Como el diámetro de un círculo es igual a dos radios, el diámetro de un círculo cuyo radio mide 2 cm es **4 cm.**

a. Dibuja un triángulo con dos lados de la misma longitud.

b. Dibuja un rectángulo cuyo largo sea dos veces su ancho.

c. Utiliza un compás para dibujar un círculo con un radio de 1 pulgada.

d. ¿Cuál es el diámetro de un círculo que tiene 3 cm de radio?

e. ¿Qué otro nombre tiene un rectángulo cuya longitud es igual a su ancho?

Práctica escrita *Integradas y distribuidas*

Escribe y resuelve ecuaciones para los problemas **1** y **2**.

1. Hiroshi tiene cuatrocientas diecisiete canicas. Harry tiene doscientas
(1, 13) veintidós canicas. ¿Cuántas canicas tienen en total Hiroshi y Harry?

*2. Tisha apiló cuarenta centavos. Después de que Jane agregara todos sus
(11, 14) centavos había setenta y dos centavos en la pila. ¿Cuántos centavos apiló Jane?

3. El dígito de las unidades es 5. El número es mayor que 640 y menor que
(4) 650. ¿Qué número es?

*4. (**Representa**) Escribe setecientos cincuenta y tres en forma desarrollada.
(16)

*5. (**Haz la conexión**) Si $x + y = 10$, entonces ¿cuál es la otra operación de
(6) suma para x, y y 10? ¿Cuáles son las dos operaciones de resta para x, y, y 10?

*6. Estos termómetros muestran las temperaturas promedio
(18) mínima y máxima diarias en San Juan, Puerto Rico, durante el mes de enero. ¿Cuáles son esas temperaturas?

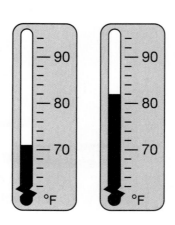

*7.  **Haz un modelo** Utiliza una regla de centímetros para medir este rectángulo.
(Inv. 2)

    a. ¿Cuánto mide de largo?

    b. ¿Cuánto mide de ancho?

    c. ¿Cuánto mide su perímetro?

8.
(13)
$$\begin{array}{r} 493 \\ + 278 \\ \hline \end{array}$$

9.
(13)
$$\begin{array}{r} \$486 \\ + \$378 \\ \hline \end{array}$$

10.
(13)
$$\begin{array}{r} \$524 \\ + \$109 \\ \hline \end{array}$$

*11. **Representa** Dibuja un triángulo. Haz cada lado de 2 cm de largo.
(Inv. 2, 21) ¿Cuánto mide el perímetro del triángulo?

*12. **Representa** Dibuja un cuadrado con lados de 2 pulgadas de largo.
(Inv. 2, 21) ¿Cuánto mide el perímetro del cuadrado?

13.
(12)
$$\begin{array}{r} 17 \\ - a \\ \hline 9 \end{array}$$

14.
(15)
$$\begin{array}{r} 45 \\ - 29 \\ \hline \end{array}$$

15.
(12)
$$\begin{array}{r} 15 \\ - b \\ \hline 6 \end{array}$$

16.
(15)
$$\begin{array}{r} 62 \\ - 45 \\ \hline \end{array}$$

17.
(14)
$$\begin{array}{r} 24 \\ + d \\ \hline 45 \end{array}$$

18.
(16)
$$\begin{array}{r} 14 \\ - b \\ \hline 2 \end{array}$$

*19.
(16)
$$\begin{array}{r} y \\ - 36 \\ \hline 53 \end{array}$$

*20.
(16)
$$\begin{array}{r} 75 \\ - p \\ \hline 45 \end{array}$$

21.
(17)
$$\begin{array}{r} 46 \\ 35 \\ 27 \\ + 39 \\ \hline \end{array}$$

22.
(17)
$$\begin{array}{r} 14 \\ 28 \\ 77 \\ + 23 \\ \hline \end{array}$$

23.
(17)
$$\begin{array}{r} 14 \\ 23 \\ 38 \\ + 64 \\ \hline \end{array}$$

24.
(17)
$$\begin{array}{r} 15 \\ 24 \\ 36 \\ + 99 \\ \hline \end{array}$$

*25. **Concluye** Escribe los tres números que siguen en cada secuencia
(3, Inv. 1) de conteo:

    a. …, 28, 35, 42, _____, _____, _____, …

    b. …, 40, 30, 20, _____, _____, _____, …

* 26. (Inv. 2) ✎ **Explica** Si conoces el largo y ancho de un rectángulo, ¿cómo encuentras su perímetro?

* 27. (21) **Selección múltiple** Alba dibuja un círculo con un radio de 4 cm. ¿Cuánto mide el diámetro del círculo?

  A 8 pulg   **B** 2 pulg   **C** 8 cm   **D** 2 cm

* 28. (19) Todas las mañanas, Christopher se despierta a la hora que se muestra a la izquierda y sale hacia la escuela a la hora que se muestra a la derecha. ¿Cuánto tiempo demora Christopher en prepararse para la escuela cada mañana?

* 29. (20) Redondea cada número a la decena más cercana. Puedes dibujar una recta numérica.

  a. 76   **b.** 73   **c.** 75

* 30. (20) Redondea cada cantidad de dinero a los veinticinco centavos más cercanos.

  a. $6.77   **b.** $7.97

Conexión con la vida diaria

Erin y Bethany dibujan círculos en sus hojas. El radio del círculo de Erin es 14 cm. El diámetro del círculo de Bethany es 26 cm. Bethany dice que su círculo es más grande. ¿Está Bethany en lo correcto? Explica tu respuesta.

• Nombrar fracciones

• Sumar dólares y centavos

Conceptos y destrezas esenciales para Texas

(4.1)(B) usar valor posicional para leer, escribir y comparar decimales

(4.2)(C) comparar fracciones usando objetos y dibujos

(4.2)(D) relacionar decimales con fracciones

(4.3)(B) sumar y restar decimales hasta las centésimas usando objetos y dibujos

(4.14)(A) identificar las matemáticas en situaciones diarias

(4.14)(C) desarrollar plan o estrategia para resolver problemas

(4.14)(D) usar herramientas y tecnología para resolver problemas

(4.15)(B) relacionar lenguaje informal con lenguaje matemático

operaciones

Preliminares A

cuenta en voz alta

En conjunto con la clase, cuenta de siete en siete del 7 al 35.

cálculo mental

a. Sentido numérico: $63 + 21$

b. Sentido numérico: $36 + 29 + 30$

c. Sentido numérico: $130 + 200 + 300$

d. Geometría: Si cada uno de los lados de un triángulo mide 1 centímetro, ¿cuánto mide su perímetro?

e. Hora: ¿Qué hora es 2 horas después de la 1:00 p.m.?

f. Dinero: ¿Cuánto cuestan en total dos lápices de $1 cada uno y un par de tijeras de $4?

g. Estimación: Redondea $2.22 a los veinticinco centavos más cercanos.

h. Medición: ¿Cuántos centímetros hay en 1 metro?

resolver problemas

Siete días después del martes es martes. Catorce días después del martes es martes. Veintiún días después del martes es martes. ¿Qué día de la semana es 70 días después del martes?

Enfoque de la estrategia: Encuentra/Amplía el patrón

(**Comprende**) Nos piden encontrar qué día de la semana es 70 días después del martes. Nos dicen que 7, 14 y 21 días después del martes es martes. Estos números forman un patrón.

(**Planifica**) *Encontramos el patrón* que describe cómo se repiten los días de la semana. Podemos *ampliar el patrón* como ayuda para comprender la pregunta.

Resuelve Buscamos un patrón en los números que nos dan: 7, 14, 21. Decimos estos números al contar hacia arriba de siete en siete. El conteo hacia arriba de siete en siete es un patrón que se puede ampliar:

7, 14, 21, 28, 35, 42, 49, 56, 63, 70

Siete días son una semana, 14 días son dos semanas, 21 días son 3 semanas, y así sucesivamente. Setenta días son iguales al número de días de 10 semanas. Diez semanas después del martes es martes, lo que significa que **70 días después del martes es martes.**

Comprueba Sabemos que nuestra respuesta es razonable, porque 70 días es lo mismo que 10 semanas y 10 semanas después de cierto día de la semana es el mismo día nuevamente.

Nuevos conceptos

Nombrar Fracciones

Una parte de un entero se puede identificar con una **fracción.** Una fracción se escribe con dos números. En una fracción, el número de abajo se llama **denominador.** El denominador indica cuántas partes iguales hay en el entero. El número de arriba de una fracción se llama **numerador.** El numerador indica cuántas partes se están contando. Al nombrar una fracción, decimos primero el numerador; luego decimos el denominador utilizando su número ordinal. Abajo se muestran algunas fracciones y sus nombres:

Vocabulario de matemáticas

Existen algunas excepciones al utilizar ordinales para identificar los denominadores. Por ejemplo, utilizamos la palabra **medio** en lugar de *segundo* para nombrar un denominador 2. También utilizamos la palabra **tercio** en lugar de *tercero* para nombrar un denominador 3.

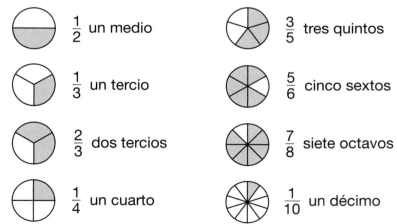

$\frac{1}{2}$ un medio

$\frac{1}{3}$ un tercio

$\frac{2}{3}$ dos tercios

$\frac{1}{4}$ un cuarto

$\frac{3}{5}$ tres quintos

$\frac{5}{6}$ cinco sextos

$\frac{7}{8}$ siete octavos

$\frac{1}{10}$ un décimo

Analiza Utiliza los dibujos para escribir estas fracciones de mayor a menor.

¿Qué fracción del círculo está sombreada?

Hay cuatro partes iguales y tres están sombreadas. Por lo tanto, la fracción del círculo que está sombreada es tres cuartos, que escribimos

$$\frac{3}{4}$$

Justifica ¿Cuál es mayor, $\frac{3}{4}$ ó $\frac{3}{5}$? Explica cómo lo sabes.

¿Qué fracción de un dólar es una moneda de 10 centavos?

Diez monedas de 10 centavos son un dólar, por lo tanto, una moneda de diez centavos es $\frac{1}{10}$ de dólar.

Visita www. SaxonMath. com/Int4Activities para una actividad con calculadora

¿Qué fracción de un dólar son tres monedas de veinticinco centavos?

Cuatro monedas de veinticinco centavos equivalen a un dólar, por lo tanto, cada moneda de veinticinco centavos es $\frac{1}{4}$ de dólar. Tres monedas de veinticinco centavos son $\frac{3}{4}$ de dólar.

Sumar dólares y centavos

Sumamos dólares y centavos de la misma manera que sumamos números enteros. El punto, que se llama **punto decimal,** separa dólares de centavos. Para sumar dólares a dólares y centavos a centavos, alineamos los puntos decimales. No debemos olvidar agregar el signo de dólar y el punto decimal en la suma.

Actividad

Contar dinero

Materiales:
- manipulables de dinero (de la **Actividad 1 de la lección**)
- manipulables de dinero (de las **Actividades 7, 8 y 9 de la lección**)

Utiliza los manipulables de dinero para realizar las siguientes tareas:

1. Coloca $1.43 en una pila y $1.34 en otra. ¿Qué cantidad es mayor? Explica por qué.

2. Haz tres pilas de dinero: $1.32, $2.13 y $1.23. Ordena las pilas de menor a mayor valor.

3. **Haz un modelo** Representa el siguiente problema: En una venta de jardín, J'Nessa compra una patineta en $3.50 y una pelota de básquetbol en $2.75. ¿Cuánto gasta en los dos artículos?

Ejemplo 4

En la feria de libros de la escuela, Syaoran compra dos libros, uno en $3.75 y el otro en $2.75. ¿Cuánto paga en total Syaoran por ambos libros?

Primero sumamos los centavos, luego sumamos las decenas de centavos y luego sumamos los dólares. Como diez monedas de 1 centavo son iguales a una moneda de 10 centavos y diez monedas de 10 centavos son iguales a un dólar, reagrupamos cuando el total en cualquier columna es diez o más.

Suma los centavos.
Suma las decenas de centavos.
Suma los dólares.

$$\begin{array}{r} \$3.75 \\ +\ \$2.75 \\ \scriptstyle 1\ 1 \\ \hline \$6.50 \end{array}$$

Syaoran paga **$6.50** por ambos libros.

Números compatibles son dos o más números con los que es relativamente fácil trabajar. Las cantidades de dinero que terminan en 25¢, 50¢ y 75¢ son compatibles entre sí, porque podemos sumar y restar mentalmente estos números. En el ejemplo 5, utilizamos números compatibles para estimar la suma.

Ejemplo 5

Imelda compró algunos paquetes de semillas de vegetales en $3.27 y algunas plantas de tomate en $4.49. ¿Qué estimación es razonable para el total de su compra?

Para estimar, utilizamos los números compatibles $3.25 y $4.50, que están cerca de $3.27 y $4.49. Sumamos mentalmente los números compatibles y encontramos que el costo total es aproximadamente **$7.75.**

Práctica de la lección

¿Qué fracción de cada forma está sombreada?

a.

b.

Utiliza estos modelos para ordenar las fracciones de menor a mayor.

c. $\frac{1}{3}, \frac{2}{10}, \frac{1}{4}$

d. $\frac{2}{5}, \frac{3}{8}, \frac{1}{2}$

$\frac{1}{3}$		$\frac{1}{3}$		$\frac{1}{3}$

$\frac{1}{10}$	$\frac{1}{10}$	$\frac{1}{10}$	$\frac{1}{10}$	$\frac{1}{10}$	$\frac{1}{10}$	$\frac{1}{10}$	$\frac{1}{10}$	$\frac{1}{10}$	$\frac{1}{10}$

$\frac{1}{4}$	$\frac{1}{4}$	$\frac{1}{4}$	$\frac{1}{4}$

$\frac{1}{5}$	$\frac{1}{5}$	$\frac{1}{5}$	$\frac{1}{5}$	$\frac{1}{5}$

$\frac{1}{8}$	$\frac{1}{8}$	$\frac{1}{8}$	$\frac{1}{8}$	$\frac{1}{8}$	$\frac{1}{8}$	$\frac{1}{8}$	$\frac{1}{8}$

$\frac{1}{2}$		$\frac{1}{2}$	

Utiliza los manipulables de fracciones para ordenar estas fracciones de mayor a menor.

e. $\frac{3}{4}, \frac{1}{5}, \frac{2}{3}$

f. $\frac{6}{10}, \frac{4}{5}, \frac{1}{2}$

g. ¿Qué fracción de un dólar son tres monedas de diez centavos?

Puedes utilizar tus manipulables de dinero para sumar.

h.
$$\begin{array}{r} \$2.75 \\ + \$2.75 \\ \hline \end{array}$$

i.
$$\begin{array}{r} \$3.65 \\ + \$4.28 \\ \hline \end{array}$$

j. En la librería de la escuela un cuaderno cuesta $1.49. ¿Cuál es una estimación razonable del costo de dos cuadernos? Explica por qué tu estimación es razonable.

Práctica escrita   *Integradas y distribuidas*

Escribe y resuelve ecuaciones para los problemas **1** y **2**.

* 1. Un carpintero tiene dos tablones. La suma de las longitudes de los
(11, 14)   tablones es de 96 pulgadas. La longitud de un tablón es de 48 pulgadas. ¿Cuánto mide la longitud del otro tablón?

2. Jafari medía 49 pulgadas al comienzo del verano. Durante el verano él
(1, 9) creció 2 pulgadas. ¿Cuánto medía Jafari al final del verano?

3. Utiliza los dígitos 1, 2 y 3 para escribir un número impar menor que 200.
(10) Cada dígito puede utilizarse sólo una vez.

Concluye Escribe los tres números que siguen en cada secuencia de conteo:

*4. ... , 80, 72, 64, _____, _____, _____, ...   ***5.** ... , 60, 54, 48, _____, _____, _____, ...
(3)   *(3)*

*6. **Representa** Dibuja un cuadrado con lados de 3 cm de largo. ¿Cuánto
(Inv. 2, 21) mide el perímetro del cuadrado?

*7. ¿Cuántos pies hay en una yarda?
(Inv. 2)

8. ¿Cuál es el valor posicional de 9 en 891?
(4)

*9. Escribe 106 en forma desarrollada. Luego utiliza palabras para escribir el
(7, 16) número.

10. Utiliza los números 6, 9 y 15 para escribir dos operaciones de suma y dos
(6) operaciones de resta.

11. Utiliza dígitos y símbolos para escribir que dieciocho es mayor que veinte
(Inv. 1) negativo.

*12. **a.** Redondea 28 a la decena más cercana.   **b.** Redondea $5.95 al dólar más
(20)   cercano.

*13. ¿Cuántos metros de alto mide un escritorio? alrededor de 1 m para un
(Inv. 2) escritorio de tamaño normal;

*14.
(1) Los primeros cuatro números impares son 1, 3, 5 y 7. ¿Cuánto suman?

*15. Dibuja un círculo cuyo diámetro sea de 2 cm. ¿Cuánto mide el radio del
(21) círculo?

*16. ¿Qué fracción de este rectángulo está sombreada?
(22)

* 17. La puerta tiene dos metros de alto. ¿Cuántos centímetros hay en dos
(Inv. 2) metros?

18. $51 - 43$ **19.** $70 - 44$ **20.** $37 - 9$
(15)   *(15)*   *(15)*

21. $\$8.79 + \$0.64$ **22.** $\$5.75 + \$2.75$
(22)   *(22)*

23. $\begin{array}{r} n \\ + 13 \\ \hline 17 \end{array}$ *** 24.** $\begin{array}{r} x \\ - 42 \\ \hline 27 \end{array}$ *** 25.** $\begin{array}{r} 37 \\ - p \\ \hline 14 \end{array}$
(14)   *(16)*   *(16)*

* 26. Dibuja un círculo. Dibuja dos diámetros para dividir el círculo en
(22) cuatro partes iguales. Sombrea una de las partes. ¿Qué fracción
del círculo está sombreada?

* 27. **Selección múltiple** Si la ecuación $20 + n = 60$ es verdadera,
(6) entonces, ¿cuál de las siguientes ecuaciones *no* es verdadera?

     A $60 - 20 = n$ **B** $60 - n = 20$

     C $n - 20 = 60$ **D** $n + 20 = 60$

* 28. ✎ **Explica** En el supermercado un artículo está marcado $\$1.26$.
(22) Otro artículo está marcado $\$3.73$. ¿Qué estimación es razonable para el
costo de ambos artículos? Explica por qué tu estimación es razonable.

29. Esta tabla muestra la altura de cuatro cataratas:
(7)

Cataratas

Nombre	Ubicación	Altura (pies)
Multnomah	Oregon	620
Maletsunyane	Lesotho, Africa	630
Wentworth	Australia	614
Reichenbach	Suiza	656

Escribe los nombres de las cataratas en orden de menor a mayor altura.

* 30. **Haz una predicción** ¿Cuál es el décimo número de esta secuencia de conteo?
(3)
$$4, 8, 12, 16, 20, \ldots$$

🔖 *Conceptos y destrezas esenciales para Texas*

(4.8)(A) identificar y describir ángulos rectos, agudos y obtusos

(4.8)(B) identificar y describir rectas paralelas e intersecantes usando objetos y dibujos

(4.14)(A) identificar las matemáticas en situaciones diarias

(4.14)(B) resolver problemas que implican comprenderlos, hacer y llevar a cabo un plan y evaluar si es razonable la solución

(4.15)(B) relacionar lenguaje informal con lenguaje matemático

• Rectas, segmentos, rayos y ángulos

múltiplos

Preliminares K

En tu tabla de cien, encierra en un círculo los múltiplos de 9. Escribe de encerraste en un círculo en una columna. ¿Qué patrones puedes encontrar en la columna de números?

cálculo mental

Sentido numérico: Suma las centenas, luego las decenas y luego las unidades.

a.   320
    + 256

b.   645
    + 32

c.   145
    + 250

d. Geometría: Si cada lado de un cuadrado mide 1 pulgada, ¿cuánto mide su perímetro?

e. Hora: ¿Qué hora es 5 horas después de las 3:00 p.m.?

f. Dinero: ¿Cuánto cuestan en total tres unidades de goma de mascar de 8¢ cada una?

g. Estimación: El prado tiene 62 pies de lado a lado. Redondea esa longitud a la decena de pies más cercana.

h. Medición: ¿Cuántos milímetros tiene un centímetro?

resolver problemas

Escoge una estrategia apropiada para resolver este problema. Los días de la semana se repiten. Siete días antes del sábado era sábado y siete días después del sábado es sábado nuevamente. ¿Qué día es diez días después del sábado? ¿Qué día fue diez días antes del sábado?

Nuevo concepto

Una recta continúa sin fin. Al dibujar una recta, dibujamos flechas para mostrar que la recta continúa en ambas direcciones.

Recta

Destreza mental

Haz la conexión

¿Es esta figura un rayo? Explica por qué.

Un segmento de recta, o sólo *segmento* es una parte de una recta. Al dibujar un segmento, no incluimos las flechas. Sin embargo, podemos utilizar puntos para mostrar los **extremos** del segmento.

Segmento

A veces a un **rayo** se le llama *semi recta.* Un rayo comienza en un punto y continúa en una dirección infinitamente. Al dibujar un rayo, incluimos una flecha para mostrar que continúa en una dirección determinada.

Rayo

Ejemplo 1

Escribe "recta", "segmento" o "rayo" para describir cada uno de estos modelos físicos:

   a. un rayo de luz de una estrella

   b. una regla

   a. Un rayo de luz de una estrella comienza en un "punto", la estrella, y continúa a través del espacio. Éste es un ejemplo de **rayo.**

   b. Un regla tiene dos extremos, por lo que se describe mejor como un ejemplo de **segmento.**

Las rectas y segmentos que van en la misma dirección y permanecen separados a la misma distancia son **paralelos.**

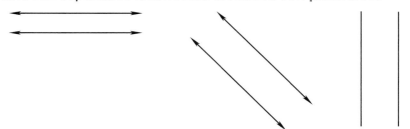

Pares de rectas y segmentos paralelos

Cuando las rectas o segmentos se cruzan, los llamamos **rectas secantes.**

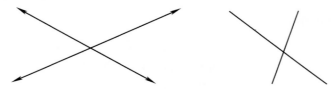

Pares de rectas y segmentos secantes

Las rectas secantes o segmentos que forman "esquinas cuadradas" son **perpendiculares.**

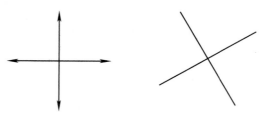

Pares de rectas y segmentos perpendiculares

Los **ángulos** se forman en el lugar en que las rectas o segmentos se intersecan o donde, por lo menos, comienzan dos rayos. Un ángulo tiene un **vértice** y dos lados. El vértice es el punto donde los dos lados se encuentran (la "esquina").

El nombre de un ángulo depende de la "abertura" que tiene. Un ángulo como la esquina de un cuadrado se llama **ángulo recto.**

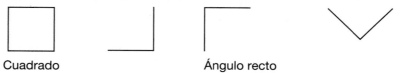

Cuadrado   Ángulo recto

Para demostrar que un ángulo es recto, podemos dibujar un pequeño cuadrado en la esquina del ángulo recto.

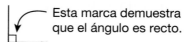

Esta marca demuestra que el ángulo es recto.

Los ángulos que son menores que los ángulos rectos se llaman **ángulos agudos.** Los ángulos que son mayores que ángulos rectos son **ángulos obtusos.**

Ángulo agudo   Ángulo obtuso

Destreza mental

Haz un modelo

Busca en tu salón de clases objetos que tengan rectas paralelas, perpendiculares o rectas secantes. Describe en qué se diferencia cada segmento.

Describe cada uno de estos ángulos:

a. b. c.

a. Es menor que un ángulo recto, por lo tanto, es un **ángulo agudo.**

b. Forma un esquina cuadrada, por lo tanto, es un **ángulo recto.**

c. Es mayor que un ángulo recto, por lo tanto, es un **ángulo obtuso.**

La figura del ejemplo siguiente tiene cuatro ángulos. Podemos nombrar cada ángulo de acuerdo a la letra del vértice del ángulo. Los cuatro ángulos de la figura son el ángulo *Q,* el ángulo *R,* el ángulo *S* y el ángulo *T.*

Ejemplo 3

Identifica cada uno de los cuatro ángulos de la figura como agudo, recto u obtuso.

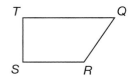

El ángulo *Q* es menor que un ángulo recto, por lo tanto, el **ángulo Q es agudo.** El ángulo *R* es mayor que un ángulo recto, por lo tanto, el **ángulo R es obtuso.** Los ángulos *S* y *T* forman esquinas cuadradas, por lo tanto, los **ángulos S y T son rectos.**

Ejemplo 4

Dibuja un triángulo que contenga un ángulo recto.

Comenzamos dibujando dos segmentos de recta que formen un ángulo recto. Luego dibujamos el tercer lado.

Observa que los otros dos ángulos son ángulos agudos.

(**Representa**) Dibuja y describe las características de un triángulo que tenga un ángulo obtuso.   Vea el trabajo del estudiante

Actividad

Segmentos y ángulos en la vida diaria

1. Busca ejemplos de las siguientes figuras en tu salón. Describe y clasifica cada ejemplo.

a. segmentos paralelos

b. segmentos perpendiculares

c. segmentos secantes

d. ángulos rectos

e. ángulos agudos

f. ángulos obtusos

2. Dobla tu brazo de modo que el ángulo formado por el codo sea agudo, luego recto, después obtuso. Dobla tu pierna de modo que el ángulo formado detrás de tu rodilla sea agudo, luego recto y después obtuso.

3. Explica en tus propias palabras

a. Describe ángulos agudos, rectos y obtusos.

b. Describe rectas paralelas, perpendiculares y secantes.

Práctica de la lección

a. Dibuja dos segmentos que se intersequen, pero que *no* sean perpendiculares.

b. Dibuja dos rectas perpendiculares.

c. Dibuja un rayo.

d. ¿Son paralelos o perpendiculares los rieles de una vía de tren? ¿Cómo lo sabes? Localiza y describe los ángulos de artículos de tu salón o cercanos a él.

e. ¿Cuántos ángulos tiene un triángulo?

f. **Selección múltiple** ¿Cuál de estos ángulos *no* parece un ángulo recto?

A   B   C   D

Práctica escrita   *Integradas y distribuidas*

Escribe y resuelve ecuaciones para los problemas **1** y **2.**

1. En la primera fila había veintiocho niños. En la segunda fila había cuarenta
(1, 9) y dos niños. ¿Cuántos niños había en total en ambas filas?

*2. Tina sabía que había 28 libros en las dos repisas. Tina contó 12 libros
(11, 14) en la primera repisa. Luego resolvió cuántos libros había en la segunda repisa. ¿Cuántos libros había en la segunda repisa?

3. Utiliza los dígitos 1, 2 y 3 para escribir un número impar mayor que 300.
Cada dígito puede utilizarse sólo una vez.
(10)

*4. **Concluye** Escribe los tres números que siguen en cada secuencia de conteo:
(3)

a. ... , 40, 36, 32, _____, _____, _____, ...

b. ... , 30, 27, 24, _____, _____, _____, ...

*5. **Haz la conexión** Utiliza los números 15, 16 y 31 para escribir dos
(6) operaciones de suma y dos operaciones de resta.

6. Utiliza dígitos y un símbolo de comparación para mostrar que seiscientos
(Inv. 1) treinta y ocho es menor que seiscientos ochenta y tres.

*7. **a.** Redondea 92 a la decena más cercana.
(20)

b. Redondea $19.67 al dólar más cercano.

*8. **Explica** El radio de una moneda de cinco centavos mide 1 centímetro. Si se
(21) colocan 10 monedas de cinco centavos en una fila, ¿cuánto medirá la fila de largo?
Describe cómo encontraste tu respuesta.

*9. Utiliza una regla de centímetros para medir este rectángulo:
(Inv. 2)

a. ¿Cuánto mide su longitud?

b. ¿Cuánto mide su ancho?

c. ¿Cuánto mide su perímetro?

*10. **Selección múltiple** ¿Cuál de estas figuras tiene cuatro ángulos rectos?
(23)

A   B   C   D

*11. ¿Qué fracción de este triángulo está sombreada?
(22)

*12. El reloj muestra la hora en que comienza la última clase del
(19) día de Reginald. La clase termina a las 2:55 p.m. ¿Cuánto
dura la última clase del día de Reginald?

*13.
(15)
$$\begin{array}{r} \$83 \\ -\ \$27 \\ \hline \end{array}$$

*14.
(15)
$$\begin{array}{r} 42 \\ -\ 27 \\ \hline \end{array}$$

*15.
(15)
$$\begin{array}{r} 72 \\ -\ 36 \\ \hline \end{array}$$

16.
(22)
$$\begin{array}{r} \$4.28 \\ +\ \$1.96 \\ \hline \end{array}$$

17.
(22)
$$\begin{array}{r} \$4.36 \\ +\ \$2.95 \\ \hline \end{array}$$

18.
(14)
$$\begin{array}{r} 57 \\ +\ k \\ \hline 88 \end{array}$$

*19.
(16)
$$\begin{array}{r} 67 \\ -\ b \\ \hline 16 \end{array}$$

*20.
(16)
$$\begin{array}{r} k \\ -\ 22 \\ \hline 22 \end{array}$$

21. $42 - 7$
(15)

*22. $55 - 48$
(15)

23. $31 - 20$
(14)

24. $25 + 25 + 25 + 25$
(17)

25. **a.** ¿Cuántas monedas de cinco centavos son un dólar?
(22)

    b. ¿Qué fracción de un dólar es una moneda de cinco centavos?

    c. ¿Qué fracción de un dólar son siete monedas de cinco centavos?

*26. **Selección múltiple** Si $26 + m = 63$, entonces ¿cuál de estas
(6) ecuaciones *no* es verdadera?

    A $m + 26 = 63$ **B** $m - 63 = 26$

    C $63 - m = 26$ **D** $63 - 26 = m$

*27. **Selección múltiple** ¿Qué figura de éstas ilustra un rayo?
(23)

    A    **B**

    C    **D**

*28. ✎ **Explica** Una tienda de música ofrece una liquidación. Los CD
(22) simples cuestan $11.99 cada uno. Los CD dobles cuestan $22.99 cada uno. ¿Cuál es una estimación razonable para el costo de 3 CD simples? Explica por qué tu respuesta es razonable.

29. Compara. Escribe >, <, o =.
(Inv. 1)
    a. 68 ◯ 71   **b.** 501 ◯ 267   **c.** 706 ◯ 709

*30. En las elecciones del consejo estudiantil, se emitieron 1300 votos para
(11, 14) los dos candidatos. Un candidato recibió 935 votos. Escribe y resuelve una ecuación para encontrar el número de votos que recibió el otro candidato.

• Operaciones inversas

operaciones

cuenta en voz alta

cálculo mental

Preliminares B

Contar de siete en siete del 7 al 42.

a. **Sentido numérico:** 365 + 321 (Suma las centenas, luego las decenas y luego las unidades.)

b. **Sentido numérico:** 40 + 300 + 25

c. **Sentido numérico:** 300 + 50 + 12

d. **Sentido numérico:** Siete se puede separar en 3 + 4. Si 7 se separa en 2 + ☐, ¿qué número representa ☐?

e. **Hora:** ¿Qué hora es 4 horas después de las 6:15 p.m.?

f. **Dinero:** ¿Cuál es el valor total de 8 monedas de diez centavos y 12 monedas de un centavo?

g. **Estimación:** Una pared del salón de clase mide 28 pies de largo. Redondea esa longitud a la decena de pies más cercana.

h. **Medición:** ¿Cuántos metros hay en 1 kilómetro?

resolver problemas

Escoge una estrategia apropiada para resolver este problema. Los números de dos dígitos 18 y 81 se escriben con dígitos que suman nueve. En tu hoja, haz una lista del 18 al 81 de números de dos dígitos cuyos dígitos sumen 9.

18, _____, _____, _____, _____, _____, _____, 81

¿Qué observas en la secuencia de números?

Ya vimos que los tres números de una operación de suma o de resta forman también otras tres operaciones. Si sabemos que $n + 3 = 5$, entonces conocemos estas cuatro operaciones:

$$\begin{array}{cccc} n & 3 & 5 & 5 \\ +\,3 & +\,n & -\,n & -\,3 \\ \hline 5 & 5 & 3 & n \end{array}$$

Observa que la última de estas operaciones, $5 - 3 = n$, muestra cómo encontrar n. Restamos 3 de 5 para encontrar que n es igual a 2.

Ejemplo 1

Escribe otra operación de suma y dos operaciones de resta utilizando los números en esta ecuación:

$$36 + m = 54$$

¿Qué operación muestra cómo encontrar m?

Ordenamos los números para escribir tres operaciones. Observa que la suma, 54, se convierte en el primer número de ambas operaciones de resta.

$$m + 36 = 54 \qquad 54 - m = 36 \qquad 54 - 36 = m$$

La operación que muestra cómo encontrar m es

$$54 - 36 = m$$

Ejemplo 2

Escribe otra operación de resta y dos operaciones de suma utilizando los números de esta ecuación:

$$72 - w = 47$$

¿Qué operación muestra cómo encontrar w?

Observa que el primer número de una operación de resta queda como el primer número de la segunda operación de resta.

$$72 - 47 = w$$

Además observa que el primer número de una operación de resta es la suma al ordenar los números y formar una operación de suma.

$$47 + w = 72 \qquad w + 47 = 72$$

La operación que muestra como encontrar w es

$$72 - 47 = w$$

Encuentra el número que falta: $r + 36 = 54$

Podemos formar otra operación de suma y dos operaciones de resta utilizando estos números.

$$36 + r = 54 \qquad 54 - r = 36 \qquad 54 - 36 = r$$

La última operación, $54 - 36 = r$, nos muestra cómo encontrar r. Restamos 36 de 54 y obtenemos **18**.

Ejemplo 4

Encuentra el número que falta: $t - 29 = 57$

Podemos escribir el primer número de una ecuación de resta como el total de una ecuación de suma.

$$57 + 29 = t$$

Entonces, t es igual a **86**.

Práctica de la lección

Encuentra cada número que falta:

a. $23 + m = 42$
b. $q + 17 = 45$
c. $53 - w = 28$
d. $n - 26 = 68$
e. $36 + y = 63$
f. $62 - a = 26$

Práctica escrita

Integradas y distribuidas

* 1. Rafael coloca extremo con extremo dos reglas de 1 pie. ¿Cuál es la longitud total de las dos reglas en pulgadas?
(Inv. 2)

* 2. En un programa de televisión de una hora hay 12 minutos de comerciales. ¿Cuántos minutos de la hora no son comerciales? Escribe una ecuación.
(11, 24)

* 3. **Selección múltiple** Todos los estudiantes formaron dos filas iguales. ¿Cuál *no* puede ser el número total de estudiantes?
(10)

　　A 36　　　　　　**B** 45　　　　　　**C** 60　　　　　　**D** 24

* 4. (**Haz la conexión**) Encuentra los números que faltan en esta secuencia de conteo:
(3)

$$\ldots, 9, 18, \underline{\quad}, \underline{\quad}, 45, \underline{\quad}, \ldots$$

*5. **Haz una predicción** Encuentra el sexto número de esta secuencia de
(3, 5) conteo:

$$7, 14, 21, \ldots$$

6. Compara: $15 - 9 \bigcirc 13 - 8$
(Inv. 1)

7. a. Redondea 77 a la decena más cercana.
(20)
   b. Redondea $29.39 al dólar más cercano.

   c. Redondea $9.19 a los 25 centavos más cercanos.

*8. **Estima** ¿Cuál puede ser la estatura de un jugador de básquetbol
(Inv. 2) profesional?

*9. Jeong y sus amigas fueron a ver la película que comenzó a la
(19) hora que muestra el reloj. La película terminó a las 9:05 p.m.
¿Cuánto duró la película?

*10. **Concluye** ¿Qué calle es paralela a Elm?
(23)

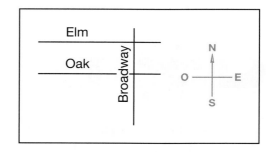

*11. a. ¿Cuántas monedas de diez centavos equivalen a un dólar?
(22)
   b. ¿Qué fracción de un dólar es una moneda de diez centavos?

   c. ¿Qué fracción de un dólar son nueve monedas de diez centavos?

*12. **Representa** Dibuja un rectángulo de 5 centímetros de largo y
(Inv. 2, 2 centímetros de ancho. ¿Cuánto mide el perímetro?
21)

*13. Describe cada tipo de ángulo que se muestra abajo:
(23)
   a.   **b.**   **c.**

14.
(15)
$\$31$
$- \$14$

15.
(13)
$\$468$
$+ \$247$

16.
(14)
57
$- 37$

17.
(22)
$\$4.97$
$+ \$2.58$

*18. $36 - c = 19$
(24)

19. $b + 65 = 82$
(24)

*20. $87 + d = 93$
(24)

*21. $n - 32 = 19$
(24)

22. $48 - 28$
(14)

23. $41 - 32$
(15)

24. $76 - 58$
(15)

25. $416 + 35 + 27 + 43 + 5$
(17)

*26. **Selección múltiple** ¿Qué punto de esta recta numérica puede representar
(Inv. 1) a −3?

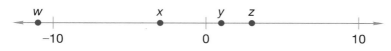

A punto w **B** punto x **C** punto y **D** punto z

*27. ⟨Explica⟩ ¿En qué se diferencian un segmento y una recta?
(23)

*28. ⟨Estima⟩ Los boletos para un concierto cuestan $18 cada uno, sin
(22) incluir la tarifa de $4.25 por la transacción de cada boleto. ¿Cuál es una
estimación razonable del costo de la compra de dos boletos? Explica por
qué tu estimación es razonable.

29. El termómetro muestra la temperatura máxima de un día
(18) de abril en Nashville, Tennessee. ¿Cuál fue la temperatura
máxima ese día?

*30. ⟨Encuentra la fórmula⟩ Escribe y resuelve un problema de
(1) planteo de suma que dé 43.

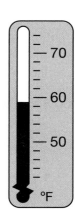

🟥 *Conceptos y destrezas esenciales para Texas*

(4.3)(A) usar suma para resolver problemas que usan números enteros

(4.14)(A) identificar las matemáticas en situaciones diarias

(4.14)(B) resolver problemas que implican comprenderlos, hacer y llevar a cabo un plan y evaluar si es razonable la solución

(4.15)(B) relacionar lenguaje informal con lenguaje matemático

(4.16)(B) justificar por qué una respuesta es razonable

• Problemas de planteo de resta

operaciones   Preliminares B

cuenta en voz alta   Contar hacia abajo de diez en diez del 250 al 10.

cálculo mental

     a. Sentido numérico: $35 + 60 + 100$

     b. Sentido numérico: $200 + 50 + 432$

     c. Sentido numérico: $56 + 19 + 200$

     d. Geometría: ¿Cuánto mide el diámetro de un círculo cuyo radio es de 1 centímetro?

     e. Hora: ¿Qué hora es 4 horas después de las 11:20 a.m.?

     f. Dinero: ¿Cuánto cuestan en total un martillo de $19 y una caja de clavos de $3?

     g. Estimación: El almuerzo cuesta $5.47. Redondea $5.47 a los 25 centavos más cercanos.

     h. Medición: ¿Cuántos pies hay en una milla?

resolver problemas   Escoge una estrategia apropiada para resolver este problema. En algunas secuencias, aumenta el conteo desde un número hasta el número siguiente. En esta secuencia, del 1 al 4 son 3, del 4 al 9 son 5 y del 9 al 16 son 7. Continúa esta secuencia hasta el décimo término, que es 100.

1, 4, 9, 16, …

¿Qué observas en el aumento desde un número hasta el número siguiente?

Ya practicamos cómo resolver problemas de planteo con un argumento de "algunos y algunos más". Recuerda que los problemas de "algunos y algunos más" utilizan una fórmula de suma.

En esta lección, comenzaremos a practicar la resolución de problemas de planteo de resta. Un problema de resta es un problema del tipo "algunos se fueron". Lee este problema de "algunos se fueron":

Jannik tenía 7 canicas. Más tarde perdió 3 canicas. Le quedaron 4 canicas.

Podemos escribir la información de este problema de planteo en una fórmula de resta como ésta:

Fórmula	**Problema**
Algunas	7 canicas
− Algunas se van	− 3 canicas
Lo que queda	4 canicas

También podemos escribir horizontalmente la fórmula.

Fórmula: Algunos − Algunos se van = Lo que queda

Problema: 7 canicas − 3 canicas = 4 canicas

En un problema de "algunos se van" hay tres números. Puede faltar cualquiera de los números. En un problema de resta utilizamos la fórmula de resta y escribimos los números que conocemos, luego encontramos el número que falta.

Recuerda que resolvemos un problema de planteo utilizando el procedimiento de 4 pasos de resolución de problemas.

Paso 1: Lee y convierte el problema.

Paso 2: Haz un plan para resolver el problema.

Paso 3: Sigue el plan y resuelve el problema.

Paso 4: Comprueba si tu resultado es razonable.

Un plan que puede ayudarnos a resolver problemas de planteo es *escribir una ecuación.* Hacemos esto escribiendo los números que conocemos en una ecuación y utilizando la fórmula de resta.

Ejemplo 1

Jaxon tenía algunos lápices. Después regaló 15 lápices. Ahora le quedan 22 lápices. ¿Cuántos lápices tenía Jaxon al comienzo?

Jaxon regaló algunos lápices. Este problema de planteo trata sobre "algunos se van". Nos dicen cuántos lápices "se van" y cuántos lápices quedaron. Para encontrar cuántos lápices tenía Jaxon al comienzo, utilizamos la fórmula de resta para escribir una ecuación. Completamos con los números que se dan y utilizamos una letra para el número que falta.

	Fórmula		Problema
	Algunos		p lápices
−	Algunos se van	−	15 lápices
	Lo que queda		22 lápices

Podemos sumar para resolver el número que falta en este problema de resta.

$$\begin{array}{r} 22 \text{ lápices} \\ + 15 \text{ lápices} \\ \hline 37 \text{ lápices} \end{array}$$

Jaxon tenía **37 lápices** al comienzo. Ahora comprobamos la respuesta en el problema original.

$$\begin{array}{r} 37 \text{ lápices} \\ - 15 \text{ lápices} \\ \hline 22 \text{ lápices} \end{array}$$

Ejemplo 2

Celia tenía 42 caracoles. Ella envió algunas a su tía. Le quedaron 29 caracoles. ¿Cuántas caracoles envió Celia a su tía?

Celia envió algunas caracoles a su tía. Este problema trata sobre "algunos se fueron". Nos piden encontrar el número que se fue. Sabemos cuántas caracoles tenía antes y después de enviar algunas a su tía. Escribimos los números que conocemos en la fórmula.

	Fórmula		Problema
	Algunas		42 caracoles
−	Algunas se van	−	s caracoles
	Lo que queda		29 caracoles

Restamos para resolver el número que falta.

$$\begin{array}{r} 42 \\ - 29 \\ \hline 13 \end{array}$$

Encontramos que Celia envió **13 caracoles** a su tía. Ahora comprobamos para ver si 13 caracoles es un resultado correcto para el problema.

$$\begin{array}{r} 42 \text{ caracoles} \\ - 13 \text{ caracoles} \\ \hline 29 \text{ caracoles} \end{array}$$

Ejemplo 3

LuAnn tenía 65 cuentas. Después utilizó 13 cuentas para hacer un collar. ¿Cuántas cuentas le quedaron a LuAnn?

Este problema también trata sobre "algunos se van". Escribimos los números en una ecuación utilizando la fórmula de resta y luego encontramos el número que falta. Esta vez, practicamos escribiendo horizontalmente la fórmula.

Fórmula: Algunos − Algunos se van = Lo que queda

Problema: 65 cuentas − 13 cuentas = b cuentas

Para encontrar el número que falta, simplemente restamos.

65 cuentas − 13 cuentas = 52 cuentas

Encontramos que a LuAnn le quedaron **52 cuentas**.

(**Justifica**) ¿Es razonable la respuesta? Explica por qué.

Práctica de la lección

(**Encuentra la fórmula**) Escribe y resuelve ecuaciones de resta para los problemas **a–c**.

a. Marko tenía 42 cartas. Luego envió algunas cartas por correo. Ahora tiene 26 cartas. ¿Cuántas cartas envió Marko por correo?

b. Tamika donó 42 libros. Ahora tiene 26 libros. ¿Cuántos libros tenía Tamika al comienzo?

c. Barbara tenía 75 centavos. Luego gastó 27 centavos. ¿Cuántos centavos tiene Barbara ahora?

Práctica escrita

Integrada y distribuida

(**Encuentra la fórmula**) Escribe y resuelve ecuaciones para los problemas **1–3**.

* 1. Barke tenía 75 estampillas. Después le regaló algunas estampillas a
(25) Joey. Ahora tiene 27 estampillas. ¿Cuántas estampillas regaló Barke?

* 2. Rafiki tenía sesenta y tres tarjetas de béisbol. El le regaló a Amie
(25) catorce tarjetas de béisbol. ¿Cuántas tarjetas de béisbol le quedaron a Rafiki?

* 3. La señora Rushing tenía un paquete de tarjetas rayadas. La semana
(25) pasada, utilizó setenta y cinco tarjetas en clases. Le quedaron cuarenta y siete tarjetas. ¿Cuántas tarjetas había en el paquete antes de la semana pasada?

4. Un año entero tiene 12 meses. ¿Cuántos meses tiene medio año?
(5)

*5. **Haz la conexión** Encuentra los números que faltan en cada secuencia
$^{(3,}_{Inv. 1)}$ de conteo:

a. ..., 5, 10, _____, _____, 25, _____, ...

b. ..., 5, 0, _____, _____, −15, _____, ...

*6. **Representa** Utiliza dígitos y un símbolo de comparación para escribir
$_{(Inv. 1)}$ que setecientos sesenta y dos es menor que ochocientos veintiséis.

*7. **a.** Redondea 78 a la decena más cercana.
$_{(20)}$
b. Redondea $7.80 al dólar más cercano.

c. Redondea $7.80 a los 25 centavos más cercanos.

*8. Si el diámetro de una rueda de la bicicleta de Joshua mide 20 pulgadas,
$_{(21)}$ entonces, ¿cuál es el radio de la rueda?

*9. El último recreo de la tarde en la escuela primaria Taft
$_{(19)}$ comienza a la hora que muestra el reloj. El recreo termina a
la 1:35 p.m. ¿Cuánto dura el último recreo de la tarde?

*10. **Concluye** ¿Qué calle es perpendicular
$_{(23)}$ a Elm?

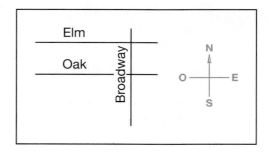

*11. ¿Qué fracción de esta figura está sombreada?
$_{(22)}$

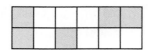

*12. Dibuja un cuadrado cuyos lados midan 4 cm de longitud. ¿Cuánto mide el
$^{(Inv. 2,}_{21)}$ perímetro del cuadrado?

*13. **Representa** ¿A qué número apunta la flecha?
$_{(Inv. 1)}$

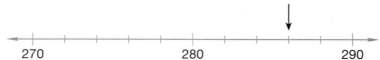

14.
(15)

$52
− $14

15.
(13)

476
+ 177

16.
(15)

62
− 38

17.
(22)

$4.97
+ $2.03

*18.
(24)

36
− g
18

*19.
(24)

55
+ b
87

*20.
(24)

d
− 23
58

*21.
(24)

y
+ 14
32

22. $42 - 37$
(15)

23. $52 - 22$
(14)

24. $73 - 59$
(15)

25. $900 + 90 + 9$
(17)

*26. **Selección múltiple** ¿Cuál de los siguientes no es equivalente a un
(Inv. 2) metro?

A 1000 mm **B** 100 cm **C** 1000 km **D** 100 m

*27. **Explica** ¿En qué se diferencian un rayo y un segmento?
(23)

28. El río Illinois y el río Potomac tienen una longitud combinada de 803 millas.
(11, 14) El río Illinois tiene 420 millas de longitud. Escribe y resuelve una ecuación
para encontrar la longitud del río Potomac.

29. En una tienda de artículos escolares, los borradores cuestan 59¢ cada
(22) uno. Un bloc de dibujo cuesta $3.39. ¿Cuál es una estimación razonable
para el costo total de un bloc de dibujo y un borrador? Explica por qué tu
estimación es razonable.

30. En Bismarck, Dakota del Norte, la temperatura máxima promedio en enero
(18) es de 21°F. La temperatura mínima promedio es de −1°F. ¿Cuántos grados
más alta es una temperatura de 21°F que −1°F?

Para los más rápidos

Conexión con la vida diaria

En el auditorio hay 119 estudiantes de tercer grado, 121 estudiantes de
cuarto grado y 135 estudiantes de quinto grado. Ciento ochenta y siete
de los estudiantes regresan a clases. ¿Qué número es mayor: el número
de estudiantes que aún está en el auditorio o el número de estudiantes
que regresa a clases? ¿Cómo lo sabes?

Conceptos y destrezas esenciales para Texas

(4.14)(B) resolver problemas que implican comprenderlos, hacer y llevar a cabo un plan y evaluar si es razonable la solución

(4.14)(C) desarrollar plan o estrategia para resolver problemas

(4.15)(A) explicar observaciones usando palabras y números

(4.16)(B) justificar por qué una respuesta es razonable

• Hacer dibujos de fracciones

operaciones	Preliminares B
cuenta en voz alta	Contar de siete en siete del 7 al 49.
cálculo mental	**Sentido numérico:** Suma desde la izquierda y luego reagrupa las unidades. Por ejemplo 35 + 26 es 50 más 11, que son 61.

    a.   55   **b.**   36   **c.**   48
        + 25   + 26   + 22

    d.   37   **e.**   235   **f.**   156
        + 45   + 145   + 326

    g. **Dinero:** ¿Cuánto cuestan en total un escritorio de $110 y una silla de $45?

    h. **Estimación:** La longitud del pizarrón es de 244 cm. Redondea esta longitud a la decena de centímetros más cercana.

resolver problemas	Escoge una estrategia apropiada para resolver este problema. Jennifer tiene tres monedas en su bolsillo izquierdo que suman en total 65¢. ¿Qué monedas tiene Jennifer en su bolsillo izquierdo?

Nuevo concepto

Podemos comprender mejor las fracciones si aprendemos a hacer dibujos que las representen.

Ejemplo 1

Dibuja un rectángulo y sombrea dos tercios de su área.

Dibujamos un rectángulo. Luego dividimos el rectángulo en tres partes iguales. Como paso final, sombreamos dos de las partes iguales.

Verifica

¿Está sombreado $\frac{1}{3}$ de esta figura? Explica por qué.

| Rectángulo | 3 partes iguales | 2 partes sombreadas |

Hay otras maneras de dividir el rectángulo en tres partes iguales. A continuación mostramos otra manera en que se puede sombrear dos tercios del rectángulo:

| Rectángulo | 3 partes iguales | 2 partes sombreadas |

Ejemplo 2

Dibuja un círculo y sombrea un cuarto de él.

Primero dibujamos un círculo. Después dividimos el círculo en cuatro partes iguales. Luego sombreamos cualquiera de las partes.

| Círculo | 4 partes iguales | 1 parte sombreada |

Práctica de la lección

Representa Dibuja y sombrea cada figura:

a. Dibuja un cuadrado y sombrea un medio de sus partes.

b. Dibuja un rectángulo y sombrea un tercio de sus partes

c. Dibuja un círculo y sombrea tres cuartos de sus partes.

d. Dibuja un círculo y sombrea dos tercios de sus partes.

e. ¿Está sombreado un medio de este círculo? ¿Por qué?

Práctica escrita

Integradas y distribuidas

Encuentra la fórmula Escribe y resuelve ecuaciones para los problemas **1–3**.

* **1.** Mandisa tiene 42 piedrecitas. Ella arroja algunas al lago. Después le
(25) quedan 27 piedrecitas. ¿Cuántas piedrecitas arroja Mandisa al lago?

*2. Dennis tenía una bolsa con piedrecitas. Él colocó 17 piedrecitas
(25) en el suelo. Quedaron 46 piedrecitas en la bolsa. ¿Cuántas piedrecitas había en la bolsa antes de que Dennis sacara algunas?

*3. Salvador vio ciento doce estrellas. Eleanor miraba hacia el otro lado y
(11, 13) vio otras estrellas más. Si vieron en total trescientas diecisiete estrellas, ¿cuántas vio Eleanor?

4. Utiliza los dígitos 4, 5 y 6 para escribir un número par menor que 500.
(4, 10) Cada dígito se puede utilizar sólo una vez. ¿Qué dígito está en el lugar de las decenas?

*5. (**Representa**) Dibuja un cuadrado y sombrea tres cuartos de sus
(26) partes.

6. ¿Cuánto mide el perímetro de este triángulo?
(Inv. 2)

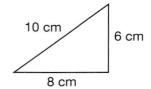

*7. (**Representa**) Utiliza dígitos, signos y símbolos para mostrar que veinte
(Inv. 1) negativo es menor que doce negativo.

8. a. Redondea 19 a la decena más cercana.
(20)
  b. Redondea $10.90 al dólar más cercano.

9. ¿Cuántos centímetros hay en un metro?
(Inv. 2)

10. Este reloj representa una hora de un día escolar. Escribe la
(19) hora.

*11. (**Concluye**) ¿Qué calle forma un ángulo recto con Oak?
(23)

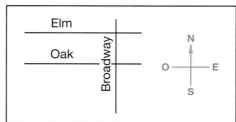

*12. ¿Qué fracción de esta figura está sombreada?
(22)

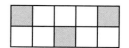

*13. El termómetro de la derecha muestra la temperatura promedio durante
(18) febrero en Galveston, Texas. ¿Cuál es esa temperatura?

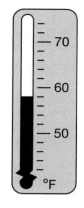

*14.
(24)
$$\begin{array}{r} y \\ +\ 63 \\ \hline 81 \end{array}$$

15.
(13)
$$\begin{array}{r} \$486 \\ +\ \$277 \\ \hline \end{array}$$

16.
(15)
$$\begin{array}{r} \$68 \\ -\ \$39 \\ \hline \end{array}$$

17.
(22)
$$\begin{array}{r} \$5.97 \\ +\ \$2.38 \\ \hline \end{array}$$

*18. $n + 42 = 71$
(24)

*19. $87 - n = 65$
(24)

*20. $27 + c = 48$
(24)

*21. $e - 14 = 28$
(24)

22. $42 - 29$
(15)

23. $77 - 37$
(14)

24. $41 - 19$
(15)

25. $4 + 7 + 15 + 21 + 5 + 4 + 3$
(17)

*26. Selección múltiple ¿En qué figura *no* está sombreado $\frac{1}{2}$?
(26)

A   **B**   **C**   **D**

*27. (**Concluye**) ¿Es agudo, recto u obtuso el ángulo mayor de este
(23) triángulo?

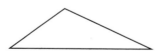

28. ¿Cuántos números diferentes de tres dígitos puedes escribir utilizando los
(10) dígitos 0, 7 y 3? Cada dígito se puede utilizar sólo una vez y el dígito 0 no se puede utilizar en el lugar de las centenas. Rotula los números que escribas como par o impar.

*29. (**Estima**) ¿Es $14 una estimación razonable para la suma de $5.45 y
(22) $8.59? Explica por qué.

30. Los números 8, 9 y 17 forman una familia de operaciones. Escribe dos
(6) operaciones de suma y dos operaciones de resta utilizando estos tres números.

- ## Multiplicación como sumas repetidas
- ## Más problemas acerca de tiempo transcurrido

🔻 *Conceptos y destrezas esenciales para Texas*

(4.3)(A) usar suma para resolver problemas que usan números enteros

(4.4)(B) representar situaciones de multiplicación y división usando dibujos, palabras y números

(4.12)(B) usar instrumentos como el cronómetro para resolver problemas de tiempo trascurrido.

(4.14)(A) identificar las matemáticas en situaciones diarias

(4.14)(B) resolver problemas que implican comprenderlos, hacer y llevar a cabo un plan y evaluar si es razonable la solución.

(4.14)(C) desarrollar plan o estrategia para resolver problemas

(4.15)(A) explicar observaciones usando palabras y números

operaciones Preliminares B

cuenta en voz alta Contar de cuatro en cuatro del 4 al 40 y luego al revés hasta el 4.

cálculo mental En **a–c,** suma las unidades, después las decenas y luego las centenas. Recuerda reagrupar las unidades.

    a. Sentido numérico: $147 + 225$

    b. Sentido numérico: $356 + 126$

    c. Sentido numérico: $239 + 144$

    d. Sentido numérico: $9 = 4 + \square$

    e. Geometría: ¿Cuánto mide el radio de un círculo que tiene 2 pulgadas de diámetro?

    f. Dinero: Hanna tiene $7. Luego gasta $2 en un cepillo de dientes. ¿Cuánto dinero le queda?

    g. Estimación: El perro grande pesa 88 libras. Redondea ese peso a la decena de libras más cercana.

    h. Medición: David da dos pasos de 61 centímetros de longitud. ¿Cuántos centímetros se mueve en total?

resolver problemas Escoge una estrategia apropiada para resolver este problema. A las 12:00, las manecillas del reloj apuntan hacia la misma dirección. A las 6:00, las manecillas apuntan en direcciones opuestas. Haz dibujos de relojes que muestren las horas en que las manecillas de un reloj forman ángulos rectos.

Nuevo concepto

Multiplicación como sumas repetidas

Imagina que deseamos encontrar el número total de puntos que se muestran en estos cuatro cubos de puntos:

Destreza mental

Comenta

¿Cómo decidimos qué número multiplicamos por 5?

Una manera de encontrar el número total es contar los puntos uno por uno. Otra manera es identificar que hay 5 puntos en cada grupo y que hay cuatro grupos. Podemos encontrar la respuesta al sumar cuatro veces 5.

$$5 + 5 + 5 + 5 = 20$$

También podemos utilizar la **multiplicación** para mostrar que queremos sumar 5 cuatro veces.

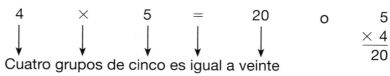

Cuatro grupos de cinco es igual a veinte

Si encontramos la respuesta de esta manera, estamos multiplicando. Llamamos a la × **signo de multiplicación.** Leemos 4×5 como "cuatro por cinco".

Ejemplo 1

Transforma este problema de suma en un problema de multiplicación:

$$6 + 6 + 6 + 6 + 6$$

Vemos cinco 6. Podemos transformar este problema de suma en un problema de multiplicación, ya sea escribiendo

$$5 \times 6 \quad \text{ó} \quad \begin{array}{r} 6 \\ \times 5 \\ \hline \end{array}$$

Tiempo transcurrido

Recuerda que la cantidad de tiempo que pasa entre dos instantes diferentes en el tiempo se llama tiempo transcurrido. Para resolver algunos problemas de tiempo transcurrido podemos contar hacia delante o hacia atrás en un reloj.

Actividad

Cómo decir la hora

Materiales:

• **Actividad 17 de la lección**

Utiliza la **Actividad 17 de la lección** para completar estos problemas. Puedes utilizar tu reloj escolar para resolverlos.

1. Dibuja un reloj que muestre la misma hora del reloj del salón. Luego dibuja otro reloj que muestre la hora que era hace 2 horas atrás. Escribe la hora debajo de ambos relojes.

2. Dibuja un reloj con la hora que comienza el almuerzo. Luego dibuja un reloj con la hora que termina. Escribe la hora debajo de ambos relojes. ¿Cuántos minutos dura el almuerzo?

Ejemplo 2

En la tarde, Siew-Ai llega de la escuela a casa 1 hora 50 minutos más tarde que la hora que muestra el reloj. ¿A qué hora llega Siew-Ai a casa?

La hora del reloj es 1:45 p.m.

Describiremos dos modos de encontrar la hora que es 1 hora 50 minutos más tarde.

Método 1: Cuenta 1 hora 50 minutos hacia delante.

> **Paso 1:** Cuenta 1 hora hacia delante, de 1:45 p.m. a 2:45 p.m.

> **Paso 2:** Cuenta 50 minutos hacia delante, de 2:45 p.m. a **3:35 p.m.**

Método 2: Cuenta 2 horas hacia delante y 10 minutos hacia atrás.

> **Paso 1:** Cuenta 2 horas hacia delante 1:45 p.m. a 3:45 p.m.

> **Paso 2:** Cuenta 10 minutos hacia atrás de 3:45 p.m. a **3:35 p.m.**

(Comenta) Describe dónde estarán las manecillas del reloj a las 3:35 p.m.

Ejemplo 3

El lunes por la mañana, una escuela tuvo un simulacro de incendio 4 horas 25 minutos antes de la hora que muestra el reloj. ¿A qué hora fue el simulacro de incendio?

La hora que muestra el reloj es 1:15 p.m. Contamos 4 horas 25 minutos hacia atrás.

- Cuenta 4 horas hacia atrás desde la 1:15 p.m. hasta las 9:15 a.m.
- Cuenta 25 minutos hacia atrás desde las 9:15 a.m. hasta las **8:50 a.m.**

Comenta ¿Cómo sabemos que la hora que muestra el reloj es p.m. y no a.m.?

Verifica Describe dónde estarán las manecillas del reloj cuando sean las 8:50 a.m.

Práctica de la lección

Transforma cada problema de suma en un problema de multiplicación:

a. 3 + 3 + 3 + 3   **b.** 9 + 9 + 9

c. 7 + 7 + 7 + 7 + 7 + 7

d. 5 + 5 + 5 + 5 + 5 + 5 + 5 + 5

Utiliza un reloj escolar para responder los problemas **e** y **f**. Muestra 10:35 a.m. en tu reloj escolar.

e. Si es de mañana, ¿qué hora será en 2 horas 25 minutos?

f. Si es de mañana, ¿qué hora era hace 6 horas 30 minutos?

Práctica escrita

Integradas y distribuidas

* 1. (25) **Encuentra la fórmula** Justo antes del mediodía, Adriana vio setenta y ocho personas observando el partido. A mediodía ella vio sólo cuarenta y dos personas observando el partido. ¿Cuántas personas habían dejado el partido a mediodía? Escribe una ecuación y resuelve el problema.

* 2. (Inv. 2, 21) Si cada lado de una loseta de piso cuadrada mide un pie de largo, entonces

a. ¿Cuántas pulgadas de largo mide cada lado?

b. ¿Cuántas pulgadas mide el perímetro de la loseta?

* 3. (10) **Haz una lista** Escribe los números pares entre 31 y 39.

Concluye Encuentra los tres números que siguen en cada secuencia de conteo:

* 4. (3) ..., 12, 15, 18, _____, _____, _____, ...

* 5. (3) ..., 12, 24, 36, _____, _____, _____, ...

*6. **Representa** Escribe 265 en forma desarrollada.
(16)

*7. **Representa** Utiliza palabras para escribir −19.
(Inv. 1)

*8. **a.** Redondea 63 a la decena más cercana.
(20)
   b. Redondea $6.30 al dólar más cercano.

   c. Redondea $6.30 a los 25 centavos más cercanos.

9. Compara:
(Inv. 1)
   a. 392 ◯ 329   **b.** − 15 ◯ − 20

10. ¿A qué número apunta la flecha?
(Inv. 1)

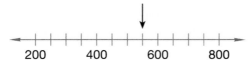

*11. Dibuja un cuadrado con lados que midan 2 centímetros de largo. Luego
(21, 26) sombrea un cuarto del cuadrado.

*12. **Explica** ¿Qué fracción de esta figura está sombreada?
(22) Describe cómo encontraste la respuesta.

*13. Aric toca instrumentos de percusión en la banda escolar. El
(27) ensayo de la banda termina 3 horas después de la hora que
muestra el reloj. ¿A qué hora termina el ensayo?

14. $67
(15)   − $29

15.   483
(13)   + 378

16.   71
(15)   − 39

17. $5.88
(22) + $2.39

*18.   d
(24)   + 19
        36

*19.   66
(24)   + f
        87

*20.   87
(24)   − r
        67

*21.   b
(24)   − 14
        27

22. 400 − 300
(14)

23. 663 − 363
(14)

*24. Convierte este problema de suma en un problema de multiplicación:
₍₂₇₎

$$9 + 9 + 9 + 9$$

*25. a. ¿Cuántos centavos equivalen a un dólar?
₍₂₂₎

    b. ¿Qué fracción de un dólar es un centavo?

    c. ¿Qué fracción de un dólar son once centavos?

*26. Selección múltiple Si $\square$ = 3 y $\triangle$ = 4, entonces ¿cuánto es
₍₁₎ $\square$ + $\triangle$ + $\square$?

    A 343   **B** 7   **C** 10   **D** 11

*27. (**Representa**) Dibuja un punto en tu hoja que represente un
₍₂₃₎ punto de partida. Luego, desde ese punto, dibuja dos rayos perpendiculares.

*28. (**Encuentra la fórmula**) Ronald Reagan fue elegido presidente en 1980
_(11, 14) y nuevamente en 1984. Durante esas elecciones, él ganó un total de 1014 votos electorales. En 1984 ganó 525 votos electorales. Escribe y resuelve una ecuación para encontrar el número de votos electorales que ganó Ronald Reagan en 1980.

*29. (**Estima**) Una camiseta nueva cuesta $15.95. Wendy quiere comprar
₍₂₂₎ dos camisetas. ¿Son $40 una estimación razonable del costo de su compra? Explica por qué.

30. Muestra seis maneras diferentes de sumar 2, 4 y 6.
₍₁₎

Para los más rápidos

Conexión con la vida diaria

El señor Pérez salió de su trabajo a las 4:59 p.m. Se detuvo en la tienda durante 15 minutos. Después condujo veinticuatro minutos para llegar a casa.

    a. ¿A qué hora llegó el señor Pérez a su casa?

    b. ¿Cuánto tiempo transcurrió desde la hora en que el señor Pérez salió del trabajo y la hora en que llegó a casa?

    c. Describe dónde están las manecillas del reloj cuando el señor Pérez llega a casa.

• Tabla de multiplicación

operaciones	Preliminares A
cuenta en voz alta	Contar de siete en siete del 7 al 56.
cálculo mental	**a. Sentido numérico:** 54 + 120

b. Sentido numérico: 210 + 25 + 35

c. Sentido numérico: 350 + 30 + 200

d. Sentido numérico: 5 = 3 + ☐

e. Hora: ¿Qué hora es 3 horas después de las 4:40 a.m.?

f. Dinero: Ebony tiene $14. Después gasta $5 en lápices de colores. ¿Cuánto dinero le queda a Ebony?

g. Medición: Una yarda son 3 pies. El árbol mide 7 yardas de alto. ¿Cuántos pies de alto mide el árbol?

h. Estimación: María tiene $4.78 en su billetera. Redondea $4.78 a los veinticinco centavos más cercanos.

resolver problemas

La manecilla del horario gira alrededor de la esfera de un reloj una vez cada 12 horas. ¿Cuántas veces gira la manecilla del horario alrededor de la esfera en una semana?

Enfoque de la estrategia: Escribe un enunciado numérico

(**Comprende**) Tomamos la información del problema y la combinamos con la información que ya conocemos:

1. La manecilla del horario gira alrededor de la esfera de un reloj una vez cada 12 horas.

2. Un día tiene 24 horas.

3. Una semana tiene 7 días.

Nos piden encontrar cuántas veces la manecilla del horario gira alrededor de la esfera de un reloj en una semana.

(Planifica) Tomamos la información que conocemos y *escribimos un enunciado numérico* para resolver el problema.

(Resuelve) La manecilla del horario gira alrededor de la esfera de un reloj una vez cada 12 horas. Esto significa que gira 2 veces en 24 horas (1 día).

Si la manecilla del horario gira 2 veces en un día, entonces gira 2 + 2 veces en 2 días. Para encontrar cuántas veces gira la manecilla del horario en 7 días podemos sumar siete veces el número 2: 2 + 2 + 2 + 2 + 2 + 2 + 2. También podemos multiplicar:

$$2 \text{ vueltas} \times 7 = 14 \text{ vueltas}$$

Encontramos que la manecilla del horario gira **14 veces alrededor del reloj** en una semana.

(Comprueba) Sabemos que nuestra respuesta es razonable, porque en una semana hay 7 días. Duplicamos el número 7, porque la manecilla del horario gira alrededor del reloj dos veces cada día.

Para resolver este problema escribimos un enunciado numérico. Como clase, comenta otras estrategias que puedan utilizarse para resolver el problema.

Nuevo concepto

A continuación mostramos secuencias para contar de uno en uno y de dos en dos:

Uno en uno:	1	2	3	4	5	6	7	8	9	10	11	12
Dos en dos:	2	4	6	8	10	12	14	16	18	20	22	24

Estas secuencias—y las de tres en tres, cuatro en cuatro, y así sucesivamente hasta de doce en doce—aparecen en la siguiente **tabla de multiplicación.**

Tabla de multiplicación

	0	1	2	3	4	5	6	7	8	9	10	11	12
0	0	0	0	0	0	0	0	0	0	0	0	0	0
1	0	1	2	3	4	5	6	7	8	9	10	11	12
2	0	2	4	6	8	10	12	14	16	18	20	22	24
3	0	3	6	9	12	15	18	21	24	27	30	33	36
4	0	4	8	12	16	20	24	28	32	36	40	44	48
5	0	5	10	15	20	25	30	35	40	45	50	55	60
6	0	6	12	18	24	30	36	42	48	54	60	66	72
7	0	7	14	21	28	35	42	49	56	63	70	77	84
8	0	8	16	24	32	40	48	56	64	72	80	88	96
9	0	9	18	27	36	45	54	63	72	81	90	99	108
10	0	10	20	30	40	50	60	70	80	90	100	110	120
11	0	11	22	33	44	55	66	77	88	99	110	121	132
12	0	12	24	36	48	60	72	84	96	108	120	132	144

Destreza mental

Analiza

Cada término de la secuencia de números 4 es el doble del término correspondiente de la secuencia de números 2. Nombra otras secuencias en que se dupliquen los términos.

Para encontrar el resultado de problemas como 3×4, podemos utilizar las filas y columnas de una tabla de multiplicación. La filas van de izquierda a derecha y las columnas van de arriba hacia abajo. Para comenzar, buscamos la fila que comienza con 3 y la columna que comienza con 4. Luego encontramos el número donde la fila y la columna se juntan.

Columna

	0	1	2	3	4	5	6	7	8	9	10	11	12
0	0	0	0	0	0	0	0	0	0	0	0	0	0
1	0	1	2	3	4	5	6	7	8	9	10	11	12
2	0	2	4	6	8	10	12	14	16	18	20	22	24
3	0	3	6	9	(12)	15	18	21	24	27	30	33	36
4	0	4	8	12	16	20	24	28	32	36	40	44	48
5	0	5	10	15	20	25	30	35	40	45	50	55	60
6	0	6	12	18	24	30	36	42	48	54	60	66	72
7	0	7	14	21	28	35	42	49	56	63	70	77	84
8	0	8	16	24	32	40	48	56	64	72	80	88	96
9	0	9	18	27	36	45	54	63	72	81	90	99	108
10	0	10	20	30	40	50	60	70	80	90	100	110	120
11	0	11	22	33	44	55	66	77	88	99	110	121	132
12	0	12	24	36	48	60	72	84	96	108	120	132	144

Fila → 3

Cada uno de los dos números multiplicados se llama **factor.** El resultado de un problema de multiplicación se llama **producto.** En este problema, 3 y 4 son factores y 12 es el producto. Ahora observa la fila que comienza con 4 y la columna que comienza con 3. Observamos que el producto de 4 por 3 también es 12. Al cambiar el orden de los factores no cambia el producto. Esto se cumple para cualquier par de números que se multipliquen y se llama **Propiedad conmutativa de la multiplicación.**

A continuación presentamos otras dos propiedades de la multiplicación que podemos observar en la tabla de multiplicación. Observa que el producto de cero por cualquier número es cero. Esta propiedad se llama **Propiedad del cero en la multiplicación.** Además observa que el producto de 1 por cualquier otro factor es el mismo factor. Esta propiedad se llama **Propiedad de identidad de la multiplicación.**

Las tres propiedades que vimos se resumen en esta tabla. Las letras m y n pueden ser dos números cualesquiera. Más adelante estudiaremos otras dos propiedades de la multiplicación.

Destreza mental

Concluye

¿En qué se parecen la Propiedad de identidad de la suma y la Propiedad de identidad de la multiplicación? ¿En qué se diferencian?

Propiedades de la multiplicación

Propiedad conmutativa	$m \times n = n \times m$
Propiedad de identidad	$1 \times n = n$
Propiedad del cero	$0 \times n = 0$

Práctica de la lección

Utiliza la tabla de multiplicación para encontrar cada producto:

a. $\quad 9$
$\underline{\times 3}$

b. $\quad 3$
$\underline{\times 9}$

c. $\quad 6$
$\underline{\times 4}$

d. $\quad 4$
$\underline{\times 6}$

e. $\quad 7$
$\underline{\times 8}$

f. $\quad 8$
$\underline{\times 7}$

g. $\quad 5$
$\underline{\times 8}$

h. $\quad 8$
$\underline{\times 5}$

i. $\quad 10$
$\underline{\times 10}$

j. $\quad 10$
$\underline{\times 8}$

k. $\quad 11$
$\underline{\times 9}$

l. $\quad 12$
$\underline{\times 12}$

m. ¿Qué propiedad de la multiplicación se muestra?

$$12 \times 11 = 11 \times 12$$

n. Utiliza la Propiedad del cero en la multiplicación para encontrar el producto:

$$0 \times 25$$

o. Utiliza la Propiedad de identidad de la multiplicación para encontrar el producto:

$$1 \times 25$$

Encuentra la fórmula Escribe y resuelve ecuaciones para los problemas **1** y **2**.

*1. En un jardín infantil, setenta y dos niños asisten a la jornada de la mañana.
(1) Cuarenta y dos niños asisten a la jornada de la tarde. En total, ¿cuántos niños asisten al jardín infantil?

*2. Sherri necesita $35 para comprar un guante de béisbol. Ella ahorró $18.
(11, 24) ¿Cuánto más necesita?

*3. **Representa** Dibuja un rectángulo que mida 4 cm de largo y 3 cm de
(Inv. 2, 21) ancho. ¿Cuánto mide el perímetro del rectángulo?

Haz la conexión Encuentra los números que faltan en cada secuencia de conteo:

*4. . . . , 12, ____, ____, 30, 36, ____, . . .
(3)

*5. . . . , 36, ____, ____, 24, 20, ____, . . .
(3)

*6. **Haz la conexión** Transforma este problema de suma en un problema de
(27, 28) multiplicación. Luego encuentra el producto en la tabla de multiplicación de esta lección.

$$6 + 6 + 6 + 6 + 6 + 6 + 6$$

7. a. Redondea 28 a la decena más cercana.
(20)

   b. Redondea $12.29 al dólar más cercano.

   c. Redondea $12.29 a los 25 centavos más cercanos.

*8. **Representa** Un *triángulo rectángulo* tiene un ángulo recto. Dibuja un
(Inv. 2, 23) triángulo rectángulo. Dibuja los dos lados perpendiculares de 3 cm y 4 cm de largo.

*9. El sábado por la mañana, Mason fue a la biblioteca
(27) pública a la hora que muestra el reloj. Llegó a casa 90 minutos más tarde. ¿A qué hora regresó Mason a casa de la biblioteca?

*10. ¿Qué fracción de este grupo está sombreada?
(22)

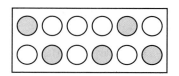

*11. (**Representa**) Escribe 417 en forma desarrollada. Luego utiliza palabras
(7, 16) para escribir el número.

*12. a. ¿Qué temperatura muestra este termómetro?
(18)
   b. Si la temperatura aumenta en diez grados, ¿cuál será la
   temperatura?

13. 76
(15) − 29

14. $286
(13) + $388

15. $73
(15) − $39

16. $5.87
(22) + $2.43

*17. $46 - c = 19$
(24)

*18. $n + 48 = 87$
(24)

*19. $29 + y = 57$
(24)

*20. $d - 14 = 37$
(24)

21. $78 - 43$
(14)

22. $77 - 17$
(14)

23. $53 - 19$
(15)

*24. (**Interpreta**) Utiliza la tabla de multiplicación para encontrar cada producto:
(28)
   a. 8×11 **b.** 7×10 **c.** 5×12

25. Compara: 1 yarda ◯ 1 metro
(Inv. 1,
Inv. 2)

*26. Selección múltiple ¿Cuál de los siguientes números muestra
(4) 3 unidades y 4 centenas?

   A 304   **B** 403   **C** 4003   **D** 3400

*27. (**Analiza**) El producto de 9 por 3 es 27. ¿Cuántas veces aparece este
(28) producto en la tabla de multiplicación de esta lección? ¿Qué propiedad
   de la multiplicación demuestra esto?

*28. En distancias cortas, un guepardo puede correr a una velocidad de
$_{(25)}$ 70 millas por hora. Un alce puede correr a 45 millas por hora. Escribe
y resuelve una ecuación de resta para encontrar la diferencia entre las
velocidades de los dos animales.

*29. (Estima) Durante una subasta en línea, D'Wayne ofrece $37 por un
$_{(20)}$ artículo y $54 por otro artículo. Si D'Wayne compra ambos artículos a esos
precios, ¿cuál es una estimación razonable del costo total? Explica por qué
tu estimación es razonable.

30. (Haz una predicción) ¿Cuál es el décimo número de esta secuencia
$_{(3)}$ de conteo?

90, 80, 70, 60, 50, . . .

Para los más rápidos

Conexión con la vida diaria

Rebecca y su amiga pegaron fotografías en las páginas de un álbum.
Rebecca utilizó cinco páginas para pegar 6 fotografías por página y su
amiga utilizó seis páginas para pegar 5 fotografías por página. ¿Tenían
las niñas el mismo número de fotografías? Explica cómo lo sabes.

Conceptos y destrezas esenciales para Texas

(4.4)(B) representar situaciones de multiplicación y
división usando dibujos, palabras y números

(4.6)(A) usar patrones y relaciones para recordar
operaciones básicas de multiplicación y
división

(4.14)(B) resolver problemas que implican
comprenderlos, hacer y llevar a cabo un
plan y evaluar si es razonable la solución

(4.14)(C) desarrollar plan o estrategia para resolver
problemas

• Operaciones de multiplicación: 0, 1, 2, 5

operaciones	Preliminares B
cuenta en voz alta	Contar de tres en tres del 3 al 45 y después al revés hasta el 3.
cálculo mental	Podemos dividir números como ayuda para sumar. Al sumar 35 y 8 podemos notar que 35 necesita 5 más para sumar 40 y que 8 se divide en 5 + 3. Para sumar 35 y 8, podemos sumar 35 + 5 + 3.

    a. Sentido numérico: 35 + 7

    b. Sentido numérico: 68 + 7

    c. Sentido numérico: 38 + 5

    d. Medición: El ancho de un clip es de 1 centímetro. ¿Cuántos milímetros de ancho mide el clip?

    e. Medición: La temperatura máxima del día fue de 84°F. Más tarde la temperatura descendió 14 grados. ¿Cuál es la temperatura nueva?

    f. Hora: ¿Qué hora era 2 horas antes de la 1:00 a.m.?

    g. Dinero: Anne compró un cuaderno en $2, un compás en $4 y una regla en $1. ¿Cuánto costaron los artículos en total?

    h. Sentido numérico: 8 = 3 + ☐

resolver problemas

Escoge una estrategia apropiada para resolver este problema. Hope tiene siete monedas en su bolsillo derecho. Ninguna de las monedas es de un dólar ni de medio dólar. ¿Cuál es en total el menor valor posible de las siete monedas? ¿Cuál es en total el mayor valor posible de las siete monedas?

Para comenzar, memorizamos las operaciones básicas de la multiplicación. Ochenta y ocho de las operaciones de la tabla de multiplicación de la Lección 28 tienen 0, 1, 2 ó 5 como uno de los factores.

Cero por cualquier número es igual a cero.

$$0 \times 5 = 0 \qquad 5 \times 0 = 0 \qquad 7 \times 0 = 0 \qquad 0 \times 7 = 0$$

Uno por cualquier número es igual al número.

$$1 \times 5 = 5 \qquad 5 \times 1 = 5 \qquad 7 \times 1 = 7 \qquad 1 \times 7 = 7$$

Destreza mental

Generaliza

¿Cómo podemos determinar si un número es divisible entre 2? ¿Entre 5?

Dos por cualquier número duplica el número.

$$2 \times 5 = 10 \qquad 2 \times 7 = 14 \qquad 2 \times 6 = 12 \qquad 2 \times 8 = 16$$

Cinco por cualquier número es igual a un número que termina en cero o en cinco.

$$5 \times 1 = 5 \qquad 5 \times 3 = 15 \qquad 5 \times 7 = 35 \qquad 5 \times 8 = 40$$

Al contar de cinco en cinco decimos los múltiplos de 5. El sexto número que decimos al contar de cinco en cinco es 30, entonces $6 \times 5 = 30$. **Sin embargo, no puedes sustituir el contar por memorizar las operaciones.**

Práctica de la lección

Completa Preliminares C.

Práctica escrita   *Integradas y distribuidas*

Encuentra la fórmula Escribe y resuelve ecuaciones para los problemas **1** y **2.**

* 1.
(25)
Jasmine hizo noventa y dos crisantemos para venderlos en las actividades de recaudación de fondos de la escuela. Al término de las actividades quedaron veinticuatro crisantemos. ¿Cuántos crisantemos vendió Jasmine?

* 2.
(11, 24)
Rochelle recogió 42 caracoles. Después Zuri recogió algunos caracoles. Reunieron en total 83 caracoles. ¿Cuántos caracoles recogió Zuri?

* 3. Conner estimó que el radio de uno de los círculos del patio de juegos
(Inv. 2, 21) mide 2 yardas. Si Conner está en lo cierto, entonces

    a. ¿cuántos pies mide el radio?

    b. ¿cuántos pies mide el diámetro?

(**Haz la conexión**) Encuentra los números que faltan en cada secuencia de conteo:

4. . . . , 8, _____, _____, 32, 40, _____, . . .
(3)

5. . . . , 14, _____, _____, 35, 42, . . .
(3)

6. Utiliza los dígitos 4, 5 y 6 para escribir un número impar de tres dígitos
(10) menor que 640. Cada dígito se puede utilizar sólo una vez.

* 7. (**Representa**) Utiliza dígitos y un símbolo de comparación para escribir
(Inv. 1) que doscientos nueve es mayor que ciento noventa.

* 8. Fernando llega de la escuela a la hora que muestra
(27) el reloj. Almuerza durante 5 minutos y luego pasa
35 minutos haciendo su tarea. ¿A qué hora termina su
tarea Fernando?

* 9. (**Representa**) Dibuja un rectángulo de 3 cm de largo y 1 cm de ancho.
(21, 26) Luego sombrea dos tercios de sus partes.

* 10. Encuentra cada producto:
(28, 29)
    a. 2×8 **b.** 5×7 **c.** 2×7 **d.** 5×8

* 11. (**Concluye**) En esta figura, ¿qué tipo de ángulo es el
(23) ángulo *A*? Explica cómo lo sabes.

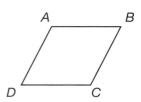

* 12. (**Haz la conexión**) ¿A qué número apunta la flecha?
(Inv. 1)

13. ¿A qué temperatura se congela el agua
(18)

    a. en la escala Fahrenheit?

    b. en la escala Celsius?

14. $\begin{array}{r} \$83 \\ -\ \$19 \\ \hline \end{array}$
(15)

15. $\begin{array}{r} \$286 \\ +\ \$387 \\ \hline \end{array}$
(13)

16. $\begin{array}{r} 72 \\ -\ 38 \\ \hline \end{array}$
(15)

17. $\begin{array}{r} \$5.87 \\ +\ \$2.79 \\ \hline \end{array}$
(22)

*18. $\begin{array}{r} 19 \\ +\ q \\ \hline 46 \end{array}$
(24)

*19. $\begin{array}{r} 88 \\ -\ n \\ \hline 37 \end{array}$
(24)

*20. $\begin{array}{r} 88 \\ -\ m \\ \hline 47 \end{array}$
(24)

*21. $\begin{array}{r} g \\ +\ 14 \\ \hline 47 \end{array}$
(24)

22. $870 - 470$
(14)

23. $525 - 521$
(14)

*24. (**Haz la conexión**) Transforma este problema de suma en un problema de
(27, 28) multiplicación. Luego encuentra el producto en la tabla de multiplicación.

$$8 + 8 + 8$$

25. $1 + 9 + 2 + 8 + 3 + 7 + 4 + 6 + 5 + 10$
(1)

*26. Selección múltiple ¿Cuál de estas operaciones *no* es igual a 24?
(28)

    A 3×8 **B** 4×6 **C** 2×12 **D** 8×4

*27. Nombra la propiedad de multiplicación que muestra cada uno de estos ejemplos:
(28)

    a. $0 \times 50 = 0$

    b. $9 \times 6 = 6 \times 9$

    c. $1 \times 75 = 75$

28. a. Redondea $3.49 al dólar más cercano.
(20) **b.** Redondea $3.49 a los 25 centavos más cercanos.

*29. (**Haz la conexión**) Escribe una ecuación de multiplicación cuyo producto sea 18.
(28)

*30. Imagina que $x + y = z$. Escribe otra ecuación de suma y dos ecuaciones
(24) de resta utilizando x, y, y z.

• # Resta de números de tres dígitos con reagrupación

↖ **Conceptos y destrezas esenciales para Texas**

(4.1)(B) usar valor posicional para leer, escribir y comparar decimales que contienen décimas y centésimas

(4.3)(A) usar suma para resolver problemas que usan números enteros

(4.3)(B) sumar y restar decimales hasta las centésimas usando objetos y dibujos

(4.14)(A) identificar las matemáticas en situaciones diarias

(4.14)(C) desarrollar plan o estrategia para resolver problemas

(4.15)(A) explicar observaciones usando palabras y números

Preliminares

operaciones	Preliminares B
cuenta en voz alta	Contar de cinco en cinco del 5 al 100 y luego al revés hasta el 5.
cálculo mental	Practica la separación del segundo número para sumar en **a–c**.

   a. Sentido numérico: 36 + 8

   b. Sentido numérico: 48 + 6

   c. Sentido numérico: 47 + 9

   d. Medición: Una silla pesa 13 libras. ¿Cuánto pesan dos sillas?

   e. Medición: ¿Cuántas pulgadas hay en 1 yarda?

   f. Hora: ¿Qué hora es 4 horas antes de las 6:25 a.m.?

   g. Dinero: Scott recibe su mesada de $20. Si pone $5 en su cuenta de ahorro, ¿cuánto dinero deja Scott para gastar?

   h. Estimación: El techo está a 274 cm sobre el piso. Redondea esa medida a la decena de centímetros más cercana.

resolver problemas

Escoge una estrategia apropiada para resolver este problema. ¿Cuántas veces en 300 minutos gira el minutero alrededor de la esfera de un reloj?

Nuevo concepto

Ya aprendimos cómo restar números de tres dígitos sin reagrupación. En esta lección restaremos números de tres dígitos con reagrupación.

Ejemplo 1

Destreza mental

Comenta

¿Cómo sabemos cuándo debemos reagrupar?

Encuentra la diferencia: $365 − $187

Escribimos arriba el primer número. Alineamos los últimos dígitos. No podemos restar 7 unidades de 5 unidades.

$$\begin{array}{r} \$365 \\ -\ \$187 \\ \hline ? \end{array}$$

Intercambiamos 1 decena por 10 unidades. Ahora hay 5 decenas y 15 unidades. Podemos restar 7 unidades de 15 unidades para obtener 8 unidades.

$$\begin{array}{r} {}^{5}\ {}^{1} \\ \$3\,\cancel{6}\,5 \\ -\ \$1\,8\,7 \\ \hline 8 \end{array}$$

No podemos restar 8 decenas de 5 decenas, por lo tanto, intercambiamos 1 centena por 10 decenas. Ahora hay 2 centenas y 15 decenas y podemos continuar restando.

$$\begin{array}{r} {}^{2}\ {}^{5}\ {}^{1} \\ \$\cancel{3}\,\cancel{6}\,5 \\ -\ \$1\,8\,7 \\ \hline 7\,8 \end{array}$$

Para finalizar restamos 1 centena de 2 centenas. La diferencia es **$178.**

$$\begin{array}{r} {}^{2}\ {}^{5}\ {}^{1} \\ \$\cancel{3}\,\cancel{6}\,5 \\ -\ \$1\,8\,7 \\ \hline \$1\,7\,8 \end{array}$$

Ejemplo 2

Visita www. SaxonMath. com/Int4Activ-ities para una actividad con calculadora.

Antes de gastar $1.12, Olivia tenía $4.10. ¿Cuánto dinero tiene Olivia ahora?

Restamos centavos, luego decenas de centavos y luego dólares. Recordamos alinear los puntos decimales.

$$\begin{array}{r} {}^{0}\ {}^{1} \\ \$4.\cancel{1}0 \\ -\ \$1.12 \\ \hline 8 \end{array} \rightarrow \begin{array}{r} {}^{3}\ {}^{0}\ {}^{1} \\ \$\cancel{4}.\cancel{1}0 \\ -\ \$1.12 \\ \hline .98 \end{array} \rightarrow \begin{array}{r} {}^{3}\ {}^{0}\ {}^{1} \\ \$\cancel{4}.\cancel{1}0 \\ -\ \$1.12 \\ \hline \mathbf{\$2.98} \end{array}$$

Actividad

Restar dinero

Materiales:

- Manipulables de dinero de la Lección 22 (o Actividades 2, 8 y 9 de la lección)

Utiliza manipulables de dinero para completar las siguientes tareas:

1. Haz un modelo de $4.31 y $3.42 utilizando manipulables. ¿Qué cantidad es mayor? Explica por qué.

2. Ordena $2.31, $3.21 y $1.32 de menor a mayor.

3. Utilizando manipulables resta $5.46 de $1.24. ¿Cuánto dinero queda?

4. (**Haz un modelo**) Haz una dramatización de este problema:

Carla va a la tienda con $7.54. Ella compra un envase de jugo por $2.12. ¿Cuánto dinero le queda a Carla?

Ejemplo 3

Durante una liquidación del 15% de descuento en una tienda de artículos deportivos, el precio de una gorra de béisbol de $9.49 bajó $1.42. ¿Cuál es una estimación razonable del precio en liquidación de la gorra?

Podemos utilizar números compatibles para estimar. El precio normal de la gorra está cerca de $9.50 y el precio baja aproximadamente $1.50. Si restamos $1.50 de $9.50, encontramos que una estimación razonable del precio en liquidación es **$8.00.**

Práctica de la lección

Resta:

a.
$$\begin{array}{r} \$365 \\ - \$287 \\ \hline \end{array}$$

b.
$$\begin{array}{r} \$4.30 \\ - \$1.18 \\ \hline \end{array}$$

c.
$$\begin{array}{r} 563 \\ - 356 \\ \hline \end{array}$$

d. $240 - 65$

e. $459 - 176$

f. $157 - 98$

g. L'Rae entra a la tienda con $8.24 y compra un galón de leche en $2.27. ¿Cuál es una estimación razonable de cuánto dinero tiene ahora? Explica.

Encuentra la fórmula   Escribe y resuelve ecuaciones para los problemas **1** y **2.**

* 1. El salón de clase estaba lleno de estudiantes al sonar la campana.
(25)   Luego, cuarenta y siete estudiantes salieron del salón. Veintidós
estudiantes se quedaron. ¿Cuántos estudiantes había al sonar la
campana? Utiliza la fórmula de resta para escribir una ecuación que
resuelva el problema.

* 2. El viernes, 56 estudiantes de cuarto grado se pusieron zapatos negros
(11, 24) para ir a la escuela. En total hay 73 estudiantes de cuarto grado.
¿Cuántos estudiantes de cuarto grado no se pusieron zapatos negros
para ir a la escuela el viernes?

* 3. **Selección múltiple** Una moneda tiene un valor de 5¢. Gilbert tiene un
(10)   número par de estas monedas en su bolsillo. ¿Cuál de los siguientes *no*
puede ser el valor de sus monedas?

  A 45¢   **B** 70¢   **C** 20¢   **D** 40¢

* 4. La clase se Ciencias sociales de Jillian termina 15 minutos
(27)   más tarde que la hora que muestra el reloj. ¿A qué hora
termina la clase de Jillian?

* 5. **Haz una predicción**   ¿Cuál es el sexto número de esta secuencia de
(3)   conteo?

  6, 12, 18, …

* 6. **Representa**   ¿A qué número apunta la flecha?
(Inv. 1)

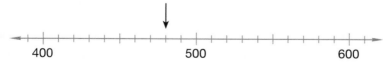

* 7. **Haz un modelo**   Utiliza un compás para dibujar un círculo con un radio
(21, 26) de 1 pulg. Luego sombrea un cuarto del círculo.

8. **Representa**   Escribe 843 en forma desarrollada. Luego utiliza palabras
(7, 16) para escribir el número.

* 9. Multiplica:
_(28, 29)

    a. 6×8 **b.** 4×2 **c.** 4×5 **d.** 6×10

* 10. (**Haz la conexión**) Escribe dos operaciones de suma y dos operaciones
₍₆₎ de resta utilizando los números 10, 20 y 30.

* 11. (**Haz un modelo**) Utiliza una regla de centímetros para medir este
_(Inv. 2) rectángulo.

    a. ¿Cuál es el largo del rectángulo?

    b. ¿Cuál es el ancho del rectángulo?

    c. ¿Cuánto mide el perímetro del rectángulo?

* 12. (**Concluye**) ¿Qué tipo de ángulo es cada ángulo de un rectángulo?
₍₂₃₎

* 13.   746   **14.** $3.86   **15.**   61   *** 16.** $4.86
₍₃₀₎ $- 295$ ₍₂₂₎ $+ \$2.78$ ₍₂₄₎ $- 48$ ₍₃₀₎ $- \$2.75$

17. $51 + m = 70$ **18.** $86 - a = 43$
₍₂₄₎   ₍₂₄₎

19. $25 + y = 36$ **20.** $q - 24 = 37$
₍₂₄₎   ₍₂₄₎

21. (**Explica**) ¿Cómo puedes redondear 89 a la decena más cercana?
₍₂₀₎ Explica.

22. 25¢ + 25¢ + 25¢ + 25¢
₍₁₇₎

23. En un dólar hay 100 centavos. ¿Cuántos centavos hay en medio
₍₂₂₎ dólar?

* 24. (**Representa**) Transforma este problema de suma en un problema
_(27, 28) de multiplicación. Luego encuentra el producto en la tabla de
multiplicación.

$$7 + 7 + 7 + 7 + 7 + 7 + 7$$

25. $4 + 3 + 8 + 4 + 2 + 5 + 7$
₍₁₎

*26. Selección múltiple ¿Cuál de estos conjuntos de números no es una
^(6) familia de operaciones de suma/resta?

A 1, 2, 3   **B** 2, 3, 5   **C** 2, 4, 6   **D** 3, 4, 5

*27. Encuentra cada producto en la tabla de multiplicación:
^(28)

   a. 10×10 **b.** 11×11 **c.** 12×12

*28. (**Encuentra la fórmula**) Escribe un problema de planteo de resta utilizando
^(2) los números 8, 10 y 18.

29.  (**Justifica**) ¿Es $500 una estimación razonable para la diferencia
^(30) $749 − $259? Explica por qué.

30. Imagina que $a + b = c$. Escribe una o más ecuaciones de suma y dos
^(24) ecuaciones de resta utilizando a, b y c.

Para los más rápidos

Conexión con la vida diaria

Paolo tenía $12.70. Después su madre le pagó $3.25 por trapear. Él compró un libro que costó $4.99.

   a. Utiliza números compatibles para estimar cuánto dinero le queda ahora a Paolo.

   b. Luego encuentra la cantidad real que tiene ahora Paolo.

   c. ¿Fue razonable tu estimación? Explica por qué.

🟦 *Conceptos y destrezas esenciales para Texas*

(4.4)(A) representar factores y productos usando modelos de área

(4.4)(B) representar situaciones de multiplicación y división con dibujos, palabras y números

(4.7) usar estructuras de organización para analizar relaciones entre conjuntos de datos, como los pares ordenados en una tabla

(4.11)(A) usar instrumentos de medición para determinar longitud, área, volumen y masa, con unidades del sistema usual y métrico

(4.13)(A) usar objetos para generalizar sobre determinación de combinaciones posibles de conjunto de datos

(4.16)(A) hacer generalizaciones a partir de patrones o de conjuntos con ejemplos y contraejemplos

Enfoque en

- ## Problemas de multiplicación

- ## Área

- ## Cuadrados y raíces cuadradas

Un modelo de multiplicación es una **matriz** rectangular. Una matriz es una combinación rectangular de números o signos en columnas y filas. Aquí vemos una matriz de 15 estrellas organizadas en cinco columnas y tres filas. Esta matriz muestra que 5 por 3 es igual a 15. Esta matriz también muestra que 5 y 3 son factores de 15.

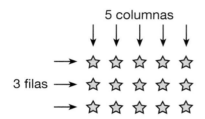

Consulta esta matriz de X para responder los problemas **1–4.**

```
×  ×  ×  ×
×  ×  ×  ×
×  ×  ×  ×
```

1. ¿Cuántas filas hay en la matriz?

2. ¿Cuántas columnas hay en la matriz?

3. ¿Cuántas X hay en la matriz?

4. (**Haz la conexión**) ¿Qué operación de multiplicación ilustra la matriz?

Algunos números de objetos se pueden organizar en más de una matriz. En los problemas **5–7** trabajamos con una matriz de 12 letras X que es diferente a la matriz que comentamos más arriba.

5. (**Representa**) Dibuja una matriz de 12 letras X organizadas en dos filas.

6. ¿Cuántas columnas de letras X hay en la matriz que dibujaste?

7. (**Haz la conexión**) ¿Qué operación de multiplicación ilustra la matriz que dibujaste?

A continuación, mostramos una matriz de 10 letras X:

```
×  ×  ×  ×  ×
×  ×  ×  ×  ×
```

8. Esta matriz muestra dos factores de 10, ¿cuáles son?

9. **Verifica** ¿Puedes dibujar una matriz rectangular de diez letras X con tres filas?

10. **Verifica** ¿Puedes dibujar una matriz rectangular de diez letras X con cuatro filas?

11. **Verifica** ¿Puedes dibujar una matriz rectangular de diez letras X con cinco filas?

12. **Representa** Dibuja una matriz de letras X organizada en seis columnas y tres filas. Después escribe la operación de multiplicación que ilustra la matriz.

13. **Representa** Las sillas de un salón fueron organizadas en seis filas con cuatro sillas en cada fila. Dibuja una matriz que muestre esta combinación y escribe la operación de multiplicación que ilustra la matriz.

Área

Otro modelo de multiplicación es el modelo de **área**. El modelo de área es como una matriz de cuadrados conectados. El siguiente modelo muestra que $6 \times 4 = 24$.

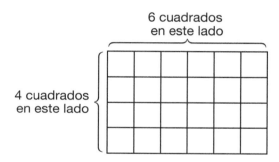

6 cuadrados en este lado

4 cuadrados en este lado

Representa Utiliza la **Actividad 9 de la lección** (papel cuadriculado de 1-cm) para hacer los problemas **14–16, 20** y **23–25.**

14. Dibuja un rectángulo de 6 cm por 4 cm como el que se muestra arriba. ¿Cuántos cuadrados pequeños hay en el rectángulo?

15. Dibuja un rectángulo de 8 cm por 3 cm. ¿Cuántos cuadrados pequeños hay en el rectángulo? ¿Qué operación de multiplicación ilustra el rectángulo?

16. Dibuja otro rectángulo que esté formado por 24 cuadrados. Este rectángulo debe medir 2 cm de ancho. ¿Cuánto mide el rectángulo de largo? ¿Qué operación de multiplicación ilustra el rectángulo?

Haz un modelo Con el dedo, sigue los bordes de una hoja de papel. Cuando tu dedo se mueve por el papel, marca el perímetro de la hoja. Ahora utiliza la palma de la mano para frotar la superficie del papel. Mientras los haces, tu mano recorre el *área* de la hoja. El área es la cantidad de superficie dentro del perímetro (límite) de una figura plana.

17. Utiliza el dedo para marcar el perímetro de tu pupitre.

18. Utiliza la palma de la mano para frotar la superficie de tu pupitre.

Medimos el área de una figura contando el número de cuadrados de cierto tamaño que se necesitan para cubrir su superficie. Éste es un **centímetro cuadrado:**

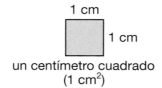

un centímetro cuadrado
(1 cm^2)

19. ¿Cuántos centímetros cuadrados cubre el área de este rectángulo?

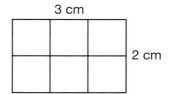

20. (**Representa**) Utiliza papel cuadriculado de 1 cm o una regla de centímetros para dibujar un rectángulo de 4 cm por 3 cm. ¿Cuál es el área del rectángulo? ¿Cuál es el perímetro?

Ésta es una **pulgada cuadrada:**

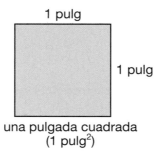

una pulgada cuadrada
(1 pulg^2)

21. ¿Cuántas pulgadas cuadradas se necesitan para cubrir el siguiente rectángulo?

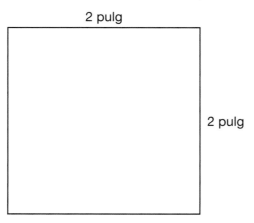

22. (**Representa**) Utiliza tu regla de pulgadas para dibujar un rectángulo de 3 pulg de largo y 3 pulg de ancho. ¿Cuál es el área del rectángulo? ¿Cuál es el perímetro?

Las construcciones como los salones de clase a menudo se miden en pies cuadrados. Una loseta cuadrada con lados de un pie de largo puede ser el modelo de un pie cuadrado.

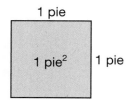

Recubrimos un área con losetas cuando cubrimos completamente el área con figuras, de modo que no haya espacios ni áreas superpuestas.

23. Jarrod comenzó a recubrir con losetas el piso de la cocina con losetas cuadradas que medían un pie por lado. Las primeras losetas que colocó se muestran a continuación.

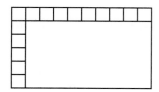

    a. ¿Cuál es el número total de losetas que Jarrod utilizará para cubrir el piso?

    b. ¿Cuál es el área del cuarto?

Actividad 1

Encontrar el perímetro y el área

Materiales:
- cuadrados de cartulina (de 1 pie por lado)

Utiliza un cuadrado de un pie para estimar el perímetro y el área de estos objectos. Registra la longitud, ancho, perímetro y área aproximadas de cada objeto en una tabla como la que aparece al final de esta actividad.

    a. la mesa de tu pupitre

    b. la cubierta de encima de tu libro de matemáticas

    c. una superficie rectangular que tu escojas

Ejemplo de tabla

Objeto	Largo	Ancho	Perímetro	Área
Mesa del pupitre				
Cubierta del libro				
Tablero de anuncios				

Actividad 2

Estimar el perímetro y el área

Materiales:
- regla

Utiliza una regla de pulgadas o una regla de centímetros para estimar el perímetro y el área de algunos objetos rectangulares pequeños de tu salón de clase. Haz una lista de los objetos que escogiste. Registra tu estimación del perímetro y el área de cada objeto.

Cuadrados y raíces cuadradas

Algunos rectángulos son cuadrados. Un cuadrado es un rectángulo que tiene longitud y ancho iguales.

24. **Representa** En papel cuadriculado de 1 cm, dibuja cuatro cuadrados, uno con cada una de las siguientes medidas unitarias: 1 por 1, 2 por 2, 3 por 3 y 4 por 4. Escribe la operación de multiplicación para cada cuadrado.

Decimos que "elevamos un número al cuadrado" cuando multiplicamos un número por sí mismo. Si elevamos el 3 al cuadrado, obtenemos 9 porque $3 \times 3 = 9$. Del mismo modo, 4 elevado al cuadrado es 16 porque 4×4 es 16.

25. ¿Qué número obtenemos si elevamos el 6 al cuadrado? Dibuja un cuadrado en papel cuadriculado para mostrar el resultado.

26. ¿Qué número es igual a 7 al cuadrado? Dibuja un cuadrado en papel cuadriculado para ilustrar el resultado.

Los números 1, 4, 9, 16, 25, etc. forman una secuencia de **números al cuadrado** o **cuadrados perfectos.** Noten que el aumento desde un término al siguiente forma una secuencia de números impares.

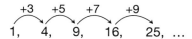

1, 4, 9, 16, 25, ...

27. (**Concluye**) Encuentra los cinco términos siguientes en esta secuencia de números al cuadrado.

28. Revisa la tabla de multiplicación de la Lección 28. ¿Qué patrón forman los números al cuadrado en la tabla?

Para encontrar la **raíz cuadrada** de un número, encontramos un número que, cuando se multiplica por sí mismo, es igual al número original. La raíz cuadrada de 25 es 5 porque $5 \times 5 = 25$. La raíz cuadrada de 36 es 6. Un cuadrado dibujado en papel cuadriculado puede ayudarnos a comprender la idea de las raíces cuadradas. Cuando buscamos una raíz cuadrada, conocemos el número total de cuadrados y buscamos la longitud de un lado.

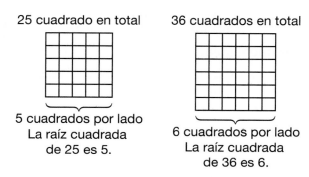

25 cuadrado en total

5 cuadrados por lado
La raíz cuadrada
de 25 es 5.

36 cuadrados en total

6 cuadrados por lado
La raíz cuadrada
de 36 es 6.

Indicamos la raíz cuadrada de un número utilizando el símbolo de raíz cuadrada.

$\sqrt{}$

Símbolo de raíz cuadrada

Leemos el símbolo como "la raíz cuadrada de." Para leer $\sqrt{25} = 5$, decimos "La raíz cuadrada de veinticinco es igual a cinco."

29. **a.** ¿Qué número es igual a 9 al cuadrado?

b. ¿Cuál es la raíz cuadrada de 9?

30. Encuentra cada raíz cuadrada:

a. $\sqrt{4}$ **b.** $\sqrt{16}$ **c.** $\sqrt{64}$

31. (**Analiza**) Si el área de un cuadrado es de 49 centímetros cuadrados, ¿Cuánto mide cada lado del cuadrado?

a. Se utilizó un atributo común para agrupar las siguientes figuras:

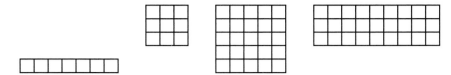

Estas figuras no pertenecen al grupo:

Encuentra el área de cada figura y explica por qué las figuras fueron clasificadas de esta manera. Dibuja otra figura que pertenece al primer grupo y explica por qué pertenece esa figura.

b. Describe la relación entre los dos conjuntos de datos de esta tabla:

Áreas de cuadrados

Área (pulg²)	1	4	9	16	25	36
Longitud del lado (pulg)	1	2	3	4	5	6

Haz una predicción ¿Cuál es el área de un cuadrado cuyo lado tiene una longitud de 10 pulgadas? ¿Cómo lo sabes?

Generaliza Escribe una fórmula que se pueda utilizar para encontrar el perímetro de cualquier cuadrado.

Conceptos y destrezas esenciales para Texas

(4.3)(A) usar suma para resolver problemas que usan números enteros

(4.10) localizar puntos en una recta numérica usando enteros, fracciones y decimales

(4.14)(B) resolver problemas que implican comprenderlos, hacer y llevar a cabo un plan y evaluar si es razonable la solución

(4.14)(C) desarrollar plan o estrategia para resolver problemas

(4.15)(B) relacionar lenguaje informal con lenguaje matemático

LECCIÓN 31

• Problemas de planteo acerca de comparar

operaciones	Preliminares B
cuenta en voz alta	Contar de cuatro en cuatro del 4 al 60 y luego al revés hasta el 4.
cálculo mental	En los problemas **a–c,** practica separando el segundo número para sumar.

    a. Sentido numérico: $57 + 8$

    b. Sentido numérico: $78 + 6$

    c. Sentido numérico: $49 + 4$

    d. Sentido numérico: $63 + 19 + 200$

    e. Hora: Los Johnson viajan al Parque Nacional Yosemite. Esperan que el viaje dure 6 horas. Si salen de su casa a las 6:50 a.m., ¿a qué hora esperan llegar al parque?

    f. Medición: Muchos adultos miden aproximadamente 2 yardas de estatura. ¿Cuántos pies hay en una yarda?

    g. Geometría: Cierto o falso: Las rectas paralelas se intersecan.

    h. Estimación: Madison tiene $18.47. Redondea esta cantidad a los 25 centavos más cercanos.

resolver problemas

Escoge una estrategia apropiada para resolver este problema. A continuación mostramos cuatro cuadrados. El primero está formado por un cuadrado pequeño. El segundo, el tercero y el cuarto están formados por 4, 9 y 16 cuadrados pequeños. Describe el patrón que observas. ¿Cuántos cuadrados pequeños tendrá el sexto cuadrado del patrón? Explica cómo llegaste a tu respuesta.

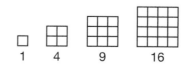

En el canasto grande hay 43 manzanas. En el canasto pequeño hay 19 manzanas.

La diferencia nos indica "cuántos más" y "cuántos menos". En el canasto grande hay 24 manzanas *más* que en el canasto pequeño. En el canasto pequeño hay 24 manzanas *menos* que en el canasto grande.

Al comparar el número de manzanas de los dos canastos, vemos que 43 es **mayor que** 19. Restamos para encontrar **cuánto más es** 43 que 19.

Cantidad mayor	43
− Cantidad menor	− 19
Diferencia	24

Al pensar en este problema comprendemos que no es un problema de "unos se van", porque nada se va. Éste es un tipo diferente de problema. En este problema comparamos dos números. Una manera de comparar dos números es restar para encontrar su diferencia. Restamos el número menor del número mayor. A continuación mostramos dos maneras de escribir la fórmula:

Mayor
− Menor
Diferencia

Mayor − Menor = Diferencia

Un diagrama puede ayudarnos a comprender un problema que trata de mayor-menor-diferencia. En el siguiente diagrama, utilizamos los números del problema de las manzanas. Hay dos torres, una "mayor" y una "menor". La "diferencia" es la diferencia de la altura de las dos torres.

Leamos matemáticas

Transformamos el problema utilizando una fórmula *cantidad mayor-cantidad menor-diferencia.*

Cantidad mayor: 43 manzanas
Cantidad menor: 19 manzanas
Diferencia: 24 manzanas

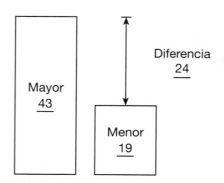

Recuerda que resolvemos un problema de planteo utilizando el procedimiento de 4 pasos:

Paso 1: Lee y transforma el problema.

Paso 2: Haz un plan para resolver el problema.

Paso 3: Sigue el plan y resuelve el problema.

Paso 4: Comprueba si tu respuesta es razonable.

Un plan que puede resultar útil para resolver problemas de planteo es *escribir una ecuación.*

Para esto utilizamos una fórmula y anotamos los números que conocemos en una ecuación que podamos resolver para encontrar el resultado.

Ejemplo 1

Andrea recogió 42 manzanas en el manzanar. Su hermano menor recogió 13 manzanas. ¿Cuántas manzanas más que su hermano recogió Andrea?

Para encontrar "cuántas más", utilizamos una fórmula de resta. Aquí comparamos los números 42 y 13.

Fórmula	**Problema**
Mayor	42 manzanas
− Menor	− 13 manzanas
Diferencia	d

Andrea recogió **29 manzanas más** que las que recogió su hermano.

Para comprobar el resultado observamos si completa el problema de manera correcta.

Cuarenta y dos manzanas son 29 manzanas más que 13 manzanas.

Ejemplo 2

Hay 17 manzanas en un canasto y 63 manzanas en un barril. ¿Cuántas manzanas menos hay en el canasto que en el barril?

Nos piden encontrar "cuántas menos". La fórmula es la misma que se utiliza para encontrar "cuántas más". Utilizamos una fórmula de resta para comparar los números.

Fórmula	Problema
Mayor	63 manzanas
− Menor	− 17 manzanas
Diferencia	d

Hay **46 manzanas menos** en el canasto que las que hay en el barril.

Comprobamos el resultado.

Diecisiete manzanas son 46 manzanas menos que 63 manzanas.

Ejemplo 3

¿Cuánto más es el número representado por el punto *B* que el número representado por el punto *A*?

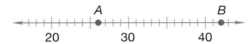

Observamos que el punto *A* representa 26 y el punto *B* representa 42. Utilizamos estos números en la fórmula mayor-menor-diferencia.

$$\text{Mayor} - \text{Menor} = \text{Diferencia}$$
$$42 - 26 = d$$

Encontramos que 42 es **16 más** que 26.

Comprobamos nuestro resultado contando el número de unidades desde el punto *A* al punto *B*.

Práctica de la lección

Encuentra la fórmula Escribe y resuelve una ecuación para cada problema.

a. ¿Cuánto más es cuarenta y tres que veintisiete?

b. Maricela tiene 42 CD. Frank tiene 22 CD. ¿Cuántos CD menos tiene Frank?

c. César tiene 53 caracoles. Juanita tiene 95 caracoles. ¿Cuántas caracoles más tiene Juanita?

Práctica escrita

Integradas y distribuidas

Encuentra la fórmula Escribe y resuelve ecuaciones para los problemas **1–3.**

*1. Hay 43 loros en una bandada. Algunos se van volando. Después hay
(25) 27 loros en la bandada. ¿Cuántos loros volaron?

*2. ¿Cuánto más es ciento cincuenta que veintitrés?
(31)

*3. ¿Cuántas manzanas menos son veintitrés manzanas que setenta y cinco
(31) manzanas?

*4. El sábado por la mañana, Brady despertó a la hora que
(27) muestra el reloj. Tres horas más tarde, salió de casa
a la práctica de softball. ¿A qué hora salió Brady de
casa?

*5. (**Representa**) Escribe 412 en forma desarrollada. Luego utiliza palabras
(7, 16) para escribir el número.

6. ¿Qué fracción de esta figura está sombreada?
(22)

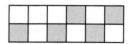

*7. El rectángulo que se muestra a la derecha mide 4 cm de
(Inv. 2, largo y 2 cm de ancho.
Inv. 3)

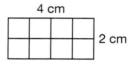

    a. ¿Cuánto mide el perímetro?

    b. ¿Cuánto mide el área?

8. Multiplica:
(28, 29)
    a. 2×5 **b.** 5×7 **c.** 2×7 **d.** 4×11

*9. (**Haz la conexión**) Escribe dos operaciones de suma y dos operaciones
(6) de resta utilizando los números 20, 30 y 50.

10. A las 8 p.m. la temperatura era de 3°C. A las 8 a.m. del día siguiente, la
(18) temperatura había descendido 8 grados. ¿Cuál era la temperatura a las
8 a.m.?

*11. ¿Cuánto menos es el número representado por el punto *A* que el número
(31) representado por el punto *B*?

12. Multiplica:
(28, 29)

    a. 5×8 **b.** 2×8 **c.** 5×9

13. **a.** ¿Cuántas monedas de 25 centavos son un dólar?
(22)

    b. ¿Qué fracción de un dólar es una moneda de 25 centavos?

    c. ¿Qué fracción de un dólar son tres monedas de 25 centavos?

* 14. (**Representa**) Utiliza dígitos y símbolos para escribir esta comparación:
(Inv. 1)

    Trescientos nueve es menor que trescientos noventa.

* 15. ¿Cuánto menos es trescientos nueve que 390?
(31)

* 16. $\begin{array}{r} \$4.22 \\ - \$2.95 \\ \hline \end{array}$
(30)

* 17. $\begin{array}{r} 909 \\ - 27 \\ \hline \end{array}$
(30)

* 18. $\begin{array}{r} \$422 \\ - \$144 \\ \hline \end{array}$
(30)

* 19. $\begin{array}{r} 703 \\ - 471 \\ \hline \end{array}$
(30)

20. $\begin{array}{r} \$4.86 \\ + \$2.95 \\ \hline \end{array}$
(22)

21. $\begin{array}{r} 370 \\ - 209 \\ \hline \end{array}$
(30)

22. $\begin{array}{r} 22 \\ + n \\ \hline 37 \end{array}$
(24)

23. $\begin{array}{r} 76 \\ - c \\ \hline 28 \end{array}$
(24)

* 24. (**Haz la conexión**) ¿Qué operación de multiplicación ilustra este cuadrado?
(Inv. 3)

* 25. Encuentra cada raíz cuadrada:
(Inv. 3)

    a. $\sqrt{9}$ **b.** $\sqrt{25}$

* 26. **Selección múltiple** ¿Cuál de estos *no* es igual a 9?
(Inv. 3)

    A 3 al cuadrado   **B** $\sqrt{81}$

    C $\sqrt{18}$ **D** $\sqrt{25} + \sqrt{16}$

27. Multiplica:
(28, Inv. 3)

    a. 1×1 **b.** 5×5 **c.** 8×8 **d.** 9×9

28. Compara. Escribe $>$, $<$, o $=$.
(Inv. 1)

    a. 510 $\bigcirc$ 501   **b.** 722 $\bigcirc$ 976   **c.** 234 $\bigcirc$ 238

*29. 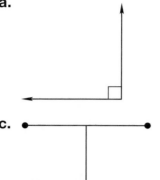 **Estima** El área de terreno del Monumento Nacional de las Ruinas
^(13, 22) Aztecas en Nuevo México es de 318 acres. El área del Monumento
Nacional Ruinas de Casa Grande en Arizona es de 473 acres. ¿Qué
estimación es razonable para el número total de acres de estos
dos monumentos nacionales? Explica por qué tu estimación es
razonable.

*30. **Clasifica** Nombra cada figura:
⁽²³⁾
   a.

   b.

   c.

   d.

Para los más rápidos

Conexión con la vida diaria

Tricia dibujó dos rectángulos en su hoja. El rectángulo *A* mide 4 cm por 6
cm y el rectángulo *B* mide 5 cm por 5 cm. Utiliza papel cuadriculado de
1 cm o una regla de centímetros para dibujar ambos rectángulos. Luego
encuentra el área de cada rectángulo. ¿Qué rectángulo tiene mayor
área? Utiliza la fórmula *mayor − menor = diferencia*.

⭐ *Conceptos y destrezas esenciales para Texas*

(4.4)(C) recordar y aplicar tablas de multiplicación hasta el 12

(4.6)(A) usar patrones y relaciones para recordar operaciones básicas de multiplicación y división.

(4.6)(B) usar patrones para multiplicar por 10 y por 100

(4.7) usar estructuras de organización para analizar relaciones entre conjuntos de datos, como los pares ordenados en una tabla.

(4.14)(B) resolver problemas que implican comprenderlos, hacer y llevar a cabo un plan y evaluar si es razonable la solución

(4.14)(C) desarrollar plan o estrategia para resolver problemas

• Operaciones de multiplicación: 9, 10, 11, 12

operaciones	Preliminares B
cuenta en voz alta	Contar hacia abajo de cuatro en cuatro del 40 al 4.
cálculo mental	En los problemas **a–c,** practica cómo separar el segundo número para sumar.

    a. Sentido numérico: 49 + 6

    b. Sentido numérico: 65 + 8

    c. Sentido numérico: 38 + 8

    d. Sentido numérico: 920 + 38 + 7

    e. Hora: Simone se va a dormir todas las noches a las 9:15 p.m. Quiere ver una película que dura 2 horas. ¿A qué hora debe comenzar Simone a ver la película para terminar a la hora en que se va a dormir?

    f. Medición: Hay ocho cuadrados a lo largo de cada borde de un tablero de ajedrez. Si los lados de cada cuadrado miden 1 pulgada, ¿cuánto mide el perímetro de un tablero de ajedrez?

    g. Dinero: La bicicleta cuesta $240 y el candado $35. ¿Cuánto cuestan en total los dos artículos?

    h. Estimación: La longitud del carro es de 176 pulgadas. Redondea esta longitud a la decena de pulgadas más cercana.

resolución de problemas

Escoge una estrategia apropiada para resolver este problema. TJ tiene siete monedas en su bolsillo derecho. Él no tiene monedas de un dólar, ni de medio dólar. TJ tiene por lo menos una moneda de un centavo, una de cinco centavos, una de diez centavos y una de veinticinco centavos, pero no tiene más de dos monedas de cada tipo. ¿Cuáles son en total los posibles valores de las siete monedas? (Hay cuatro posibilidades.)

Abajo se muestra una lista de algunas operaciones de multiplicación por 9. Busca patrones en las operaciones. Observa que el primer dígito de cada producto es uno menos que el número multiplicado por nueve. Además, observa que los dos dígitos de cada producto suman 9.

$$9 \times 2 = 18 \quad (1 + 8 = 9)$$
$$9 \times 3 = 27 \quad (2 + 7 = 9)$$
$$9 \times 4 = 36 \quad (3 + 6 = 9)$$
$$9 \times 5 = 45 \quad (4 + 5 = 9)$$
$$9 \times 6 = 54 \quad (5 + 4 = 9)$$
$$9 \times 7 = 63 \quad (6 + 3 = 9)$$
$$9 \times 8 = 72 \quad (7 + 2 = 9)$$
$$9 \times 9 = 81 \quad (8 + 1 = 9)$$
$$9 \times 10 = 90 \quad (9 + 0 = 9)$$

Estos dos patrones pueden ayudarnos a multiplicar rápidamente por nueve.

Ejemplo 1

¿Cuál es el primer dígito de cada producto?

a.	b.	c.	d.	e.
9	3	9	4	9
× 6	× 9	× 7	× 9	× 8
? _	**?** _	**?** _	**?** _	**?** _

El primer dígito es uno menos que el número multiplicado por nueve.

a.	b.	c.	d.	e.
9	3	9	4	9
× 6	× 9	× 7	× 9	× 8
5 _	**2** _	**6** _	**3** _	**7** _

Ejemplo 2

¿Cuál es el segundo dígito de cada producto?

a.	b.	c.	d.	e.
9	3	9	4	9
× 6	× 9	× 7	× 9	× 8
5 **?**	2 **?**	6 **?**	3 **?**	7 **?**

Completa cada producto de dos dígitos de manera que la suma de los dígitos sea nueve.

a.	b.	c.	d.	e.
9	3	9	4	9
× 6	× 9	× 7	× 9	× 8
54	**27**	**63**	**36**	**72**

En los ejemplos 3, 4 y 5, busca patrones que aparezcan al multiplicar números enteros por 10, 11 y 12.

Ejemplo 3

Destreza mental

Generaliza

¿Qué estrategia puedes utilizar para recordar las operaciones de multiplicación por 10?

Encuentra el número de milímetros que son iguales a la longitud dada en centímetros.

Centímetros	1	2	3	4	5	6	7	8	9	10	11	12
Milímetros	10	20	30	40	?	?	?	?	?	?	?	?

Observa que un centímero es igual a 10 milímetros. Utilizamos las operaciones de multiplicación por 10 para completar la tabla.

Centímetros	1	2	3	4	5	6	7	8	9	10	11	12
Milímetros	10	20	30	40	50	60	70	80	90	100	110	120

Ejemplo 4

Una hoja de cuaderno mide 11 pulgadas de largo. Completa esta tabla para encontrar la longitud en pulgadas de 12 hojas que están extremo con extremo.

Hojas	1	2	3	4	5	6	7	8	9	10	11	12
Pulgadas	11	22	33	44	?	?	?	?	?	?	?	?

Nos dicen que una hoja de cuaderno mide 11 pulgadas de largo. Utilizamos las operaciones de multiplicación por 11 para completar la tabla.

Hojas	1	2	3	4	5	6	7	8	9	10	11	12
Pulgadas	11	22	33	44	55	66	77	88	99	110	121	132

Ejemplo 5

Completa esta tabla para encontrar el número de pulgadas que hay en 12 pies:

Pies	1	2	3	4	5	6	7	8	9	10	11	12
Pulgadas	12	24	36	48	?	?	?	?	?	?	?	?

Nota que un pie es igual a 12 pulgadas. Utilizamos las operaciones de multiplicación por 12 para completar la tabla.

Pies	1	2	3	4	5	6	7	8	9	10	11	12
Pulgadas	12	24	36	48	60	72	84	96	108	120	132	144

Encuentra el producto para cada operación de multiplicación:

a. 9 × 3	**b.** 5 × 9	**c.** 8 × 9	**d.** 6 × 9
e. 9 × 4	**f.** 7 × 9	**g.** 9 × 2	**h.** 9 × 9
i. 10 × 5	**j.** 10 × 7	**k.** 10 × 3	**l.** 10 × 9
m. 11 × 6	**n.** 11 × 4	**o.** 11 × 7	**p.** 11 × 9
q. 12 × 3	**r.** 12 × 5	**s.** 12 × 2	**t.** 12 × 4

Práctica escrita   *Integradas y distribuidas*

*1. (25) (**Encuentra la fórmula**) El libro tiene doscientas quince páginas. Kande leyó ochenta y seis páginas. ¿Cuántas páginas más le quedan por leer? Escribe y resuelve una ecuación.

2. (10) Utiliza los dígitos 7, 8 y 9 para formar un número par mayor que 800. Utiliza sólo una vez cada dígito.

3. (Inv. 1) (**Compara**) Utiliza dígitos y un signo de comparación para mostrar que cuatrocientos ochenta y cinco es menor que seiscientos noventa.

*4. (3, Inv. 3) (**Concluye**) Ésta es una secuencia de números al cuadrado. ¿Cuáles son los tres números que siguen en la secuencia? ¿Cómo lo sabes?

$$1, 4, 9, 16, \underline{\quad}, \underline{\quad}, \underline{\quad}, \ldots$$

5. (19) Una tarde Jermaine terminó de lavar los platos a la hora que muestra el reloj. ¿A qué hora terminó de lavar los platos Jermaine?

*6. (7, 16) (**Representa**) Escribe 729 en forma desarrollada y utiliza palabras para escribir el número.

* 7. **(Haz la conexión)** Transforma este problema de suma en un problema de
(27, 28) multiplicación. Luego encuentra el producto en la tabla de multiplicación.

$$6 + 6 + 6 + 6 + 6 + 6 + 6$$

8. ¿Es un número par o un número impar de centavos el valor de tres
(10) monedas de cinco centavos y dos monedas de 10 centavos?

9. a. Redondea 66 a la decena más cercana.
(20)

b. Redondea $6.60 al dólar más cercano.

c. Redondea $6.60 a los 25 centavos más cercanos.

10. a. Utiliza una regla de centímetros para medir la longitud de
(Inv. 2) cada lado de este cuadrado.

b. ¿Cuánto mide el perímetro del cuadrado?

* 11. **(Analiza)** ¿Qué letras mayúsculas se forman con sólo dos segmentos de
(23) recta perpendiculares?

* 12. Si $62 - w = 48$, entonces ¿cuál es el valor de w?
(24)

13. ¿Qué fracción de este rectángulo está sombreada?
(22)

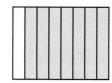

* 14. **(Representa)** Dibuja un grupo de X para mostrar la multiplicación 5×5.
(Inv. 3)

* 15. **(Representa)** ¿Cuánto más es el número representado por el punto B
(31) que el número representado por el punto A?

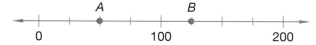

Multiplica:

* 16. a. 9×6 **b.** 9×8 **c.** 9×4 **d.** 9×10
(32)

* 17. a. 6×6 **b.** 4×4 **c.** 7×7 **d.** 10×10
(Inv. 3)

*18. **a.** 2×11 **b.** 8×11 **c.** 5×11 **d.** 3×11
(32)

*19. (Representa) **a.** ¿Qué operación de multiplicación ilustra
(Inv. 3)   este cuadrado?

      b. Encuentra $\sqrt{25}$.

*20. $\sqrt{81}$ ***21.** $\$3.60 - \$1.37$ ***22.** $413 - 380$
(Inv. 3)   (30)   (30)

*23. $875 - 218$ **24.** Compara: $24 + 36 \bigcirc 12 + 48$
(30)   (Inv. 1)

*25. ¿Qué número es igual a 8 al cuadrado?
(Inv. 3)

*26. **Selección múltiple** Jacob ve un grupo de panecillos frescos sobre una
(25,   bandeja. Hay cuatro filas de panecillos con cuatro panecillos en cada fila.
Inv. 3)   ¿Cuántos panecillos quedarán en la bandeja si se come un panecillo?

     A 3   **B** 7   **C** 12   **D** 15

*27. ¿Qué propiedad de la multiplicación ilustra este problema?
(28,
Inv. 3)
      Había veinticuatro escritorios ordenados en 4 filas de 6 escritorios
      cada una. Luego los cambiaron de posición a 6 filas de 4 escritorios
      cada una.

*28. (Encuentra la fórmula) En el 2000, el lanzador de béisbol profesional Randy
(13)   Johnson, de los Arizona Diamondbacks, eliminó a 347 bateadores.
El lanzador Pedro Martínez, de los Boston Red Sox, eliminó a 284
bateadores. Escribe y resuelve una ecuación para encontrar el número de
bateadores que eliminaron los dos lanzadores.

*29. ✏ (Estima) La profundidad promedio del Mar de China Oriental es
(30)   de 620 pies. La profundidad promedio del Mar Amarillo es de 121 pies.
Estima la diferencia entre las dos profundidades. Explica por qué tu
estimación es razonable.

*30. (Haz una predicción) Escribe el sexto término de cada patrón:
(32)
     a. 11, 22, 33, 44, 55, …   **b.** 12, 24, 36, 48, 60, …

LECCIÓN
33

🔻 *Conceptos y destrezas esenciales para Texas*

(4.1)(A) usar valor posicional para leer, escribir y comparar números enteros hasta el 999,999,999

(4.4)(C) recordar y aplicar tablas de multiplicación hasta el 12

(4.14)(B) resolver problemas que implican comprenderlos, hacer y llevar a cabo un plan y evaluar si es razonable la solución.

(4.14)(C) desarrollar plan o estrategia para resolver problemas

(4.15)(B) relacionar lenguaje informal con lenguaje matemático

• Escribir números hasta cien mil

operaciones	Preliminares C
cuenta en voz alta	Junto con la clase, cuenta de tres en tres del 30 al 60 y luego al revés hasta el 30.
cálculo mental	**a. Sentido numérico:** $60 - 40$
	b. Sentido numérico: $80 - 30$
	c. Sentido numérico: $800 - 300$
	d. Sentido numérico: $340 + 35 + 115$

e. Geometría: Una mesa cuadrada mide 3 pies por lado. ¿Cuánto mide el perímetro de la mesa?

f. Hora: Carole graba su programa de televisión preferido. Cada episodio dura una hora. Si Carole ve dos episodios seguidos, comenzando a las 6:20 p.m., ¿a qué hora terminará?

g. Medición: La temperatura máxima en un día caluroso fue de 36° Celsius. La temperatura mínima fue de 27° Celsius. ¿De cuántos grados es la diferencia entre la temperatura máxima y mínima de ese día?

h. Estimación: El lápiz de Layne mide 128 milímetros de largo. Redondea esta longitud a la decena de milímetros más cercana.

resolver problemas

Escoge una estrategia apropiada para resolver este problema. Un tablero de ajedrez está formado por 64 cuadrados pequeños. Hay 8 cuadrados a lo largo de cada lado. Si un tablero de ajedrez cuadrado estuviera formado sólo por 36 cuadrados pequeños, entonces ¿cuántos cuadrados tendría a cada lado?

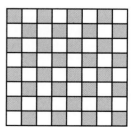

Recuerda que los lugares de posición de un número de tres dígitos son el lugar de las unidades, el lugar de las decenas y el de las centenas. Los tres lugares que están a la izquierda del lugar de las centenas son el lugar de los millares, el lugar de las decenas de millar y el lugar de las centenas de millar.

centenas de millar
decenas de millar
millares
centenas
decenas
unidades

— — — , — — —

Analiza ¿Cómo se relaciona el valor de cada lugar con el valor del lugar que está a la derecha?

Para que resulte más fácil leer los números, podemos utilizar comas al escribir números iguales o mayores que mil. Para leer un número entero con cuatro, cinco o seis dígitos, leemos el número que está la izquierda de la coma, decimos "mil" al llegar a la coma y luego leemos el número que está después de la coma. Cuando escribimos un número en palabras, colocamos una coma después de la palabra *mil.*

4,507	se lee	cuatro **mil,** quinientos siete
34,507	se lee	treinta y cuatro **mil,** quinientos siete
234,507	se lee	doscientos treinta y cuatro **mil,** quinientos siete

Los números enteros de cuatro dígitos a menudo se escriben sin coma, como cuando al escribir el año. En este libro, al escribir un número entero de cuatro dígitos a menudo no utilizamos la coma. Sin embargo, utilizamos comas para expresar cualquier número entero con más de cuatro dígitos.

Ejemplo 1

Leamos matemáticas

Al ver una coma, escribimos el nombre del valor posicional del dígito que está a la izquierda de la coma. Esta coma representa el lugar de los millares.

Utiliza palabras para escribir 23456.

Para que sea más fácil leer un número, insertamos una coma tres lugares desde el extremo derecho del número.

23,456

Luego escribimos el número que está a la izquierda de la coma.

veintitrés

Después escribimos "mil" seguido de una coma.

veintitrés mil,

Finalmente, escribimos el número que está a la derecha de la coma.

veintitrés mil, cuatrocientos cincuenta y seis

Ejemplo 2

En el censo del 2000, Fort Worth tenía una población de 534,694. Utiliza palabras para escribir la población.

Primero nombramos la parte del número que está a la izquierda de la coma y luego escribimos "mil".

quinientos treinta y cuatro mil

Después nombramos el resto del número, recordando escribir una coma después de la palabra mil.

quinientos treinta y cuatro mil, seiscientos noventa y cuatro

Ejemplo 3

Escribe 75,634 en forma desarrollada.

El 7 está en el lugar de las decenas de millar. Tiene un valor de 70,000. Entonces, escribimos

70,000 + 5000 + 600 + 30 + 4

Ejemplo 4

¿Qué dígito en 345,678 está en el lugar de las centenas de millar?

El dígito **3** está en el lugar de las centenas de millar.

Ejemplo 5

Compara: 510,000 ◯ 501,000

Comparamos los números lugar por lugar, comenzando por el mayor valor posicional (centenas de millar).

510,000 > 501,000

Ejemplo 6

Ordena estos números de menor a mayor:

23,000 230,000 78,000 870,000 500,000

Primero comparamos los números lugar por lugar, comenzando por el mayor valor posicional (centenas de millar). Luego ordenamos los números de menor a mayor.

23,000   78,000   230,000   500,000   870,000

Utiliza dígitos para escribir ochocientos noventa y cinco mil, doscientos setenta.

Una buena idea es leer el número completo antes de comenzar a escribirlo. Vemos la palabra *mil,* por lo tanto, sabemos que se debe poner una coma de millar después de los dígitos que indican cuántos millares.

____ ____ ____ , ____ ____ ____

Leemos la parte del número que está antes de la palabra *mil* y escribimos este número delante de la coma. Para "ochocientos noventa y cinco mil" escribimos

____8___ ___9___ ___5___ , ____ ____ ____

Ahora, a la derecha de la coma, escribimos la última parte del número: "doscientos setenta".

895,270

Práctica de la lección

Lee los siguientes números en voz alta con la clase:

a. 125,000

b. 435,000

c. 12,500

d. 25,375

e. 4875

f. 250,625

Representa Utiliza palabras para escribir los números de los problemas **g–i.**

g. 2750

h. 14,518

i. 500,000

Utiliza dígitos para escribir los números de los problemas **j–l.**

j. veinte mil

k. doce mil, trescientos cincuenta

l. ciento veinte mil, quinientos

m. Escribe 5280 en forma desarrollada.

n. Escribe 2040 en forma desarrollada.

o. ¿Qué dígito de 284,359 está en el lugar de las decenas de millar?

p. Compara: 760,000 ◯ 670,000

q. Los datos de la tabla de abajo son importantes para la historia aeroespacial. Ordena los datos de los más antiguos a los más recientes.

Eventos en historia aeroespacial	Fecha
Primer humano aterriza en la luna	1969
Los hermanos Wright inventan con éxito el primer aeroplano	1903
Los rusos lanzan el Sputnik, el primer satélite artificial	1957
Charles Lindbergh completa el primer vuelo solo sin escalas, a través del océano Atlántico	1927

Práctica escrita
Integradas y distribuidas

*1. Marcos lee un libro de 211 páginas. K'Neesha lee un libro de 272 páginas.
(31) ¿Cuántas páginas más leerá K'Neesha que Marcos? Escribe y resuelve una ecuación.

*2. (**Representa**) Escribe el número 3425 en forma desarrollada. Luego utiliza
(16, 33) palabras para escribir el número.

*3. (**Representa**) Dibuja dos rectas paralelas. Luego dibuja una recta perpendicular que
(23) forme ángulos rectos que intersequen las rectas paralelas.

*4. ¿Cuánto menos es la raíz cuadrada de 49 que cuatro al cuadrado?
(Inv. 3, 31)

*5. (**Representa**) En papel cuadriculado de 1-cm, dibuja un rectángulo
(Inv. 2, Inv. 3) de 6 cm por 2 cm.

a. ¿Cuánto mide el perímetro del rectángulo?

b. ¿Cuál es el área del rectángulo?

*6. Coloca comas en 250000. Luego utiliza palabras para escribir el número.
(33)

*7. (**Concluye**) ¿Cuáles son los tres números que siguen en esta secuencia de
(3) conteo?

..., 230, 240, 250, 260, ____, ____, ____, ____, ...

*8. ¿Qué dígito de 123,456 está en el lugar de las decenas de millar?
(33)

9. Compara: 9×4 $\bigcirc$ $\sqrt{36}$
(Inv. 1,
Inv. 3)

* 10. Ayer, después de la escuela, Luis salió a jugar a la hora
(27) que muestra el reloj. Jugó 2 horas 25 minutos. ¿A qué hora
terminó de jugar Luis?

* 11. (**Representa**) ¿A qué número apunta la flecha?
(Inv. 1)

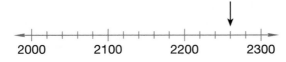

Multiplica:

* 12. a. 5×8 **b.** 4×4 **c.** 8×8 **d.** 12×12
(29,
Inv. 3)

* 13. a. 9×3 **b.** 9×4 **c.** 9×5 **d.** 9×10
(29, 32)

* 14. (**Haz la conexión**) Escribe dos operaciones de suma y dos operaciones
(6) de resta utilizando los números 40, 60 y 100.

15. (**Haz la conexión**) Transforma este problema de suma en un problema de
(27) multiplicación:

$$20 + 20 + 20 + 20 + 20$$

* 16. $7.37
(30) $- \,$ $2.68

* 17.   921
(30) $- \,$ 58

18.   464
(13) $+ \,$ 247

* 19.   329
(24, 30) $+ \quad z$
     547

20. $4.88
(22) $+ \,$ $2.69

* 21.   555
(24) $- \quad c$
     222

22. La fecha de nacimiento de Judy es 5/27/98. ¿En qué mes nació?
(5)

23.
(21) **Representa** Dibuja un círculo con un radio de 1 pulgada. ¿Cuánto mide el diámetro del círculo? Explica cómo lo sabes.

24.
(17)

$$\begin{array}{r} 4 \\ 8 \\ 12 \\ 16 \\ 14 \\ 28 \\ + 37 \\ \hline \end{array}$$

25.
(17)

$$\begin{array}{r} 5 \\ 8 \\ 7 \\ 14 \\ 6 \\ 21 \\ + 15 \\ \hline \end{array}$$

*26. Compara: 25,000 $\bigcirc$ 250,000
(33)

*27. Selección múltiple Observa la secuencia de abajo.¿Cuál de los
(Inv. 3) números que siguen *no* pertenece a la secuencia?

$$1, 4, 9, 16, 25, 36, \ldots$$

A 64 **B** 49

C 80 **D** 100

*28. **Encuentra la fórmula** En el 2006, el estado de Kentucky tenía 189
(13) bibliotecas públicas. El estado de Maryland tenía 176 bibliotecas públicas. Escribe y resuelve una ecuación para encontrar el número de bibliotecas públicas que tenían en total Kentucky y Maryland.

*29. ¿Cuántas pulgadas son ocho pies? Cuenta de 12 en 12.
(Inv. 2, 32)

*30. ¿Cuántos milímetros son nueve centímetros? Cuenta de 10 en 10.
(Inv. 2, 32)

❧ *Conceptos y destrezas esenciales para Texas*

(4.1)(A)   usar valor posicional para leer, escribir y comparar números enteros hasta el 999,999,999

(4.14)(B)   resolver problemas que implican comprenderlos, hacer y llevar a cabo un plan y evaluar si es razonable la solución

• Escribir números hasta los cien millones

operaciones	Preliminares A
cuenta en voz alta	Contar de siete en siete del 7 al 63.

    cálculo mental

    a. **Sentido numérico:** $65 - 30$

    b. **Sentido numérico:** $650 - 300$

    c. **Sentido numérico:** $58 + 4 + 100$

    d. **Sentido numérico:** $36 + 29 + 200$

    e. **Sentido numérico:** $520 + 36 + 126$

    f. **Medición:** Compara: 14 pulg ◯ 1 pie

    g. **Hora:** Si son las 7:45, ¿cuántos minutos faltan para las 8:00?

    h. **Estimación:** La cubierta de la mesa está a 73 centímetros del piso. Redondea esa altura a la decena de centímetros más cercana.

resolver problemas

Escoge una estrategia apropiada para resolver este problema. Ramone tiene siete monedas en su bolsillo derecho. No tiene monedas de un dólar, ni de medio dólar. Ramone tiene por lo menos una moneda de un centavo, una moneda de cinco centavos, una moneda de diez centavos y una moneda de veinticinco centavos, pero no tiene más de dos monedas de cada tipo. Aunque Ramone tiene un número impar de monedas, su valor total es un número de centavos par. ¿Cuál es el valor total de las monedas?

Nuevo concepto

En la lección 33, escribimos números hasta las centenas de millar. En esta lección escribiremos números hasta los cien millones.

Para escribir un número entero con siete, ocho o nueve dígitos utilizamos otra coma para indicar los millones.

Valores posicionales de números enteros

centenas de millón	decenas de millón	millones	centenas de millar	ten thousands	decenas de millar	centenas	decenas	unidades
—	—	— ,	—	—	— ,	—	—	—

Para leer un número entero con siete, ocho o nueve dígitos, primero leemos los dígitos que están a la izquierda de la coma de los millones y decimos "millones" al llegar a la coma. Luego leemos los tres dígitos que siguen y decimos "mil" al llegar a la siguiente coma. Para finalizar leemos los dígitos restantes.

15,000,000   se lee   quince **millones**

2,500,000   se lee   dos **millones,** quinientos mil.

1,258,300   se lee   un **millón,** doscientos cincuenta y ocho mil, trescientos

Generaliza ¿Cuántas centenas de millar son un millón? Explica por qué.

Ejemplo 1

Utiliza palabras para escribir 12345678.

Contando desde la derecha, colocamos una coma cada tres dígitos.

12,345,678

Después escribimos la parte del número que está a la izquierda de la coma de los millones.

doce millones

Como no hay más dígitos que leer, ponemos una coma después de la palabra *millones.* Después escribimos la parte del número hasta la coma de los millares.

doce millones, trescientos cuarenta y cinco mil

Como todavía quedan dígitos que leer, ponemos una coma después de la palabra *mil* y escribimos el resto del número.

doce millones, trescientos cuarenta y cinco mil, seiscientos setenta y ocho

Cuando escribimos números, cada coma va seguida de por lo menos tres dígitos. A veces es necesario utilizar uno o más ceros para obtener el número correcto de dígitos después de la coma.

Utiliza dígitos para escribir dos millones, trescientos mil.

Vemos la palabra *millones,* por lo tanto, utilizamos la forma:

___ ___ ___, ___ ___ ___, ___ ___ ___

Delante de la palabra *millones,* leemos "dos," por lo tanto, escribimos

<u> 2 </u>, ___ ___, ___ ___ ___ ___

Después leemos "trescientos mil", por lo tanto, escribimos

<u> 2 </u>, <u> 3 </u> <u> 0 </u> <u> 0 </u>, ___ ___ ___

Ahora completamos con ceros los tres lugares después de la coma de los millares.

2,300,000

En los periódicos a menudo observamos números grandes escritos en palabras de manera abreviada.

2 millones de personas se reunieron para el Desfile de las Rosas. 95 mil aficionados llenaron el estadio.

Haz la conexión Utiliza dígitos para escribir los números 2 millones y 95 mil.

Compara: 113 millones ◯ 311 millones

Comparamos los dígitos lugar por lugar, comenzando por el mayor valor posicional (millones).

113 millones < 311 millones

Ordena estos números de menor a mayor:

7 millones   250 mil   12 millones

Primero comparamos los dígitos lugar por lugar, comenzando por el mayor valor posicional (millones). Después ordenamos los números de menor a mayor.

250 mil, 7 millones, 12 millones

Práctica de la lección

Representa Utiliza palabras para escribir cada número:

a. 121,340,000

b. 12,507,000

c. 5,075,000

Utiliza dígitos para escribir cada número:

d. veinticinco millones

e. doce millones, quinientos mil

f. doscientos ochenta millones

g. Compara: 34 millones $\bigcirc$ 43 millones

h. Ordena estos números de menor a mayor:

5 millones   25 mil   750 mil

i. Ordena estos números de menor a mayor:

12,375   1,000,000   987,000

Práctica escrita

Integradas y distribuidas

(**Encuentra la fórmula**) Escribe y resuelve ecuaciones para los problemas **1** y **2**.

*1. ¿Cuánto más es cuatrocientos sesenta y cinco que veinticuatro?
(31)

*2. Marcie tiene cuatrocientas veinte canicas. Kareem tiene ciento veintitrés canicas. ¿Cuántas canicas menos tiene Kareem?
(31)

*3. (**Representa**) En papel cuadriculado de 1 cm dibuja un cuadrado que mida 4 cm por lado.
(Inv. 2, Inv. 3)

    a. ¿Cuánto mide el perímetro del cuadrado?

    b. ¿Cuánto mide el área del cuadrado?

*4. (**Representa**) Escribe el número 25,463 en forma desarrollada.
(16, 33)

5. (**Representa**) Dibuja un círculo de 4 centímetros de diámetro. ¿Cuánto mide el radio del círculo?
(21)

6. Jharma llegó de regreso de la escuela a la hora que muestra el reloj y terminó su tarea 1 hora 35 minutos después. ¿A qué hora terminó su tarea Jharma?
(27)

7. **Explica** ¿Qué fracción de los círculos está sombreada?
(22) Describe cómo encontraste tu respuesta.

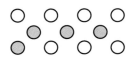

8. **Haz la conexión** Transforma este problema de suma en un problema de
(27, 29) multiplicación. Luego encuentra el producto.

$$12 + 12 + 12 + 12 + 12$$

*9. **Estima** Redondea 76 a la decena más cercana. Redondea 59 a la decena
(20) más cercana. Luego suma los números redondeados.

10. Compara:
(Inv. 1,
34) **a.** 3 $\bigcirc$ −4 **b.** dos millones $\bigcirc$ 200,000

*11. ¿Cuánto menos es el número representado por el punto *A* que el número
(31) representado por el punto *B*?

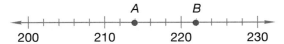

Multiplica

12. **a.** 5 × 7 **b.** 6 × 6 **c.** 9 × 9 **d.** 10 × 10
(29,
Inv. 3)

13. **a.** 3 × 9 **b.** 9 × 7 **c.** 8 × 9 **d.** 9 × 1
(29, 32)

14. **a.** 11 × 11 **b.** 6 × 12 **c.** 8 × 11 **d.** 10 × 12
(32)

*15. a. **Representa** Utiliza palabras para escribir 3,500,000.
(34, 33)

  b. **Representa** Utiliza dígitos para escribir setecientos cincuenta mil.

*16. 535 ***17.** 908 ***18.** $471
(30) − 268 (30) − 43 (30) − $346

*19. $c + 329 = 715$ **20.** $c − 127 = 398$
(24, 30) (24)

21. Si el radio de un círculo mide 12 pulgadas, entonces ¿cuántos pies mide
(Inv. 2,
21) el diámetro del círculo?

* 22. ¿Cuánto más que $5 + 5$ es cinco al cuadrado?
(Inv. 3, 31)

* 23. (**Haz la conexión**) Selecciona dos números impares y un número para
(6, 10) que formen una familia de operaciones de suma/resta. Luego utiliza los
números para escribir dos operaciones de suma y dos de resta.

* 24. $\sqrt{9} + \sqrt{16}$
(Inv. 3)

25. (**Representa**) Dibuja un triángulo que tenga un ángulo obtuso.
(23)

* 26. Selección múltiple ¿Qué dígito de 3,756,289 está en el lugar de los
(34) millares?

A 3 **B** 7 **C** 5 **D** 6

* 27. En el año 2000, los cuatro estados más poblados de los Estados Unidos
(34) eran:

California	33,871,648
Florida	15,982,378
Nueva York	18,976,457
Texas	20,851,820

Estos estados están ordenados alfabéticamente. Haz una lista de los estados de
acuerdo a su población, comenzando con el de mayor población.

* 28. (**Haz una predicción**) Cuál es el duodécimo término de esta secuencia de
(3, 32) conteo?

11, 22, 33, 44, …

* 29. (**Haz una predicción**) Cuál es el octavo término de esta secuencia de
(3, 32) conteo?

12, 24, 36, 48, …

* 30. (**Estima**) M'Lisa quiere comprar aproximadamente 100 globos para
(20, 22) su fiesta de cumpleaños. Una bolsa de 25 globos cuesta $2.49. ¿Cuál es
una estimación razonable del costo de comprar aproximadamente 100
globos? Explica por qué tu estimación es razonable.

🔸 *Conceptos y destrezas esenciales para Texas*

(4.2)(B) dar ejemplos de fracciones mayores que uno usando objetos y dibujos

• Nombrar números mixtos y dinero

Preliminares

operaciones	Preliminares C
cuenta en voz alta	Contar en voz alta de cuatro en cuatro del 40 al 80.
cálculo mental	

a. **Sentido numérico:** $750 - 200$

b. **Sentido numérico:** $86 - 50$

c. **Sentido numérico:** $43 + 9 + 110$

d. **Medición:** ¿A qué número apunta la flecha en esta balanza?

e. **Medición:** Paul demoró sólo dos minutos en terminar la prueba. ¿Cuántos segundos son?

f. **Dinero:** Kalea tiene $45. Compra un par de pantalones en $25. ¿Cuánto dinero le queda?

g. **Estimación:** En la tienda de libros usados, cada libro con cubierta de papel cuesta $1.93. Aproximadamente, ¿cuánto cuestan 5 libros con cubierta de papel?

h. **Cálculo:** $4 \times 5, - 10, + 2, + 3$

resolver problemas   Escoge una estrategia apropiada para resolver este problema. El patrón de la secuencia de abajo es $1 \times 1, 2 \times 2, 3 \times 3$, y así sucesivamente. Utiliza una tabla de multiplicación como ayuda para continuar esta secuencia de números al cuadrado hasta el cien.

$$1, 4, 9, 16, \underline{\quad}, \underline{\quad}, \underline{\quad}, \underline{\quad}, \underline{\quad}, 100$$

Un **número mixto** es un número entero combinado con una fracción. El número mixto $3\frac{1}{2}$ se lee "tres enteros y un medio".

Ejemplo 1

¿Cuántos círculos están sombreados?

Dos círculos completos y un cuarto de otro círculo están sombreados. El número total de círculos sombreados es dos y un cuarto, que se escribe como

$$2\frac{1}{4}$$

Ejemplo 2

Utiliza palabras para escribir $3\frac{1}{2}$.

Utilizamos la palabra *y* al nombrar números mixtos.

tres enteros y un medio

Ejemplo 3

Utiliza palabras para escribir $4\frac{2}{3}$.

cuatro enteros y dos tercios

Podemos mostrar cantidades de dinero utilizando un número y un signo de centavo (¢). Para indicar cuántos centavos hay, colocamos un signo de centavo después del número.

324¢   20¢   4¢

Para mostrar cantidades de dinero también podemos utilizar un signo de dólar ($). Colocamos el signo de dólar delante de la cantidad de dinero y utilizamos un punto decimal y dos lugares a la derecha del punto decimal para mostrar el número de centavos. Las cantidades de dinero de abajo son las mismas que las anteriores, pero están expresadas con un signo de dólar y un punto decimal, en lugar de un signo de centavo.

$3.24 $0.20 $0.04

A veces utilizamos números mixtos para nombrar una cantidad de dinero. Por ejemplo, podemos decir "siete dólares y medio" para nombrar $7.50, porque 50 centavos son medio dólar. Cuando escribimos un cheque, podemos escribir el número de dólares en palabras y los centavos como una fracción en la línea de los "dólares".

JOHN SMITH
123 4th Street
1021

FECHA *Abril 1, 2007*

PAGUE A LA ORDEN DE *Compañia de electricidad* $ 41.32

Cuarentiuno con 32/100 ———————— Dólares

✳ **CALBANK**

Memo *Pago de electricidad, marzo*   *John Smith*

Ejemplo 4

Anita hace un cheque para pagar la cuenta del agua. Muestra cómo escribe quince dólares y veinticinco centavos utilizando un signo de dólar.

Cuando utilizamos un signo de dólar y necesitamos mostrar centavos, colocamos un punto decimal entre los dólares y los centavos.

$15.25

Ejemplo 5

Anita debe pagar su cuenta del cable. Muestra cómo escribir $30.76 utilizando palabras.

Escribimos el número de dólares en palabras, escribimos "y", después escribimos el número de centavos.

treinta dólares y setenta y seis centavos

Muestra cómo escribir la línea de los "dólares" en este cheque.

```
Jan Jones                                          2032
567 8th Street
                                    FECHA  Julio 3, 2007

PAGUE A LA    Compañia de agua ———————— $  37.80
ORDEN DE

_____ Dólares

*CALBANK
Memo  Pago de agua            Jan Jones
```

Escribimos el número de dólares en palabras, escribimos "y", después los centavos como una fracción. Como 100 centavos son iguales a un dólar, el denominador es 100.

$$\text{treinta y siete y } \frac{83}{100}$$

Kasim tiene una moneda de 25¢, una moneda de 10¢ y una de 5¢. Escribe cuánto dinero tiene utilizando un signo de centavo. Luego escribe la misma cantidad utilizando un signo de dólar y un punto decimal.

Primero encontramos cuántos centavos tiene Kasim. Veinticinco centavos, más diez centavos, más cinco centavos.

$$25¢ + 10¢ + 5¢ = \mathbf{40¢}$$

Ahora escribimos cuarenta centavos utilizando un signo de dólar y el punto decimal.

$$\mathbf{\$0.40}$$

¿Cuál de los siguientes no representa el valor de un cuarto de dólar?

| 25¢ | $0.25 | 0.25¢ | 25 centavos |

La tercera alternativa, **0.25¢,** no representa el valor de un cuarto de dólar. En cambio, representa un cuarto de (o $\frac{1}{4}$) un centavo.

¿Qué números mixtos ilustran los dibujos sombreados?

a.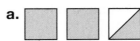

b.

(Representa) Dibuja y sombrea círculos para ilustrar estos números mixtos:

c. $1\frac{1}{4}$

d. $2\frac{3}{4}$

(Representa) Utiliza palabras para escribir cada número mixto.

e. $12\frac{3}{4}$

f. $2\frac{7}{10}$

g. $6\frac{9}{100}$

(Haz la conexión) Escribe cada cantidad con un signo de centavo en lugar de un signo de dólar.

h. $0.17

i. $0.05

(Haz la conexión) Escribe cada cantidad con un signo de dólar en lugar de un signo de centavo.

j. 8¢

k. 30¢

l. (Analiza) Escribe el valor de dos monedas de 25¢, dos monedas de 10¢ y una moneda de 5¢ con un signo de dólar. Después utiliza un signo de centavo para escribir esta cantidad nuevamente.

m. Utiliza palabras para escribir $20.05.

n. (Representa) Muestra cómo escribir la línea de los dólares en un cheque por $12.25.

Práctica escrita *Integradas y distribuidas*

Escribe y resuelve ecuaciones para los problemas **1–3.**

*1.
(31)
Treinta y siete naciones enviaron atletas a las Olimpíadas de Invierno de 1968 en Grenoble, Francia. Treinta años después, setenta y dos naciones enviaron atletas a las Olimpíadas de Invierno de 1998 en Nagano, Japón. ¿Cuántas naciones más enviaron atletas en 1998 que en 1968?

*2.
(Inv. 2)
(Explica) Todas las mañanas Mario corre alrededor de la manzana. La manzana mide 300 yardas de largo y 100 yardas de ancho. ¿Cuántas yardas corre Mario cuando corre alrededor de la manzana? ¿Encontraste el perímetro o área de la manzana? Explica tu respuesta.

3. En el primer grupo hay noventa y siete naranjas, en el segundo grupo hay
(1, 17) cincuenta y siete y en el tercero hay cuarenta y ocho naranjas. ¿Cuántas
naranjas hay en los tres grupos?

* 4. ¿Qué número mixto ilustra la figura?
(35)

5. Armena tiene cuatro dólares y sesenta y cinco centavos. Utiliza un signo
(35) de dólar y un punto decimal para escribir esta cantidad.

6. El termómetro muestra la temperatura máxima de un día
(18) de invierno en Fairlawn, Ohio. ¿Cuál es la temperatura
máxima ese día?

7. Selección múltiple ¿Cuál de estos ángulos *no* parece ángulo recto?
(23)
A   **B**   **C**   **D**

* 8. ¿Cuánto menos que siete al cuadrado es la raíz cuadrada de 81?
(Inv. 3,
31)

* 9. El sábado en la noche, ShayZee se quedó dormida a
(27) la hora que muestra el reloj. Dos horas veinte minutos
después Conner la despertó. ¿A qué hora despertó
ShayZee?

* 10. (**Representa**) Utiliza palabras para escribir $2\frac{3}{10}$.
(35)

* 11. Encuentra los números representados por el punto *A* y el punto *B*.
(31) Después encuentra su diferencia.

*12. (**Representa**) Utiliza palabras para escribir $1.43.
(35)

Multiplica:

13. **a.** 6×9 **b.** 4×9 **c.** 3×9 **d.** 10×9
(32)

14. **a.** 6×6 **b.** 7×7 **c.** 8×8 **d.** 11×11
(Inv. 3)

15. $\sqrt{25} - \sqrt{16}$
(Inv. 3)

*16. (**Representa**) Dibuja un rectángulo que mida 3 cm de largo y 3 cm de
(21, 26) ancho. Divide el rectángulo en tercios y sombrea $\frac{2}{3}$ de él.

*17.
(30)
$$\begin{array}{r} \$6.05 \\ - \$2.53 \\ \hline \end{array}$$

*18.
(24, 30)
$$\begin{array}{r} 489 \\ + \quad z \\ \hline 766 \end{array}$$

19.
(22)
$$\begin{array}{r} \$5.32 \\ + \$3.44 \\ \hline \end{array}$$

*20.
(24, 30)
$$\begin{array}{r} c \\ + 294 \\ \hline 870 \end{array}$$

*21.
(30)
$$\begin{array}{r} 423 \\ - 245 \\ \hline \end{array}$$

22.
(24, 30)
$$\begin{array}{r} 670 \\ - \quad z \\ \hline 352 \end{array}$$

*23. (**Representa**) Utiliza dígitos para escribir doscientos cincuenta
(34) millones.

*24. (**Concluye**) ¿Cuáles son los tres números que siguen en esta secuencia
(3) de conteo?

$$\ldots, 3400, 3500, 3600, 3700, \underline{\quad}, \underline{\quad}, \underline{\quad}, \ldots$$

25. **a.** Redondea 77 a la decena más cercana.
(20)
    b. Redondea $6.82 al dólar más cercano.

*26. **Selección múltiple** Si $7 + \square = 10$, entonces ¿cuál de los siguientes
(1, 6) números es igual a $7 - \square$?

    A 3   **B** 4   **C** 7   **D** 10

*27. Compara:
(33, 35)
    a. treinta mil $\bigcirc$ 13,000
    b. 74¢ $\bigcirc$ $0.74

* **28.** Ordena estos números de mayor a menor:
(33, 34)

125 mil   125 millones   12,500,000

* **29.** (Haz una predicción) Escribe el duodécimo término de cada patrón:
(32)
    a. 11, 22, 33, 44, …

    b. 12, 24, 36, 48, …

* **30.** Nombra un ejemplo de la vida diaria de
(23)
    a. rectas paralelas.

    b. rectas perpendiculares.

Conexión con la vida diaria

The school choir is having a car wash to raise money to buy new songbooks. Each car wash will cost 350¢.

    a. Write this money amount using a dollar sign and a decimal point.

    b. Draw and shade circles to represent $3\frac{1}{2}$ as a mixed number.

    c. Use words to write $3\frac{50}{100}$.

♦ *Conceptos y destrezas esenciales para Texas*

(4.2)(D) relacionar decimales con fracciones que representan décimas y centésimas usando objetos y dibujos

(4.13)(A) usar objetos para generalizar sobre determinación de combinaciones posibles de conjunto de datos

(4.14)(B) resolver problemas que implican comprenderlos, hacer y llevar a cabo un plan y evaluar si es razonable la solución.

(4.14)(C) desarrollar plan o estrategia para resolver problemas

(4.15)(A) explicar observaciones usando palabras y números

• Fracciones de un dólar

operaciones   Preliminares C

cuenta en voz alta   Contar de cuatro en cuatro del 40 al 80.

cálculo mental

    a. Sentido numérico: $630 + 45 + 210$

    b. Sentido numérico: $78 + 7 + 10$

    c. Sentido numérico: $67 + 19 + 100$

    d. Dinero: Jason tiene tres cuentas bancarias. Sus saldos de cuenta son $120, $85 y $37. ¿Cuánto dinero tiene en total Jason en sus cuentas bancarias?

    e. Medición: Isaac corrió 5 kilómetros. ¿Cuántos metros corrió Isaac?

    f. Hora: Chase se acostó a las 9:00 p.m. Despertó 9 horas después. ¿A qué hora despertó Chase?

    g. Estimación: Carina tiene $1.87 en su bolsillo izquierdo y $2.35 en su bolsillo derecho. Redondea cada cantidad a los 25 centavos más cercanos.

    h. Cálculo: $6 \times 3, + 8, + 8, - 4$

resolver problemas   Tom tiene una moneda de 1¢, una de 5¢, una de 10¢ y una de 25¢. Dos de las monedas están en su bolsillo izquierdo y dos en su bolsillo derecho. ¿Qué combinaciones de monedas puede haber en su bolsillo izquierdo?

Enfoque de la estrategia: Haz una lista organizada; Haz un dibujo

(**Comprende**) Nos dicen que dos de las cuatro monedas de Tom están en su bolsillo izquierdo y que dos están en su bolsillo derecho. Nos piden encontrar las combinaciones de monedas que puede haber en su bolsillo izquierdo.

Planifica Podemos *hacer una lista organizada* o *hacer un dibujo* de cada par de monedas que Tom puede tener en su bolsillo izquierdo. Para asegurarnos de no omitir ningún par posible, consideramos cada moneda por separado y hacemos una lista de las demás monedas que puedan corresponder con ésa.

Resuelve Podemos comenzar con la moneda de menor valor, la de 1¢. Si una de las monedas que está en el bolsillo izquierdo de Tom es de 1¢, entonces éstos son los pares posibles:

Si Tom no tiene una moneda de 1¢ en su bolsillo izquierdo, pero si tiene una de 5¢, entonces éstos son los pares posibles:

Si Tom no tiene una moneda de 1¢, ni una de 5¢ en su bolsillo izquierdo, entonces sólo queda un par posible:

Encontramos que hay 6 pares de monedas diferentes que Tom puede haber puesto en su bolsillo izquierdo:

> **1.** una moneda de 1¢ y una de 5¢
>
> **2.** una moneda de 1¢ y una de 10¢
>
> **3.** una moneda de 1¢ y una de 25¢
>
> **4.** una moneda de 5¢ y una de 10¢
>
> **5.** una moneda de 5¢ y una de 25¢
>
> **6.** una moneda de 10¢ y una de 25¢

Comprueba Sabemos que nuestra respuesta es razonable, porque organizamos nuestro trabajo considerando cada par de monedas posible que Tom puede tener en su bolsillo izquierdo y nos aseguramos de no repetir pares de monedas.

Cada uno de los 6 pares de monedas es una **combinación.** En este problema, encontramos todas las combinaciones de 2 monedas que se pueden formar a partir del conjunto, que incluye una moneda de 1¢, una de 5¢, una de 10¢ y una de 25¢.

Al describir una combinación, el orden en que ponemos las partes de la combinación no es importante. Así, y es la misma combinación que y .

Nuevo concepto

Comenzando con la Lección 22 hemos utilizado monedas como fracciones de un dólar. Como 100 centavos equivalen a un dólar, cada centavo es $\frac{1}{100}$ de un dólar. Asimismo, como 20 monedas de 5¢ son iguales a un dólar, cada moneda de 5¢ es $\frac{1}{20}$ de un dólar. Podemos describir una parte de un dólar utilizando una fracción o utilizando un signo de dólar y un punto decimal.

Ejemplo 1

a. ¿Qué fracción de un dólar son tres monedas de 1¢?

b. Escribe el valor de tres monedas de 1¢ utilizando un signo de dólar y un punto decimal.

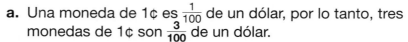

a. Una moneda de 1¢ es $\frac{1}{100}$ de un dólar, por lo tanto, tres monedas de 1¢ son $\frac{3}{100}$ de un dólar.

b. El valor de tres monedas de 1¢ se puede escribir también como **$0.03.**

Ejemplo 2

a. ¿Qué moneda es igual a un cuarto de dólar?

b. Escribe $\frac{1}{4}$ de un dólar utilizando un signo de dólar y un punto decimal.

a. Como cuatro monedas de 25¢ son iguales a un dólar, **una moneda de 25¢** es un cuarto de un dólar. (*Veinticinco* centavos son "un cuarto" de un dólar.)

b. Un cuarto de dólar son **$0.25.**

Ejemplo 3

a. ¿Qué fracción de un dólar son tres monedas de 10¢?

b. Escribe el valor de tres monedas de 10¢ utilizando un signo de dólar y un punto decimal.

a. Cada moneda de 10¢ es $\frac{1}{10}$ de un dólar, por lo tanto, tres monedas de 10¢ son $\frac{3}{10}$ de un dólar.

b. El valor de tres monedas de 10¢ es 30 centavos, que podemos escribir como **$0.30.** Entonces $\frac{3}{10}$ de un dólar son $0.30.

Ejemplo 4

Compara: $\frac{1}{20}$ de un dólar ◯ $\frac{1}{2}$ de un dólar

Una moneda de 5¢ es $\frac{1}{20}$ de un dólar y es menor que $\frac{1}{2}$ de un dólar.

$$\frac{1}{20} \text{ de un dólar} < \frac{1}{2} \text{ de un dólar}$$

Ejemplo 5

Observa estas monedas. ¿De cuántas maneras diferentes podemos agrupar tres monedas?

Utiliza manipulables de dinero para encontrar de cuántas maneras diferentes podemos agrupar tres monedas. Si las tres monedas incluyen una moneda de 1¢, entonces las combinaciones de monedas posibles son

1¢, 5¢, 10¢

1¢, 5¢, 25¢

1¢, 10¢, 25¢

Si no se incluye una moneda de 1¢, entonces la única combinación de monedas es

5¢, 10¢, 25¢

Hemos encontrado **cuatro combinaciones.**

Verifica Describe otra manera de comprobar que hay cuatro combinaciones posibles

Práctica de la lección

a. **Analiza** Escribe el valor de tres monedas de 25¢ utilizando un signo de dólar y un punto decimal. Luego escribe tres cuartos de un dólar como una fracción de un dólar.

b. ¿Qué fracción de un dólar son tres monedas de 5¢? Escribe el valor de tres monedas de 5¢ utilizando un signo de dólar y un punto decimal.

c. ¿Qué fracción de un dólar son 50¢? Escribe el valor de 50 centavos utilizando un signo de dólar y un punto decimal.

d. Compara: $\frac{1}{10}$ de un dólar ◯ $\frac{1}{4}$ de un dólar

e. Compara: $\frac{1}{2}$ de un dólar ◯ $0.25

f. Observa estas monedas:

Haz una lista de las diferentes maneras de formar pares con las monedas. Puedes utilizar manipulables de dinero para resolverlo.

Práctica escrita
Integradas y distribuidas

Encuentra la fórmula Escribe y resuelve ecuaciones para los problemas **1–3.**

*1. Quinh mide 49 pulgadas de estatura. Su papá mide 70 pulgadas de estatura.
(31) ¿Cuántas pulgadas más bajo es Quinh que su papá?

*2. Smith fue a la tienda con $36.49. Compró un libro y salió de la tienda con
(25) $11.80. ¿Cuánto dinero gastó Smith en la tienda?

*3. Beth respondió once de las veinticinco preguntas en la escuela. El resto
(24) de las preguntas las respondió como tarea. ¿Cuántas preguntas respondió Beth como tarea?

*4. Escribe como número mixto el número de rectángulos
(35) sombreados que se muestra.

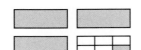

*5. **Verifica** ¿Cuál de estas letras parece no tener ángulos rectos?
(23)

T   H   E   N

*6. **Representa** Utiliza palabras para escribir 2,700,000.
(34)

*7. **Representa** Utiliza dígitos para escribir ochenta y dos mil quinientos.
(33)

8. Diariamente, las clases en la escuela primaria Kennedy terminan 4 horas 20 minutos más tarde que la hora que muestra el reloj. ¿A qué hora terminan las clases todos los días?
(27)

9. ⟨ **Haz la conexión** ⟩ Transforma este problema de suma en un problema de multiplicación:
(27)

$$4 + 4 + 4 + 4 + 4 + 4 + 4 + 4$$

10. a. Redondea 176 a la decena más cercana.
(20)

  b. Redondea $17.60 al dólar más cercano.

* 11. ⟨ **Representa** ⟩ ¿Cuánto menor es el número respresentado por el punto *X* que el número representado por el punto *Y*?
(31)

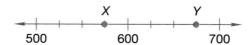

Multiplica:

12. a. 2×8 **b.** 5×6 **c.** 4×5 **d.** 5×8
(29)

13. a. 3×3 **b.** 5×5 **c.** 9×9 **d.** 10×10
(Inv. 3)

14. a. 9×7 **b.** 9×4 **c.** 9×8 **d.** 9×12
(32)

15. $\sqrt{36} + \sqrt{49}$
(Inv. 3)

* 16. $7.32   **17.** $4.89   *** 18.**   464
(30)   − $3.45   *(22)*   + $2.57   *(30)*   − 238

19.   548   *** 20.**   487   *** 21.**   250
(13)   + 999   *(24, 30)*   +   *z*   *(24, 30)*   −   *c*
                                    721   122

22. $c - 338 = 238$ **23.** $87 - b = 54$
(24)   *(24)*

* 24. ¿Qué dígito de 8,367,254 está en el lugar de las decenas de millar?
(34)

*25. Selección múltiple ¿Cuál de las cantidades de dinero de abajo *no* es
(36) igual a medio dólar?

    A 2 cuartos   **B** 0.50¢   **C** $0.50   **D** 50¢
        de dólar

*26. Selección múltiple Si un rectángulo mide 5 pulg de largo y 4 pulg de
(Inv. 3) ancho, entonces el área es _____.

    A 9 pulg   **B** 18 pulg   **C** 20 pulg^2 **D** 18 pulg^2

27. Compara:
(Inv. 1,
36) **a.** $-12 \bigcirc -21$ **b.** $\frac{1}{4}$ de un dólar $\bigcirc$ $0.25

28. (**Haz una predicción**) Escribe el décimo término de cada patrón de abajo:
(32)
    a. 12, 24, 36, 48, 60, …

    b. 11, 22, 33, 44, 55, …

*29. Observa estos billetes:
(36)

    Haz una lista de la diferentes maneras de formar pares con dos
    billetes.

30. (**Estima**) El estado de Louisiana tiene 397 millas de costa. El estado
(20) de Oregon tiene 296 millas de costa. ¿Cuál es una estimación razonable
de la longitud combinada de esas costas?

Para los más rápidos

Conexión con la vida diaria

María tiene una moneda de 25¢, una de 10¢ y una de 5¢ en su bolsillo.
¿Cuánto dinero tiene María en su bolsillo?

    a. Escribe la cantidad como una fracción de un dólar.

    b. Escribe el valor de las monedas utilizando un signo de dólar y un
        punto decimal.

    c. Compara la cantidad con $\frac{1}{2}$ de un dólar.

Conceptos y destrezas esenciales para Texas

(4.2)(B) dar ejemplos de fracciones mayores que uno usando objetos y dibujos
(4.10) localizar puntos en una recta numérica usando enteros, fracciones y decimales
(4.16)(B) justificar por qué una respuesta es razonable

• Leer fracciones y números mixtos en una recta numérica

Preliminares

operaciones　　Preliminares D

cuenta en voz alta　　Contar en voz alta del 150 al 50.

　　a. Sentido numérico: 780 − 200

　　b. Sentido numérico: 870 − 230

cálculo mental　　**c. Sentido numérico:** 157 + 19

　　d. Sentido numérico: 58 + 6

　　e. Medición: ¿A qué número apunta la flecha en esta balanza?

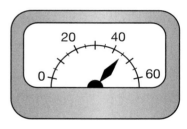

　　f. Geometría: ¿Cuántos lados tienen en total cuatro triángulos?

　　g. Estimación: Escoge la estimación más razonable del diámetro de un CD de música: 12 cm o 12 m.

　　h. Cálculo: 3 × 3 × 3 + 3

resolver problemas　　Escoge una estrategia apropiada para resolver este problema. Este rectángulo representa cómo se divide un terreno entre cuatro dueños diferentes. El área C es igual que el área D. Las áreas C y D en conjunto son del mismo tamaño que el área B. Las áreas B, C y D en conjunto son del mismo tamaño que el área A. ¿Qué fracción del rectángulo completo es cada área?

Para nombrar números mixtos en una recta numérica, primero contamos el número de segmentos que hay entre los números enteros consecutivos. Si hay cuatro segmentos entre los números enteros, cada segmento es igual a $\frac{1}{4}$. Si hay seis segmentos entre los números enteros, cada segmento es igual a $\frac{1}{6}$.

Ejemplo 1

A qué número apunta la flecha?

Entre 5 y 6 hay cuatro segmentos. Cada segmento es igual a $\frac{1}{4}$. La flecha apunta a **$5\frac{3}{4}$**.

Ejemplo 2

¿A qué número apunta la flecha?

a.

b.

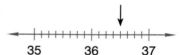

c. **Muestra $23\frac{1}{2}$ en la recta numérica.**

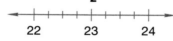

d. **Muestra $9\frac{1}{4}$ en la recta numérica.**

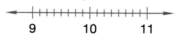

a. Entre 17 y 18 hay cuatro segmentos. Cada segmento es igual a $\frac{1}{4}$. La flecha apunta a **$17\frac{3}{4}$**.

b. Entre 36 y 37 hay ocho segmentos. Cada segmento es igual a $\frac{1}{8}$. La flecha apunta a **$36\frac{4}{8}$ o $36\frac{1}{2}$**.

c.

d.

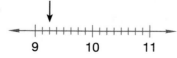

Representa Nombra cada fracción o número mixto marcado por las flechas:

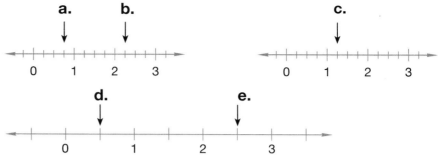

a. **b.** **c.** **d.** **e.**

f. Copia y ubica $25\frac{3}{4}$, $26\frac{1}{2}$, y $27\frac{1}{4}$ en la línea numérica.

25   26   27

Práctica escrita

Integradas y distribuidas

Encuentra la fórmula Escribe y resuelve ecuaciones para los problemas **1** y **2**.

*1.
(31) El río Pearl en Mississipi mide 411 millas de longitud. El río San Juan en Colorado mide 360 millas de longitud. ¿Cuántas millas más tiene el río Pearl?

*2.
(11, 24) Si el río Sabine en Texas midiera 50 millas más, el río sería de la misma longitud que el río Wisconsin. El río Wisconsin mide 430 millas de longitud. ¿Cuánto mide el río Sabine?

*3. **Representa** Utiliza dígitos para escribir cuatrocientos setenta y cinco
(33) mil, trescientos cuarenta y dos. Luego encierra en un círculo el dígito que está en el lugar de las decenas de millar.

4. **Explica** Leah quiere colocar en el piso de una habitación que mide
(Inv. 3) 9 pies de largo por 9 pies de ancho losetas cuadradas que midan un pie por lado. ¿Cuántas losetas necesita Leah? ¿Es razonable tu respuesta? Explica por qué.

*5. **Representa** ¿A qué número mixto apunta la flecha?
(37)

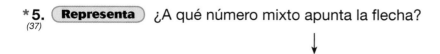

10   11   12

*6. (Inv. 2, 21) **Representa** Dibuja un rectángulo con una longitud de 5 cm y ancho de 3 cm. ¿Cuánto mide el perímetro del rectángulo?

*7. (35) ¿Qué número mixto muestran los rectángulos sombreados?

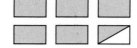

*8. (35) **Representa** Utiliza palabras para escribir $12\frac{3}{10}$.

*9. (16, 33) **Representa** Escribe 7026 en forma desarrollada. Luego utiliza palabras para escribir el número.

10. (27) La mañana de un partido importante, Gail despertó a la hora que muestra el reloj. Ella quería despertar 2 horas 35 minutos más tarde. ¿A qué hora quería despertar Gail?

*11. (36) **a.** ¿Qué fracción de un dólar son tres monedas de 25¢?

b. Escribe el valor de tres monedas de 25¢ utilizando el signo de dólar y un punto decimal.

12. (Inv. 3) **Haz la conexión** ¿Qué operación de multiplicación ilustra este rectángulo?

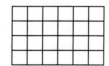

Multiplica en los problemas **13–15.**

13. (29, 32) **a.** 9×6 **b.** 9×5 **c.** 9×0

14. (Inv. 3) **a.** 10×10 **b.** 7×7 **c.** 8×8

15. (29) **a.** 5×7 **b.** 6×5 **c.** 2×8

16. (Inv. 3) $\sqrt{81} + \sqrt{49}$ ***17.** (30) $\$6.63 - \$3.55$

18. (22) $\$4.99 + \$2.88$ **19.** (24) $a - 247 = 321$

*20. (24, 30) $z + 296 = 531$ ***21.** (24, 30) $523 - z = 145$

22. 28 + 46 + 48 + 64 + 32 + 344
(17)

*23. a. (Concluye) ¿Cuáles son los tres números que siguen en esta
(3)   secuencia de conteo?

.., 450, 460, 470, 480, _____, _____, _____, ...

b. (Generaliza) ¿Cuál es una de las reglas para esta secuencia?

24. Si el diámetro de un círculo mide un pie, entonces ¿cuántas pulgadas
(Inv. 2, 21) mide el radio del círculo?

*25. Compara:
(33, 36)
a. $\frac{1}{4}$ de un dólar $\bigcirc$ $\frac{1}{2}$ de un dólar

b. 101,010 $\bigcirc$ 110,000

*26. Selección múltiple Una yarda *no* es igual a cuál de los siguientes:
(Inv. 2)
A 36 pulg   **B** 3 pies

C 1 m   **D** 2 pies + 12 pulg

*27. En el año 2000, éstos eran los cuatro estados menos poblados de los
(33) Estados Unidos y sus poblaciones:

Alaska	626,932
Dakota del Norte	642,200
Vermont	608,827
Wyoming	493,782

Haz una lista y ordena estos estados de acuerdo al tamaño de su población
comenzando con la menor población.

*28. (Justifica) Un guepardo adulto pesa aproximadamente 130 libras. Un
(13) puma adulto pesa aproximadamente 170 libras. Un estudiante estima que
un puma pesa aproximadamente el doble que un guepardo. ¿Es razonable
la estimación? Explica por qué.

29. En distancias muy cortas, un velocista de calidad mundial puede correr
(20) a una rapidez de aproximadamente 23 millas por hora. Redondea esa
rapidez a la decena de millas por hora más cercana.

*30. En Barrow, Alaska, la temperatura máxima promedio en Julio es de 47°F. La
(18) temperatura mínima promedio es de 34°F. ¿Cuántos grados menor es una
temperatura de 34°F comparada con una temperatura de 47°F?

🔖 *Conceptos y destrezas esenciales para Texas*

(4.4)(C) recordar y aplicar tablas de multiplicación hasta el 12

(4.6)(A) usar patrones y relaciones para recordar operaciones básicas de multiplicación y división

(4.6)(B) usar patrones para multiplicar por 10 y por 100

(4.13)(A) usar objetos para generalizar sobre determinación de combinaciones posibles de conjunto de datos

(4.14)(B) resolver problemas que implican comprenderlos, hacer y llevar a cabo un plan y evaluar si es razonable la solución

(4.14)(C) desarrollar plan o estrategia para resolver problemas

• Operaciones de multiplicación (Grupo de memoria)

Preliminares

operaciones Preliminares D

contar en voz alta Cuenta de siete en siete del 7 al 63.

cálculo mental

  a. Sentido numérico: $365 - 120$

  b. Sentido numérico: $45 + 8 + 120$

  c. Sentido numérico: $56 + 19 + 200$

  d. Dinero: $\$3.45 + \$1.00$

  e. Dinero: $\$5.75 + \$2.00$

  f. Dinero: $\$0.85 + \$2.00$

  g. Estimación: Escoge la estimación más razonable de la máxima en un día frío de invierno: 30°F o 30°C.

  h. Cálculo: $5 \times 2 + 3 + 42 - 5$

resolver problemas Escoge una estrategia para resolver este problema. Hamid tiene una moneda de 1¢, una de 5¢, una de 10¢ y una de 25¢. Dos de ellas están en su bolsillo izquierdo y dos en el derecho. ¿Cuál puede ser el valor total de las dos monedas en su bolsillo derecho?

Nuevo concepto

Hay sólo diez operaciones de multiplicación de 0×0 a 9×9 que no hemos practicado, las que llamamos el **grupo de memoria.**

$3 \times 4 = 12$	$4 \times 7 = 28$
$3 \times 6 = 18$	$4 \times 8 = 32$
$3 \times 7 = 21$	$6 \times 7 = 42$
$3 \times 8 = 24$	$6 \times 8 = 48$
$4 \times 6 = 24$	$7 \times 8 = 56$

Las operaciones de multiplicación se pueden practicar haciendo diariamente pruebas escritas cronometradas programadas. Para memorizar las operaciones, debes seguir practicando con frecuencia.

Además de las operaciones del 0×0 al 9×9, resulta útil memorizar los 10, los 11 y los 12. Recuerda que los múltiplos de 10 y 11 siguen patrones que nos permiten recordarlos.

Los diez 10, 20, 30, 40, 50, 60, 70, 80, 90, 100, 120

Los once 11, 22, 33, 44, 55, 66, 77, 88, 99, 110, **121, 132**

Los múltiplos de 12 también tienen patrones que nos permiten recordarlos.

Los doce 12, 24, 36, 48, **60, 72, 84, 96, 108, 120, 132, 144**

Ejemplo

La escuela ordena lápices en cajas de 12 lápices. Completa esta tabla que muestra el número de lápices que hay en el número de cajas dado.

Cajas	1	2	3	4	5	6	7	8	9	10	11	12
Lápices	12	24	36	48								

Para encontrar el número de lápices multiplicamos el número de cajas por 12.

Cajas	1	2	3	4	5	6	7	8	9	10	11	12
Lápices	12	24	36	48	**60**	**72**	**84**	**96**	**108**	**120**	**132**	**144**

Práctica de la lección

a. Genera ideas acerca de maneras de recordar las operaciones del grupo de memoria de diez. Luego completa los Preliminares F.

Encuentra cada producto:

b. $\begin{array}{r} 11 \\ \times\ 11 \\ \hline \end{array}$
c. $\begin{array}{r} 12 \\ \times\ 12 \\ \hline \end{array}$
d. $\begin{array}{r} 12 \\ \times\ 9 \\ \hline \end{array}$
e. $\begin{array}{r} 12 \\ \times\ 6 \\ \hline \end{array}$

f. $\begin{array}{r} 12 \\ \times\ 8 \\ \hline \end{array}$
g. $\begin{array}{r} 12 \\ \times\ 7 \\ \hline \end{array}$
h. $\begin{array}{r} 12 \\ \times\ 5 \\ \hline \end{array}$
i. $\begin{array}{r} 12 \\ \times\ 11 \\ \hline \end{array}$

Práctica escrita *Integradas y distribuidas*

1. **Encuentra la fórmula** En el río hay doscientos veinte botes. En el puerto
(31) hay cuatrocientos cinco botes. ¿Cuántos botes más hay en el puerto? Escribe y resuelve una ecuación.

*2. **Representa** En la ciudad viven quinientas setenta y cinco mil, quinientas
(33) cuarenta y dos personas. Utiliza dígitos para escribir ese número de
personas.

*3. **Representa** Escribe 2503 en forma desarrollada. Después utiliza
(16, 33) palabras para escribir el número.

*4. **Representa** En papel cuadriculado de 1 cm, dibuja un
(Inv. 2, rectángulo de 6 cm de largo y 4 cm de ancho.
Inv. 3)

    a. ¿Cuánto mide el perímetro del rectángulo?

    b. ¿Cuánto mide el área del rectángulo?

*5. **Representa** ¿A qué número mixto apunta la flecha?
(37)

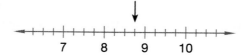

6. **Concluye** ¿Qué calle es paralela a Broad
(23) Street?

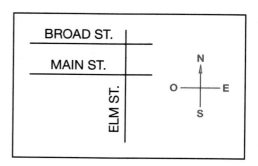

*7. ¿Qué número mixto muestran los círculos
(35) sombreados?

8. **a.** Redondea 624 a la decena más cercana.
(20)

    b. Redondea $6.24 al dólar más cercano.

    c. Redondea $6.24 a los 25 centavos más cercanos.

9. Todas las mañanas de días de escuela, Alberto termina de
(19) desayunar a la hora que muestra el reloj. Él comienza a
almorzar a las 12:30 p.m. ¿Cuánto tiempo después de que
Alberto termina de desayunar comienza a almorzar?

* 10. **a.** (**Haz la conexión**) ¿Qué fracción de un dólar son cincuenta
(36)   centavos?

b. Escribe el valor de cincuenta centavos utilizando un signo de dólar y un
punto decimal.

11. (**Representa**) Utiliza palabras para escribir $2\frac{11}{100}$.
(35)

* 12. (**Haz la conexión**) Este cuadrado ilustra seis al cuadrado.
(Inv. 3) ¿Qué operación de multiplicación ilustra el cuadrado?

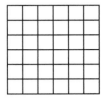

Multiplica:

* 13. **a.** 3×4 **b.** 3×6 **c.** 3×8
(38)

* 14. **a.** 4×6 **b.** 4×7 **c.** 4×8
(38)

* 15. **a.** 6×7 **b.** 6×8 **c.** 7×8
(38)

* 16. Compara: $\frac{1}{10}$ de un dólar $\bigcirc$ $\frac{1}{2}$ de un dólar
(36)

17. $7.23   **18.** $5.42   **19.**   943
(30) $-$ $2.54   (22) $+$ $2.69   (30) $-$ 276

20. $z - 581 = 222$ **21.** $c + 843 = 960$
(24)

22. Si el radio de un círculo mide 100 cm, entonces ¿cuántos metros mide el
(Inv. 2,   diámetro del círculo?
21)

23. $28 + 36 + 78 + \sqrt{49}$ *** 24.** $\sqrt{144} - \sqrt{121}$
(17,   (Inv. 3,
Inv. 3)   32)

* 25. **Selección múltiple** ¿Cuál de los siguientes *no* es $\frac{1}{10}$ de un dólar?
(36)   **A** una moneda   **B** 0.10¢   **C** $0.10   **D** 10¢
       de 10 centavos

* 26. **Selección múltiple** ¿Qué dígito de 457,326,180 está en el lugar de las
(34)   centenas de millar?
       A 1   **B** 6   **C** 4   **D** 3

27. (23) ✏️ (**Concluye**) Nombra y describe cada ángulo.

a. **b.** **c.**

*28. (3) Considera la secuencia 12, 24, 36, 48, ...

a. ✏️ (**Generaliza**) Escribe la regla que describe cómo encontrar el término que sigue en la secuencia.

b. (**Haz una predicción**) ¿Cuál es el duodécimo término de la secuencia?

29. (20) (**Estima**) La señora Rojas quiere comprar un CD que cuesta $14.99 y un DVD que cuesta $18.95 para la biblioteca de la escuela. ¿Cuál es una estimación razonable de cuánto dinero gastará? Explica por qué tu estimación es razonable.

*30. (38) Esta tabla muestra el costo de los boletos para asistir a un juego. Utiliza la tabla como ayuda para encontrar el costo de los boletos para una familia de seis personas.

Número de boletos	1	2	3	4
Costo	$11	$22	$33	$44

Para los más rápidos

Conexión con la vida diaria

Yolanda plantó 12 filas de once flores cada una. ¿Cuántas flores plantó? Dibuja una tabla y complétala para mostrar el número de flores que hay en doce filas.

🔶 *Conceptos y destrezas esenciales para Texas*

(4.2)(B) dar ejemplos de fracciones mayores que uno usando objetos y dibujos

(4.11)(A) usar instrumentos de medición al determinar longitud, área, volumen y masa, usando unidades del sistema internacional (o métrico) y del usual

(4.13)(A) usar objetos para generalizar sobre determinación de combinaciones posibles de conjunto de datos

(4.14)(A) identificar las matemáticas en situaciones diarias

(4.14)(B) resolver problemas que implican comprenderlos, hacer y llevar a cabo un plan y evaluar si es razonable la solución

(4.14)(C) desarrollar plan o estrategia para resolver problemas

• Leer una escala en pulgadas al cuarto de pulgada más cercano

operaciones	Preliminares E
cuenta en voz alta	Contar de tres en tres del 30 al 60 y al revés hasta el 30.
cálculo mental	Para sumar 99¢, 98¢, ó 95¢ a otra cantidad de dinero, suma un dólar y luego resta 1¢, 2¢ ó 5¢.

    a. Dinero: $3.45 + $0.99

    b. Dinero: $5.75 + $0.98

    c. Dinero: $0.85 + $0.95

    d. Medición: Brian lanzó la pelota de béisbol a 30 yardas. ¿A cuántos pies lanzó la pelota?

    e. Geometría: Si un cuadrado mide 2 pulgadas por lado, ¿cuánto mide el perímetro del cuadrado?

    f. Hora: Son las 10:20 a.m. Carmelita debe salir para una cita a las 11:00 a.m. ¿Cuántos minutos faltan para que Carmelita deba salir?

    g. Estimación: Ramesh quiere comprar un juego de mesa de $9.55 y una baraja de $1.43. ¿Cuáles son dos cantidades de dinero que podría utilizar para estimar el costo total de ambos artículos?

    h. Cálculo: $4 \times 8 + 68 + 92 + 9$

resolver problemas	Escoge una estrategia apropiada para resolver este problema. La mamá de Cantara partió una naranja por la mitad. Después partió cada mitad por la mitad. Cantara se comió tres de las partes de la naranja. ¿Qué fracción de la naranja se comió Cantara?

Para medir longitudes en pulgadas, utilizamos una escala en pulgadas. Las escalas en pulgadas se encuentran en reglas y cintas para medir. Una escala en pulgadas a menudo tiene marcas entre las marcas de las pulgadas. Estas marcas nos permiten leer la escala en pulgadas a la media pulgada, al cuarto de pulgada o al octavo de pulgada más cercanos. En esta lección practicamos cómo leer al cuarto de pulgada más cercano.

Al leer escalas en pulgadas, recuerda que $\frac{2}{4}$ es igual a $\frac{1}{2}$. Los dos círculos de abajo muestran estas fracciones equivalentes. Puedes recordar esto pensando que dos monedas de 25¢ son iguales a medio dólar.

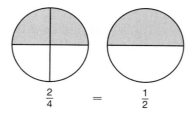

$$\frac{2}{4} \quad = \quad \frac{1}{2}$$

Ejemplo 1

¿Cuánto mide el palillo de dientes redondeado al cuarto de pulgada más cercano?

El palillo mide 2 pulgadas más una fracción. Está más cerca de $2\frac{2}{4}$ pulgadas. En lugar de escribir $\frac{2}{4}$, escribimos $\frac{1}{2}$. Por lo tanto, el palillo mide $2\frac{1}{2}$ pulgadas de largo. Abreviamos esta longitud como **$2\frac{1}{2}$ pulg**

Actividad

Haz una regla y mide

Materiales:

- regla de pulgadas
- tira de cartón duro (6 pulgadas de largo por 1 pulgada de ancho)

Haz un modelo Con una regla, marca y rotula las marcas de pulgadas en la tira de cartón.

pulgada	1	2	3	4	5	6

Coloca la regla junto a la tira de cartón y encuentra, visualmente, el punto medio entre las marcas de las pulgadas. Dibuja las marcas de medias pulgadas y rotúlalas.

| pulgadas $\frac{1}{2}$ | 1 | $\frac{1}{2}$ | 2 | $\frac{1}{2}$ | 3 | $\frac{1}{2}$ | 4 | $\frac{1}{2}$ | 5 | $\frac{1}{2}$ | 6 |

Después encuentra visualmente el punto medio entre las marcas de pulgada y media pulgada. Dibuja y rotula las marcas del cuarto de pulgada como $\frac{1}{4}$, $\frac{2}{4}$, $\frac{3}{4}$, como se muestra abajo.

| $\frac{1}{4}$ | $\frac{1}{2}$ $\frac{2}{4}$ | $\frac{3}{4}$ | 1 | $\frac{1}{4}$ | $\frac{1}{2}$ $\frac{2}{4}$ | $\frac{3}{4}$ | 2 | $\frac{1}{4}$ | $\frac{1}{2}$ $\frac{2}{4}$ | $\frac{3}{4}$ | 3 | $\frac{1}{4}$ | $\frac{1}{2}$ $\frac{2}{4}$ | $\frac{3}{4}$ | 4 | $\frac{1}{4}$ | $\frac{1}{2}$ $\frac{2}{4}$ | $\frac{3}{4}$ | 5 | $\frac{1}{4}$ | $\frac{1}{2}$ $\frac{2}{4}$ | $\frac{3}{4}$ | 6 |

pulgadas

Utiliza tu tira de cartón para medr los segmentos de abajo. Después conserva la regla de cartón para los demás problemas de medición de este libro.

a. _____

b. _____

c. _____

Ejemplo 2

Hajari tiene tres tableros. Un tablero mide $1\frac{1}{2}$ pulgadas de grosor, el segundo tablero mide 2 pulgadas de grosor y el tercer tablero mide $2\frac{1}{2}$ pulgadas de grosor. Si Hajari selecciona dos de los tableros y los apila uno encima del otro, entonces ¿cuántas pulgadas puede medir el grosor combinado de los dos tableros?

Podemos hacer un dibujo de las posibles combinaciones y calcular el grosor combinado.

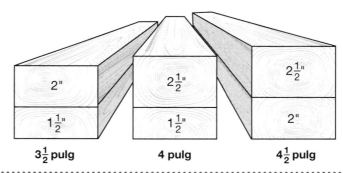

| $3\frac{1}{2}$ pulg | 4 pulg | $4\frac{1}{2}$ pulg |

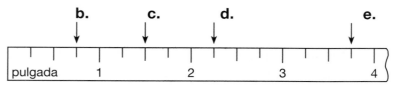

Práctica de la lección

a. (**Representa**) Haz un dibujo que muestre que $\frac{2}{4}$ es igual a $\frac{1}{2}$.

Nombra cada punto marcado por una flecha en esta escala en pulgadas:

b.   **c.**   **d.**   **e.**

pulgada   1   2   3   4

f. (**Estima**) Mide la longitud y el ancho de tu cuaderno a la media de pulgada más cercana.

g. Utiliza tu lápiz y regla para dibujar los puntos *A, B,* y *C* en orden en una línea recta de modo que la distancia de *A* a *B* sea $1\frac{1}{2}$ pulgadas y la distancia de *B* a *C* sea $\frac{3}{4}$ de pulgada. Después encuentra la distancia de *A* a *C*.

h. Pam seleccionó tres tamaños diferentes de bloques de un conjunto. Ella tiene un bloque de 1 pulgada, un bloque de $1\frac{1}{2}$ pulgadas y un bloque de 2 pulgadas. Si apila dos bloques, ¿cuáles son todas las combinaciones de alturas posibles que puede obtener? Puedes utilizar tiras de papel para resolverlo.

Práctica escrita

Integradas y distribuidas

1. (**Explica**) Trinity tiene doce años de edad. La madre de Trinity tiene
(31) treinta y cinco años de edad. ¿Cuántos años mayor es la madre de Trinidad que Trinidad? Describe este tipo de problema de planteo.

*2. En la bodega había cuatrocientos sesenta y ocho mil, quinientos dos
(33) cajas. Utiliza dígitos para escribir ese número de cajas.

*3. (**Representa**) Escribe el número 3905 en forma desarrollada. Después
(16, 33) utiliza palabras para escribir el número.

4. (**Verifica**) J'Maresh reunió doscientas cuarenta y tres latas de aluminio
(10, 13) mientras hacía voluntariado en el centro de reciclaje. Leilani reunió trescientas sesenta y cuatro latas. ¿El número total de latas reunidas fue un número par o impar?

*5. (**Representa**) Utiliza palabras para escribir $100\frac{1}{100}$.
(35)

6. (**Representa**) Utiliza dígitos y símbolos para mostrar que diecinueve
(Inv. 1) negativo es mayor que noventa negativo.

*7. ₍₃₅₎ **Haz la conexión** Utiliza un signo de dólar y un punto decimal para escribir el valor de dos dólares, una moneda de 25¢, dos monedas de 10¢ y tres monedas de 5¢.

8. ₍₂₇₎ El reloj muestra la hora a la que Brayden llegó a la escuela. La hora de entrada a la escuela es a las 8:15 a.m. ¿Era temprano o tarde para que Brayden llegara a la escuela? ¿Cuántos minutos?

9. ₍₃₆₎ **Haz la conexión** **a.** ¿Que fracción de un dólar son nueve monedas de 10¢?

b. Escribe el valor de nueve monedas de 10¢ utilizando un signo de dólar y un punto decimal.

10. _(Inv. 2) Haruto vive a 1 kilómetro de la escuela aproximadamente ¿Cuántos metros son un kilómetro?

*11. ₍₃₅₎ ¿Cuántos de estos círculos están sombreados?

*12. ₍₃₉₎ **Estima** Utiliza una regla para encontrar la longitud de este tornillo al cuarto de pulgada más cercano:

Multiplica:

*13. ₍₃₈₎ **a.** 4×3 **b.** 8×3 **c.** 8×4 **d.** 4×12

*14. ₍₃₈₎ **a.** 6×3 **b.** 6×4 **c.** 7×6 **d.** 6×12

*15. ₍₃₈₎ **a.** 7×3 **b.** 7×4 **c.** 8×6 **d.** 8×12

16. _(Inv. 3) $\sqrt{64} - \sqrt{36}$

17. ₍₂₂₎
$$\begin{array}{r} \$4.86 \\ + \$2.47 \\ \hline \end{array}$$

18. ₍₃₀₎
$$\begin{array}{r} \$4.86 \\ - \$2.47 \\ \hline \end{array}$$

19. ₍₁₃₎
$$\begin{array}{r} 293 \\ + 678 \\ \hline \end{array}$$

20. ₍₃₀₎
$$\begin{array}{r} 893 \\ - 678 \\ \hline \end{array}$$

21. ₍₂₄₎
$$\begin{array}{r} 463 \\ - \ y \\ \hline 411 \end{array}$$

22. ₍₂₄₎
$$\begin{array}{r} 463 \\ + \ q \\ \hline 527 \end{array}$$

23. Este rectángulo ilustra ocho al cuadrado. ¿Qué operación
(Inv. 3) de multiplicación ilustra el rectángulo?

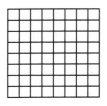

*24. (**Concluye**) Escribe los tres números que siguen en esta secuencia
(3) de conteo:

... , 470, 480, 490, 500, ____, ____, ____, ...

25. (**Representa**) Dibuja un triángulo que tenga tres ángulos agudos.
(23)

*26. **Selección múltiple** ¿Cuál de estos *no* es igual a 9 + 9?
(27, 38)
    A 2×9 **B** 9×2

    C 3×6 **D** nueve al cuadrado

*27. Un corredor de bienes raíces escribe un aviso publicitario de casas que
(33, 34) están a la venta en la ciudad. Abajo hay una lista de los precios de cinco
casas. Muestra cómo el corredor de bienes raíces ordena los precios del
más al menos costoso.

$385,900
$189,000
$1,280,000
$476,000
$299,000

28. (**Justifica**) El lago Huron mide 206 millas de longitud. El lago Superior
(14, 20) mide 350 millas de longitud. Anastacia estima que el lago Superior es
aproximadamente 140 millas más largo que el lago Huron. ¿Es razonable
la estimación de Anastacia? Explica por qué.

*29. (**Analiza**) Kyle quiere formar rectángulos utilizando popotes. Él tiene dos
(Inv. 2, 39) popotes de 6 pulgadas de largo, dos popotes de 4 pulgadas de largo y dos
de 2 pulgadas de largo. Utilizando cuatro popotes unidos por los extremos,
¿cuántos rectángulos diferentes puede formar Kyle? ¿Cuánto mide el
perímetro de los rectángulos?

*30. La tabla muestra una relación entre pies y pulgadas. Utiliza la tabla de
(38) abajo para determinar el número de pulgadas que hay en 20 pies.

Número de pies	1	2	3	4
Número de pulgadas	12	24	36	48

⚜ *Conceptos y destrezas esenciales para Texas*

(4.11)(A) usar instrumentos de medición
(4.11)(B) realizar conversiones sencillas entre unidades de longitud, volumen y masa del sistema usual de medidas
(4.14)(A) identificar las matemáticas en situaciones diarias
(4.14)(B) resolver problemas que implican comprenderlos
(4.14)(D) usar herramientas y tecnología para resolver problemas
(4.15)(A) explicar observaciones usando palabras y números

• Capacidad

operaciones Preliminares D

cuenta en voz alta Contar hacia abajo de cuatro en cuatro del 40 al 4.

cálculo mental

   a. Dinero: $5.85 + $0.99

   b. Dinero: $8.63 + $0.98

   c. Dinero: $4.98 + $0.95

   d. Medición: D'Marcus corrió 1 milla. ¿Cuántos pies corrió?

   e. Hora: ¿Qué hora será 10 horas después de las 1:35 p.m.?

   f. Hora: ¿Qué hora será 11 horas después de las 1:35 p.m.?

   g. Estimación: Escoge la estimación más razonable del ancho de un lápiz: 1 centímetro o 1 pulgada.

   h. Cálculo: $460 + 300 + 24 - 85$

resolver problemas Las manecillas de un reloj se juntan al mediodía. Aproximadamente, ¿en cuántos minutos más se juntarán nuevamente?

Enfoque de la estrategia: Haz un modelo

(**Comprende**) Nos dicen que las manecillas de un reloj se juntan al mediodía. Nos piden encontrar el número de minutos que pasan antes de que las manecillas se junten nuevamente.

(**Planifica**) Podemos *hacer un modelo* de la situación con un reloj analógico (o un reloj de pulsera).

(**Resuelve**) Primero colocamos nuestro reloj a mediodía. Luego giramos el minutero de modo que apunte en orden a los números 1, 2, 3, y así sucesivamente. Observamos si las manecillas se juntan en algún punto antes de que el reloj marque la 1:00. Observamos que no es así.

Cuando el reloj muestra la 1:00, la manecilla del horario apunta a las 12. A la 1:05 el minutero apunta al 1. Movemos el minutero del reloj para formar la 1:05 y vemos que las manecillas están casi juntas. La 1:05, es una hora cinco minutos después de mediodía. Una hora son 60 minutos, entonces la 1:05 son **65 minutos** después del mediodía.

(**Comprueba**) Sabemos que nuestra respuesta es razonable, porque el minutero gira alrededor del reloj una vez cada hora. Durante esa hora la manecilla del horario avanza sólo un poco. Esto significa que las manecillas demoran un poco más de una hora en juntarse nuevamente.

Nuevo concepto

En el sistema usual de EE.UU los líquidos como la leche, el jugo, la pintura y la gasolina se miden en onzas líquidas, tazas, pintas, cuartos o galones. Esta tabla muestra las abreviaciones para cada una de estas unidades:

> ### Vocabulario de matemáticas
>
> Para cantidades más pequeñas las cucharadas y cucharaditas son unidades de medida usuales en los EE.UU.
>
> 1 cucharada = $\frac{1}{2}$ onza líquida
>
> 1 cucharadita = $\frac{1}{6}$ onza líquida

Abreviaciones de medidas de capacidad en EE.UU.

onza líquida	fl oz
taza	tz
pinta	pt
cuarto	ct
galón	gal

La cantidad de líquido que puede contener un recipiente es la **capacidad** del recipiente.

Actividad

Medir la capacidad

Haz un modelo Ordena los cinco recipientes del más pequeño al más grande.

| 1 taza | 1 pinta | 1 cuarto | $\frac{1}{2}$ galón | 1 galón |

Estima el número de tazas de líquido necesarias para llenar un recipiente de 1 pinta. Estima el número de pintas necesarias para llenar un recipiente de 1 cuarto y así sucesivamente. Después de estimar, llena cada recipiente con agua utilizando el recipiente de menor tamaño que sigue. Responde las siguientes preguntas:

a. ¿Cuántas tazas de líquido equivalen a una pinta?

b. ¿Cuántas pintas de líquido equivalen a un cuarto?

c. ¿Cuántos cuartos de líquido equivalen a un galón?

d. ¿Cuántos medios galones de líquido equivalen a un galón?

e. ¿Cuántos cuartos de dólar equivalen a un dólar?

f. ¿Cuántos cuartos de líquido equivalen a un galón?

g. Copia y completa esta tabla de medidas líquidas del sistema usual de los EE.UU. Observa que 8 onzas fluidas equivalen a 1 taza.

Medidas de capacidad en EE.UU.

8 fl oz = 1 tz
__ tz = 1 pt
__ pt = 1 ct
__ ct = 1 gal

Los líquidos también se miden en **litros** (L). Un litro es una unidad métrica de medición. Compara un recipiente de un litro con un recipiente de un cuarto (o compara un recipiente de dos litros con un recipiente de medio galón). ¿Qué recipiente se ve más grande?

Haz un modelo Utiliza un recipiente de un litro (o dos litros) para llenar un recipiente de un cuarto (o medio galón). Luego completa estas comparaciones:

h. Compara: 1 cuarto ◯ 1 litro

i. Compara: $\frac{1}{2}$ galón ◯ 2 litros

j. (**Estima**) ¿Cuántos litros se necesitan para llenar un recipiente de un galón?

Para medir cantidades pequeñas de líquido, podemos utilizar mililitros (mL). Mil mililitros equivalen a un litro.

Medidas métricas de capacidad

$$1000 \text{ mL} = 1 \text{ L}$$

k. ¿Cuántos mililitros contiene una botella de 2 litros llena?

Vocabulario de matemáticas

Los cuenta gotas que se usan para medir medicinas fluidas, contienen uno o dos mililitros de líquido.

Examina las etiquetas de los envases para líquidos utilizados en esa actividad. Los envases para líquidos a menudo muestran dos medidas de la cantidad de líquido que pueden contener. Por ejemplo, en la etiqueta de un galón de leche se puede leer

1 gal (3.78 L)

La medida 3.78 L significa $3\frac{78}{100}$ litros. El número 3.78 es un *número decimal.* En medición a menudo se utilizan números decimales, especialmente en las medidas métricas. El número 3.78 tiene una parte de un número entero y una parte fraccionaria.

3.78

Número entero   Parte fraccionaria

Entonces 3.78 L significa "más de tres litros, pero un poco menos que cuatro litros", tal como $3.78 significa "más de tres dólares, pero no exactamente cuatro dólares". Leemos 3.78 como "tres y setenta y ocho centésimas". Aprenderemos más acerca de números decimales en la Investigación 4.

Práctica de la lección

a. Copia y completa esta tabla para mostrar la relación entre galones y cuartos.

Galones	1	2	3	4	5	6	7	8
Cuartos	4	8						

b. (**Haz una predicción**) ¿Cuántos cuartos son 12 galones?

c. Una pinta son 2 tazas y una taza son 8 onzas. ¿Cuántas onzas son una pinta?

d. Estima cuántos mililitros se necesitan para llenar un recipiente de $3\frac{1}{2}$-litros.

Encuentra la fórmula   Escribe y resuelve ecuaciones para los problemas **1–3**.

*1. Un grupo de peces se llama *cardumen.* Hay veinticinco peces en un
(31)   cardumen pequeño. Hay ciento doce peces en un cardumen grande.
¿Cuántos peces menos hay en el cardumen pequeño?

2. Un trozo de cinta que mide 1 yarda se corta en dos partes. Si una parte
(24)   mide 12 pulgadas de largo, ¿cuántas pulgadas mide la otra parte?

3. La señora Green toma cuarenta y siete fotografías digitales en Hawaii. Su
(1, 17)   marido toma sesenta y dos fotografías digitales. Su hijo toma sesenta y
cinco fotografías. ¿Cuántas fotografías digitales toma en total la familia
Green?

*4. **Representa**   Escribe 7,500,000 en forma desarrollada. Luego utiliza
(16, 34)   palabras para escribir el número.

5. ¿Qué dígito está en el lugar de los millares en 27,384,509?
(34)

*6. **Haz la conexión**   Utiliza un signo de dólar y un punto decimal para
(35)   escribir el valor de tres dólares, dos monedas de 25¢, una moneda de 10¢
y dos monedas de 5¢. Luego escribe esa cantidad de dinero utilizando
palabras.

*7. ¿Cuántos cuartos de leche es un galón de leche?
(40)

*8. ¿Cuántos cuadrados están sombreados?
(35)

*9. **Estima**   Utiliza una regla para encontrar la longitud del segmento de
(39)   recta de abajo, aproximado al cuarto de pulgada más cercano.

*10. (**Haz la conexión**) En la etiqueta del envase de leche estaban impresas
(40) estas palabras y números:

1 gal (3.78 L)

Utiliza esta información para comparar lo siguiente:

1 galón ◯ 3 litros

11. Anoche, Destiny comenzó a leer un libro a la hora que
(27) muestra el reloj. Ella leyó hasta media noche. ¿Durante cuánto
tiempo leyó Destiny anoche?

*12. a. Selección múltiple ¿Qué tipo de ángulo forman las manecillas del
(23) reloj que muestra el problema **11?**

   A agudo   **B** recto   **C** obtuso   **D** llano

   b. ✎ (**Justifica**) ¿Cómo sabes que tu respuesta a la parte **a** es correcta?

*13. Compara:
(Inv. 1,
36) **a.** -29 ◯ -32 **b.** $0.75 ◯ \frac{3}{4}$ de un dólar

14. (**Representa**) Dibuja un círculo con un diámetro de 2 centímetros.
(21) ¿Cuánto mide el radio del círculo?

Multiplica:

15. a. 6×6 **b.** 7×7 **c.** 8×8 **d.** 12×12
(Inv. 3)

16. a. 7×9 **b.** 6×9 **c.** 9×9 **d.** 9×12
(32)

17. a. 7×8 **b.** 6×7 **c.** 8×4 **d.** 12×7
(38)

18. $4.98 + $7.65   **19.** $m - $6.70 = 3.30
(22)   (24)

20. $416 - z = 179$ **21.** $536 + z = 721$
(24)   (24)

22. $\sqrt{1} + \sqrt{4} + \sqrt{9}$
(Inv. 3)

*23. **Representa** Dibuja un grupo de X para mostrar 7×3.
(Inv. 3)

24. **Representa** Utiliza palabras para escribir $10\frac{1}{10}$.
(35)

*25. a. **Haz la conexión** ¿Qué fracción de un dólar son dos monedas de 25¢?
(36)

b. Escribe el valor de dos monedas de 25¢ utilizando un signo de dólar y un punto decimal.

*26. **Selección múltiple** El área de un rectángulo mide 24 pulgadas
(Inv. 3) cuadradas. ¿Cuál de estas áreas puede ser el largo y el ancho del rectángulo?

   A 6 pulg por 6 pulg   **B** 12 pulg por 12 pulg

   C 8 pulg por 4 pulg   **D** 8 pulg por 3 pulg

*27. **Representa** Tarik midió el ancho de una hoja de su cuaderno y
(39) dijo que la hoja medía $8\frac{2}{4}$ pulgadas de ancho. ¿De qué otra manera se puede escribir $8\frac{2}{4}$?

*28. **Justifica** Un jardinero planea construir una reja rectangular alrededor
(Inv. 2) de su huerto de 24 por 12 pies. La reja para huertos se vende en rollos de 50 pies, 75 pies o 100 pies. ¿Que rollo de reja debe comprar el jardinero? Explica por qué.

*29. **Estima** En un centro de jardinería, un par de guantes de jardinería
(22) cuesta $12.00, sin incluir el impuesto sobre las ventas de 66¢. ¿Cuál es una estimación razonable del costo de dos pares de guantes? Explica por qué tu estimación es razonable.

*30. **Analiza** ¿Cuántos números de tres dígitos diferentes puedes escribir
(10) utilizando los dígitos 6, 2 y 0? Cada dígito se puede utilizar sólo una vez en cada número que escribas y el dígito 0 no se puede utilizar en el lugar de las centenas. Rotula los números que escribas como par o impar.

🔎 *Conceptos y destrezas esenciales para Texas*

(4.1)(B) usar valor posicional para leer, escribir y comparar decimales que contienen décimas y centésimas

(4.2)(A) generar fracciones equivalentes con objetos y dibujos

(4.2)(D) relacionar decimales con fracciones que representan décimas y centésimas usando objetos y dibujos

(4.15)(A) explicar observaciones con palabras y números

Enfoque en

• Décimas y centésimas

La unidad básica de nuestro sistema monetario es el dólar. Para obtener fracciones de un dólar, utilizamos monedas. Debajo de cada moneda, vemos el valor de cada una expresado como fracción de dólar y como la parte decimal de un dólar.

$\frac{1}{4} = \$0.25$ $\frac{1}{10} = \$0.10$ $\frac{1}{20} = \$0.05$ $\frac{1}{100} = \$0.01$

Nota que una moneda de 10¢ es $\frac{1}{10}$ de un dólar y que una moneda de 1¢ es $\frac{1}{10}$ de una moneda de 10¢ y $\frac{1}{100}$ de un dólar.

Recuerda que nuestro sistema numérico es un **sistema decimal** o sitema de base diez, en el que el valor de cada posición es diez veces el valor de la posición que está a su derecha. Esto significa que el valor de cada posición también es $\frac{1}{10}$ del valor de la posición que está a su izquierda. A la derecha de la posición de las unidades está la posición de las $\frac{1}{10}$ **décimas** y a la derecha de la posición de las $\frac{1}{10}$ está la posición de las $\frac{1}{100}$ **(centésimas)**.

punto decimal

↓

____ **.** ____   ____

posición de las unidades   posición de las décimas   posición de las centésimas

Podemos representar estas **posiciones decimales** con monedas de 10¢ y de 1¢, como vemos en la siguiente actividad.

Actividad 1

Utilizar manipulables de dinero para representar números decimales

Materiales:
* manipulables de dinero (de las **Actividades 2, 3, 4, 8 y 9 de la lección**)

En esta actividad utilizamos billetes, monedas de 10¢ y de 1¢ para representar números decimales.

Dólares en billetes				Partes de un dólar	

posición de las centenas   posición de las decenas   posición de las unidades   posición de las décimas   posición de las centésimas

↑
punto decimal

Los billetes y las monedas de arriba se pueden combinar para demostrar diferentes cantidades de dinero. Por ejemplo, podemos mostrar así $234.21:

$ 2   3   4   .   2   1

Haz un modelo Ordena billetes y monedas para formar las cantidades de dinero de los problemas **1–4.** Ubica cada denominación de los billetes y las monedas en pilas separadas. Las pilas deben estar ordenadas de modo que la denominación mayor esté a la izquierda y la denominación menor esté a la derecha.

1. $345.23   **2.** $0.42   **3.** $5.20   **4.** $3.02

Escribe la cantidad que muestra cada dibujo:

5.   **6.**   **7.**

Haz un modelo Utiliza manipulables de dinero como ayuda para comparar cada actividad:

8.   ◯    **9.** $0.40 ◯ $0.07

Escribe estas cantidades de mayor a menor:

10.

11. $1.09 $0.97 $1.20

Ahora utilizamos billetes y monedas para representar números decimales que no son cantidades de dinero. A la derecha mostramos un ejemplo de dinero que representa al número 4.23 (cuatro y veintitrés centésimas).

4   .   2   3

Haz un modelo Utiliza billetes y monedas para representar estos números decimales:

12. 3.42 (tres y cuarenta y dos centésimas)

13. 0.24 (veinticuatro centésimas)

14. 12.03 (doce y tres centésimas)

15. 1.3 (uno y tres décimas)

En la actividad utilizamos dinero para representar números decimales. Otro modelo que podemos utilizar para representar números decimales es una unidad cuadrada. El cuadrado entero representa 1. Partes del cuadrado representan fracciones que se pueden nombrar usando números decimales.

El cuadrado de la derecha está dividido en diez partes iguales. Un décimo del cuadrado está sombreado. Podemos escribir un décimo como fracción ($\frac{1}{10}$) o como número decimal (0.1).

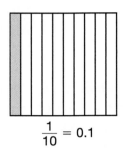

$$\frac{1}{10} = 0.1$$

Nombra la parte sombreada de cada cuadrado como fracción y como número decimal:

16.
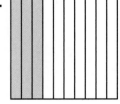

17.
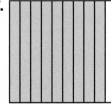

18.
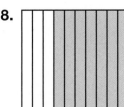

19.
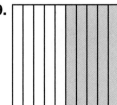

Representa Utiliza los cuadrados de arriba para ordenar los números decimales 0.5, 0.3, 0.7 y 0.8 de menor a mayor.

Los cuadrados de arriba están divididos en diez partes iguales. Los cuadrados de la derecha y de la parte superior de la próxima página están divididos en 100 partes iguales. Cada parte es un centésimo del cuadrado entero. Podemos escribir un centésimo como fracción ($\frac{1}{100}$) o como número decimal (0.01).

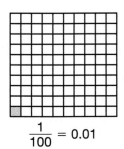

$$\frac{1}{100} = 0.01$$

Cada uno de estos cuadrados está dividido en 100 partes iguales. Nombra la parte sombreada de cada cuadrado como fracción y como número decimal.

20.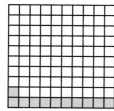

21.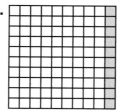

22.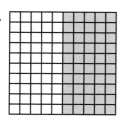

23.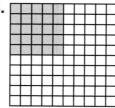

Fíjate en el problema **21** que $\frac{10}{100}$ del cuadrado está sombreado. Sin embargo, una columna es un décimo del cuadrado, por lo tanto $\frac{10}{100}$ es igual a $\frac{1}{10}$, tal como una moneda de 10¢ es $\frac{10}{100}$ de un dólar y $\frac{1}{10}$ de un dólar.

En el problema **22,** la mitad del cuadrado está sombreada. Vemos que la fracción $\frac{50}{100}$ es igual a $\frac{1}{2}$. El número decimal 0.50 también es igual a $\frac{1}{2}$, tal como $0.50 es igual a $\frac{1}{2}$ de un dólar. En el problema **23** vemos que un cuarto del cuadrado está sombreado. El número decimal 0.25 es igual a $\frac{1}{4}$, tal como $0.25 es igual a $\frac{1}{4}$ de un dólar.

24. **Selección múltiple** ¿Cuál de los siguientes números *no* es igual a un medio?

A $\frac{5}{10}$ **B** 0.5   **C** $\frac{50}{100}$ **D** 0.05

Escribe un número decimal que represente la porción sombreada de cada cuadrado. Después completa cada comparación.

25. 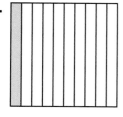 ____ ◯ ____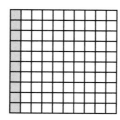

26. 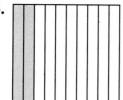 ____ ◯ ____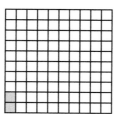

27. ⟨ **Representa** ⟩ Ordena de menor a mayor estos números decimales, que se muestran en los dibujos de arriba:

0.1   0.2   0.02

⬥ *Conceptos y destrezas esenciales para Texas*

(4.1)(B) usar valor posicional para leer, escribir y comparar decimales con décimas y centésimas

(4.2)(D) relacionar decimales con fracciones que representan décimas y centésimas usando objetos y dibujos

(4.12)(B) usar instrumentos como el cronómetro para resolver problemas de tiempo trascurrido

(4.15)(A) explicar observaciones con palabras y números

Enfoque en

• Relacionar fracciones y decimales

Actividad 2

Utilizar cuadrados unitarios para relacionar fracciones y números decimales

Materiales:
- **Actividad 23 de la lección**

En la **Actividad 23 de la lección** realiza las siguientes actividades:

28. Sombrea nueve de las diez columnas. Después nombra la parte sombreada del cuadrado como fracción, como número decimal y con palabras.

29. Sombrea 33 de los 100 cuadrados pequeños. Después nombra la parte sombreada del cuadrado como fracción, como número decimal y con palabras.

30. Sombrea dos cuadrados enteros y siete de las 100 partes del tercer cuadrado. Después nombra el número de cuadrados sombreados como número mixto, como número decimal y con palabras.

31. Sombrea una columna del cuadrado de la izquierda. Sombrea nueve cuadrados pequeños del cuadrado de la derecha. Después nombra la parte sombreada de cada cuadrado como fracción y como decimal. Después compara los dos números decimales escribiendo los dos números decimales con el signo de comparación correspondiente.

32. (**Haz la conexión**) Describe qué relación hay entre un cuadrado grande, una columna o una fila y un cuadrado pequeño con un billete de $1, una moneda de 10¢ y una de 1¢.

Como vemos, fracciones y decimales son dos maneras de describir partes de un entero. Cuando escribimos una fracción, mostramos un numerador y un denominador. Cuando escribimos un número decimal, el denominador no se muestra pero lo indica el número de lugares a la derecha del punto decimal (el número de posiciones decimales). Observen estos ejemplos:

una
posición
decimal

dos
posiciones
decimales

$$0.1 = \frac{1}{10}$$ $$0.12 = \frac{12}{100}$$

Para nombrar un número decimal, nombramos el numerador que muestran los dígitos y después nombramos el denominador indicado por el número de posiciones decimales.

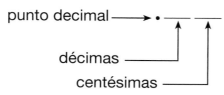

punto decimal

décimas

centésimas

Como clase, lean cada uno de estos números:

33. a. $\dfrac{75}{100}$ **b.** 0.75

34. a. $\dfrac{7}{100}$ **b.** 0.07

35. a. $\dfrac{3}{10}$ **b.** 0.3

36. a. $\dfrac{2}{10}$ **b.** 0.2

Un número decimal mayor que 1 tiene uno o más dígitos distintos de 0 a la izquierda del punto decimal, como 12.25. Para nombrar 12.25, lo separamos mentalmente en el punto decimal y nombramos la parte del número entero y la parte fraccionario de forma separada.

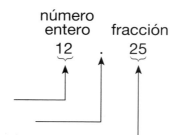

número entero   fracción

12   .   25

1. Nombra esta parte.
2. Di o escribe "y".
3. Después nombra esta parte.

Este número decimal se lee "doce y veinticinco centésimas".

Como clase, lean cada uno de estos números. Después utilicen palabras para escribir cada número en su hoja.

37. a. 10.75   **b.** 12.5

38. a. 6.42   **b.** 10.1

Utiliza dígitos para escribir cada uno de estos números decimales:

39. uno y tres décimas

40. dos y veinticinco centésimas

41. tres y doce centésimas

42. cuatro y cinco décimas

Actividad 3

Utilizar números decimales en la pantalla del cronómetro

Materiales:
- cronómetro con pantalla digital

Utiliza un cronómetro para generar números decimales. Ésta es una pantalla de cronómetro:

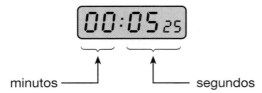

minutos ———————— segundos

Esta pantalla muestra que pasaron 5.25 segundos desde que el cronómetro se puso en marcha hasta que se detuvo.

43. Pon en marcha el cronómetro y después detenlo lo más rápido posible. Registra en el pizarrón cada tiempo generado y lee los tiempos en voz alta. ¿Quién detuvo el cronómetro en el tiempo más rápido?

44. Prueba tu destreza para estimar el tiempo poniendo en marcha el cronómetro y después, sin mirar, detén el cronómetro cinco segundos más tarde. Registra cada tiempo generado utilizando dígitos. Determina qué tiempo es más cercano a los 5.00 segundos.

45. Como clase, ordenen de mayor a menor los tiempos seleccionados del problema **44.**

Conceptos y destrezas esenciales para Texas

(4.3)(A) usar suma para resolver problemas que usan números enteros
(4.3)(B) sumar y restar decimales hasta las centésimas usando objetos y dibujos
(4.14)(A) identificar las matemáticas en situaciones diarias
(4.14)(B) resolver problemas que implican comprenderlos, hacer y llevar a cabo un plan y evaluar si es razonable la solución
(4.14)(C) desarrollar plan o estrategia para resolver problemas
(4.15)(A) explicar observaciones usando palabras y números
(4.16)(B) justificar por qué una respuesta es razonable

• Ceros en la resta
• Factores que faltan

operaciones Preliminares E

cuenta en voz alta Podemos sumar o restar rápidamente algunos números de un calendario. En un calendario, selecciona un número de en medio del mes. Si nos movemos una fila derecho hacia arriba, restamos 7. Si nos movemos una fila derecho hacia abajo, sumamos 7. Podemos sumar o restar otros dos números si nos movemos diagonalmente. ¿Qué números sumamos o restamos cuando nos movemos una fila en esas direcciones?

cálculo mental

 a. Dinero: $4.65 + 2.99

 b. Dinero: $3.86 + $1.95

 c. Dinero: $6.24 + $2.98

 d. Geometría: ¿Cuánto mide el radio de un círculo cuyo diámetro mide 1 pulgada?

 e. Hora: La clase comienza a la 1:05 p.m. Termina 50 minutos después. ¿A qué hora termina la clase?

 f. Medición: La cometa de Patel está sujeta a 50 yardas de cuerda. ¿Cuántos pies de cuerda son?

 g. Estimación: Los zapatos nuevos cuestan $44.85. Un paquete de calcetines cuesta $5.30. Redondea cada precio al dólar más cercano y luego suma para estimar el precio total.

 h. Cálculo: $2 \times 9 + 9 + 6 + 66$

resolver problemas Escoge una estrategia apropiada para resolver este problema. Las manecillas de un reloj se juntan a las 12:00. Las manecillas no se juntan a las 6:30, porque a esa hora el horario está en medio del 6 y el 7. Las manecillas se juntan aproximadamente a las 6:33. Nombra otras nueve horas en que se junten las manecillas de un reloj.

Ceros en la resta

En el problema de abajo, debemos reagrupar dos veces antes de poder restar los dígitos de las unidades.

$$\begin{array}{r} \$405 \\ - \$126 \end{array}$$

No podemos intercambiar una decena por unidades, porque no hay decenas; por lo tanto, el primer paso es intercambiar 1 centena por 10 decenas.

$$\begin{array}{r} \overset{3}{\cancel{4}}05 \\ \$05 \\ - \$126 \end{array}$$

Ahora tenemos 10 decenas y podemos intercambiar 1 de las decenas por 10 unidades.

$$\begin{array}{r} \$\cancel{4}\,\overset{3\ 9}{\cancel{0}}\,5 \\ - \$1\,2\,6 \end{array}$$

Ahora restamos.

$$\begin{array}{r} \$\cancel{4}\,\overset{3\ 9}{\cancel{0}}\,5 \\ - \$1\,2\,6 \\ \hline \$2\,7\,9 \end{array}$$

Podemos realizar esta reagrupación en un paso observando los números de manera un poco diferente. Podemos pensar 4 y 0 como cuarenta billetes de \$10 (4 centenas equivalen a 40 decenas).

$$\overset{\overbrace{\phantom{40\ \text{decenas}}}^{40\ \text{decenas}}}{\$4\ 0\ 5}$$

Si intercabiamos uno de los billetes de \$10, entonces tendremos treinta y nueve billetes de \$10.

$$\begin{array}{r} \$\cancel{4}\cancel{0}\,\overset{3\ 9}{}\,5 \\ - \$1\,2\,6 \\ \hline \$2\,7\,9 \end{array}$$

Ejemplo 1

Las cataratas de Vetti en Noruega miden 900 pies de altura. Las cataratas de Akaka en Hawaii miden 442 pies de altura. ¿Cuántos pies más altas son las cataratas de Vetti?

Este es un problema del tipo mayor − menor = diferencia. Nos piden calcular la diferencia.

$$
\begin{array}{r}
\overset{89}{\cancel{900}}{}^{1} \\
-\ 442 \\
\hline
458
\end{array}
$$

Las cataratas de Vetti son **458 pies más altas** que las cataratas de Akaka.

Ejemplo 2

Troy tenía $3.00 y gastó $1.23. ¿Cuánto dinero le quedó?

Convertimos 3 dólares en 2 dólares y 10 monedas de 10¢. Después convertimos 10 monedas de 10¢ en 9 monedas de 10¢ y 10 monedas de 1¢.

$$
\begin{array}{r}
\$3.00 \\
-\ \$1.23
\end{array}
\longrightarrow
\begin{array}{r}
\overset{2}{\$\cancel{3}.00}{}^{1} \\
-\ \$1.23
\end{array}
\longrightarrow
\begin{array}{r}
\overset{2\ 9}{\$\cancel{3}.\cancel{0}0}{}^{1} \\
-\ \$1.23 \\
\hline
\$1.7\,7
\end{array}
$$

También podemos pensar $3 como 30 monedas de 10¢. Después intercambiamos 1 moneda de 10¢ por 10 monedas de 1¢.

$$
\begin{array}{r}
\$3.00 \\
-\ \$1.23
\end{array}
\longrightarrow
\begin{array}{r}
\overset{2\ 9}{\$\cancel{3}.\cancel{0}0}{} \\
-\ \$1.23 \\
\hline
\$1.7\,7
\end{array}
$$

A Troy le quedaron **$1.77**. Comprobamos nuestra respuesta sumando.

$$
\begin{array}{r}
\$1.23 \\
+\ \$1.77 \\
\hline
\$3.00
\end{array}
\quad \text{comprobación}
$$

Justifica Explica por qué la respuesta es razonable.

Destreza mental

Haz la conexión

Explica por qué $3.00 es lo mismo que 29 monedas de 10¢ y 10 monedas de 1¢.

Factores que faltan

Recuerda que los números que se multiplican se llaman *factores* y que el resultado se llama *producto*.

factor × factor = producto

Si conocemos un factor y el producto, podemos encontrar el otro factor.

Ejemplo 3

Encuentra los factores que faltan:

a. $5n = 40$ **b.** $a \times 4 = 36$

a. La expresión $5n$ significa "$5 \times n$". Como $5 \times 8 = 40$, el factor que falta es **8.**

b. Como $9 \times 4 = 36$, el factor que falta es **9.**

Práctica de la lección

Resta:

a. $\begin{array}{r} \$3.00 \\ - \$1.32 \end{array}$ **b.** $\begin{array}{r} \$405 \\ - \$156 \end{array}$ **c.** $\begin{array}{r} 201 \\ - 102 \end{array}$

d. $\$4.00 - \$0.86$ **e.** $\$304 - \$128$ **f.** $703 - 198$

Encuentra el factor que falta en cada problema:

g. $8w = 32$ **h.** $p \times 3 = 12$

i. $5m = 30$ **j.** $q \times 4 = 16$

Práctica escrita *Integradas y distribuidas*

*1. **(Representa)** El cuadrado grande representa 1.
(Inv. 4) Escribe la parte sombreada del cuadrado

   a. como fracción. **b.** como número decimal.

   c. utilizando palabras.

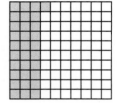

2. Takeshi tiene una moneda de 10¢, una de 25¢ y una de 1¢. Escribe esa
(35) cantidad utilizando un signo de dólar y un punto decimal.

*3. Donna abre un recipiente de leche de 1 galón y vierte 1 cuarto de leche
(40) en una jarra. ¿Cuántos cuartos de leche quedan en el recipiente de
1 galón?

*4. **(Generaliza)** Describe la regla para esta secuencia y encuentra los tres
(3) números que siguen:

$$\ldots, 4200, 4300, 4400, \underline{\quad}, \underline{\quad}, \underline{\quad}, \ldots$$

*5. **(Haz la conexión)** Utiliza dígitos y un signo de comparación para mostrar
(Inv. 4) que el número decimal cinco décimas es igual a la fracción un medio.

6.
(27) Anoche Anando se quedó dormido a la hora que muestra el reloj. Su reloj despertador está programado para sonar ocho horas más tarde. ¿A qué hora sonará el reloj despertador de Anando?

* 7.
(41) Encuentra el factor que falta: $5w = 45$

* 8.
(Inv. 4) **(Representa)** Lo siguiente aparece impreso en la etiqueta de un recipiente de jugo:

$$2 \text{ ct } (1.89 \text{ L})$$

Utiliza palabras para escribir 1.89 L.

9.
(35) ¿Qué número mixto ilustran estos triángulos sombreados?

10.
(23) ¿Qué letra que aparece abajo no tiene ángulos rectos?

F   E   Z   L

* 11.
(27) **(Haz la conexión)** Escribe este problema de suma como un problema de multiplicación:

$$\$1.25 + \$1.25 + \$1.25 + \$1.25$$

12.
(39) **(Estima)** ¿Cuánto mide el segmento de recta al cuarto de pulgada más cercano?

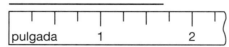

13.
(Inv. 2) ¿Cuántos centímetros hay en un metro?

14. a.
(36) ¿Qué fracción de un dólar son cinco monedas de 10¢?

b. Escribe el valor de cinco monedas de 10¢ utiizando un signo de dólar y un punto decimal.

* 15.
(Inv. 4) Compara:

   a. 0.5 ◯ 0.50   **b.** $\frac{1}{2}$ ◯ $\frac{1}{4}$

16. a. 3×8 **b.** 3×7 **c.** 3×6 **d.** 3×12
(38)

17. (38) **a.** 4×8 **b.** 4×7 **c.** 4×6 **d.** 4×12

*18. (41)
$$\begin{array}{r} m \\ \times\ 8 \\ \hline 64 \end{array}$$

*19. (41)
$$\begin{array}{r} 9 \\ \times\ n \\ \hline 54 \end{array}$$

20. (24)
$$\begin{array}{r} z \\ +\ 179 \\ \hline 496 \end{array}$$

*21. (41)
$$\begin{array}{r} \$3.00 \\ -\ \$1.84 \\ \hline \end{array}$$

*22. (41)
$$\begin{array}{r} \$500 \\ -\ \$167 \\ \hline \end{array}$$

23. (24)
$$\begin{array}{r} w \\ -\ 297 \\ \hline 486 \end{array}$$

24. (Inv. 1) **(Concluye)** ¿Cuáles son los cuatro números que siguen en esta secuencia de conteo?

$$\ldots, 28,\ 21,\ 14,\ \underline{\quad},\ \underline{\quad},\ \underline{\quad},\ \underline{\quad},\ \ldots$$

*25. (34) **(Representa)** Utiliza dígitos para escribir un millón, cincuenta mil.

*26. (Inv. 3) **Selección múltiple** Si el área de un cuadrado mide 36 pulgadas cuadradas, ¿cuánto mide cada lado del cuadrado?

A 6 pulg **B** 9 pulg **C** 12 pulg **D** 18 pulg

*27. (Inv. 4) La distancia desde la casa de Riley a la escuela es de 1.4 millas. Escribe 1.4 en palabras.

28. (Inv. 4) Nieve activó y detuvo el cronómetro rápidamente cuatro veces. Ordena estos tiempos del más rápido al más lento:

0.27 segundos, 0.21 segundos, 0.24 segundos, 0.20 segundos

(Encuentra la fórmula) Escribe y resuelve ecuaciones para los problemas **29** y **30**.

*29. (13) **(Justifica)** El Monumento a Washington es 153 pies más alto que el edificio City Center en Nashville, Tennessee, que mide 402 pies de altura. ¿Cuánto mide de alto el Monumento a Washington? Explica por qué tu respuesta es razonable.

*30. (25, 41) **(Explica)** Las cataratas de Pantera en Alberta miden 600 pies de altura. Las cataratas de Creek en Tenesse miden 256 pies de altura. ¿Cuántos pies más altas son las cataratas de Pantera? Explica cómo calculaste el resultado.

🔻 *Conceptos y destrezas esenciales para Texas*

(4.4)(B)	representar situaciones de multiplicación y división con, palabras y números
(4.4)(C)	recordar y aplicar tablas de multiplicación hasta el 12
(4.5)(A)	redondear números enteros a la decena, centena o millar más cercanos, y resolver problemas por aproximación
(4.5)(B)	usar estrategias que incluyen redondeo para estimar soluciones de problemas de multiplicación y división
(4.6)(B)	usar patrones para multiplicar por 10 y por 100
(4.10)	localizar puntos en una recta numérica usando enteros, fracciones y decimales

• Redondear números para estimar

Preliminares

operaciones   Preliminares E

cuenta en voz alta   Cuenta de siete en siete del 7 al 70.

cálculo mental

     a. Sentido numérico: $563 - 242$

     b. Potencias/Raíces: $\sqrt{9}$

     c. Dinero: $\$5.75 - \$2.50$

     d. Dinero: $\$8.98 - \$0.72$

     e. Dinero: Amelia compra un sándwich por $\$4.85$ y una sopa por $\$1.99$. ¿Cuál es el precio total?

     f. Medición: ¿Cuántas onzas son una taza?

     g. Estimación: Escoge la estimación más razonable para la capacidad de un vaso: 1 taza o 1 galón.

     h. Cálculo: $9 \times 9 + 19 + 54$

resolver problemas   Escoge una estrategia apropiada para resolver este problema. Genaro quería medir la longitud de este lápiz. En lugar de regla, tenía sólo un pedazo de una vara de una yarda rota. Genaro puso el pedazo de vara a lo largo del lápiz como se muestra abajo. ¿Cuánto mide el lápiz? Explica cómo encontraste tu respuesta.

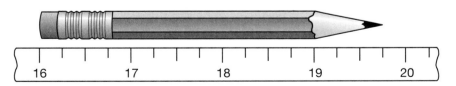

Los múltiplos de 10 son los números que decimos cuando contamos de 10 en 10.

$$10, 20, 30, 40, 50, \ldots$$

Del mismo modo, los múltiplos de 100 son los números que decimos cuando contamos de 100 en 100.

$$100, 200, 300, 400, 500, \ldots$$

Cuando multiplicamos por múltiplos de 10 y de 100, ponemos nuestra atención en el primer dígito del múltiplo.

Ejemplo 1

Calcula el producto: 3 × 200

Mostramos tres maneras de hacer esto:

$$
\begin{array}{r}
200 \\
200 \\
+\ 200 \\
\hline
\mathbf{600}
\end{array}
\qquad
\begin{array}{r}
2 \text{ centenas} \\
\times \qquad 3 \\
\hline
\mathbf{6 \text{ centenas}}
\end{array}
\qquad
\begin{array}{r}
200 \\
\times \quad 3 \\
\hline
\mathbf{600}
\end{array}
$$

Observamos detenidamente el método de la derecha.

$2 \times 3 = 6$ → Dos ceros aquí

Dos ceros aquí

Concentrándose en el primer dígito y contando el número de ceros, podemos multiplicar mentalmente por múltiplos de 10 y de 100.

Comenta ¿Por qué podemos escribir ceros en el lugar de las unidades y las decenas del producto sin multiplicar los valores de esos lugares?

Ejemplo 2

Se utilizan seis autobuses para transportar estudiantes en un viaje de estudios. Cada autobús tiene asientos para 40 pasajeros. ¿Cuántos pasajeros en total pueden transportar los autobuses?

Mostramos dos maneras. Podemos encontrar el producto mentalmente, tanto si pensamos en multiplicación horizontal como vertical.

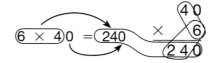

Los autobuses pueden transportar **240 pasajeros.**

Verifica Antes de completar la multiplicación, ¿por qué podemos escribir un cero en el lugar de las unidades del producto?

Hemos practicado cómo redondear números a la decena más cercana. Ahora aprenderemos a redondear números a la centena más cercana. Para redondear un número a la centena más cercana, escogemos el múltiplo de 100 más cercano (el número que termina en dos ceros). Una recta numérica puede ayudarnos a comprender cómo redondear a la centena más cercana.

Ejemplo 3

a. **Redondea 472 a la centena más cercana.**

b. **Redondea 472 a la decena más cercana.**

Destreza mental

Comenta

¿Qué número está en el medio entre 400 y 500? Explica cómo lo sabes.

a. El número 472 está entre 400 y 500. En el medio entre 400 y 500 está 450. Como 472 es mayor que 450, está más cerca de 500 que de 400. Observamos esto en la recta numérica de abajo.

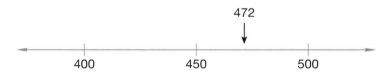

Entonces, 472 redondeado a la centena más cercana es **500.**

b. Contando de diez en diez, vemos que 472 está entre 470 y 480.

Como 472 está más cerca de 470 que de 480, redondeamos 472 a **470.**

Ejemplo 4

Destreza mental

Verifica

¿Qué número está en el medio entre 5200 y 5300?

Erica vive aproximadamente a una milla de la escuela. Una milla mide 5280 pies. Redondea 5280 pies a la centena de pies más cercana.

Contando de cien en cien, vemos que 5280 pies está entre 5200 pies y 5300 pies. Está más cerca de **5300 pies** que de 5200 pies.

También podemos redondear a la centena más cercana concentrándonos en el dígito del lugar de las decenas; es decir, el dígito inmediatamente a la derecha del lugar de las centenas.

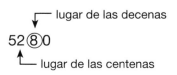

Si el dígito del lugar de las decenas es menor que 5, el dígito del lugar de las centenas no cambia. Si el dígito del lugar de las decenas es 5 ó mayor, aumentamos en uno el dígito del lugar de las centenas. Redondeando tanto hacia arriba como hacia abajo, los dígitos a la derecha del lugar de las centenas se convierten en cero.

Ejemplo 5

Redondea 362 y 385 a la centena más cercana. Después suma los números redondeados.

El número 362 está más cerca de 400 que de 300. El número 385 también está más cerca de 400 que de 300. Tanto 362 como 385 se redondean a **400.** Ahora sumamos.

$$400 + 400 = \textbf{800}$$

Ejemplo 6

Para preparar la obra de la escuela, los estudiantes de la maestra Jacobsen arreglaron nueve filas de sillas en el gimnasio. Pusieron 44 sillas en cada fila. ¿Cuál es una estimación razonable del número total de sillas que se pusieron en el gimnasio?

Para estimar, primero podemos redondear los números de manera que la aritmética sea más fácil. Nueve filas de 44 sillas es más o menos lo mismo que diez filas de 40 sillas. Podemos multiplicar 10×40 para estimar el número de sillas. Para multiplicar 40 por 10, simplemente agregamos un cero a 40.

$$10 \times 40 = 400$$

Estimamos que en el gimnasio hay aproximadamente **400 sillas.**

Práctica de la lección

Encuentra cada producto:

a. $\begin{array}{r} 50 \\ \times\ 7 \\ \hline \end{array}$ 　　**b.** $\begin{array}{r} 600 \\ \times\ \ 3 \\ \hline \end{array}$ 　　**c.** 7×40 　　**d.** 4×800

Redondea cada número a la centena más cercana:

e. 813 　　**f.** 685 　　**g.** 427 　　**h.** 2573

i. Redondea 297 y 412 a la centena más cercana. Después suma los números redondeados.

j. Redondea 623 y 287 a la centena más cercana. Después resta el menor número redondeado del mayor número redondeado.

k. Una banda de la comunidad marcha en 19 filas de 5 músicos cada una. ¿Cuál es una estimación razonable del número de músicos que marcha en toda la banda? Explica por qué tu estimación es razonable.

l. Aproximadamente, ¿cuántos días son seis meses?

Práctica escrita

Integradas y distribuidas

* 1. **(Representa)** Dibuja un cuadrado de 5 cm de lado en papel cuadriculado
(Inv. 2, Inv. 3) de 1 cm.

    a. ¿Cuánto mide el perímetro del cuadrado?

    b. ¿Cuánto mide el área del cuadrado?

(Encuentra la fórmula) Escribe y resuelve operaciones para los problemas **2** y **3**.

2. Wilbur tenía sesenta y siete uvas. Después de comer algunas le quedaron
(25) treinta y ocho uvas. ¿Cuántas uvas se comió Wilbur?

3. La distancia de Whery a Radical es de 42 km. La distancia de
(11, 14) Whery a Appletown pasando por Radical es de 126 km. ¿Qué distancia hay de Radical a Appletown?

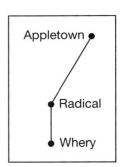

* 4. Raziya llegó de la escuela a casa a la hora que muestra el reloj.
(27) Comenzó sus tareas media hora después. ¿A qué hora comenzó Raziya sus tareas?

* 5. **(Generaliza)** Escribe una regla para esta secuencia y encuentra
(3, Inv. 3) los tres números que siguen:

$$1, 4, 9, 16, 25, 36, 49, \underline{\quad}, \underline{\quad}, \underline{\quad}, \ldots$$

*6. **a.** Redondea 673 a la centena más cercana.
(20, 42)

b. Redondea 673 a la decena más cercana.

7. ¿Cuántos cuadrados están sombreados?
(35)

*8. **a.** ⬭Estima⬭ Encuentra la longitud de este tornillo al cuarto de pulgada
(Inv. 2, 39) más cercano.

b. Encuentra la longitud de este tornillo al centímetro más cercano.

9. ⬭Haz la conexión⬭ Reescribe este problema de suma como un problema
(27) de multiplicación:

$$\$2.50 + \$2.50 + \$2.50$$

*10. ⬭Concluye⬭ ¿Son paralelos o perperdiculares los segmentos de recta del
(23) signo de suma?

11. ⬭Representa⬭ ¿A qué número apunta la flecha?
(Inv. 1)

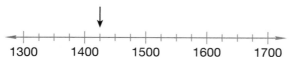

*12. ⬭Analiza⬭ Utiliza los dígitos 4, 7 y 8 para escribir un número impar mayor
(10) que 500. Cada dígito se puede utilizar sólo una vez.

*13. 6×80 ***14.** 7×700 ***15.** 9×80 ***16.** 7×600
(42)   (42)   (42)   (42)

17. z ***18.** $\$4.06$ ***19.** w
(24) $+\ 338$ (41) $-\ \$2.28$ (41) $\times\ 6$
       $\overline{\ \ 507\ }$ $\overline{\qquad}$ $\overline{\ \ 42\ }$

20. $n - 422 = 305$ **21.** $55 + 555 + 378$
(24)   (17)

*22. **a.** Utiliza palabras para escribir 5280.
(33)

b. ¿Qué dígito de 5280 aparece en el lugar de las decenas?

23. **a.** ¿Qué fracción de un dólar es diez monedas de 5¢?
(36)

    b. Escribe el valor de diez monedas de 5¢ utilizando un signo de dólar y un punto decimal.

*24. Compara:
(Inv. 4)
    a. 0.5 ◯ $\frac{1}{2}$ **b.** $\frac{1}{4}$ ◯ $\frac{1}{10}$

25. ¿Cuánto es la suma de tres al cuadrado y cuatro al cuadrado?
(Inv. 3)

*26. **Selección múltiple** ¿Cuál de estos números *no*
(Inv. 4) describe la parte sombreada del rectángulo?

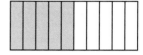

    A $\frac{5}{10}$ **B** $\frac{1}{2}$ **C** 5.0   **D** 0.5

*27. El número decimal 0.25 es igual a $\frac{1}{4}$. Escribe 0.25 con palabras.
(Inv. 4)

*28. Anisa utilizó un cronómetro para medir su tiempo al correr tres carreras de
(Inv. 4) 50 metros. Estos son sus tiempos en segundos:

9.12, 8.43, 8.57

Ordena los tiempos de Anisa del más rápido (menor tiempo) al más lento (mayor tiempo).

*29. Joleen tiene seis pedazos de madera que quiere unir para hacer un marco
(Inv. 3, de foto. Dos de los pedazos miden 8 pulgadas de largo, dos miden 6
39) pulgadas y dos miden 4 pulgadas. Utilizando cuatro de los seis pedazos,
¿cuántos marcos rectangulares diferentes puede hacer Joleen? ¿Cuánto
medirían las áreas de los rectángulos formados?

*30. ✏️ ⟨ **Estima** ⟩ Cada uno de cuatro autobuses escolares puede transportar
(42) 52 pasajeros. ¿Cuál es una estimación razonable para el número total
de pasajeros que pueden transportar los cuatro autobuses? Explica por
qué es razonable tu estimación.

Para los más rápidos

Conexión con la vida diaria

El insectario del zoológico tiene 35 vitrinas. En 22 de las vitrinas vive un
promedio de 17 grillos y en 13 de las vitrinas vive un promedio de 15
saltamontes. ¿Cuál es una estimación razonable para el número total
de insectos que vive en las vitrinas del zoológico? Explica por qué es
razonable tu respuesta.

🔖 *Conceptos y destrezas esenciales para Texas*

(4.1)(B) usar valor posicional para leer, escribir y comparar decimales que contienen décimas y centésimas

(4.3)(B) sumar y restar decimales hasta las centésimas usando objetos y dibujos

• Sumar y restar números decimales, parte 1

operaciones	Preliminares E
cuenta en voz alta	Cuenta hacia abajo de cinco en cinco del 150 al 50.
cálculo mental	**a. Sentido numérico:** $80 - 5$

b. Sentido numérico: $80 - 25$ (Resta 20. Después resta 5 más.)

c. Potencias/Raíces: $\sqrt{16}$

d. Dinero: Mónica compró una linterna por $6.23 y baterías por $2.98. ¿Cuál es el precio total?

e. Medición: El perímetro de un campo de fútbol americano mide 1040 pies. Samir corrió dos vueltas a lo largo del borde del campo. ¿Cuántos pies corrió?

f. Medición: ¿Cuántas tazas son una pinta?

g. Estimación: ¿Qué números utilizarías para estimar la suma de $13.58 y $6.51?

h. Cálculo: $7 \times 8 + 9 + 35$

resolver problemas
Escoge una estrategia apropiada para este problema. Cuando contamos de un medio en un medio, decimos: "un medio, uno, un entero un medio, dos, ..." Escribe la secuencia de números que dices cuando cuentas de un medio en un medio de $\frac{1}{2}$ a 10. Coloca los números sobre una recta numérica. Después utiliza tu dibujo para encontrar el número que está en el medio entre dos y cinco.

Para sumar o restar cantidades de dinero con un signo de dólar, sumamos o restamos dígitos con el mismo valor posicional. Alineamos los dígitos con el mismo valor posicional alineando los puntos decimales.

Ejemplo 1

a. **$3.45 + $0.75**　　　　b. **$5.35 − $2**

a. Primero alineamos los puntos decimales para alinear los lugares con el mismo valor posicional. Después sumamos, recordando escribir el signo de dólar y el punto decimal.

$$\begin{array}{r} \$3.45 \\ + \ \$0.75 \\ \hline \mathbf{\$4.20} \end{array}$$

b. Primero colocamos un punto decimal y dos ceros después del $2.

$$\$2 \quad \text{significa} \quad \$2.00$$

Ahora alineamos los puntos decimales y restamos.

$$\begin{array}{r} \$5.35 \\ - \ \$2.00 \\ \hline \mathbf{\$3.35} \end{array}$$

Haz un modelo Utiliza manipulables de dinero para comprobar el resultado.

Ejemplo 2

En la tienda de manualidades, Maggie compra un cuaderno de papel de dibujo por $3.75, carboncillos por $4 y un clip por 15¢. ¿Cuál es el precio total de los artículos antes del impuesto?

Antes de sumar, nos aseguramos de que todas las cantidades de dinero tengan la misma forma. Hacemos estos cambios:

$$\$4 \ \longrightarrow \ \$4.00$$
$$15¢ \ \longrightarrow \ \$0.15$$

Luego alineamos los puntos decimales y sumamos.

$$\begin{array}{r} \$3.75 \\ \$4.00 \\ + \ \$0.15 \\ \hline \$7.90 \end{array}$$

El precio total de los tres artículos es **$7.90.**

Haz un modelo Utiliza manipulables de dinero para comprobar tu resultado.

Destreza mental

Comenta

Para encontrar la respuesta, explica cómo podríamos haber cambiado cada cantidad a centavos.

De la misma manera sumamos o restamos números decimales que no son cantidades de dinero; es decir, alineamos los puntos decimales y luego sumamos o restamos.

Sumar y restar decimales

Materiales:
- **Actividad 24 de la lección**

Haz un modelo Completa la **Actividad 24 de la lección** para representar décimas y centésimas en una cuadrícula. Después utiliza las representaciones para resolver cada problema de la actividad.

Ejemplo 3

a. 0.2 + 0.5   **b. 3.47 − 3.41**

a. Alineamos los puntos decimales y sumamos.

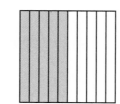

$$\begin{array}{r} 0.2 \\ + \ 0.5 \\ \hline \mathbf{0.7} \end{array}$$

b. Alineamos los puntos decimales y restamos.

$$\begin{array}{r} 3.47 \\ - \ 3.41 \\ \hline \mathbf{0.06} \end{array}$$

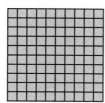 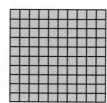  

Justifica ¿Cuál es mayor: 0.7 ó 0.06? Explica tu razonamiento.

Ejemplo 4

Un galón de leche es aproximadamente 3.78 litros. Aproximadamente, ¿cuántos litros son dos galones de leche?

Sumamos para encontrar cuántos litros hay en dos galones aproximadamente.

$$\begin{array}{r} 3.78 \ \text{L} \\ + \ 3.78 \ \text{L} \\ \hline \mathbf{7.56 \ L} \end{array}$$

Encuentra cada suma o diferencia:

a. $6.32 + $5

b. $3.25 − $1.75

c. 46¢ + 64¢

d. 98¢ − 89¢

e. $1.46 + 87¢

f. 76¢ − $0.05

g. 5.6 + 5.6

h. 2.75 − 1.70

En los problemas **i** y **j,** utiliza los modelos de abajo para sumar y restar.

i. 0.50 + 0.75

j. 0.75 − 0.50

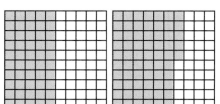
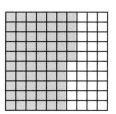

Práctica escrita

Integradas y distribuidas

Encuentra la fórmula Escribe y resuelve ecuaciones para los problemas **1–3.**

* 1. Hay cien monedas de un centavo separadas en dos pilas. En una pila
(24,41) hay treinta y cinco monedas de un centavo. ¿Cuántas monedas hay en la otra pila?

* 2. **Estima** Juan abrió una botella de un galón que contenía 3.78 litros
(25, 43) de leche. Vertió aproximadamente 1.50 litros de leche en una jarra. ¿Aproximadamente cuántos litros de leche quedaron en la botella?

* 3. San Francisco está a 400 millas al norte de Los Ángeles. Santa Bárbara
(11, 41) está a 110 millas al norte de Los Ángeles. Stephen condujo de Los Ángeles a Santa Bárbara. ¿Cuántas millas tiene que conducir aún para llegar a San Francisco?

* 4. Dibuja un rectángulo de 3 cm de largo y 3 cm de ancho.
(Inv. 2,
Inv. 3)
   a. ¿Cuánto mide el perímetro del rectángulo?

   b. ¿Cuánto mide el área del rectángulo?

* 5. a. Redondea 572 a la centena más cercana.
(20, 42)
   b. Redondea 572 a la decena más cercana.

*6. (**Representa**) Escribe la parte sombreada de este cuadrado
(Inv. 4)

    a. como fracción.

    b. como número decimal.

    c. utilizando palabras.

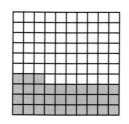

7. (**Concluye**) ¿Son paralelos o perpendiculares los rieles de una vía de
(23) ferrocarril?

*8. (**Representa**) Dibuja un cuadrado para mostrar 3×3. Después sombrea
(26,
Inv. 3) dos novenos del cuadrado.

9. El reloj muestra la hora en que Samto llegó a la escuela. Esa
(19) mañana se despertó a las 6:05 a.m. ¿Cuánto tiempo después
de despertarse llegó Samto a la escuela?

10. (**Representa**) ¿A qué número apunta la flecha?
(Inv. 1)

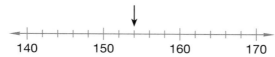

*11. $2.45 + 4.50$
(43)

*12. $\$3.25 - \$2.47$
(43)

*13. $\$2.15 + \$3 + 7¢$
(43)

*14. $3.75 - 2.50$
(43)

15.   507
(24)   − _n_
      456

16.   _n_
(24) − 207
     423

*17. $\$5.00$
(41) − $\$3.79$

*18. 6×80
(42)

*19. 4×300
(42)

20. 7×90
(42)

*21. $8n = 32$
(41)

22. $\sqrt{100}$
(Inv. 3)

23. (**Representa**) Dibuja un segmento de recta de 2 pulgadas de largo. Mide
(Inv. 2) después el segmento con una regla de centímetros. ¿Aproximadamente
cuántos centímetros son dos pulgadas?

24. **Representa** La población de la ciudad es de aproximadamente
(34) 1,080,000. Utiliza palabras para escribir ese número.

* 25. **Selección múltiple** ¿Cuál de estas unidades métricas se utilizará
(Inv. 2) probablemente para describir la altura de un árbol?

    A milímetros   **B** centímetros

    C metros   **D** kilómetros

* 26. **Selección múltiple** Emily tiene una botella de 2 litros llena de agua y
(40) una caja de medio galón vacía. Ella sabe que 1 litro es un poco más que
1 cuarto. ¿Qué ocurrirá si vierte agua de la botella en la caja?

    A La botella quedará vacía antes de que se llene la caja.

    B La caja se llenará antes de que la botella quede vacía.

    C Cuando la caja se llene, la botella quedará vacía.

    D La caja quedará vacía y la botella quedará llena.

27. A continuación hay una lista de precios de venta de cinco casas. Ordena
(33) los precios del más alto al más bajo.

$$\$179,500$$
$$\$248,000$$
$$\$219,900$$
$$\$315,000$$
$$\$232,000$$

* 28. **Selección múltiple** ¿Qué grupo de números decimales está ordenado
(43) de menor a mayor?

    A 0.23, 0.21, 0.25   **B** 0.25, 0.23, 0.21

    C 0.21, 0.23, 0.25   **D** 0.21, 0.25, 0.23

* 29. Un spaghetti crudo se cae al piso y se parte en varios trozos. Tres de los
(39) trozos miden $1\frac{1}{2}$ pulgadas de largo, 2 pulgadas de largo y $2\frac{1}{4}$ pulgadas de
largo, respectivamente. Si se alinean dos de los tres trozos, extremo con
extremo, ¿cuáles son las combinaciones de longitudes posibles?

* 30. **Explica** En una competencia de atletismo escolar, Ra'Shawn corrió
(43) una carrera de 100 metros en 16.5 segundos. Sabrina corrió 0.4 segundos
más rápido. ¿Cuál fue el tiempo de Sabrina para la carrera? Explica por
qué es razonable tu respuesta.

- **Multiplicar números de dos dígitos, Parte 1**

🔱 *Conceptos y destrezas esenciales para Texas*

(4.4)(A) representar factores y productos usando modelos de área

(4.4)(B) representar situaciones de multiplicación y división con dibujos, palabras y números

(4.4)(C) recordar y aplicar tablas de multiplicación

(4.4)(D) usar multiplicación para resolver problemas

(4.14)(A) identificar las matemáticas en situaciones diarias

(4.14)(B) resolver problemas que implican comprender, hacer y llevar a cabo un plan, y evaluar la solución

Preliminares

operaciones   Preliminares F

cuenta en voz alta   Cuenta de un medio en un medio de $\frac{1}{2}$ a 10.

cálculo mental

   a. Sentido numérico: $70 - 45$

   b. Sentido numérico: $370 - 125$

   c. Potencias/Raíces: $\sqrt{9} - \sqrt{1}$

   d. Dinero: Lisa compra pintura por $5.96 y pinceles por $3.95. ¿Cuánto gasta en total?

   e. Medición: ¿A qué número apunta la aguja de esta balanza?

   f. Medición: ¿Cuántas pintas son un cuarto?

   g. Estimación: Escoge la estimación más razonable para la capacidad total de una bañera: 50 galones ó 50 mililitros.

   h. Cálculo: $560 + 24 + 306$

resolver problemas   Escoge una estrategia apropiada para resolver este problema. Cada vez que Khanh limpia su pecera, saca algo de agua usada y agrega 3 litros de agua fresca. Khanh tiene un recipiente de 5 litros y un recipiente de 2 litros. ¿Cómo puede utilizar Khanh esos dos recipientes para medir 3 litros de agua?

Si hay 21 niños en cada salón, ¿cuántos niños hay en 3 salones?

 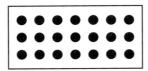 

En lugar de encontrar 21 + 21 + 21, resolvemos el problema multiplicando 21 por 3. Abajo mostramos dos maneras de hacerlo. El primer método es útil cuando se multiplica mentalmente. El segundo método es una manera rápida de multiplicar utilizando papel y lápiz.

Método 1: Cálculo mental

Piensa: 21 es lo mismo que 20 + 1.

Multiplica:
$$\begin{array}{c} 20 \\ \times\ 3 \\ \hline 60 \end{array} \quad y \quad \begin{array}{c} 1 \\ \times 3 \\ \hline 3 \end{array}$$

Suma: 60 + 3 = 63

Método 2: Papel y lápiz

Multiplica las unidades y después las decenas.
$$\begin{array}{r} 21 \\ \times\ 3 \\ \hline 63 \end{array}$$

tres × veintiuno = sesenta y tres

Ejemplo 1

Multiplica: 42 × 3

Escribimos 42 arriba un 3 justo debajo del 2. Multiplicamos 2 por 3 para obtener 6. Luego multiplicamos 4 (del 40) por 3 para obtener 12. El producto es **126.**

$$\begin{array}{r} 4\ 2 \\ \times\ \ 3 \\ \hline 6 \end{array} \longrightarrow \begin{array}{r} 4\ 2 \\ \times\ \ 3 \\ \hline 126 \end{array} \longrightarrow \begin{array}{r} 42 \\ \times\ \ 3 \\ \hline 126 \end{array}$$

tres × cuarenta y dos = ciento veintiséis

Se pintaron las paredes de una habitación. **El techo rectangular que mide 12 pies por 9 pies se debe pintar de otro color. Cada cuarto de pintura cubre 120 pies cuadrados. ¿Es suficiente un cuarto de pintura para pintar el techo?**

Para encontrar el área de un rectángulo multiplicamos la longitud por el ancho.

$$12 \text{ pies} \times 9 \text{ pies} = 108 \text{ pies}^2$$

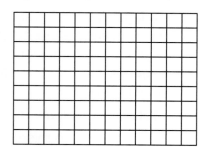

Como 108 pies cuadrados es menos que 120 pies cuadrados, un cuarto **es suficiente** para pintar el techo.

Práctica de la lección

Calcula cada producto:

a.	31	**b.**	31	**c.**	42
	× 2		× 4		× 4

d.	30	**e.**	30	**f.**	24
	× 2		× 4		× 0

Práctica escrita

Integradas y distribuidas

*1. **Representa** El recipiente de leche de un galón contiene 3.78 L de leche.
(Inv. 4) Utiliza palabras para escribir 3.78 L.

2. **Representa** Silviano compara dos números. El primer número es
(33) cuarenta y dos mil, trescientos setenta y seis. El segundo número es cuarenta y dos mil, once. Utiliza dígitos y un signo de comparación para mostrar la comparación.

*3. **Explica** El boleto cuesta $3.25. El señor Chen paga con un billete de
(41, 43) $5. ¿Cuánto cambio recibe? ¿Es razonable tu respuesta? ¿Por qué?

4. ¿Cuánto más es nueve al cuadrado que la raíz cuadrada de nueve?
(Inv. 3, 31)

*5. Encuentra el factor que falta: $8m = 48$
(41)

*6. **Haz la conexión** Una taza de agua es ocho onzas líquidas de agua.
(40) ¿Cuántas onzas líquidas de agua son una pinta?

7. ¿Cuántos círculos están sombreados?
(35)

*8. **Estima** Utiliza una regla de pulgadas para encontrar el
(21, 39) diámetro de este círculo al cuarto de pulgada más cercano.

*9. Compara:
(Inv. 1, 42)
  a. $-5 \bigcirc -2$ **b.** $4 \times 60 \bigcirc 3 \times 80$

*10. $\$4.03$ **11.** $\$4.33$ **12.** $\$5.22$ ***13.** $\$7.08$
(41) $-\$1.68$ *(43)* $+\$5.28$ *(43)* $-\$2.46$ *(41)* $-\$0.59$

*14. 21 **15.** 40 ***16.** 73 ***17.** 51
(44) $\times\ 6$ *(42)* $\times\ 7$ *(44)* $\times\ 2$ *(44)* $\times\ 6$

18. $\$2 + 47¢ + 21¢$ **19.** $8.7 - 1.2$
(43)   *(43)*

20. $62 - n = 14$ **21.** $n - 472 = 276$
(24)   *(24)*

22. Escribe este problema de suma como problema de multiplicación:
(27)

$$2.1 + 2.1 + 2.1 + 2.1 + 2.1 + 2.1$$

*23. a. **Haz la conexión** ¿Qué dígito de 1760 está en el lugar de las
(33, 42) centenas?

  b. Utiliza palabras para escribir 1760.

  c. Redondea 1760 a la centena más cercana.

*24. Redondea 738 y 183 a la centena más cercana. Después suma los
(42) números redondeados.

*25. (**Haz la conexión**) Suma el número decimal uno y cincuenta centésimas y
(Inv. 4,
43) el número tres y veinticinco centésimas. ¿Cuál es la suma?

*26. Selección múltiple Si el área de este rectángulo mide
(Inv. 3,
41) 6 cm², entonces, ¿cuál de las siguientes es la longitud del
rectángulo?

    A 3 cm   **B** 4 cm

    C 10 cm   **D** 12 cm

2 cm

*27. a. ¿$5.75 está más cerca de $5 ó de $6?
(20,
Inv. 4) **b.** ¿5.75 está más cerca de 5 ó de 6?

28. (**Explica**) ¿Cómo puedes pagar $1.23 utilizando el menor número de
(38) billetes y monedas?

(**Encuentra la fórmula**) Escribe y resuelve ecuaciones para los problemas **29** y **30.**

*29. El precio del cuaderno es de $6.59. Al agregar el impuesto sobre la venta,
(11, 41) el total es de $7.05. ¿Cuánto es el impuesto sobre la venta?

*30. El río Sutlej de Asia tiene una longitud de 900 millas. El río Po de Europa
(25, 41) tiene una longitud de 405 millas. ¿Cuántas millas más largo es el río
Sutlej?

Para los más rápidos

Conexión con la vida diaria

El coro de la escuela encargó camisas y blusas nuevas. En el coro hay
15 niñas y 11 niños. Las blusas de la niñas cuestan $9 cada una. Las
camisas de los niños cuestan $8 cada una. ¿Cuál es el precio total de
las camisas y blusas del coro?

LECCIÓN 45

🔶 *Conceptos y destrezas esenciales para Texas*

(4.3)(A) usar suma para resolver problemas que usan números enteros
(4.4)(B) representar situaciones de multiplicación y división con dibujos, palabras y números
(4.8)(B) identificar y describir rectas paralelas e intersecantes usando objetos y dibujos
(4.16)(B) justificar por qué una respuesta es razonable

- # Paréntesis y la propiedad asociativa
- # Nombrar rectas y segmentos

operaciones	Preliminares E
cuenta en voz alta	Cuenta de un medio en un medio del $\frac{1}{2}$ al 10.
cálculo mental	**a. Dinero:** 80¢ − 35¢

b. Dinero: $1.60 − $0.25

c. Dinero: $4.50 − $1.15

d. Tiempo: ¿Qué mes es 14 meses después de marzo?

e. Hora: Cynthia terminó su tarea en 1 hora 13 minutos. Si comenzó a las 4:05 p.m., ¿a qué hora terminó?

f. Medición: ¿Cuántos mililitros son dos litros?

g. Estimación: D'Neece tiene $10.97. Gasta $5.92. Redondea cada cantidad al dólar más cercano y luego resta para estimar cuánto dinero le queda a D'Neece.

h. Cálculo: 43 + 29 + 310

resolver problemas

Escoge una estrategia apropiada para resolver este problema. Ésta es la secuencia de números que decimos cuando contamos de un cuarto en un cuarto. Copia esta secuencia en tu hoja y continúala hasta el número entero 5.

$$\frac{1}{4}, \frac{1}{2}, \frac{3}{4}, 1, 1\frac{1}{4}, 1\frac{1}{2}, 1\frac{3}{4}, 2, \ldots$$

Nuevos conceptos

Paréntesis y la propiedad asociativa

En la siguiente expresión hay dos restas:

$$12 - (4 - 3)$$

El paréntesis nos muestra qué resta se debe realizar primero. El orden de las operaciones indica primero restar 3 de 4 y después restar ese resultado de 12.

$$12 - (4 - 3)$$
$$12 - 1 = 11$$

Ejemplo 1

$(12 - 4) - 3$

Primero desarrollamos la resta que está entre paréntesis.

$$(12 - 4) - 3$$
$$8 - 3 = 5$$

Compara Describe cómo el cambiar el orden de la resta cambia el resultado.

Vocabulario de matemáticas

Los **paréntesis** son símbolos de agrupación que indican dónde comenzar para simplificar una expresión.

En la descripción y el ejemplo de arriba, observamos que al cambiar el orden de la resta cambia el resultado. Sin embargo, al cambiar el orden en la suma no cambia la suma final. Si se suman tres números, no importa cuáles dos números sumamos primero, la suma será la misma.

$$5 + (4 + 2) = 11 \qquad\qquad (5 + 4) + 2 = 11$$

Esta propiedad de la suma se llama **Propiedad asociativa de la suma.**

Ejemplo 2

Compara: $3 + (4 + 5) \bigcirc (3 + 4) + 5$

Ambos lados de la comparación son iguales a 12.

$$3 + (4 + 5) \bigcirc (3 + 4) + 5$$
$$3 + 9 \bigcirc 7 + 5$$
$$12 \bigcirc 12$$

Reemplazamos el círculo por un signo de igualdad.

3 + (4 + 5) = (3 + 4) + 5

Este ejemplo ilustra la Propiedad asociativa de la suma.

Vocabulario de matemáticas

La abreviatura PEMDSR se utiliza para describir el órden en que deben llevarse a cabo Las operaciones aritméticas. (Paréntesis, Exponentes, Multiplicación, División, Suma, Resta).

(**Analiza**) Usa el **orden de las operaciones** para resolver el problema: $3 \times 4 \div (5 + 1) - 2$

La propiedad asociativa se aplica también a la multiplicación. Ilustramos la **Propiedad asociativa de la multiplicación** con una pila de bloques. A la izquierda vemos 12 bloques adelante (3×4). También hay 12 bloques atrás. Podemos multiplicar 12 por 2 para encontrar el número total de bloques.

$(3 \times 4) \times 2 = 24$ $3 \times (4 \times 2) = 24$

A la derecha vemos 8 bloques en la parte superior (4×2). Hay tres capas de bloques. Podemos multiplicar 8 por 3 para encontrar el número total de bloques.

Ejemplo 3

Compara: 3 × (2 × 5) ◯ (3 × 2) × 5

Ambos lados de la comparación son iguales a 30.

$$3 \times (2 \times 5) \bigcirc (3 \times 2) \times 5$$
$$3 \times 10 \bigcirc 6 \times 5$$
$$30 \bigcirc 30$$

Reemplazamos el círculo por un signo de igualdad.

3 × (2 × 5) = (3 × 2) × 5

Este ejemplo ilustra la Propiedad asociativa de la multiplicación.

Nombrar rectas y segmentos

Recuerda que una recta no tiene fin. Una recta continúa indefinidamente en ambas direcciones. Al dibujar una recta, podemos utilizar flechas para mostrar que la recta continúa. Una manera de identificar una recta es nombrar dos puntos de la recta.

Ésta es la recta *AB*. También es la recta *BA*.

Esta recta se llama "recta *AB*" o "recta *BA*". Podemos utilizar los símbolos $\overleftrightarrow{AB}$ o $\overleftrightarrow{BA}$ para escribir el nombre de esta recta. La pequeña línea sobre las letras *AB* y *BA* reemplaza a la palabra *recta.* Para leer $\overleftrightarrow{AB}$, decimos: "recta *AB*".

Recuerda que un segmento es parte de una recta. Un segmento tiene dos extremos. Cualquiera de las letras puede ir primero.

R ●————————————————————● S

Este es el segmento RS. También es el segmento SR.

Podemos utilizar los símbolos $\overline{RS}$ o $\overline{SR}$ para escribir el nombre de este segmento. El pequeño segmento sobre las letras reemplaza la palabra *segmento*. Para leer $\overline{RS}$, decimos: "segmento RS".

Ejemplo 4

¿Qué segmentos de este triángulo son perpendiculares?

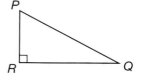

El símbolo de ángulo recto nos indica que es un triángulo rectángulo. $\overline{PR}$ y $\overline{RQ}$ son perpendiculares, porque se encuentran y forman un ángulo recto.

Ejemplo 5

Nombra los segmentos que parecen ser paralelos a $\overline{AB}$.

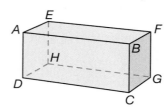

Vemos que $\overline{DC}$ es paralelo a $\overline{AB}$. Estos segmento están en lados opuestos de la misma cara rectangular. $\overline{EF}$ y $\overline{HG}$ también son paralelos a $\overline{AB}$.

(**Analiza**) Nombra dos segmentos que parezcan perpendiculares a $\overline{AB}$.

Ejemplo 6

La longitud de $\overline{AB}$ es de 3 cm. La longitud de $\overline{BC}$ es de 4 cm. ¿Cuál es la longitud de $\overline{AC}$?

Dos segmentos cortos pueden formar un segmento más largo. *A* a *B* es un segmento; *B* a *C* es un segundo segmento. Juntos forman un tercer segmento, el segmento *AC*. Nos dicen las longitudes de $\overline{AB}$ y $\overline{BC}$. Si sumamos esas longitudes, su suma será igual a la longitud de $\overline{AC}$.

$$3 \text{ cm} + 4 \text{ cm} = 7 \text{ cm}$$

La longitud de $\overline{AC}$ es de **7 cm.**

a. 8 − (4 + 2)

b. (8 − 4) + 2

c. 9 − (6 − 3)

d. (9 − 6) − 3

e. 10 + (2 × 3)

f. 3 × (10 + 20)

g. Compara: 2 + (3 + 4) ◯ (2 + 3) + 4

h. Compara: 3 × (4 × 5) ◯ (3 × 4) × 5

i. (**Analiza**) ¿Qué propiedad de la suma y la multiplicación muestran las comparaciones de los problemas **g** y **h?**

j. La longitud de $\overline{RS}$ es de 4 cm. La longitud de $\overline{RT}$ es de 10 cm. ¿Cuál es la longitud de $\overline{ST}$? (*Pista:* Debes restar).

k. (**Concluye**) ¿Qué segmento de esta figura parece ser el diámetro del círculo?

l. (**Concluye**) ¿Qué segmentos son perpendiculares?

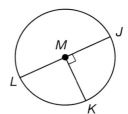

m. Mira la figura del Ejemplo 5 y nombra dos segmentos que sean paralelos a $\overline{BC}$.

Práctica escrita

Integradas y distribuidas

*1. (**Haz la conexión**) Utiliza los números 0.5, 0.6 y 1.1 para escribir dos operaciones de suma y dos operaciones de resta.
(6, 43)

2. Una hora completa tiene 60 minutos. ¿Cuántos minutos es la mitad de una hora?
(19)

3. ✏️ (**Explica**) El transbordador espacial orbita la Tierra a una altura de 155 millas. El globo meteorológico flota a una altura de 15 millas sobre la tierra. ¿Cuánto más alto está el transbordador espacial que el globo meteorológico? Explica por qué es razonable tu respuesta.
(31)

*4. ✏️ (**Justifica**) ¿Cuánto cambio recibirás si entregas al dependiente $5.00 por una caja de cereal que cuesta $3.85?
(41, 43)

*5. (**Representa**) Escribe 12.5 utilizando palabras.
(Inv. 4)

6. **Representa** Utiliza dígitos y símbolos para mostrar que dieciséis
(Inv. 1) negativo es menor que seis negativo.

7. El reloj muestra la hora en que Joe salió para el trabajo esta
(27) mañana. Desayunó 35 minutos antes de esa hora. ¿A qué
hora desayunó Joe?

8. **Representa** Escribe 4060 en forma desarrollada. Después utiliza
(16, 33) palabras para escribir el número.

9. ¿Cuántos círculos están sombreados?
(35)

10. Compara:
(34, 36)

   a. 2 monedas de 25¢ ◯ medio dólar

   b. 2,100,000 ◯ un millón, doscientos mil

11. Encuentra el factor que falta: $6w = 42$
(41)

*12. a. **Estima** Utiliza una regla de pulgadas para medir este segmento de
(Inv. 2) recta a la pulgada más cercana.

   b. **Estima** Utiliza una regla de centímetros para medir este segmento
   de recta al centímetro más cercano.

   ───────────────────────────

13. Compara: $12 - (6 - 3)$ ◯ $(12 - 6) - 3$
(45)

*14. **Explica** Observa el problema **13** y tu respuesta al problema. ¿Se
(45) puede aplicar la Propiedad asociativa a la resta? ¿Por qué?

*15.(43)	***16.**(41)	**17.**(43)	**18.**(43)
4.07 − 2.26	$5.02 − $2.47	$5.83 − $2.97	$3.92 + $5.14

*19.(44)	***20.**(44)	**21.**(42)	***22.**(44)
42 × 3	83 × 2	40 × 4	41 × 6

23. $2.75 + 50¢ + $3
(43)

*24. 3.50 + 1.75
(43)

*25. **Haz un modelo** Dibuja un rectángulo que mida 2 pulg por 1 pulg.
(Inv. 2, Inv. 3)

    a. ¿Cuántas pulgadas mide el perímetro del rectángulo?

    b. ¿Cuántas pulgadas cuadradas mide el área del rectángulo?

*26. **Selección múltiple** ¿Cuál de los siguientes segmentos *no*
(21, 45) es un radio del círculo?

    A $\overline{RS}$ **B** $\overline{RM}$

    C $\overline{MT}$ **D** $\overline{MS}$

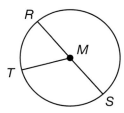

27. **Encuentra la fórmula** Estrella terminó el primer problema en 34 segundos.
(31) El segundo problema lo terminó en 28 segundos. ¿Cuánto tiempo más fue
necesario para terminar el primer problema que el segundo? Escribe una
ecuación para resolver el problema.

*28. Describe el orden de las operaciones en cada expresión. Después
(45) encuentra a qué número es igual cada expresión.

    a. $12 - (4 - 2)$

    b. $(12 - 4) - 2$

29. En Dodge City, Kansas, la temperatura máxima promedio en julio es de 93°F.
(18) La temperatura mínima promedio es de 67°F. ¿Cuántos grados más alta es
una temperatura de 93°F que una temperatura de 67°F?

*30. **Estima** La densidad de población de Connecticut es de 702.9 habitantes
(25, 42) por milla cuadrada. La densidad de población de Kentucky es de 101.7
habitantes por milla cuadrada. Redondea a la centena más cercana para
estimar cuántos habitantes más por milla cuadrada viven en Connecticut que
en Kentucky.

⬧ *Conceptos y destrezas esenciales para Texas*

(4.4)(A) representar factores y productos usando modelos de área

(4.4)(B) representar situaciones de multiplicación y división con dibujos, palabras y números

(4.4)(E) usar división para resolver problemas

(4.6)(A) usar patrones y relaciones para recordar operaciones básicas de multiplicación y división

(4.16)(A) hacer generalizaciones a partir de patrones o de conjuntos de ejemplos y contraejemplos

• Relacionar la multiplicación y la división, parte 1

Preliminares

operaciones Preliminares F

cuenta en voz alta Cuenta de un cuarto en un cuarto desde $\frac{1}{4}$ a 5.

cálculo mental

 a. Sentido numérico: $300 - 50$

 b. Sentido numérico: $68 + 6 + 20$

 c. Sentido numérico: $536 + 45$

 d. Dinero: T'Wan compra un libro por $7.90 y una merienda por $1.95. ¿Cuánto gasta en total?

 e. Potencias/Raíces: Compara: $\sqrt{81}$ ◯ 10

 f. Medición: ¿Cuántos cuartos es un galón?

 g. Estimación: ¿Qué números utilizarías para estimar la suma de $17.23 y $3.71?

 h. Cálculo: $5 \times 7 + 5 + 29 + 220$

resolver problemas Los dígitos 1, 2, 3 y 4, en orden, se pueden escribir con un signo de igualdad y un signo de multiplicación para formar una operación de multiplicación.

$$12 = 3 \times 4$$

Escribe otra operación de multiplicación utilizando cuatro dígitos diferentes escritos en orden.

Enfoque de la estrategia: Hacer una lista organizada

(**Comprende**) Nos muestran que los dígitos 1, 2, 3 y 4 se pueden escribir en orden para formar una operación de multiplicación. Nos piden encontrar una operación de multiplicación diferente con cuatro dígitos escritos en orden.

Planifica Podemos *hacer una lista* de secuencias de cuatro dígitos escritos en orden. Luego podemos recorrer la lista y encontrar una secuencia en la que podamos escribir un signo de igualdad y un signo de multiplicación para formar una operación de multiplicación.

Resuelve Hacemos una lista de todas las secuencias de cuatro dígitos que se pueden escribir en orden:

$$1\ 2\ 3\ 4$$
$$2\ 3\ 4\ 5$$
$$3\ 4\ 5\ 6$$

$$4\ 5\ 6\ 7$$
$$5\ 6\ 7\ 8$$
$$6\ 7\ 8\ 9$$

Buscamos en nuestra lista los dígitos que se pueden convertir en una operación de multiplicación. ¿Podemos formar operaciones colocando un signo de multiplicación entre el primer y el segundo dígito? Lo intentamos y vemos que no: 2×3 no es igual a 45, 3×4 no es igual a 56, y así sucesivamente.

¿Podemos formar operaciones si colocamos el signo de multiplicación entre el tercer y el cuarto dígito? Sí; encontramos que podemos formar dos operaciones: $12 = 3 \times 4$ (que nos dieron) y **$56 = 7 \times 8$.**

Comprueba Sabemos que nuestra respuesta es razonable, porque encontramos un conjunto de cuatro dígitos que se pueden escribir en orden para formar una operación de multiplicación. *Hicimos una lista organizada* para estar seguros de que consideramos cada posibilidad y para ahorrar tiempo en lugar de adivinar y comprobar.

Nuevo concepto

Recuerda que los problemas de multiplicación tienen tres números. Los números multiplicados son los *factores* y el resultado es el *producto.*

$$\text{Factor} \times \text{Factor} = \text{Producto}$$

Visita www. SaxonMath. com/Int4Activities para una actividad con calculadora en linea

Vocabulario de matemáticas

La multiplicación y la división son *operaciones inversas*. Una operación cancela la otra.

Si conocemos los dos factores, multiplicamos para encontrar el producto. Si los factores son 4 y 3, el producto es 12.

$$4 \times 3 = 12$$

Si conocemos un factor y el producto, podemos encontrar el otro factor.

$$4 \times w = 12 \qquad n \times 3 = 12$$

Podemos utilizar la **división** para encontrar un factor que falta. La división "cancela" una multiplicación.

Sabemos cómo utilizar una tabla de multiplicación para encontrar el producto de 3 y 4. Ubicamos la fila y la columna correctas y luego encontramos el producto donde el 3 y el 4 se juntan.

	0	1	2	3	④
0	0	0	0	0	0
1	0	1	2	3	4
2	0	2	4	6	8
③	0	3	6	9	⑫
4	0	4	8	12	16

También podemos utilizar una tabla de multiplicación para encontrar un factor que falta. Si sabemos que un factor es 3 y que el producto es 12, buscamos en la fila que comienza con 3 hasta que vemos el 12. Después buscamos en la parte superior de la columna que contiene el 12. Ahí encontramos el 4, que es el factor que falta.

Destreza mental

Verifica

¿Cuál es el inverso de $12 \div 3 = 4$?

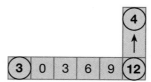

Escribimos así los números 3, 4 y 12 con una caja de división:

$$3\overline{)12}^{\,4}$$

Decimos: "Doce dividido entre tres es cuatro".

Divide: $4\overline{)32}$

Queremos encontrar el factor que falta. Pensamos: "¿Cuatro multiplicado por qué número es treinta y dos?" Podemos encontrar el factor que falta utilizando la tabla de multiplicación de abajo. Primero buscamos la fila que comienza con 4. Después seguimos por esa fila hasta que vemos el 32. Luego observamos la parte superior de esa columna para encontrar que la respuesta es **8**.

Tabla de multiplicación

	0	1	2	3	4	5	6	7	⑧	9	10	11	12
0	0	0	0	0	0	0	0	0	0	0	0	0	0
1	0	1	2	3	4	5	6	7	8	9	10	11	12
2	0	2	4	6	8	10	12	14	16	18	20	22	24
3	0	3	6	9	12	15	18	21	24	27	30	33	36
④	0	4	8	12	16	20	24	28	㉜	36	40	44	48
5	0	5	10	15	20	25	30	35	40	45	50	55	60
6	0	6	12	18	24	30	36	42	48	54	60	66	72
7	0	7	14	21	28	35	42	49	56	63	70	77	84
8	0	8	16	24	32	40	48	56	64	72	80	88	96
9	0	9	18	27	36	45	54	63	72	81	90	99	108
10	0	10	20	30	40	50	60	70	80	90	100	110	120
11	0	11	22	33	44	55	66	77	88	99	110	121	132
12	0	12	24	36	48	60	72	84	96	108	120	132	144

Concluye Identifica patrones de multiplicación y división que aparecen en la tabla. Explica tu razonamiento.

Actividad

Utiliza una tabla de multiplicación para dividir.

Utiliza una tabla de multiplicación para realizar las divisiones que siguen:

1. Si 36 artículos se dividen entre 4 grupos iguales, podemos encontrar el número de artículos que hay en cada grupo dividiendo 36 entre 4. Encuentra $4\overline{)36}$ siguiendo la fila del 4 hasta el 36. ¿Qué número aparece en la parte superior de la columna?

2. Si 30 estudiantes se reúnen en grupos de 5, entonces podemos encontrar el número de grupos dividiendo 30 entre 5. Encuentra $5\overline{)30}$ siguiendo la fila del 5 hasta el 30. ¿Qué número aparece en la parte superior de la columna?

3. Si 108 músicos se ordenan en filas y columnas y hay 9 músicos en cada fila, ¿cuántas columnas hay?

Ejemplo 2

Un maestro de Educación Física divide una clase de 18 estudiantes entre 2 grupos iguales. ¿Cuántos estudiantes hay en cada grupo?

Buscamos el número que va sobre la caja de división. Pensamos "¿Dos multiplicado por qué número es dieciocho?" Recordamos que $2 \times 9 = 18$, entonces la respuesta es **9 estudiantes.** Escribimos "9" sobre el 18 de este modo:

$$2\overline{)18} \quad 9$$

Haz la conexión Si el problema de división anterior se invierte para mostrar una multiplicación, ¿cuáles serían los factores y el producto?

Práctica de la lección

Divide:

a. $2\overline{)12}$ **b.** $3\overline{)21}$ **c.** $4\overline{)20}$ **d.** $5\overline{)30}$

e. $6\overline{)42}$ **f.** $7\overline{)28}$ **g.** $8\overline{)48}$ **h.** $9\overline{)36}$

Práctica escrita   *Integradas y distribuidas*

Encuentra la fórmula Escribe y resuelve ecuaciones para los problemas **1** y **2**.

* 1. En el primer tren había cuatrocientos noventa y cinco barriles de
(11, 30) petróleo. En total, en los dos primeros trenes había setecientos sesenta y dos barriles de petróleo. ¿Cuántos barriles de petróleo había en el segundo tren?

* 2. En un rancho de Montana, los trabajadores empacaron 82 fardos de
(1, 17) heno el primer día. El segundo día empacaron 92 fardos y el tercer día empacaron 78 fardos. ¿Cuántos fardos de heno empacaron en total durante los tres días?

* 3. ¿Cuánto más es el número decimal tres y setenta y ocho centésimas
(Inv. 4, 43) que dos y doce centésimas?

* 4. a. Redondea 786 a la centena más cercana.
(20, 42)
   b. Redondea 786 a la decena más cercana.

*5. **Representa** Dibuja y sombrea rectángulos para mostrar el número $2\frac{1}{3}$.
(35)

*6. **Concluye** Los primeros cinco números impares son 1, 3, 5, 7 y 9.
(1,
Inv. 3)
    a. ¿Cuánto suman?

    b. ¿Cuál es la raíz cuadrada de su suma?

7. El reloj muestra una hora de la mañana. ¿Qué hora era
(27) 12 horas antes de esa hora?

*8. **Concluye** ¿Qué tipo de ángulo forman las manecillas
(23) de este reloj?

*9. **Estima** **a.** Utiliza una regla de pulgadas para
(23, 39) encontrar la longitud de este rectángulo al cuarto de
pulgada más cercano.

    b. ¿Qué segmento es paralelo a $\overline{AB}$?

10. **Estima** Kita dio dos docenas de pasos GRANDES.
(Inv. 2) Aproximadamente, ¿cuántos metros caminó?

*11. **Haz la conexión** ¿A qué número mixto apunta la flecha?
(37)

*12. 64 + (9 × 40)
(45)

*13. $6.25 + 39¢ + $3
(43)

*14. $4.02
(41)   − $2.47

*15. $5.00
(41)   − $2.48

*16. n
(24, 43)   + 2.5
     3.7

*17.   4.3
(16, 43) − c
   3.2

*18.   42
(44) × 3

*19.   81
(44) × 5

*20. $6\overline{)30}$
(46)

*21. $7\overline{)21}$
(46)

*22. $8\overline{)56}$
(46)

*23. $9\overline{)81}$
(46)

*24. $7\overline{)28}$
(46)

*25. $3\overline{)15}$
(46)

*26. **(Haz un modelo)** Dibuja un rectángulo de 3 pulg de largo y 1 pulg de
(Inv. 2, Inv. 3) ancho.

    a. ¿Cuánto mide el perímetro?

    b. ¿Cuánto mide el área?

*27. **Selección múltiple** Rosario observó que la distancia desde el poste
(21) que está en el centro del círculo de *tetherball* hasta el círculo pintado es
de aproximadamente seis pies. Aproximadamente, ¿cuánto mide el radio
del círculo de *tetherball*?

    A 12 pies   **B** 4 yd   **C** 3 pies   **D** 2 yd

*28. Tyrique, Dominic y Tamasha revisaron si en sus bolsillos tenían cambio.
(4, 22) Tyrique tenía dos monedas de 10¢ y una moneda de 1¢. Dominic tenía
tres monedas de 5¢ y dos de 1¢. Tamasha tenía una moneda de 5¢,
una de 10¢ y una de 1¢. Ordena las tres cantidades en una lista de
menor a mayor utilizando signos de dólar y puntos decimales.

29. **(Haz una predicción)** ¿Cuál es el duodécimo término de la secuencia de
(3, 32) abajo?

$$12, 24, 36, 48, 60, \dots$$

30. **(Generaliza)** Escribe una regla que describa la relación que hay
(3) entre los datos de la tabla.

Número de maestros	1	2	3	4	5
Número de estudiantes	7	14	21	28	35

Para los más rápidos

Conexión con la vida diaria

El libro de Cecilia tiene 58 páginas. Lee durante 6 horas y le quedan 4
páginas por leer.

    a. Aproximadamente, ¿cuántas páginas por hora leyó Cecilia? Escribe
un problema de división para resolver el problema.

    b. ¿Qué número se pone en la caja de división? Explica por qué.

🦅 *Conceptos y destrezas esenciales para Texas*

(4.4)(C)   recordar y aplicar tablas de multiplicación
(4.4)(D)   usar multiplicación para resolver problemas
(4.4)(E)   usar división para resolver problemas
(4.6)(A)   usar patrones y relaciones para recordar operaciones básicas de multiplicación y división
(4.7)   usar estructuras de organización para analizar relaciones entre conjuntos de datos, como los pares ordenados en una tabla
(4.16)(A)   hacer generalizaciones a partir de patrones o de conjuntos de ejemplos y contraejemplos

• Relacionar la multiplicación y la división, parte 2

Preliminares

operaciones   Preliminares F

cuenta en voz alta   Con la clase, cuenta de un medio en un medio del $\frac{1}{2}$ al 10.

cálculo mental   Suma las centenas, luego las decenas y luego las unidades. Reagrupa las decenas.

    a. Sentido numérico: $365 + 240$

    b. Sentido numérico: $456 + 252$

    c. Sentido numérico: $584 + 41$

    d. Dinero: $\$6.00 - \$1.50$

    e. Dinero: Zakia compró una caja de cereales por $\$4.56$ y un galón de leche por $\$2.99$. ¿Cuánto gastó?

    f. Hora: Bree salió de su casa a las 7:20 a.m. Llegó a la escuela a las 7:45 a.m. ¿Cuánto demoró Bree en llegar a la escuela?

    g. Estimación: Kaneisha estimó que cada piso del edificio medía 10 pies de alto. Kaneisha contó 6 pisos. Estima la altura total del edificio.

    h. Cálculo: $2 \times 9 + 30 + 29 + 110$

resolver problemas   Escoge una estrategia apropiada para resolver este problema. Cuando contamos de un cuarto en un cuarto decimos: "un cuarto, un medio, tres cuartos, uno,..." Dibuja una recta numérica del 0 al 4 que esté dividida entre cuartos. Utiliza las marcas de cuarto de pulgada de una regla para marcar la recta numérica. Rotula cada marca. ¿Qué número está en el medio entre $2\frac{1}{2}$ y 3? ¿Qué número está en el medio entre 3 y 4?

En la Lección 46 encontramos resultados de divisiones utilizando una tabla de multiplicación. Mostramos la división con una caja de división. Podemos mostrar una división de más de una manera. A continuación mostramos "quince dividido entre tres" de tres maneras diferentes:

$$3\overline{)15} \qquad 15 \div 3 \qquad \frac{15}{3}$$

La primera manera utiliza una caja de división. La segunda utiliza un signo de división. La tercera utiliza una barra de división. Las flechas verdes muestran el orden en que se leen los números.

Ejemplo 1

Utiliza dígitos y signos de división para mostrar "veinticuatro dividido entre seis" de tres maneras.

$$6\overline{)24} \qquad 24 \div 6 \qquad \frac{24}{6}$$

Ejemplo 2

Resuelve:

a. $28 \cdot 4$

b. $\dfrac{27}{3}$

a. Lo leemos como "veintiocho dividido entre cuatro". Significa lo mismo que $4\overline{)28}$.

$$28 \div 4 = 7$$

b. Lo leemos como "veintisiete dividido entre tres". Significa lo mismo que $3\overline{)27}$.

$$\frac{27}{3} = 9$$

Ejemplo 3

Resuelve:

a. $8 \div 1$

b. $\dfrac{9}{9}$

c. $4\overline{)0}$

a. "Ocho dividido entre uno" significa "¿Cuántos unos hay en ocho?" La respuesta es **8**.

b. "Nueve dividido entre nueve" significa "¿Cuántos nueves hay en nueve?" La respuesta es **1**.

c. "Cero dividido entre cuatro" significa "¿Cuántos cuatros hay en cero?" La respuesta es **0**.

Una operación de multiplicación tiene tres números. Podemos formar otra operación de multiplicación más y dos operaciones de división con estos tres números. En conjunto, las cuatro operaciones forman una familia de operaciones de multiplicación y división.

$$6 \times 4 = 24 \qquad 24 \div 4 = 6$$
$$4 \times 6 = 24 \qquad 24 \div 6 = 4$$

Ejemplo 4

Utiliza los números 3, 5 y 15 para escribir dos operaciones de multiplicación y dos operaciones de división.

$$\mathbf{3 \times 5 = 15 \qquad 15 \div 5 = 3}$$
$$\mathbf{5 \times 3 = 15 \qquad 15 \div 3 = 5}$$

Verifica ¿Por qué podemos escribir una familia de operaciones con ecuaciones de multiplicación y división?

Ejemplo 5

Para un proyecto de ciencias, Sh'Vaughn cronometró las velocidades de los caracoles del jardín. Un caracol avanzó 11 cm en un minuto. A esa velocidad, ¿cuánto avanza en 12 minutos?

Minutos	1	2	3	4	5	6	7	8	9	10	11	12
Centímetros	11	22	33	44								

Nos piden encontrar cuánto avanza el caracol en 12 minutos. Una manera de encontrar el resultado es continuar la tabla. Otra manera es multiplicar 11 centímetros por minuto por 12 minutos.

$$11 \times 12 = 132$$

El caracol avanza **132 centímetros** en 12 minutos.

Generaliza ¿Qué regla de división describe la relación que existe entre los datos de la tabla?

Práctica de la lección

Divide:

a. $49 \div 7$ **b.** $45 \div 9$ **c.** $40 \div 8$

d. $\dfrac{6}{6}$ **e.** $\dfrac{32}{8}$ **f.** $\dfrac{27}{3}$

Representa Utiliza dígitos y tres signos de división diferentes para mostrar cada división:

g. veintisiete dividido entre nueve

h. veintiocho dividido entre siete

i. (**Haz la conexión**) Utiliza los números 12, 3 y 4 para escribir dos operaciones de multiplicación y dos operaciones de división.

j. Escribe dos operaciones de división utilizando los números 36, 4 y 9.

Práctica escrita
Integradas y distribuidas

*1. (**Encuentra la fórmula**) La Marca A cuesta dos dólares y cuarenta y tres
(31, 41) centavos. La Marca B cuesta cinco dólares y siete centavos. ¿Cuánto más cuesta la Marca B que la Marca A? Escribe una ecuación y resuelve este problema.

*2. (**Haz la conexión**) Los números 3, 4 y 12 forman una familia de operaciones
(47) de multiplicación y división.

$$3 \times 4 = 12 \qquad 12 \div 4 = 3$$
$$4 \times 3 = 12 \qquad 12 \div 3 = 4$$

Escribe cuatro operaciones de multiplicación/división utilizando los números 4, 5 y 20.

*3. ¿Cuánto suman los números decimales dos y tres décimas y ocho y nueve
(Inv. 4, 43) décimas?

*4. (**Concluye**) Utiliza los dígitos 1, 5, 6 y 8 para escribir un número par
(10) mayor que 8420. Cada dígito se puede utilizar sólo una vez.

5. a. Compara: $1\frac{1}{2} \bigcirc 1.75$
(7,
Inv. 4) **b.** Utiliza palabras para escribir el número mayor de los dos números que comparaste en la parte **a.**

6. (**Analiza**) Carlos utilizará losetas cuadradas que miden un pie por lado
(Inv. 3) para cubrir un vestíbulo que mide ocho pies de largo y cuatro pies de ancho. ¿Cuántas losetas necesitará Carlos?

7. (**Representa**) ¿A qué número apunta la flecha?
(Inv. 1)

8. a. ¿Qué fracción de un dólar son cinco monedas de 10¢?
(36)

    b. Escribe el valor de cinco monedas de 10¢ utilizando un signo de dólar y un punto decimal.

*9. La longitud del segmento *PQ* es 2 cm. La longitud del segmento *PR* es
(11) 11 cm. ¿Cuánto mide el segmento *QR?*

*10. ⬭ **Concluye** ¿Qué segmento de este triángulo parece
(23, 45) perpendicular al segmento *AC?*

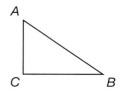

11. Redondea 3296 a la centena más cercana.
(42)

12. Utiliza palabras para escribir 15,000,000.
(33)

*13. $95 - (7 \times \sqrt{64})$ **14.** $2.53 + 45¢ + $3
(Inv. 3,   (43)
45)

*15. n **16.**   40   ***17.**   51
(24, 43) $\underline{-\ 5.1}$ (44) $\underline{\times\ \ 3}$ (44) $\underline{\times\ \ 5}$
        2.3

*18. $28 \div 7$ ***19.** $81 \div 9$ ***20.** $35 \div 7$ ***21.** $16 \div 4$
(47)   (47)   (47)   (47)

*22. $\dfrac{28}{4}$ ***23.** $\dfrac{42}{7}$ ***24.** $\dfrac{48}{8}$ ***25.** $\dfrac{0}{5}$
(47)   (47)   (47)   (47)

*26. Selección múltiple ¿Cuál de estos *no* muestra 24 dividido entre 4?
(47)

    A $24\overline{)4}$ **B** $\dfrac{24}{4}$ **C** $24 \div 4$ **D** $4\overline{)24}$

27. a. ¿Está $12.90 más cerca de $12 ó de $13?
(20)

    b. ¿Está 12.9 más cerca de 12 ó de 13?

*28. Describe el orden de las operaciones en estas expresiones y encuentra a
(45)   qué número es igual cada expresión.

  a. $12 \div (6 \div 2)$

  b. $(12 \div 6) \div 2$

  c. ⬭ **Concluye** ¿Se aplica la Propiedad asociativa a la división?
  Explica.

29. El año 2003, cada visitante a México gastó un promedio de $540. Cada
(11, 13)   visitante a Canadá gastó un promedio de $557. ¿Cuántos dólares más
  gastó cada visitante a Canadá el 2003?

*30. ⬭ **Estima** Uno de los tiburones martillo más grandes jamás capturado pesó
(25, 42)   991 libras. Uno de los tiburones *porbeagle* más grandes jamás capturado
  pesó 507 libras. Redondea a la centena de libra más cercana para estimar
  la diferencia de peso entre esos dos tiburones.

Para los más rápidos

Conexión con la vida diaria

La banda tocó 18 minutos durante el entretiempo del partido de fútbol americano. Cada canción duró 3 minutos. ¿Cuántas canciones tocó la banda durante el entretiempo?

  a. Escribe una ecuación de división que se pueda utilizar para encontrar la respuesta.

  b. Escribe una ecuación de multiplicación que se pueda utilizar para encontrar $18 \div 3$.

  c. Explica la relación que existe entre la multiplicación y la división.

Conceptos y destrezas esenciales para Texas

(4.4)(B) representar situaciones de multiplicación y división con dibujos, palabras y números
(4.4)(C) recordar y aplicar tablas de multiplicación
(4.4)(D) usar multiplicación para resolver problemas
(4.11)(A) usar instrumentos de medición
(4.11)(B) realizar conversiones sencillas entre unidades de longitud, volumen y masa del sistema usual de medidas
(4.14)(A) identificar las matemáticas en situaciones diarias
(4.14)(B) resolver problemas que implican comprender, hacer y llevar a cabo un plan. y evaluar la solución
(4.14)(C) desarrollar plan o estrategia para resolver problemas

• Multiplicar números de dos dígitos, parte 2

Preliminares

operaciones Preliminares F

cuenta en voz alta Cuenta de un cuarto en un cuarto del $\frac{1}{4}$ al 5.

cálculo mental Suma las centenas, luego las decenas y luego las unidades, reagrupando las decenas.

a. Sentido numérico: 466 + 72

b. Sentido numérico: 572 + 186

c. Sentido numérico: 682 + 173

d. Dinero: $3.59 + $2.50

e. Dinero: Cassie tiene $4.60. Victoria tiene $2.45. ¿Cuánto dinero tienen en conjunto?

f. Dinero: Enrique tiene $6.24. Kalila tiene $2.98. ¿Cuánto dinero tienen en conjunto?

g. Estimación: Estima el precio total de artículos cuyos precios son $2.98, $3.05 y $8.49, respectivamente.

h. Cálculo: $\sqrt{64} \times 5 + 410 + 37$

resolver problemas Escoge una estrategia apropiada para resolver este problema. Camino a la escuela en la mañana, D'Janelle vio un letrero que mostraba una temperatura ambiente de 29°F. Durante su trayecto a casa por la tarde, el letrero mostraba una temperatura de 4°C. ¿Subió o bajó la temperatura ambiente durante el día? ¿Cómo lo sabes?

Nuevo concepto

En la Lección 44 practicamos cómo multiplicar números de dos dígitos. Primero multiplicamos el dígito que está en el lugar de las unidades. Después multiplicamos el dígito del lugar de las centenas.

Multiplicar unidades   Multiplicar decenas

$$\begin{array}{r} 12 \\ \times\ \ 4 \\ \hline 8 \end{array} \qquad \begin{array}{r} 12 \\ \times\ \ 4 \\ \hline 48 \end{array}$$

A menudo, al multiplicar las unidades el resultado es un número de dos dígitos. Cuando esto ocurre, no escribimos los dos dígitos debajo de la línea. En lugar de ello, escribimos el segundo dígito debajo de la línea en la columna de las unidades y escribimos el primer dígito sobre la columna de las decenas.

Siete veces dos es 14.

Escribimos el cuatro debajo de la línea y escribimos el 1 de la decena sobre el lugar de las decenas.

$$\begin{array}{r} 1\ \ \\ 12 \\ \times\ \ 7 \\ \hline 4 \end{array}$$

Luego multiplicamos el dígito de las decenas y sumamos el dígito que escribimos sobre esa columna.

Siete veces uno es siete, más uno es ocho.

$$\begin{array}{r} 1\ \ \\ 12 \\ \times\ \ 7 \\ \hline 84 \end{array}$$

Haz un modelo   Podemos demostrar esta multiplicación con billetes de $10 y de $1. Para hacerlo, contamos siete veces $12. Utilizamos un billete de $10 y dos billetes de $1 para hacer cada conjunto de $12. Al terminar tenemos siete billetes de $10 y catorce billetes de $1.

7   14

Intercambiamos diez billetes de $1 por uno de $10. Sumamos ese billete a la pila de billetes de $10, lo que nos da un nuevo total de ocho billetes de $10 y cuatro billetes de $1.

8   4

Ejemplo 1

El contratista compró 8 puertas por $64 cada una. ¿Cuál es el precio total de las puertas antes del impuesto?

Escribimos el número de dos dígitos sobre el número de un dígito. Pensamos en $64 como 6 decenas y 4 unidades. Multiplicamos 4 unidades por 8 y el total es 32 unidades ($32). Escribimos el 2 de $32 debajo de la línea. El 3 de $32 es 3 decenas; por lo tanto, escribimos "3" sobre la columna de las decenas.

$$\begin{array}{r} 3 \\ \$64 \\ \times\quad 8 \\ \hline 2 \end{array}$$

Después multiplicamos 6 decenas por 8, que es 48 decenas. Le sumamos las 3 decenas y obtenemos un total de 51 decenas. Escribimos "51" debajo de la línea. El producto es $512. El precio total de las puertas fue de **$512.**

$$\begin{array}{r} 3 \\ \$64 \\ \times\quad 8 \\ \hline \$512 \end{array}$$

Ejemplo 2

Un chef utiliza 2 tazas de leche para hacer un pote de sopa. Aproximadamente, ¿cuántos cuartos de leche necesita para hacer 18 potes de sopa?

Cada pote de sopa incluye 2 tazas de leche, de modo que 18 potes de sopa contienen 18 × 2 tazas de leche. Como sólo necesitamos una estimación, redondeamos 18 a 20 antes de multiplicar.

$$20 \times 2 \text{ tazas} = 40 \text{ tazas}$$

El chef necesita aproximadamente 40 tazas de leche, pero nos preguntan por el número de cuartos. Como 4 tazas es igual a un cuarto, dividimos 40 entre 4.

$$40 \text{ tazas} \div 4 = 10 \text{ cuartos}$$

El chef necesitará un poco menos que **10 cuartos** de leche.

Práctica de la lección

Encuentra cada producto:

a.
$$\begin{array}{r} 16 \\ \times\ 4 \\ \hline \end{array}$$

b.
$$\begin{array}{r} 24 \\ \times\ 3 \\ \hline \end{array}$$

c.
$$\begin{array}{r} \$45 \\ \times\ 6 \\ \hline \end{array}$$

d. 53 × 7

e. 35 × 8

f. 64 × 9

g. (**Haz un modelo**) Utiliza manipulables de dinero para demostrar esta multiplicación:

$$\$14 \times 3$$

h. (**Estima**) El restaurante ordena 19 galones de leche diarios. Estima el número de cuartos que son iguales a 19 galones. Después estima el número de litros de leche que ordena diariamente el restaurante.

Encuentra la fórmula Escribe y resuelve ecuaciones para los problemas **1** y **2**.

*1. En la primera bandada hay cuatrocientos setenta y dos pájaros. En la
(31) segunda bandada hay ciento cuarenta y siete pájaros. ¿Cuántos pájaros menos hay en la segunda bandada?

*2. Raina caminó cuarenta y dos millas. Después caminó setenta y cinco
(1, 17) millas más. ¿Cuántas millas caminó en total?

*3. **Haz la conexión** Escribe cuatro operaciones de multiplicación/división
(47) utilizando los números 3, 5 y 15.

*4. Utiliza los dígitos 1, 3, 6 y 8 para escribir un número impar entre 8000 y
(10) 8350. Cada dígito se puede utilizar sólo una vez.

*5. **Representa** Escribe 306,020 en forma desarrollada. Después utiliza
(16, 33) palabras para escribir el número.

*6. **Representa** Dibuja y sombrea círculos para mostrar el número $2\frac{1}{8}$.
(35)

7. ¿Cuántos pies es una milla?
(Inv. 2)

8. ¿Cuánto mide el perímetro de este pentágono?
(Inv. 2)

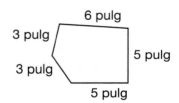

9. Se corta en dos partes un tablero que mide 1 metro de longitud. Si una
(11, Inv. 2) parte del tablero mide 54 cm de largo, ¿cuánto mide la otra parte?

*10. Encuentra la longitud del segmento *BC*.
(39)

*11. $100 + (4 \times 50)$
(45)

12. $\$3.25 + 37¢ + \$3$
(43)

13. $\sqrt{4} \times \sqrt{9}$
(Inv. 3)

*14. $\begin{array}{r} 33 \\ \times\ 6 \\ \hline \end{array}$
(48)

*15. $\begin{array}{r} 24 \\ \times\ 5 \\ \hline \end{array}$
(48)

*16. $\begin{array}{r} 90 \\ \times\ 6 \\ \hline \end{array}$
(48)

*17. $\begin{array}{r} \$42 \\ \times\ 7 \\ \hline \end{array}$
(48)

18. $\begin{array}{r} \$5.06 \\ -\ \$2.28 \\ \hline \end{array}$
(41)

*19. $\begin{array}{r} 1.45 \\ +\ 2.70 \\ \hline \end{array}$
(43)

*20. $\begin{array}{r} 3.25 \\ -\ 1.50 \\ \hline \end{array}$
(43)

21. $\begin{array}{r} 14 \\ 28 \\ 45 \\ 36 \\ 92 \\ +\ 47 \\ \hline \end{array}$
(17)

*22. $28 \div 7$
(47)

23. $5\overline{)35}$
(46)

24. $6\overline{)54}$
(46)

*25. $\dfrac{63}{7}$
(47)

*26. **Selección múltiple** El área de un rectángulo mide 12 pulg². ¿Cuáles de
(Inv. 3) estas *no* pueden ser el largo y el ancho del rectángulo?

    A 4 pulg por 3 pulg   **B** 6 pulg por 2 pulg

    C 12 pulg por 1 pulg   **D** 4 pulg por 2 pulg

*27. (**Justifica**) ¿Qué propiedad de la multiplicación se muestra aquí?
(45)

$$5 \times (2 \times 7) = (5 \times 2) \times 7$$

*28. Utiliza dígitos y tres signos de división diferentes para mostrar
(47) "veinticuatro dividido entre tres".

*29. (**Estima**) D'Ron envió nueve invitaciones por correo y puso una
(48) estampilla de 39¢ en cada invitación. Estima el total del precio de
franqueo de las 9 invitaciones. Explica cómo estimaste el total.

*30. (**Haz un modelo**) Dibuja una recta numérica y muestra la ubicación de 2, 3, 1.5 y $2\frac{1}{4}$.
(Inv. 1)

🔸 *Conceptos y destrezas esenciales para Texas*

(4.4)(B) representar situaciones de multiplicación y división usando dibujos, palabras y números
(4.5)(B) usar estrategias que incluyen redondeo para estimar soluciones de problemas de multiplicación y división
(4.14)(A) identificar las matemáticas en situaciones diarias
(4.14)(B) resolver problemas que implican comprenderlos, hacer y llevar a cabo un plan y evaluar si es razonable la solución
(4.14)(C) desarrollar plan o estrategia para resolver problemas
(4.15)(B) relacionar lenguaje informal con lenguaje matemático

• Problemas de planteo acerca de grupos iguales, parte 1

operaciones	Preliminares G
cuenta en voz alta	Cuenta de siete en siete del 7 al 42 y luego otra vez hasta el 7.
cálculo mental	Suma las centenas, luego las decenas y luego las unidades, reagrupando decenas y unidades.

    a. Dinero: $258 + $154

    b. Dinero: $587 + $354

    c. Dinero: $367 + $265

    d. Sentido numérico: 480 − 115

    e. Medición: ¿Cuánto mide el diámetro de esta moneda?

pulgada   1

    f. Estimación: Escoge la estimación más razonable para la longitud de un billete de un dólar: 6 pulgadas ó 6 milímetros.

    g. Cálculo: 620 + 40 + 115

    h. Cálculo: 95 + 50 + 19 + 110

resolver problemas	Escoge una estrategia apropiada para resolver este problema. Paige gana $2 por cada día que completa sus quehaceres. Normalmente, a Paige le pagan $14 cada sábado por toda la semana anterior. Sin embargo, esta semana Paige quiere solicitar un pago por adelantado para poder comprar un juego nuevo. Si Paige pide que le paguen por las tareas que ya completó del domingo al jueves, ¿cuánto dinero solicitará? Explica cómo llegaste al resultado.

En esta lección practicamos cómo resolver problemas de planteo acerca de grupos iguales. Los problemas con estructura de **"grupos iguales"** se pueden resolver utilizando una fórmula de multiplicación. Observa este problema:

Azura compró 3 cartones de huevos. Cada cartón contiene 12 huevos. Azura compró 36 huevos en total.

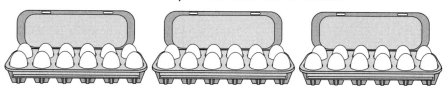

En este problema hay grupos iguales (cartones) de 12 huevos. A continuación mostramos cómo poner estos números en una fórmula de multiplicación:

Fórmula	**Problema**
Número **en** cada grupo	12 huevos en cada cartón
$\times$ Número **de** grupos	$\times$ 3 cartones
Total	36 huevos

Fórmula:

Número **de** grupos $\times$ Número **en** cada grupo = Total

Problema:

3 cartones $\times$ 12 huevos en cada cartón = 36 huevos

Para encontrar el total, multiplicamos el número que hay en cada grupo por el número de grupos. Si queremos encontrar el número de grupos o el número que hay en cada grupo, dividimos.

Leamos matemáticas

Transformamos el problema utilizando una fórmula de multiplicación:

Número de grupos: 3 cartones
Número en cada grupo: 12 huevos
Total: 36 huevos

Ejemplo 1

Tyrone tiene 5 latas de pelotas de tenis. En cada lata hay 3 pelotas. ¿Cuántas pelotas de tenis tiene Tyrone?

Las palabras *en cada* son claves en este problema. Las palabras *en cada* normalmente significan que el problema tiene una estructura de "grupos iguales".

Escribimos el número y las palabras que van con *en cada* en la primera línea. Ése es el número que hay en cada grupo. Escribimos el número y las palabras *5 latas* como el número de grupos. Para encontrar el total, multiplicamos.

Fórmula	**Problema**
Número **en** cada grupo	3 pelotas de tenis en cada lata
$\times$ Número **de** grupos	$\times$ 5 latas
Total	**15 pelotas de tenis**

A continuación escribimos la fórmula horizontalmente:

Fórmula:
Número **de** grupos × Número **en** cada grupo = Total

Problema:
5 latas × 3 pelotas de tenis en cada lata = 15 pelotas de tenis

Ejemplo 2

Doce huevos es igual a una docena de huevos. Encuentra el número de huevos que es igual a cinco docenas de huevos.

En cada docena hay doce huevos.

Fórmula:
Número **de** grupos × Número **en** cada grupo = Total

Problema:
5 docenas × 12 huevos en cada docena = 60 huevos

Encontramos que **60 huevos** es igual a cinco docenas.

Ejemplo 3

Un pie humano tiene 26 huesos. Aproximadamente, ¿cuántos huesos hay en dos pies humanos?

Como 25 está cerca de 26, podemos estimar el número total de huesos que hay en dos pies multiplicando 25 por 2.

$$2 \times 25 = 50$$

En dos pies humanos hay **aproximadamente 50 huesos**.

(**Explica**) Describe cómo la estimación ayuda a encontrar el número exacto de huesos que hay en dos pies.

Práctica de la lección

(**Encuentra la fórmula**) Escribe y resuelve una ecuación para cada problema de "grupos iguales".

a. Hay 8 pájaros en cada bandada. Hay 6 bandadas. ¿Cuántos pájaros hay en total?

b. Hay 6 personas en cada carro. Hay 9 carros. ¿Cuántas personas hay en total?

c. La vitrina de una panadería tiene 4 docenas de panecillos dulces. ¿Cuántas unidades de panecillos dulces hay en la vitrina?

d. (**Estima**) Una mano humana tiene 24 huesos. Aproximadamente, ¿cuántos huesos tienen dos manos humanas? Explica cómo encontraste tu respuesta.

Encuentra la fórmula   Escribe y resuelve ecuaciones para los problemas **1** y **2**.

* **1.** Hay 8 niños en cada fila. Hay cuatro filas. ¿Cuántos niños en total hay
(49)   en las 4 filas?

* **2.** Hay 7 niñas en cada fila. Hay 9 filas. ¿Cuántas niñas en total hay en las
(49)   9 filas?

3. Una llama pesa aproximadamente 375 libras. Un coyote pesa
(31)   aproximadamente 75 libras. Aproximadamente, ¿cuántas libras más pesa
una llama que un coyote?

* **4.** **Haz la conexión**   Escribe cuatro operaciones de multiplicación/división
(47)   utilizando los números 5, 6 y 30.

* **5.** **Representa**   Dibuja y sombrea círculos para mostrar el número $2\frac{3}{4}$.
(35)

* **6.** ¿A qué número mixto y número decimal apunta la flecha?
(37)

7. Tika es una estudiante universitaria. Ella comenzó su tarea
(27)   anoche a la hora que muestra el reloj. Terminó dos horas y
media después. ¿A qué hora terminó su tarea?

* **8.** **Representa**   Dibuja un rectángulo de 4 cm por 2 cm. Sombrea
(21, 26) $\frac{7}{8}$ de él.

9. **Representa**   Utiliza dígitos para escribir tres millones, setecientos cincuenta
(33, 34)   mil. ¿Qué dígito está en el lugar de las centenas de millar?

* **10.** **Haz la conexión**   Utiliza los números decimales 1.4, 0.7 y 2.1 para
(6)   escribir dos operaciones de suma y dos operaciones de resta.

* **11.** $56 \div 7$ * **12.** $64 \div 8$ * **13.** $\dfrac{45}{9}$
(47)   (47)   (47)

*14. La longitud del segmento *RT* es de 9 cm. La longitud del segmento *ST* es
(6) de 5 cm. ¿Cuál es la longitud del segmento *RS*?

R   S   T

15. $3.07
(41)   − $2.28

16.   4.78
(43)   − 3.90

*17. $(4 + 3) \times \sqrt{64}$
(Inv. 3, 45)

18.   7.07
(24, 43)   −   *n*
        4.85

19.   *c*
(16, 43)   − 2.3
        4.8

*20. $403 − (5 \times 80)$
(45)

21. $6n = 30$
(41)

22. $(587 − 238) + 415$
(45)

*23.   45
(48)   ×   6

*24.   23
(48)   ×   7

*25. $34
(48)   ×   8

*26. Selección múltiple El radio de un círculo mide 3 pies. ¿Cuál de los
(Inv. 2, 21) siguientes *no* es el diámetro del círculo?

A 36 pulg   **B** 6 pies   **C** 2 yd   **D** 72 pulg

*27. Selección múltiple ¿Cuál de estos ángulos es agudo?
(23)

A   **B**

C   **D**

*28. Resuelve:
(47)
   a. $\dfrac{5}{5}$ **b.** $9 \div 1$ **c.** $6\overline{)0}$

29. **Estima** Una mano humana tiene 27 huesos. Un pie humano tiene
(49) 26 huesos. Aproximadamente, ¿cuántos huesos hay en dos manos y dos
pies? Explica por qué es razonable tu estimación.

*30. **Estima** El área del terreno del Monumento Nacional Booker T.
(11, 17) Washington de Virginia mide 239 acres. El área del terreno del Monumento
Nacional Cabrillo de California mide 160 acres. ¿Cuál es una estimación
razonable para total de acres de esos dos monumentos nacionales?
Explica por qué es razonable tu estimación.

 Conceptos y destrezas esenciales para Texas

(4.1)(B) usar valor posicional para leer, escribir y comparar decimales que contienen décimas y centésimas

(4.2)(C) comparar fracciones usando objetos y dibujos

(4.2)(D) relacionar decimales con fracciones que representan décimas y centésimas usando objetos y dibujos

(4.14)(B) resolver problemas que implican comprender, hacer y llevar a cabo un plan y evaluar la solución

(4.14)(C) desarrollar plan o estrategia para resolver problemas

• Suma y resta de números decimales, parte 2

operaciones	Preliminares G
cuenta en voz alta	cuenta de un cuarto en un cuarto del $\frac{1}{4}$ al 5.
cálculo mental	Suma centenas, luego decenas y luego unidades, reagrupando decenas y unidades.

    a. Sentido numérico: 589 + 46

    b. Sentido numérico: 375 + 425

    c. Dinero: $389 + $195

    d. Dinero: D'Trina pagó $5.64 por un collar de perro y $1.46 por una placa de identificación. ¿Cuánto gastó en total D'Trina?

    e. Time: Jamal comenzó a leer su libro a las 2:25 p.m. y leyó durante 45 minutos. ¿A qué hora terminó de leer?

    f. Medición: Había 4 galones de agua en la cubeta. ¿Cuántos cuartos es?

    g. Estimación: JaNeeva quiere comprar un CD que cuesta $12.65 y un par de audífonos que cuestan $15.30. Redondea cada precio a los veinticinco centavos más cercanos y luego suma para estimar el precio de ambos artículos.

    h. Cálculo: $\sqrt{36} \times 8 + 40 + 9 + 15$

resolver problemas

Escoge una estrategia apropiada para resolver este problema. Sunee está formando una secuencia con dinero. Ella alinea los billetes que se muestran abajo. ¿Qué cantidades de dinero puede utilizar para extender la secuencia en dos términos más?

 , ,  , . . .

Nuevo concepto

Hemos sumado y restado números decimales alineando los puntos decimales y luego sumando o restando los dígitos de cada columna. Alineamos los puntos decimales para asegurarnos de sumar y restar dígitos con el mismo valor posicional.

La tabla muestra valores posicionales de centenas a centésimas. Utilizamos el punto decimal como guía para encontrar el valor de cada lugar. A la izquierda del punto decimal está el lugar de las unidades, luego está el lugar de las decenas y después el lugar de las centenas. A la derecha del punto decimal está el lugar de las décimas ($\frac{1}{10}$) y después el lugar de las centésimas ($\frac{1}{100}$).

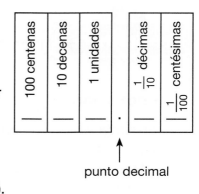

punto decimal

Ejemplo 1

Nombra el valor posicional del 3 en cada número:

a. 23.4 **b. 2.34** **c. 32.4** **d. 4.23**

Utiliza la tabla de arriba para encontrar el valor posicional.

a. unidades **b. décimas**

c. decenas **d. centésimas**

En esta lección comenzamos a sumar y restar números decimales que no tienen el mismo número de cifras decimales.

Ejemplo 2

Suma: 3.75 + 12.5 + 2.47

Para sumar números decimales con papel y lápiz, nos enfocamos en alinear los puntos decimales, no los últimos dígitos.

Alinea los puntos decimales.

$$
\begin{array}{r}
\overset{1\ 1}{3.75} \\
12.5 \\
+\ \ 2.47 \\
\hline
18.72
\end{array}
$$

← Toma un "lugar vacío" como cero.

Resta: 4.25 − 2.5

Alineamos los puntos decimales y restamos.

Alinea los puntos decimales.

$$\begin{array}{r} \overset{3}{\cancel{4}}\overset{1}{.}25 \\ -\ 2.5 \\ \hline 1.75 \end{array}$$

← Toma un "lugar vacío" como cero.

Suma y resta decimales

Materiales:
- **Actividad 25 de la lección**

Haz un modelo Completa la **Actividad 25 de la lección** para representar décimas y centésimas en una cuadrícula.

Práctica de la lección

a. ¿Qué dígito de 23.5 está en el lugar de las décimas?

b. ¿Qué dígito en 245.67 está en el lugar de las centésimas?

c. ¿Qué dígito de 12.5 está en el mismo lugar que el 7 en 3.75?

Encuentra cada suma o diferencia:

d. 4.35 + 2.6

e. 4.35 − 2.6

f. 12.1 + 3.25

g. 15.25 − 2.5

h. 0.75 + 0.5

i. 0.75 − 0.7

j. Encuentra n en la ecuación $n + 1.5 = 4.75$.

Práctica escrita *Integradas y distribuidas*

Encuentra la fórmula Escribe y resuelve ecuaciones para los problemas **1–3.**

*1. Cada uno de los 3 botes transportó a 12 personas. ¿Cuántas personas en total había en los 3 botes?
(49)

*2. El libro cuesta $6.98. El impuesto es 42¢. ¿Cuál es el precio total?
(22, 35)

*3. Claire leyó seiscientos veinte minutos para un programa de lectura
(31)　extraescolar. Ashanti leyó cuatrocientos diecisiete minutos. ¿Cuántos
　　　minutos más leyó Claire que Ashanti?

*4. (**Haz la conexión**) Utiliza los números 4, 12 y 48 para escribir dos
(47)　operaciones de multiplicación y dos operaciones de división.

5. Justin corrió el perímetro de la manzana. ¿Cuánto corrió Justin? Las
(Inv. 2)　medidas de la manzana se muestran en la figura de abajo.

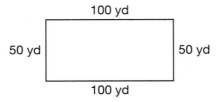

*6. Justin corrió alrededor de la manzana en 58.7 segundos. Escribe 58.7 con
(Inv. 4)　palabras.

7. (**Representa**) Utiliza dígitos para escribir doce millones, setecientos
(33, 34)　cincuenta mil. ¿Qué dígito está en el lugar de las centenas de
　　　millar?

*8. (**Estima**) Redondea 783 y 217 a la centena más cercana. Después resta el
(42)　número redondeado menor del número redondeado mayor.

9. El reloj muestra una hora de la noche. El día escolar de
(19)　Alyssa comienza 9 horas 30 minutos después de esa hora.
　　　¿A qué hora comienza el día escolar de Alyssa?

10. (**Haz la conexión**) Escribe este problema de suma como problema de
(27)　multiplicación:

$$\$3.75 + \$3.75 + \$3.75 + \$3.75$$

*11. $(4 \times 50) - \sqrt{36}$
(Inv. 3,
45)

*12. $3.6 + 4.35 + 4.2$
(50)

13. $\$4.63 + \$2 + 47¢ + 65¢$
(43)

*14. 　43
(48)　× 6
———

*15. 　54
(48)　× 8
———

*16. 　37
(48)　× 3
———

*17. 　$40
(48)　×　4
———

18. 4.7 + 5.5 + 8.4 + 6.3 + 2.4 + 2.7
(43)

19. $5.00 − $4.29
(41)

20. 7.03 − 4.2
(50)

21.
(12, 24)

$$\begin{array}{r} n \\ -\ 27.9 \\ \hline 48.4 \end{array}$$

22.
(24, 43)

$$\begin{array}{r} 46.2 \\ +\ \ \ c \\ \hline 52.9 \end{array}$$

23. $\dfrac{24}{3}$
(47)

24. $\dfrac{36}{9}$
(47)

25. La longitud del segmento *AB* es de 5 cm. La longitud del segmento *BC* es
(1, 45) de 4 cm. ¿Cuál es la longitud del segmento *AC*?

A   B   C

26. (**Representa**) Dibuja y sombrea círculos para mostrar $3\frac{3}{8}$.
(35)

27. Compara: 1 minuto ◯ 58.7 segundos
(Inv. 4, 50)

28. **Selección múltiple** ¿Cuál de los siguientes es más de un segundo,
(19, Inv. 4) pero menos de dos segundos?

    A 0.15 s   **B** 1.5 s

    C 2.1 s   **D** 2.15 s

29. Ordena estos números de menor a mayor:
(33)

        250,000   47,000   9000   3,100,000   600

30. Estos termómetros muestran el promedio diario de la temperatura mínima
(18) y máxima en el Parque Central en Nueva York durante el mes de julio.
¿Cuál es la diferencia en grados de las dos temperaturas?

🔹 *Conceptos y destrezas esenciales para Texas*

(4.1)(B) usar valor posicional para leer, escribir y comparar decimales con décimas y centésimas

(4.2)(C) comparar fracciones con objetos y dibujos

(4.2)(D) relacionar decimales con fracciones que representan décimas y centésimas usando objetos y dibujos

Enfoque en

• Porcentajes

Una parte de un entero se puede representar con una fracción, con un número decimal o con un porcentaje. **Porcentaje** significa de cada cien. Cincuenta de los 100 o $\frac{50}{100}$ de los cuadrados siguientes están sombreados. Esto significa que el 50% está sombreado.

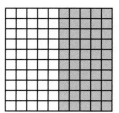

$\frac{1}{2}$ del cuadrado está sombreado.
0.50 del cuadrado está sombreado.
50% del cuadrado está sombreado.

Leemos 50% como "cincuenta por ciento". Un porcentaje se expresa como una fracción con un denominador de 100. El signo de tanto por ciento (%) representa al denominador 100.

$$50\% \text{ significa } \frac{50}{100}$$

Tal como 50 centavos es $\frac{1}{2}$ de un dólar entero, 50 por ciento es $\frac{1}{2}$ de un entero. La estrecha relación entre centavos y porcentajes puede ayudarnos a comprender los porcentajes.

Un medio de un dólar es 50 centavos.	Un medio está sombreado. 50% está sombreado.	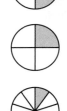
Un cuarto de un dólar es 25 centavos.	Un cuarto está sombreado. 25% está sombreado.	
Un décimo de un dólar es 10 centavos.	Un décimo está sombreado. 10% está sombreado.	

Nombrar los porcentajes de un dólar

（**Haz la conexión**） Resuelve:

   1. ¿Qué fracción de un dólar es una moneda de 25¢?

   2. ¿Qué porcentaje de un dólar es una moneda de 25¢?

   3. ¿Qué fracción de un dólar es una moneda de 10¢?

   4. ¿Qué porcentaje de un dólar es una moneda de 10¢?

Comenta ¿Qué fracción de cinco dólares es un dólar? Explica la relación como porcentaje.

5. ¿Qué fracción de un dólar es una moneda de 1¢?

6. ¿Qué porcentaje de un dólar es una moneda de 1¢?

7. ¿Qué fracción de un dólar es una moneda de 5¢?

8. ¿Qué porcentaje de un dólar es una moneda de 5¢?

Estimar porcentajes de un entero

En la siguiente ilustración, el vaso de la izquierda está 100% lleno. El vaso de la derecha está 50% lleno.

100%   50%

Selección múltiple En los problemas **9–12,** estima para encontrar la mejor alternativa de qué tan lleno está cada vaso.

9. ¿Este vaso está lleno en más o menos qué porcentaje?

   A 20%   **B** 40%

   C 60%   **D** 80%

10. ¿Este vaso está lleno en más o menos qué porcentaje?

   A 25%   **B** 50%

   C 75%   **D** 100%

11. ¿Este vaso está lleno en más o menos qué porcentaje?

   A 20%   **B** 40%

   C 60%   **D** 80%

12. ¿Este vaso está lleno en más o menos qué porcentaje?

   A 20%   **B** 40%

   C 60%   **D** 80%

Analiza ¿Qué porcentaje de un cuarto es una taza?

Encontrar el porcentaje restante de un entero

Las partes de un entero suman 100%. Esto significa que si el 25% de este círculo está sombreado, entonces el 75% *no* está sombreado.

25% + 75% = 100%

Analiza Escribe cada porcentaje:

13. Si el 40% de este círculo está sombreado, entonces ¿qué porcentaje *no* está sombreado?

14. Setenta y cinco por ciento de la figura está sombreada. ¿Qué porcentaje *no* está sombreado?

15. Si el 80% de las respuestas están correctas, entonces ¿qué porcentaje de las respuestas *no* están correctas?

Haz la conexión Escribe las respuestas para los problemas **13** y **15** como fracción y como decimal.

16. **Analiza** Si la posibilidad de que llueva es de un 10%, entonces ¿cuál es la posibilidad de que *no* llueva?

Comparar porcentajes con un medio

Explica Completa cada comparación de los problemas **17–19** y explica cada una de tus respuestas.

17. Compara: 48% $\bigcirc$ $\frac{1}{2}$

18. Compara: 52% $\bigcirc$ $\frac{1}{2}$

19. Compara: 50% $\bigcirc$ $\frac{1}{3}$

20. Cuarenta por ciento de los estudiantes de la clase son niños. ¿Hay más niños o niñas en la clase? Explica tu respuesta.

Encontrar el 50% de un número

Para encontrar un medio de un número, dividimos el número en dos partes iguales. Como 50% es igual a $\frac{1}{2}$, encontramos el 50% de un número al dividirlo en dos partes iguales.

Explica Responde estas preguntas acerca del 50% de un número y describe cómo encontrar cada respuesta.

21. ¿Cuántos huevos es el 50% de una docena?

22. ¿Cuántos minutos es el 50% de una hora?

23. ¿Cuánto dinero es el 50% de $10?

24. ¿Cuántas horas es el 50% de un día?

Actividad

Porcentaje

Materiales:
- **Actividad 26 de la Lección**

(**Haz un modelo**) Sombrea cada figura para mostrar el porcentaje dado.
Después encuentra el porcentaje de la figura que *no* está sombreado.

Investiga más

a. Escribe la parte sombreada de cada una de las siguientes figuras como fracción y como decimal.

b. Escoje dos figuras y escribe un enunciado de comparación "es menor que" usando notación de fracciones.

c. Escoje dos figuras diferentes y escribe un enunciado de comparación "es mayor que" usando notación decimal.

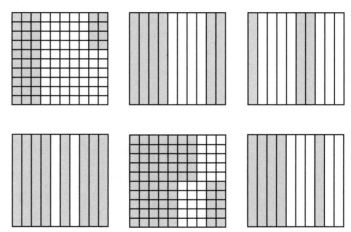

d. Escribe los números decimales ordenados de **menor a mayor.**

e. Escribe las fracciones ordenadas de **mayor a menor.**

🦶 *Conceptos y destrezas esenciales para Texas*

(4.3)(A) usar suma para resolver problemas que usan números enteros

(4.11)(A) usar instrumentos de medición para determinar longitud, área, volumen y masa, con unidades del sistema usual y métrico

(4.11)(B) realizar conversiones sencillas entre unidades de longitud, volumen y masa del sistema usual de medidas

(4.14)(A) identificar las matemáticas en situaciones diarias

(4.15)(B) relacionar lenguaje informal con lenguaje matemático

- ## Suma de números con más de tres dígitos

- ## Comprobar la división entre un dígito

operaciones Preliminares H

cuenta en voz alta cálculo mental Cuenta de cien en cien, del 100 al 1000.

    a. Sentido numérico: $100 - 40$

    b. Sentido numérico: $346 + 29$

    c. Sentido numérico: $465 + 175$

    d. Potencias/Raíces: Compara: $\sqrt{64}$ ◯ $100 - 36$

    e. Medición: ¿Cuánto mide este clip de largo?

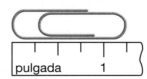

pulgada   1

    f. Medición: Recuerda que 1 litro es ligeramente más que un cuarto. ¿Es un litro ligeramente más que 4 pintas?

    g. Porcentaje: ¿Cuál es el 50% de $14?

    h. Cálculo: $21 \div 3 \times 9 + 19$

resolver problemas Escoge una estrategia apropiada para resolver este problema. El primer día de enero de 2007, el hermano de M'Kayla cumplió dieciocho meses de edad. ¿En qué fecha nació su hermano?

Suma de números con más de tres dígitos

Al utilizar lápiz y papel para sumar números con más de tres dígitos, primero sumamos la columna de las unidades. Después sumamos la columna de las decenas, la columna de las centenas, la de los millares, la de las decenas de millar, etc. Cuando la suma de los dígitos de una columna da como resultado un número de dos dígitos, anotamos el segundo dígito debajo de la línea. Escribimos el primer dígito arriba (o debajo de) la columna de la izquierda.

Ejemplo 1

Un guardaparques utilizó una rueda de medir para calcular la longitud de los senderos del parque. Dos de las rutas que conducen a un lago desde el área de campamento miden 43,287 pies y 68,595 pies, respectivamente. Si un excursionista toma una ruta para ir al lago y la otra ruta para regresar al área de campamento, ¿cuántos pies medirá el viaje completo?

Primero sumamos los dígitos de la columna de las unidades. Después sumamos los dígitos de las otras columnas. Cuando el resultado de la suma es un dígito de dos números, escribimos el segundo dígito debajo de la línea y el primer dígito sobre (o debajo de) la columna de la izquierda. El viaje completo medirá **111,882 pies.**

$$
\begin{array}{r}
1\ \ 11\ \ \ \\
43{,}287 \\
+\ 68{,}595 \\
\hline
111{,}882
\end{array}
$$

Estima Una milla tiene 5280 pies. Aproximadamente, ¿cuántas millas es 111,882 pies? Explica tu razonamiento.

Ejemplo 2

Dani compró una camioneta usada por $4950 para su negocio. En impuestos e inscripción gastó $483. Después Dani pagó $525 por la instalación de una caja de herramientas en la bancada de la camioneta. Los impuestos por la caja de herramientas fueron de $37. En total, ¿cuánto gastó Dani?

Al escribir los números en columnas, tenemos cuidado de alinear el último dígito de cada número. Los dígitos se suman en una columna a la vez, comenzando por la derecha. En este ejemplo mostramos los números de reserva que se escriben debajo de las columnas. Vemos que Dani gastó **$5995.**

$$
\begin{array}{r}
\$4950 \\
\$\ 483 \\
\$\ 525 \\
+\ \$\ \ \ 37 \\
\hline
\text{\scriptsize 1 1 1} \\
\$5995
\end{array}
$$

También podemos comprobar nuestro resultado usando una calculadora. Cuando usamos una calculadora, vemos que la suma es $5995.

Comprobar la división entre un dígito

Podemos comprobar un resultado de división multiplicando los números que se encuentran fuera de la caja de división:

$$\begin{array}{r} 4 \\ 3\overline{)12} \end{array} \longrightarrow \begin{array}{r} 4 \\ \times\,3 \\ \hline 12 \end{array} \quad \text{Comprueba}$$

Vemos que el producto coincide con el número que está dentro de la caja de división. Normalmente mostramos esto escribiendo el producto debajo del número de la caja de división.

$$\begin{array}{r} 4 \\ 3\overline{)12} \\ 12 \end{array}$$

← **Paso 1:** Divide 12 entre 3 y escribe "4."

← **Paso 2:** Multiplica 4 por 3 y escribe "12."

Ejemplo 3

Divide. Comprueba el resultado multiplicando.

a. $3\overline{)18}$ 　　　　　　　　**b.** $4\overline{)32}$

Primero dividimos y escribimos el resultado sobre la caja. Después multiplicamos y escribimos el producto debajo de la caja.

a. $\begin{array}{r} 6 \\ 3\overline{)18} \\ 18 \end{array}$ 　　　　　**b.** $\begin{array}{r} 8 \\ 4\overline{)32} \\ 32 \end{array}$

Practica utilizando la multiplicación para comprobar todos tus resultados en los conjuntos de problemas.

Práctica de la lección

Suma:

a. $\begin{array}{r} 4356 \\ +\ 5644 \end{array}$ 　　**b.** $\begin{array}{r} 46{,}027 \\ +\ 39{,}682 \end{array}$ 　　**c.** $\begin{array}{r} 360{,}147 \\ +\ \ 96{,}894 \end{array}$

Calcula cada suma. Comprueba todos tus resultados utilizando la calculadora.

d. $436 + 5714 + 88$ 　　　　**e.** $43{,}284 + 572 + 7635$

Divide. Comprueba cada resultado mutiplicando.

f. $3\overline{)21}$ 　　　　**g.** $7\overline{)42}$ 　　　　**h.** $6\overline{)48}$

Práctica escrita

Integradas y distribuidas

Encuentra la fórmula Escribe y resuelve las ecuaciones de los problemas **1–3.**

*1. En la clase de E.F. hay cuatro equipos. Cada uno tiene ocho jugadores.
(49)　¿Cuántos jugadores hay en total en los cuatro equipos?

*2. Hay 7 monedas de 1¢ en cada pila. Había 6 pilas. ¿Cuántas monedas de 1¢
(49) hay en total?

*3. Lalo corrió la primera vuelta en 63.4 segundos y la segunda vuelta en
(31, 43) 65.3 segundos. ¿Cuánto más rápido corrió Lalo la primera vuelta que la
segunda?

*4. (**Haz la conexión**) Escribe cuatro operaciones de multiplicación/división
(47) utilizando los números 6, 7 y 42.

5. Compara: 1 + 3 + 5 + 7 + 9 ◯ cinco al cuadrado
(7,
Inv. 3)

6. a. Redondea 367 a la centena más cercana.
(20, 42)
b. Redondea 367 a la decena más cercana.

*7. (**Representa**) Traza un círculo y sombrea el 50% del área.
(Inv. 5)

8. (**Clasifica**) Nombra cada tipo de ángulo:
(23)

a. **b.** **c.**

*9. Observa el rectángulo:
(Inv. 2,
Inv. 3)
a. ¿Cuál es su largo?

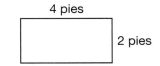
4 pies
2 pies

b. ¿Cuál es su ancho?

c. ¿Cuál es su perímetro?

d. ¿Cuál es su área?

10. (**Representa**) En un recipiente hay 2.75 cuartos de líquido. Escribe esa
(Inv. 4) cantidad con palabras.

*11. (**Estima**) La superficie del Monumento Nacional de Grand Portage de
(30, 42) Minnesota es 710 acres. La superficie del Monumento Nacional Oregon
Caves de Arizona es 488 acres. Estima la diferencia entre esas áreas,
redondeando primero cada área a la centena de acre más cercana.

*12. Describe el orden de las operaciones en esta expresión y calcula a qué
(50) número es igual.

$$15.24 + (19.6 - 1.1)$$

*13. 63,285
(51) + 97,642

14. $5.00
(41) − $4.81

15. n
(24, 43) + 39.8
       61.4

*16. 85
(48) × 5

17. 37
(48) × 7

18. 40
(42) × 8

19. f
(41) × 8
      72

20. 47.8
(24, 43) − c
       20.3

*21. 462,586
(51) + 39,728

22. z
(16, 43) − 4.78
       2.63

Divide. Comprueba cada resultado multiplicando.

*23. $2\overline{)18}$
(51)

*24. $7\overline{)21}$
(51)

*25. $\dfrac{56}{8}$
(51)

26. La longitud de $\overline{AB}$ es 7 cm. La longitud de $\overline{AC}$ es 12 cm. ¿Cuál es la
(45) longitud de $\overline{BC}$?

*27. Si la mitad de los estudiantes son hombres, ¿qué porcentaje son
(Inv. 5) mujeres?

*28. (**Haz la conexión**) Si $5n = 0$, ¿a qué es igual $6n$?
(28, 41)

*29. Selección múltiple ¿Cuál de las siguientes alternativas *no* menciona
(Inv. 4, la porción sombreada del cuadrado grande?
Inv. 5)

A $\dfrac{11}{100}$ **B** 0.11   **C** 11%   **D** 11

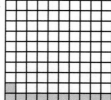

*30. (**Explica**) En 1980, la edad promedio de un residente de Estados
(50) Unidos era de 30 años. En el 2000, la edad promedio había aumentado en
5.3 años. ¿Cuál era la edad promedio de un residente de Estados Unidos
en el año 2000? Explica por qué es razonable tu respuesta.

- # Restar números con más de tres dígitos

- # Problemas de planteo acerca de grupos iguales, parte 2

🔷 *Conceptos y destrezas esenciales para Texas*

(4.3)(A) usar suma para resolver problemas con números enteros

(4.4)(B) representar situaciones de multiplicación y división con dibujos, palabras y números

(4.4)(C) recordar y aplicar tablas de multiplicación

(4.4)(E) usar división para resolver problemas

(4.11)(B) realizar conversiones sencillas entre unidades de longitud, volumen y masa del sistema usual de medidas

(4.14)(A) identificar las matemáticas en situaciones diarias

(4.15)(B) relacionar lenguaje informal con lenguaje matemático

Preliminares

operaciones	Preliminares H
cuenta en voz alta	Cuenta de cien en cien del el 100 al el 1000 y de nuevo al el 100.
cálculo mental	

a. Sentido numérico: $200 - 30$

b. Sentido numérico: $400 - 90$

c. Dinero: $\$2.48 + \$2.99$

d. Hora: La carne se debe cocinar al horno durante 1 hora 30 minutos. J'Meika quiere que la carne esté lista para cenar a las 6:45 p.m. ¿A qué hora debe poner la carne en el horno?

e. Porcentaje: 50% de $22

f. Medición: Cierto o falso: 1 litro es poco más de 4 tazas.

g. Estimación: Escoge la estimación más razonable para la temperatura de un tazón de sopa caliente: 120°F ó 60°F.

h. Cálculo: $\sqrt{25} + 9 + 110 + 32$

resolver problemas

Escoge una estrategia apropiada para resolver este problema. Una vuelta vale cinco puntos y un toque vale tres puntos. L'Shawn hizo cuatro vueltas y dos toques. Carlotta hizo tres vueltas y cinco toques. ¿Cuántos puntos ganó cada persona?

Restar números con más de tres dígitos

Cuando se utiliza papel y lápiz para restar números de más de tres dígitos, comenzamos restando en la columna de las unidades. Reagrupamos si es necesario. Luego nos movemos una columna hacia la izquierda y restamos en la columna de las decenas, reagrupando si es necesario. Después restamos en la columna de las centenas, en la columna de los millares, la columna de las decenas de millar, y así sucesivamente. A veces debemos restar con varios ceros.

Ejemplo 1

Para el primer juego de béisbol del año se vendieron treinta y seis mil ciento cincuenta y dos boletos. Para el segundo juego del año se vendieron nueve mil cuatrocientos quince boletos menos. ¿Cuántos boletos se vendieron para el segundo juego del año?

Escribimos el primer número sobre el segundo número. Alineamos los dígitos con el mismo valor posicional. Primero restamos en la columna de las unidades. Luego restamos en las otras columnas. Vemos que para el segundo juego se vendieron **26,737 boletos.**

$$\begin{array}{r} 2\,^{1}5\quad\;^{1}4\,^{1} \\ \cancel{3}\cancel{6},1\,\cancel{5}\,2 \\ -\;\;9,4\,1\,5 \\ \hline 26,7\,3\,7 \end{array}$$

Comenta Explica cómo comprobar tu resultado.

Ejemplo 2

Destreza mental

Analiza
Explica por qué 5000 es igual a 499 decenas + 10 unidades.

Una organización de caridad recibió una contribución de $5000. El primer mes después de recibir la contribución, la organización gastó $2386. ¿Cuánto quedó de la contribución después del primer mes?

Debemos encontrar algunas unidades para el lugar de las unidades antes de poder restar. Podemos hacer esto en un paso pensando el "500" de 5000 como 500 decenas. Intercambiamos una de estas decenas por diez unidades, quedando 499 decenas. Luego restamos. Vemos que quedan **$2614.**

$$\begin{array}{r} 4\,9\,9 \\ \$5\cancel{0}\cancel{0}\,^{1}0 \\ -\;\$2\,3\,8\,6 \\ \hline \$2\,6\,1\,4 \end{array}$$

Problemas de planteo acerca de grupos iguales, parte 2

Los problemas de "grupos iguales" tienen una fórmula de multiplicación. Si conocemos el número de grupos y el número en cada grupo, multiplicamos para encontrar el total. Sin embargo, si conocemos el total, debemos *dividir* para encontrar el número de grupos o el número en cada grupo.

MarVel tiene 21 pelotas de tenis en latas. Cada lata tiene 3 pelotas de tenis. ¿Cuántas latas tiene?

En este problema hay dos números. Las palabras *en cada* son una pista. Nos muestran el número de objetos que hay en cada grupo (3 pelotas de tenis). El otro número es 21. Debemos determinar si este número es el número de grupos o el total. MarVel tiene en total 21 pelotas de tenis. Ése es el total.

Fórmula	**Problema**
Número **en cada** grupo	3 pelotas de tenis en cada lata
$\times$ Número **de** grupos	$\times$ *n* latas
Total	21 pelotas de tenis

Como conocemos el total, para encontrar el número de grupos dividimos el total entre el número que hay en cada grupo.

$$\begin{array}{r} 7 \\ 3\overline{)21} \\ 21 \end{array}$$

Comprobamos nuestra respuesta multiplicando: 7×3 pelotas de tenis = 21 pelotas de tenis. Nuestra respuesta es correcta. MarVel tiene **7 latas.**

Leamos matemáticas

Transformamos este problema utilizando una fórmula de multiplicación:

Número en cada grupo: 3 pelotas en cada lata

Número de grupos: 7 latas

Total: 21 pelotas

Trushna tiene 5 latas grandes de pelotas de racquetball. Tiene 40 pelotas en total. Si cada lata contiene el mismo número de pelotas, ¿cuántas pelotas hay en cada lata?

Las palabras *en cada* nos indican que es un problema de "grupos iguales". Sin embargo, no nos dan un número *en cada*.

Fórmula
Número de grupos $\times$ Número en cada grupo = Total

Problema:
5 latas $\times$ *n* pelotas de racquetball en cada lata = 40 pelotas de racquetball

Podemos abreviar la ecuación de esta manera:

$$5n = 40$$

Para encontrar el número que hay en cada lata, dividimos 40 entre 5.

$$\begin{array}{r} 8 \\ 5\overline{)40} \\ 40 \end{array}$$

Observamos que 5 veces 8 pelotas de racquetball son 40 pelotas de racquetball; por lo tanto, nuestra respuesta es correcta. Hay **8 pelotas de racquetball** en cada lata.

Destreza mental

Haz la conexión

¿Por qué podemos utilizar una fórmula de multiplicación para resolver un problema de división?

Marsha encontró un corte de tela que mide 16 pies. Ella necesita 4 yardas de tela para hacer un disfraz para una obra de teatro escolar. ¿Se puede hacer el disfraz con el corte de tela que encontró Marsha?

Podemos convertir 16 pies a yardas dividiendo entre 3. Como 16 no se divide exactamente entre 3, buscamos un número cercano compatible con 3. Escogemos el 15 y dividimos 15 pies entre 3.

$$15 \div 3 = 5$$

Encontramos que 16 pies son aproximadamente 5 yardas; por lo tanto, **hay suficiente tela para hacer un disfraz.**

Verifica Describe una manera diferente en que Marsha pueda determinar si hay suficiente tela.

Práctica de la lección

Resta:

a.   4783
    − 2497

b.   4000
    − 527

c. $20.00
    − $12.25

Encuentra la fórmula Escribe y resuelve ecuaciones para los problemas **d** y **e.**

d. Hay 35 personas. Hay 7 carros. Hay igual número de personas en cada carro. ¿Cuántas personas hay en cada carro?

e. Treinta estudiantes se ordenan en filas. En cada fila hay seis estudiantes. ¿Cuántas filas hay?

f. El señor Tran quiere organizar a sus 29 estudiantes en 5 grupos. Aproximadamente, ¿cuántos estudiantes habrá en cada grupo? Explica cómo encontraste el resultado.

Práctica escrita

Integradas y distribuidas

Escribe y resuelve ecuaciones para los problemas **1–5.**

*1. Hay 8 buses. Cada bus tiene asientos para 60 estudiantes. ¿Cuántos
(49) estudiantes pueden viajar en los buses?

*2. Cada microbús puede transportar a 9 estudiantes. Hay 63 estudiantes.
(52) ¿Cuántos microbuses se necesitan para transportar a todos los estudiantes?

*3. El entrenador separa a los 28 jugadores en 4 equipos iguales. ¿Cuántos
(52) jugadores hay en cada equipo?

4. En la competencia hay 10 nadadores. Sólo a 3 se les puede entregar
(25) medallas. ¿Cuántos nadadores no ganarán medalla?

5. Hermelinda llegó primera en la carrera de 100 metros estilo libre en un
(31, 43) tiempo de 57.18 segundos. Tanya llegó segunda en 58.26 segundos.
¿Cuántos segundos antes llegó Hermelinda que Tanya?

6. (**Haz la conexión**) Escribe cuatro operaciones de multiplicación/división
(47) utilizando los números 7, 8 y 56.

7. Compara: $1 + 2 + 3 + 4 \bigcirc \sqrt{100}$
(Inv. 1,
Inv. 3)

*8. (**Concluye**) ¿Cuáles son los tres números que siguen en esta secuencia?
(3)

$$\ldots, 6000, 7000, 8000, \underline{\quad}, \underline{\quad}, \underline{\quad}, \ldots$$

*9. Hay doscientas sesenta y siete manzanas en el primer cajón. Hay
(31) cuatrocientas sesenta y cinco manzanas en el segundo cajón. ¿Cuántas
manzanas menos hay en el primer cajón?

*10. $8.49 + 7.3 + 6.15$ **11.** $6n = 42$
(50)   (41)

*12. $\begin{array}{r} 47{,}586 \\ + 23{,}491 \\ \hline \end{array}$
(51)

13. $\begin{array}{r} \$5.00 \\ - \$3.26 \\ \hline \end{array}$
(41)

14. $\begin{array}{r} n \\ + 25.8 \\ \hline 60.4 \end{array}$
(24, 43)

*15. $\begin{array}{r} 49 \\ \times\ 6 \\ \hline \end{array}$
(48)

16. $\begin{array}{r} 84 \\ \times\ 5 \\ \hline \end{array}$
(48)

17. $\begin{array}{r} 70 \\ \times\ 8 \\ \hline \end{array}$
(42)

18. $\begin{array}{r} 35 \\ \times\ 9 \\ \hline \end{array}$
(48)

19. $\begin{array}{r} 400 \\ -\ n \\ \hline 256 \end{array}$
(24, 41)

*20. $\begin{array}{r} \$40.00 \\ - \$24.68 \\ \hline \end{array}$
(52)

21. **a.** Redondea 639 a la centena más cercana.
(20, 42)
b. Redondea 639 a la decena más cercana.

*22. (**Concluye**) ¿Qué lado de este triángulo parece ser
(23, 45) perpendicular a $\overline{PR}$?

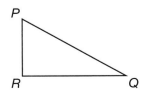

23. Compara: 49% ◯ $\frac{1}{2}$
(Inv. 5)

*24. Divide. Comprueba cada respuesta multiplicando.
(51)
    a. $3\overline{)27}$ **b.** $7\overline{)28}$ **c.** $8\overline{)72}$

*25. Esta figura tiene cuatro lados, pero no es un rectángulo.
(Inv. 2) ¿Cuánto mide el perímetro de la figura?

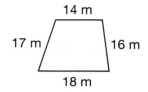

14 m
17 m   16 m
18 m

26. (**Estima**)   **a.** ¿Está $24.10 más cerca de $24 ó de $25?
(20,
Inv. 4)   **b.** ¿Está 24.1 más cerca de 24 ó de 25?

*27. **Selección múltiple** Si $\triangle = \square$, ¿cuál de estas *no* es necesariamente
(1, 41) verdadera?

     A $\triangle + 2 = \square + 2$ **B** $2 \times \triangle = 2 \times \square$
     C $\triangle - 2 = \square - 2$ **D** $2 \times \triangle = \square + 2$

*28. **a.** ¿Qué fracción del cuadrado grande está sombreada?
(Inv. 4,
Inv. 5) **b.** ¿Qué número decimal representa la parte sombreada del
      cuadrado grande?

     c. ¿Qué porcentaje del cuadrado grande está
      sombreado?

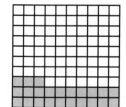

*29. (**Explica**) El resultado de 33 ÷ 8 no es un número entero. ¿Qué
(52) número entero representa una estimación razonable para el resultado?
Explica por qué escogiste ese número.

*30. Observa estas monedas. Haz una lista de las diferentes cantidades
(22, 43) que puedes formar utilizando exactamente dos monedas. Ordena las
cantidades de menor a mayor y escribe cada cantidad con un signo de
dólar.

Divide: $3\overline{)16}$

Este problema nos pide dividir 16 entre grupos de a tres. Si hacemos un dibujo, podemos comprender mejor el problema. Dibuja 16 puntos y forma grupos de a tres puntos.

Podemos hacer cinco grupos de a tres. Un punto no está en ningún grupo de a tres. Escribimos "5" sobre la caja de división, como se muestra a continuación.

$$\frac{5}{3\overline{)16}}$$

Como tres grupos de a cinco da 15, escribimos "15" debajo del 16. Luego restamos y vemos que el residuo es 1.

$$\begin{array}{r} 5 \\ 3\overline{)16} \\ -15 \\ \hline 1 \end{array} \leftarrow \text{residuo}$$

Escribimos la respuesta como **5 R 1.**

Verifica ¿Cómo podemos comprobar el resultado?

Actividad

Encontrar grupos iguales con residuo

Materiales necesarios:
- fichas (opcional)

A menudo utilizamos la división para resolver problemas con argumento de "grupos iguales". Podríamos estar buscando el número de grupos de un cierto tamaño o el tamaño de un cierto número de grupos. En esta actividad resolveremos ambos tipos de problema. Utiliza fichas (o dibuja puntos) para representar cada problema.

1. En un salón de clases hay 25 estudiantes. El maestro desea formar grupos de a cuatro estudiantes cada uno. ¿Cuántos grupos se pueden formar? Explica qué hace con el residuo.

2. En la misma clase, el maestro desea hacer tres grupos iguales de estudiantes. ¿Cuántos estudiantes habrá en cada grupo? Explica qué hacer con el residuo.

El club de ciencias llevará 20 miembros al museo. Se utilizarán microbuses y un carro para transportarlos. Cada microbús puede transportar 6 miembros. ¿Cuántos microbuses se pueden completar? ¿Cuántos miembros viajarán en el carro?

Primero dividimos 20 entre 6 para calcular el número de grupos de a 6.

$$6\overline{)20}$$

Podemos dibujar 20 puntos para formar grupos de a seis o podemos pensar: "¿Cuántas veces seis queda cercano a 20 pero no es más de 20?" Podríamos comenzar pensando: "Seis veces *cuatro* es igual a 24"; pero 24 es demasiado, de modo que pensamos: "Seis veces *tres* es igual a dieciocho." Dieciocho es menos de 20. Escribimos "3", como se indica a continuación.

$$\begin{array}{r} 3 \\ 6\overline{)20} \end{array}$$

Después multiplicamos y luego restamos.

$$\begin{array}{r} 3 \\ 6\overline{)20} \\ -\ 18 \\ \hline 2 \end{array}$$

← 3 grupos de a 6
← 20 miembros
← 18 miembros en microbuses
← residuo de 2 miembros

Se pueden completar **Tres microbuses.** Si cada microbús transporta seis miembros, entonces **2 miembros** viajan en el carro.

Verifica ¿Cómo podemos comprobar el resultado?

Lucius necesita por lo menos 18 cuartos de sidra de manzana para hacer ponche para una fiesta de la escuela. La sidra de manzana se vende sólo en galones. ¿Cuántos galones debe comprar?

Cuatro cuartos es un galón; entonces, si dividimos 18 entre 4, podemos encontrar el número de galones. Pero como 18 no es múltiplo de 4, escogemos un número cercano que sea compatible con 4. Tanto 16 como 20 están cerca de 18 y son múltiplos de 4. Lucius desea tener suficiente, de modo que escogemos 20 y dividimos entre 4 (20 ÷ 4 = 5). Lucius debe comprar **5 galones** de sidra de manzana.

Analiza ¿Cuántas tazas de 8 onzas necesita Lucius para poder servir 18 cuartos de sidra mezclados con 3 cuartos de soda? Explica tu razonamiento.

a. **Representa** Dibuja puntos y forma grupos para representar 14 ÷ 4. Escribe la respuesta que muestra tu dibujo.

Divide. Escribe cada respuesta con residuo.

b. $3\overline{)17}$ **c.** $5\overline{)12}$ **d.** $4\overline{)23}$

e. 15 ÷ 2   **f.** 20 ÷ 6   **g.** 25 ÷ 3

h. Nina lanzó la bala a 28 pies. Aproximadamente, ¿cuántas yardas es 28 pies? Dibuja la división utilizando puntos.

Práctica escrita

Integradas y distribuidas

Encuentra la fórmula Escribe y resuelve ecuaciones para los problemas **1** y **2**.

*1. Evita tiene 56 cuentas que guarda en bolsas. Quiere ordenarlas en grupos
(52) iguales de 8 cuentas. ¿Cuántas bolsas necesita?

*2. Hay 42 niños esperando subir a los juegos mecánicos. Hay 7 carros
(52) disponibles. Si a cada carro se sube igual número de niños, ¿cuántos habrá en cada carro?

*3. **Haz la conexión** Escribe cuatro operaciones de multiplicación/división
(47) utilizando los números 4, 7 y 28.

4. ¿Qué meses tienen exactamente 30 días?
(5)

*5. Considera esta secuencia:
(3)

$$\ldots, 16{,}000,\ 17{,}000,\ 18{,}000,\ 19{,}000,\ \ldots$$

a. **Generaliza** Escribe una regla que describa cómo encontrar el siguiente término de la secuencia.

b. **Haz una predicción** ¿Cuál es el siguiente término de la secuencia?

6. a. Redondea 4728 a la centena más cercana.
(20, 42)
b. Redondea 4728 a la decena más cercana.

7. Escribe en forma digital la hora: "las cuatro un cuarto de la tarde".
(19)

*8. **(Haz un modelo)** Uno de los lados de un cuadrado mide 4 pies de largo.
(Inv. 2) Puedes utilizar losetas para resolver.

    a. ¿Cuánto mide el perímetro del cuadrado?

    b. ¿Cuánto mide el área?

9. ¿Cuántos círculos aparecen sombreados?
(35)

*10. ✏️ **(Explica)** Describe el orden de las operaciones en esta expresión y
(Inv. 3, calcula a qué número es igual.
45)

$$\sqrt{64} + (42 \div 6)$$

11. $6.35 + $12.49 + 42¢
(43)

*12. $100.00 − $59.88
(43, 52)

*13.   51,438
(52)   − 47,495

14.   60
(42, 48)   × 9

15.   57
(48)   × 4

*16. **(Representa)** Dibuja puntos y forma grupos para mostrar 22 ÷ 5.
(53) Escribe el resultado junto a tu dibujo.

Divide para los problemas **17–19.** Escribe cada respuesta con residuo.

*17. 25 ÷ 4
(53)

*18. 6)‾39‾
(53)

*19. 7)‾30‾
(53)

20.   46
(48)   × 8

21.   38
(48)   × 7

22. z
(24, 43)   − 16.5
          40.2

*23. 6.75 + 4.5 + 12.5
(50)

*24. **(Representa)** Utiliza dígitos para escribir siete millones, doscientos
(34) sesenta mil.

25. Un recipiente de medio galón puede contener cerca de 1.89 L de líquido.
(40) Escribe 1.89 L con palabras.

*26. Selección múltiple Shakir dice: "Estoy pensando en dos números. Su
(28) producto es 6". Los dos números en que pensaba Shakir *no* pueden

ser _____.

A 1 y 6   **B** 2 y 3   **C** 3 y 2   **D** 6 y 0

*27. **a.** ¿Qué porcentaje de un dólar es un cuarto?
(40,
Inv. 5) **b.** ¿Qué porcentaje de un galón es un cuarto?

*28. **a.** ¿Qué porcentaje del cuadrado grande aparece
(Inv. 4,
Inv. 5) sombreado?

b. ¿Qué número decimal representa la parte sombreada
del cuadrado grande?

c. ¿Qué porcentaje del cuadrado grande está
sombreado?

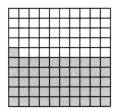

*29. **Estima** Brandon compra un litro de jugo, que es cerca de 67.6 onzas
(53) líquidas. Estima el número de tazas de jugo que compra Brandon. Explica
tu razonamiento.

*30. **Explica** El edificio ubicado en el 900 de la Avenida North Michigan
(25, 30) de Chicago mide 871 pies de alto. El edificio ubicado en el 181 de la calle
West Madison mide 680 pies de alto. ¿Cuántos pies más alto es el edificio
ubicado en el 900 de la Avenida North Michigan? Explica cómo calculaste
el resultado.

**Para los
más rápidos**

*Conexión con
la vida diaria*

Ellen necesita al menos 25 pies de cinta para hacer lazos. La cinta que
ella utiliza sólo se vende en yardas. ¿Cuántas yardas debe comprar?
Explica cómo utilizar los números compatibles para resolver el
problema.

LECCIÓN
54

 Conceptos y destrezas esenciales para Texas

(4.3)(A) usar suma para resolver problemas con números enteros
(4.5)(A) redondear números enteros a la decena, centena o millar más cercanos resolver problemas por aproximación
(4.14)(A) identificar las matemáticas en situaciones diarias
(4.15)(B) relacionar lenguaje informal con lenguaje matemático
(4.16)(B) justificar por qué una respuesta es razonable

- # El calendario
- # Redondear números al millar más cercano

Preliminares

operaciones   Preliminares I

cuenta en voz alta   cuenta de mil en mil, del 1000 al 10,000 y de nuevo hasta el 1000.

cálculo mental   Calcula el cambio al pagar con un dólar por artículos con estos precios:

    a. Dinero: 41¢

    b. Dinero: 89¢

    c. Dinero: 34¢

    d. Dinero: 62¢

    e. Porcentaje: 50% de 18

    f. Hora: ¿Qué hora es 30 minutos después de las 3:19 a.m.?

    g. Estimación: Tarana quiere adivinar el número de caramelos de gelatina que hay en un frasco pequeño. Estimó que en la "capa" del fondo del frasco caben 10 caramelos. También estimó que el frasco tiene aproximadamente 8 "capas" de alto. ¿Cuál puede ser la estimación de Tarana para el número de caramelos de gelatina?

    h. Cálculo: $10 \times 7 + 35 + 53 + 134$

resolver problemas   Escoge una estrategia apropiada para resolver este problema. Una manera de completar un dólar con siete monedas es con dos monedas de 25¢ y cinco monedas de 10¢. ¿Puedes encontrar tres maneras más de completar un dólar con siete monedas? (Recuerda incluir las monedas de medio dólar.)

El calendario

Un año es el tiempo que la Tierra demora en girar alrededor del Sol. Un día es el tiempo que la Tierra demora en girar una vez sobre su propio eje. La Tierra demora exactamente $365\frac{1}{4}$ días en viajar alrededor del Sol. Para que el número de días que hay en un año sea un número entero, hay tres años seguidos que tienen 365 días cada uno. Esos años se llaman **años normales.** Después hay un año que tiene 366 días. Un año con 366 días se llama **año bisiesto.**

Un año se divide en 12 meses. En años normales, el mes de febrero tiene 28 días, y 29 días en años bisiestos. Cuatro meses tienen 30 días cada uno. El resto tiene 31 días. Si conocemos los cuatro meses que tienen 30 días, podemos recordar el número de días que tienen los otros meses. La siguiente canción nos ayuda a recordar qué meses tienen 30 días:

Treinta días tienen septiembre,
abril, junio y noviembre.
Sólo febrero tiene veintiocho,
y todo el resto treinta y uno.
Excepto el año bisiesto,
en que febrero tiene veintinueve días.

Una **década** son diez años. Un **siglo** son cien años.

Vocabulario de matemáticas

A veces hay 7 años seguidos sin años bisiestos. Esto ocurre cerca de los años que completan un siglo y que no son múltiplos de 400. Por ejemplo, en los 7 años que abarcan de 1897 a 1903 no hubo años bisiestos, pues 1900 no es múltiplo de 400.

Ejemplo 1

¿Cuántos días tiene diciembre?

"Treinta días tienen septiembre, abril, junio y noviembre. Sólo febrero tiene veintiocho", nos indica que diciembre no tiene 30 días. Diciembre debe tener **31 días.**

Ejemplo 2

De acuerdo a este calendario, ¿qué día de la semana es el 10 de mayo del 2014?

Las letras que están en la parte superior del calendario representan domingo, lunes, martes, miércoles, jueves, viernes y sábado. Vemos que el 10 de mayo es un **sábado,** el segundo sábado del mes.

Destreza mental

Haz la conexión

¿Qué día es el primer día de la semana?

MAYO 2014						
D	L	M	Mi	J	V	S
				1	2	3
4	5	6	7	8	9	10
11	12	13	14	15	16	17
18	19	20	21	22	23	24
25	26	27	28	29	30	31

Vocabulario de matemáticas

Cuando las fechas están ordenadas de la más antigua a la más reciente, están en **orden cronológico**. Los años 1036, 1482, 1995 y 2007 están en *orden cronológico*.

Los peregrinos navegaron hasta América y desembarcaron en cabo Cod en 1620. Las colonias adoptaron la Declaración de Independencia en 1776. Escribe una ecuación de *posterior − anterior = diferencia* y resuélvela para encontrar el número de años que hay entre esos dos hechos históricos.

Es un problema de comparación de dos números (los años 1620 y 1776). Para encontrar la cantidad de tiempo que hay entre dos años, restamos. En lugar de pensar "mayor-menor-diferencia", pensamos en "posterior-anterior-diferencia". Restamos la fecha anterior de la fecha posterior. En este problema significa que restamos 1620 de 1776.

Fórmula	Problema
Posterior	1776
− Anterior	− 1620
Diferencia	156

Encontramos que de 1620 a 1776 hay **156 años.**

Redondear números al millar más cercano

Para redondear un número al millar más cercano, buscamos el múltiplo de 1000 que está más cerca del número. Los múltiplos de 1000 son los números que están en esta secuencia:

1000, 2000, 3000, . . .

Una recta numérica nos sirve como ayuda para comprender el redondeo.

Ejemplo 4

Para el primer juego de fútbol profesional bajo techo de la temporada se vendieron siete mil ochocientos treinta y seis boletos. Redondea al millar más cercano el número de boletos vendidos.

Sabemos que 7836 es más que 7000, pero menos que 8000. En el medio entre 7000 y 8000 está 7500. Como 7836 está pasado el medio entre 7000 y 8000, está más cerca de 8000.

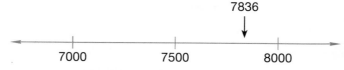

Al millar más cercano, 7836 se redondea a **8000.**

Ejemplo 5

Una exposición especial en el museo fue vista por 34,186 visitantes. ¿Cuántos visitantes vieron la exposición redondeando al millar más cercano?

Una manera de redondear 34,186 es observando que 34,186 está entre 34,000 y 35,000. En el medio entre 34,000 y 35,000 está 34,500. Como 34,186 está antes del medio hasta 35,000, sabemos que 34,186 está más cerca de 34,000. **Aproximadamente 34,000 visitantes** vieron la exposición.

Otra manera de redondear al millar más cercano es observando el dígito que aparece en el lugar de las centenas.

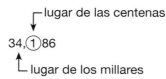

Si el dígito que está en el lugar de las centenas es 5 ó más, sumamos 1 al dígito que está en el lugar de los millares. Si el dígito que está en el lugar de las centenas es 4 ó menos, dejamos igual el dígito de los millares. En cualquiera de los dos casos, todos los dígitos que están a la derecha del lugar de los millares se convierten en cero. Aquí, el dígito que está en el lugar de las centenas es 1; por lo tanto, 34,186 se redondea hacia abajo a 34,000.

Ejemplo 6

Redondea 5486

a. al millar más cercano.   **b. a la centena más cercana.**

c. a la decena más cercana.

a. Para redondear al millar más cercano, observamos el lugar de las centenas: 5**4**86 se redondea a **5000.**

b. Para redondear a la centena más cercana, observamos el lugar de las decenas: 54**8**6 se redondea a **5500.**

c. Para redondear a la decena más cercana, observamos el lugar de las unidades: 548**6** se redondea a **5490.**

Práctica de la lección

a. ¿Cuántos días tiene un año bisiesto?

b. En el Ejemplo 2, ¿cuál es la fecha del cuarto viernes del mes?

c. ¿Cuántos años hay de 1918 a 1943? Escribe una ecuación utilizando la fórmula de *posterior − anterior = diferencia*.

d. ¿Cuántas décadas es un siglo?

Redondea cada número al millar más cercano en **e–j.**

e. 6746   **f.** 5280   **g.** 12,327

h. 21,694   **i.** 9870   **j.** 27,462

k. Redondea 6472 al millar más cercano, a la centena más cercana y a la decena más cercana.

*1. En la clase de matemáticas del señor Jensen, 24 estudiantes se sientan
(52) en 4 filas de pupitres. En cada fila hay el mismo número de estudiantes.
Escribe y resuelve una ecuación de división para encontrar el número de
estudiantes que hay en cada fila.

*2. Un maestro de arte trabaja con 42 estudiantes diferentes cada día. Durante
(44) el año escolar, cada estudiante realiza 9 proyectos de arte. Escribe y
resuelve una ecuación de multiplicación para encontrar el número total de
proyectos que realizan los estudiantes.

*3. Escribe y resuelve una ecuación de resta para encontrar el número de
(54) años que hay de 1921 a 1938.

*4. Selección múltiple ¿Cuántos años son 5 décadas?
(54)

   A 5 años   **B** 50 años   **C** 500 años   **D** 5000 años

*5. Según este calendario, ¿qué día de la semana fue el 25 de
(54) diciembre de 1957?

DICIEMBRE 1957
D	L	M	Mi	J	V	S
1	2	3	4	5	6	7
8	9	10	11	12	13	14
15	16	17	18	19	20	21
22	23	24	25	26	27	28
29	30	31				

*6. Redondea 5236 al millar más cercano. Redondea 6929 al millar más
(54) cercano. Después suma los números redondeados.

7. Un lado del rectángulo mide 10 millas de largo. Otro lado mide 20 millas
(Inv. 2, 21) de largo.

   a. Dibuja el rectángulo y escribe las longitudes de los lados.

   b. ¿Cuánto mide el perímetro del rectángulo?

   c. ¿Cuánto mide el área del rectángulo?

*8. a. ¿Qué fracción de este círculo está sombreada?
(22, Inv. 5) **b.** ¿Qué porcentaje de este círculo está
sombreado?

*9. **Representa** ¿A qué número apunta la flecha? Escribe el número de
(Inv. 1) dos maneras diferentes.

*10. **Analiza** Cuando T'Von vació su alcancía, encontró 17 monedas de 1¢,
(35) 4 de 5¢, 5 de 10¢ y 2 de 25¢. ¿Cuál es el valor de las monedas de su
alcancía?

*11. 794,150
(51) + 9,863

12. $51,786
(51) + $36,357

13. 87.6
(17, 50) 4.0
31.7
5.5
1.1
+ 0.5

*14. $20.00
(52) − $18.47

*15. 41,315
(52) − 29,418

16. 46
(48) × 7

17. 54
(48) × 8

18. 39
(48) × 9

19. 40
(42) × 9

*20. 3.68 + 2.4 + 15.2
(50)

21. $4y = 32$
(41)

*22. 43 ÷ 7
(53)

*23. 9)64
(53)

*24. **Representa** Una pulgada es igual a 2.54 cm. Utiliza palabras para
(Inv. 4) escribir 2.54 cm.

*25. **Explica** El resultado de 52 ÷ 9 no es un número entero. ¿Qué
(52) número entero representa una estimación razonable para el resultado?
Explica por qué escogiste ese número.

26. a. ¿Qué segmento de recta es el diámetro del círculo?
(21, 45)
b. **Explica** Nombra dos segmentos de recta secantes.
Explica tu respuesta.

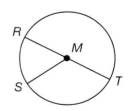

27. a. ¿Está $136.80 más cerca de $136 ó de $137?
(20)
b. ¿136.8 está más cerca de 136 ó de 137?

*28. **a.** ¿Qué fracción del cuadrado grande está sombreada?
_{(Inv. 4,}
_{Inv. 5)}

   b. ¿Qué número decimal representa la parte sombreada del cuadrado grande?

   c. ¿Qué porcentaje del cuadrado grande está sombreado?

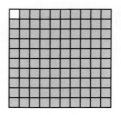

*29. (Generaliza) Escribe una regla que describa la relación entre los datos de
_(32, 38) la tabla.

Number of $1 Bills	10	20	30	40	50
Number of $10 Bills	1	2	3	4	5

*30. Muestra todas las maneras diferentes en que estos billetes se pueden
₍₃₆₎ ordenar en una fila.

Para los más rápidos

Conexión con la vida diaria

Cinco amigos juegan un juego de video. Aureli obtiene 7305 puntos, Brett obtiene 3595 puntos, Sarah obtiene 2039 puntos, Jamin obtiene 9861 puntos y Danielle obtiene 1256 puntos.

   a. ¿Quién obtiene el puntaje más alto?

   b. Utiliza palabras para escribir el puntaje más alto.

   c. Redondea cada puntaje al millar más cercano.

LECCIÓN

55

• Números primos y compuestos

Preliminares

operaciones	Preliminares I
cuenta en voz alta	Cuenta de un medio en un medio del $\frac{1}{2}$ al 10 y de nuevo hasta $\frac{1}{2}$.
cálculo mental	**Dinero:** Calcula el cambio de un dólar al comprar artículos con estos precios:

     a. 26¢   **b.** 92¢   **c.** 31¢

     d. Tiempo: ¿Cuántos años hay en una década?

     e. Dinero: Autumn paga $4 por la caja de cereal y recibe 50¢ de cambio. ¿Cuánto cuesta el cereal?

     f. Medición: ¿Cuántos centímetros hay en cuatro metros?

     g. Estimación: Escoge la estimación más razonable para la longitud de una banana: 8 pulgadas u 8 pies.

     h. Cálculo: 48 + 29 + 210

resolver problemas	Escoge una estrategia apropiada para resolver este problema. Majeed piensa en un número de dos dígitos y entrega esta pista: "Uno dice el número cuando cuenta de tres en tres desde tres, de cuatro en cuatro desde cuatro y de cinco en cinco desde cinco". ¿Cuál es el número de Majeed?

Nuevo concepto

Vocabulario de matemáticas

Un *múltiplo* es el producto de un número dado y un número de conteo.

Si multiplicamos cuatro por los números 1, 2, 3, 4, 5, 6, ..., obtenemos

$$4, 8, 12, 16, 20, 24, \ldots$$

Recuerda que estos números son múltiplos de 4. Los múltiplos de 4 son los números que decimos si contamos de cuatro en cuatro, partiendo del 4.

Los siguientes números son múltiplos de 6:

6, 12, 18, 24, 30, 36, …

Los múltiplos de cualquier número de conteo son los productos que obtenemos al multiplicar el número por 1, 2, 3, 4, 5, 6, etc.

Ejemplo 1

Haz una lista de los primeros cuatro múltiplos de 7.

Para encontrar los primeros cuatro múltiplos de 7, multiplicamos 7 por 1, luego por 2, luego por 3 y luego por 4.

$$
\begin{array}{cccc}
7 & 7 & 7 & 7 \\
\times\,1 & \times\,2 & \times\,3 & \times\,4 \\
\hline
7 & 14 & 21 & 28
\end{array}
$$

Los primeros cuatro múltiplos de 7 son **7, 14, 21** y **28.** Los múltiplos de 7 son los números que decimos cuando contamos de siete en siete.

Ejemplo 2

a. **¿Cuál es el cuarto múltiplo de 6?**

b. **¿Cuál es el tercer múltiplo de 8?**

a. Para encontrar el cuarto múltiplo de 6, multiplicamos 6 por 4. El cuarto múltiplo de 6 es **24.**

b. Para encontrar el tercer múltiplo de 8, multiplicamos 8 por 3. El tercer múltiplo de 8 es **24.**

Ejemplo 3

¿De qué números enteros es múltiplo el doce?

Una tabla de multiplicación nos puede ayudar a responder a esta pregunta. En una tabla de multiplicación encontramos el 12 en cada una de estas posiciones:

$$
\begin{array}{cc}
1 \times 12 & 12 \times 1 \\
2 \times 6 & 6 \times 2 \\
3 \times 4 & 4 \times 3
\end{array}
$$

Entonces, 12 es múltiplo de **1, 2, 3, 4, 6** y **12.**

Vocabulario de matemáticas

Como 12 es múltiplo de 1, 2, 3, 4, 6 y 12, también es **divisible** por 1, 2, 3, 4, 6 y 12.

En el Ejemplo 3 vimos que 12 es múltiplo de 1, 2, 3, 4, 6 y 12. Cada uno de estos números es factor de 12. En una tabla de multiplicación, los factores son los números que se pueden multiplicar para producir un múltiplo.

Tabla de Multiplicación

	factores
factores	múltiplos

Actividad

Utiliza matrices para encontrar factores

Materiales necesarios:
- contadores o fichas

Podemos encontrar los factores de un número formando matrices. El número de columnas y filas de una matriz son factores del número. Por ejemplo, aquí se muestran tres matrices para 12.

Estas matrices muestran que 1, 2, 3, 4, 6 y 12 son los factores de 12.

También podemos utilizar un modelo de área para representar los factores de 12.

1. **Haz un modelo** Utiliza 24 fichas para formar cuatro matrices diferentes que demuestren los factores de 24. Haz una lista con los factores que encuentres.

2. **Representa** En un papel cuadriculado, dibuja rectángulos que marquen el contorno de 24 cuadrados para mostrar cuatro pares diferentes de factores de 24. Rotula el largo y el ancho de cada rectángulo.

Analiza Cada rectángulo dibujado en el papel cuadriculado tiene un área de 24 unidades cuadradas. ¿En qué se parecen los perímetros de los cuatro rectángulos? ¿Qué generalizaciones puedes hacer sobre lo perímetros de diferentes rectángulos con la misma área?

Ejemplo 4

Haz una lista de los cuatro factores de 6.

Seis es el múltiplo. Nos piden que encontremos los factores. Las multiplicaciones de estos números enteros producen 6:

$$1 \times 6 \qquad 6 \times 1$$
$$2 \times 3 \qquad 3 \times 2$$

Entonces, los factores de 6 son **1, 2, 3** y **6.**

Ejemplo 5

Haz una lista de los factores de 9.

Estas multiplicaciones producen 9:

$$1 \times 9 \qquad 3 \times 3 \qquad 9 \times 1$$

Entonces, los factores de 9 son **1, 3** y **9.**

Ejemplo 6

Haz una lista de los factores de 7.

En una tabla de multiplicación encontramos dos veces el 7 como múltiplo.

$$1 \times 7 \qquad 7 \times 1$$

Entonces, el 7 tiene sólo dos factores, **1** y **7.**

Vocabulario de matemáticas

Un número primo es un número de conteo que tiene exactamente dos factores diferentes: sí mismo y 1. Un número de conteo con más de dos factores es un **número compuesto.**

En el ejemplo 6 descubrimos que el 7 tiene dos factores: 7 y 1. Los números de conteo que tienen exactamente dos factores diferentes son **números primos.**

El número 1 no es un número primo, porque su único factor es el 1. Los números 2 y 3 son números primos, porque los únicos factores de 2 son 1 y 2 y los únicos factores de 3 son 1 y 3. El número 4 no es un número primo, porque 4 tiene tres factores: 1, 2 y 4. Un número con más de dos factores es un **número compuesto.** El número 4 es un número compuesto.

¿Cuál de estos números es número primo?

A 8   **B** 9   **C** 10   **D** 11

Una forma de determinar si un número es primo es comprobar si el número se puede dividir entre un número que no sea 1 y sí mismo sin dejar residuo.

A   Como el 8 se puede dividir entre 2 y 4, es compuesto y no primo.

B   Como el 9 se puede dividir entre 3, es compuesto y no primo.

C   Como el 10 se puede dividir entre 2 y 5, es compuesto y no primo.

D   Sólo el 1 y el 11 pueden dividir a 11, de modo que el **11** es primo.

Práctica de la lección

a. Haz una lista de los primeros cinco múltiplos de 6.

b. Haz una lista del tercer, cuarto y quinto múltiplo de 9.

c. ¿Cuál es el séptimo múltiplo de 8?

d. ¿Cuál es el último dígito de cualquier múltiplo de 10?

e. ¿Cuáles dos dígitos aparecen como último dígito de los múltiplos de 5?

f. ¿Cuáles cinco dígitos aparecen como último dígito de los múltiplos de 2?

g. ¿De qué números enteros es múltiplo el diez?

h. En un papel cuadriculado, dibuja dos formas de hacer un rectángulo de área 8.

i. El rectángulo de abajo muestra una forma posible de hacer un rectángulo de área 10.

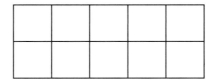

Dibuja todas las otras formas posibles.

j. Haz una lista de los factores de 5.

k. Escribe todos los números primos menores que 10.

l. Cierto o falso: Si un número de conteo es mayor que 1 y no es primo, entonces es compuesto.

(**Encuentra la fórmula**) Escribe y resuelve una ecuación para los problemas **1–3.**

1.
(1, 43)
Raimi compró un juguete por $1.85 y lo vendió en 75¢ más. ¿A qué precio vendió el juguete?

*2.
(25, 52)
En el concurso participan dos mil personas. Sólo siete ganan premio. ¿Cuántos participantes no ganan premio?

*3.
(31, 52)
Un censo reciente efectuado en Arkansas mostró que 11,003 personas viven en Scott County y 8484 personas viven en Newton County. ¿Cuántas personas más viven en Scott County que en Newton County?

*4.
(Inv. 5)
El sesenta por ciento de los estudiantes de la clase eran hombres. ¿Había más hombres o mujeres en la clase?

5.
(Inv.2, Inv. 3)
Traza un rectángulo que tenga 4 cm de largo y 3 cm de ancho.

    a. ¿Cuál es el perímetro del rectánguo?

    b. ¿Cuál es el área del rectánguo?

*6.
(55)
(**Analiza**) Fidelia calculó el tercer múltiplo de 4. Luego, a ese número le restó dos. ¿Cuál fue su resultado?

*7.
(55)
Dos factores de 15 son 1 y 15, porque $1 \times 15 = 15$. Encuentra otros dos factores de 15.

8.
(27)
Brenda llegó de la escuela a casa 30 minutos antes de la hora que muestra el reloj. ¿A qué hora llegó Brenda a casa?

*9.
(54)
George Washington fue nombrado el primer presidente de Estados Unidos en 1789. La Declaración de Independencia se escribió en 1776. ¿Cuántos años después de la Declaración de Independencia Washington fue nombrado presidente?

10. ¿Cuál es la longitud de $\overline{ST}$?
(Inv. 2)

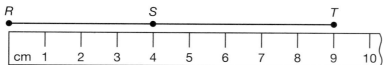

11.   4.00
(50) − 2.22

12.   70.5
(50) − 42.3

13. $45.87
(43) + $23.64

*14. $25.42
(43) − $ 7.25

*15.   64
(48) × 5

16.   70
(42) × 6

17.   89
(48) × 4

18.   63
(48) × 7

19. $\dfrac{63}{7}$
(47)

*20. $8\overline{)15}$
(53)

21. $4.68 + 12.2 + 3.75$
(50)

*22. (**Haz un modelo**) Dibuja puntos y forma grupos para representar $15 \div 6$.
(53)

23. (**Explica**) Describe el orden de las operaciones en esta expresión y
(45) averigua a qué número es igual.

$$\sqrt{64} \div (4 + 4)$$

*24. (**Haz la conexión**) Escribe este problema de suma como problema
(27) de multiplicación:

$$\$0.75 + \$0.75 + \$0.75 + \$0.75$$

*25. a. Selección múltiple ¿Cuál de estos números se puede dividir
(55)   entre 5 sin dejar residuo?

    A 32   **B** 35   **C** 37   **D** 41

   b. (**Explica**) ¿Cómo puedes encontrar la respuesta para la parte **a**
con sólo mirar?

*26. (**Justifica**) Un galón es igual a 218 onzas líquidas. Garrett estima que
(40) cuatro galones son aproximadamente 500 onzas líquidas. ¿Es razonable
la estimación de Garrett? Explica por qué.

27. a. $2.54 está más cerca de $2 ó de $3?
(20,
Inv.4)   **b.** ¿Está 2.54 más cerca de 2 ó de 3?

28. a. ¿Qué fracción del cuadrado grande está sombreada?
(Inv. 4,
Inv. 5)
    b. ¿Qué número decimal representa la parte sombreada del cuadrado grande?

    c. ¿Qué porcentaje del cuadrado grande está sombreado?

*29. Selección múltiple ¿Cuál de estos números es compuesto y *no*
(55)
número primo?

    A 2   **B** 3   **C** 4   **D** 5

30. ¿Cuántos números diferentes de tres dígitos puedes escribir utilizando los
(3)
dígitos 8, 3 y 4? Cada dígito se puede usar sólo una vez en cada número que escribas. Distribuye los números en orden de menor a mayor.

Para los más rápidos

Conexión con la vida diaria

La banda de una escuela tiene 36 miembros. Los miembros pueden marchar en cualquier orden, siempre que las filas tengan el mismo número de personas. Usa fichas para formar matrices que muestren todas las posibles formaciones de marcha. Haz una lista de todas las formas que encuentres.

Conceptos y destrezas esenciales para Texas

(4.1)(B) usar valor posicional para leer, escribir y comparar decimales que contienen décimas y centésimas

(4.2)(A) generar fracciones equivalentes usando objetos y dibujos

(4.2)(C) comparar fracciones con objetos y dibujos

(4.14)(B) resolver problemas que implican comprender, hacer y llevar a cabo un plan, y evaluar la solución

(4.14)(C) desarrollar plan o estrategia para resolver problemas

(4.15)(A) explicar observaciones usando palabras y números

• Usar modelos y dibujos para comparar fracciones

operaciones	Preliminares I
cuenta en voz alta	Cuenta de un cuarto en un cuarto del $\frac{1}{4}$ al 5 y de nuevo hasta $\frac{1}{4}$.
cálculo mental	Resta centavos de dólares en **a–c**.

    a. Dinero: $1.00 − $0.42

    b. Dinero: $1.00 − $0.67

    c. Dinero: $2.00 − $0.25

    d. Sentido numérico: 370 − 125

    e. Dinero: La botella de shampoo cuesta $3.45 y el acondicionador cuesta $4.65. ¿Cuánto cuestan en total los dos artículos?

    f. Tiempo: ¿Cuántos años es un siglo?

    g. Estimación: Estima la suma de $7.87 y $2.14 redondeando cada cantidad al dólar más cercano y luego sumando.

    h. Cálculo: $\sqrt{36} + \sqrt{81} + 4 + 178$

resolver problemas

Escoge una estrategia apropiada para resolver este problema. Emiko pagó con un dólar un artículo que cuesta 63 centavos. Si el cajero le devuelve cinco monedas, ¿qué monedas deben ser?

Actividad

Comparar fracciones

Haz un modelo Una manera de comparar fracciones es utilizando manipulables. Utiliza tus manipulables de fracciones para hacer un modelo de estos ejercicios.

1. Demuestra que dos cuartos son iguales a un medio.

2. ¿Cuántos octavos son iguales a un medio?

3. ¿Cuántos décimos son iguales a un medio?

4. ¿Cuántos cuartos son iguales a dos octavos?

5. ¿Cuántos medios son iguales a cinco décimos?

6. ¿Cuántos cuartos son iguales a seis octavos?

Haz un modelo Compara. Escribe $>$, $<$ o $=$. Utiliza tus manipulables de fracciones para hacer un modelo de cada ejercicio.

7. $\frac{3}{4}$ ◯ $\frac{6}{8}$

8. $\frac{1}{4}$ ◯ $\frac{3}{10}$

9. $\frac{1}{4}$ ◯ $\frac{1}{5}$

10. $\frac{2}{3}$ ◯ $\frac{6}{10}$

11. Utiliza tus manipulables de fracciones para modelar tres quintos, cuatro décimos, un medio, dos octavos y tres cuartos.

    a. Ordena los números de **mayor a menor** utilizando fracciones.

    b. Ordena los números de **menor a mayor** utilizando decimales.

    c. Ordena las siguientes fracciones **de mayor a menor** utilizando decimales: $\frac{1}{2}$, $\frac{2}{8}$, $\frac{3}{5}$.

Otra manera de comparar fracciones es dibujar las fracciones y luego compar los dibujos. Para ilustrarlo, haremos dibujos para comparar $\frac{1}{2}$ y $\frac{1}{3}$. Comenzamos dibujando dos círculos del mismo tamaño. Después sombreamos $\frac{1}{2}$ de un círculo y $\frac{1}{3}$ del otro.

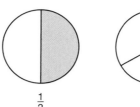
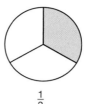

$$\frac{1}{2}$$ $$\frac{1}{3}$$

Vemos que $\frac{1}{2}$ de un círculo es más grande que $\frac{1}{3}$ de un círculo del mismo tamaño. Por lo tanto, $\frac{1}{2}$ es mayor que $\frac{1}{3}$.

$$\frac{1}{2} > \frac{1}{3}$$

Al dibujar figuas para comparar fracciones, las figuras deben ser **congruentes.** Las figuras congruentes tienen igual forma y tamaño.

Ejemplo

Compara: $\frac{1}{4}$ ◯ $\frac{1}{3}$. Dibuja y sombrea dos rectángulos para mostrar la comparación.

Dibujamos dos rectángulos congruentes. Sombreamos $\frac{1}{4}$ de un rectángulo y $\frac{1}{3}$ del otro. Vemos que $\frac{1}{4}$ es levemente menor que $\frac{1}{3}$.

$$\frac{1}{4} < \frac{1}{3}$$

Práctica de la lección

Representa   Compara estas fracciones. Dibuja y sombrea un par de figuras congruentes para ilustrar cada comparación.

a. $\frac{1}{2}$ ◯ $\frac{2}{3}$ **b.** $\frac{1}{2}$ ◯ $\frac{1}{4}$

Ordena de mayor a menor los números de los problemas **c** y **d**. Puedes utilizar tus manipulables de fracciones.

c. 0.5, 0.2, 0.25   **d.** 0.75, 0.9, 0.7

Práctica escrita   *Integradas y distribuidas*

*1. Drew tiene cincuenta y seis panecillos. En una bandeja caben siete
(52) panecillos. ¿Cuántas bandejas necesita para llevar todos los panecillos? Escribe una ecuación para resolver el problema.

2. Un galón es aproximadamente 3.78 L. Aproximadamente, ¿cuántos litros
(40) son dos galones? Utiliza palabras para escribir la respuesta.

3. **Estima** Para estimar la suma de $6.87 y $5.92, Socorro redondeó cada
(20) número al dólar más cercano antes de sumar. Escribe los números que
Socorro sumó y su suma.

*4. **Haz la conexión** Escribe cuatro operaciones de multiplicación/división
(47) utilizando los números 3, 8 y 24.

*5. **Haz una lista** ¿Cuáles son los siete meses del año que tienen 31 días?
(54)

*6. **Analiza** Encuentra el octavo múltiplo de seis. Luego súmale uno. ¿Cuál
(Inv. 3) es la raíz cuadrada del resultado?

*7. **Representa** Compara estas fracciones. Dibuja y sombrea dos
(56) rectángulos congruentes para mostrar la comparación.

$$\frac{1}{4} \bigcirc \frac{1}{6}$$

*8. **Estima** En la elección presidencial de 2004, 4651 residentes del estado
(42, 54) de Rhode Island votaron por el candidato Ralph Nader. Redondea ese
número de residentes al millar más cercano, a la centena más cercana y a
la decena más cercana.

9. a. ¿Cuánto mide el perímetro del rectángulo de la
(Inv. 2, derecha?
Inv. 3)

b. ¿Cuánto mide su área?

7 mi
4 mi

*10. $10.00   ***11.**   36,024   **12.**   43,675
(43, 52)   − $ 5.46   (52)   − 15,539   (51)   + 52,059

13.   73   **14.**   46   **15.**   84   **16.**   40
(48)   × 9   (48)   × 7   (48)   × 6   (42)   × 5

*17. 7)‾48‾   **18.** $\frac{63}{7}$
(53)   (46, 47)

*19. 3.75 + 2.5 + 0.4   ***20.** 42.25 − 7.5
(50)   (50)

* 21. **a. Selección múltiple** ¿Cuál de estos números es múltiplo de 10?
(55)

    A 35   **B** 40   **C** 45   **D** 101

    b. ¿Cómo puedes encontrar la respuesta para la parte **a** sólo observando?

22. **a.** ¿Qué fracción de un dólar es 10¢?
(36, Inv. 5)

    b. ¿Qué porcentaje de un dólar es 10¢?

23. (**Representa**) Construir la escuela Washington costó aproximadamente
(34) $12,350,000. Utiliza palabras para escribir esa cantidad de dinero.

* 24. Dos factores de 16 son 1 y 16, porque $1 \times 16 = 16$. Encuentra otros tres
(55) factores de 16.

* 25. (**Verifica**) ¿Es 16 un número primo? ¿Por qué?
(55)

* 26. (**Concluye**) Observa la figura *ABCD* para responder las
(23, 45) partes **a** y **b.**

    a. ¿Qué segmento parece ser paralelo a $\overline{AB}$?

    b. ¿Qué tipo de ángulo es el ángulo *B*?

* 27. **Selección múltiple** ¿Cuál de estos números es factor de 12?
(55)

    A 0   **B** 6   **C** 8   **D** 24

* 28. **Selección múltiple** ¿Cuál de estos números es múltiplo de 12?
(55)

    A 0   **B** 6   **C** 8   **D** 24

* 29. **a.** ¿Qué fracción de un dólar es 1¢?
(36, Inv. 5)

    b. Escribe el valor de una moneda de 1¢ como parte decimal de un dólar.

    c. ¿Qué porcentaje de un dólar es 1¢?

* 30. Ordena estos números de mayor a menor:
(Inv. 4)

$$\frac{3}{4} \quad 0.09 \quad \frac{2}{5} \quad 0.5 \quad \frac{1}{3}$$

LECCIÓN 57

• Problemas de planteo acerca de tasas

🔷 *Conceptos y destrezas esenciales para Texas*

(4.4)(B)   representar situaciones de multiplicación y división con dibujos, palabras y números
(4.4)(D)   usar multiplicación para resolver problemas
(4.7)   usar estructuras de organización para analizar relaciones entre conjuntos de datos, como los pares ordenados en una tabla
(4.14)(B)   resolver problemas que implican comprender, hacer y llevar a cabo un plan, y evaluar la solución
(4.14)(C)   desarrollar plan o estrategia para resolver problemas
(4.14)(D)   usar herramientas y tecnología para resolver problemas

Preliminares

operaciones   Preliminares J

cuenta en voz alta   Cuenta de tres en tres del 60 al 90.

cálculo mental

   a. Dinero: $1.00 − $0.85

   b. Dinero: $2.00 − $0.63

   c. Dinero: $5.00 − $1.25

   d. Sentido numérico: 400 − 30

   e. Medición: ¿Cuál es el perímetro de un jardín con las dimensiones mostradas?

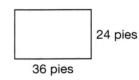

24 pies

36 pies

   f. Tiempo: ¿Cuántos años es dos siglos más cuatro décadas?

   g. Estimación: Escoge la estimación más razonable para la distancia entre dos ciudades: 120 millas ó 120 pies.

   h. Calcula: 349 − 199 + 50

resolver problemas   Alegría resolvió un problema de suma y luego borró un dígito de cada número del problema. Después se lo entregó a Jeff como ejercicio para resolver problemas.

$$\begin{array}{r} 5\_3 \\ + \ 28\_ \\ \hline \_50 \end{array}$$

Copia el problema de Alegría en un papel y ayuda a Jeff a encontrar los dígitos que faltan.

Enfoque de la estrategia: Comenzar por el final

(**Comprende**) Nos muestran un problema de suma donde faltan algunos dígitos. Nos piden encontrar los dígitos que faltan.

(**Planifica**) Utilizamos nuestro conocimiento de operaciones de suma para completar los dígitos que faltan.

(Resuelve) Podemos comenzar por la columa de las unidades como si estuviéramos sumando dos números. Primero pensamos: "¿3 más qué número da un número terminado en 0?" Como 3 + 7 = 10, escribimos un 7 en el sumando inferior. Debemos recordar reagrupar un 1 en la columna de las decenas. Luego pensamos: "¿1 más qué número más 8 da un número terminado en 5?" Como 1 + 6 + 8 = 15, escribimos un 6 en el sumando superior. Luego pensamos: "¿1 (reagrupado de las decenas) más 5 más 2 es igual a qué número?" Como 1 + 5 + 2 = 8, escribimos un 8 en la suma.

(Comprueba) Sabemos que nuestra respuesta es razonable, porque la suma de 563 y 287 es 850, que es el número que tenemos debajo de la línea. *Comenzamos por el final* y aplicamos nuestro conocimiento de operaciones de suma para descrubrir los dígitos que faltaban en las columnas de las unidades y de las decenas.

$$
\begin{array}{r}
5\underline{6}3 \\
+\ 28\underline{7} \\
\hline
850
\end{array}
$$

Nuevo concepto

Una **tasa** muestra una relación entre dos mediciones diferentes. Aquí relacionamos las medidas "millas" y "horas":

El carro viajaba a 30 millas por hora.

Esta afirmación nos dice que la rapidez del carro es de 30 millas por hora. Esto significa que por cada hora que el carro viaja a esa rapidez, recorre 30 millas. Podemos hacer una tabla para mostrar cuántas millas recorre el carro en 1, 2, 3 y 4 horas.

Los problemas de planteo acerca de tasas tienen el mismo argumento que los problemas de "grupos iguales". Una forma de facilitar la solución de problemas de planteo es hacer una tabla. En ella escribimos los números que conocemos. Luego podemos encontrar el patrón y ampliarlo.

Distancia recorrida (30 millas por hora)

Horas	Millas
1	30
2	60
3	90
4	120

> **Vocabulario de matemáticas**
>
> La frase *por hora* significa "en cada hora".

Visita www. SaxonMath.com/ Int4Activities para una actividad con calculadora.

Ejemplo 1

Liam condujo el carro a 30 millas por hora durante 4 horas. ¿Qué distancia recorrió Liam?

Es un problema de tasas. No vemos las palabras *en cada* en este problema de tasa, pero hay palabras que significan *en cada*. Las palabras *millas por hora* de este problema significan "millas *en cada* hora".

Fórmula

Número **en cada** grupo de tiempo
$\times$ Número **de** grupos de tiempo
Total

Problema

30 millas por hora
$\times$ 4 horas
120 millas

Podemos escribir otra ecuación para resolver el problema.

Fórmula:

Número **de** grupos de tiempo $\times$ número **en cada** grupo de tiempo = Total

Problema:

4 horas $\times$ 30 millas por hora = 120 millas

Liam recorrió **120 millas.**

Ejemplo 2

Nuru gana 3 dólares a la semana por ayudar en casa. Haz una tabla para esta tasa que muestre cuánto ganaría Neru en 1, 2 y 3 semanas. Luego usa una fórmula para calcular cuánto dinero ganaría en 7 semanas.

Destreza mental

Verifica

¿Qué estrategias de resolución de problemas utilizamos para resolver este problema?

La frase *3 dólares a la semana* significa "3 dólares cada semana". Hacemos una tabla para esta tasa con "dólares" y "semanas" al comienzo de las dos columna.

Podemos ampliar esta tabla a 7 semanas. Sin embargo, al analizar el patrón vemos que multiplicamos 3 veces el número de semanas para encontrar los dólares.

Dinero ganado
($3 cada semana)

Semanas	Dolares
1	3
2	6
3	9

Ahora ya sabemos que podemos utilizar una fórmula de multiplicación para calcular cuánto gana Neru en 7 semanas.

Fórmula:

Número **de** grupos $\times$ Número **en cada** grupo = Total

Problema:

7 semanas $\times$ 3 dólares a la semana = 21 dólares

Nuru gana **21 dólares** por 7 semanas de ayudar en casa.

Práctica de la lección

a. **Encuentra la fórmula** Angela condujo 55 millas en una hora. A esa tasa, ¿qué distancia puede recorrer en 6 horas? Escribe una ecuación para resolver el problema.

b. **Analiza** Barak nada 20 vueltas cada día. ¿Cuántas vueltas nadará en una semana? Haz una tabla para resolver el problema.

*1. **Encuentra la fórmula** Marybeth puede saltar 42 veces por minuto. A esa
(57) tasa, ¿cuántas veces puede saltar en 8 minutos? Escribe una ecuación
para resolver el problema.

*2. **Analiza** Rodolfo puede correr 7 millas en 1 hora. A esa tasa, ¿cuántas
(57) millas puede correr Rodolfo en 3 horas? Haz una tabla para resolver.

*3. **Haz la conexión** Escribe cuatro operaciones de multiplicación/división
(47) utilizando 8, 9 y 72.

4. ¿Cuál es la suma de $\sqrt{36}$ y $\sqrt{64}$?
(Inv. 3)

*5. Compara: $\dfrac{1}{3}$ ◯ 50%
(Inv. 5,
56)

*6. a. **Estima** Redondea 5280 al millar más cercano.
(42, 54)

b. Redondea 5280 a la centena más cercana.

*7. Esta matriz de 12 estrellas muestra que 4 y 3 son factores de
(55) 12. Dibuja una matriz diferente de 12 estrellas que muestre
otros dos factores de 12.

*8. **Analiza** Encuentra el cuarto múltiplo de 6. Luego encuentra el tercer
(55) múltiplo de 8. Compara los dos múltiplos.

*9. Juan Ponce de León exploró la costa de Florida en 1513. En 1800, el
(41, 54) gobierno federal de Estados Unidos se trasladó a Washington, DC.
Escribe la ecuación *posterior − anterior = diferencia* y resuélvela para
calcular el número de años transcurridos entre 1513 y 1800.

10. El lado de un cuadrado tiene 7 pulgadas de largo.
(Inv. 2,
Inv. 3) **a.** ¿Cuál es el perímetro del cuadrado?

b. ¿Cuál es el área del cuadrado?

*11.
(52)

$$\begin{array}{r} 70{,}003 \\ -\ 36{,}418 \\ \hline \end{array}$$

12.
(24, 43)

$$\begin{array}{r} n \\ -\ 4.32 \\ \hline 2.57 \end{array}$$

13.
(43, 51)

$$\begin{array}{r} \$861.34 \\ +\ \$764.87 \\ \hline \end{array}$$

14.
(48)

$$\begin{array}{r} 93 \\ \times\ 5 \\ \hline \end{array}$$

15.
(48)

$$\begin{array}{r} 84 \\ \times\ 6 \\ \hline \end{array}$$

16.
(48)

$$\begin{array}{r} 77 \\ \times\ 7 \\ \hline \end{array}$$

17.
(42)

$$\begin{array}{r} 80 \\ \times\ 8 \\ \hline \end{array}$$

18.
(47)
$\dfrac{56}{8}$

19.
(53)
$7\overline{)65}$

*20.
(53)
$45 \div 6$

21.
(41)
$7n = 42$

22.
(50)
$1.75 + 17.5$

23. **a.** ¿Qué segmento de esta figura es un diámetro?
(23, 45)

    b. ✏️ (**Clasifica**) Los segmentos *MW* y *MX* forman un ángulo. ¿Qué tipo de ángulo es? Explica.

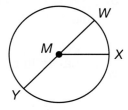

*24. (**Representa**) Compara estas fracciones. Dibuja y sombrea dos
(56) rectángulos congruentes para representar la comparación.

$$\frac{2}{3} \bigcirc \frac{3}{4}$$

*25. (**Representa**) ¿Qué número mixto y qué número decimal representa el
(37) punto *X* en esta recta numérica?

*26. Una pulgada es 2.54 centímetros; entonces, dos pulgadas es 2.54 + 2.54
(Inv. 2) centímetros. ¿Cuántos centímetros de largo tiene un segmento de
3 pulgadas de largo?

*27. Escribe este problema de suma como problema de multiplicación:
(27)

$$2.54 + 2.54 + 2.54$$

*28. **a.** ¿Qué fracción de un dólar son 3¢?

(36, Inv. 5)

b. Escribe el valor de 3¢ como parte decimal de un dólar.

c. ¿Qué porcentaje de un dólar son 3¢?

*29. **Selección múltiple** ¿Cuál de estos números es primo?

(55)

A 6 **B** 7 **C** 8 **D** 9

*30. ¿Cuál es la suma de estas longitudes? Escribe tres respuestas utilizando diferentes unidades.

(Inv. 2)

1 yarda + 2 pies + 12 pulgadas

Para los más rápidos

Conexión con la vida diaria

Cada día, Jamaal reparte 30 periódicos en 1 hr 30 min. A esa tasa, ¿cuántos periódicos reparte cada hora? Explica tu respuesta.

Conceptos y destrezas esenciales para Texas

(4.4)(B) representar situaciones de multiplicación y división con dibujos, palabras y números

(4.4)(D) usar multiplicación para resolver problemas

(4.5)(A) redondear números enteros

(4.5)(B) usar estrategias que incluyen redondeo para estimar soluciones de problemas de multiplicación y división

(4.6)(A) usar patrones y relaciones para recordar operaciones básicas de multiplicación y división

(4.6)(B) usar patrones para multiplicar por 10 y por 100

(4.11)(B) realizar conversiones sencillas entre unidades de longitud, volumen y masa del sistema usual de medidas

• Multiplicar números de tres dígitos

Preliminares

operaciones	Preliminares J
cuenta en voz alta	Cuenta de cuatro en cuatro del 60 al 100.

cálculo mental

a. **Dinero:** $5.00 − $2.25

b. **Dinero:** $5.00 − $1.63

c. **Dinero:** $5.00 − $3.35

d. **Sentido numérico:** 35 + 49 + 110

e. **Medición:** Compara: 1 milla ◯ 5000 pies

f. **Tiempo:** Tupac llegó a la parada de autobús a las 4:45 p.m. La llegada del próximo autobús está programada para las 4:54 p.m. ¿Cuánto podría Tupac esperar el autobús?

g. **Estimación:** Jazzlyn tiene $20. ¿Tiene suficiente dinero para comprar tres boletos que cuestan $6.99 cada uno?

h. **Cálculo:** $25 \times 2 + 170 − 100$

resolver problemas

Escoge una estrategia apropiada para resolver este problema. Calida horneó un pastel que mide 12 pulgadas por 9 pulgadas. Si corta el pastel en pedazos cuadrados de 3 pulgadas de lado, ¿cuántos pedazos saldrán?

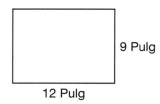

9 Pulg

12 Pulg

Nuevo concepto

Destreza mental

Generaliza

¿Utilizaríamos el mismo algoritmo de multiplicación para multiplicar un números con diez dígitos? ¿Por qué?

Al multiplicar un número de tres dígitos utilizando papel y lápiz, multiplicamos primero el dígito de las unidades. Luego multiplicamos el dígito de las decenas; después el dígito de las centenas.

Multiplica el dígito de las unidades.	Multiplica el dígito de las decenas.	Multiplica el dígito de las centenas.
$\begin{array}{r} 123 \\ \times\ \ 3 \\ \hline 9 \end{array}$	$\begin{array}{r} 123 \\ \times\ \ 3 \\ \hline 69 \end{array}$	$\begin{array}{r} 123 \\ \times\ \ 3 \\ \hline 369 \end{array}$

En el problema de abajo, al multiplicar el dígito de las unidades obtenemos 18. Escribimos el 8 en la columna de las unidades y trasladamos el 1 sobre la columna de las decenas. Después multiplicamos el dígito de las decenas.

Multiplica el dígito de las unidades.	Multiplica el dígito de las decenas.	Multiplica el dígito de las centenas.
$\begin{array}{r} 1\ \ \ \\ 456 \\ \times\ \ 3 \\ \hline 8 \end{array}$	$\begin{array}{r} 11\ \ \\ 456 \\ \times\ \ 3 \\ \hline 68 \end{array}$	$\begin{array}{r} 11\ \ \\ 456 \\ \times\ \ 3 \\ \hline 1368 \end{array}$

Tres veces cinco es 15, más uno es 16. Escribimos el 6 debajo de la barra y ponemos el 1 sobre la columna de las centenas. Después mutiplicamos las centenas. Tres veces cuatro es 12, más uno es 13. El producto es 1368.

Ejemplo 1

Un año normal tiene 365 días. Cada cuatro años hay un año bisiesto con 366 días. ¿Cuántos días son cuatro años seguidos?

Podemos multiplicar 4 veces 365 y luego sumar un día al total por el año bisiesto. Primero multiplicamos el dígito de las unidades. Luego multiplicamos el dígito de las decenas y después el de las centenas. Escribimos el primer dígito de cualquier resultado de dos dígitos sobre la columna siguiente.

$$\begin{array}{r} 22\ \ \ \\ 365 \\ \times\ \ \ 4 \\ \hline 1460 \end{array} \qquad 1460 + 1 = 1461$$

En cuatro años seguidos hay **1461 días.**

Los boletos para la obra de la escuela cuestan $3.75 cada uno. ¿Cuánto cuestan 3 boletos?

Destreza mental

Generaliza

¿En qué se parece el multiplicar dólares y centavos a multiplicar números enteros? ¿En qué se diferencia?

Primero multiplicamos los centavos. Tres veces 5¢ son 15¢, lo que es igual a una moneda de 10¢ y cinco de 5¢. Escribimos el 5 debajo de la barra y el 1 sobre la columna de las decenas.

$$\begin{array}{r} ^{1}\$3.75 \\ \times\ \ \ \ 3 \\ \hline 5 \end{array}$$

A continuación multiplicamos las decenas de centavos. Tres veces siete decenas de centavos son 21 monedas de 10¢. Sumamos los 10¢ que ya teníamos y obtenemos un total de 22 monedas de 10¢. Como 22 monedas de 10¢ son iguales a dos dólares y dos monedas de 10¢, escribimos un 2 debajo la barra y un 2 sobre los dólares.

$$\begin{array}{r} ^{2\ 1}\$3.75 \\ \times\ \ \ \ 3 \\ \hline 25 \end{array}$$

Finalmente multiplicamos los dólares. Tres veces tres dólares son nueve dólares. Sumamos los dos dólares que ya tenemos para obtener un total de 11 dólares. Tres boletos cuestan **$11.25.**

$$\begin{array}{r} ^{2\ 1}\$3.75 \\ \times\ \ \ \ 3 \\ \hline \$11.25 \end{array}$$

Al abrirse las puertas del estadio para el concierto, las personas ingresan a una tasa de 100 personas por minuto. A esa tasa, ¿cuántas personas pasan por las puertas en 10 minutos?

Para encontrar la respuesta, podemos continuar la tabla o podemos multiplicar 100 por 10.

Minuto	1	2	3	4	5	6	7	8	9	10
Personas	100	200	300	400						

$$10 \times 100 = 1000$$

Utilizando cualquiera de los métodos, encontramos que en 10 minutos ingresan **1000 personas** por las puertas del estadio.

Generaliza ¿Cómo podrías escribir una regla para este patrón utilizando una ecuación de multiplicación? ¿Cómo podrías escribir una regla para este patrón utilizando una ecuación de división?

Un paisajista diseña un borde de plantas y árboles para un estacionamiento con un perímetro de 256 yardas. Aproximadamente, ¿cuánto mide el perímetro del estacionamiento en pies?

Utilizamos el cálculo mental para estimar el número de pies. Cada yarda son 3 pies; por lo tanto, multiplicamos el número de yardas por 3. El 250 es un número compatible cercano a 256 que podemos multiplicar mentalmente.

$$250 \times 3 = 750$$

Como 256 yd son un poco más de 250 yd, el perímetro real es un poco más de **750 pies.**

(**Estima**) El estacionamiento tiene forma de cuadrado. Estima la longitud de cada lado en pies. Explica tu razonamiento.

Práctica de la lección

Multiplica:

a.   234
     × 3

b. $340
     × 4

c. $4.25
     × 5

d. Explica los pasos de cómo multiplicar 5 por $4.25, utilizando las palabras *dólares, diez centavos* y *centavos* (como en el Ejemplo 2).

e. A $2.47 el galón, aproximadamente, ¿cuánto cuestan cuatro galones de leche?

Práctica escrita   *Integradas y distribuidas*

* 1. Chazz paga $7.50 por un pase de autobús cada semana. ¿Cuánto paga
(57) por 4 semanas de pases de autobús? Escribe una ecuación para resolver el problema.

* 2. Se necesitan 4 manzanas para hacer una pinta de puré de manzana.
(49) ¿Cuántas manzanas se necesitan para hacer 5 pintas? Haz una tabla para resolver el problema.

3. Calvin se levantó a las 6 a.m. ¿A qué hora debe acostarse para
(27) dormir 8 horas?

* 4. (**Explica**) La tienda vende pintura en latas de cuarto, latas de un galón
(40) y latas de 5 galones. El precio por cuarto es menor con las latas más grandes. Hosni necesita 8 cuartos de pintura. ¿Qué envases de pintura debe comprar? Explica.

* 5. (**Representa**) Escribe 8402 en forma desarrollada. Luego utiliza palabras
(16, 33) para escribir el número.

*6. **Analiza** Encuentra el cuarto múltiplo de 7. Luego encuentra el sexto
(Inv. 3, 55) múltiplo de 6. Suma los múltiplos. ¿Cuál es la raíz cuadrada del resultado?

*7. De acuerdo a este calendario, ¿cuál es la fecha del segundo
(54) martes de septiembre de 2042?

SEPTIEMBRE 2042

D	L	M	Mi	J	V	S
		1	2	3	4	5	6
7	8	9	10	11	12	13
14	15	16	17	18	19	20
21	22	23	24	25	26	27
28	29	30				

8. Si $5 + n = 23$, entonces, ¿qué número es igual a $n - 5$?
(24)

*9. **a.** ¿Cuánto mide el perímetro de esta figura? Las medidas
(Inv. 2, 23) están en pies.

b. **Clasifica** Describe cada ángulo como agudo, obtuso o
recto.

*10. **Representa** Compara estas fracciones. Dibuja y sombrea dos círculos
(26, 56) congruentes para mostrar la comparación.

$$\frac{1}{2} \bigcirc \frac{2}{4}$$

11. ¿A qué número mixto apunta la flecha?
(37)

*12. ¿Qué segmento parece ser paralelo a $\overline{AB}$?
(23)

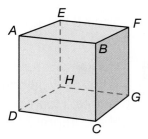

13. $0.47 + 3.62 + 0.85 + 4.54$
(50)

14. $\$3 + \$4.39 + \$12.62$
(43)

15. $36.47 - (3.5 + 12.6)$
(45, 50)

* 16. $20.00 - (29¢ + $7)$
(45, 52)

* 17. $41,059 - 36,275$
(52)

* 18.   768
(58) $\times$ 3
_____

* 19. $2.80
(58) $\times$ 4
_____

20.   436
(24, 30) $-$ z
_____
    252

* 21. $5\overline{)36}$
(53)

22. $7\overline{)45}$
(53)

23. $4\overline{)35}$
(53)

24. ✎ ⟨ **Explica** ⟩ ¿Cómo puedes encontrar el producto de 4×100 utilizando sólo
(42, 55) cálculo mental?

* 25. ⟨ **Analiza** ⟩ Dos factores de 20 son 1 y 20, porque $1 \times 20 = 20$.
(55) Encuentra otros cuatro factores de 20.

* 26. De acuerdo al censo, la población de South Fork es de 6781.
(42, 54)

    a. Redondea 6781 al millar más cercano.

    b. Redondea 6781 a la centena más cercana.

* 27. **Selección múltiple** Si $4n = 24$, ¿cuál de estas ecuaciones *no* es
(47) verdadera?

    A $\dfrac{24}{4} = n$ **B** $\dfrac{24}{n} = 4$

    C $2n = 12$ **D** $4n = 6$

28. **a.** ¿Qué fracción de un dólar son siete centavos?
(36,
Inv. 5) **b.** Escribe el valor de siete centavos como parte decimal de un dólar.

    c. ¿Qué porcentaje de un dólar son siete centavos?

* 29. **Selección múltiple** ¿Cuál de estos números pares es primo?
(55)
    A 2   **B** 4   **C** 6   **D** 8

* 30. ⟨ **Estima** ⟩ En un viaje en carro por el país, Kwan recorrió 387 millas el
(58) primer día y 409 millas el segundo día. Si recorre aproximadamante la
    misma distancia cada día, aproximadamente, ¿cuántas millas recorre
    Kwan en 5 días?

🔸 *Conceptos y destrezas esenciales para Texas*

(4.3)(A) usar suma para resolver problemas que usan números enteros

(4.4)(D) usar multiplicación para resolver problemas

(4.5)(A) redondear números enteros a la decena, centena o millar más cercanos para resolver problemas por aproximación

(4.5)(B) usar estrategias que incluyen redondeo para estimar soluciones de problemas de multiplicación y división

• Estimar respuestas de aritmética

operaciones	Preliminares J
cuenta en voz alta	Cuenta hacia atrás de cien en cien del 2000 al 100.
cálculo mental	

  a. Dinero: $5.00 − $3.95

  b. Dinero: $5.00 − $1.39

  c. Dinero: $10.00 − $8.75

  d. Sentido numérico: 46 + 320 + 200

  e. Medición: Encuentra la longitud del clip.

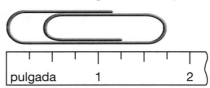

  f. Porcentaje: 50% de 50

  g. Estimación: Carter tiene $8.56. Cadric tiene $1.61. Redondea cada cantidad a los 25 centavos más cercanos y luego suma para estimar la cantidad que tienen en total.

  h. Cálculo: $\sqrt{36}$ + 75 + 319 + 223

resolver problemas Escoge una estrategia apropiada para resolver este problema. ¿Puedes encontrar tres formas de completar un dólar con ocho monedas?

Podemos estimar las respuestas de aritmética redondeando los números antes de hacer la aritmética. El estimar no nos da el resultado exacto, pero nos da una respuesta que se acerca al resultado exacto. En algunos problemas, todo lo que se necesita es una estimación para resolver el problema. Cuando se necesita una respuesta exacta, la estimación es una forma de decidir si nuestro resultado exacto es *razonable.* La estimación sirve para muchos fines, como sumar mentalmente los precios totales cuando vamos de compras.

Ejemplo 1

Destreza mental

Comenta

¿Qué lugar se utiliza para redondear un número de 3 dígitos a la centena más cercana?

Estima la suma de 396 y 512.

Para hacer una estimación, primero redondeamos el número a la centena más cercana. Redondeamos 396 a 400 y 512 a 500. Luego calculamos la suma estimada sumando 400 y 500.

$$\begin{array}{r} 400 \\ + 500 \\ \hline 900 \end{array}$$

La suma estimada de 396 y 512 es **900.** La suma exacta de 396 y 512 es 908. La respuesta estimada no es igual al resultado exacto, pero está cerca.

Ejemplo 2

Destreza mental

Haz la conexión

¿Qué lugar se utiliza para redondear un número de 2 dígitos a la decena más cercana?

Estima el producto de 72 y 5.

$$\begin{array}{r} 70 \\ \times 5 \\ \hline 350 \end{array}$$

Redondeamos el número de dos dígitos, pero generalmente no se redondea un número de un dígito al estimar. El producto estimado de 72 y 5 es **350.**

El producto exacto de 72 y 5 es 360. El producto estimado es un poco menos que el resultado exacto, 360, porque 72 se redondeó a 70, o sea hacia abajo, para hacer la estimación.

Ejemplo 3

Para estimar 7 × 365, Towanda multiplicó 7 por 400. ¿La estimación de Towanda resultó mayor, igual o menor que el producto real de 7 por 365?

La estimación de Towanda fue **mayor que el producto real** de 7 por 365, porque redondeó 365 hacia arriba a 400 antes de multiplicar.

Estima el resultado de 43 ÷ 8.

Para estimar resultados de división, debemos usar números que se dividan fácilmente. Cambiamos entonces ligeramente el problema. Conservamos el número entre el cual dividimos, que es 8, y cambiamos el número que dividimos, que es 43, por un número compatible. Cambiamos el 43 por un número cercano que podamos dividir fácilmente entre 8, como 40 ó 48. Si utilizamos el 40, el resultado estimado será **5.** Si utilizamos el 48, encontramos que el resultado estimado es **6.** Como el 43 se encuentra entre el 40 y el 48, el resultado real será mayor que 5 pero menor que 6—o sea, el resultado exacto es 5 más un residuo.

Destreza mental

(Verifica)

¿Cómo redondeamos $3.80 al dólar más cercano? Explica tu razonamiento.

Nicola compró una caja de cereal por $5.89, un galón de leche por $3.80 y medio galón de jugo por $2.20. Estima la cuenta de la tienda de comestibles de Nicola.

Redondeamos los precios de cada artículo al dólar más cercano.

El cereal costó $5.89, que está más cerca de $6 que de $5.

La leche costó $3.80, que está más cerca de $4 que de $3.

El jugo costó $2.20, que está más cerca de $2 que de $3.

Artículo	Precio	Redondeado al dólar más cercano
cereal	$5.89	$6
leche	$3.80	$4
jugo	$2.20	$2

Para estimar el total, sumamos los números redondeados.

$$\$6 + \$4 + \$2 = \$12$$

La cuenta estimada de la tienda de comestibles de Nicola fue de **aproximadamente $12.**

(Evalúa) Imagina que Nicola deseaba estar seguro de que tenía dinero suficiente para comprar todos los artículos *antes* de llegar a la fila de salida. ¿Cómo debía redondear los precios? Explica tu razonamiento.

Práctica de la lección

Estima la respuesta de cada problema de aritmética. Luego calcula el resultado exacto.

a. 59 + 68 + 81　　　　　**b.** 607 + 891

c. 585 − 294　　　　　　**d.** 82 − 39

e. 59 × 6　　　　　　　　**f.** 397 × 4

g. 42 ÷ 5　　　　　　　　**h.** 29 ÷ 7

i. (**Explica**) Dixie estimó el producto de 5 y 5280 multiplicando 5 por 5000. La estimación de Dixie fue mayor, igual o menor que el producto real? ¿Por qué?

j. A Mariano le gustaría comprar un computador portátil, un mouse inalámbrico y un bolso para transportarlo. El precio de cada artículo se muestra en la tabla.

Artículo	Precio
Computadora Notebook	$845
Ratón inalámbrico	$27.50
Bolso accesorio	$39.95

¿Cuál sería una estimación razonable para el precio total? Explica tu razonamiento.

Práctica escrita   *Integradas y distribuidas*

*1. (**Analiza**) Un ritmo normal al caminar es aproximadamente 3 millas por
(57)   hora. ¿Qué distancia recorrería una persona caminando 4 horas a un ritmo de 3 millas por hora? Haz una tabla para resolver el problema.

*2. Hay cuarenta y ocho peras en total. Hay seis peras en cada caja.
(52)   ¿Cuántas cajas hay? Escribe una ecuación para resolver el problema.

3. Una milla es aproximadamente 1.61 km.
(Inv. 2,
Inv. 4)   **a.** Escribe 1.61 km con palabras.

   b. Compara: 1 mi $\bigcirc$ 1 km

*4. (**Estima**) Para estimar el producto de 5 y 193, redondea 193 a la centena
(59)   más cercana antes de multiplicar.

5. Compara: 50% de 16 $\bigcirc$ $\sqrt{16}$
(Inv. 3,
Inv. 5)

*6. (**Analiza**) Resta el tercer múltiplo de cuatro del segundo múltiplo de seis.
(55)   ¿Cuál es la diferencia?

*7. En 1587, Virginia Dare fue la primera bebé nacida de padres ingleses en
(54) las Trece Colonias. Escribe una ecuación *posterior − anterior = diferencia*
y resuélvela para saber el número de años que han transcurrido desde
1587 hasta el año de tu nacimiento.

*8. a. (Clasifica) ¿Qué ángulo de esta figura parece ser un
(23, 45) ángulo recto?

b. ¿Qué segmento de esta figura no parece ser perpendicular
a $\overline{AB}$?

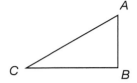

*9. Compara estas fracciones. Dibuja y sombrea dos rectángulos congruentes
(56) para mostrar la comparación.

$$\frac{2}{5} \bigcirc \frac{1}{4}$$

*10. Safara puede envolver 40 paquetes en 1 hora. A esa tasa, ¿cuántos
(57) paquetes podrá envolver en 5 horas?

*11. (Representa) Utiliza dígitos para escribir quince millones, doscientos
(34) diez mil.

12. (Representa) Hay una ciudad en un terreno rectangular de 3 milllas de
(Inv. 2, largo y 2 millas de ancho. Traza el rectángulo e indica el largo de cada lado.
21)

a. ¿Cuál es el perímetro del rectángulo?

b. ¿Cuál es el área?

13. $37.75
(43, 51) + $45.95

14.   43,793
(51) + 76,860

15.   48.0
(50)   9.7
      12.6
       5.3
    + 236.2

*16. $50.00
(52) − $42.87

*17.   43,793
(52) − 26,860

*18. 483 × 4
(58)

*19. 360 × 4
(58)

*20. 207 × 8
(58)

21. 8)‾43
(53)

22. 5)‾43
(53)

23. 7)‾43
(53)

24. **a.** El termómetro de la derecha muestra la temperatura a
₍₁₈₎   las 3 p.m. ¿Cuál es la temperatura a las 3 p.m.?

   b. De las 3 p.m. a las 6 p.m., la temperatura subió 4 grados.
   ¿Cuál era la temperatura a las 6 p.m.?

25. **(Representa)** Utiliza una regla para dibujar un segmento de recta de 4 pulg
_(Inv. 2, 23) de largo. Luego dibuja un segmento paralelo de 10 cm de largo.

*26. Cada cambio de aceite de motor del carro de Francisco requiere $3\frac{1}{2}$
_(40, 43) cuartos de aceite nuevo. ¿A qué número de pintas es igual ese número
de cuartos?

*27. ✎**(Explica)** En un patio de juegos, una cancha de baloncesto mide
_(Inv. 2) 58.5 pies de largo por 42.5 pies de ancho. ¿Cuál es una estimación
razonable para el perímetro de la cancha? Explica tu razonamiento.

*28. Escribe cada número decimal representado y luego escribe la suma y
_(Inv. 4, Inv. 5) la diferencia de los números.

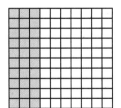   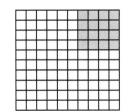

*29. **a.** **Selección múltiple** ¿Cuál de estos números impares es un
₍₅₅₎   número compuesto y *no* un número primo?

   A 5   **B** 7   **C** 9   **D** 11

   b. ✎**(Verifica)** Explica tu respuesta de la parte **a.**

30. ✎**(Estima)** A J'Neane le gustaría comprar un par de patines en línea
₍₅₉₎ y accesorios, incluyendo un casco, rodilleras, coderas y muñequeras.
Los patines cuestan $59.95 y el precio total de los accesorios es $44.50.
¿Cuál es una estimación razonable de cuánto más cuestan los patines
que los accesorios? Explica tu razonamiento.

Conceptos y destrezas esenciales para Texas

(4.4)(B) representar situaciones de multiplicación y división con dibujos, palabras y números
(4.4)(E) usar división para resolver problemas
(4.15)(B) relacionar lenguaje informal con lenguaje matemático
(4.16)(B) justificar por qué una respuesta es razonable

• Problemas de tasas con un total dado

operaciones	Preliminares J
cuenta en voz alta	Cuenta de siete en siete del 7 al 70.
cálculo mental	

a. Dinero: $10.00 − $3.24

b. Dinero: Jade compra un libro que cuesta $7.25. Paga con un billete de $10. ¿Cuánto cambio debe recibir?

c. Dinero: Lilah tiene $10.00. Gasta $8.67. ¿Cuánto dinero le queda?

d. Partes fraccionarias: ¿Cuántas pulgadas es $\frac{1}{2}$ de un pie?

e. Potencias/Raíces: Compara: $\sqrt{81}$ ◯ 200 − 190

f. Tiempo: ¿Cuántos años son 5 siglos?

g. Estimación: Escoge la estimación más razonable para la altura de un poste telefónico: 30 pies ó 30 pulgadas.

h. Cálculo: 50 × 2 + 26 + 49

resolver problemas

Escoge una estrategia apropiada para resolver este problema. La pregunta de abajo está escrita en un código en que 1 es A, 2 es B, 3 es C, y así sucesivamente. Después de decodificar la pregunta, escribe la respuesta utilizando el mismo código.

23-8-1-20   4-1-25   9-19   20-8-9-19?

Los problemas de tasas que implican tiempo consisten en tres cantidades: una tasa, una cantidad de tiempo y un total. Si en un problema de tasas conocemos dos de las cantidades, podemos encontrar la tercera. Hemos practicado problemas en que nos daban una tasa y la cantidad de tiempo. Multiplicamos para encontrar el total. En esta lección practicamos problemas en los que nos dan el total. Dividimos para encontrar la tasa o la cantidad de tiempo.

Ejemplo 1

Zariali puede leer 2 páginas en 1 minuto. ¿Cuánto demorará en leer 18 páginas?

Es un problema de tasas. Un problema de tasas es un problema de "grupos iguales".

Nos dicen que Zariali puede leer 2 páginas en 1 minuto. Esto significa que la tasa es 2 páginas por minuto. El número total de páginas es 18. Nos preguntan por la cantidad de tiempo.

Fórmula	**Problema**
Número **en cada** grupo de tiempo	2 páginas en cada minuto
× Número **de** grupos de tiempo	× n minutos
Total	18 páginas

Ahora encontramos el número que falta. **Para encontrar el primer y el segundo número de un patrón de "grupos iguales", dividimos.**

$$2{\overline{\smash{)}18}}^{\;9}$$

Zariali demorará **9 minutos** en leer 18 páginas.

Destreza mental

Transformamos un problema de tasas utilizando una fórmula de multiplicación:

Páginas **por** minuto: 2 Número **de** minutos: 9 Total: 18 páginas

Ejemplo 2

Yolanda recorre en su bicicleta 24 millas en 3 horas. ¿Cuántas millas por hora es la rapidez promedio del paseo de Yolanda?

Nos dan la distancia total que recorrió Yolanda (24 millas) y la cantidad de tiempo que demoró (3 horas). Nos preguntan por el número promedio de millas que recorrió Yolanda en cada hora.

Fórmula	**Problema**
Número **en cada** grupo de tiempo	m millas en cada hora
× Número **de** grupos de tiempo	× 3 horas
Total	24 millas

Para encontrar el factor que falta, dividimos.

$$24 \div 3 = 8$$

La rapidez promedio del paseo de Yolanda es de **8 millas por hora.** En realidad, Yolanda pudo haber recorrido más de 8 millas en una hora y menos de 8 millas durante otra hora, pero su rapidez *promedio* fue de 8 millas por hora.

Haz la conexión Explica cómo resolver la ecuación $3m = 24$.

Práctica de la lección

Encuentra la fórmula Escribe y resuelve una ecuación para cada problema.

a. Javier puede sacar punta a 5 lápices en un minuto. ¿Cuánto demorará Javier en sacar punta a 40 lápices?

b. La tropa caminó 12 millas en 4 horas. ¿Cuántas millas por hora es la rapidez promedio de la tropa?

c. A Alexis le pagaron $48 por 6 horas de trabajo. ¿Cuánto dinero le pagaron a Alexis por cada hora de trabajo?

Práctica escrita

Integradas y distribuidas

Encuentra la fórmula Escribe y resuelve ecuaciones para los problemas **1** y **2**.

*1. Hay doscientos catorce loros, setecientos cincuenta y dos cuervos y dos
(1, 33, 51) mil cuarenta y dos urracas. ¿Cuántos pájaros hay en total?

*2. K'Shella utilizó una bolsa de tierra para plantar 8 plantas en macetas.
(52) ¿Cuántas bolsas de tierra necesitará para plantar 2 docenas de plantas en macetas?

*3. Yachi puede pintar 12 letreros en 1 hora. A esa tasa, ¿cuántos letreros
(57) puede pintar en 3 horas? Haz una tabla para resolver el problema.

4. ¿Cuántos minutos son el cincuenta por ciento de una hora?
(Inv. 5)

*5. **Estima** El monte Santa Helena es un volcán del estado de
(51) Washington. Después de hacer erupción en mayo de 1980, la cima del volcán estaba a 8363 pies sobre el nivel del mar. Durante la erupción, el volcán perdió 1314 pies de su altura. ¿Cuál es una estimación razonable para la altura que tenía el volcán antes de la erupción? Explica tu razonamiento.

*6. Selección múltiple ¿Cuál de estos números *no* es múltiplo de 2?
(55)

    A 23   **B** 24   **C** 32   **D** 46

7. Escribe la hora "un cuarto para las siete de la mañana" en forma digital.
(19)

8. Resuelve para *n*: $3n = 3 \times 5$
(41)

*9. ¿Cuánto mayor es el producto de 6 por 7 que la suma de 6 y 7?
(31)

10. ¿Cuál es la longitud del segmento *BC?*
(Inv. 2)

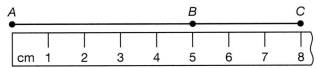

11. Compara: $(32 \div 8) \div 2 \bigcirc 32 \div (8 \div 2)$
(45)

12. $6.49 + $12 + $7.59 + 8¢$
(43)

13. $6.5 + 4.75 + 11.3$ **14.** $12.56 - 4.3$
(50)   (50)

*15.   350   ***16.**   204   ***17.**   463
(58) $\times$ 5   (58) $\times$ 7   (58) $\times$ 6

18. $4\overline{)37}$ **19.** $6\overline{)39}$ **20.** $3\overline{)28}$
(53)   (53)   (53)

21. **a.** ¿Qué fracción de un dólar es una moneda de 5¢?
(36,
Inv. 5)   **b.** ¿Qué porcentaje de un dólar es una moneda de 5¢?

*22. Los cuadrados perfectos tienen un número impar de factores. Los
(Inv. 3,
55)   números 9 y 25 son cuadrados perfectos. Los tres factores de 9 son
    1, 3 y 9. ¿Cuáles son los tres factores de 25?

23. Compara: $5\% \bigcirc \dfrac{1}{2}$
(Inv. 5)

*24. **Clasifica** Consulta la figura ABCD para responder las partes **a** y **b**.
(23)

a. ¿Qué tipo de ángulo son los ángulos *A* y *C*?

b. ¿Qué tipo de ángulo son los ángulos *B* y *D*?

*25. **Analiza** Una habitación rectangular mide 5 yardas de largo y 4 yardas
(Inv. 2, de ancho.
Inv. 3)

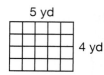

a. ¿Cuántas yardas de moldura se necesitan para rodear la habitación?

b. ¿Cuántas yardas cuadradas de alfombra se necesitan para cubrir el piso?

*26. **Selección múltiple** Si $n + 10 = 25$, ¿cuál de estas ecuaciones *no* es
(24) verdadera?

A $n + 11 = 26$ **B** $n + 12 = 27$

C $n - 5 = 20$ **D** $n + 9 = 24$

27. a. Compara: $8 ÷ (4 ÷ 2)$ ◯ $(8 ÷ 4) ÷ 2$
(45, 47)

b. Observa tu respuesta a la parte **a**. ¿Es la Propiedad asociativa aplicable a la división?

28. a. ¿Qué fracción de un dólar son 19 monedas de 1¢?
(36,
Inv. 5) **b.** ¿Qué porcentaje de un dólar son 19 monedas de 1¢?

c. Escribe el valor de diecinueve monedas de 1¢ como parte decimal de un dólar.

*29. **Estima** En el restaurante, Jackson ordenó una comida por $7.95,
(59) un vaso de leche por $1.75 y un postre por $3.95. Estima la cuenta de Jackson.

*30. a. **Concluye** Nombra un segmento que sea paralelo
(23) a $\overline{EF}$.

b. Nombra un segmento que sea perpendicular a $\overline{BF}$.

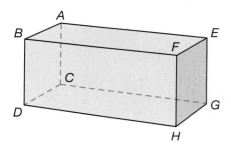

⬥ *Conceptos y destrezas esenciales para Texas*

(4.5)(A) redondear números enteros a la decena, centena o millar más cercanos para resolver problemas por aproximación

(4.7) usar estructuras de organización para analizar relaciones entre conjuntos de datos, como los pares ordenados en una tabla

(4.13)(B) interpretar gráficas de barra

(4.14)(D) usar herramientas y tecnología para resolver problemas

(4.15)(A) explicar observaciones con palabras y números

Enfoque en

• Representar datos en gráficas

En esta investigación practicamos cómo encontrar información en diferentes tipos de **gráficas.** Después practicamos cómo hacer gráficas. Los cuatro tipos de gráficas que estudiamos son los **pictogramas, gráficas de barras, gráficas lineales** y **gráficas circulares.** Los tres primeros tipos generalmente tienen forma rectangular. En estas gráficas, observa los títulos, rótulos, escalas y unidades. También puedes encontrar una **leyenda** o **clave,** que indica que representan los símbolos de la gráfica.

Pictogramas

Comencemos con el pictograma que utiliza dibujos para representar información. El siguiente pictograma muestra los resultados de una encuesta aplicada a un grupo de estudiantes de la escuela Thompson. El encargado de la cafetería quería saber cuáles son los almuerzos preferidos por los estudiantes de la escuela Thompson, entonces se le pidió a cada estudiante del Salón 12 que mencionara su almuerzo preferido del menú de la escuela. Cada estudiante podía nombrar un almuerzo. El pictograma muestra cómo respondieron la pregunta los estudiantes de la clase.

Visita www. SaxonMath.com/ Int4Activities para una actividad con calculadora.

Almuerzos escolares preferidos por los estudiantes del Salón 12

Pollo	◯ ◯ ◯
Atún	◯ ◯ ◯ ◯ ◖
Pavo	◯ ◯ ◖
Pizza	◯ ◯ ◯ ◯ ◯

◯ representa la preferencia de 2 estudiantes

1. ¿Cuál es el título del pictograma?

2. ¿Cuántos tipos diferentes de almuerzos se muestran en la gráfica?

3. **Explica** ¿Cómo puedes decir cuántos estudiantes escogieron un almuerzo en particular como su almuerzo preferido?

4. ¿Cuántos estudiantes mencionaron el pollo como su almuerzo preferido? ¿Cómo encontraste la respuesta?

5. **Explica** ¿Cuántos estudiantes mencionaron el atún como su almuerzo preferido? ¿Cómo encontraste la respuesta?

6. **Representa** ¿El pictograma muestra los almuerzos preferidos por cuántos estudiantes? ¿Cómo encontraste la respuesta?

Gráficas de barras

La información del pictograma también se puede mostrar en una gráfica de barras como la que aparece a continuación. En esta gráfica, las barras son verticales (suben y bajan). En algunas gráficas de barras, las barras son horizontales (avanzan hacia el lado). Las palabras a lo largo de los lados de la grafica son rótulos. Los rótulos indican qué significan las otras palabras o números que están a los lados.

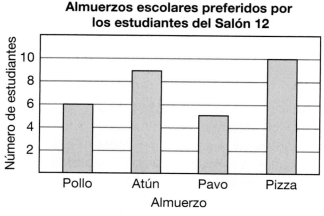

Almuerzos escolares preferidos por los estudiantes del Salón 12

7. ¿Cuál es el rótulo a lo largo del lado vertical izquierdo de la gráfica?

8. A lo largo del lado vertical izquierdo de la gráfica, hay marcas y números. ¿Qué representa el número 8?

9. **Explica** ¿Qué barra es la más alta? y ¿qué significa eso?

10. **Explica** La barra para atún es más alta que la barra para pavo, por lo tanto más estudiantes mencionaron el atún como su almuerzo preferido en lugar del pavo. ¿Cuántos más estudiantes mencionaron el atún en lugar de mencionar el pavo? ¿Cómo encontraste la respuesta?

Gráficas lineales

La siguiente gráfica es una gráfica lineal. Las gráficas lineales se utilizan con frecuencia para mostrar información o datos que cambian con el tiempo. Los datos son **continuos,** lo que significa que los datos se juntan entre los puntos de la gráfica. Esta gráfica muestra la estatura de Jamil desde su nacimiento hasta que cumplió 10 años. Noten que hay una escala vertical y una escala horizontal. Los rótulos a lo largo de estas escalas muestran las unidades (entre paréntesis) para los números de las escalas. Los segmentos que conectan los puntos muestran el cambio en la estatura de Jamil. La cuadrícula de fondo facilita la lectura de la tabla.

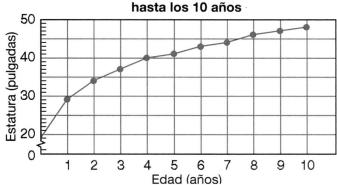

Estatura de Jamil desde su nacimiento hasta los 10 años

Estatura (pulgadas) / Edad (años)

11. ¿Qué significa el 8 en la escala horizontal?

12. **Explica** ¿Cuánto medía Jamil en su cuarto cumpleaños? ¿Cómo encontraste la respuesta?

13. **Analiza** ¿Durante qué año Jamil alcanzó las 45 pulgadas de alto? ¿Cómo encontraste la respuesta?

14. **Interpreta** La gráfica de la estatura de Jamil tiene más pendiente durante los primeros años y después tiene menos pendiente. ¿Qué significa el cambio en la pendiente con respecto al crecimiento de Jamil?

Analiza ¿Qué datos se acumulan entre los puntos de la gráfica?

Gráficas circulares

Hemos observado tres gráficas rectangulares. Ahora vamos a observar una gráfica circular. Una gráfica circular muestra cómo un entero está dividido en partes. A veces, llamamos *gráfica de tarta* a las gráficas circulares. La "tarta" se corta en "porciones" que muestran el tamaño de las partes. En esta gráfica circular vemos qué hace Vanessa generalmente durante un día entero en la escuela.

Cómo pasa Vanessa un día en la escuela

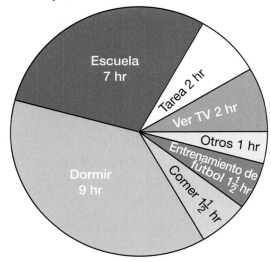

Escuela 7 hr
Tarea 2 hr
Ver TV 2 hr
Otros 1 hr
Entrenamiento de fútbol 1½ hr
Comer 1½ hr
Dormir 9 hr

15. La "escala" en una gráfica circular es el tamaño de las porciones. ¿Qué porción de la gráfica circular de la página anterior es la mayor? y ¿qué significa eso?

16. **Analiza** En conjunto, la escuela y las tareas, ¿a cuántas horas del día de Vanessa corresponden?

17. **Interpreta** ¿Cuál es el número total de horas representadas por la gráfica circular completa?

18. **Explica** Según la gráfica, ¿Vanessa está despierta más o menos cuántas horas al día? ¿Cómo encontraste la respuesta?

Actividad

Representar información en gráficas

Materiales:

* **Actividades 27** y **28 de la lección**

Las **Actividades 27** y **28 de la lección** son patrones para hacer los cuatro tipos de gráficas que hemos estudiado en esta investigación. Utiliza estos patrones para hacer gráficas para la siguiente información.

Haz un Pictograma:

Representa Se le pidió a los estudiantes del Salón 12 que nombraran la bebida con la que más les gusta acompañar el almuerzo. Ocho estudiantes dijeron "ponche", seis dijeron "agua", nueve dijeron "leche" y siete dijeron "jugo."

Representa esta información en un pictograma. Titula la gráfica. Haz un lista de las bebidas escogidas a lo largo del lado vertical izquierdo de la gráfica. Dibuja un objeto, como un vaso, para representar las bebidas preferidas de los estudiantes. Puedes utilizar el mismo objecto para cada categoría. Decide si el dibujo representará la preferencia de un estudiante o de más de un estudiante y muesta esa información en la clave. Éste es un ejemplo:

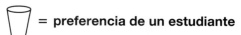 = **preferencia de un estudiante**

Haz una gráfica de barras:

Representa Carmen le preguntó a los estudiantes del Salón 15 cómo van a la escuela en la mañana. Encontró que seis estudiantes caminan, siete van en bicicleta, tres van en patineta, seis en auto y siete en autobús.

Representa esta información en una gráfica de barras. Titula la gráfica. Rotula los lados vertical y horizontal de la gráfica. Marca una escala y dibuja las barras.

Haz una gráfica lineal:

Representa El señor López corrió una carrera de seis millas. Al pasar por cada marca de milla de la carrera, observó su cronómetro para ver cuánto tiempo había corrido. Éstos son los tiempos que leyó el señor López en su cronómetro en cada marca de milla:

1 milla	6 minutos
2 millas	13 minutos
3 millas	20 minutos
4 millas	28 minutos
5 millas	36 minutos
6 millas (fin de la carrera)	45 minutos

En una gráfica lineal, haz la escala vertical que representa la distancia recorrida en millas. Haz la escala horizontal que representa el tiempo de carrera en minutos. La esquina inferior izquierda de la escala corresponde a cero millas y cero minutos. Marca cada escala con una secuencia de números que permita que la información se ajuste bien a la gráfica. (Por ejemplo, la distancia entre las marcas de la escala horizontal es de 5 minutos). Recuerda darle un título a la gráfica.

Ahora haz siete puntos en la gráfica. Un punto va a estar en la esquina inferior izquierda para mostrar el comienzo de la carrera. Los otros seis puntos van a mostrar el tiempo transcurrido en cada marca de milla. En el nivel de una milla de la gráfica, marca un punto donde estimes que corresponde a 6 minutos. En el nivel de dos millas, marca un punto para los 13 minutos. Continúa marcando puntos hasta el final de la carrera. Después de marcar los puntos, traza segmentos de recta de un punto a otro. Comienza en la esquina inferior izquierda y sigue hasta el punto que indica el final de la carrera. Cada punto a lo largo de la gráfica lineal muestra aproximadamente el tiempo de carrera y la distancia recorrida por el señor López en ese punto de la carrera.

Analiza ¿Qué datos se acumulan entre los puntos de tú gráfica?

Haz una gráfica circular:

Representa Jared hizo un programa para los días en la escuela. Su programa se muestra en la página siguiente. Nota que el programa tiene siete secciones. Utiliza la información de este programa para hacer una gráfica circular de lo que hace Jared durante el día. Tu gráfica circular también debe tener siete secciones el tamaño de las secciones debe mostrar el número de horas que Jared emplea en cada actividad. (El patrón de gráfica circular de la **Actividad 28 de la lección** tiene 24 marcas para dividir más fácilmente el círculo en secciones. La distancia de una marca a la otra representa una hora). Escoge un título para la gráfica y rotula cada sección con la actividad de Jared y la cantidad de tiempo que emplea en esa actividad. A continuación, mostramos un ejemplo con tres de las sietes secciones terminadas.

Mi horario

7 a.m.	
8 a.m.	Vestirse, comer
	Escuela
3 p.m.	Hacer la tarea
5 p.m.	Practicar piano
6 p.m.	Cenar
7 p.m.	Ver TV
9 p.m.	Dormir
7 a.m.	

Cómo pasa Jared un día en la escuela

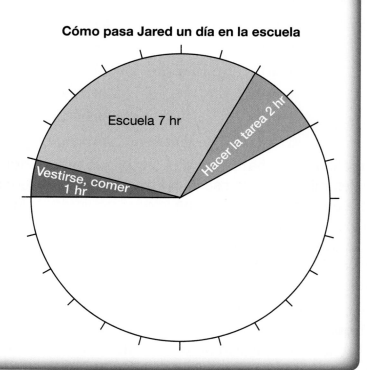

Escuela 7 hr

Hacer la tarea 2 hr

Vestirse, comer 1 hr

Investiga más

a. **Representa** Busca ejemplos de gráficas en periódicos, revistas o sitios web para mostrar cómo diferentes tipos de gráficas se utilizan para representar información.

b. **Haz un modelo** Genera o recolecta información (datos) y haz gráficas para representar la información.

c. **Representa** Redondea la población de cada ciudad al millar más cercano.

Ciudad	Población
Roosevelt, UT	4404
Lincoln, CA	1860
Washington, KS	1168
Adams, WI	1840

Ciudad	Población
Johnson, TX	1274
Clinton, CT	3516
Monroe, OH	8821
Jefferson, IA	4440

d. Escoge cinco ciudades del problema **c.** Después escoge una gráfica adecuada para graficar las poblaciones redondeadas de esta ciudades. Decide si utilizarás una gráfica de barras, un pictograma o una gráfica lineal. Haz una gráfica y después escribe un enunciado que describa los datos de tu gráfica.

e. **Analiza** Los datos de la tabla siguiente muestran una relación estimada entre centímetros y pulgadas. Describe la relación. Después predice más o menos cuántos centímetros son iguales a una yarda en una regla de yarda y explica cómo hiciste la estimación.

Pulgadas	1	2	3	4	5	6
Centímetros	2.5	5	7.5	10	12.5	15

f. Los estudiantes de la Escuela intermedia Parkcrest hicieron una encuesta a 100 personas. Hicieron la siguiente pregunta: ¿Cuál es tu materia preferida: matemáticas, ciencias, artes del lenguaje o ciencias sociales?

Encontraron que 27 personas escogieron matemáticas, 26 personas escogieron ciencias, 21 personas escogieron artes del lenguaje y 18 personas escogieron ciencias sociales.

Su maestro explicó que los resultados de su encuesta no eran correctos y que debían hacerla de nuevo. ¿Tenía razón el maestro? ¿Por qué?

🔖 *Conceptos y destrezas esenciales para Texas*

(4.2)(C) comparar fracciones usando objetos y dibujos

(4.14)(A) identificar las matemáticas en situaciones diarias

(4.14)(B) resolver problemas que implican comprenderlos, hacer y llevar a cabo un plan y evaluar si es razonable la solución

(4.15)(B) relacionar lenguaje informal con lenguaje matemático

(4.16)(B) justificar por qué una respuesta es razonable

- # Fracciones como residuos

- # Ecuaciones en dos pasos

operaciones	Preliminares I
cuenta en voz alta	Cuenta de un medio en un medio del $\frac{1}{2}$ al 6 y de nuevo hasta $\frac{1}{2}$.
cálculo mental	En los problemas **a–c,** multiplica un número por 10.

    a. Sentido numérico: 12×10

    b. Sentido numérico: 120×10

    c. Sentido numérico: 10×10

    d. Dinero: Jill pagó 36¢ por un lápiz con un billete de $1. ¿Cuánto cambio debe recibir?

    e. Dinero: Un recipiente de aceite de motor cuesta $3.75. ¿Cuánto cuestan 2 recipientes?

    f. Porcentaje: Todo el círculo está dividido entre cuartos. ¿Qué porcentaje del círculo está sombreado? ¿Qué porcentaje no está sombreado?

    g. Estimación: Phil desea comprar lasaña por $5.29 y una gaseosa por $1.79. Redondea cada precio a los 25¢ más cercanos y luego suma para estimar el precio total.

    h. Cálculo: $48 + 250 + 6 + 6$

resolver problemas

Escoge una estrategia apropiada para resolver este problema. García está empacando su ropa para el campamento de verano. Desea llevar tres pares de shorts. Tiene cuatro pares de pantalones cortos diferentes, entre los cuales puede escoger: beige, azul, blanco y negro. ¿Qué combinaciones diferentes de tres pares de pantalones puede empacar García?

Nuevo conceptos

Fracciones como residuos

El círculo entero del Ejemplo 1 tiene una porción sombreada y una porción no sombreada. Si conocemos el tamaño de una porción de un entero, podemos calcular el tamaño de la otra porción.

Ejemplo 1

a. **¿Qué fracción del círculo está sombreada?**

b. **¿Qué fracción del círculo no está sombreada?**

Vemos que el círculo entero está dividido en ocho partes iguales. Tres de esas partes están sombreadas; por lo tanto, cinco partes no están sombreadas.

a. La fracción que está sombreada es $\frac{3}{8}$.

b. La fracción que no está sombreada es $\frac{5}{8}$.

Representa Compara la parte sombreada con la parte no sombreada utilizando $>$, $<$ o $=$.

Ejemplo 2

Cortaron la pizza en ocho rodajas iguales. Si Willis, Hunter y Suelita sacan una rodaja cada uno, ¿qué fracción de la pizza queda?

Cortaron la pizza entera en ocho partes iguales. Como sacan tres de las ocho partes, quedan cinco de las ocho partes. La fracción que queda es $\frac{5}{8}$.

Ejemplo 3

Dos quintos del público asistente aplaude. ¿Qué fracción del público no aplaude?

Imaginemos que el público asistente está dividido entre cinco partes iguales. Nos dicen que dos de las cinco partes aplauden. Entonces, tres partes no aplauden. La fracción del público que no aplaude es $\frac{3}{5}$.

Ecuaciones en dos pasos

La siguiente ecuación significa: "2 multiplicado por qué número es igual a 7 más 5?"

$$2n = 7 + 5$$

Necesitamos dos pasos para resolver esta ecuación. El primer paso consiste en sumar 7 y 5 ($7 + 5 = 12$), lo que nos da la ecuación:

$$2n = 12$$

El segundo paso es calcular n. Como $2 \times 6 = 12$, sabemos que n es 6.

$$n = 6$$

Verifica ¿Cómo podemos comprobar el resultado?

Ejemplo 4

Calcula m en la siguiente ecuación: $3m = 4 \cdot 6$

A veces se usa un punto entre dos números para indicar la multiplicación. Así, $4 \cdot 6$ significa "4 por 6." El producto de 4 por 6 es 24.

$$3m = 4 \cdot 6$$
$$3m = 24$$

Ahora calculamos m. Tres veces 8 es igual a 24, entonces m es igual a 8.

$$3m = 24$$
$$m = 8$$

Verifica ¿Cómo podemos comprobar el resultado?

Leamos matemáticas

Esta ecuación se lee: "¿3 multiplicado por qué número es igual a 4 por 6?"

Práctica de la lección

a. ¿Qué fracción de este rectángulo no está sombreada?

b. Tres quintos de la carrera ya terminó. ¿Qué fracción de la carrera queda aún?

Encuentra el número que falta:

c. $2n = 2 + 8$

d. $2 + n = 2 \cdot 8$

Práctica escrita   *Integradas y distribuidas*

*1. **Explica** El diámetro de la rueda de la bicicleta de Filomena mide
(21) 24 pulgadas. ¿Cuánto mide el radio de la rueda? Explica cómo lo sabes.

2. Cada almuerzo escolar contiene cinco rodajas de manzana. Si 35 estudiantes
(49) compran un almuerzo escolar, ¿cuántas rodajas de manzanas hay?
Escribe una ecuación para este problema.

3. **a.** ¿Qué fracción de un dólar son dos monedas de 5¢?
(36,
Inv. 4) **b.** ¿Qué parte decimal de un dólar son dos monedas de 5¢?

*4. La familia Gilbreth bebió 39 tazas de leche en 3 días. ¿A cuántas tazas de
(60) leche al día equivale?

*5. Maya condujo 28 millas a casa de Ariana. Esa tarde, las dos amigas
(1, 17) condujeron 3 millas a un restaurante y luego condujeron de regreso a
casa de Ariana. Al atardecer, Maya condujo 28 millas de regreso a casa.
¿Cuántas millas en total viajó Maya ese día?

*6. ¿Qué fracción del rectángulo *no* está sombreada?
(61)

*7. **Selección múltiple** ¿Cuál de estos números *no* es factor de 10?
(55)
   A 2   **B** 5   **C** 10   **D** 20

*8. (**Verifica**) Rebanaron la barra de pan en 6 pedazos iguales. Después de
(61) sacar un pedazo, ¿qué fracción de la barra quedó?

*9. (**Representa**) Compara estas fracciones. Dibuja y sombrea dos círculos
(56) congruentes para mostrar la comparación.

$$\frac{2}{3} \bigcirc \frac{3}{4}$$

*10. (**Estima**) Calcula la suma de 5070 y 3840, redondeando cada número al
(54, 59) millar más cercano antes de sumar.

11. Si 60% de las respuestas son verdaderas, ¿hay más respuestas
(Inv. 5) verdaderas o más respuestas falsas?

12. **a.** ¿Cuál es el perímetro de este rectángulo?
(Inv. 2,
Inv. 3) **b.** ¿Cuál es el área de este rectángulo?

4 cm

8 cm

13. $\$62.59$
(43, 51) $+ \$17.47$

*14. $5n = 12 + 18$
(61)

*15. $1000 - (110 \times 9)$
(45, 58)

16. $3.675 - 1.76$
(50)

*17. $\$6.70$
(58) $\times \quad 4$

*18. 703
(58) $\times \quad 6$

*19. $\$346$
(58) $\times \quad 9$

*20. $5\overline{)39}$
(53)

*21. $7\overline{)39}$
(53)

22. $4\overline{)39}$
(53)

23. $16 \div 3$
(53)

24. $26 \div 6$
(53)

25. $36 \div \sqrt{36}$
(Inv. 3, 47)

*26. (Representa) ¿Qué número representa el punto *A* en esta recta
(Inv. 1)   numérica?

$-5 \qquad\qquad 0 \qquad\qquad 5$

27. Compara:
(33)
   a. $745 \bigcirc 754$
   b. $132 \bigcirc 99$

28. **a.** ¿Qué fracción del cuadrado grande no está
(Inv. 4, Inv. 5)   sombreada?

   b. ¿Qué número decimal representa la parte no
   sombreada del cuadrado grande?

   c. ¿Qué porcentaje del cuadrado grande no está
   sombreado?

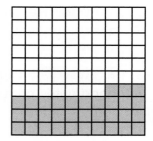

*29. (Clasifica) Nombra los segmentos paralelos y
(52)   perpendiculares de esta figura. Describe los ángulos
como agudo, obtuso o recto.

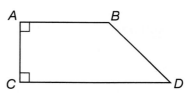

*30. 1847
(23, 82)
   1873

✦ *Conceptos y destrezas esenciales para Texas*

(4.15)(B) relacionar lenguaje informal con lenguaje matemático

(4.16)(B) justificar por qué una respuesta es razonable

• Multiplicar tres o más factores

• Exponentes

 **Preliminares**

operaciones

cuenta en voz alta

cálculo mental

Preliminares I

Cuenta de un cuarto en un cuarto del $5\frac{1}{4}$ al 10.

a. **Sentido numérico:** 14×10

b. **Dinero:** Sergio compró una resma de papel por $6.47 y una caja de grapas por $1.85. ¿Cuál fue el precio total?

c. **Porcentaje:** Compara: 25% ◯ $\frac{1}{2}$

d. **Geometría:** ¿Cuánto mide el perímetro de un cuadrado que mide 6 pulgadas por lado?

e. **Hora:** Crystal llamó por teléfono a su amiga a las 4:05 p.m. Hablaron durante 22 minutos. ¿A qué hora terminó la llamada de Crystal?

f. **Medición:** Ray cortó 1 pie de cuerda de un trozo más grande que medía 22 pulgadas de largo. ¿Cuántas pulgadas de cuerda quedaron?

g. **Estimación:** La Escuela Washington tiene 258 estudiantes. La Escuela Lincoln tiene 241 estudiantes. Redondea cada número a la decena más cercana y después suma para estimar el número total de estudiantes.

h. **Cálculo:** $400 + 37 + 210 - 17$

resolver problemas

Escoge una estrategia apropiada para resolver este problema. La siguiente página muestra una secuencia de números triangulares. El tercer término de la secuencia, 6, es el número de puntos que hay en una matriz triangular de puntos con tres filas. Observa que en esta secuencia aumenta el conteo entre un número y el siguiente. Encuentra el número de puntos que hay en una matriz triangular con 8 filas. Explica cómo llegaste a tu resultado y cómo puedes verificarlo.

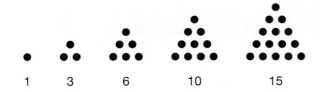

1   3   6   10   15

Nuevo conceptos

Multiplicar tres o más factores

Para encontrar el producto de tres números, primero multiplicamos dos de los números. Luego multiplicamos el resultado por el tercer número. Para multiplicar cuatro números debemos multiplicar una vez más. En cualquier multiplicación, continuamos el proceso hasta que no quede ningún factor.

Ejemplo 1

Multiplica: 3 × 4 × 5

Primero multiplicamos dos de los números para obtener un producto. Después multiplicamos ese producto por el tercer número. Si primero multiplicamos 3 por 4, obtenemos 12. Después multiplicamos 12 por 5 y obtenemos 60.

Paso 1   **Paso 2**

$$
\begin{array}{r} 3 \\ \times\,4 \\ \hline 12 \end{array}
\qquad
\begin{array}{r} 12 \\ \times\,5 \\ \hline \mathbf{60} \end{array}
$$

No importa cuáles dos números multiplicamos primero. Si multiplicamos 5 por 4, obtenemos 20. Luego multiplicamos 20 por 3 y nuevamente obtenemos 60.

Paso 1   **Paso 2**

$$
\begin{array}{r} 5 \\ \times\,4 \\ \hline 20 \end{array}
\qquad
\begin{array}{r} 20 \\ \times\,3 \\ \hline \mathbf{60} \end{array}
$$
← igual resultado

El orden de las multiplicaciones no importa, de acuerdo con la propiedad asociativa de la multiplicación que estudiamos en la Lección 45.

Ejemplo 2

Multiplica: 4 × 5 × 10 × 10

Podemos hacer esta multiplicación mentalmente. Si primero multiplicamos 4 por 5, obtenemos 20. Después multiplicamos 20 por 10 para obtener 200. Finalmente multiplicamos 200 por 10 y vemos que el producto es **2000.**

Exponentes

Un **exponente** es un número que muestra cuántas veces se debe utilizar como factor otro número (la **base**). Un exponente se escribe arriba y a la derecha de la base.

base $\longrightarrow 5^2 \longleftarrow$ exponente

5^2 significa 5×5.

5^2 es igual a 25.

Si el exponente es 2, decimos "al cuadrado" para expresar el exponente. Entonces, 5^2 se lee como "cinco al cuadrado". Si el exponente es 3, decimos "al cubo" para expresar el exponente. Entonces, 2^3 se lee como "dos al cubo".

Ejemplo 3

Simplifica: $5^2 + 2^3$

Sumamos cinco al cuadrado y dos al cubo. Antes de sumar encontramos los valores de 5^2 y 2^3.

5^2 significa 5×5, que es 25.

2^3 significa $2 \times 2 \times 2$, que es 8.

Ahora sumamos 25 y 8.

$25 + 8 = \textbf{33}$

Ejemplo 4

Vocabulario de matemáticas

Una expresión exponencial significa que su base se usa como factor el número de veces que indica el exponente,
$4^3 = 4 \times 4 \times 4$

Escribe esta expresión utilizando exponentes:

$5 \times 5 \times 5$

Se utiliza el cinco como factor tres veces; por lo tanto, el exponente es 3.

$\textbf{5}^{\textbf{3}}$

A veces los exponentes se utilizan en fórmulas. En la fórmula del área de un cuadrado, la longitud del lado (l) se eleva al cuadrado.

$A = l^2$

Área de un cuadrado = (longitud de lado)^2

Ejemplo 5

Utiliza la fórmula para el área de un cuadrado para encontrar el área de este cuadrado.

Leamos matemáticas

Leemos l^2 como "l al cuadrado" lo que significa $l \times l$.

La fórmula para el área de un cuadrado es $A = l^2$. La longitud de cada lado es 5 pulg. Reemplaza la "l" de la fórmula por 5 pulg.

5 pulg

$A = (5 \text{ pulg})^2$

Al multiplicar 5 pulg $\times$ 5 pulg, vemos que el área del cuadrado es 25 pulg cuadradas.

Podemos escribir el resultado como **25 pulg^2** ó **25 pulg cuadradas**.

Simplifica:

a. $2 \times 3 \times 4$ **b.** $3 \times 4 \times 10$

c. 8^2 **d.** 3^3

e. $10^2 - 6^2$ **f.** $3^2 - 2^3$

g. Vuelve a escribir esta expresión utilizando exponentes:

$$4 \times 4 \times 4$$

h. Escribe una fórmula para encontrar el área de un cuadrado. Luego utiliza la fórmula para encontrar el área de un cuadrado de 6 pulgadas de lado.

Práctica escrita
Integradas y distribuidas

Encuentra la fórmula   Escribe y resuelve ecuaciones para los problemas **1** y **2**.

* 1.
(52)
Hay el doble de pavos reales que gallinas. Si hay 12 pavos reales, ¿cuántas gallinas hay?

* 2.
(43, 59)
Mae-Ying compró un paquete de papel a un precio de $1.98 y 2 lápices a un precio de $0.49 cada uno. El impuesto por toda la compra es de 18¢. ¿Cuál es el precio total de los artículos? Explica por qué es razonable tu resultado.

3.
(27)
La clase de danza de Raquel comienza a las 6 p.m. Ella demora 20 minutos en llegar a la clase en carro. ¿A qué hora debe salir de casa para llegar a tiempo?

* 4.   **Analiza**   Glenda conduce por el desierto a una rapidez promedio de
(57)
60 millas por hora. A esa tasa, ¿cuánto recorre en 4 horas? Haz una tabla para resolver el problema.

* 5.
(61)
Ya pasaron dos tercios de la carrera. ¿Cuánto queda aún de la carrera?

* 6.   **Estima**   Otieno compró un cuaderno por $8.87 y papel por $2.91.
(59)
Estima el total, redondeando cada cantidad al dólar más cercano, luego suma.

* 7.
(61)
En la ecuación $9 \times 11 = 100 - y$, ¿qué número representa la letra y?

*8. **(Representa)** Compara: $\frac{2}{4} \bigcirc \frac{4}{8}$. Dibuja y sombrea dos círculos
(56) congruentes para mostrar la comparación.

*9. **Selección múltiple** Recuerda que un número primo tiene exactamente
(55) dos factores. ¿Cuál de estos números tiene exactamente 2 factores?

    A 7   **B** 8   **C** 9   **D** 10

10. De acuerdo a este calendario, ¿qué día de la semana es el
(54) 4 de julio de 2014?

JULIO 2014						
S	M	T	W	T	F	S
		1	2	3	4	5
6	7	8	9	10	11	12
13	14	15	16	17	18	19
20	21	22	23	24	25	26
27	28	29	30	31		

*11. **(Haz una predicción)** Escribe cuatro operaciones de multiplicación/división
(47) utilizando los números 6, 3 y 18.

*12. $5 \times 6 \times 7$ ***13.** 4^3
(62)   (62)

14.
(51)
$$\begin{array}{r} 476,385 \\ + 259,518 \\ \hline \end{array}$$

15.
(52)
$$\begin{array}{r} \$20.00 \\ - \$17.84 \\ \hline \end{array}$$

16.
(24)
$$\begin{array}{r} c \\ - 19,434 \\ \hline 45,579 \end{array}$$

*17.
(58)
$$\begin{array}{r} \$4.17 \\ \times \quad 8 \\ \hline \end{array}$$

*18.
(58)
$$\begin{array}{r} \$470 \\ \times \quad 7 \\ \hline \end{array}$$

*19.
(58)
$$\begin{array}{r} 608 \\ \times \quad 4 \\ \hline \end{array}$$

20. $4\overline{)29}$ **21.** $8\overline{)65}$ **22.** $5\overline{)29}$
(53)   (53)   (53)

23. $65 \div 7$ **24.** $29 \div 5$ **25.** $65 \div 9$
(53)   (53)   (53)

26. Si el 40% de los estudiantes son niños, ¿qué porcentaje de los
(Inv. 5) estudiantes son niñas?

*27. **a.** ¿Cuánto mide el perímetro del cuadrado de la
(Inv. 2,   derecha?
Inv. 3)
    b. Utiliza una fórmula para encontrar el área del cuadrado.

6 pulg

*28. **Selección múltiple** ¿Qué tipo de ángulo es cada ángulo de un
(23) cuadrado?

A agudo **B** recto **C** obtuso **D** llano

*29. La gráfica de barras muestra el número de velas de colores que hay en un
(Inv. 6) paquete. Utiliza la gráfica para responder cada pregunta.

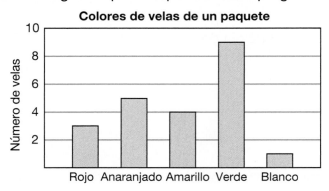

Colores de velas de un paquete

a. ¿Cuántas velas rojas hay?

b. ¿Cuántas velas verdes más hay que velas anaranjadas?

*30. (**Haz un modelo**) Dibuja una recta numérica de 1 a 2 y muestra las
(37, 50) ubicaciones de $1\frac{1}{2}$, 1.25 y $1\frac{3}{4}$.

Para los
más rápidos

Conexión con
la vida diaria

Un cuadrado de 1 pulgada de lado tiene un área de 1 pulgada cuadrada.
Un cuadrado de 2 pulgadas de lado tiene un área de 4 pulgadas
cuadradas. Examina los cuadrados que se muestran abajo.

 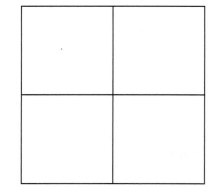

1 × 1 = 1 pulgada cuadrada   2 × 2 = 4 pulgadas cuadradas

a. ¿Cuánto mide el área de un cuadrado de 3 pulgadas de lado?

b. ¿Cuánto mide el área de un cuadrado de 4 pulgadas de lado?

c. ¿Cuánto mide el área de un cuadrado de 5 pulgadas de lado?

d. Dibuja y rotula cada uno de los cuadrados de las partes **a-c.**

🐟 *Conceptos y destrezas esenciales para Texas*

(4.8)(A) identificar y describir ángulos rectos, agudos y obtusos

(4.8)(B) identificar y describir rectas paralelas e intersecantes usando objetos y dibujos

(4.8)(C) usar atributos para definir figuras geométricas de dos y tres dimensiones

(4.14)(A) identificar las matemáticas en situaciones diarias

(4.15)(B) relacionar lenguaje informal con lenguaje matemático

(4.16)(A) hacer generalizaciones a partir de patrones, ejemplos y contraejemplos

• Polígonos

operaciones Preliminares J

cuenta en voz alta Cuenta hacia abajo de mil en mil del 20,000 al 1000.

cálculo mental Multiplica tres números en los problemas **a–c.**

    a. Sentido numérico: $6 \times 7 \times 10$

    b. Sentido numérico: $5 \times 8 \times 10$

    c. Sentido numérico: $12 \times 10 \times 10$

    d. Dinero: $\$7.59 + \$0.95$

    e. Dinero: Sydney tiene $\$5.00$. Después gasta $\$3.25$ en fotocopias. ¿Cuánto dinero le queda?

    f. Geometría: Compara: $4\frac{1}{2}$ pulg ◯ el radio de un círculo de 10 pulg de diámetro

    g. Estimación: Henry estimó que su vaso de gaseosa lleno contenía 400 mL de agua. ¿Es una estimación razonable?

    h. Cálculo: $470 - 30 + 62 + 29$

resolver problemas Escoge una estrategia apropiada para resolver este problema. El cincuenta por ciento de los estudiantes de la clase de Gabriel son mujeres. ¿Sabemos cuántos estudiantes hay en esta clase? ¿Sabemos si hay más niños o más niñas en la clase? ¿Sabemos si el número de estudiantes de la clase es par o impar?

Nuevo concepto

Los **polígonos** son figuras cerradas y planas formadas por segmentos de recta.

¿Cuál de estas figuras es un polígono?

A   B   C   D

La figura A no es un polígono, porque no es cerrada. La figura B no es un polígono, porque no es plana. La figura C no es un polígono, porque no todos sus lados son rectos. La **figura D** es un polígono. Es cerrada y plana, y cada uno de sus lados es un segmento de recta.

Destreza mental

Verifica

¿Cómo se le llama a un rectángulo regular?

Los polígonos se nombran de acuerdo al número de lados que poseen. Las longitudes de los lados pueden ser iguales o diferentes. Si todos los lados de un polígono tienen la misma longitud y sus ángulos son del mismo tamaño, se llama **polígono regular.** La figura a la derecha de todas las filas siguientes es un polígono regular.

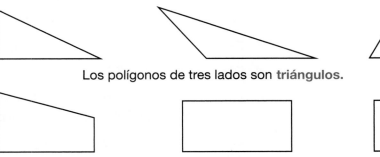

Los polígonos de tres lados son **triángulos.**

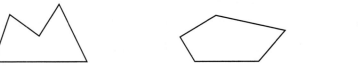

Los polígonos de cuatro lados son **cuadriláteros.**

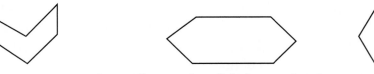

Los polígonos de cinco lados son **pentágonos.**

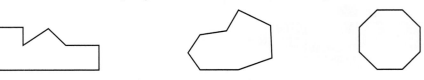

Los polígonos de seis lados son **hexágonos.**

Los polígonos de ocho lados son **octágonos.**

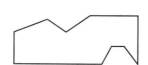 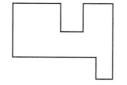

Los polígonos de diez lados son **decágonos**.

(**Clasifica**) Describe los ángulos que forman un triángulo regular, un rectángulo y un hexágono regular.

Ejemplo 2

¿Qué tipo de polígono es un cuadrado?

Un cuadrado tiene cuatro lados, de modo que un cuadrado es un **cuadrilátero.** De hecho, un cuadrado es un cuadrilátero regular.

La esquina de un polígono se llama *vértice*. Un polígono tiene tantos vértices como lados.

(**Clasifica**) Describe los segmentos de recta que forman un cuadrado.

Ejemplo 3

¿Cuántos vértices más tiene un octágono que un pentágono?

Un octágono tiene ocho lados y ocho vértices. Un pentágono tiene cinco lados y cinco vértices. Entonces, un octágono tiene **3 vértices más** que un pentágono.

(**Clasifica**) Describe los segmentos de recta que forman un pentágono regular y un hexágono regular.

Ejemplo 4

Nombra los polígonos que forman esta pirámide.

Esta pirámide tiene 5 caras. La base es un **cuadrado.** Las otras cuatro caras son **triángulos.**

(**Analiza**) Describe los ángulos y los segmentos de recta que forman esta pirámide.

Práctica de la lección

Dibuja un ejemplo de cada uno de estos polígonos:

a. triángulo   **b.** cuadrilátero   **c.** pentágono

d. hexágono   **e.** octágono   **f.** decágono

Nombra cada polígono y describe sus ángulos:

g.   **h.**

i.

  j.

k. ¿Qué figuras de los problemas **g–j** parecen ser polígonos regulares?

l. ¿Qué señal del tránsito común tiene la forma del polígono del problema **j?**

m. ¿Cuántos vértices más tiene el decágono que el hexágono?

Práctica escrita
Integradas y distribuidas

1. Tres pies es igual a 1 yarda. ¿Cuántas yardas de largo tiene un carro de 15 pies de largo ?
(Inv. 2)

*2. (**Haz la conexión**) Escribe cuatro operaciones de multiplicación/división utilizando los números 3, 10 y 30.
(47)

*3. (**Analiza**) Nevaeh tenía seis monedas de 25 centavos, tres de 10 centavos y catorce de 1 centavo. ¿Cuánto dinero tenía en total?
(35)

4. ¿Cuál es la suma de los números pares mayores que 10 pero menores que 20?
(1, 10)

*5. (**Estima**) Redondea $7.15 y $5.94 al dólar más cercano y luego suma.
(59)

*6. (**Haz un modelo**) Erin abrió 1 galón de leche y comenzó a llenar vasos. Cada vaso contenía 1 taza de leche. Dos tazas son iguales a una pinta. Dos pintas son iguales a un cuarto. Cuatro cuartos son iguales a un galón. ¿Cuántos vasos pudo llenar Erin? Utiliza recipientes para resolverlo.
(40)

7. ¿A qué número mixto apunta la flecha?
(37)

*8. La torta de maíz se cortó en 12 pedazos iguales. Se comieron siete pedazos. ¿Qué fracción de la torta de maíz quedó?
(61)

*9. ¿Cuánto más grande es el producto de 4 por 3 que la suma de 4 y 3?
(31, 38)

*10. ¿Cuánto es la suma de 92 y $\sqrt{9}$?
(Inv. 3, 62)

*11. **a.** (Clasifica) ¿Cuál es el nombre de este polígono?
(Inv. 2, 63)

b. Todos sus lados tienen igual longitud. ¿Cuál es el perímetro de este polígono?

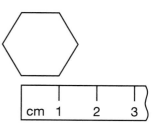

*12. Roger cosecha 56 frutillas en 8 minutos. A esa tasa, ¿cuántas frrutillas cosecha en 1 minuto?
(60)

*13. Chanisse cosecha 11 frutillas en 1 minuto. A esa tasa, ¿cuántas frutillas cosecha en 5 minutos?
(57)

14. $40.00 − d = $2.43
(24, 52)

*15. $5 \times n = 15 + \sqrt{25}$
(Inv. 3, 61)

*16. 6 × 4 × 10
(62)

*17. 5^3
(62)

18. 3.5 + 2.45
(50)

19. 1.95 − 0.4
(50)

20. $1.00 − ($0.36 + $0.57)
(43, 45)

*21. 349 × 8
(58)

*22. $7.60 × 7
(58)

23. $6\overline{)34}$
(53)

24. $8\overline{)62}$
(53)

25. $5\overline{)24}$
(53)

26. $\dfrac{63}{7}$
(47)

*27. (Explica) Se utilizarán microbuses para transportar 22 jugadores de fútbol a un juego. Cada microbús puede transportar 5 jugadores. Escribe y resuelve una ecuación para calcular el menor número de microbuses que se necesitarán. Después explica tu resultado.
(53)

*28. **Selección múltiple** ¿Cuál de estos números es múltiplo de 10?
(55)

A 3 **B** 5 **C** 15 **D** 40

29. **a.** ¿Qué fracción del cuadrado grande está sombreada?

(Inv. 4, Inv. 5)

b. ¿Qué decimal de la cuadrícula entera no está sombreado?

c. ¿Qué porcentaje del cuadrado grande no está sombreado?

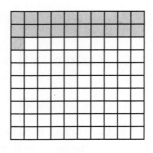

*30. **a.** (Clasifica) ¿Qué polígonos forman esta figura?

(23, 63)

b. Describe los ángulos y los segmentos de recta de esta figura.

Para los más rápidos

Conexión con la vida diaria

Encuentra tres objetos del salón que sean ejemplos de diferentes tipos de polígono.

a. Nombra cada objeto.

b. Haz un dibujo de cada objeto. Cada dibujo debería mostrar el número de lados que tiene cada objeto.

c. Rotula cada dibujo con el nombre del polígono que representa.

⚓ *Conceptos y destrezas esenciales para Texas*

(4.4)(B) representar situaciones de multiplicación y división con dibujos, palabras y números
(4.4)(E) usar división para resolver problemas
(4.5)(B) usar estrategias que incluyen redondeo para estimar soluciones de problemas de multiplicación y división
(4.14)(B) resolver problemas que implican comprender, hacer y llevar a cabo un plan, y evaluar la solución
(4.14)(C) desarrollar plan o estrategia para resolver problemas

• División con respuestas de dos dígitos, parte 1

Preliminares

operaciones   Preliminares J

cuenta en voz alta   Al contar de cinco en cinco del el 1, decimos los números 1, 6, 11, 16 y, así sucesivamente. Cuenta de cinco en cinco del el 1 al 51.

cálculo mental   Multiplica cuatro números en los problemas **a–c.**

   a. Sentido numérico: $6 \times 4 \times 10 \times 10$

   b. Sentido numérico: $3 \times 4 \times 10 \times 10$

   c. Sentido numérico: $4 \times 5 \times 10 \times 10$

   d. Dinero: Alex tiene $10.00. Después compra una gorra por $6.87. ¿Cuánto dinero le queda?

   e. Hora: J'Narra debe terminar la prueba a las 2:30 p.m. Si son las 2:13 p.m., ¿cuántos minutos le quedan para terminar?

   f. Medición: Cinco pies son 60 pulgadas. ¿Cuántas pulgadas de alto mide una persona cuya altura es 5 pies 4 pulgadas?

   g. Estimación: Escoge la estimación más razonable para el ancho de un teclado de computador: 11 pulgadas u 11 pies.

   h. Cálculo: $\sqrt{49} + 6 + 37 + 99$

resolver problemas   Escoge una estrategia apropiada para resolver este problema. Shamel prepara limonada para vender en su puesto. El recipiente de limonada en polvo indica que cada paquete alcanza para un cuarto de limonada. Si Shamel quiere preparar $1\frac{1}{2}$ galones de limonada, ¿cuántos paquetes de limonada en polvo necesita? Explica cómo encontraste el resultado.

En esta lección aprendemos un método con papel y lápiz para dividir un número de dos dígitos entre un número de un dígito. Demostraremos el método a medida que resolvemos este problema:

Los setenta y ocho estudiantes de quinto grado de la Escuela Washington se dividen por igual en tres salones. ¿Cuántos estudiantes habrá en cada salón?

En este problema de "grupos iguales" hay tres números: el número total de estudiantes, el número de salones y el número de estudiantes en cada salón.

Fórmula:
Número de grupos × Número en cada grupo = Total

Problema:
3 salones × *n* estudiantes en cada salón = 78 estudiantes

Para encontrar el número de estudiantes que hay en cada salón, dividimos 78 entre 3.

$$3\overline{)78}$$

Para el primer paso ignoramos el 8 y dividimos 7 entre 3. Escribimos un "2" sobre el 7. Después multiplicamos 2 por 3 y escribimos "6" debajo del 7. Luego restamos y escribimos "1".

$$\begin{array}{r} 2 \\ 3\overline{)78} \\ 6 \\ \hline 1 \end{array}$$

A continuación "bajamos" el 8, como se muestra aquí. Juntos, el 1 y el 8 forman 18.

$$\begin{array}{r} 2 \\ 3\overline{)78} \\ 6\downarrow \\ \hline 18 \end{array}$$

Ahora dividimos 18 entre 3 y obtenemos 6. Escribimos el 6 sobre el 8 del 78. Después multiplicamos 6 por 3 y escribimos "18" debajo del 18.

$$\begin{array}{r} 26 \\ 3\overline{)78} \\ 6 \\ \hline 18 \\ 18 \\ \hline 0 \end{array}$$

Leamos matemáticas

Para representar este problema podemos escribir la ecuación relacionada $78 \div 3 = n$.

Destreza mental

(Comenta)

¿Por qué escribimos el primer dígito del cociente en el lugar de las decenas?

Destreza mental

(Verifica)

¿Por qué escribimos el segundo dígito del cociente en el lugar de las unidades?

Restamos y vemos que el residuo es cero. Esto significa que si los estudiantes se dividen uniformemente entre los salones, habrá 26 estudiantes en cada salón.

$$78 \div 3 = 26$$

Como las operaciones de división y las operaciones de multiplicación forman familias de operaciones, podemos ordenar estos tres números para formar una operación de multiplicación.

$$3 \times 26 = 78$$

Podemos multiplicar 3 por 26 para comprobar nuestro trabajo.

Ejemplo 1

Un campo de 87 acres se divide en 3 partes iguales. Se planta un cultivo diferente en cada parte. ¿Cuántos acres mide una de las partes del campo?

Para el primer paso ignoramos el 7. Dividimos 8 entre 3, multiplicamos y luego restamos. A continuación bajamos el 7 para formar 27. Ahora dividimos 27 entre 3, multiplicamos y restamos nuevamente.

$$
\begin{array}{r}
29 \\
3\overline{)87} \\
6\downarrow \\
\hline
27 \\
27 \\
\hline
0
\end{array}
$$

El residuo es cero; por lo tanto, una parte del campo mide **29 acres.**

Ahora multiplicamos 3 por 29 para comprobar nuestro trabajo. Si el producto es 87, podemos estar seguros de que nuestra división es correcta.

$$
\begin{array}{r}
\overset{2}{29} \\
\times\ \ 3 \\
\hline
87
\end{array}
$$
  Comprueba

Observa que cuando se divide 87 entre 3 no hay residuo, porque 87 es un múltiplo de 3. No podemos identificar los múltiplos de 3 observando el último dígito, porque los múltiplos de 3 pueden terminar con cualquier dígito. Sin embargo, el sumar los dígitos de un número puede indicarnos si un número es múltiplo de 3. Si la suma es múltiplo de 3, entonces el número también lo es. Por ejemplo, sumar los dígitos de 87 nos da 15 ($8 + 7 = 15$). Como 15 es múltiplo de 3, sabemos que 87 es múltiplo de 3.

En un autobús escolar se pueden sentar cuatro estudiantes en cada fila. Treinta y ocho estudiantes suben al autobús. Si cada estudiante se sienta en el primer asiento disponible, ¿cuál es una estimación razonable del número de filas de asientos que se completarán?

Nos preguntan por una estimación razonable; por lo tanto, podemos utilizar números compatibles. Como 38 y 4 no son compatibles para la división, escogemos un número cercano a 38 que divida a 4 de manera exacta. Los múltiplos cercanos a 4 son 36 y 40. Utilizando uno de estos múltiplos, encontramos que una estimación razonable para el número de filas que se completarán es **9** ó **10**.

¿Cuál de estos números se puede dividir entre 3 sin dejar residuo?

A 56   **B** 64   **C** 45   **D** 73

Sumamos los dígitos de cada número:

A $5 + 6 = 11$ **B** $6 + 4 = 10$ **C** $4 + 5 = 9$ **D** $7 + 3 = 10$

De los números 11, 10 y 9, sólo el 9 es múltiplo de 3. Por lo tanto, la única alternativa que se puede dividir entre 3 sin dejar residuo es **45**.

Práctica de la lección

Divide:

a. $3\overline{)51}$ **b.** $4\overline{)52}$ **c.** $5\overline{)75}$

d. $3\overline{)72}$ **e.** $4\overline{)96}$ **f.** $2\overline{)74}$

g. **Haz la conexión** Encuentra el factor que falta en esta ecuación: $3n = 45$

h. Selección múltiple ¿Cuál de estos números se puede dividir entre 3 sin dejar residuo? ¿Cómo lo sabes?

     A 75   **B** 76

     C 77   **D** 79

i. En cada fila de pupitres de un salón de clase se pueden sentar seis estudiantes. Veintinueve estudiantes entran al salón. Si cada estudiante se sienta en el primer asiento disponible, ¿cuál es una estimación razonable para el número de filas que se completará? Explica tu respuesta.

* 1. Una milla cuadrada son veintisiete millones, ochocientos setenta y ocho
(34) mil cuatrocientos pies cuadrados. Utiliza dígitos para escribir ese número.

2. El árbol está a ciento trece pasos. Si cada paso mide 3 pies, ¿a cuántos
(49) pies está el árbol?

3. En el álbum de tarjetas de béisbol de Tracey caben quinientas tarjetas.
(25, 41) Tracey tiene trescientas ochenta y cuatro tarjetas. ¿Cuántas tarjetas más
caben en el álbum? Escribe una ecuación.

4. El viaje duró 21 días. ¿Cuántas semanas duró el viaje?
(52, 54)

* 5. Una señal de Alto tiene forma de octágono. ¿Cuántos lados tienen siete
(49) señales de Alto?

* 6. Encuentra la longitud de esta horquilla al cuarto de pulgada más cercano.
(39)

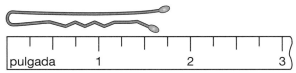

7. Escribe 406,912 en forma desarrollada. Después utiliza palabras para
(16, 33) escribir el número.

* 8. Un pie es igual a 12 pulgadas. Si cada lado de un cuadrado mide un pie
(Inv. 2) de largo, ¿cuánto mide el perímetro del cuadrado en pulgadas?

* 9. **Estima** Durante una actividad de la escuela para reunir fondos, un
(59) grupo de estudiantes trabajó 90 minutos y lavó 8 carros. ¿Cuál es una
estimación razonable para los minutos que demoraron en lavar cada
carro? Explica por qué es razonable tu respuesta.

* 10. **Representa** Compara: $\frac{3}{6}$ ◯ $\frac{1}{2}$. Dibuja y sombrea dos círculos
(56) congruentes para mostrar la comparación.

11. Compara:
(33)   **a.** 614 ◯ 609   **b.** 88 ◯ 106

*12. **Explica** La semana pasada, la maestra Willyard evaluó algunas
(11, 30)   tareas. Esta semana evaluó 47 tareas más. En esas dos semanas evaluó
un total de 112 tareas. ¿Cuántas tareas evaluó la semana pasada?
Explica por qué es razonable tu respuesta.

13. $32.47
(43, 51)   + $67.54

14.   51,036
(52)   −   7,648

15.   53.6
(50)   2.9
      97.4
       8.8
  + 436.1

*16. $5n = 75$
(41)

*17. $3\overline{)84}$
(64)

*18. $4\overline{)92}$
(64)

19. $6\overline{)58}$
(53)

*20.   257
(58)   ×   5

*21. $7.09
(58)   ×   3

22. $334
(58)   ×   9

*23. $2\overline{)36}$
(64)

24. $4n = 36$
(41)

*25. $4^2 + 2^3$
(62)

26. $3.5 − (2.4 − 1.3)$
(43, 45)

*27. Observa estos billetes. Haz una lista de todas las diferentes maneras de
(36)   emparejar dos billetes.

*28. Tres cuartos del juego ya terminaron. ¿Qué fracción del juego queda?
(61)

29. **a.** ¿Qué fracción del cuadrado grande está sombreada?
(Inv. 4,
Inv. 5) **b.** ¿Qué número decimal representa la parte sombreada del
cuadrado?

    c. ¿Qué porcentaje del cuadrado grande no está
sombreada?

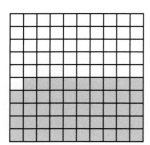

*30. **Selección múltiple** Los dos primeros números primos son 2 y 3. Los
(55)   dos números primos que siguen son _____.

   A 4 y 5   **B** 5 y 6   **C** 5 y 7   **D** 7 y 9

🔻 *Conceptos y destrezas esenciales para Texas*

(4.4)(B) representar situaciones de multiplicación y división con dibujos, palabras y números
(4.4)(E) usar división para resolver problemas
(4.5)(A) redondear números enteros a la decena, centena o millar más cercanos y resolver problemas por aproximación
(4.5)(B) usar estrategias que incluyen redondeo para estimar soluciones de problemas de multiplicación y división
(4.11)(B) realizar conversiones sencillas entre unidades de longitud, volumen y masa del sistema usual de medidas
(4.14)(B) resolver problemas que implican comprenderlos, hacer y llevar a cabo un plan y evaluar si es razonable la solución

• División con respuestas de dos dígitos, parte 2

Preliminares

operaciones Preliminares J

cuenta en voz alta Cuenta de cinco en cinco del 1 al 51.

cálculo mental Multiplica dos números que terminen en cero en los problemas **a–d**. (Ejemplo: 30×40 es igual a 3×10 veces 4×10. Ordenamos los factores para obtener $3 \times 4 \times 10 \times 10$, que da 1200.)

    a. Sentido numérico: 40×40

    b. Sentido numérico: 30×50

    c. Sentido numérico: 60×70

    d. Sentido numérico: 40×50

    e. Potencias/Raíces: $2^2 + 2$

    f. Dinero: $\$6.48 + \$2.39$

    g. Estimación: Cada botella de agua cuesta 99¢. Si la señora Hathcoat compra una botella para cada uno de sus 24 estudiantes, aproximadamente, ¿cuánto dinero gastará?

    h. Cálculo: $\sqrt{64} - 6 + 37 + 61$

resolver problemas Escoge una estrategia apropiada para resolver este problema. Jamisha paga un dólar por un artículo que cuesta 44¢. Si recibe cuatro monedas de cambio, ¿cuáles deben ser esas cuatro monedas?

Nuevo concepto

Los números de un problema de división se llaman **divisor**, **dividendo** y **cociente**.

$$\text{divisor} \overline{)\text{dividendo}}^{\text{cociente}} \qquad \text{dividendo} \div \text{divisor} = \text{cociente}$$

$$\frac{\text{dividendo}}{\text{divisor}} = \text{cociente}$$

Si calculamos cómo dividir 78 estudiantes en 3 salones, el 78 es el dividendo y el 3 es el divisor. El resultado, 26, es el cociente.

$$\text{divisor} \longrightarrow 3\overline{)78} \stackrel{\textstyle 26}{} \longleftarrow \text{cociente}$$
$$\longleftarrow \text{dividendo}$$

El dividendo es el número que se está dividiendo. El divisor es el número por el cual se divide el dividendo. El cociente es el resultado de la división.

Ejemplo 1

Identifica el 8 en cada uno de estos problemas como *divisor*, *dividendo* o *cociente*:

a. $8 \div 2 = 4$
b. $8\overline{)24}$ con 3 arriba
c. $\frac{40}{5} = 8$

a. dividendo   **b. divisor**   **c. cociente**

(**Analiza**) Escribe una ecuación de multiplicación y una ecuación de división utilizando las palabras divisor, dividendo y cociente.

Resolvemos el siguiente problema dividiendo:

En un viaje de tres días en bicicleta, Hans recorrió 234 kilómetros. ¿Qué promedio de kilómetros recorrió diariamente?

Encontramos el resultado dividiendo 234 entre 3.

$$3\overline{)234}$$

Para hacer la división, comenzamos dividiendo $3\overline{)23}$. Escribimos "7" sobre el 3 de 23. Luego multiplicamos y restamos.

$$\begin{array}{r} 7 \\ 3\overline{)234} \\ \underline{21} \\ 2 \end{array}$$

Luego bajamos el 4.

$$\begin{array}{r} 7 \\ 3\overline{)234} \\ \underline{21\downarrow} \\ 24 \end{array}$$

Ahora dividimos 24 entre 3. Escribimos "8" sobre el 4. Luego multiplicamos y finalmente restamos.

Destreza mental

(**Verifica**)

¿Por qué escribimos el primer dígito del cociente en el lugar de las decenas?

$$\begin{array}{r} 78 \\ 3\overline{)234} \\ 21 \\ \hline 24 \\ 24 \\ \hline 0 \end{array}$$

Vemos que Hans recorrió un promedio de 78 kilómetros al día.

Podemos comprobar nuestro trabajo multiplicando el cociente, 78, por el divisor, 3. Si el producto es 234, entonces nuestra respuesta de división está correcta.

$$\begin{array}{r} 78 \\ \times \ 3 \\ \hline 234 \end{array} \quad \text{comprueba}$$

Ejemplo 2

En un viaje en bicicleta de 9 días por las Rocky Mountains, Vera y sus compañeros recorrieron 468 millas. ¿Cuántas millas recorrieron en promedio al día?

Vera y sus compañeros probablemente recorrieron diferentes distancias cada día. Al dividir 468 millas entre 9, vemos qué distancia viajaron y si recorrieron la misma distancia cada día. A esto se le llama la *distancia promedio.* Comenzamos calculando $9\overline{)46}$. Escribimos "5" sobre el 6 de 46. Luego multiplicamos y restamos.

$$\begin{array}{r} 5 \\ 9\overline{)468} \\ 45 \\ \hline 1 \end{array}$$

Después bajamos el 8. Ahora dividimos 18 entre 9.

$$\begin{array}{r} 52 \\ 9\overline{)468} \\ 45\downarrow \\ \hline 18 \\ 18 \\ \hline 0 \end{array}$$

Vemos que recorrieron un promedio de **52 millas** al día.

Comprobamos la división multiplicando 52 por 9 y esperamos que la respuesta sea 468.

$$\begin{array}{r} ^1 \\ 52 \\ \times \ 9 \\ \hline 468 \end{array} \quad \text{comprueba}$$

Haz la conexión ¿Por qué podemos utilizar la multiplicación para comprobar un problema de división?

Observa que en el Ejemplo 2 no queda residuo cuando se divide 468 entre 9. Eso es porque 468 es múltiplo de 9. Tal como identificamos múltiplos de 3 sumando los dígitos de un número, podemos identificar los múltiplos de 9 sumando los dígitos de un número. Para el número 468, tenemos

$$4 + 6 + 8 = 18$$

La suma de 18 es múltiplo de 9, de modo que 468 es múltiplo de 9.

Ejemplo 3

¿Cuál de estos números es múltiplo de 9?

A 123   **B** 234   **C** 345   **D** 456

Sumamos los dígitos de cada número:

A $1 + 2 + 3 = 6$ **B** $2 + 3 + 4 = 9$

C $3 + 4 + 5 = 12$ **D** $4 + 5 + 6 = 15$

Las sumas 6, 9 y 12 son todas múltiplos de 3, pero sólo el 9 es múltiplo de 9. Por lo tanto, sólo **234** es múltiplo de 9 y se puede dividir por 9 sin dejar residuo.

Ejemplo 4

Todos los días, algunos estudiantes de la clase de Montrelyn ordenan leche tanto a la hora de la merienda como en el almuerzo. Cada mes se entrega un total de 192 pintas de leche al salón de Montrelyn. Aproximadamente, ¿cuántos cuartos de leche se entregan todos los meses? Explica por qué es razonable tu resultado.

Nos indican una cantidad de pintas y nos piden un número de cuartos. Como hay 2 pintas en un cuarto, dividimos 192 pintas entre 2. No nos piden una respuesta exacta, de modo que podemos estimar. Como 192 es casi 200, podemos ordenar 200 pintas en grupos de 2 pintas dividiendo. La respuesta es **aproximadamente 100 cuartos.**

Analiza Aproximadamente, ¿cuántos galones son 192 pintas? Explica tu razonamiento.

Práctica de la lección

En la operación de división $32 \div 8 = 4$,

a. ¿qué número es el divisor?

b. ¿qué número es el dividendo?

c. ¿qué número es el cociente?

Divide:

d. $3\overline{)144}$ **e.** $4\overline{)144}$ **f.** $6\overline{)144}$

g. $225 \div 5$ **h.** $455 \div 7$ **i.** $200 \div 8$

j. Selección múltiple ¿Cuál de estos números se puede dividir entre 9 sin dejar residuo? ¿Cómo lo sabes?

     A 288   **B** 377   **C** 466   **D** 555

k. Encuentra el factor que falta en esta ecuación:

$$5m = 125$$

l. Un negocio de cambio de aceite cambia el aceite del motor de carros y camiones. El sábado, el negocio vendió 157 cuartos de aceite de motor nuevo. Aproximadamente, ¿cuántos galones de aceite de motor nuevo se vendieron ese día? Explica tu respuesta.

Práctica escrita

Integradas y distribuidas

Encuentra la fórmula Escribe y resuelve ecuaciones para los problemas **1** y **2**.

1. El chef utiliza 3 huevos para cada omelette. ¿Cuántos omelettes puede preparar con dos docenas de huevos?
(52)

* 2. Aaliyah mira el reloj y ve que su próxima clase comienza en 27 minutos y termina en 72 minutos. ¿Cuánto minutos dura la clase de Aaliyah?
(25)

* 3. Álvaro cumple hoy tres años de edad. ¿Cuántos meses de edad tiene?
(54)

* 4. **Estima** El jugo de naranja favorito de Madeline se vende en recipientes de medio galón. Ella estima que todos los meses compra 7 recipientes de jugo. Estima el número de galones de jugo que compra todos los meses. Explica tu razonamiento.
(40, 65)

* 5. Trudy recorrió en bicicleta 36 millas en 4 horas. ¿A qué tasa promedio de millas por hora viajó?
(60)

* 6. **Analiza** El tren de carga viaja a una tasa promedio de 20 millas por día. A esa tasa, ¿cuántas millas viaja el tren en 5 días? Haz una tabla para resolver el problema.
(57)

*7. a. ¿Qué fracción de este hexágono *no* está sombreada?
(61)

   b. Cada lado del hexágono mide 1 cm de largo. ¿Cuál es su
(Inv. 2)   perímetro?

*8. **Interpreta** La tabla siguiente muestra la precipitación anual promedio
(Inv. 6) en cuatro ciudades:

Precipitación anual promedio

Ciudad y estado	Cantidad (a la pulgada más cercana)
Phoenix, AZ	8
Reno, NV	7
Boise, ID	12
Albuquerque, NM	9

Muestra los datos en una gráfica de barras. Escribe un enunciado que
describa los datos.

*9. J'Raa comienza a correr temprano en la mañana y no se detiene hasta
(27) llegar a casa. ¿Cuánto tiempo corre?

Comienza a correr   Termina de correr

   a.m.   a.m.

10. Nigel traza un círculo con un radio de 18 pulgadas. ¿Cuál es el diámetro
(21) del círculo?

11. ¿Cuál es la longitud del segmento *BC*?
(45)

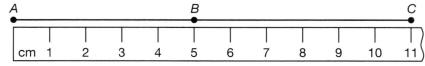

*12. Selección múltiple ¿Cuál de estas palabras es el resultado de un
(65) problema de división?

   A producto   **B** dividendo   **C** divisor   **D** cociente

* 13. Compara: $27 \div 3^2 \bigcirc 27 \div \sqrt{9}$
(Inv. 3, 47, 62)

14. $\begin{array}{r} \$97.56 \\ + \$\ 8.49 \\ \hline \end{array}$
(43, 51)

15. $\begin{array}{r} \$60.00 \\ - \$54.78 \\ \hline \end{array}$
(52)

16. $\begin{array}{r} 37.64 \\ 29.45 \\ 3.01 \\ + 75.38 \\ \hline \end{array}$
(43)

* 17. $168 \div 3$
(65)

* 18. $378 \div 7$
(65)

19. 840×3
(58)

20. 4×564
(58)

* 21. 304×6
(58)

* 22. $4\overline{)136}$
(65)

* 23. $2\overline{)132}$
(65)

* 24. $6\overline{)192}$
(65)

* 25. **Explica** Describe los pasos para resolver la ecuación y luego resuelve la ecuación para encontrar *n*.
(61, 65)

$$7n = 50 + 34$$

* 26. $12 \times 7 \times 10$
(62)

27. Dimitri despierta una fría mañana y mira el termómetro por la ventana. ¿Qué temperatura muestra este termómetro?
(18)

28. a. ¿Qué fracción de un dólar es tres monedas de 25 centavos?
(36, Inv. 5)
b. ¿Qué porcentaje de un dólar es tres monedas de 25 centavos?

* 29. Traza un cuadrilátero. ¿Cuántos vértices tiene un cuadrilátero?
(63)

* 30. a. ¿Qué lado de este cuadrilátero es paralelo al lado *CB*?
(23, 45)
b. ¿Qué ángulo parece ser obtuso?

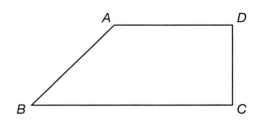

🔹 *Conceptos y destrezas esenciales para Texas*

(4.14)(B) resolver problemas que implican comprender, hacer y llevar a cabo un plan, y evaluar la solución

(4.15)(A) explicar observaciones usando palabras y números

(4.15)(B) relacionar lenguaje informal con lenguaje matemático

(4.16)(A) hacer generalizaciones a partir de patrones, o ejemplos y contraejemplos

• Figuras semejantes y congruentes

Preliminares

operaciones   Preliminares J

cuenta en voz alta   Cuenta hacia abajo de cinco en cinco del 51 al 1.

cálculo mental   Multiplica tres números, incluyendo números que terminan en cero, en **a–c.**

    a. Sentido numérico: $3 \times 10 \times 20$

    b. Sentido numérico: $4 \times 20 \times 30$

    c. Sentido numérico: $3 \times 40 \times 10$

    d. Potencias/Raíces: $2^2 + 5^2$

    e. Geometría: ¿Cuántos lados en total tienen 3 hexágonos?

    f. Dinero: Logan debe $10.00 en cuotas de su club. Tiene $9.24. ¿Cuánto dinero más necesita Logan?

    g. Estimación: Lieu quiere comprar 6 calcomanías que cuestan 21¢ cada una. Tiene $1.15. ¿Tiene suficiente dinero para comprar 6 calcomanías?

    h. Cálculo[1]: $\sqrt{16}$, $\times\ 2$, $\times\ 2$, $+\ 4$, $\times\ 2$

resolver problemas   Escoge una estrategia apropiada para resolver este problema. Dasha planea utilizar sólo cuatro lápices de colores para pintar los estados en un mapa de Estados Unidos. Tiene cinco lápices de diferentes colores entre los cuales puede escoger: rojo, anaranjado, amarillo, verde y azul. ¿Qué combinaciones de cuatro colores puede escoger Dasha? (Hay cinco combinaciones.)

---

[1] Para abreviar utilizamos comas para separar operaciones que deben realizarse en secuencia de izquierda a derecha. En este caso, $\sqrt{16} = 4$, luego $4 \times 2 = 8$, luego $8 \times 2 = 16$, luego $16 + 4 = 20$, luego $20 \times 2 = 40$. El resultado es 40.

Observa estos cuatro triángulos:

Las figuras que tienen la misma forma son **semejantes.** Las figuras que tienen la misma forma y el mismo tamaño son *congruentes.*

Los triángulos *A* y *B* son tanto semejantes como congruentes.

Los triángulos *B* y *C* no son congruentes, porque no son del mismo tamaño. Sin embargo, son semejantes, porque tienen la misma forma. Podemos observar el triángulo *B* a través de una lupa para hacer que parezca del mismo tamaño que el triángulo *C*.

El triángulo *A* y el triángulo *D* no son congruentes ni semejantes. Tampoco uno es la versión amplificada del otro. El observar cualquiera de los dos triángulos a través de una lupa no hace que uno se vea igual al otro, porque sus lados y ángulos no coinciden.

Ejemplo

a. ¿Cuáles de estos rectángulos son semejantes?

b. ¿Cuáles de estos rectángulos son congruentes?

a. Los **rectángulos B, C** y **D** son semejantes. El rectángulo *A* no es semejante a los otros tres rectángulos, porque no es una versión "ampliada" de ninguno de los otros.

b. El **rectángulo B** y el **rectángulo D** son congruentes, porque tienen la misma forma y tamaño.

Actividad

Determinar semejanza y congruencia

Materiales necesarios:
- **Actividad 29 de la lección**

Haz un modelo Observa las figuras del lado izquierdo de la **Actividad 29 de la lección.** Compara cada figura con la figura que está a su derecha y responde cada pregunta de abajo.

1. ¿Es la primera figura semejante a la señal de Bicicletas? ¿Es la figura congruente con la señal de Bicicletas? Comprueba tus respuestas recortando la figura de la izquierda y poniéndola sobre la señal de Bicicletas. Describe y anota el resultado.

2. ¿Es el triángulo semejante a la señal de Ceda el paso? ¿Es el triángulo congruente con la señal de Ceda el paso? Comprueba tus respuestas recortando el triángulo y poniéndolo sobre la señal de Ceda el paso. Describe y anota el resultado.

3. **Comenta** ¿Cómo puedes saber si el octágono de la izquierda es congruente con la señal de Alto? ¿Son semejantes esas figuras?

Práctica de la lección

Observa las figuras de abajo para responder los problemas **a** y **b**.

a. ¿Cuáles de estos triángulos parecen ser semejantes?

b. ¿Cuáles de estos triángulos parecen ser congruentes?

Práctica escrita

Integradas y distribuidas

Encuentra la fórmula Escribe y resuelve ecuaciones para los problemas **1** y **2.**

1. Lobo trabaja 8 horas diarias y gana $18 por cada hora que trabaja.
(26, 49) ¿Cuánto gana Lobo diariamente?

*2. Cada tercera cuenta de un collar es roja. En total hay ciento cuarenta y un
(52, 65) cuentas. ¿Cuántas cuentas son rojas? (Haz grupos iguales de a tres.)

3. El veinticinco por ciento de este cuadrado está sombreado. ¿Qué porcentaje del cuadrado no está sombreado?
(Inv. 5)

*4. (**Representa**) En un día, Liliana condujo 20 kilómetros hacia el norte y después 15 kilómetros hacia el sur. ¿A qué distancia está Liliana de donde partió? Haz un diagrama para resolver este problema.
(25)

5. A las 11:45 a.m. Deguon mira el reloj. La cita con su doctor es en $2\frac{1}{2}$ horas. ¿A qué hora es la cita?
(27)

*6. a. (**Analiza**) En la figura de abajo no se indican las unidades utilizadas para medir el rectángulo. Encuentra el perímetro y el área del rectángulo. Rotula tu respuesta con *unidades* o *unidades cuadradas*.
(Inv. 2, Inv. 3)

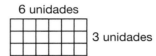

6 unidades

3 unidades

b. (**Representa**) El rectángulo tiene 3 filas de 6 cuadrados, mostrando que 3 y 6 son factores de 18. Dibuja un rectángulo de dos filas para mostrar otros dos factores de 18.

*7. (**Explica**) El carro puede recorrer 30 millas con 1 galón de gasolina. ¿Cuánto puede recorrer el carro con 8 galones de gasolina? Explica tu razonamiento.
(57)

*8. Dos séptimos de la gente aplaudieron con entusiasmo. El resto de la gente permaneció de pie en silencio. ¿Qué fracción de la gente permaneció de pie en silencio?
(61)

9. ¿Cuántos números diferentes de tres dígitos puedes escribir utilizando los dígitos 4, 2 y 7? Cada dígito se puede utilizar sólo una vez. Rotula como par o impar los números que escribas.
(40, 49)

*10. (**Representa**) Compara: $\frac{1}{2}$ ◯ $\frac{2}{5}$. Dibuja y sombrea dos rectángulos congruentes para mostrar la comparación.
(56)

11. $n + 2 = 3 \times 12$
(61)

12. $6.42 - (3.3 - 1.5)$
(45, 50)

*13. $\sqrt{81} + 82 + 3^2$
(Inv. 3, 62)

14. $10 - 10$¢
(43)

15. $43{,}016 - 5987$
(52)

*16. $24 \times 3 \times 10$
(62)

17.
(58)
$$\begin{array}{r} \$4.86 \\ \times \quad 7 \\ \hline \end{array}$$

18.
(58)
$$\begin{array}{r} 307 \\ \times \quad 8 \\ \hline \end{array}$$

19.
(58)
$$\begin{array}{r} \$460 \\ \times \quad 9 \\ \hline \end{array}$$

*20.
(65)
$2\overline{)152}$

*21.
(65)
$6\overline{)264}$

*22.
(41, 64)
$4w = 56$

*23.
(65)
$230 \div 5$

*24.
(64)
$91 \div 7$

*25.
(65)
$135 \div 3$

26. **a.** Escribe 8¢ utilizando un signo de dólar y un punto decimal.
(29, 35)

    b. Redondea $11.89 al dólar más cercano.

*27. (**Representa**) Utiliza palabras para nombrar cada número:
(35, Inv. 4)
    a. $2\frac{3}{10}$ **b.** 2.3

*28. a. Selección múltiple ¿Cuáles dos triángulos son congruentes?
(66)

A   B   C   D

    b. (**Explica**) Explica tu respuesta.

*29. (**Representa**) Dibuja un pentágono. ¿Cuántos vértices tiene un pentágono?
(63)

*30. (**Concluye**) ¿Son todos los cuadrados semejantes? ¿Por qué?
(66)

Para los más rápidos

Conexión con la vida diaria

Las señales de caminos a menudo tienen la misma forma, pero no necesariamente el mismo tamaño. Observa las señales de abajo. Encuentra dos señales que sean congruentes y otras dos señales que sean semejantes pero no congruentes.

LECCIÓN 67

🔹 *Conceptos y destrezas esenciales para Texas*

(4.4)(B) representar situaciones de multiplicación y división con dibujos, palabras y números
(4.4)(D) usar multiplicación para resolver problemas
(4.6)(B) usar patrones para multiplicar por 10 y 100
(4.14)(A) identificar las matemáticas en situaciones diarias
(4.14)(B) resolver problemas que implican comprender, hacer y llevar a cabo un plan, y evaluar la solución
(4.15)(B) relacionar lenguaje informal con lenguaje matemático
(4.16)(B) justificar por qué una respuesta es razonable

• Multiplicar por múltiplos de 10

Preliminares

operaciones Preliminares I

cuenta en voz alta Cuando contamos de cinco en cinco desde 2, decimos los números 2, 7, 12, 17, etc. Cuenta de cinco en cinco del 2 al 52.

cálculo mental Multiplica números que terminen en dos ceros por números que terminen en un cero en **a–c.**

    a. Sentido numérico: 200×10

    b. Sentido numérico: 300×20

    c. Sentido numérico: 400×50

    d. Porcentaje: 50% de $10

    e. Porcentaje: 25% de $10

    f. Porcentaje: 10% de $10

    g. Estimación: Estima el precio total de dos artículos que cuestan $3.88 cada uno y de un artículo que cuesta $5.98.

    h. Cálculo: 4^2, + 34, + 72, − 24

resolver problemas Escoge una estrategia apropiada para resolver este problema. Mathea hizo ejercicios durante el 50% de una hora. Ella corrió durante el 50% de ese tiempo. ¿Cuántos minutos estuvo Mathea haciendo ejercicios? ¿De ese tiempo, cuántos minutos estuvo corriendo?

Nuevo concepto

Recordemos que los múltiplos de 10 son los números que decimos cuando contamos de diez en diez, comenzando desde 10. El último dígito de todos los múltiplos de 10 es cero. Los primeros cinco múltiplos de 10 son 10, 20, 30, 40 y 50.

Pensemos que 20 es 2 × 10. Entonces, para calcular 34 × 20, podemos ver el problema de esta forma:

$$34 \times 2 \times 10$$

Multiplicamos 34 por 2 y obtenemos 68. Luego, multiplicamos 68 por 10 y obtenemos 680.

Ejemplo 1

Escribe 25 × 30 como producto de 10 y de otros dos factores. Luego multiplica.

Como 30 es igual a 3 × 10, podemos escribir 25 × 30 como

$$\textbf{25} \times \textbf{3} \times \textbf{10}$$

Tres por 25 es 75 y 75 por 10 es **750.**

Analiza ¿Es 25 × (3 × 10) lo mismo que 25 × (10 × 10 × 10)? Explica por qué.

Para multiplicar un número entero o un número decimal por un múltiplo de 10, podemos escribir el múltiplo de 10 de modo que el cero "sobresalga" a la derecha. A continuación usamos este método para calcular 34 × 20.

$$\begin{array}{r} 34 \\ \times\ 20 \end{array} \leftarrow \text{el cero "sobresale" hacia la derecha}$$

Primero escribimos un cero en el resultado directamente debajo del cero que "sobresale".

$$\begin{array}{r} 34 \\ \times\ 20 \\ \hline 0 \end{array}$$

Luego multiplicamos por el 2 del 20.

$$\begin{array}{r} 34 \\ \times\ 20 \\ \hline 680 \end{array}$$

Verifica ¿Es 20 lo mismo que 10 × 10? Explica por qué.

Ejemplo 2

Para completar una prueba de ortografía, cada uno de 30 estudiantes escribió 34 palabras diferentes. ¿Cuántas palabras de ortografía revisará el maestro en total?

Escribimos el múltiplo de 10 como el número inferior y dejamos que el cero "sobresalga."

$$\begin{array}{r} 34 \\ \times\ 30 \end{array}$$

Luego escribimos un cero en el resultado directamente debajo del cero del 30. Después multiplicamos por el 3. El maestro revisará **1020 palabras.**

$$\begin{array}{r} 1 \\ 34 \\ \times\ 30 \\ \hline 1020 \end{array}$$

Justifica ¿Cómo podrías comprobar la respuesta?

Un miembro del equipo de apoyo de la escuela ordena 20 carpetas de tres anillos para la librería de la escuela. Si el precio de cada carpeta es de $1.43, ¿cuál es el precio total de la orden?

Escribimos el múltiplo de 10 de manera que el cero "sobresalga". Escribimos un cero debajo de la barra y luego multiplicamos por 2. Escribimos el punto decimal, dejando dos dígitos. Finalmente escribimos un signo de dólar delante. El precio de la orden es de **$28.60.**

$$\begin{array}{r} \$1.43 \\ \times 20 \\ \hline \$28.60 \end{array}$$

Práctica de la lección

En los problemas **a–f,** multiplica los factores.

a. 75×10

b. 10×32

c. $10 \times 53¢$

d. $\begin{array}{r} 26 \\ \times 20 \\ \hline \end{array}$

e. $\begin{array}{r} \$1.64 \\ \times 30 \\ \hline \end{array}$

f. $\begin{array}{r} 45 \\ \times 50 \\ \hline \end{array}$

g. Escribe 12×30 como un producto de 10 por otros dos factores. Luego multiplica.

Práctica escrita

Integradas y distribuidas

* 1. En cinco macetas se distribuyen setenta y cinco frijoles en partes iguales.
(52, 65) ¿Cuántos frijoles hay en cada maceta?

* 2. a. (Analiza) Calcula el perímetro y el área de este rectángulo.
(Inv. 2, Recuerda rotular tu respuesta con *unidades* o *unidades*
Inv. 3) *cuadradas.*

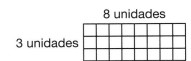
8 unidades
3 unidades

b. (Representa) Dibuja un rectángulo de cuatro unidades de ancho con la misma área que el rectángulo de la parte **a.** ¿Cuál es el perímetro de este nuevo rectángulo?

3. Selección múltiple El mesero puso una jarra llena de agua
(40) sobre la mesa. ¿Cuál de las siguientes estimaciones es una estimación razonable para la cantidad de agua en la jarra?

A 2 galones   **B** 2 cuartos   **C** 2 tazas   **D** 2 onzas

*4. **Selección múltiple** ¿Cuál de estos números *no* es factor de 12?
(55)

    A 6   **B** 5   **C** 4   **D** 3

5. La hora de inicio fue antes del amanecer. La hora de término fue en la
(27) tarde. ¿Cuál fue la diferencia entre las dos horas?

Hora de inicio   Hora de término

*6. （ **Representa** ） Una milla cuadrada es 3,097,600 yardas cuadradas.
(34) Escribe con palabras ese número de yardas cuadradas.

7. **a.** ¿Qué fracción de este pentágono *no* está sombreada?
(Inv. 5, 61)
   b. ¿Es la parte sombreada de este pentágono más del 50%
      o menos del 50% del pentágono?

8. De acuerdo a este calendario, ¿cuál es la fecha del último
(54) sábado de julio de 2019?

JULIO 2019						
D	L	M	Mi	J	V	S
	1	2	3	4	5	6
7	8	9	10	11	12	13
14	15	16	17	18	19	20
21	22	23	24	25	26	27
28	29	30	31			

*9. （ **Estima** ） Para estimar el producto de dos factores, un estudiante
(59) redondea un factor hacia abajo y no hizo cambios al otro factor. ¿Es
la estimación mayor que el producto exacto o menor que el producto
exacto? Da un ejemplo para fundamentar tu respuesta.

10. （ **Representa** ） ¿A qué número mixto apunta la flecha?
(37)

      7   8

* 11. *(59)* **〔 Justifica 〕** Sofia estimó que el producto exacto de 4×68 está cerca de 400 porque 68 redondeado a la centena más cercana es 100 y $4 \times 100 = 400$. ¿Es razonable la estimación de Sofia? Explica por qué.

* 12. *(Inv. 1, 62)* Compara: $2^3 \bigcirc 2 \times 3$

13. *(43)* $\$6.25 + \$4 + \$12.78$

14. *(50)* $3.6 + 12.4 + 0.84$

15. *(24, 52)*
$$\begin{array}{r} \$30.25 \\ -\quad\quad b \\ \hline \$13.06 \end{array}$$

16. *(52)*
$$\begin{array}{r} 149{,}384 \\ -\quad 98{,}765 \\ \hline \end{array}$$

17. *(67)*
$$\begin{array}{r} 409 \\ \times\quad 70 \\ \hline \end{array}$$

18. *(58)* $5 \times \$3.46$

19. *(58)* $\$0.79 \times 6$

* 20. *(67)* $10 \times 39¢$

* 21. *(64)* $6\overline{)90}$

* 22. *(64)* $4w = 96$

* 23. *(65)* $8\overline{)456}$

* 24. *(64)* $95 \div 5$

* 25. *(65)* $234 \div 3$

* 26. *(Inv. 4)* Nombra la parte sombreada de este rectángulo como fracción y como decimal.

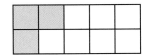

* 27. *(66)* **a. Selección múltiple** ¿Cuáles dos figuras son congruentes?

A 　　B 　　C 　　D

b. **〔 Concluye 〕** Explica cómo lo sabes.

28. *(36)* ¿Cuánto dinero es $\frac{1}{4}$ de un dólar?

* 29. *(63)* **〔 Representa 〕** Dibuja un hexágono. ¿Cuántos vértices tiene un hexágono?

*30. **Interpreta** La gráfica lineal muestra la temperatura a diferentes horas
(Inv. 6) de una mañana de invierno en la escuela de Hayden. Utiliza la gráfica para
contestar las siguientes preguntas.

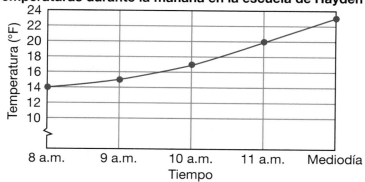

Temperaturas durante la mañana en la escuela de Hayden

a. ¿A qué hora se registró la primera temperatura de la mañana? ¿Cuál
fue esa temperatura?

b. ¿Fue la temperatura del mediodía más alta o más baja que la
temperatura de las 10 a.m.? ¿Cuántos grados más o grados menos
fue la temperatura del mediodía?

*Conexión con
la vida diaria*

Marla compró un nuevo batido de proteínas que tiene diez veces la
cantidad de proteínas que su antiguo batido de proteínas.

a. Si el batido antiguo tenía 3.25 gramos de proteínas,
¿cuántos gramos de proteínas tiene el nuevo batido de
Marla?

b. ¿Qué ecuación utilizaste para resolver?

• División con respuestas de dos dígitos y un residuo

🔖 *Conceptos y destrezas esenciales para Texas*

(4.4)(B) representar situaciones de multiplicación y división con dibujos, palabras y números

(4.5)(A) redondear números enteros para resolver problemas y números para estimar soluciones y problemas de división

(4.5)(B) usar estrategias de redondeo para resolver problemas

(4.14)(A) identificar matemáticas en situaciones diarias

(4.14)(B) resolver problemas y llevar a cabo un plan, y evaluar la solución

(4.14)(C) desarrollar plan para resolver problemas

(4.15)(B) relacionar lenguaje informal con lenguaje matemático

operaciones

cuenta en voz alta

cálculo mental

Preliminares I

Cuenta hacia abajo de cinco en cinco del 52 al 2.

a. **Sentido numérico:** $10 \times 20 \times 30$

b. **Sentido numérico:** 250×10

c. **Dinero:** Shatavia tiene $5.00. Luego gasta $3.79. ¿Cuánto dinero le queda?

d. **Dinero:** Tan compra un libro de puntajes por $6.48 y un silbato por $2.84. ¿Cuánto gasta?

e. **Geometría:** ¿Cuánto mide el perímetro de un cuadrado de 9 pulgadas de lado? Expresa tu resultado en pies.

f. **Tiempo:** ¿Cuántos años es 1 siglo más 4 décadas?

g. **Estimación:** Estima 193×5 redondeando 193 a la centena más cercana y luego multiplicando.

h. **Cálculo:** $18 \div 9$, $\times 6$, $\times 6$

resolver problemas

Escoge una estrategia apropiada para resolver este problema. Stephanie resolvió un problema de suma y después borró algunos de los dígitos del problema. Se lo entregó a Ian como ejercicio de resolver problemas. Copia el problema de Stephanie en tu hoja y encuentra para Ian los dígitos que faltan.

$$\begin{array}{r} 7\_6 \\ +\ \_4\_ \\ \hline \_45 \end{array}$$

Nuevo concepto

El método de papel y lápiz que utilizamos para dividir tiene cuatro pasos: dividir, multiplicar, restar y bajar. Estos pasos se repiten hasta completar la división.

Paso 1: Dividir.

Paso 2: Multiplicar.

Paso 3: Restar.

Paso 4: Bajar.

Por cada paso escribimos un número. Cuando finalizamos el Paso 4, volvemos al Paso 1 y repetimos los pasos hasta que no haya más dígitos que bajar. El número que queda luego de la última resta es el residuo. El residuo que hay en el resultado de una división lo mostramos escribiendo una "R" mayúscula delante de él.

Ejemplo 1

Divide: $5\overline{)137}$

Paso 1: Divide 13 entre 5 y escribe "2".

Paso 2: Multiplica 2 por 5 y escribe "10".

Paso 3: Resta 10 de 13 y escribe "3".

Paso 4: Baja el 7 para formar el 37.

$$\begin{array}{r} 2 \\ 5\overline{)137} \\ 10\!\downarrow \\ \hline 37 \end{array}$$

Ahora repetimos los mismos cuatro pasos:

Step 1: Divide 37 entre 5 y escribe "7".

Step 2: Multiplica 7 por 5 y escribe "35".

Step 3: Resta 35 de 37 y escribe "2".

Step 4: No hay más dígitos que bajar; por lo tanto, no repetiremos los pasos. El residuo es 2. Nuestro resultado es **27 R 2.**

$$\begin{array}{r} 27 \\ 5\overline{)137} \\ 10 \\ \hline 37 \\ 35 \\ \hline 2 \end{array}$$

Si dividimos 137 en 5 grupos iguales, habrá 27 en cada grupo. Además sobrarán 2.

Para comprobar el resultado de una división con residuo, multiplicamos el cociente (sin el residuo) por el divisor y luego sumamos el residuo. Para este ejemplo, multiplicamos 27 por 5 y luego sumamos 2.

$$\begin{array}{r} 27 \\ \times\ 5 \\ \hline 135 \end{array} \qquad \begin{array}{r} 135 \\ +\ 2 \\ \hline 137 \end{array} \text{ comprobar}$$

Trescientos setenta y cinco aficionados contrataron ocho autobuses para viajar a un juego eliminatorio de baloncesto. Si el grupo se dividió en los ocho autobuses lo más uniformemente posible, aproximadamente, ¿cuántos aficionados había en cada autobús?

Para encontrar "aproximadamente cuántos aficionados", podemos estimar con números compatibles. En lugar de dividir 375 entre 8, dividimos 400 entre 8.

$$400 \div 8 = 50$$

En cada autobús había **aproximadamente 50 aficionados.**

Práctica de la lección

Divide:

a. $3\overline{)134}$ **b.** $7\overline{)240}$ **c.** $5\overline{)88}$

d. $259 \div 8$ **e.** $95 \div 4$ **f.** $325 \div 6$

g. Shou dividió 235 entre 4 y obtuvo 58 R 3 como resultado. Describe cómo comprobar el cálculo de Shou.

h. Un biólogo experto en vida silvestre estima que en un pantano de 9 acres viven 175 pájaros. ¿Cuál es una estimación razonable para el número de pájaros que vive en cada acre del pantano? Explica por qué tu estimación es razonable.

Práctica escrita

Integradas y distribuidas

* **1.** (57) **Analiza** Alphonso corre 6 millas por hora. A esa tasa, ¿cuánto puede correr en 3 horas? Haz una tabla para resolver este problema.

* **2.** (Inv. 2, Inv. 3) Encuentra el perímetro y el área de este rectángulo:

6 unidades

4 unidades

3. (Inv. 4) **Representa** Aletta corre 100 metros en doce segundos catorce centésimas. Utiliza dígitos para escribir su tiempo.

* **4.** (63) Taydren dibujó un octágono y un pentágono. ¿Cuántos lados tienen en total los dos polígonos?

* **5.** (67) 47×30 * **6.** (67) 60×39 * **7.** (67) 85×40

*8. a. Maura corrió $\frac{3}{5}$ del recorrido, pero caminó el resto del camino. ¿Qué
(Inv. 5, 61) fracción del recorrido caminó?

b. ¿Corrió Maura más del 50% o menos del 50% del recorrido?

9. (**Representa**) ¿A qué número mixto apunta la flecha?
(37)

*10. (**Haz un modelo**) Dibuja una recta numérica y muestra la ubicación de 0,
(37) 1, 2, $1\frac{2}{3}$ y $2\frac{1}{3}$.

11. (**Representa**) El monte Rainier se eleva a cuatro mil trescientos noventa y
(33) dos metros sobre el nivel del mar. Utiliza dígitos para escribir ese número.

*12. Mo'Nique hizo 35 nudos en 7 minutos. ¿Cuántos nudos hace en 1 minuto?
(60)

13. Estima la suma de 6810 y 9030 redondeando cada número al millar más
(59) cercano antes de sumar.

*14. Estima la suma de $12.15 y $5.95. Después encuentra la suma exacta.
(43, 59)

15. $20 − ($8.95 + 75¢)
(43, 45)

16. 23.64 − 5.45
(43)

17. 43¢
(48) $\times\ \ 8$

18. $3.05
(58) $\times\ \ \ \ 5$

19. $2.63
(58) $\times\ \ \ \ 7$

20. (**Haz la conexión**) Escribe este problema de suma como problema de
(27) multiplicación y encuentra el resultado:

$$64 + 64 + 64 + 64 + 64$$

*21. $5\overline{)96}$
(68)

*22. $7\overline{)156}$
(68)

*23. $3\overline{)246}$
(65)

*24. $\frac{216}{6}$
(65)

*25. $4r = 156$
(41, 65)

*26. $195 \div 8$
(68)

*27. **(Haz un modelo)** Utiliza una regla de pulgadas para encontrar las longitudes de los
(39, 45)   segmentos *AB, BC* y *AC*.

A   B   C

●━━━━━━━━━━●━━━━━━━━━━━━━━━●

*28. **a.** **Selección múltiple** ¿Qué palabra hace que el siguiente enunciado
(63, 66)   sea falso?

Todos los cuadrados son _____.

A polígonos   **B** rectángulos   **C** semejantes   **D** congruentes

b. **(Explica)** Explica tu elección.

29. Compara: 2 cuartos ◯ $\frac{1}{2}$ galón
(40)

*30. **(Interpreta)** En la gráfica se muestran las longitudes de tres túneles
(Inv. 6)   terrestres de Estados Unidos. Utiliza la gráfica para responder las partes **a–c.**

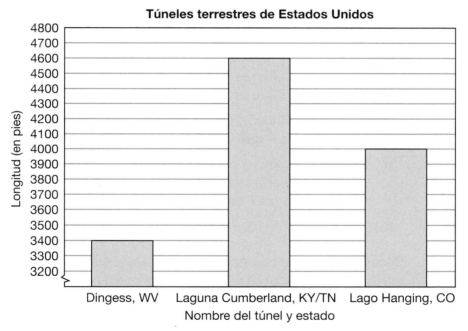

Túneles terrestres de Estados Unidos

a. Escribe los nombres de los túneles ordenándolos del más corto al
más largo.

b. ¿Cuántos pies más largo es el túnel Lago Hanging que el túnel
Dingess?

c. Una milla es igual a 5280 pies. ¿Es la longitud combinada de los
túneles mayor o menor que 2 millas?

• Milímetros

🔺 *Conceptos y destrezas esenciales para Texas*

(4.2)(D) relacionar decimales con fracciones que representan décimas y centésimas usando objetos y dibujos

(4.11)(A) usar instrumentos de medición para determinar longitud, área, volumen y masa, con unidades del sistema usual y métrico

(4.14)(A) identificar las matemáticas en situaciones diarias

(4.14)(B) resolver problemas que implican comprender, hacer y llevar a cabo un plan, y evaluar la solución

(4.15)(A) explicar observaciones con palabras y números

operaciones

Preliminares I

cuenta en voz alta

Cuenta hacia atrás de tres en tres del 60 al 3.

cálculo mental

a. **Sentido numérico:** $12 \times 2 \times 10$

b. **Sentido numérico:** $20 \times 20 \times 20$

c. **Sentido numérico:** $56 + 9 + 120$

d. **Partes fraccionarias:** ¿Cuánto es $\frac{1}{2}$ de $60?

e. **Medición:** Seis pies son 72 pulgadas. ¿Cuántas pulgadas mide una persona cuya estatura es de 5 pies 11 pulgadas?

f. **Medición:** El avión está a 5500 pies de altura. ¿Es esa altura mayor o menor que 1 milla?

g. **Estimación:** Xavier puede leer aproximadamente 30 páginas en una hora. Si debe leer 58 páginas, aproximadamente, ¿cuánto tiempo demorará? (redondea tu respuesta a la hora más cercana)

h. **Cálculo:** 6^2, $- 18$, $\div 9$, $\times 50$

resolver problemas

Escoge una estrategia apropiada para resolver este problema. El estacionamiento cobra $1.50 por la primera hora y 75¢ por cada hora adicional. Harold estacionó el carro en el estacionamiento de 11:00 a.m. a 3 p.m. ¿Cuánto dinero debió pagar? Explica cómo llegaste al resultado.

Nuevo concepto

Este segmento de recta mide un centímetro de largo:

———

Si dividimos un centímetro en diez longitudes iguales, cada longitud medirá **1 milímetro** de largo. Una moneda de 10 centavos mide aproximadamente 1 milímetro de grosor.

← 1 milímetro de grosor

Las palabras *centímetro* y *milímetro* vienen del latín. *Centum* es la palabra en latín para "ciento". Un centímetro es un centésimo ($\frac{1}{100}$) de metro, así como un centavo es un centésimo de dólar. *Mille* es la palabra del latín para "mil". Un milímetro es un milésimo ($\frac{1}{1000}$) de metro, así como un mililitro es un milésimo de litro.

Aquí mostramos una escala de milímetros y una escala de centímetros:

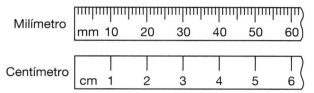

Las escalas nos muestran que cada centímetro es igual a diez milímetros.

Ejemplo 1

¿Cuántos milímetros mide de largo el siguiente segmento?

La longitud del segmento es **35 mm.**

Ejemplo 2

Este clip mide 3 cm de largo. ¿Cuántos milímetros mide de largo?

Cada centímetro tiene 10 mm. Multiplicamos 10 mm por 3 y vemos que la longitud del clip es **30 mm.**

Al utilizar la siguiente escala, vemos que un segmento que mide 25 mm de largo mide $2\frac{5}{10}$ cm de largo.

Generalmente escribimos medidas métricas como números decimales en lugar de fracciones. Así, un segmento de 25 mm mide 2.5 cm de largo.

Ejemplo 3

Escribe la longitud de este segmento

    a. en milímetros.

    b. en centímetros.

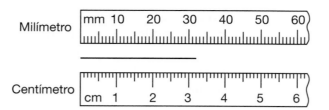

a. **32 mm**

b. **3.2 cm**

Haz la conexión Escribe 3.2 cm como número mixto.

Ejemplo 4

Escribe un problema de resta con decimales que muestre cómo calcular la longitud del segmento *BC*.

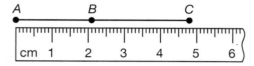

El segmento *AC* mide 4.8 cm de largo. El segmento *AB* mide 2.1 cm de largo. Si "sacamos" el segmento *AB* del segmento *AC,* quedará el segmento *BC*. Restamos 2.1 cm de 4.8 cm para encontrar la longitud del segmento *BC*.

$$4.8 - 2.1 = 2.7$$

Vemos que el segmento *BC* mide 2.7 cm de largo.

Haz la conexión Escribe 2.7 cm como número mixto.

Actividad

Medición con unidades métricas

Haz un modelo Utiliza una regla para estimar la longitud de objetos de la vida diaria.

1. **Estima** Encuentra un objeto en tu salón que mida aproximadamente 280 mm de largo. ¿Cuántos centímetros es 280 mm?

2. **Estima** Encuentra un objeto en tu salón que mida cerca de 170 mm de largo. ¿Cuántos centímetros son 170 mm?

3. Encuentra otros dos objetos en tu salón y estima la longitud de cada uno en milímetros y en centímetros. Registra tus estimaciones. Después mide los objetos para comprobar cuán cerca de la medida real estuvo tu estimación.

Comenta Al medir la longitud de un objeto en milímetros y en centímetros, ¿qué número es mayor, el número de milímetros o el número de centímetros? Explica por qué.

Práctica de la lección

a. Una moneda de 10 centavos mide cerca de 1 mm de grosor. Estima el número de monedas de 10 centavos que se necesitarían para formar una pila de aproximadamente 1 cm de alto.

b. Escribe dos veces la longitud de este segmento: una vez en milímetros y una vez en centímetros.

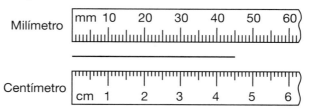

Milímetro

Centímetro

c. Cada lado de este cuadrado mide 1 cm de largo. ¿Cuál es el perímetro de este cuadrado en milímetros?

d. El diámetro de una moneda de 1 centavo mide aproximadamente 19 mm. ¿Cuántos centímetros es eso?

e. Escribe una ecuación de resta con decimales que muestre cómo calcular la longitud del segmento *XY*.

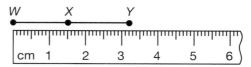

f. Escribe 3.4 cm como fracción.

Práctica escrita   *Integradas y distribuidas*

Encuentra la fórmula   Escribe y resuelve ecuaciones para los problemas **1** y **2**.

* 1. Celeste tiene trescientas ochenta y cuatro tarjetas de béisbol. Will tiene doscientas sesenta tarjetas de béisbol. ¿Cuántas tarjetas más tiene Celeste que Will?
(25, 30)

* 2. Un autobús puede transportar cuarenta y dos estudiantes. Hay 30 buses. ¿Cuántos estudiantes pueden transportar todos los autobuses?
(49, 67)

* 3. La llave de la casa de Kya mide 5.2 cm de largo. ¿Cuántos milímetros mide de largo la llave de su casa?
(69)

*4. **Representa** Escribe un decimal y una fracción (o un número mixto) para
(Inv. 1, 37) representar cada punto.

*5. **Representa** Copia este hexágono y sombrea un sexto de
(26) su área.

*6. **a.** ¿Cuántos centímetros mide de largo este palillo?
(69)
b. ¿Cuántos milímetros mide de largo este palillo?

7. Veinticinco por ciento de los estudiantes de una clase terminaron el
(Inv. 5) proyecto de ciencias el jueves. Todos los demás estudiantes de la clase
terminaron el proyecto el viernes. ¿Qué porcentaje de los estudiantes
terminó el proyecto el viernes?

8. **Analiza** Una yarda es igual a 3 pies. Si cada lado de un cuadrado mide 1
(Inv. 2, 49) yarda de largo, ¿cuánto mide el perímetro del cuadrado en pies?

*9. **Explica** La siguiente tabla muestra el número de alumnos inscritos en
(59) cada una de las tres escuelas primarias.

Inscripción en escuela primaria

Escuela	Número de estudiantes
Van Buren	412
Carter	495
Eisenhower	379

Utiliza redondeo para hacer una estimación razonable para el número total
de estudiantes inscritos en las tres escuelas. Explica tu respuesta.

*10. El segmento *AB* mide 3.5 cm de largo. El segmento *AC* mide 11.6 cm de
(45, 69) largo. ¿Cuánto mide el segmento *BC*? Escribe una ecuación de resta con
decimales para encontrar el resultado.

11. a. Hugo recorrió 125 millas en 5 horas. ¿Cuántas millas por hora fue su
(57, 60) rapidez promedio?

b. Levi recorre 21 millas en 1 hora. A esa tasa, ¿cuántas millas puede recorrer en 7 horas?

*12. Los primeros tres números primos son 2, 3 y 5. ¿Cuáles son los siguientes
(55) tres números primos?   7, 11, 13

13. (**Estima**) La comida de Claudio cuesta $7.95. La comida de Timo
(20, 59) cuesta $8.95. Estima el precio total de ambas comidas redondeando las cantidades al dólar más cercano antes de sumar.

*14. $250 \div 6$
(68)

*15. $100 \div 9$
(68)

16.
(43)
$$
\begin{array}{r}
36.2 \\
4.7 \\
15.9 \\
148.4 \\
30.5 \\
+\ \ 6.0 \\
\end{array}
$$

*17. $\dfrac{256}{8}$
(65)

*18. $4w = 60$
(41, 64)

19. $9 \times \$4.63$
(58)

*20. $80 \times 29¢$
(67)

21.
(52)
$$
\begin{array}{r}
\$10.00 \\
-\ \$\ 1.73 \\
\end{array}
$$

22.
(52)
$$
\begin{array}{r}
36{,}428 \\
-\ 27{,}338 \\
\end{array}
$$

*23.
(67)
$$
\begin{array}{r}
78 \\
\times\ \ 60 \\
\end{array}
$$

*24. $4\overline{)328}$
(65)

*25. $7\overline{)375}$
(68)

*26. $5\overline{)320}$
(65)

27. $a + 5 = 25 + 25$
(61)

*28. (**Explica**) Resuelve la siguiente ecuación y describe los pasos en el
(43, 45) orden en que los completaste.

$$4.7 - (3.6 - 1.7)$$

*29. a. Encuentra el perímetro de este rectángulo en milímetros.
(Inv. 2,
Inv. 3) **b.** Encuentra el área de este rectángulo en centímetros cuadrados.

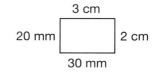

*30. Selección múltiple Cada ángulo de este triángulo es ____.
(23)
  A agudo   **B** recto
  C obtuso   **D** llano

🦅 *Conceptos y destrezas esenciales para Texas*

(4.4)(B) representar situaciones de multiplicación y división con dibujos, palabras y números
(4.14)(B) resolver problemas que implican comprender, hacer y llevar a cabo un plan, y evaluar la solución
(4.14)(C) desarrollar plan o estrategia para resolver problemas
(4.15)(A) explicar observaciones usando palabras y números
(4.16)(B) justificar por qué una respuesta es razonable

• Problemas de planteo acerca de la fracción de un grupo

Preliminares

operaciones

Preliminares I

cuenta en voz alta

Cuenta de cinco en cinco del 1 al 51.

cálculo mental

a. Sentido numérico: $21 \times 2 \times 10$

b. Sentido numérico: $25 \times 2 \times 10$

c. Sentido numérico: $12 \times 4 \times 10$

d. Dinero: $\$5.36 + \$1.98$

e. Medición: ¿Cuántas pulgadas son diez pies?

f. Estimación: Redondea los precios $\$2.58$ y $\$6.54$ al dólar más cercano y luego suma para estimar el total.

g. Estimación: Redondea los precios $\$2.58$ y $\$6.54$ a los 25¢ más cercanos y luego suma para estimar el total.

h. Cálculo: $9^2 + 125 + 37$

resolver problemas

Escoge una estrategia apropiada para resolver este problema. Tazara tiene diez monedas por un total de un dólar, pero sólo una de las monedas es de 10¢. ¿Cuáles son las otras nueve monedas? (Hay dos posibilidades.)

Nuevo conceptos

Leamos matemáticas

Podemos utilizar fracciones para nombrar parte de un todo, parte de un grupo o número y parte de una distancia.

Sabemos que la fracción $\frac{1}{2}$ significa que un entero se ha dividido en 2 partes. Para encontrar el número que hay en $\frac{1}{2}$ de un grupo, dividimos entre 2 el número total que hay en el grupo. Para encontrar el número que hay en $\frac{1}{3}$ de un grupo, dividimos entre 3 el número total que hay en el grupo. Para encontrar el número que hay en $\frac{1}{4}$ de un grupo, dividimos el número total que hay en el grupo entre 4, y así sucesivamente.

Un medio de las semillas de zanahoria brotó. Si se plantaron 84 semillas, ¿cuántas semillas brotaron?

Comenzamos haciendo un dibujo. El rectángulo grande representa a todas las semillas. Nos dicen que brotó $\frac{1}{2}$ de las semillas; por lo tanto, dividimos el rectángulo grande en 2 partes iguales (en mitades). Luego dividimos 84 entre 2 y encontramos que brotaron **42 semillas.**

Comenta ¿Cómo podemos utilizar la suma para comprobar el resultado?

El viernes, un tercio de los estudiantes compró almuerzo en la cafetería de la escuela. ¿Cuántos estudiantes compraron almuerzo el viernes?

Comenzamos con un dibujo. El rectángulo completo representa todos los estudiantes. Como $\frac{1}{3}$ de los estudiantes compró almuerzo, dividimos el rectángulo en 3 partes iguales. Para encontrar cuántos estudiantes hay en cada parte, dividimos 27 entre 3 y encontramos que **9 estudiantes** compraron el almuerzo el viernes.

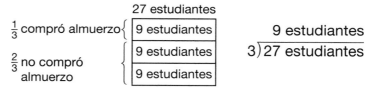

Justifica Explica por qué está correcta la respuesta.

Un cuarto de los 32 puntos del equipo fue anotado por Thi. ¿Cuántos puntos anotó Thi?

Dibujamos un rectángulo. El rectángulo entero representa los 32 puntos. Thi anotó $\frac{1}{4}$ de los puntos, entonces dividimos el rectángulo en 4 partes iguales. Dividimos 32 entre 4 y vemos que cada parte representa 8 puntos. Thi anotó **8 puntos.**

32 puntos

$\frac{1}{4}$ anotados por Thi
{
| 8 puntos |
| 8 puntos |

$\frac{3}{4}$ no anotados por Thi
{
| 8 puntos |
| 8 puntos |

$$\frac{8 \text{ puntos}}{4)\overline{32 \text{ puntos}}}$$

Justifica Explica por qué es correcto el resultado.

Ejemplo 4

¿Cuánto es $\frac{1}{5}$ de 40?

Dibujamos un rectángulo que representa 40. Dividimos el rectángulo en cinco partes iguales y dividimos 40 entre 5. Cada parte representa 8, entonces $\frac{1}{5}$ de 40 es **8**.

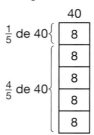

40

$\frac{1}{5}$ de 40 {
| 8 |

$\frac{4}{5}$ de 40 {
| 8 |
| 8 |
| 8 |
| 8 |

$$\frac{8 \text{ puntos}}{5)\overline{40 \text{ puntos}}}$$

Práctica de la lección

Haz un dibujo para resolver cada problema:

a. ¿Cuánto es $\frac{1}{3}$ de 60?

b. ¿Cuánto es $\frac{1}{2}$ de 60?

c. ¿Cuánto es $\frac{1}{4}$ de 60?

d. ¿Cuánto es $\frac{1}{5}$ de 60?

e. Un medio de los 32 niños son varones. ¿Cuántos varones hay?

f. Un tercio de las 24 monedas es de 25¢. ¿Cuántas monedas de 25¢ hay?

Práctica escrita

Integradas y distribuidas

Encuentra la fórmula Escribe y resuelve ecuaciones para los problemas **1** y **2**.

*1. En la cafetería hay 150 asientos. Si 128 están ocupados, ¿cuántos
(31) asientos están vacíos?

*2. **Analiza** Anaya corrió 100 metros en 12.14 segundos. Marion corrió
(Inv. 4, 100 metros en 11.98 segundos. ¿Cuántos segundos más rápido que
43) Anaya corrió Marion los 100 metros?

3. ¿Cuánto más es cuarenta y dos millones que veinticuatro millones?
(31, 34)

4. Keenan compró almuerzo de lunes a viernes. Si cada almuerzo cuesta
(49) $1.25, ¿cuánto gastó en almuerzo durante la semana?

*5. Encuentra el perímetro y el área de este rectángulo:
(Inv. 2,
Inv. 3)

5 unidades

4 unidades

*6. (✎ **Explica**) Re'Bekka leyó 30 páginas diarias el lunes, el martes y el
(22) miércoles. Leyó 45 páginas el jueves y 26 el viernes. ¿Cuántas páginas
leyó en total? Explica por qué es razonable tu respuesta.

*7. a. (**Representa**) Un medio de las semillas de col brotó. Si se
(Inv. 5, plantaron 74 semillas, ¿cuántas brotaron? Haz un dibujo
70) para resolver este problema.

b. ¿Qué porcentaje de las semillas brotó?

8. (**Representa**) Muestra todas las maneras diferentes en que pueden
(39) ordenarse en una fila estos billetes.

*9. (**Representa**) ¿Cuánto es $\frac{1}{6}$ de 60? Haz un dibujo para resolver el
(70) problema.

*10. (**Analiza**) A un límite de velocidad de autopista de 65 millas por hora,
(57) ¿cuánto puede recorrer un camión en 3 horas? Haz una tabla para
resolver este problema.

*11. (**Encuentra la fórmula**) Si un camión recorre 248 millas en 4 horas, ¿a qué
(60, 65) promedio de millas por hora viaja el camión? Escribe una ecuación para
resolver este problema.

*12. a. ¿Cuánto mide en centímetros el diámetro de este botón
(69) de camisa?

b. ¿Cuánto mide en milímetros el radio de este botón de
camisa?

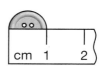

cm   1   2

*13. El segmento *AB* mide 2.7 cm de largo. El segmento *BC* mide 4.8 cm de
_(45, 69) largo. ¿Cuánto mide de largo el segmento *AC*? Escribe una ecuación de
suma con decimales y encuentra el resultado.

A   B   C

14. $8 + $9.48 + 79¢
₍₄₃₎

15. 5.36 + 2.1 + 0.43
₍₅₀₎

16. $100.00
₍₅₂₎ − $ 59.47

17.   37,102
₍₅₂₎   − 18,590

18. $\sqrt{49} \times 2^3$
_(Inv. 3, 62)

*19. $1.63 × 40
₍₆₇₎

*20. 60 × 39
₍₆₇₎

21. 7 × $2.56
₍₅₈₎

*22. $3\overline{)89}$
₍₆₈₎

*23. $9\overline{)234}$
₍₆₅₎

24. $\dfrac{90}{6}$
₍₆₄₎

*25. 243 ÷ 7
₍₆₈₎

*26. 5*m* = 355
_(41, 65)

27. 7 + *n* = 28
₍₂₎

28. (**Representa**) Escribe doce y tres décimas como número mixto y como
_(35, Inv. 4) número decimal.

*29. **Selección múltiple** ¿Cuál de estos números es factor de 12 y de 20?
₍₅₅₎

  A 3   **B** 4   **C** 5   **D** 6

*30. (**Representa**) Dibuja un triángulo que tenga un ángulo recto.
₍₂₃₎

*Conexión con
la vida diaria*

Leroy's hizo una excursión al acuario. Un total de 35 estudiantes y
adultos fue a la excursión. Cinco séptimos del grupo eran estudiantes.

a. ¿Cuántos estudiantes fueron a la excursión?

b. Haz un diagrama para demostrar que tu respuesta es
razonable.

🔺 *Conceptos y destrezas esenciales para Texas*

(4.12)(A) usar termómetro para medir la temperatura y sus cambios

(4.12)(B) usar instrumentos como el cronómetro para resolver problemas de tiempo trascurrido

(4.14)(A) identificar las matemáticas en situaciones diarias

(4.14)(D) usar herramientas y tecnología para resolver problemas

(4.15)(A) explicar observaciones con palabras y números

Enfoque en
- ## Recolectar datos por medio de encuestas

En la investigación 6, un pictograma mostraba los almuerzos preferidos de los estudiantes del Salón 12. La información de la gráfica se recolectó al pedirle a los estudiantes que mencionaran su almuerzo preferido del menú escolar. Los estudiantes que respondían la pregunta estaban participando en una **encuesta.** Una encuesta es un intento por recoger información específica sobre un grupo o una **población.** Las personas que hacen encuestas recogen información sobre parte de la población. Esta parte se llama **muestra.** Después sacan conclusiones de cómo aplicar los resultados de la encuesta a toda la población. En la encuesta del almuerzo preferido, los estudiantes del Salón 12 fueron la muestra, mientras que todos los estudiantes de la escuela Thompson eran la población.

Visita www. SaxonMath. com/Int4Activities para una actividad en Internet.

En esta investigación realizarás una encuesta a los estudiantes de tu clase. Debes escribir preguntas para la encuesta, hacer las preguntas de manera neutral, registrar las respuestas y mostrar los resultados de la misma. A partir de la encuesta, debes sacar conclusiones acerca de una población más grande.

La manera en que se hacen las preguntas de la encuesta pueden afectar sus resultados. Estos son dos ejemplos de preguntas de encuesta. Describe cómo las respuestas a estas preguntas pueden ser diferentes.

¿Cuál de estos almuerzos de la escuela prefieres?
○ atún   ○ pavo
○ pizza   ○ pollo

¿Qué almuerzo del menú de la escuela prefieres?
_____

Nota que una de estas preguntas es una pregunta de selección múltiple. La respuesta está limitada a las aternativas que se proporcionan. La otra pregunta está abierta a muchas respuestas.

1. **Encuentra la fórmula** Escribe dos preguntas que puedes hacer para determinar la bebida preferida de los estudiantes para acompañar el almuerzo. Para una pregunta, proporciona opciones de entre las que se puedan escoger. Para la otra, deja la pregunta abierta (no hagas una lista de opciones). Puedes utilizar las preguntas del almuerzo preferido como modelos.

Las preguntas de encuesta se deben formular sin **sesgo,** es decir, sin favorecer una alternativa sobre la otra.

2. Describe el sesgo en la siguiente pregunta:

> *¿Qué bebida prefieres para acompañar el almuerzo: limonada dulce y helada o leche que ha estado fuera del refrigerador por una hora?*

3. **Encuentra la fórmula** Vuelve a escribir la pregunta del problema **2** de modo de eliminar el sesgo.

Cuando utilizamos una muestra para encontrar información acerca de una población más grande, debemos asegurarnos de que la muestra sea muy similar a la población. Por ejemplo, si queremos saber cuál es el programa favorito de televisión de los estudiantes de kínder, no debemos aplicar la encuesta a un grupo de estudiantes de cuarto grado.

4. a. Selección múltiple Para tu encuesta, reunirás respuestas de estudiantes de tu clase. Esto significa que tu clase es la muestra. ¿Cuál de estas poblaciones más grandes estará mejor representada por los resultados de tu encuesta?

   A todos los estudiantes de la escuela

   B todos los escolares de tu edad en tu comunidad

   B todos los niños de tu edad en tu país

   C todos los padres de los estudiantes de tu clase

b. **Explica** Para cada alternativa, explica por qué cada población puede o no ser representada por tu muestra.

Cuando hacemos las preguntas de nuestra encuesta, debemos tener una manera de registrar las respuestas. Una forma de llevar la cuenta de las respuestas es con una hoja de conteo. En una hoja de conteo, hacemos **marcas de conteo.** Una marca de conteo es una marca vertical corta que cuenta como uno. Dos marcas cuentan como dos. Cuatro marcas con una quinta marca diagonal que las cruza cuentan como cinco. Éste es un ejemplo de hoja de conteo para la pregunta del almuerzo preferido:

> Pregunta: ¿Cuál de estos almuerzos de la
> escuela es tu preferido?
> atún, pavo, pizza, pollo
>
> Respuesta: atún   ＷＴ ||||
>   pavo   ＷＴ
>   pizza   ＷＴ   ＷＴ
>   pollo   ＷＴ |

La pregunta está escrita en la hoja de conteo para poder leerla a la persona entrevistada. Al leer la pregunta de la hoja, nos aseguramos de que hacemos la pregunta de la misma forma cada vez.

5. **Interpreta** Cada vez que una persona responde la pregunta, se pone una marca de conteo junto a la respuesta. Observa las marcas de conteo para atún. Según las marcas, ¿cuántos estudiantes nombraron el atún como su almuerzo preferido?

6. **Representa** Crea una hoja de conteo similar a la anterior para mostrar las bebidas preferidas para acompañar el almuerzo. Escribe una pregunta con alternativas. Después haz una lista de respuestas posibles y deja espacio en la hoja para tabular las respuestas. Una de las opciones puede ser "sin opinión".

Mientras reunimos o combinamos los datos, no debemos duplicar ni omitir datos. Se duplican datos cuando contamos más de una vez una información o la repetimos. Se omiten datos cuando excluimos información.

7. **Analiza** Brad encontró que 11 estudiantes de su clase tenían perros como mascotas. Dena encontró que 9 estudiantes de la misma clase tenían gatos como mascotas. Brad y Dena concluyeron que 20 estudiantes de la clase tenían perros o gatos como mascotas. ¿Crees que su conclusión es correcta? ¿Por qué?

8. **Analiza** Brad y Dena también concluyeron que 20 estudiantes de la clase tenían mascotas. ¿Crees que su conclusión es correcta? ¿Por qué?

Actividad

Encuesta de la clase

Representa Con tu grupo, piensa en una pregunta de encuesta para hacerla a otros estudiantes.[1] Tu pregunta no debe tener sesgo. Proporciona al menos dos opciones de respuesta para que los otros estudiantes escojan. Haz una hoja de conteo que contenga tu pregunta y las alternativas de respuesta. Haz a los otros estudiantes tu pregunta de encuesta. Asegúrate de tabular las respuestas de los otros estudiantes en tu hoja de conteo. Cuando termines tu encuesta, escoge la gráfica adecuada para mostrar los resultados de tu encuesta y haz esa gráfica.

Investiga más

a. Estima y registra la temperatura de una taza de agua con hielo y de una taza de agua sin hielo. Anota las dos temperaturas en grados Celsius y Fahrenheit. Después utiliza un termómetro para medir las temperaturas verdaderas de las dos tazas de agua. ¿Era correcta tu estimación original? Compara tu estimación con las temperaturas reales en grados Celsius y Fahrenheit.

---

[1] Ejemplos de tópicos para encuestas:
- deporte favorito o equipo favorito
- número de hermanos en la familia
- programa favorito de televisión
- cómo vienen los estudiantes a la escuela
- materia escolar preferida
- estación preferida del año

b. Antes de comenzar esta actividad, mira el reloj y encuentra tu hora de inicio. Utiliza una hoja para escribir cada múltiplo de 4, del 4 al 100. Después de terminar, escribe tu hora de término. ¿Cuánto tiempo tardaste en terminar la actividad? Repite la actividad escribiendo los múltiplos de 2, del 2 al 100. ¿Qué actividad duró más? ¿Cuánto tiempo más tardó?

c. Cronometra cuánto tardas en decir el alfabeto. Observa el reloj. Anota la hora de inicio. Después di el alfabeto dos veces. Anota la hora de término. Encuentra el tiempo que transcurrió mientras decías el alfabeto dos veces.

⬥ *Conceptos y destrezas esenciales para Texas*

(4.4)(B) representar situaciones de multiplicación y
división con dibujos, palabras y números
(4.4)(E) usar división para resolver problemas
(4.5)(A) redondear números enteros a la decena,
centena o millar más cercanos, para
resolver problemas por aproximación
(4.5)(B) usar estrategias que incluyen redondeo
para estimar soluciones de problemas de
multiplicación y división
(4.14)(B) resolver problemas que implican
comprender, hacer y llevar a cabo un plan,
y evaluar la solución
(4.14)(C) desarrollar plan o estrategia para resolver
problemas

• Respuestas de división que terminan en cero

Preliminares

operaciones Preliminares H

cuenta en voz alta Cuenta de cinco en cinco del 2 al 52.

cálculo mental

a. Sentido numérico: 300×30

b. Sentido numérico: 240×10

c. Sentido numérico: Al contar de cinco en cinco del 5, todos los números que dice Cailey terminan en 0 ó en 5. Si cuenta de cinco en cinco del 6, ¿en qué dígito terminan todos los números que dice?

d. Porcentaje: 50% de 120

e. Potencias/Raíces: $\sqrt{64} \div 4$

f. Dinero: Cantrice compra maní por $3.75 y una bebida gaseosa por $2.95. ¿Cuál es el precio total?

g. Estimación: Estima el precio de 8 personajes de acción que cuestan $4.95 cada uno.

h. Cálculo: 9^2, -60, $\div 7$, $\times 20$

resolver problemas Escoge una estrategia apropiada para resolver este problema. Cuintan terminó de leer su libro de 150 páginas el viernes. El día anterior había cerrado el libro después de leer la página 120. Si leyó el mismo número de páginas cada día, ¿qué día comenzó Cuintan a leer su libro? Explica cómo encontraste la respuesta.

Nuevo concepto

A veces las respuestas de división terminan en cero. Es importante continuar la división hasta utilizar todos los dígitos dentro de la caja de división. Observa el problema del comienzo de la página siguiente.

Hay doscientos monedas de 1¢ ordenadas en 4 pilas iguales. ¿Cuántas hay en cada pila?

Destreza mental

Verifica

¿Por qué escribimos el primer dígito del cociente en el lugar de las decenas?

Este problema se puede resolver dividiendo 200 entre 4. Primero dividimos 20 entre 4. Escribimos un 5 en el cociente. Luego multiplicamos y restamos.

$$\begin{array}{r} 5 \\ 4\overline{)200} \\ \underline{20} \\ 0 \end{array}$$

La división parece completa, pero no es así. La respuesta no es "cinco monedas de 1¢ en cada pila". Eso daría sólo un total de 20 monedas. Hay otro cero que bajar dentro de la caja de división. Bajamos entonces el cero y dividimos de nuevo. Cero dividido entre 4 es 0. Escribimos 0 en el cociente, multiplicamos y después restamos. El cociente es 50.

$$\begin{array}{r} 50 \\ 4\overline{)200} \\ 20\downarrow \\ \underline{} \\ 00 \\ \underline{0} \\ 0 \end{array}$$

Comprueba:

$$\begin{array}{r} 50 \\ \times\ 4 \\ \hline 200 \end{array}$$

Comprobamos nuestro trabajo multiplicando el cociente, 50, por el divisor, 4. El producto debe ser igual al dividendo, 200. Respuesta correcta. Vemos que hay 50 monedas de 1¢ en cada pila.

A veces queda un residuo en una respuesta de división que termina en cero. Mostramos esto en el ejemplo siguiente.

Ejemplo 1

Destreza mental

Verifica

¿Por qué escribimos el primer dígito del cociente en el lugar de las decenas?

Divide: $3\overline{)121}$

Comenzamos calculando $3\overline{)12}$. Como 12 dividido entre 3 es 4, escribimos "4" sobre el 2. Multiplicamos y restamos para obtener 0, pero no hemos terminado. Bajamos el último dígito del dividendo, que es 1. Ahora dividimos 01 (que significa 1) entre 3. Como no podemos hacer un grupo igual de 3 si tenemos sólo 1, escribimos "0" sobre el lugar de las unidades. Luego multiplicamos cero por 3 y restamos. El residuo es 1.

$$\begin{array}{r} 4 \\ 3\overline{)121} \\ \underline{12} \\ 0 \end{array}$$

$$\begin{array}{r} \textbf{40 R 1} \\ 3\overline{)121} \\ \underline{12} \\ 01 \\ \underline{0} \\ 1 \end{array}$$

El señor Griffith condujo 254 millas en 5 horas. Aproximadamente, ¿cuántas millas condujo cada hora?

Para calcular "aproximadamente cuántas millas" condujo el señor Griffith cada hora, podemos usar números compatibles para hacer una estimación. Como 250 está cerca de 254 y es divisible entre 5, dividimos 250 entre 5 para hacer la estimación.

$$250 \text{ millas} \div 5 \text{ horas} = 50 \text{ millas por hora}$$

El señor Griffith condujo **aproximadamente 50 millas** por hora.

Práctica de la lección

Divide:

a. $3\overline{)120}$ **b.** $4\overline{)240}$ **c.** $5\overline{)152}$

d. $4\overline{)121}$ **e.** $3\overline{)91}$ **f.** $2\overline{)41}$

g. Estima Los empleados del departamento de despacho de una empresa cargan 538 cajas en un total de 6 carros de tren. Ponen casi el mismo número de cajas en cada carro. Aproximadamente, ¿cuántas cajas hay en cada carro? Explica cómo encontraste la respuesta.

Práctica escrita

Integradas y distribuidas

*1. Un techo rectangular está cubierto con paneles cuadrados. El techo mide
(Inv. 3, 67) 40 paneles de largo y 30 paneles de ancho. ¿Cuántos paneles hay en total en el techo?

2. Hay 260 asientos en el cine. Todos salvo cuarenta y tres están ocupados.
(30) ¿Cuántos asientos están ocupados?

3. En la gran inauguración de una tienda de especialidades gastronómicas,
(49, 58) a cada cliente se le regalaron cinco cupones. Asistieron ciento quince clientes a la inauguración. ¿Cuántos cupones se regalaron en total a los clientes?

*4. Una receta para preparar ponche de fruta requiere una taza de jugo de
(40) piña por cada cuarto de ponche de fruta. ¿Cuántas tazas de jugo de piña se necesitan para preparar un galón de ponche de fruta?

*5. Analiza ¿Cuál es el valor de 5 monedas de 1¢, 3 de 10¢, 2 de 25¢ y
(35) 3 de 5¢?

*6. a. **(Representa)** El último viernes de mayo, un cuarto de los
(*Inv. 5, 70*) 280 estudiantes de una escuela salieron de excursión.
¿Cuántos estudiantes salieron de excursión? Haz un dibujo
para resolver el problema.

b. ¿Qué porcentaje de estudiantes salió de excursión?

*7. **(Representa)** ¿Cuánto es $\frac{1}{2}$ de 560? Haz un dibujo para resolver el
(*70*) problema.

*8. a. ¿Cuántos centímetros mide de largo el siguiente segmento de
(*69*) recta?

b. ¿Cuántos milímetros mide de largo el segmento?

*9. Los primeros cuatro múltiplos de 9 son 9, 18, 27 y 36. ¿Cuáles son los
(*55*) primeros cuatro múltiplos de 90?

10. **(Representa)** Compara: $\frac{2}{3}$ ◯ $\frac{2}{5}$. Dibuja y sombrea dos rectángulos
(*56*) congruentes para mostrar la comparación.

*11. Badu puede recorrer en su bicicleta un promedio de 12 millas por
(*57*) hora. A esa tasa, ¿cuántas millas recorre en 4 horas? Haz una tabla
para resolver el problema.

12. $\$375.48$
(*43, 51*) $+ \$536.70$

13. $367,419$
(*51*) $+ \ 90,852$

14. 42.3
(*50*) 57.1
28.9
96.4
$+ 38.0$

15. $\$20.00$
(*52*) $- \$19.39$

16. $310,419$
(*52*) $- 250,527$

17. $\$6.08$
(*58*) $\times \qquad 7$

18. 86
(*67*) $\times \ 40$

19. $59¢$
(*48*) $\times \quad 8$

*20. $3\overline{)180}$
(*71*)

*21. $8\overline{)241}$
(*71*)

*22. $5\overline{)323}$
(*68*)

*23. $184 \div 6$
(*71*)

*24. $423 \div 7$
(*71*)

*25. $\sqrt{36} + 4^2 + 10^2$
(*Inv. 3, 62*)

26. $9 + m = 27 + 72$
(61)

27. $6n = 90$
(41, 64)

28. (Haz un modelo) Utiliza una regla con pulgadas para encontrar la longitud
(39) de los segmentos *AB, BC y AC.*

A　　　　　　　　　B　　　　　　　C

* 29. Si el diámetro de una moneda mide 2 centímetros, ¿cuántos milímetros
(21, 69) mide su radio?

* 30. (Estima) Desde las 7 a.m. hasta el mediodía, los empleados de un
(71) departamento de servicio al cliente recibieron 147 llamadas telefónicas.
¿Cuál es una estimación razonable para el número de llamadas
recibidas por hora? Explica cómo encontraste el resultado.

Para los más rápidos

Conexión con la vida diaria

Maddox tiene un rollo de película con 32 fotos y otro con 12 fotos.
Desarrolló ambos rollos. Decidió poner todas sus fotos en dos álbumes.
Cada álbum tiene capacidad para 20 fotos.

a. ¿Cuántas fotos tiene Maddox, en total?

b. ¿Puede poner todas sus fotos en los dos álbumes? Explica tu
respuesta.

• Encontrar información para resolver problemas

🔸 **Conceptos y destrezas esenciales para Texas**

(4.3)(A) usar suma para resolver problemas que usan números enteros

(4.13)(A) usar objetos para generalizar sobre determinación de combinaciones posibles de conjunto de datos

(4.14)(B) resolver problemas que implican comprender, hacer y llevar a cabo un plan, y evaluar la solución

(4.14)(C) desarrollar plan o estrategia para resolver problemas

(4.15)(A) explicar observaciones con palabras y números

(4.16)(B) justificar por qué una respuesta es razonable

operaciones   Preliminares H

cuenta en voz alta   Al contar de cinco en cinco del 3, decimos los números 3, 8, 13, 18, y así sucesivamente. Cuenta de cinco en cinco del 3 al 53

cálculo mental

   a. Sentido numérico: 12×20

   b. Sentido numérico: 12×30

   c. Sentido numérico: 12×40

   d. Sentido numérico: $36 + 29 + 230$

   e. Dinero: Lucas compra un rollo de película por \$4.87 y pilas por \$3.98. ¿Cuál es el precio total?

   f. Hora: El juego de béisbol comienza a las 7:05 p.m. y dura 1 hora 56 minutos. ¿A qué hora termina el juego?

   g. Estimación: Una milla es aproximadamente 1609 metros. Redondea esa longitud a la centena de metros más cercana.

   h. Cálculo: $\frac{1}{2}$ de 6, $\times\, 2$, $\times\, 5$, $-\, 16$

resolver problemas   Levon tiene tres colores de camisa, roja, blanca y azul. Tiene dos colores de pantalón, negro y beige. ¿Qué combinaciones de una camisa y un pantalón puede hacer?

Enfoque de la estrategia: Haz un diagrama

(**Comprende**) Nos dicen que Levon tiene tres colores de camisa y dos colores de pantalón. Nos piden encontrar las combinaciones posibles de camisa y pantalón que se puede poner.

(**Planifica**) Podemos *hacer un diagrama* para encontrar todas las combinaciones posibles de colores de camisa y pantalón.

Resuelve Para cada camisa, hay dos colores de pantalón que Levon se puede poner. Podemos hacer una lista con cada color de camisa y después dibujar dos ramas desde cada color. En el extremo de las ramas podemos escribir los colores de los pantalones, así:

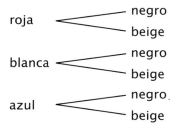

Ahora podemos hacer una lista de las combinaciones formadas por el diagrama. Tenemos un total de seis ramas; vemos entonces que Levon puede formar seis combinaciones diferentes de color de camisa y pantalón:

roja, negro; roja, beige; blanca, negro; blanca, beige; azul, negro; azul, beige

Comprueba Encontramos que con tres colores diferentes de camisa y dos colores diferentes de pantalón, Levon puede formar seis combinaciones. Sabemos que nuestra respuesta es razonable, porque hay dos combinaciones posibles para cada color de camisa. Hay 2 + 2 + 2, ó 6, combinaciones para tres colores diferentes de camisa.

El diagrama que hicimos en este problema se llama *diagrama de árbol,* porque cada línea que dibujamos para unir un color de camisa con un color de pantalón es como una rama de árbol.

Nuevo concepto

Parte del proceso para resolver problemas es encontrar la información necesaria. A veces necesitamos buscar la información en gráficas, tablas, dibujos u otros lugares. En algunos casos nos pueden dar más información de la que necesitamos para resolver un problema. En esta lección encontramos la información que necesitamos para resolver un problema.

Ejemplo 1

Lee esta información. Después responde las preguntas de abajo.

Las elecciones de la escuela se realizaron el viernes 2 de febrero. Tejana, Lily y Taariq se presentaron para presidente. Lily recibió 146 votos y Tejana recibió 117 votos. Taariq recibió 35 votos más que Tejana.

Leamos matemáticas

A veces los problemas contienen demasiada información. Debemos buscar la información necesaria para resolver un problema.

a. ¿Cuántos votos recibió Taariq?

b. ¿Quién recibió más votos?

c. Los discursos se presentaron el martes antes de las elecciones. ¿Qué fecha era cuando se presentaron los discursos?

a. Taariq recibió 35 votos más que Tejana y Tejana recibió 117 votos. Entonces, sumamos 35 a 117 y vemos que Taariq recibió **152 votos.**

b. **Taariq** recibió más votos.

c. Las eleciones fueron el viernes 2 de febrero. El martes, se presentaron los discursos 3 días antes. Contamos hacia atrás 3 días: 1 de febrero, 31 de enero, 30 de enero. Los discursos se presentaron el martes **30 de enero.**

Ejemplo 2

Alyssa colecciona llaveros de los diferentes estados que ha visitado y los tiene expuestos en un tablero de clavijas.

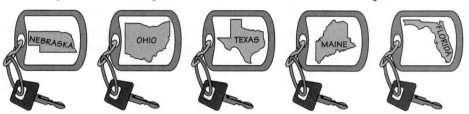

Como Alyssa vive en Nebraska y su abuela vive en Ohio, siempre tiene los llaveros de Nebraska y Ohio en las dos primeras clavijas. ¿De cuántas maneras diferentes puede ordenar los llaveros en fila?

Si el llavero de Nebraska está primero y el llavero de Ohio segundo, entonces los otros tres llaveros se pueden ordenar de seis maneras:

Florida, Texas, Maine

Florida, Maine, Texas

Texas, Florida, Maine

Texas, Maine, Florida

Maine, Florida, Texas

Maine, Texas, Florida

Si el llavero de Ohio está primero y el llavero de Nebraska segundo, entonces los otros tres llaveros se pueden ordenar de las mismas seis maneras. En total hay **12 maneras diferentes** de ordenar los llaveros.

Lee esta información. Después resuelve los problemas que siguen.

El sábado, Terell trabajó en el patio. Trabajó 3 horas en la mañana y 4 horas en la tarde. Le pagaron $6 por cada hora que trabajó.

a. ¿Cuántas horas trabajó en total?

b. ¿Cuánto dinero ganó en la mañana?

c. ¿Cuánto dinero ganó en total?

d. ¿Cuántas cantidades diferentes de dinero puedes formar utilizando dos de las tres monedas que se muestran abajo? Nombra las cantidades.

Práctica escrita   *Integradas y distribuidas*

1. El carro de Christie recorre 18 millas por cada galón de gasolina. ¿Cuántas
(57) millas puede recorrer con 10 galones de gasolina?

* 2. **Analiza** El patio delantero de Alejandro mide 50 pies de ancho. Cada vez
(Inv. 2, que pasa la podadora de césped a lo largo del patio, poda una huella de
52) 24 pulgadas de ancho. ¿Cuántas veces debe pasar Alejandro la podadora de césped a lo largo del patio para podar todo el césped?

* 3. Una donación de $160 debe dividirse entre 8 niños por igual. ¿Qué
(64, 71) cantidad de dinero recibe cada niño?

4. La práctica de fútbol dura una hora y media. Si la práctica comienza a las
(27) 3:15 p.m., ¿a qué hora termina?

* 5. **Representa** Un tercio de los 36 puntos del equipo fueron anotados
(70) por Chinara. ¿Cuántos puntos anotó Chinara? Haz un dibujo como ayuda para resolver el problema.

6. Encuentra el perímetro y el área del rectángulo de la
(Inv. 2,
Inv. 3) derecha.

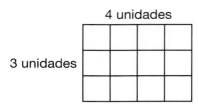

4 unidades

3 unidades

*7. **Estima** Esta llave mide 60 mm de largo. ¿Cuántos centímetros de largo
(69) mide la llave?

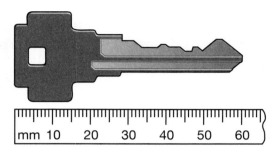

*8. De acuerdo a este calendario, ¿en qué día de la semana
(54) comenzó el año 1902?

DICIEMBRE 1901

D	L	M	Mi	J	V	S
1	2	3	4	5	6	7
8	9	10	11	12	13	14
15	16	17	18	19	20	21
22	23	24	25	26	27	28
29	30	31				

*9. Jocelyn es la primera persona en la fila de la cafetería de la escuela.
(72) Antonio, Bryan y Caroline están en la fila detrás de Jocelyn. ¿De cuántas
maneras diferentes se pueden ordenar Antonio, Bryan y Caroline detrás
de Jocelyn? Nombra las maneras.

10. Un metro es igual a 100 centímetros. Si cada lado de un cuadrado
(Inv. 2) mide 1 metro de largo, ¿cuánto mide el perímetro del cuadrado en
centímetros?

*11. Haz una lista con los primeros cuatro múltiplos de 90.
(55)

12. $1.68 + 32¢ + $6.37 + $5
(43)

13. 4.3 + 2.4 + 0.8 + 6.7
(43)

14. **Explica** Calcula $10 − ($6.46 + $2.17). Describe los pasos que
(43, 45) utilizaste.

15. 5 × 4 × 5   **16.** 359 × 70   **17.** 50 × 74
(62)   (67)   (67)

*18. $2\overline{)161}$
(71)

*19. $5\overline{)400}$
(71)

*20. $9\overline{)462}$
(68)

21. $\dfrac{216}{3}$
(65)

*22. $159 \div 4$
(68)

*23. $\dfrac{490}{7}$
(71)

24. $\dfrac{126}{3}$
(65)

*25. $360 \div \sqrt{36}$
(Inv. 3, 71)

26. $5n = 120$
(41, 65)

*27. (**Analiza**) Utiliza la información de abajo para responder las partes **a** y **b**.
(72)

El 3 de noviembre, Kamili anotó dos goles cuando su equipo de fútbol ganó 5 a 4. Para pasar las eliminatorias, su equipo debe ganar dos de los tres partidos siguientes.

a. ¿Cuántos goles anotaron los compañeros de equipo de Kamili?

b. El equipo de Kamili ha ganado cuatro partidos y ha perdido tres. ¿Cuántos partidos debe ganar en total el equipo de Kamili para pasar las eliminatorias?

28. **a.** (**Clasifica**) Los ángulos *C* y *D* de este polígono son rectos. ¿Qué ángulo parece obtuso?
(23)

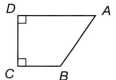

b. (**Clasifica**) ¿Qué segmentos son perpendiculares?

c. (**Clasifica**) ¿Qué segmentos son paralelos?

*29. **Selección múltiple** ¿Qué par de figuras parecen congruentes?
(66)

A   B   C   D

*30. (**Representa**) En la tabla se muestra el peso promedio de algunos animales. Haz una gráfica de barras para mostrar los datos.
(Inv. 6)

Peso promedio de los animales

Animal	Peso (en libras)
Conejo doméstico	8
Nutria	13
Mono capuchino de cara blanca	6
Gallina	7

⬧ *Conceptos y destrezas esenciales para Texas*

(4.9)(A) demostrar traslaciones, reflexiones y rotaciones usando modelos

(4.9)(B) usar traslaciones, reflexiones y rotaciones para verificar congruencia entre dos figuras

(4.14)(A) identificar las matemáticas en situaciones diarias

(4.14)(D) usar herramientas y tecnología para resolver problemas

(4.15)(A) explicar observaciones usando palabras y números

• Transformaciones geométricas

operaciones

Preliminares H

cuenta en voz alta

Cuenta hacia abajo de cinco en cinco del 53 al 3.

cálculo mental

a. Sentido numérico: 21×20

b. Sentido numérico: 25×30

c. Sentido numérico: 25×20

d. Sentido numérico: $48 + 19 + 310$

e. Dinero: Julia tiene una tarjeta de regalo por $50. Ya hizo compras por $24.97 con la tarjeta. ¿Cuánto dinero le queda en la tarjeta?

f. Tiempo: El encuentro de atletismo comenzó a las 9:00 a.m. y duró 4 horas 30 minutos. ¿A qué hora terminó el encuentro de atletismo?

g. Estimación: A nivel del mar, el sonido viaja a aproximadamente 1116 pies por segundo. Redondea la distancia a la centena de pies más cercana.

h. Cálculo: $\sqrt{25}$, $\times\, 7$, $+\, 5$, $+\, 10$, $\div\, 10$

resolver problemas

Escoge una estrategia apropiada para resolver este problema. El valor por la primera milla de viaje en taxi es $2.50, y $1.50 por cada milla adicional. ¿Cuál es el valor por un viaje de 8 millas? Explica cómo resolviste el problema.

Nuevo concepto

La **Geometría** es una rama de las matemáticas que estudia figuras como líneas, ángulos, polígonos, círculos y objetos sólidos. Un concepto de la geometría que hemos practicado son las figuras congruentes. Recuerda que las figuras son congruentes si tienen igual forma y tamaño. Sin embargo, las figuras congruentes pueden estar en diferentes **orientaciones** (posiciones). Por ejemplo, estos cuatro triángulos son congruentes:

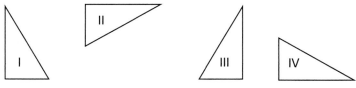

El ángulo recto de △I ("triángulo uno") se encuentra en la parte inferior izquierda del triángulo. Los otros triángulos se pueden reorientar para que coincidan con △I.

Para reorientar △II, podemos *girar* el triángulo para que su ángulo recto quede en la parte inferior izquierda.

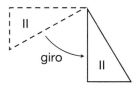

Para reorientar △III, podemos *invertir* el triángulo como lo haríamos con un panqueque o una hoja de libro. (Imagina que inviertes △III para que su ángulo recto quede en la parte inferior izquierda.)

Para reorientar △IV, podemos girar e invertir el triángulo. (Imagina que giras △IV y queda orientado como △III. Después de girar el triángulo, inviértelo para que coincida con △I.)

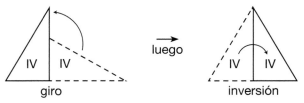

Para poner los triángulos II, III y IV en la misma ubicación que △I se requiere otro paso. Cada triángulo reorientado necesita *deslizarse* a la ubicación de △I.

Giros, inversiones y deslices son tres formas de mover las figuras. En geometría, estos movimientos se llaman **transformaciones,** y les damos nombres especiales: un giro es una **rotación,** una inversión es una **reflexión,** y un deslizamiento es una **traslación.**

Transformations

Movimiento	Nombre
Deslizamiento	Traslación
Giro	Rotación
Inversión	Reflexión

Ejemplo 1

¿Qué transformaciones moverían △II a la misma orientación y ubicación que △I?

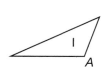

Podemos mover △II a la ubicación de △I con dos transformaciones: **un giro y un deslizamiento.** El orden de las transformaciones no importa. Podemos deslizar △II para que el punto *B* quede sobre el punto *A*. Luego podemos girar △II alrededor del punto *B* para que los lados y los ángulos queden alineados con △I. A un deslizamiento le llamamos **traslación** y a un giro le llamamos **rotación.**

Actividad

Uso de transformaciones

Haz un modelo Utiliza objetos del salón para representar las actividades siguientes.

a. Pon dos libros en las posiciones mostradas abajo. Describe las transformaciones que utilizarías para mover un libro a la misma posición del otro. ¿Son congruentes los libros? Explica.

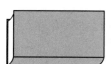

b. Pon dos lápices en la posición mostrada abajo. Describe las transformaciones que utilizarías para mover un lápiz a la misma posición del otro. ¿Tienen los lápices igual tamaño y forma? Explica.

c. Pon dos reglas sobre un escritorio y describe las transformaciones necesarias para mover una regla a la misma posición de la otra. Ubica las reglas de manera que sea necesario aplicar una traslación, una reflexión y una rotación para mover una regla a la misma posición que la otra.

Práctica de la lección

a. Las figuras congruentes se pueden reposicionar a través de transformaciones, de manera que todos los lados y ángulos correspondientes queden alineados. Nombra las tres transformaciones descritas en esta lección. Menciona el nombre común y el nombre geométrico de cada transformación.

b. (**Concluye**) ¿Qué transformaciones ubicarían △*ABC* sobre △*DEC*?

c. (**Haz un modelo**) Utiliza una ficha de color para representar un giro, una inversión y un deslizamiento.

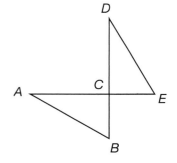

Práctica escrita
Integradas y distribuidas

* 1. (**Representa**) Se sacó punta a la mitad de los 48 lápices. ¿A cuántos
(Inv. 5, 70) *no* se les sacó punta? ¿A qué porcentaje de los lápices no se les sacó punta? Haz un dibujo para resolver el problema.

* 2. (**Representa**) ¿Qué número es $\frac{1}{4}$ de 60? Haz un dibujo para resolver el
(70) problema.

*3. Utiliza esta información para contestar las partes **a – c:**
(52, 72)

> *Treinta estudiantes van de excursión. Cada carro puede transportar cinco estudiantes. La excursión le cuesta $5 a cada estudiante.*

    a. ¿Cuántos carros se necesitan para la excursión?

    b. ¿Cuánto dinero se necesita en total?

    c. Diego ahorró $3.25. ¿Cuánto más necesita para ir a la excursión?

4. **Analiza** Durante el verano, el equipo de natación practica $3\frac{1}{2}$ horas
(27) al día. Si la práctica comienza a las 6:30 a.m., ¿a qué hora termina si no hay pausas?

5. Un galón de agua se vierte en botellas de 1 cuarto.
(40) ¿Cuántas botellas de 1 cuarto se llenan?

1 gal   1 ct

*6. Cada lado de un polígono regular tiene igual longitud. Abajo se muestra
(69) un hexágono regular. ¿Cuántos milímetros mide el perímetro de este hexágono?

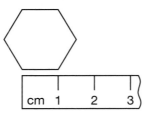

7. Una milla es igual a cinco mil doscientos ochenta pies. El puente Golden
(30, 31) Gate mide cuatro mil doscientos pies de largo. ¿Cuántos pies menos de una milla mide el puente Golden Gate?

*8. **Selección múltiple** ¿Cuál de estos números *no* es múltiplo de 90?
(55)
    A 45   **B** 180   **C** 270   **D** 360

9. ¿Qué número está en el medio entre 300 y 400?
(Inv. 1)

10. 37.56 − 4.2
(50)

11. 4.2 + 3.5 + 0.25 + 4.0
(50)

12.
(52)
$$\begin{array}{r} \$100.00 \\ -\ \$\ \ 31.53 \\ \hline \end{array}$$

13.
(52)
$$\begin{array}{r} 251{,}546 \\ -\ \ \ 37{,}156 \\ \hline \end{array}$$

14.
(24)
$$\begin{array}{r} n \\ +\ 423 \\ \hline 618 \end{array}$$

15.
(58)
$$\begin{array}{r} \$3.46 \\ \times\ \ \ \ \ \ 7 \\ \hline \end{array}$$

16.
(67)
$$\begin{array}{r} 96 \\ \times\ \ 30 \\ \hline \end{array}$$

17.
(58)
$$\begin{array}{r} \$0.59 \\ \times\ \ \ \ \ \ 8 \\ \hline \end{array}$$

*18. $7\overline{)633}$
(71)

*19. $5\overline{)98}$
(68)

*20. $3\overline{)150}$
(71)

*21. 329 ÷ 6
(68)

*22. 274 ÷ 4
(68)

*23. 247 ÷ 8
(71)

24. $\sqrt{25} \times m = 135$
(Inv. 3, 41, 65)

25. $z - 476 = 325$
(24)

26. $6a = 12 + 6$
(61)

*27. (Haz la conexión)
(45, 69)
3 5

AB 2 3 BC

$AC?$

A B C

*28. (Concluye)
(73)
$\triangle ABD?$

$\triangle ABC$

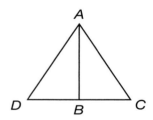

A

D B C

29. (Estima)
(58)
25   × 25

*30. *(Inv. 6)* ✏️ **Interpreta** Este pictograma muestra la rapidez máxima que pueden alcanzar algunos animales en una distancia corta. Utiliza el pictograma para contestar las siguientes preguntas.

Animal	Rapidez máxima (en millas por hora)
Jabalí	🐎 🐎 🐎
Pavo silvestre	🐎 🐎
León	🐎 🐎 🐎 🐎 🐎
Elefante	🐎 🐎 🐎
Cebra	🐎 🐎 🐎 🐎

Clave: 🐎 = 10 millas por hora

a. ¿Qué animales pueden alcanzar una rapidez de por lo menos 30 millas por hora?

b. Una ardilla puede correr a una rapidez máxima de 12 millas por hora. Aproximadamente, ¿cuántas veces mayor es la rapidez máxima de un león? Explica tu razonamiento.

c. Algunos atletas pueden correr a una rapidez máxima de 28 millas por hora en una distancia corta. ¿Podrían algunos atletas correr más rápido que un elefante? Explica tu respuesta.

Para los más rápidos

Conexión con la vida diaria

El señor Mikel dibujó la siguiente figura. Sus estudiantes dijeron que la respuesta era "inversión". ¿Qué pregunta hizo el señor Mikel a sus estudiantes?

```
┌──────────────┐
│              │
│      b       │
│              │
├──────────────┤
│      p       │
│              │
└──────────────┘
```

🟆 *Conceptos y destrezas esenciales para Texas*

(4.14)(B) resolver problemas que implican comprender, hacer y llevar a cabo un plan, y evaluar la solución
(4.14)(C) desarrollar plan o estrategia para resolver problemas
(4.15)(A) explicar observaciones con palabras y números
(4.15)(B) relacionar lenguaje informal con lenguaje matemático

• Fracciones de un conjunto

operaciones

Preliminares H

cuenta en voz alta

Al contar de cinco en cinco del 4, decimos los números 4, 9, 14, 19, y así sucesivamente. Cuenta de cinco en cinco del 4 al 54.

cálculo mental

a. **Sentido numérico:** 25×100

b. **Sentido numérico:** 100×40

c. **Sentido numérico:** $12 \times 3 \times 100$

d. **Sentido numérico:** Cuando Raven cuenta de cinco en cinco, cada número que dice termina en 0 ó en 5. Si cuenta de cinco en cinco del 7, ¿en qué dígito debe terminar cada número que diga?

e. **Potencias/Raíces:** $\sqrt{4} + 3^2 + 1^2$

f. **Medición:** Abdul necesita 6 cuartos de agua para preparar suficiente limonada para el equipo. ¿Cuántas tazas son 6 cuartos?

g. **Estimación:** Rahoul tiene $28. ¿Tiene suficiente dinero para comprar tres camisetas que cuestan $8.95 cada una?

h. **Cálculo:** 50% de 44, + 6, ÷ 7, − 4

resolver problemas

Escoge una estrategia apropiada para resolver este problema. M'Keisha resolvió un problema de resta y después borró dos de los dígitos del problema. Le dio el problema a Mae como ejercicio de resolución de problemas. Copia el problema de M'Keisha en tu hoja y completa para Mae los dígitos que faltan.

$$\begin{array}{r} 123 \\ -\ 4\_ \\ \hline \_4 \end{array}$$

Nuevo concepto

Destreza mental

Comenta

¿Cómo podemos comprobar la respuesta?

En el conjunto de abajo hay siete círculos. Tres círculos están sombreados. La fracción del conjunto que está sombreada es $\frac{3}{7}$.

$\frac{3}{7}$ Hay tres círculos sombreados.
Hay siete círculos en total.

El número total de elementos del conjunto es el denominador (número de abajo) de la fracción. El número de elementos nombrados es el numerador (número de arriba) de la fracción.

Ejemplo 1

Destreza mental

Verifica

¿Cómo podemos comprobar la respuesta?

¿Qué fracción de los triángulos no está sombreada?

El denominador de la fracción es 9, porque hay 9 triángulos en total. El numerador es 5, porque 5 de los 9 triángulos no están sombreados. Por lo tanto, la fracción de triángulos que no está sombreada es $\frac{5}{9}$.

Ejemplo 2

En una clase de 25 estudiantes, hay 12 niñas y 13 niños. ¿Qué fracción de la clase son niñas?

Doce de los 25 estudiantes de la clase son niñas. Entonces la fracción de la clase que son niñas es $\frac{12}{25}$.

Práctica de la lección

a. ¿Qué fracción del conjunto está sombreada?

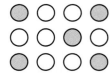

b. ¿Qué fracción del conjunto no está sombreada?

c. En una clase de 27 estudiantes hay 14 niñas y 13 niños. ¿Qué fracción de la clase son niños?

d. En la palabra ALABAMA, ¿qué fracción de las letras son A?

Integradas y distribuidas

1. Milagro realizó sesenta y dos horas de voluntariado el semestre pasado.
(1, 17) Michael realizó siete horas de voluntariado. Mitsu y Michelle realizaron doce horas cada una. ¿Cuántas horas de voluntariado hicieron en total?

*2. El Matterhorn mide catorce mil seiscientos noventa y un pies de alto.
(31, 52) El Mont Blanc mide quince mil setecientos setenta y un pies de alto. ¿Cuánto más alto es el Mont Blanc que el Matterhorn?

3. En una tarjeta de bingo hay 25 cuadrados. ¿Cuántos cuadrados hay en
(49) 4 tarjetas de bingo?

*4. (**Analiza**) Se colocaron noventa y seis libros en 4 estantes,
(70) de manera que en cada estante hay igual número de libros. ¿Cuántos libros hay en cada estante?

96 libros

*5. Un medio de los 780 aficionados aplaudió de pie. ¿Cuántos aficionados
(Inv. 5, 70) aplaudieron de pie? ¿Qué porcentaje de los aficionados aplaudió de pie?

6. ¿Cuántos años son diez siglos?
(54)

*7. (**Estima**) Un paquete de las tarjetas de juego preferidas de José
(58) cuesta $1.75. ¿Cuál es una estimación razonable para el número de paquetes de tarjetas que puede comprar José con $10.00? Explica tu respuesta.

*8. ¿Qué fracción de este conjunto no está sombreada?
(74)

9. ¿Cuántos mililitros de jugo contiene esta botella de 2 litros?
(40)

Jugo
2 L

10. **a.** ¿Cuánto mide el perímetro del rectángulo que se
(Inv. 2, Inv. 3) muestra a la derecha?

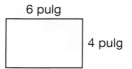
6 pulg
4 pulg

b. ¿Cuántos cuadrados de 1 pulgada se necesitan para cubrir este rectángulo?

*11. **Haz una predicción** ¿Cuántos milímetros son iguales a 10 centímetros?
(32) Utiliza la tabla para decidirlo.

Milímetros	10	20	30	40	50
Centímetros	1	2	3	4	5

12. ¿Qué transformaciones colocarían $\triangle STR$ sobre $\triangle PQR$?
(73)

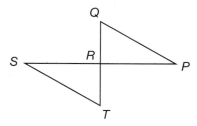

13. $6.15 − ($0.57 + $1.20)
(43, 45)

14. 43,160 − 8459
(52)

*15. 8 × 8 × 8
(62)

16. $3.54 × 6
(58)

17. 80 × 57
(67)

*18. 704 × 9
(58)

*19. 9)‾354‾
(68)

*20. 7)‾285‾
(71)

*21. 5)‾439‾
(68)

*22. 515 ÷ 6
(68)

*23. $\dfrac{360}{4}$
(71)

24. 784 ÷ 8
(65)

*25. $\sqrt{36} + n = 6^2$
(24, Inv. 3, 62)

26. 462 − y = 205
(24)

27. 50 = 5r
(41)

*28. **Concluye** Encuentra el número que sigue en esta secuencia de conteo:
(3)

..., 90, 180, 270, _____, ...

*29. **Explica** El brazo de Sierra mide 20 pulgadas de largo. Si Sierra mueve
(21) su brazo formando un círculo, ¿cuál será el diámetro del círculo? Explica tu respuesta.

*30. **Selección múltiple** ¿Cuál de estos números es primo?
(55)

A 1 **B** 2 **C** 4 **D** 9

🦖 *Conceptos y destrezas esenciales para Texas*

(4.9)(A) demostrar traslaciones, reflexiones y rotaciones usando modelos

(4.9)(B) usar traslaciones, reflexiones y rotaciones para verificar congruencia entre 2 figuras

(4.14)(C) desarrollar plan o estrategia para resolver problemas

(4.14)(D) usar herramientas y tecnología para resolver problemas

(4.15)(A) explicar observaciones con palabras y números

• Medidas de giros

operaciones Preliminares H

cuenta en voz alta Cuenta hacia abajo de cinco en cinco del 54 al 4.

cálculo mental La suma de 38 y 17 es 55. Si aumentamos el 38 en 2 y disminuimos el 17 en 2, la suma será 40 + 15. La suma sigue siendo 55, pero la suma mental es más fácil. Antes de calcular las siguientes sumas, aumenta un número y disminuye otro, de manera que uno de los números termine en cero.

    a. Sentido numérico: 38 + 27

    b. Sentido numérico: 48 + 24

    c. Sentido numérico: 59 + 32

    d. Sentido numérico: 57 + 26

    e. Dinero: $6.49 + $2.99

    f. Medición: ¿Cuántas tazas hay en una pinta?

    g. Estimación: Escoge la estimación más razonable para la temperatura dentro de un refrigerador: 3°C o 30°C.

    h. Cálculo: 2 × 9, + 29, + 53, ÷ 10

resolver problemas Escoge una estrategia apropiada para resolver este problema. Sid desea saber cuánto mide el contorno del tronco del enorme roble del parque. Sid sabe que la medida del contorno del tronco es más de una yarda. Tiene un poco de cuerda y una regla de una yarda. ¿Cómo puede medir el contorno del tronco del árbol en pulgadas?

Mientras Micah anda en patineta, podemos medir sus movimientos. Podríamos utilizar pies o metros para medir la distancia que recorre Micah. Para medir los giros de Micah, podemos usar **grados.** Al igual que para la medición de temperatura, usamos el símbolo de grados (°) para representar las grados.

Si Micah hace un **giro completo,** entonces habrá girado 360°. Si Micah hace **medio giro,** habrá girado 180°. Un **cuarto de giro** es 90°.

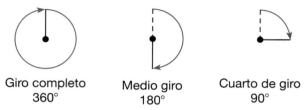

Giro completo
360°

Medio giro
180°

Cuarto de giro
90°

Además de medir la cantidad del giro, también podemos describir la dirección de un giro como **en el sentido de las manecillas del reloj** o **en el sentido contrario de las manecillas del reloj.**

Giro en el sentido de las
manecillas del reloj

Giro en el sentido contrario
de las manecillas del reloj

Por ejemplo, para apretar un tornillo lo giramos en el sentido de las manecillas del reloj, y para aflojarlo en el sentido contrario.

Actividad 1

Rotaciones y grados

Pónganse de pie y hagan estas actividades como clase.

Haz un modelo De cara al frente del salón, hagan un cuarto de giro a la derecha.

Comenta ¿Cuántos grados giraron? ¿Giraron en el sentido, o en el sentido contrario?

Vuelvan a la posición original haciendo un cuarto de giro a la izquierda.

¿Cuántos grados giraron? ¿Giraron en el sentido de las manecillas del reloj, o en el sentido contrario?

De cara al frente del salón, hagan medio giro a la derecha o a la izquierda.

¿Cuántos grados giraron? ¿Miran todos en la misma dirección?

Comiencen mirando al frente. Hagan luego tres cuartos de giro en el sentido del reloj.

¿Cuántos grados giraron? ¿Cuántos grados más deben girar en el sentido del reloj para mirar hacia el frente?

Ejemplo 1

Mariya e Irina estaban mirando al norte. Mariya giró 90° en el sentido de las manecillas del reloj e Irina giró 270° en el sentido contrario. Después de girar, ¿en qué direcciones miran las niñas?

A continuación se muestran los giros que hicieron Mariya e Irina.

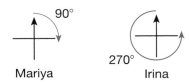

Después de girar 90° en el sentido de las manecillas del reloj, Mariya miraba al este. Después de girar 270° en el sentido contrario, Irina también mira al este. (Cada cuarto de giro es 90°, de manera que 270° es tres cuartos de un giro completo.) Ambas niñas miran al **este** después de sus giros.

Ejemplo 2

Describe la cantidad y la dirección de un giro alrededor de un punto A que dejaría △II en la posición de △I.

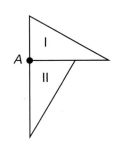

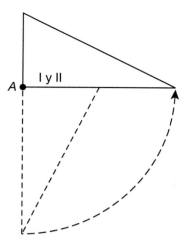

El punto *A* no se mueve, pero el resto de △II se gira para alinearlo con △I. Una solución es rotar △II **90° en el sentido contrario de las manecillas del reloj.** El hecho de que los triángulos coincidan perfectamente después de la rotación, demuestra que son congruentes.

Concluye Describe una forma alternativa de rotar △II a la posición de △I.

Actividad 2

Rotaciones y congruencias

Una forma de mostrar que dos figuras son congruentes, es mover una figura a la posición de la otra para ver si las dos figuras coinciden perfectamente.

a. **Haz un modelo** Dobla una hoja de papel por la mitad y recorta una figura de la hoja doble, de manera que se obtengan dos figuras congruentes al mismo tiempo. Luego, ubica las dos figuras sobre tu pupitre, de manera que una rotación sea el único movimiento necesario para ubicar una figura sobre la otra. Haz la rotación para demostrar que las figuras son congruentes.

b. **Representa** En otra hoja de papel, dibuja o traza las dos figuras que recortaste. Dibuja las figuras en una posición tal que una rotación de 90° de una de ellas la lleve a la posición de la otra.

Práctica de la lección

a. **Haz una predicción** Wakeisha patinó hacia el este, giró 180° en el sentido del reloj y luego siguió patinando. ¿En qué dirección patinó Wakeisha después del giro?

Describe cada rotación en grados en el sentido, o en el sentido contrario de las manecillas del reloj:

b. un cuarto de giro a la izquierda

c. un giro completo a la derecha

d. tres cuartos de giro a la izquierda

e. medio giro a la derecha

f. Describe la rotación que posicionaría el triángulo 1 sobre el triángulo 2.

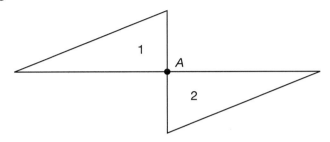

Práctica escrita   *Integradas y distribuidas*

1. La libra de peras cuesta 59¢. ¿Cuánto cuestan 4 libras de peras?
(49)

2. Encuentra el perímetro y el área de este rectángulo:
(Inv. 2, Inv. 3)

6 unidades

4 unidades

*3. (Haz la conexión) Hay trescientos sesenta libros en el piso. Da-Xia pone un cuarto de los libros sobre la mesa.
(70)

    a. ¿Cuántos libros pone Da-Xia sobre la mesa?

    b. ¿Cuántos libros quedan en el piso?

4. ¿Qué porcentaje de los libros del problema **3** queda en el piso?
(Inv. 5)

*5. (Representa) ¿A qué número decimal está apuntando la flecha? ¿Qué número mixto es?
(37)

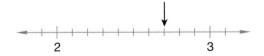

*6. **Estima** Doscientos setenta y dos estudiantes asisten a la escuela
(59) primaria de la ciudad. Trescientos diecinueve estudiantes asisten a otra
escuela primaria. Estima el número total de estudiantes que asiste a
esas escuelas, redondeando el número de estudiantes que asiste a cada
escuela a la centena más cercana antes de sumar.

*7. ¿Qué fracción de ese conjunto está sombreada?
(74)

*8. ¿Cuántas onzas es un cuarto de leche?
(40)

9. Un cuarto es un cuarto de galón. Entonces, ¿qué porcentaje de un galón
(40, es un cuarto?
Inv. 5)

*10. **Interpreta** Utiliza la información de la gráfica de barras para contestar
(Inv. 6) las partes **a** y **b**.

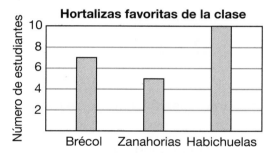

a. ¿Las zanahorias son la hortaliza favorita de cuántos estudiantes?

b. En total, ¿cuántos estudiantes dijeron que el brécol o las zanahorias
eran sus hortalizas favoritas?

*11. **Representa** La temperatura de las 8 a.m. fue de −5 grados Fahrenheit.
(18) A las 3 p.m., la temperatura había aumentado 10 grados. ¿Cuál fue la
temperatura a las 3 p.m.?

*12. **Concluye** Describe el número de grados y la dirección
(75) del giro en que se podría mover esta letra B a una posición
vertical.

13. $86.47 + $47.98
(43, 51)

14. 36.7 − 18.5
(50)

15. 2358 4715 317 2103 + 62
(51)

*16. 8)716
(68)

*17. 2)161
(71)

18. 7)434
(65)

*19. 513 ÷ 6
(68)

*20. $\dfrac{270}{9}$
(71)

21. $\dfrac{267}{3}$
(65)

22. $n - 7.5 = 21.4$
(24, 50)

23. $6.95 × 8
(58)

24. 46 × 70
(67)

25. 460 × 9
(58)

26. $3a = 30 + 30$
(61)

27. $3^2 - 2^3$
(62)

*28. Un cuarto de giro es 90°. ¿Cuántos grados son tres cuartos de giro?
(75)

29. (**Concluye**) **a.** ¿Qué segmento parece ser perpendicular al segmento BC?
(23, 66)

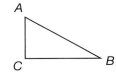

b. Dibuja un triángulo semejante pero no congruente con △ABC.

30. (**Explica**) Durante su carrera profesional de béisbol, el lanzador Nolan Ryan ponchó
(52) a 5714 bateadores. El lanzador Steve Carlton ponchó a 4136 bateadores. ¿A cuántos bateadores más ponchó Nolan Ryan? Explica por qué es razonable tu respuesta.

Para los más rápidos

Conexión con la vida diaria

Alba mira el reloj y ve que son las 3:00 p.m. Cuando Alba mira nuevamente el reloj, son las 3:45 p.m.

a. Durante ese tiempo, ¿cuántos grados giró el minutero?

b. Haz un dibujo para solucionar el problema.

• División con respuestas de tres dígitos

Conceptos y destrezas esenciales para Texas

(4.4)(B) representar situaciones de multiplicación y división con dibujos, palabras y números
(4.4)(E) usar división para resolver problemas
(4.5)(B) usar estrategias que incluyen redondeo para estimar soluciones de problemas de multiplicación y división
(4.14)(A) identificar las matemáticas en situaciones diarias
(4.14)(B) resolver problemas que implican comprender, hacer y llevar a cabo un plan y evaluar la solución
(4.16)(B) justificar por qué una respuesta es razonable

operaciones Preliminares G

cuenta en voz alta Cuenta de cinco en cinco del 1 al 51.

cálculo mental Antes de sumar, aumenta un número y disminuye el otro.

a. Sentido numérico: 49 + 35

b. Sentido numérico: 57 + 35

c. Sentido numérico: 28 + 44

d. Sentido numérico: 400 × 30

e. Dinero: KaNiyah le debe $10.00 a su hermano. Ella sólo tiene $4.98. ¿Cuánto dinero más necesita para devolverle a su hermano?

f. Medición: Siete pies son 84 pulgadas. ¿Cuántas pulgadas mide de largo un delfín que mide 7 pies 7 pulgadas de largo?

g. Estimación: Medio galón de leche cuesta $2.47. Redondea ese precio a los 25¢ más cercanos. Después, estima el precio de 3 envases de medio galón de leche.

h. Cálculo: $\sqrt{25}$, × 2, ÷ 5, × 15, + 48

resolver problemas Escoge una estrategia apropiada para resolver este problema. A la derecha se muestra el mapa de los senderos de un parque. LaDonna

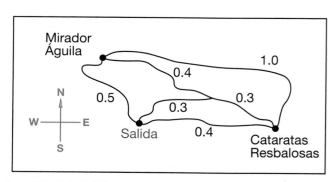

partirá del punto que dice "Salida". Ella quiere visitar el mirador Águila y las cataratas Resbalosas. ¿Cuál es la distancia más corta que puede recorrer para visitar ambos puntos y luego regresar al punto de salida?

Nuevo concepto

Hemos practicado problemas de división que tienen respuestas de dos dígitos. En esta lección practicamos problemas de división con respuestas de tres dígitos. Recuerda que el método de papel y lápiz que hemos utilizado para dividir tiene cuatro pasos.

Paso 1: Dividir $\div$

Paso 2: Multiplicar $\times$

Paso 3: Restar. $-$

Paso 4: Bajar. $\downarrow$

Por cada paso, escribimos un número. Cuando terminamos el Paso 4, regresamos al Paso 1 y repetimos los pasos hasta que no queden más dígitos que bajar.

Ejemplo 1

Divide: $3\overline{)794}$

Paso 1: Divide $3\overline{)7}$ y escribe "2".

Paso 2: Multiplica 2 por 3 y escribe "6".

Paso 3: Resta 6 de 7 y escribe "1".

Paso 4: Baja el 9 para formar 19.

Repite:

Paso 1: Divide 19 entre 3 y escribe "6".

Paso 2: Multiplica 6 por 3 y escribe "18".

Paso 3: Resta 18 de 19 y escribe "1".

Paso 4: Baja el 4 para formar 14.

Repite:

Paso 1: Divide 14 entre 3 y escribe "4".

Paso 2: Multiplica 4 por 3 y escribe "12".

Destreza mental

Comenta

¿Por qué escribimos el dígito 2 en el lugar de las centenas del cociente?

```
    264 R 2
3)794
    6
   19
   18
    14
    12
     2
```

Comprueba:
```
   264
 ×   3
   792
```

Paso 3: Resta 12 de 14 y escribe "2".

Paso 4: No hay más dígitos para bajar. Terminamos de dividir. Escribimos "2" como residuo para un resultado final de **264 R 2**.

$$\begin{array}{r} 792 \\ + \quad 2 \\ \hline 794 \end{array}$$

Para dividir dólares y centavos entre un número entero, dividimos los dígitos tal como dividimos números enteros. **El punto decimal del resultado se coloca directamente sobre el punto decimal que está dentro de la caja de división.** Escribimos un signo de dólar delante del resultado.

Ejemplo 2

Destreza mental

Justifica

¿Cómo podemos comprobar la respuesta?

El precio total de tres artículos idénticos es de $8.40. ¿Cuánto cuesta cada artículo?

El punto decimal del cociente está directamente sobre el punto decimal del dividendo. Escribimos un signo de dólar antes del cociente.

Cada artículo cuesta **$2.80**.

$$\begin{array}{r} \$2.80 \\ 3\overline{)\$8.40} \\ \underline{6} \\ 2\;4 \\ \underline{2\;4} \\ 00 \\ \underline{00} \\ 0 \end{array}$$

Ejemplo 3

A las 4 p.m. había aproximadamente 500 carros esperando en fila en 7 casetas de peaje de la autopista. En cada fila había aproximadamente el mismo número de carros. ¿Cuál es una estimación razonable del número de carros que había en cada fila?

Separamos los 500 carros en 7 grupos iguales dividiendo 500 entre 7. Para estimar escogemos un número compatible cercano a 500 que sea divisible entre 7. Escogemos el 490.

$$490 \div 7 = 70$$

En cada fila había **aproximadamente 70 carros**.

Práctica de la lección

a. Copia el diagrama de la derecha. Luego, nombra los cuatro pasos del método de división de papel y lápiz.

Divide:

b. $4\overline{)974}$

c. $\$7.95 \div 5$

d. $6\overline{)1512}$

e. $8\overline{)\$50.00}$

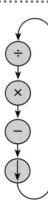

f. El jueves asistieron 878 personas en total a tres exhibiciones de una película. Aproximadamente el mismo número de personas asistió a cada exhibición. ¿Cuál es una estimación razonable para número de asistentes a cada exhibición? Explica tu respuesta.

Práctica escrita
Integradas y distribuidas

*1. **(Analiza)** Brett puede digitar 25 palabras por minuto. A esa tasa, ¿cuántas palabras puede digitar en 5 minutos? Haz una tabla para resolver el problema.
(57)

*2. Shakia tiene cinco días para leer un libro de 200 páginas. Si quiere leer el mismo número de páginas cada día, ¿cuántas páginas debe leer al día?
(52, 71)

*3. **(Estima)** Jira ordena un libro por $6.99, un diccionario por $8.99 y un conjunto de mapas por $5.99. Estima el precio de los tres artículos. Después encuentra el precio real.
(43, 59)

4. Patrick practicó la armónica durante 7 semanas antes de su recital. ¿Cuántos días son 7 semanas?
(49)

5. Un tercio de los libros se colocaron en el primer estante. ¿Qué fracción de los libros no se colocó en el primer estante?
(61)

*6. **(Representa)** ¿A qué número decimal apunta la flecha? ¿Qué número mixto es?
(Inv. 1)

1.5   1.6

*7. ¿Qué fracción de las letras son O en la palabra HIPOPÓTAMOS?
(74)

*8. **Selección múltiple** Deunoro corrió una carrera de 5 kilómetros. ¿Cuántos metros son cinco kilómetros?
(Inv. 2)

    A 5 m   **B** 50 m   **C** 500 m   **D** 5000 m

9. ¿Cuánto mide el perímetro de este triángulo?
(Inv. 2)

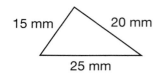

15 mm   20 mm
25 mm

*10. ✏️ **Estima** 117 estudiantes en total asisten a 6 grados diferentes de una
(76) pequeña escuela primaria. Aproximadamente el mismo número de estudiantes
asiste a cada grado. ¿Cuál es una estimación razonable para el número
de estudiantes que hay en cada grado? Explica tu respuesta.

*11. **Haz la conexión** La longitud del segmento *AB* mide 3.6 cm. La longitud
(45, 69) del segmento *AC* mide 11.8 cm. ¿Cuánto mide la longitud del segmento *BC*?
Escribe y resuelve una ecuación de suma con decimales y una ecuación
de resta con decimales.

A   B   C

12. $25 − ($19.71 + 98¢)
(43, 45)

13. $12 + 13 + 5 + n = 9 \times 8$
(62)

14. $5.00 − $2.92
(41)

15. $36.21 − 5.7$
(52)

16. $5 \times 6 \times 9$
(62)

17. 50×63
(67)

18. 478×6
(58)

*19. $3\overline{)435}$
(76)

*20. $7\overline{)867}$
(76)

*21. $5\overline{)\$13.65}$
(76)

22. $453 \div 6$
(68)

*23. $543 \div 4$
(76)

*24. $\$4.72 \div 8$
(76)

25. $n + 6 = 120$
(24)

26. $4w = 132$
(41, 65)

*27. $4 + 8 + 7 + 6 + 4 + n + 3 + 6 + 5 = 55$
(2)

*28. **Haz una predicción** Mieko mira hacia el este. Si gira 90° en el sentido
(75) de las manecillas del reloj, ¿en qué dirección mira ahora?

29. Si el diámetro de una pelota mide un pie, ¿cuántas pulgadas mide el
(21) radio?

*30. **Concluye** ¿Qué transformaciones moverían el △*ABC* a la
(73) posición *RST*?

A   R

B   C   T   S

🔻 *Conceptos y destrezas esenciales para Texas*

(4.4)(C) recordar y aplicar tablas de multiplicación
(4.4)(D) usar multiplicación para resolver problemas
(4.11)(A) usar instrumentos de medición
(4.11)(B) realizar conversiones sencillas entre unidades de longitud, volumen y masa del sistema usual de medidas
(4.11)(E) explicar la diferencia entre peso y masa
(4.14)(C) desarrollar plan o estrategia para resolver problemas
(4.15)(A) explicar observaciones usando palabras y números

• Masa y peso

operaciones Preliminares G

cuenta en voz alta Cuenta de cinco en cinco del 2 al 52.

cálculo mental Antes de sumar, aumenta un número y disminuye el otro.

  a. Sentido numérico: 55 + 47

  b. Sentido numérico: 24 + 48

  c. Sentido numérico: 458 + 33

  d. Sentido numérico: 15 × 30

  e. Dinero: Renee compra un par de guantes por $14.50 y un sombrero por $8.99. ¿Cuál es el precio total de los artículos?

  f. Medición: Compara: 2 millas ◯ 10,000 pies

  g. Estimación: Un *acre* es una medida de terreno. Un lote cuadrado de terreno de 209 pies por lado mide aproximadamente 1 acre. Redondea 209 pies a la centena de pies más cercana.

  h. Cálculo: 7^2, − 1, ÷ 8, + 4, − 4, ÷ 6

resolver problemas Escoge una estrategia apropiada para resolver este problema. Colby desea cubrir su tablero de anuncios con hojas cuadradas de papel que miden 1 pie por lado. Su tablero mide 5 pies de ancho y 3 pies de alto. Si Colby ha cortado ya 12 cuadrados de papel, ¿cuántos cuadrados más debe cortar? Explica cómo encontraste el resultado.

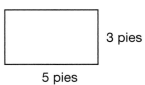

3 pies

5 pies

Existe una diferencia entre *peso* y *masa*. La **masa** de un objeto es la cantidad de materia que contiene el objeto. **El peso** es la medida de la fuerza de gravedad sobre ese objeto. Aunque el peso de un objeto depende de la fuerza de gravedad, no ocurre lo mismo con su masa. Por ejemplo, la fuerza de gravedad en la luna es menor que en la Tierra; por lo tanto, el peso de un objeto en la luna es menor, pero su masa se mantiene igual.

Las unidades de *peso* en el sistema usual de EE.UU. son **onzas, libras,** y **toneladas.** Recuerda que en la lección 40 usamos la palabra onza para describir una cantidad de fluido. Sin embargo, onza puede también describir una cantidad de peso. Una onza líquida de agua pesa aproximadamente una onza.

Como vemos en la tabla de abajo, una *libra* son 16 onzas, y una *tonelada* son 2000 libras. Onza se abrevia **oz.** *Libra* se abrevia **lb.**

16 oz = 1 lb
2000 lb = 1 T

Una caja de cereal puede pesar 24 onzas. Algunos estudiantes pesan 98 libras. Muchos carros pesan 1 tonelada o más.

  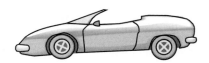

24 onzas   98 libras   1 tonelada

Ejemplo 1

El libro de Mallory pesa aproximadamente 2 libras. ¿Cuántas onzas son dos libras?

Cada libra son 16 onzas. Esto significa que 2 libras son 2 × 16 onzas que son **32 onzas.**

Ejemplo 2

El rinoceronte pesa 3 toneladas. ¿Cuántas libras son tres toneladas?

Cada tonelada son 2000 libras. Esto significa que 3 toneladas son 3 × 2000 libras, que son **6000 libras.**

Actividad 1

Peso usual

Materiales necesarios:
- **Actividad 30 de la Lección**
- balanza
- #2 lápices (sin punta, agrupados de a 5 con cinta adhesiva)

Usa una balanza y lápices para esta actividad. Utiliza la Tabla de unidades métricas de masa en la **Actividad 30 de la Lección** para anotar tus respuestas.

a. Cada grupo de lápices es igual a 1 onza. Utilizando esta información, ¿cuántos lápices pesarían una libra?

b. Encuentra un objeto pequeño del salón para pesarlo, como una regla o cinta adhesiva. Utiliza el grupo de lápices para estimar el peso en onzas de ese objeto y, luego, pon el objeto sobre la balanza. Anota el nombre del objeto, tu estimación y el peso medido en onzas. ¿Fue razonable tu estimación? Explica por qué.

c. Encuentra dos objetos diferentes que estimes tienen el mismo peso. Pon los dos objetos sobre la balanza para ver si se equilibra. Anota los nombres de los dos objetos y expresa qué objeto es más pesado o si pesan lo mismo.

Los *gramos* y *kilogramos* son unidades métricas de masa. Recuerda que el prefijo *kilo-* significa "mil". Esto significa que un kilogramo tiene 1000 gramos. Gramo se abrevia **g.** Kilogramo se abrevia **kg.**

$$1000 \text{ g} = 1 \text{ kg}$$

Un billete de dólar tiene una masa de cerca de 1 gramo. Este libro tiene una masa de cerca de 1 kilogramo. Como este libro tiene menos de 1000 páginas, cada página pesa más de 1 gramo.

Escoge la medida más razonable para las partes a–c.

    a. par de zapatos: 1 g ó 1 kg

    b. gato: 4 g ó 4 kg

    c. moneda de 25¢: 5 g ó 5 kg

    a. Un par de zapatos pesa cerca de **1 kg.**

    b. Un gato pesa cerca de **4 kg.**

    c. Una moneda de 25¢ pesa aproximadamente **5 g.**

El conejo de Dolores tiene una masa de 4 kilogramos. ¿Cuántos gramos hay en cuatro kilogramos?

Cada kilogramo tiene 1000 gramos. Entonces, 4 kilogramos son 4×1000 gramos, que son **4000 gramos.**

Actividad 2

Masa métrica

Materiales necesarios:
- **Actividad 30 de la lección**
- balanza
- pesas en gramos

Utiliza una balanza y pesas en gramos para estas actividades. Utiliza la tabla de masa métrica de la **Actividad 30 de la lección** para anotar tu respuesta.

  a. Selecciona un objeto como un lápiz o una regla y estima su masa en gramos. Luego, equilibra el objeto en una balanza con pesas en gramos para encontrar su masa. Anota el nombre del objeto, tu estimación y la masa medida.

  b. Estima cuántos lápices completarían un kilogramo. Luego pesa algunos lápices para mejorar tu estimación. Describe cómo puedes hacer una estimación aproximada del número de lápices que completarían un kilogramo.

  c. Encuentra un libro pequeño y estima su peso en gramos. Utiliza una balanza para calcular el peso real del libro. ¿Estaba cerca tu estimación del peso real?

a. La camioneta de Dave puede transportar media tonelada de carga. ¿Cuántas libras es media tonelada?

b. El bebé recién nacido pesó 7 lb 12 oz. ¿Cuántas onzas menos de 8 libras pesó el bebé?

Estima Escoge la medida más razonable en los problemas **c–h:**

c. pelota de tenis: 57 g ó 57 kg   **d.** pelota de tenis: 5 oz ó 5 lb

e. perro: 6 g ó 6 kg   **f.** perro: 11 oz u 11 lb

g. bola de boliche: 7 g ó 7 kg   **h.** bola de boliche: 13 oz ó 13 lb

i. ¿Cuántas onzas son siete libras?

j. ¿Qué depende de la fuerza de gravedad: la masa o el peso?

k. Nancy tenía 4 libras de melocotones. Para preparar una tarta de melocotón, necesita 24 onzas de melocotones. Después de hacer la tarta, ¿cuántas onzas de melocotones le quedarán a Nancy?

Práctica escrita

Integradas y *distribuidas*

* 1. Utiliza la información del siguiente pictograma para contestar las partes **a–c.**
(40, Inv. 6)

Lo que consume Matt en un día	
Agua	🥤 🥤 🥤 🥤 🥤 🥤
Té	🥤
Leche	🥤 🥤 🥤 🥤
Jugo	🥤 🥤 🥤

Clave: 🥤 = 1 taza = 8 onzas

a. ¿Cuántas pintas de líquido bebió Matt en un día?

b. La cantidad de agua que bebió Matt fue el doble de la cantidad que bebió de otro líquido. ¿Cuál es ese otro líquido?

c. ¿Bebió exactamente 1 cuarto de cuál líquido?

* 2. **Analiza** Había 4 habitaciones. En cada habitación se reunió una cuarta
(Inv. 5, 70) parte de los 56 invitados. ¿Cuántos invitados había en cada habitación? ¿Qué porcentaje de los invitados había en cada habitación?

3. **Estima** ¿Cuál de estas flechas podría apuntar al 2500?
(Inv. 1)

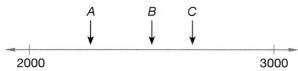

*4. **Estima** Zoe estimó la suma de 682 + 437 + 396 redondeando primero
(59) cada sumando a la centena más cercana. ¿Qué estimación hizo Zoe de la
suma real?

*5. ¿Qué fracción de este conjunto está sombreada?
(74)

*6. **Haz la conexión** Jeuonte pesó 9 libras al nacer. ¿Cuántas onzas
(77) son?

*7. a. **Estima** ¿Cuántos centímetros de longitud mide el siguiente
(69) segmento?

b. ¿Cuántos milímetros de longitud mide el segmento?

```
┌──────────────────────────┐
│ cm  1   2   3   4   5   6 )
└──────────────────────────┘
```

*8. **Representa** Una empresa se vendió en $7,450,000. Escribe
(33) con palabras esa cantidad de dinero.

9. Si cada lado de un hexágono tiene 1 pie de largo, ¿cuántas pulgadas tiene
(Inv. 2, su perímetro?
63)

10. 93,417
(51) + 8,915

11. 42,718
(24, 52) − k
    26,054

12. 1307
(51)   638
  5219
   138
+   16

13. $100.00
(41, 52) − $ 86.32

14. 405,158
(52) − 396,370

15. 567 × 8
(58)

16. 30 × 84¢
(67)

17. $2.08 × 4
(58)

*18. 4)$15.00
(76)

*19. $\frac{936}{6}$
(76)

*20. 8)4537
(76)

*21. 452 ÷ 5
(71)

22. 378 ÷ 9
(65)

*23. 960 ÷ 7
(76)

24. $\sqrt{16} \times n = 100$
(Inv. 3,
41)

25. $5b = 10^2$
(61, 62)

*26. (Representa) ¿A qué número decimal apunta la flecha? ¿Qué número
(Inv. 1) mixto es?

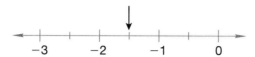

*27. (Concluye) Mona hizo un cuarto de giro en el sentido de las manecillas
(75) del reloj y luego hizo otros dos cuartos de giro en el sentido de las
manecillas del reloj. ¿Cuántos grados giró Mona en total?

28. Encuentra el perímetro y el área del rectángulo que se
(Inv. 2, muestra a la derecha.
Inv. 3)

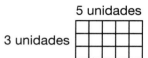

3 unidades   5 unidades

29. La relación entre pies y pulgadas se muestra en la siguiente tabla:
(3, 32)

Pulgadas	12	24	36	48	60
Pies	1	2	3	4	5

a. (Generaliza) Escribe una regla que describa la relación.

b. (Haz una predicción) ¿Cuántas pulgadas son iguales a 12 pies?

*30. (Verifica) El peso de un objeto en la luna es aproximadamente $\frac{1}{6}$ de su
(77) peso en la Tierra. El perdiguero de Obi pesa 84 libras. ¿Cuánto pesaría el
perdiguero en la luna?

Para los más rápidos

Conexión con la vida diaria

El gran tiburón blanco se encuentra en los océanos de todo el mundo.
Es el pez predador más grande del mundo. El peso promedio del gran
tiburón blanco es de 2500 libras.

a. ¿Es el peso promedio del gran tiburón blanco más o
menos de una tonelada? Explica tu respuesta.

b. El peso promedio del gran tiburón blanco es más o menos de dos
toneladas? Explica tu respuesta.

🐾 *Conceptos y destrezas esenciales para Texas*

(4.8)(A) identificar y describir ángulos rectos, agudos y obtusos

(4.8)(C) usar atributos para definir figuras geométricas de dos y tres dimensiones

(4.9)(A) demostrar traslaciones, reflexiones y rotaciones usando modelos

(4.9)(B) usar traslaciones, reflexiones y rotaciones para verificar congruencia entre dos figuras

(4.14)(B) resolver problemas que implican comprender, hacer y llevar a cabo un plan y evaluar la solución

• Clasificar triángulos

Preliminares

operaciones　Preliminares G

cuenta en voz alta　Cuenta de cinco en cinco del 3 al 53.

cálculo mental

a. Sentido numérico: 35×100

b. Sentido numérico: Cuando Ramón cuenta de 5 en 5, cada número que dice termina en 0 ó en 5. Si cuenta de 5 en 5 desde el 8, ¿en qué dígito termina cada número que dice?

c. Porcentaje: 50% de $31.00

d. Medición: Jenna corrió 3 kilómetros. ¿Cuántos metros son?

e. Dinero: La caja de cereales cuesta $4.36. Tiana paga con un billete de $5. ¿Cuánto cambio recibe?

f. Tiempo: El día escolar de Rodrigo dura 7 horas. Si Rodrigo asiste a la escuela de lunes a viernes, ¿cuántas horas a la semana permanece en la escuela?

g. Estimación: Cada CD cuesta $11.97. Estima el precio de 4 CD.

h. Cálculo: 50% de 88, + 11, ÷ 11

resolver problemas　Escoge una estrategia apropiada para resolver este problema. V'Nessa envía por correo un sobre que pesa 6 onzas. La taza de franqueo es de 39¢ por la primera onza y 24¢ por cada onza adicional. Si V'Nessa paga el franqueo con $2.00, ¿cuánto dinero debe recibir de cambio?

Nuevo concepto

Una manera de clasificar (describir) un triángulo es refiriéndose a su ángulo mayor como obtuso, recto o agudo. Un ángulo obtuso es mayor que un ángulo recto. Un ángulo agudo es menor que un ángulo recto.

Destreza mental

Concluye

Describe dos características diferentes de los ángulos de un triángulo equilátero.

Triángulo obtusángulo
(Un ángulo es obtuso.)

Triángulo rectángulo
(Un ángulo es recto.)

Triángulo acutángulo
(Todos los ángulos son agudos.)

Otra manera de clasificar un triángulo es comparando las longitudes de sus lados. Si los tres lados tienen igual longitud, el triángulo es *equilátero.* Si dos de sus lados tienen igual longitud, el triángulo es **isósceles.** Si todos los lados tienen longitudes diferentes, el triángulo es **escaleno.**

Triángulo equilátero

Triángulo isósceles

Triángulo escaleno

Representa ¿Puede un triángulo isósceles tener un ángulo obtuso? Dibuja un triángulo para apoyar tu conclusión.

Observa que los tres ángulos del triángulo equilatero son del mismo tamaño. Esto significa que un triángulo equilátero es también **equiangular.** Observa que dos ángulos del triángulo isósceles son del mismo tamaño. En un triángulo, el número de ángulos con la misma medida es igual al número de lados con la misma medida.

Ejemplo

Dibuja un triángulo que sea rectángulo e isósceles.

Un triángulo rectángulo contiene un ángulo recto. Un triángulo isósceles contiene dos lados de la misma longitud. Comenzamos dibujando un ángulo recto con lados de la misma longitud.

Después dibujamos el tercer lado del triángulo.

Comenta Describe diferentes triángulos que tengan ángulos agudos, rectos y obtusos.

Actividad

Transformaciones y triángulos congruentes

Materiales:
- **Actividad 31 de la lección**

Encuentra la fórmula En esta actividad desarrollarás un plan para predecir el movimiento de un triángulo y así determinar **congruencia.**

a. Recorta los dos triángulos rectángulos de la **Actividad 31 de la lección,** o utiliza los manipulables de triángulos.

b. **Haz una predicción** Coloca los dos triángulos en las posiciones que se muestran abajo. Planifica una manera de mover uno de los triángulos utilizando una traslación y una rotación, para así mostrar que los triángulos son congruentes. Recuerda que en la posición final un triángulo debe quedar sobre el otro. Escribe una conclusión. Incluye dirección y grados en tu respuesta.

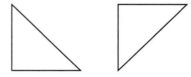

c. **Haz una predicción** Coloca los dos triángulos en las posiciones que se muestran abajo. Planifica una manera de mover uno de los triángulos para así mostrar que los triángulos son congruentes. Recuerda que en la posición final un triángulo debe quedar sobre el otro. Escribe tu conclusión. Incluye dirección y grados en tu respuesta.

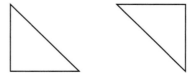

Práctica de la lección

a. **Concluye** ¿Puede un triángulo rectángulo tener dos ángulos rectos? ¿Por qué?

b. ¿Cuál es el nombre de un triángulo que tiene por lo menos dos lados de igual longitud?

c. **Haz un modelo** Utiliza una ficha de color para modelar una traslación, una reflexión y una rotación.

1. En una liquidación, Jarell compra lápices por 5¢ cada uno. Gasta 95¢.
(52, 64) ¿Cuántos lápices compra?

2. (**Estima**) Clanatia va a la tienda con $9.12. Gasta $3.92.
(25, 30) Aproximadamente, ¿cuánto dinero le queda a Clanatia?

3. Pamela escucha la mitad de una cinta de 90 minutos. ¿Cuántos minutos
(70) de la cinta escucha?

*4. Un cuarto de los invitados se reúne en la sala. ¿Qué fracción de los
(Inv. 5, invitados no se reúne en la sala? ¿Qué porcentaje de los invitados no se
61) reúne en la sala?

*5. Si un lado de un triángulo equilátero mide 3 centímetros, ¿cuál es el
(Inv. 2, perímetro en
69, 78)

a. centímetros? **b.** milímetros?

*6. (**Representa**) ¿A qué número decimal apunta la flecha? ¿Qué número
(Inv. 1) mixto es?

-8.9   -8.8

*7. (**Analiza**) La mitad de un galón es medio galón. La mitad de medio
(40, 74) galón es un cuarto. La mitad de un cuarto es una pinta. La mitad de una
pinta es una taza. ¿Qué fracción de un cuarto es una taza?

*8. Una cría de ciervo se llama cervatillo. La mayoría de los cervatillos pesa
(77) aproximadamente 3 kilogramos al nacer. ¿Cuántos gramos son?

*9. (**Explica**) Isabella estimó que el producto de 389 × 7 son 2800.
(59) Explica cómo redondeó Isabella para hacer su estimación.

* 10. **Selección múltiple** Es la tarde. Cuando el minutero
(27, 75)   gire 360°, ¿qué hora será?

    A 11:25 a.m.   **B** 5:56 a.m.

    C 4:56 p.m.   **D** 5:56 p.m.

* 11. (**Representa**) Compara: $\frac{3}{4}$ ◯ $\frac{4}{5}$. Dibuja y sombrea dos rectángulos
(56)   congruentes para mostrar la comparación.

12. $4.325 - 2.5$ **13.** $3.65 + 5.2 + 0.18$
(50)   (50)

14. $\$50.00 - \$42.60$ **15.** $\$17.54 + 49¢ + \$15$
(52)   (43)

* 16. $2\overline{)567}$ *** 17.** $6\overline{)\$34.56}$ *** 18.** $4\overline{)978}$
(76)   (76)   (76)

19. 398×6 **20.** 47×60 **21.** $8 \times \$6.25$
(58)   (67)   (58)

* 22. $970 \div \sqrt{25}$ *** 23.** $\dfrac{372}{3}$ **24.** $491 \div 7$
(Inv. 3,   (76)   (71)
76)

25. $8n = 120$ **26.** $f \times 3^2 = 108$
(41, 65)   (41, 62,
                                      65)

27. $7 + 8 + 5 + 4 + n + 2 + 7 + 3 = 54$
(2)

* 28. Encuentra el perímetro y el área de este rectángulo:
(73, 78)

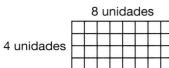

8 unidades

4 unidades

* 29. Nombra las transformaciones que moverían $\triangle ABC$ a la posición WXY.
(73)

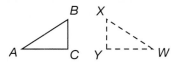

* 30. Los cuatro primeros múltiplos de 18 son 18, 36, 54 y 72. ¿Cuáles son los
(55)   primeros cuatro múltiplos de 180?

🔴 *Conceptos y destrezas esenciales para Texas*

(4.9)(C) usar reflexiones para verificar simetría en una figura
(4.14)(A) identificar las matemáticas en situaciones diarias
(4.14)(B) resolver problemas que implican comprender, hacer y llevar a cabo un plan, y evaluar la solución
(4.15)(A) explicar observaciones con palabras y números
(4.16)(A) hacer generalizaciones a partir de patrones, o ejemplos y contraejemplos

• Simetría

operaciones Preliminares G

cuenta en voz alta Cuenta de cinco en cinco del 4 al 54.

cálculo mental Antes de sumar, aumenta un número y disminuye el otro en **a-c.**

   a. Sentido numérico: $48 + 37$

   b. Sentido numérico: $62 + 29$

   c. Sentido numérico: $135 + 47$

   d. Porcentaje: 50% de $20

   e. Porcentaje: 25% de $20

   f. Porcentaje: 10% de $20

   g. Estimación: Masoud gana $8.95 por hora de trabajo. Aproximadamente, ¿cuánto gana por trabajar 6 horas?

   h. Cálculo: $\sqrt{64}$, $\times\, 3$, $+\, 1$, $\times\, 2$, $+\, 98$

resolver problemas Escoge una estrategia apropiada para resolver este problema. La gráfica de barras de la derecha muestra el número de estudiantes en cada una de las tres clases de cuarto grado de la escuela Mayfair. Si siete nuevos estudiantes de cuarto grado llegan a la escuela, ¿cómo podrían distribuirse en las clases para que todas quedaran de igual tamaño?

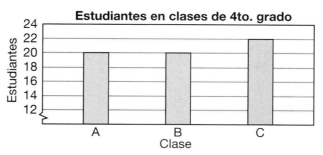

Estudiantes en clases de 4to. grado

Destreza mental

Comenta

Nombra varios ejemplos de simetría lineal en la vida diaria.

Visita www.SaxonMath.com/Int4Activities para una actividad en línea.

En la naturaleza, por lo general observamos un equilibrio en el aspecto y la estructura de objetos y seres vivos. Por ejemplo, vemos un equilibrio en el patrón de las alas de polillas y mariposas. A este equilibrio lo llamamos **simetría de reflexión,** o sólo **simetría.**

La línea punteada que cruza este dibujo de una polilla indica un **eje de simetría.** La porción de la figura a cada lado de la línea punteada es el *reflejo exacto* del otro lado. Si paráramos un espejo sobre la línea punteada, veríamos que el reflejo en el espejo parecería completar la figura.

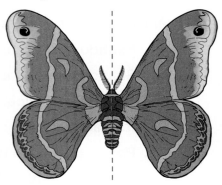

Algunos polígonos y otras figuras tienen uno o más ejes de simetría.

Ejemplo 1

¿Cuál de estos polígonos *no* tiene eje de simetría?

A □   B △   C ▱   D □

El rectángulo tiene dos ejes de simetría.

El triángulo isósceles tiene un eje de simetría.

El cuadrado tiene cuatro ejes de simetría.

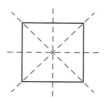

El tercer polígono no tiene eje de simetría. La respuesta es **C**.

Concluye ¿Todos los polígonos regulares tendrán siempre por lo menos un eje de simetría? Explica por qué.

Casi la mitad de las letras mayúsculas del alfabeto tienen ejes de simetría.

Ejemplo 2

Copia estas letras y si hay, dibuja todos los ejes de simetría.

C H A I R

Las letras **H** e **I** tienen dos ejes de simetría. Las letras **C** y **A** tienen un eje de simetría. La letra **R** no tiene ejes de simetría.

C H A I R

Representa Escribe en letra de molde tu primer nombre y describe los ejes de simetría que tienen esas letras.

Actividad

Reflexiones y ejes de simetría

Materiales necesarios:
- **Actividad 32 de la lección**
- espejo

Utiliza un espejo para encontrar los ejes de simetría de las figuras de la **Actividad 32 de la Lección.**

La simetría representada en los ejemplos 1 y 2 es simetría de reflexión. Otro tipo de simetría es la *simetría rotacional.* Una figura tiene simetría rotacional si al rotarla coincide con su posición original.

Por ejemplo, un cuadrado tiene simetría rotacional, porque coincide consigo mismo cada cuarto de giro (90°).

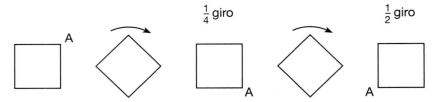

Asimismo, la letra H mayúscula tiene simetría rotacional, porque coincide con su posición original cada medio giro.

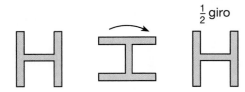

Ejemplo 3

¿Qué figuras *no* tienen simetría rotacional?

A

B

C

D

La figura A tiene simetría rotacional, porque coincide con su posición original cada $\frac{1}{3}$ de giro (120°).

La figura B tiene simetría rotacional, porque coincide con su posición original en un medio giro (180°).

La figura C tiene simetría rotacional, porque coincide con su posición original cada $\frac{1}{6}$ de giro (60°).

La figura D no tiene simetría rotacional, porque requiere un giro completo (360°) para coincidir con su posición original.

Copia cada figura y, si hay, dibuja los ejes de simetría.

a.

b.

c.

d. W

e. X

f. Z

g. ¿Qué figuras de **a–f** *no* tienen simetría rotacional?

h. ¿Qué figuras de **a–f** tienen simetría de reflexión?

i. ¿Cuál de estos polígonos tiene simetría de reflexión?

A

B

C

D

Práctica escrita

Integradas y distribuidas

* 1. **Interpreta** Utiliza esta gráfica circular para responder las partes **a–d**.
(27, 56, Inv. 6, 74)

Qué hace Franz durante el día

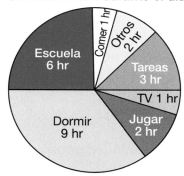

a. ¿Cuál es el número total de horas que muestra la gráfica?

b. ¿Qué fracción del día pasó Franz viendo TV?

c. Si la escuela de Franz comienza a las 8:30 A.M., ¿a qué hora termina?

d. **Selección múltiple** ¿Cuáles son las dos actividades que ocupan más de la mitad del día de Franz?

    A dormir y jugar   **B** escuela y tareas

    C escuela y dormir   **D** escuela y jugar

2. En cada caja se puso un quinto de los 60 huevos. ¿Cuántos
(70) huevos se pusieron en cada caja?

60 huevos

3. **Estima** ¿Cuál de estas flechas podría apuntar al 2250?
(Inv. 1)

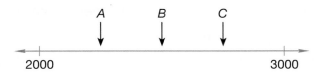

*4. **Estima** Encuentra una estimación razonable para la suma de $4.27,
(59) $5.33 y $7.64, redondeando cada cantidad al dólar más cercano antes de
sumar.

*5. **a.** ¿Qué fracción de este conjunto *no* está sombreada?
(74)
b. ¿Qué decimal de este conjunto está sombreado?

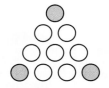

*6. Kurt condujo a través del estado a 90 kilómetros por hora. A esa tasa,
(57) ¿qué distancia recorrerá Kurt en 4 horas? Haz una tabla para resolver el
problema.

7. **Verifica** ¿Es el producto de 3 por 7 un número primo? ¿Cómo lo
(52, 65) sabes?

*8. **a.** ¿Cuánto mide el perímetro de este cuadrado?
(Inv. 2,
Inv. 3)
b. Si tuviéramos que cubrir el cuadrado con cuadrados de 1
pulgada, ¿cuántos cuadrados se necesitarían?

5 pulg

*9. **Representa** Dibuja la letra mayúscula E rotada en 90° en el
(73) sentido de las manecillas del reloj.

E

10. $20.10
(52) − $16.45

11. $98.54
(43, 51) + $ 9.85

12. 380 × 4
(58)

13. 97 × 80
(67)

* 14. $5\overline{)3840}$
(76)

15. $\$8.63 \times 7$
(58)

16. $4.25 - 2.4$
(50)

* 17. $8\overline{)\$70.00}$
(76)

* 18. $6\overline{)3795}$
(76)

19. $4p = 160$
(41, 71)

20. $\dfrac{\sqrt{64}}{\sqrt{16}}$
(Inv. 3)

21. $\dfrac{287}{7}$
(65)

* 22. $10 \times (6^2 + 2^3)$
(45, 62)

23. ⬭ **Analiza** ⬭ Calcula el perímetro de este rectángulo
(Inv. 2, 69)
    a. en centímetros.

    b. en milímetros.

1.5 cm

0.8 cm

24. El termómetro muestra la temperatura exterior de un frío
(Inv. 1, 18) día de invierno en Cedar Rapids, Iowa. ¿Qué temperatura
muestra el termómetro?

* 25. Mulan hizo dos giros completos sobre una patineta. ¿Cuántos grados giró
(75) Mulan?

* 26. a. ⬭ **Concluye** ⬭ ¿Cuál de estas letras *no* tiene eje de simetría?
(79)

T N V W

    b. ¿Cuál de estas letras tiene simetría rotacional?

* 27. a. Selección múltiple Dibuja todos los triángulos siguientes. ¿Cuál
(78) de estos triángulos *no* existe?

    A un triángulo rectángulo escaleno   **B** un triángulo rectángulo isósceles

    C un triángulo rectángulo equilátero   **D** un triángulo acutángulo equilátero

    b. ✎ ⬭ **Justifica** ⬭ Explica por qué el triángulo que escogiste no
existe.

*28. **Analiza** ¿Cuántas cantidades diferentes de dinero podrías formar
(39)   utilizando dos monedas de las cuatro que se muestran a continuación?
       Nombra las cantidades.

*29. **Estima** Cora estimó que el cociente de 261 ÷ 5 era 50. Explica por qué
(76)   utilizó un número compatible para hacer su estimación .

*30. **Encuentra la fórmula** Escribe y resuelve un problema de planteo de
(25)   resta para la ecuación $175 - t = 84$.

*Conexión con
la vida diaria*

a. Dibuja una letra mayúscula que tenga simetría rotacional y simetría
lineal.

b. Dibuja una letra mayúscula que tenga simetría lineal pero que no
tenga simetría rotacional.

c. ¿Cuál es la diferencia entre las dos figuras que dibujaste?

Conceptos y destrezas esenciales para Texas

(4.4)(B) representar situaciones de multiplicación y división con dibujos, palabras y números
(4.4)(E) usar división para resolver problemas
(4.11)(B) realizar conversiones sencillas entre unidades de longitud, volumen y masa del sistema usual de medidas
(4.14)(B) resolver problemas que implican comprender, hacer y llevar a cabo un plan, y evaluar la solución
(4.14)(C) desarrollar plan o estrategia para resolver problemas
(4.15)(A) explicar observaciones usando palabras y números

• División con ceros en respuestas de tres dígitos

operaciones	Preliminares G
cuenta en voz alta	Cuenta de un cuarto en un cuarto del $2\frac{1}{2}$ al $7\frac{1}{2}$.
cálculo mental	Restar mentalmente números de dos dígitos es más fácil si el segundo número termina en cero. A veces podemos hacer una resta más fácil si aumentamos los dos números de una resta en la misma cantidad, manteniendo la diferencia. Por ejemplo, en lugar de $45 - 28$, podemos pensar en $47 - 30$. Sumamos dos a 28 para hacer que termine en cero y luego sumamos dos a 45 para mantener la diferencia. Utiliza esta estrategia en **a-d**.

    a. Sentido numérico: $45 - 39$

    b. Sentido numérico: $56 - 27$

    c. Sentido numérico: $63 - 48$

    d. Sentido numérico: $82 - 35$

    e. Potencias/Raíces: Compara: $\sqrt{16} - \sqrt{9} \bigcirc 1^2$

    f. Medición: La temperatura máxima fue de 84°F. La temperatura mínima fue de 68°F. ¿De cuántos grados fue la diferencia entre las temperaturas máxima y mínima?

    g. Estimación: Cada vela cuesta $3.05. Si Miranda tiene $12, ¿tiene suficiente dinero para comprar 4 velas?

    h. Cálculo: $\frac{1}{4}$ de 24, $\times$ 9, $- 15$, $+ 51$

resolver problemas

Escoge una estrategia apropiada para resolver este problema. El equipo de fútbol de Tahlia, los Halcones, ganó el partido contra las Águilas. Ambos equipos anotaron 11 goles en total. Los Halcones anotaron 3 goles más que las Águilas. ¿Cuántos goles anotó cada equipo?

Recuerda que el método de papel y lápiz que hemos utilizado para dividir tiene cuatro pasos:

Paso 1: Dividir.

Paso 2: Multiplicar.

Paso 3: Restar.

Paso 4: Bajar.

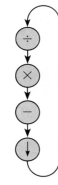

Cada vez que bajamos un número, regresamos al Paso 1. A veces el resultado del Paso 1 es cero y tendremos un cero en el resultado.

Ejemplo 1

En un pequeño pueblo se distribuyen 618 periódicos a los clientes en cada tarde de día laboral. La tarea de distribuir los periódicos se divide por igual entre 3 conductores. ¿Cuántos periódicos distribuye cada conductor?

Paso 1: Divide 3)6 y escribe "2".

Paso 2: Multiplica 2 por 3 y escribe "6".

Paso 3: Resta 6 de 6 y escribe "0".

Paso 4: Baja el 1 para formar 01 (que es 1).

Repite:

Paso 1: Divide 3 entre 01 y escribe "0".

Paso 2: Multiplica 0 por 3 y escribe "0".

Paso 3: Resta 0 de 1 y escribe "1".

Paso 4: Baja el 8 para formar 18.

Repite:

Paso 1: Divide 3 entre 18 y escribe "6".

Paso 2: Multiplica 6 por 3 y escribe "18".

Paso 3: Resta 18 de 18 y escribe "0".

Paso 4: No hay más dígitos que bajar, por lo tanto, la división está completa. El residuo es cero.

Cada conductor distribuye **206 periódicos.**

$$\begin{array}{r} 2 \\ 3\overline{)618} \\ 6 \\ \hline 01 \end{array}$$

$$\begin{array}{r} 206 \\ 3\overline{)618} \\ 6 \\ \hline 01 \\ 0 \\ \hline 18 \\ 18 \\ \hline 0 \end{array}$$

Destreza mental

Verifica

¿Por qué escribimos el dígito 2 en el lugar de las centenas del cociente?

Destreza mental

Comenta

¿Por qué escribimos el dígito 0 en el lugar de las decenas del cociente?

Divide: $4\overline{)1483}$

Paso 1: Divide $4\overline{)14}$ y escribe "3".

Paso 2: Multiplica 3 por 4 y escribe "12".

Paso 3: Resta 12 de 14 y escribe "2".

Paso 4: Baja el 8 para formar 28.

Repite:

Paso 1: Divide 4 entre 28 y escribe "7".

Paso 2: Multiplica 7 por 4 y escribe "28".

Paso 3: Resta 28 de 28 y escribe "0".

Paso 4: Baja el 3 para formar 03 (que es 3).

Repite:

Paso 1: Divide 4 entre 03 y escribe "0".

Paso 2: Multiplica 0 por 4 y escribe "0".

Paso 3: Resta 0 de 3 y escribe "3".

Paso 4: No hay más dígitos que bajar, por lo tanto, la división está completa. Escribimos "3" como residuo.

```
      370 R 3
  4)1483
    12
    ──
    28
    28
    ──
    03
     0
    ──
     3
```

Usa una calculadora para dividir el ejemplo.

Comenta ¿En qué se diferencia el resultado que muestra la calculadora del resultado que muestra nuestra solución?

Ejemplo 3

Se apila el mismo número de adoquines sobre cada una de 4 plataformas. El peso total de las plataformas es de 3 toneladas. ¿Cuál es el peso en libras de cada plataforma?

Primero encontramos el número de libras que hay en 3 toneladas. Como cada tonelada son 2 mil libras, 3 toneladas son 6 mil libras. Ahora encontramos el peso de cada plataforma dividiendo 6000 entre 4.

```
     1500
  4)6000
    4
    ──
    20
    20
    ──
    000
```

Vemos que cada plataforma de adoquines pesa **1500 libras.**

Práctica de la lección

a. Haz una lista con los cuatro pasos de la división y haz el diagrama de división.

Divide:

b. $4\overline{)815}$

c. $5\overline{)4152}$

Divide usando una calculadora. Muestra tu resultado como un número decimal.

d. $6\overline{)5432}$ **e.** $7\overline{)845}$

Divide mentalmente:

f. $5\overline{)1500}$ **g.** $4\overline{)2000}$

h. Encuentra el factor que falta en la ecuación $3m = 1200$.

Práctica escrita

Integradas y distribuidas

1. Si la posibilidad de que llueva es de un 30%, ¿es más probable que llueva o que no llueva?
(Inv. 5)

*2. (**Analiza**) Monty corrió la carrera 12 segundos más rápido que Iván. Monty corrió la carrera en 58 segundos. ¿En cuántos segundos corrió Iván la carrera?
(31)

3. El rectángulo completo está dividido en 5 partes iguales. ¿Qué porcentaje del rectángulo es cada parte? (*Pista:* Divide 100 entre 5.)
(70)

100%

4. (**Analiza**) ¿Cuántos palitos de 6 pulgadas de largo se pueden recortar de un palo de 72 pulgadas de largo?
(52)

*5. **Selección múltiple** Ya cayó un quinto de las hojas. ¿Qué fracción de las hojas aún no cae?
(61)

     A $\dfrac{2}{5}$ **B** $\dfrac{3}{5}$ **C** $\dfrac{4}{5}$ **D** $\dfrac{5}{5}$

6. (**Estima**) ¿Cuál de estas flechas puede apuntar a 5263?
(Inv. 1)

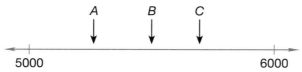

*7. ¿Qué fracción de los meses del año tiene 31 días?
(54, 74)

*8. ¿Qué número significa el prefijo *kilo-*?
(77)

9. 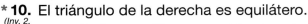 **Explica** Cleon quiere estimar la diferencia entre $579 y $385.
(52) Explica cómo puede Cleon utilizar números compatibles para hacer una estimación.

* 10. El triángulo de la derecha es equilátero.
(Inv. 2, 69)
    a. ¿Cuántos milímetros mide el perímetro del triángulo?

    b. **Clasifica** Describe los ángulos.

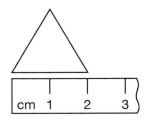

11. ¿Cuántos mililitros son tres litros?
(40)

* 12. Wilma corre 5 millas diarias. A esa tasa, ¿cuántos días demora en correr 40 millas?
(60) Haz una tabla para resolver el problema.

13. $2n = 150$
(41, 65)

14. $24.25 - (6.2 + 4.8)$
(45, 50)

15.
(51)
$$\begin{array}{r} 103{,}279 \\ +\ \ 97{,}814 \end{array}$$

16.
(43, 51)
$$\begin{array}{r} \$36.14 \\ +\ \$27.95 \end{array}$$

17.
(52)
$$\begin{array}{r} 39{,}420 \\ -\ 29{,}516 \end{array}$$

18.
(24, 52)
$$\begin{array}{r} \$60.50 \\ -\ \ \ \ \ \ n \\ \hline \$43.20 \end{array}$$

19.
(58)
$$\begin{array}{r} 604 \\ \times\ \ \ \ 9 \end{array}$$

20.
(67)
$$\begin{array}{r} 87 \\ \times\ \ 60 \end{array}$$

21.
(58)
$$\begin{array}{r} \$6.75 \\ \times\ \ \ \ \ \ 4 \end{array}$$

* 22. $3\overline{)618}$
(80)

* 23. $5\overline{)\$21.50}$
(76, 80)

* 24.
(24, 52)
$$\begin{array}{r} n \\ +\ 1467 \\ \hline 2459 \end{array}$$

* 25. $\dfrac{600}{4}$
(80)

26. $543 \div 6$
(71)

27. $472 \div 8$
(65)

* 28. $9w = 9^2 + (9 \times 2)$
(45, 61, 62)

* 29. Divide mentalmente: $5\overline{)3000}$
(80)

* 30. **a.** **Representa** Dibuja un triángulo que sea congruente con
(66, 79) este triángulo isósceles. Después dibuja su eje de simetría.

    b. Dibuja el triángulo después de hacerlo girar en 180°.

Conceptos y destrezas esenciales para Texas

(4.7) usar estructuras de organización para analizar relaciones entre conjuntos de datos

(4.11)(A) usar instrumentos de medición para determinar longitud, área, volumen y masa

(4.11)(E) explicar diferencia entre peso y masa

(4.12)(B) usar instrumentos como el cronómetro

(4.15)(A) explicar observaciones con palabras y números

Enfoque en
• Analizar y graficar relaciones

En la Lección 57 aprendimos a hacer una tabla para mostrar la relación entre dos conjuntos de datos. Ahora aprenderemos cómo escribir una ecuación para representar la relación que aparece en la tabla.

La maestra Cooke escribe el porcentaje de respuestas correctas de cada prueba corta de 10 preguntas que evalúa. Observen los datos de cada columna. En la prueba corta, 100 puntos es igual al 100%. Si un estudiante tiene 8 respuestas correctas, la puntuación es del 80%. Esto significa que se obtienen 80 de 100 puntos por las respuestas correctas.

Prueba corta: 10 preguntas

Número de respuestas correctas	Puntuación
1	10%
2	20%
3	30%
4	40%
5	50%
6	60%
7	70%
8	80%
9	90%
10	100%

Interpreta Utiliza esta tabla para responder los problemas **1–4.**

1. ¿Qué porcentaje se obtiene con siete respuestas correctas?

2. ¿Cuántas preguntas se respondieron correctamente si se obtuvo una puntuación del 90%?

3. **Analiza** ¿Qué cantidad de puntos representa cada pregunta de la prueba corta?

4. a. (**Analiza**) ¿Qué fórmula de multiplicación puedes escribir para representar la relación que hay entre las dos columnas de datos?

b. (**Representa**) La maestra Cooke también escribe el porcentaje de respuestas correctas en cada prueba de 20 preguntas que evalúa. Copia la tabla para la prueba de 20 preguntas. Extiende la tabla para que muestre las puntuaciones para cada número de respuestas correctas hasta 20.

Prueba: 20 preguntas

Número de respuestas correctas	Puntuación
1	5%
2	10%
3	15%
4	20%
5	25%
6	30%
7	35%
8	40%
9	45%
10	50%
11	55%

(**Interpreta**) Utiliza tu tabla para responder los problemas **5–8.**

5. Sonia respondió 18 preguntas correctamente. ¿Cuál es su puntuación?

6. Litzel obtuvo una puntuación del 70%. ¿Cuántas preguntas respondió Litzel correctamente?

7. (**Analiza**) ¿Qué cantidad de puntos representa cada pregunta de la prueba?

8. (**Analiza**) ¿Qué ecuación de multiplicación puedes escribir para representar la relación que hay entre las dos columnas de datos?

También podemos utilizar gráficas para mostrar relaciones entre dos cantidades, como salario y tiempo trabajado.

Imagina que Dina tiene un trabajo que paga $10 por hora. Esta tabla muestra el salario completo que Dina recibe por 1, 2, 3 ó 4 horas de trabajo.

9. (**Representa**) Copia la tabla. Extiende la tabla para mostrar el salario de Dina por cada hora hasta 8 horas de trabajo.

Programa de pago

Horas trabajadas	Salario total
1	$10
2	$20
3	$30
4	$40

La siguiente gráfica muestra la misma relación entre horas trabajadas y salario total. Cada punto de la gráfica representa un número de horas y una cantidad de salario.

Si Dina trabaja más horas, obtiene mayor salario. Decimos que su salario total está en función del número de horas que trabaja. Como el salario total de Dina depende del número de horas que trabaja, "Salario total" está en la escala vertical y "Total de horas" está en la escala horizontal.

Salario total por horas de trabajo

10. **Representa** Copia la gráfica. Extiende los lados de la gráfica para incluir 8 horas y $80. Después grafica (dibuja) los puntos para el salario total de Dina para cada hora hasta 8 horas.

La tabla y la gráfica siguientes muestran cuántas millas caminó Rosita a 4 millas por hora.

Millas caminadas
(a 4 mph)

Horas	Millas
1	4
2	8
3	12

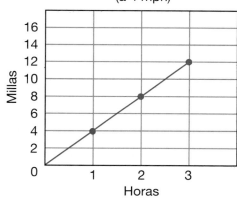

Millas caminadas
(a 4 mph)

Los puntos indican la rapidez con que caminó Rosita en una, dos y tres horas. Sin embargo, cada segundo que Rosita caminó, avanzó una pequeña parte de una milla. Mostramos este progreso al trazar una recta a través de los puntos. Cada punto de la recta representa una distancia caminada en un tiempo dado.

Por ejemplo, derecho hacia arriba desde $1\frac{1}{2}$ horas hay un punto en la recta en 6 millas.

11. **(Interpreta)** Utiliza una gráfica para encontrar la distancia que Rosita caminó en $2\frac{1}{2}$ horas.

12. **(Analiza)** ¿Qué fórmula de multiplicación puedes escribir para representar la relación que hay entre las dos columnas de datos?

13. **(Verifica)** Utiliza tu fórmula para encontrar el número de millas que Rosita camina en 5 horas.

Graficar salarios

(Encuentra la fórmula) Trabaja con un compañero y acuerden un salario por horas para un trabajo seleccionado. Después crea una tabla para mostrar el programa de pago que presente el salario total por 1, 2, 3, 4, 5, 6, 7 y 8 horas de trabajo según el salario acordado. Utiliza el programa de pago para crear una gráfica que muestre la relación representada por la tabla. Escribe una ecuación para representar los datos.

Graficar puntos en un plano coordenado

A veces, queremos nombrar los puntos de una cuadrícula. A continuación, mostramos cómo nombrar puntos con pares de números llamados **coordenadas.** El primer número de cada par de coordenadas se toma de la escala horizontal. El segundo número de cada par se toma de la escala vertical. Escribimos las coordenadas entre paréntesis.

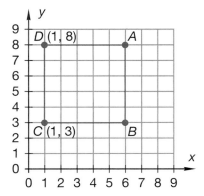

14. Escribe las coordenadas del punto A.

15. Escribe las coordenadas del punto B.

Para dibujar este rectángulo, conectamos los puntos usando segmentos. Empezamos en el punto A, trazamos un segmento hasta el punto B y después continuamos en orden hasta los puntos C y D antes de volver al punto A.

Actividad 2

Graficar una cuadrícula de coordenadas

Materiales:

- **Actividad 34 de la lección**

Practica cómo graficar puntos en una cuadrícula y cómo conectar los puntos para completar un diseño.

Investiga más

a. Utiliza un recipiente grande o una cubeta. Estima el número de pintas que llenan el recipiente. Utiliza agua o arena para determinar cuán cerca estuvo tu estimación. Haz una tabla para mostrar la relación entre pintas y 1, 2, 3, 4 y 5 recipientes o cubetas. Después escribe una ecuación para representar la relación.

b. Utiliza un recipiente grande o una cubeta. Estima el número de litros que llenan el recipiente. Utiliza agua o arena para determinar cuán cerca estuvo tu estimación. Haz una tabla para mostrar la relación entre litros y 1, 2, 3, 4 y 5 recipientes o cubetas. Después escribe una ecuación para representar la relación.

c. Estima la masa y el peso de un objecto que tú escojas. Después utiliza una escala para encontrar la masa y el peso verdaderos. Investiga la fuerza de gravedad en otros planetas. Haz una tabla que muestre cómo cambiaría el peso/masa del objecto en otros planetas.

d. Utiliza el cronómetro para calcular cuántos segundos te toma escribir tu nombre y tu apellido. Utiliza los datos para hacer una tabla que represente la relación de la cantidad de tiempo con el número de veces que escribes tu nombre (hasta cuatro veces). Después grafica la relación que representa la tabla.

e. Copia la tabla de las coordenadas *x* e *y* del conjunto de datos de la tabla sobre la caminata de Rosita y extiende la tabla hasta cinco horas. Después haz una lista de los cinco pares ordenados.

🔺 *Conceptos y destrezas esenciales para Texas*

(4.8)(A) identificar y describir ángulos rectos, agudos y obtusos

(4.14)(D) usar herramientas y tecnología para resolver problemas

(4.15)(A) explicar observaciones con palabras y números

(4.15)(B) relacionar lenguaje informal con lenguaje matemático

• Medidas de ángulos

operaciones — Preliminares I

cuenta en voz alta — Cuenta de cuatro en cuatro del 80 al 120.

cálculo mental — Encuentra cada diferencia aumentando primero ambos números de modo que el segundo número termine en cero en **a–c.**

    a. Sentido numérico: $63 - 28$

    b. Sentido numérico: $45 - 17$

    c. Sentido numérico: $80 - 46$

    d. Dinero: Noah tiene $10.00. Si gasta $5.85 en almuerzo, ¿cuánto dinero le queda?

    e. Medición: ¿Cuántas pulgadas es $\frac{1}{2}$ de un pie?

    f. Medición: ¿Cuántas pulgadas es $\frac{1}{4}$ de un pie?

    g. Estimación: El precio total por alquilar 4 películas es de $15.92. Redondea esa cantidad al dólar más cercano y luego divide entre 4 para estimar el precio por alquiler.

    h. Cálculo: 5^2, $\times 2$, $\times 2$, $\times 2$, $\times 2$

resolver problemas — Escoge una estrategia apropiada para resolver este problema. En el diagrama de la derecha, el círculo representa los estudiantes con una o más mascotas en casa. Una letra dentro del círculo representa un estudiante en particular que tiene mascota. Una letra fuera del círculo representa al estudiante sin mascota. La letra *A* representa a Adrián, que tiene un perro. La letra *B* representa a Beth, que no tiene mascota. Copia la gráfica en tu hoja. En la gráfica, escribe la letra *C* para Clarissa, que tiene una carpa dorada y *D* para David, que no tiene mascota.

Estudiantes con mascotas

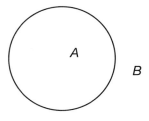

En una hora, el minutero de un reloj da una vuelta completa. Recuerda de la lección 75 que un giro completo mide 360°.

A medida que avanza, el minutero y el horario forman diferentes ángulos. A las 3 en punto se forma un ángulo recto, que mide 90°. A las 6 en punto se forma un **ángulo llano,** porque los dos lados del ángulo forman una línea recta. Un ángulo llano mide 180°.

ángulo recto, 90°   ángulo llano, 180°

Aquí mostramos algunos ángulos y sus medidas en grados:

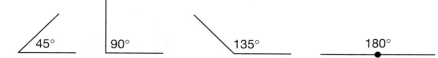

45°   90°   135°   180°

Observa que un ángulo de 45° tiene la mitad del tamaño de un ángulo de 90°. Observa también que un ángulo de 135° es del tamaño de un ángulo de 90° más un ángulo de 45°. Un ángulo de 180° tiene el doble del tamaño de un ángulo de 90°.

Actividad

Instrumentos de medición de ángulos

Materiales necesarios:
• rectángulo de 3 por 5 pulgadas de papel sin rayas

Crea tu propio instrumento de medición de ángulos.

Paso 1: Dobla el papel por la mitad. Los lados deben quedar alineados antes de marcar el pliegue. Dibuja una esquina recta en el pliegue y escribe "90°". Con el borde de la punta del lápiz sombrea los lados del ángulo de 90°.

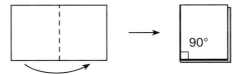

Paso 2: Dobla el papel de modo que el lado izquierdo quede alineado con el lado inferior antes de marcar el pliegue. Escribe "45°". Sombrea los lados del ángulo de 45°.

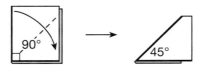

Paso 3: Desdobla el papel. Voltea el papel para que las anotaciones de 90° y 45° queden abajo. Escribe "180°" donde se juntan los pliegues. Sombrea el ángulo de 180° a lo largo del borde inferior de la tarjeta.

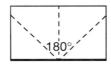

Paso 4: Dobla hacia arriba la esquina derecha del papel y escribe "135°", como se indica. Sombrea el lado que queda del ángulo de 135°.

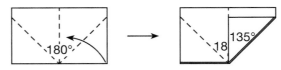

(**Haz un modelo**) Encuentra en el salón tres ángulos para medir con tu instrumento. Si el ángulo no coincide con uno de los ángulos marcados, estima su medida. Dibuja los tres ángulos en tu hoja y escribe tu estimación de la medida de cada ángulo.

Práctica de la lección

Utilizando el papel que doblaste en esta lección, estima la medida de cada ángulo en los problemas **a–d.** Primero, encuentra en el papel un ángulo que sea casi igual al ángulo que estás midiendo. Luego haz coincidir el vértice y un lado del papel con el vértice y un lado del ángulo. Si el ángulo es más grande o más pequeño que el ángulo del papel, estima cuánto más grande o más pequeño es. Suma o resta de la medición de tu papel para obtener una estimación final.

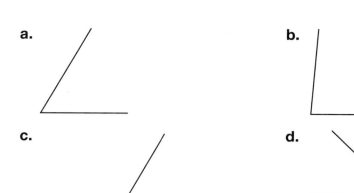

a.

b.

c.

d.

e. ¿De cuántos grados es el ángulo que forman las manecillas del reloj a las 9 en punto?

Práctica escrita
Integradas y distribuidas

1. Cecilia dio 27 vueltas hacia adelante y 33 vueltas hacia atrás alrededor de la pista de patinaje. ¿Cuántas vueltas dio en total?
(1, 9)

2. La libra de duraznos cuesta 68¢. ¿Cuánto cuestan 3 libras de duraznos?
(49)

*3. **Analiza** En el boliche, la suma de los puntajes de Ámber y Bianca es igual al puntaje de Consuela. Si el puntaje de Consuela es 113 y el de Bianca es 55, ¿cuál es el puntaje de Ámber?
(72)

*4. Un tercio de los 84 estudiantes se distribuye en cada salón. ¿Cuántos estudiantes se distribuyen en cada salón? Haz un dibujo para explicar cómo encontraste el resultado.
(70)

5. Redondea 2250 al millar más cercano.
(54)

*6. En la palabra ARIZONA, ¿qué fracción de las letras *no son A*?
(74)

*7. **Selección múltiple** Un elefante africano pesaba 7 toneladas. ¿Cuántas libras es eso?
(77)

　　A 7000　　　　**B** 140　　　　**C** 14,000　　　　**D** 2000

*8. ¿Cuántos milímetros de largo mide la punta de este cordón de
(69) zapatos?

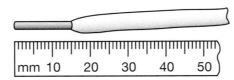

*9. **Concluye** Escoge la medida más razonable para las partes **a** y **b**.
(40, 77)

    a. una nueva caja de cereal: 2 lb ó 2 oz

    b. una cubeta llena de agua: 1 pt ó 1 gal

*10. Según este calendario, ¿cuál es la fecha del último martes de
(54) febrero de 2019?

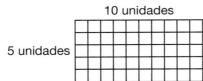

| FEBRERO 2019 |||||||
D	L	M	M	J	V	S
					1	2
3	4	5	6	7	8	9
10	11	12	13	14	15	16
17	18	19	20	21	22	23
24	25	26	27	28		

11. **Representa** ¿Cuarenta y dos mil, setecientos es cuánto más que treinta
(31, 52) y cuatro mil, novecientos?

12. Encuentra el perímetro y el área de este rectángulo:
(Inv. 2,
Inv. 3)

                    10 unidades

5 unidades

*13. **Analiza** Sh' Reese caminaba en dirección norte. Luego giró 90° a la
(75) izquierda. Después de ese giro, ¿en qué dirección caminaba Sh' Reese?
Explica cómo lo sabes.

14. $6743 - (507 \times 6)$
(45, 52,
58)

15. $\$70.00 - \$63.17$
(52)

16. $3 \times 7 \times 0$
(62)

17. $\$8.15 \times 6$
(58)

18. $67¢ \times 10$
(67)

19. $4.5 + 0.52 + 1.39$
(50)

*20. $2\overline{)\$12.16}$
(76, 80)

*21. $6\overline{)4321}$
(80)

*22. $8\overline{)4800}$
(80)

*23. $963 \div \sqrt{9}$
(Inv. 3, 76)

*24. $5^3 \div 5$
(62, 65)

*25. $\$6.57 \div 9$
(76)

26. $4n = 200$
(41, 71)

27. $7d = 105$
(41, 65)

28.
(17, 24)
$$\begin{array}{r} 473 \\ 286 \\ +n \\ \hline 943 \end{array}$$

29. $1 + 12 + 3 + 14 + 5 + 26$
(17)

*30. La gráfica de barras muestra el promedio de vida en años de varios
(Inv. 6) animales. Utiliza la gráfica para resolver las partes **a–c.**

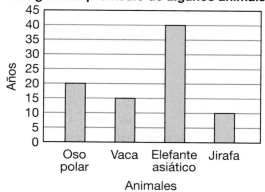

Longevidad promedio de algunos animales

a. Escribe los nombres de los animales en orden de los que tienen mayor a los que tienen menor promedio de vida.

b. ¿Qué fracción del promedio de vida del elefante asiático es el promedio de vida del oso polar?

c. Si lo comparamos con el promedio de vida de la jirafa, ¿cuántas veces mayor es el promedio de vida del elefante asiático?

Para los más rápidos

Conexión con la vida diaria

a. Utiliza el instrumento de medición de ángulos que creaste para dibujar un polígono. Utiliza todos los ángulos de tu instrumento por lo menos una vez.

b. Para cada ángulo del polígono, rotula el tipo de ángulo según sea obtuso, recto o agudo.

c. Luego rotula cada ángulo con el número de grados.

🔻 *Conceptos y destrezas esenciales para Texas*

(4.9)(C) usar reflexiones para verificar la simetría en una figura
(4.13)(A) usar objetos para generalizar sobre determinación de combinaciones posibles de conjunto de datos
(4.14)(A) identificar las matemáticas en situaciones diarias
(4.15)(A) explicar observaciones con palabras y números
(4.15)(B) relacionar lenguaje informal con lenguaje matemático

• Mosaicos

operaciones Preliminares I

cuenta en voz alta Cuenta de cinco en cinco del 3 al 63.

cálculo mental Antes de sumar, aumenta un número y disminuye el otro en **a–e.**

   a. **Sentido numérico:** 38 + 46

   b. **Sentido numérico:** 67 + 24

   c. **Sentido numérico:** 44 + 28

   d. **Sentido numérico:** 3 × 50 × 10

   e. **Sentido numérico:** Cuando Julio cuenta de 5 en 5, cada número que dice termina en 0 ó en 5. Si cuenta de 5 en 5 desde el 9, ¿en qué dígito termina cada número que dice?

   f. **Geometría:** El radio de la llanta del camión mide 15 pulgadas. ¿Cuántas pulgadas mide su diámetro?

   g. **Estimación:** El precio total de 6 cajas de bocaditos en barra es de $17.70. Redondea esa cantidad al dólar más cercano y luego divide entre 6 para estimar el precio por caja.

   h. **Cálculo:** 25% de 40, × 2, ÷ 10, × 8, + 59

resolver problemas Escoge una estrategia apropiada para resolver este problema. Landon está empacando un almuerzo para llevar al parque. Llevará una botella de agua, un sándwich y una fruta. Escogerá entre un sándwich de jamón y un sándwich de mantequilla de cacahuate con jalea (SCJ). Para la fruta Landon escogerá entre una manzana, una naranja y un plátano. Haz un diagrama de árbol para encontrar las combinaciones de almuerzo posibles que puede empacar. Haz luego una lista de cada combinación posible.

Los arqueólogos han descubierto que la gente utilizaba azulejos para hacer mosaicos y decorar casas y otras construcciones desde el 4000 A.C. Los romanos llamaban a estos azulejos *tesselae,* palabra del latín que significa **mosaicos.** Un mosaico, también llamado *embaldosado,* es el uso repetido de figuras para cubrir una superficie plana sin dejar espacios o superposiciones. Abajo encontrarás ejemplos de mosaicos y el nombre de la figura que forma cada uno.

triángulo

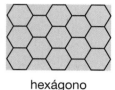
hexágono

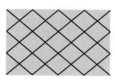
cuadrilátero

Haz la conexión Comenzando con cualquier azulejo, ¿cómo podrías moverlo para continuar cada mosaico de arriba? Es decir, ¿qué transformaciones se pueden utilizar para pasar de un azulejo a otro?

- Para el mosaico de triángulos, gira un azulejo 180° y después trasládalo hacia arriba, hacia abajo, a la derecha o a la izquierda.

- Para el mosaico de hexágonos, traslada un azulejo hasta que uno de sus lados se alinee con el lado de otro hexágono.

- Para el mosaico de cuadriláteros, traslada un azulejo para continuar el patrón. La traslación puede ser hacia arriba, hacia abajo, a la izquierda, a la derecha o en diagonal.

No todos los polígonos forman un mosaico o completan una superficie plana. Sin embargo, todo triángulo y todo cuadrilátero puede completar una superficie plana. A continuación hay dos ejemplos:

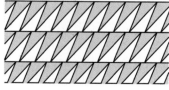
triángulo

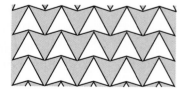
cuadrilátero

Actividad 1

Mosaicos

Materiales necesarios:

- **Actividad 35 de la lección**
- tijeras
- espejo

1. (**Haz un modelo**) Recorta los triángulos y cuadriláteros de la **Actividad 35 de la lección**. Después utiliza las figuras para formar dos mosaicos, uno con los triángulos y otro con los cuadriláteros. Antes de recortar las figuras puedes pintarlas y luego ordenarlas de manera que formen un diseño colorido.

2. (**Analiza**) Utiliza un espejo para determinar si tu diseño tiene eje de simetría. Si tiene eje de simetría, dibújalo.

Actividad 2

Mosaicos con figuras múltiples

Materiales necesarios:

- **Actividad 36 de la lección**
- tijeras

Utiliza la **Actividad 36 de la lección** para recortar las mismas figuras que se muestran abajo.

(**Haz un modelo**) Busca pares de figuras que formen mosaicos. Haz una lista para mostrar las combinaciones de cada par de figuras.

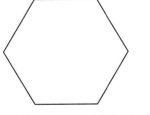

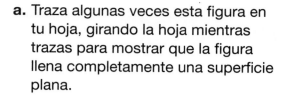

a. Traza algunas veces esta figura en tu hoja, girando la hoja mientras trazas para mostrar que la figura llena completamente una superficie plana.

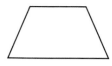

b. ¿Forma un mosaico esta figura?

c. Observa las tres figuras de abajo. Encuentra pares de figuras que formen mosaicos. Haz una lista para mostrar las combinaciones de cada par de figuras.

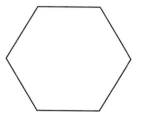
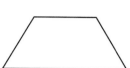

Práctica escrita

Integradas y distribuidas

Encuentra la fórmula Escribe y resuelve ecuaciones para los problemas **1–4.**

1. Hay 35 estudiantes en la clase, pero sólo 28 libros de matemáticas.
(31) ¿Cuántos libros de matemáticas más se necesitan de modo que cada estudiante de la clase tenga un libro de matemáticas?

2. Cada uno de los 7 niños se deslizó 11 veces por el tobogán de agua.
(49) ¿Cuántas veces se deslizaron en total?

*3. Un carril de boliche mide 60 pies de largo. Cuántas yardas son
(Inv. 2, 52) 60 pies?

*4. Wei llevó el bastón cuatrocientas cuarenta yardas. Eric lo llevó
(1, 51) ochocientas ochenta yardas. Jesse lo llevó mil trescientas veinte yardas y Bernardo lo llevó mil setecientas sesenta yardas. ¿Cuántas yardas en total llevaron el bastón?

5. Un tercio de los miembros votó "no". ¿Qué fracción de los miembros no
(61) votó "no"?

*6. **Explica** Marissa quiere estimar la suma de 6821 + 4963. Explica
(59) cómo puede Marissa redondear para estimar.

7. ¿Qué fracción de los días de la semana comienzan con la letra M?
(74)

*8. En conjunto, los zapatos de Bob pesan aproximadamente 1 kilogramo.
(77) Aproximadamente, ¿cuántos gramos pesa cada zapato?

*9. **Interpreta** Utiliza la gráfica lineal de abajo para responder las partes **a–c.**
(Inv. 6)

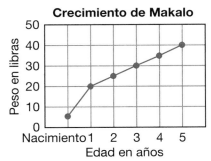

Crecimiento de Makalo

a. Aproximadamente, ¿cuántas libras pesaba Makalo en su segundo cumpleaños?

b. Aproximadamente, ¿cuántas libras subió Makalo entre su tercer y quinto cumpleaños?

c. Copia y completa esta tabla utilizando la información de esta gráfica lineal:

**Crecimiento de
Makalo**

Edad	Peso
Al nacer	6 libras
1 año	
2 años	

10. Si el 65% de las luces están encendidas, ¿qué porcentaje de las luces
(Inv. 5) están apagadas?

*11. **(Analiza)** Kerry está pensando en nombres para una bebita. A ella le
(39)   gusta Abby o Bekki para el primer nombre y Grace o Marie para el segundo
         nombre. ¿Qué combinaciones de primer y segundo nombre son posibles
         con esas alternativas?

*12. La tabla muestra el número de días de vacaciones que Carson obtiene en
(Inv. 8) su trabajo:

Días trabajados	Días de vacaciones obtenidos
30	1
60	2
90	3
120	4
150	5
180	6

a. **(Generaliza)** Escribe una oración que describa la relación entre
los datos.

b. **(Haz una predicción)** Utiliza la oración que escribiste para
predecir el número de días de vacaciones que obtendrá Carson
trabajando 300 días.

13. $60.75   **14.** $16.00   **15.** 3.15
(43, 51) + $95.75   (52)   − $15.43   (50)   − 3.12

16. 320   **17.** 465   **18.** $0.98
(67)   × 30   (58)   × 7   (58)   × 6

19. 425 ÷ 6   ***20.** $6.00 ÷ 8   ***21.** 625 ÷ 5
(71)   (76)   (76)

22. $3r = 150$ **23.** $10^2 + t = 150$
(41, 71)   (24, 62)

24. $1 + 7 + 2 + 6 + 9 + 4 + n = 37$
(2)

25. a. Si cubrimos el cuadrado de 3 pulgadas de lado con
(Inv. 3)   cuadrados de 1 pulgada, ¿cuántos cuadrados de 1 pulgada
           se necesitan?

b. ¿Cuánto mide el área del cuadrado más grande?

3 pulg

1 pulg

26. **a.** ¿Cuánto mide el perímetro de este triángulo?
(Inv. 2, 43)

b. ¿Es este triángulo un triángulo rectángulo, acutángulo u obtusángulo?

*27. **a.** (**Concluye**) ¿Cuál de estas letras tiene un sólo eje de simetría?
(79)

Q R H T

b. ¿Cuál de estas letras tiene simetría rotacional?

*28. Escribe la letra P mayúscula con una rotación de 90° en el sentido
(75) contrario de las manecillas del reloj.

29. **Selección múltiple** Tres de estos triángulos son congruentes. ¿Qué
(66) triángulo *no* es uno de los tres triángulos congruentes?

*30. El radio de este círculo mide 1.2 cm. ¿Cuánto mide el
(21, 43) diámetro del círculo?

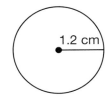

Para los más rápidos

Conexión con la vida diaria

En ciencias, Nam aprendió que un panal de abejas es un mosaico de hexágonos. Nam está colocando azulejos en su baño y quiere utilizar un diseño de mosaicos en el piso. Él decide utilizar losetas cuadradas de 6 pulgadas para cubrir parte del piso.

a. Utilizando las medidas del rectángulo de abajo, ¿cuántas losetas de 6 pulgadas necesita?

b. Escoge una figura diferente y luego dibuja un mosaico diferente que Nam pueda utilizar en el piso de su cuarto de baño.

🔹 *Conceptos y destrezas esenciales para Texas*

(4.4)(B) representar situaciones de multiplicación y división con dibujos, palabras y números

(4.4)(D) usar multiplicación para resolver problemas

(4.4)(E) usar división para resolver problemas

(4.14)(A) identificar las matemáticas en situaciones diarias

(4.14)(B) resolver problemas que implican comprender, hacer y llevar a cabo un plan, y evaluar la solución

(4.14)(C) desarrollar plan o estrategia para resolver problemas

• Impuestos sobre la venta

operaciones	Preliminares I
cuenta en voz alta	Cuenta hacia abajo de un medio en un medio del 10 al $\frac{1}{2}$.
cálculo mental	Antes de restar, aumenta ambos números en **a–c**.

a. Sentido numérico: $56 - 29$

b. Sentido numérico: $43 - 18$

c. Sentido numérico: $63 - 37$

d. Dinero: Jabulari compra una bandeja de verduras en $7.52 y una botella de ponche de frutas en $1.98. ¿Cuál es el precio total?

e. Tiempo: Compara: 72 horas ◯ 2 días

f. Tiempo: ¿Cuántos días hay en 10 años?

g. Estimación: El precio total de 3 cajas de cereal es de $11.97. Redondea esa cantidad al dólar más cercano y luego divide entre 3 para estimar el precio por caja.

h. Cálculo: $\frac{1}{2}$ de 70, $\div$ 7, $\times$ 2, $+$ 8, $\div$ 9, $\div$ 2

resolver problemas

Escoge una estrategia apropiada para resolver este problema. Veintiún estudiantes recorren el zoológico en tren. Cinco estudiantes suben al primer carro con el maquinista. Los otros estudiantes suben a los últimos cuatro carros. ¿Cuántos estudiantes suben a cada uno de los últimos cuatro carros? Explica cómo calculaste el resultado.

Nuevo concepto

El **impuesto sobre la venta** es una cantidad de dinero adicional que a veces debemos pagar al comprar artículos. La cantidad de impuesto depende de la cantidad que se compra y de la tasa local de impuestos. En Estados Unidos, las tasas de impuestos varían por ciudad, por condado y por estado.

Yin compró seis tuercas a un precio de 89¢ cada una. El total del impuesto sobre la venta fue de 32¢. ¿Cuánto gastó Yin en total?

Primero multiplicamos para calcular el precio de las seis tuercas.

$$\begin{array}{r} 5 \\ 89¢ \\ \times\ \ 6 \\ \hline 534¢ = \$5.34 \end{array}$$

Las seis tuercas cuestan $5.34. Ahora agregamos el impuesto sobre la venta.

$$\begin{array}{rl} \$5.34 & \text{precio de las tuercas} \\ +\ \$0.32 & \text{impuesto sobre la venta} \\ \hline \$5.66 & \text{precio total} \end{array}$$

El precio total, incluyendo el impuesto, fue de **$5.66.**

Destreza mental

Verifica

¿Por qué hay dos cifras decimales en el resultado?

Ejemplo 2

Taeko compra una blusa a un precio de $25. La tasa de impuesto sobre la venta es de 8¢ por dólar. ¿Cuánto paga Taeko en impuestos?

Calcular la cantidad de impuesto por una compra es similar a resolver un problema de "grupos iguales".

Fórmula: Precio × tasa de impuesto = Impuesto

Problema: 25 × 8¢ = 200 centavos

Como 200¢ son dos dólares, Taeko pagó un impuesto de **$2.00.**

Si no tenemos la cantidad exacta de dinero necesaria para comprar algo en una tienda, pagamos más que el precio total y luego recibimos el cambio. Para calcular cuánto cambio recibimos, restamos el precio total de la cantidad que pagamos.

Ejemplo 3

Destreza mental

Comenta

Imagina que Morgan le entrega $40.55 al dependiente en lugar de $40 para pagar su compra. ¿Por qué lo haría?

Morgan compra un par de pantalones a un precio de $23.99. El impuesto sobre la venta es de $1.56. Morgan paga con $40.00 al dependiente. ¿Cuánto dinero deben darle de cambio?

Primero calculamos el precio total.

$$\begin{array}{rl} \$23.99 & \text{precio de los pantalones} \\ +\ \$\ 1.56 & \text{impuesto sobre la venta} \\ \hline \$25.55 & \text{precio total} \end{array}$$

Ahora restamos el precio total de la cantidad que pagó.

$$\begin{array}{rl} \$40.00 & \text{cantidad pagada} \\ -\ \$25.55 & \text{precio total} \\ \hline \$14.45 & \text{cambio} \end{array}$$

Morgan debe recibir **$14.45** del dependiente.

Justifica ¿Cómo podemos contar para comprobar el resultado?

Ejemplo 4

La señora. Benson tiene cupones que puede utilizar en su restaurante favorito. Algunos cupones son para bebidas y otros cupones son para un sándwich, o una ensalada. ¿De cuántas formas diferentes puede combinar un cupón para bebida y un cupón para sándwich o ensalada?

Cada cupón para bebida se puede combinar con un cupón para plato de comida. Utilizamos un diagrama de árbol para mostrar las combinaciones.

Analiza ¿Qué combinación le dará el mayor descuento a la señora. Benson?

a. Serena compra tres pares de calcetines. El precio de cada par es de $2.24. El impuesto sobre la venta es de 34¢. En total, ¿cuánto gasta Serena en los calcetines?

b. Hakim paga $10.00 por una cinta que cuesta $6.95. El impuesto sobre la venta es de 49¢. ¿Cuánto dinero debe recibir Hakim como cambio?

c. En una liquidación "sin impuesto sobre la venta" de la ferretería, Beatriz debe decidir cuál de dos pinceles comprar. Uno cuesta $3.99 y otro mejor cuesta $4.49. Beatriz tiene un billete de $5, uno de $10 y uno de $20. Si compra uno de los pinceles y paga con uno de los billetes, ¿cuáles son las combinaciones posibles y cuánto recibirá como cambio? Utiliza un diagrama de árbol para encontrar las combinaciones.

Práctica escrita

Integradas y distribuidas

*1. **Selección múltiple** Para preparar la mudanza a otro edificio, los
(49, 67) empleados de la biblioteca pasaron toda una semana guardando libros en cajas. El lunes, los empleados guardaron 30 libros en cada una de 320 cajas. ¿Cuántos libros contenían esas cajas?

   A 9600 libros   **B** 960 libros   **C** 320 libros   **D** 350 libros

2. La película dura 3 horas. Si comienza a las 11:10 a.m., ¿a qué hora
(27) termina?

3. **Explica** Jonathan está leyendo un libro de 212 páginas. Ya ha leído
(25, 30) 135 páginas, ¿cuántas páginas le quedan aún por leer? Explica por qué tu respuesta es razonable.

4. Khalil, Julián y Elijah anotaron un tercio de los 42 puntos del
(70) equipo. Copia y completa el diagrama de la derecha para mostrar cuántos puntos anotó cada uno de ellos.

42 puntos

5. **Estima** Una familia tiene $4182 en una cuenta de ahorros. Redondea el
(54) número de dólares de la cuenta al millar más cercano.

*6. **Explica** La camisa tiene un precio de $16.98. El impuesto es de
(83) $1.02. Sam le pagó $20 al dependiente. ¿Cuánto dinero deben devolverle
a Sam? Explica tu razonamiento.

*7. ¿Qué fracción de las letras de la siguiente palabra son I?
(74)

S U P E R C A L I F R A G I L I S T I C E X P I A L I D O C I O U S

8. Compara: $3 \times 4 \times 5 \bigcirc 5 \times 4 \times 3$
(Inv. 1,
62)

9. $m - 137 = 257$ **10.** $n + 137 = 257$
(24)   (24)

11. $1.45 + 2.4 + 0.56 + 7.6$ **12.** $5.75 - (3.12 + 0.5)$
(50)   (45, 50)

*13. **Analiza** Utiliza la siguiente información para contestar las partes **a–c.**
(72)

*En los primeros 8 juegos de esta temporada, el equipo de fútbol
de Río Hondo ganó 6 partidos y perdió 2. El siguiente partido lo
ganaron por un puntaje de 24 a 20. El equipo jugará 12 partidos
en total.*

a. ¿Cuántos partidos ganó Río Hondo en los primeros nueve partidos de
la temporada?

b. Río Hondo ganó su noveno partido, ¿por cuántos puntos?

c. ¿Cuál es el mayor número de partidos que podría ganar Río Hondo
esta temporada?

14.   638   **15.**   472   **16.** $6.09
(67) $\times \quad 50$ (58) $\times \quad 9$ (58) $\times \quad 6$

*17. $3\overline{)921}$ ***18.** $5\overline{)678}$ ***19.** $4\overline{)2400}$
(80)   (76)   (80)

20. $12.60 \div 5$ **21.** $14.34 \div 6$ ***22.** $46.00 \div 8$
(76)   (76)   (76)

23. $9^2 = 9n$ **24.** $5w = 5 \times 10^2$
(61, 62)   (61, 62)

25. Los nombres de un cuarto de los meses en inglés comienzan con la
(Inv. 5) letra J. ¿Qué porcentaje de los meses comienza con la letra J?

*26. a. (**Haz un modelo**) Utiliza una regla para calcular en
(*Inv. 2, 69*) milímetros el perímetro del rectángulo de la derecha.

b. (**Analiza**) Dibuja un rectángulo que sea similar al rectángulo de la
parte **a** y cuyos lados sean el doble de largos. ¿Cuál es el perímetro
en centímetros del rectángulo que dibujaste?

27. Barton hizo tres giros. ¿Cuántos grados giró Burton?
(*75*)

28. Rachel desea determinar si dos triángulos rectángulos son congruentes.
(*73*) Para ello mueve △1 a la posición de △2 para ver si emparejan. Nombra dos
transformaciones que utilizó Rachel para mover △1.

29. A continuación se muestra un triángulo equilátero, un triángulo isósceles y un
(*78, 79*) triángulo escaleno. Nombra el triángulo que no tiene simetría de reflexión.

*30. Cuatro estudiantes escriben sus nombres en pedazos de papel. Luego
(*83*) ponen los nombres en una bolsa de papel y los sacan de a uno a la vez.

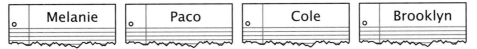

Haz una lista de las diferentes formas en que se puede escoger el segundo, tercer
y cuarto nombre si el nombre de Cole se escoge primero.

Para los más rápidos Antes de calcular los impuestos, Crystal gastó $34.00 en útiles escolares.
Después de agregar los impuestos, le pagó $37.40 al dependiente.

Conexión con la vida diaria

a. ¿Cuál fue el impuesto por la compra de Crystal?

b. ¿Cuántos centavos por dólar de impuesto pagó Crystal?

⚜ *Conceptos y destrezas esenciales para Texas*

(4.14)(B) resolver problemas que implican comprender, hacer y llevar a cabo un plan, y evaluar la solución

(4.14)(D) usar herramientas y tecnología para resolver problemas

(4.15)(A) explicar observaciones con palabras y números

• Números decimales hasta milésimas

operaciones	Preliminares I
cuenta en voz alta	Cuenta hacia abajo de un cuarto en un cuarto del 4 al $\frac{1}{4}$.
cálculo mental	Al contar de cinco en cinco desde 1, 2, 3, 4 ó 5, encontramos cinco patrones diferentes con dígito final: 1 y 6; 2 y 7; 3 y 8; 4 y 9; y 5 y 0. Cuando se suma o se resta de otro número un número que termina en 5, el dígito final de ese número y el del resultado coinciden con uno de los cinco patrones. Busca los patrones de dígito final cuando resuelvas **a–f**.

    a. Sentido numérico: 22 + 5

    b. Sentido numérico: 22 − 5

    c. Sentido numérico: 38 + 5

    d. Sentido numérico: 38 − 5

    e. Sentido numérico: 44 + 5

    f. Sentido numérico: 44 − 5

    g. Estimación: Estima el porcentaje de este círculo que está sombreado:

    h. Cálculo: $\sqrt{36}$, × 3, + 10, ÷ 4, − 1, ÷ 3

resolver problemas	Escoge una estrategia apropiada para resolver este problema. Tanner debe completar 3 tareas. Una tarea es de matemáticas, una de ciencias y una de vocabulario. Tanner piensa terminar una tarea antes de comenzar la siguiente. ¿Cuáles son las posibles secuencias en las que puede realizar las tareas?

En la Investigación 4 practicamos cómo escribir fracciones con denominador 10 como números decimales con una cifra decimal.

$$\frac{7}{10} = 0.7 \qquad \text{Los dos números son } siete\ décimas.$$

También escribimos fracciones con denominador 100 como números decimales con dos cifras decimales.

$$\frac{12}{100} = 0.12 \qquad \text{Los dos números son } doce\ centésimas.$$

En esta lección escribimos fracciones con denominador 1000 como números decimales con tres cifras decimales.

$$\frac{125}{1000} = 0.125 \qquad \text{Los dos números son } ciento\ veinticinco\ milésimas.$$

$$\frac{25}{1000} = 0.025 \qquad \text{Los dos números son } veinticinco\ milésimas.$$

Destreza mental

Comenta

Nombra el orden de las fracciones de menor a mayor.

Ejemplo 1

Escribe $\frac{375}{1000}$ como número decimal. Después utiliza palabras para nombrar ambos números.

El denominador de la fracción es 1000; por lo tanto, utilizamos tres cifras decimales para escribir la fracción como número decimal.

$$\frac{375}{1000} = \mathbf{0.375} \qquad \textbf{trescientas setenta y cinco milésimas}$$

Visita www. SaxonMath.com/ Int4Activities para una actividad en línea.

Si trabajamos al revés, vemos que un número decimal con tres cifras decimales se puede escribir como fracción con denominador 1000.

Ejemplo 2

Escribe cada número decimal como fracción o como número mixto. Después utiliza palabras para nombrar los números.

a. 0.625   b. 3.125

a. Como hay tres lugares que siguen al punto decimal, utilizamos el denominador 1000 para nuestra fracción. Escribimos los dígitos que siguen al punto decimal como numerador de la fracción.

$$0.625 = \frac{625}{1000} \qquad \textbf{seiscientos veinticinco milésimas}$$

b. Como hay un número entero, 3, podemos escribir el número decimal como número mixto. Sólo los dígitos que siguen al punto decimal se convierten en parte de la fracción.

$$3.125 = 3\frac{125}{1000}$$ **tres y ciento veinticinco milésimas**

Verifica Explica por qué $\frac{625}{1000}$ es mayor que $\frac{325}{1000}$.

Práctica de la lección

Escribe cada fracción o número mixto como número decimal:

a. $\frac{425}{1000}$

b. $3\frac{875}{1000}$

c. $\frac{35}{1000}$

d. $2\frac{7}{1000}$

Escribe cada número decimal como fracción o número mixto. Después utiliza palabras para nombrar las fracciones.

e. 0.214

f. 4.321

g. 0.025

h. 5.012

i. 0.003

j. 9.999

Práctica escrita

Integradas y distribuidas

*1. Si no es año bisiesto, ¿cuántos días suman enero, febrero y marzo?
(54)

2. Un sastre confeccionó un par de pantalones y 2 camisas para cada uno de 12 niños. ¿Cuántas prendas de vestir confeccionó el sastre?
(49)

*3. Ariel hizo siete flexiones más que Burke. Si Ariel hizo dieciocho flexiones, ¿cuántas flexiones hizo Burke?
(31)

4. Kadeeja condujo 200 millas con 8 galones de gasolina. ¿Cuántas millas promedio recorre su carro por cada galón de gasolina?
(60)

*5. Melinda le pagó $20.00 al dependiente por un libro que cuesta $8.95. El impuesto es de 54¢. ¿Cuánto dinero debe recibir de cambio?
(83)

*6. a. ¿Qué par de números primos son factores de 15?
(55)

b. **Explica** ¿Es 15 un número primo? ¿Por qué?

7. Si cada lado de un octágono mide 1 centímetro de largo, ¿cuánto mide el perímetro del octágono en milímetros?
(69)

8. **Representa** Un tercio de las 18 canicas es azul. ¿Cuántas
(70)
canicas son azules? Haz un dibujo para resolver el problema.

9. a. **Analiza** La familia Méndez recorrió 15 millas en 1 día. A esa
(57)
tasa, ¿cuántas millas recorrerán en 5 días? Haz una tabla
para resolver el problema.

b. **Encuentra la fórmula** Escribe una ecuación para representar los
datos de la tabla.

*10. **Explica** Mylah cosechó 3640 melocotones en 7 días. ¿Cuántos
(60, 80)
melocotones cosechó en promedio al día? Explica por qué tu respuesta es
razonable.

*11. a. **Analiza** Zachary hizo 1000 flexiones la semana pasada. 129 de
(74, 84)
esas flexiones las hizo el miércoles pasado. ¿Qué fracción de las 1000
flexiones hizo Zachary el miércoles pasado?

b. **Representa** Escribe la respuesta de la parte **a** como número
decimal. Después utiliza palabras para nombrar el número.

*12. **Explica** Imagina que un objeto sobre la Tierra tiene una masa
(77)
conocida de 80 kilogramos. ¿Será la masa de ese objeto menor, mayor o
la misma que en los otros planetas de nuestro sistema solar? Explica tu
respuesta.

13. $4.56 - (2.3 + 1.75)$ **14.** $\sqrt{36} + n = 7 \times 8$
(45, 50)   (Inv. 3, 61)

15. $3 \times 6 \times 3^2$ **16.** $462 \times \sqrt{9}$ **17.** $7^2 - \sqrt{49}$
(62)   (Inv. 3, 58)   (Inv. 3, 62)

18. $\begin{array}{r} 36 \\ \times\ 50 \\ \hline \end{array}$ **19.** $\begin{array}{r} \$4.76 \\ \times\ \ \ \ 7 \\ \hline \end{array}$ **20.** $\begin{array}{r} 4 \\ 3 \\ 2 \\ 7 \\ 6 \\ 8 \\ +\ n \\ \hline 47 \end{array}$
(67)   (58)   (2)

21. $\dfrac{524}{4}$ ***22.** $6\overline{)4200}$
(76)   (80)

23. $5\overline{)\$26.30}$ **24.** $2n = \$3.70$
(76)   (41, 76)

25. $786 \div 3$ ***26.** $4902 \div 7$
(76)   (80)

*27. Escribe 0.321 como fracción.
(84)

28. Encuentra el perímetro y el área de este cuadrado:
(Inv. 2, Inv. 3)

3 yardas

3 yardas

29. ¿Qué transformaciones moverán la figura *ABCD* a la posición *WXYZ*?
(Inv. 3)

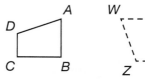

30. **Estima** ¿Qué ángulo de esta figura parece medir aproximadamente 45°?
(23, 81)

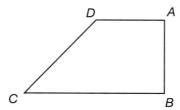

Para los más rápidos

Conexión con la vida diaria

La República de Malta es un grupo de pequeñas islas en el mar Mediterráneo. Se ubica directamente al sur de Sicilia y al norte de Libia. Desde 1972 hasta 1994, la moneda utilizada en la República de Malta incluyó una moneda de 2-mil, una moneda de 3-mil y una moneda de 5-mil. Un mil era $\frac{1}{1000}$ (ó 0.001) de una lira, otra cantidad de dinero maltés.

a. Escribe el valor de cada moneda de mil en forma decimal y como fracción en relación con la lira.

b. Utiliza palabras para nombrar cada fracción en la parte **a.**

c. Si sumaras una moneda de 2-mil, una de 3-mil y una de 5-mil, ¿cuántos mils tendrías?

d. ¿Cuántas liras son iguales al total de la parte **c**? Escribe el total como decimal y después como fracción en su mínima expresión.

• Multiplicar por 10, 100 y 1000

Preliminares

operaciones

Preliminares G

cálculo mental

Utiliza el patrón de 5 al sumar en **a–c.**

    a. Sentido numérico: $36 + 15$

    b. Sentido numérico: $47 + 25$

    c. Sentido numérico: $28 + 35$

    d. Sentido numérico: $40 \times 40 \times 10$

    e. Dinero: $\$10.00 - \$2.75$

    f. Tiempo: ¿Cuántos días son 8 semanas?

    g. Estimación: Cada brazalete cuesta $2.99. Tatiana tiene $11. ¿Tiene dinero suficiente para comprar 4 brazaletes?

    h. Cálculo: 50% de 42, $\div 3$, $+ 10$, $- 3$, $\div 2$, $\times 7$

resolver problemas

Escoge una estregia apropiada para resolver este problema. El diagrama de la derecha se llama *diagrama de Venn*. El círculo de la izquierda representa fruta y el círculo de la derecha representa vegetales. La *M* representa manzanas, que son fruta, y la *B* representa el brécoli, que es un vegetal. La *Q* representa queso, que no es fruta ni vegetal. Copia el diagrama en tu cuaderno y pon abreviaturas para huevos, naranjas y habichuelas verdes.

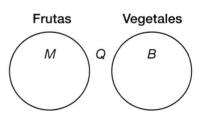

Frutas   Vegetales

Para multiplicar un número entero por 10, simplemente agregamos un cero al final del número.

$$\begin{array}{r} 123 \\ \times\ \ \ 10 \\ \hline 1230 \end{array}$$

Cuando multiplicamos un número entero por 100, agregamos dos ceros al final del número.

$$\begin{array}{r} 123 \\ \times\ \ \ 100 \\ \hline 12{,}300 \end{array}$$

Cuando multiplicamos un número entero por 1000, agregamos tres ceros al final del número.

$$\begin{array}{r} 123 \\ \times\ \ \ 1000 \\ \hline 123{,}000 \end{array}$$

Cuando multipliques dólares y centavos por un número entero, recuerda insertar el punto decimal a dos lugares desde el lado derecho del producto.

$$\begin{array}{r} \$1.23 \\ \times\ \ \ 100 \\ \hline \$123.00 \end{array}$$

Destreza mental

Generaliza

Si fuéramos a multiplicar 15 por 1 millón, ¿cuántos ceros agregaríamos a la derecha del producto de 15 por 1?

Ejemplo

Multiplica mentalmente:

a. 37 × 10   b. $6.12 × 100   c. 45¢ × 1000

a. El resultado es "37" con un cero al final:

370

b. El resultado es "612" con dos ceros al final. Recuerda poner el punto decimal y el signo de dólar:

$612.00

c. El resultado es "45" con tres ceros al final. Esto da 45,000¢, que expresado en dólares es

$450.00

Destreza mental

Comenta

¿Por qué el producto de 100 por $6.12 *no* está escrito como $6.1200?

Práctica de la lección

Multiplica mentalmente:

a. 365 × 10   **b.** 52 × 100   **c.** 7 × 1000

d. $3.60 × 10   **e.** 420 × 100   **f.** $2.50 × 1000

g. La siguiente tabla muestra la relación entre monedas de diez centavos y dólares. Escribe una fórmula para representar esa relación.

Número de dólares	1	2	3	4	5
Número de monedas de 10¢	10	20	30	40	50

Práctica escrita

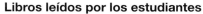

Integradas y distribuidas

*1. (49, Inv. 6) **Interpreta** Utiliza la información de la siguiente gráfica para contestar las partes **a–c.**

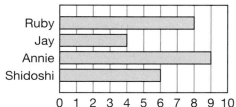

Libros leídos por los estudiantes

Ruby
Jay
Annie
Shidoshi

0 1 2 3 4 5 6 7 8 9 10

a. ¿Qué estudiante ha leído exactamente dos veces el número de libros que Jay?

b. El objetivo de Shidoshi es leer 10 libros. ¿Cuántos libros más debe leer para cumplir su objetivo?

c. Si los libros que Annie ha leído tienen un promedio de 160 páginas cada uno, ¿cuántas páginas ha leído?

*2. (52, 63) Dala vio algunos pentágonos. Los pentágonos tenían un total de 100 lados. ¿Cuántos pentágonos vio Dala?

*3. (Inv. 3, Inv. 5) Mariah compró un terreno rectangular que medía 3 millas de largo y 2 millas de ancho. Se puede cultivar el cincuenta por ciento del terreno. ¿Cuántas millas cuadradas se pueden cultivar?

*4. (83) Max compra 10 lápices en 24¢ cada uno. El impuesto es de 14¢. ¿Cuál es el precio total de los lápices?

*5. Selección múltiple Aproximadamente, ¿cuánto jugo contiene una jarra
(40) llena de jugo de naranja?

A 2 onzas **B** 2 litros **C** 2 galones **D** 2 tazas

6. (**Representa**) Dibuja un triángulo que tenga dos lados perpendiculares.
(23, 78) ¿Qué tipo de triángulo dibujaste?

7. a. (**Representa**) Un cuarto de las 48 gemas eran rubíes. ¿Cuántas de las
(Inv. 5, gemas eran rubíes? Haz un dibujo para resolver el problema.
70)

b. ¿Qué porcentaje de las gemas no eran rubíes?

*8. a. (**Representa**) Mil aficionados asistieron al partido, pero sólo 81
(74, 84) aficionados aplaudieron al equipo visitante. ¿Qué fracción de los
aficionados aplaudió al equipo visitante?

b. Escribe el resultado de la parte **a** como número decimal. Luego escribe
el número con palabras.

9. $46.01 - (3.68 + 10.2)$
(45, 50)

10. $728 + c = 1205$
(24)

11. 36×10 **12.** 100×42 **13.** $\$2.75 \times 1000$
(85)   (85)   (85)

14. $\begin{array}{r} \$3.17 \\ \times \quad 4 \\ \hline \end{array}$ **15.** $\begin{array}{r} 206 \\ \times \quad 5 \\ \hline \end{array}$ **16.** $\begin{array}{r} 37 \\ \times \quad 40 \\ \hline \end{array}$
(58)   (58)   (67)

17. $3\overline{)492}$ **18.** $5\overline{)860}$ **19.** $6m = \$9.30$
(76)   (76)   (41, 76)

20. $168 \div 2^3$ ***21.** $\$20.00 \div 8$ ***22.** $1600 \div \sqrt{16}$
(62, 65)   (76, 80)   (Inv. 3, 80)

23. Calcula el perímetro y el área de este rectángulo:
(Inv. 2, Inv. 3)

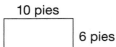

10 pies

6 pies

*24. a. **Verifica** ¿Cuál de estas letras tiene dos ejes de simetría?
(79)

H A P P Y

b. ¿Cuál de estas letras tiene simetría rotacional?

*25. **Estima** ¿Qué ángulo de esta figura parece medir cerca de
(23, 81) 135°?

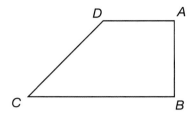

*26. **Selección múltiple** Luz desea cubrir el piso con losetas. ¿Cuál
(82) de estas figuras de losetas *no* es mosaico, o no cubrirá el suelo completamente?

A 　　**B** 　　**C** 　　**D**

*27. La tabla muestra la relación entre metros y centímetros:
(Inv. 8)

Número de metros	1	2	3	4	5
Número de centímetros	100	200	300	400	500

a. **Encuentra la fórmula** Escribe una fórmula para representar la relación.

b. **Haz una predicción** Utiliza tu fórmula para calcular el número de centímetros en 10 metros.

28. En Dodge City, Kansas, la temperatura máxima promedio de enero es
(18) de 41°F. La temperatura mínima promedio es de 19°F. ¿Cuántos grados menos son 19°F que 41°F?

29. El río Peace mide 1210 millas de largo y nace en British Columbia. El río
(33) Red mide 1290 millas de largo y nace en Nuevo México. ¿Qué río es más largo?

*30. **Haz un modelo** Dibuja una recta numérica desde 6 hasta 7 dividida en
(Inv. 1) décimos. En ella, muestra las ubicaciones de 6.1, $6\frac{3}{10}$, 6.6 y $6\frac{9}{10}$.

🔷 *Conceptos y destrezas esenciales para Texas*

(4.4)(B) representar situaciones de multiplicación y división con dibujos, palabras y números
(4.4)(D) usar multiplicación para resolver problemas
(4.6)(B) usar patrones para multiplicar por 10 y 100
(4.14)(A) identificar las matemáticas en situaciones diarias
(4.14)(B) resolver problemas que implican comprender, hacer y llevar a cabo un plan, y evaluar la solución
(4.15)(B) relacionar lenguaje informal con lenguaje matemático
(4.16)(B) justificar por qué una respuesta es razonable

• **Multiplicar por múltiplos de 10 y 100**

operaciones	Preliminares G
cuenta en voz alta	Utiliza el patrón de los 5 cuando restes en **a–c.**

    a. Sentido numérico: $41 - 15$

    b. Sentido numérico: $72 - 25$

    c. Sentido numérico: $84 - 45$

    d. Sentido numérico: 25×30

    e. Dinero: Bridget gasta $6.54. Después gasta $2.99 más. ¿Cuánto gasta Bridget en total?

    f. Hora: El discurso de Mirabel duró 2 minutos 20 segundos. ¿Cuántos segundos son?

    g. Estimación: Kione compra dos DVD por $18.88 cada uno. Estima el precio total de los DVD.

    h. Cálculo: $\frac{1}{10}$ de 60, $\times 4$, $\div 2$, $\times 5$

resolver problemas
Escoge una estrategia apropiada para resolver este problema. Josh lanzará una moneda al aire tres veces seguidas. En cada lanzamiento, la moneda puede salir "cara" o "cruz". Si la moneda sale cara cada vez, la combinación de lanzamientos es cara, cara, cara, que se puede abreviar como CCC. Encuentra todas las combinaciones posibles de cara y cruz que Josh puede obtener si lanza la moneda al aire tres veces.

Nuevo concepto

Una vez que hemos memorizado las operaciones de multiplicación, podemos multiplicar números redondeados "en nuestra mente". Para ello, multiplicamos los primeros dígitos de los factores y contamos los ceros. Examina la multiplicación de la página siguiente.

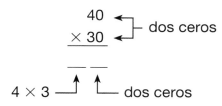

Para encontrar el producto de 40 y 30, multiplicamos 4 por 3 y después agregamos dos ceros.

Destreza mental

(**Analiza**)

¿Se escribe el producto de 40 por 50 como 200, 2000 o como 20,000? Explica tu razonamiento.

Ejemplo 1

En la sala de levantamiento de pesas, un grupo de jugadores de fútbol americano levantó pesas de 80 libras 60 veces distintas. ¿Cuántas libras de peso levantaron en total los jugadores?

Pensamos: "Seis por ocho es 48". Como hay un cero en 60 y un cero en 80, agregamos dos ceros a 48. El producto es 4800, de manera que el peso total levantado fue de **4800 libras.**

Ejemplo 2

Destreza mental

(**Verifica**)

¿Por qué agregamos tres ceros cuando multiplicamos 30 por $7.00?

Una tienda tiene a la venta 30 paletas de tenis de mesa a $7.00 cada una. ¿Cuánto dinero recibirá la tienda si se venden todas las paletas?

Pensamos: "Tres por siete es 21". En el problema hay tres ceros, de manera que agregamos tres ceros a 21 para obtener 21,000. Como multiplicamos dólares y centavos, insertamos el punto decimal a dos lugares desde la derecha y agregamos un signo de dólar. El producto es de $210.00; por lo tanto, el ingreso será de **$210.**

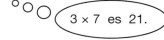

Ejemplo 3

Multiplica mentalmente: 400 × 700

Pensamos: "Cuatro por siete es 28". Agregamos cuatro ceros y obtenemos **280,000.**

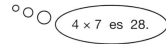

Práctica de la lección

Multiplica mentalmente:

a. 70 × 80

b. 40 × 50

c. 40 × $6.00

d. 30 × 800

1. Tempest se demora 20 minutos caminando a la escuela. ¿A qué hora debe
(27) partir a la escuela si quiere llegar a las 8:10 a.m.?

*2. Un recipiente y su contenido pesan 125 libras. El contenido del recipiente
(25, 30) pesa 118 libras. ¿Cuánto pesa el recipiente?

*3. Angelita va a comprar materiales de arte y piensa comprar un cuaderno de
(83) dibujo por $4.29, un lápiz de carboncillo por $1.59 y un borrador por 69¢.
Si el impuesto sobre la venta es de 43¢ y Angelita paga por su compra
con un billete de $10, ¿cuánto cambio debe recibir?

4. Según este calendario, ¿qué día de la semana fue el 30 de
(54) octubre de 1904?

| OCTUBRE 1904 |||||||
D	L	M	M	J	V	S
						1
2	3	4	5	6	7	8
9	10	11	12	13	14	15
16	17	18	19	20	21	22
23	24	25	26	27	28	29
30	31					

*5. (**Explica**) Desde las 3:00 p.m. a las 3:45 p.m., ¿cuántos grados gira el
(Inv. 7) minutero de un reloj? Explica tu razonamiento.

6. Redondea tres mil, setecientos ochenta y dos al millar más cercano.
(34, 54)

7. La limusina pesa 2 toneladas. ¿Cuántas libras son 2 toneladas?
(77)

*8. (**Representa**) Un quinto de los 45 caballos son pintos. ¿Cuántos
(70) caballos son pintos? Haz un dibujo para ilustrar el problema.

9. ¿Qué porcentaje de los caballos del problema **8** son pintos?
(Inv. 5, (*Pista:* Encuentra $\frac{1}{5}$ de 100%.)
70)

100%

10. **Representa** ¿Qué punto de la recta numérica de abajo puede
(Inv. 1) representar 23,650?

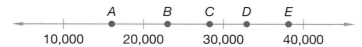

*11. **Haz la conexión** Escribe cada número decimal como fracción:
(Inv. 4, 84)

a. 0.1   **b.** 0.01   **c.** 0.001

12. $36.47
(43, 51) + $ 9.68

13. $30.00
(52) − $13.45

14.
(17)
```
      6
      8
     17
     23
    110
     25
 + 104
```

15. 476
(58) × 7

16. 804
(58) × 5

17. 12.65 − (7.43 − 2.1)
(45, 50)

18. $5^2 + 5^2 + n = 10^2$
(61, 62)

19. **Representa** Escribe cada uno de estos números en palabras:
(35, Inv. 4)

a. $2\frac{1}{10}$ **b.** 2.1

*20. 100 × 23¢
(85)

*21. 60 × 30
(86)

*22. 70 × $2.00
(86)

*23. 3)$6.27
(76, 80)

24. 7)820
(76)

25. 6)333
(68)

26. $625 \div \sqrt{25}$
(Inv. 3, 76)

*27. $4000 \div 2^3$
(62, 80)

28. $2w = 1370$
(41, 76)

29. Encuentra el área y el perímetro de este cuadrado.
(Inv. 2, Inv. 3)

10 m

*30. a. **Analiza** Algunas combinaciones de figuras encajan
(63, 82) hasta cubrir una superficie plana. ¿Qué par de polígonos
se utilizan en el patrón de la derecha?

b. ¿Tiene eje de simetría este mosaico?

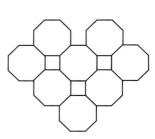

Conceptos y destrezas esenciales para Texas

(4.14)(A) identificar las matemáticas en situaciones diarias

(4.14)(B) resolver problemas que implican comprender, hacer y llevar a cabo un plan, y evaluar la solución

(4.14)(C) desarrollar plan o estrategia para resolver problemas

(4.14)(D) usar herramientas y tecnología para resolver problemas

(4.16)(B) justificar por qué una respuesta es razonable

• Multiplicar dos números de dos dígitos, parte 1

operaciones

Peliminares G

cálculo mental

Utiliza el patrón de 5 mientras sumas o restas en **a–c**.

a. Sentido numérico: $83 - 15$

b. Sentido numérico: $29 + 35$

c. Sentido numérico: $76 + 15$

d. Porcentaje: Cory cree que el 50% de las calorías que consume provienen de carbohidratos. Cory consume cerca de 2000 calorías diarias. Aproximadamente, ¿cuántas de esas calorías provienen de carbohidratos?

e. Medición: ¿Cuántas pulgadas es una yarda?

f. Tiempo: ¿Qué día de la semana es 71 días después del lunes?

g. Estimación: Jayla corrió $\frac{1}{2}$ milla en 4 minutos 57 segundos. Si sigue corriendo al mismo ritmo, aproximadamente, ¿cuánto demorará en correr una milla completa?

h. Cálculo: $5^2 + 5^2$, $+ 6$, $\div 8$

resolver problemas

Escoge una estrategia apropiada para resolver este problema. Sandra compra un CD a un precio de $12.95. El impuesto sobre la venta es de $1.10. Paga su compra con un billete de $10 y un billete de $5. A Sandra le devuelven cinco monedas (sin incluir medio dólar). ¿Qué monedas debió recibir Sandra como cambio?

Utilizamos tres pasos para multiplicar por un número de dos dígitos. Primero multiplicamos por el dígito de las unidades. Después multiplicamos por el dígito de las decenas. Luego sumamos los productos. Para multiplicar 34 por 12, por ejemplo, multiplicamos 34 por 2 y después multiplicamos 34 por 10. Después sumamos los productos.

$$
\begin{array}{rcll}
34 \times 2 &=& 68 & \text{producto parcial} \\
34 \times 10 &=& 340 & \text{producto parcial} \\
\hline
34 \times 12 &=& 408 & \text{producto total}
\end{array}
$$

Destreza mental

Evalúa

¿Se puede utilizar la expresión (2 × 34) + (10 × 34) para representar la forma vertical de 34 × 12? Explica por qué.

Métodos múltiples: Es más fácil escribir los números uno sobre el otro al multiplicar; de esta manera:

$$
\begin{array}{r}
34 \\
\times\ 12 \\
\end{array}
$$

Método 1: Primero multiplicamos 34 por 2 y escribimos el resultado.

$$
\begin{array}{r}
34 \\
\times\ 12 \\
\hline
68 \\
\end{array}
$$

Luego multiplicamos 34 por 1. Este 1 es en realidad 10, de manera que el producto es 340. Escribimos el resultado y luego sumamos los resultados de los dos problemas de multiplicación, y obtenemos 408.

$$
\begin{array}{r}
34 \\
\times\ 12 \\
\hline
68 \\
+\ 340 \\
\hline
408 \\
\end{array}
$$

Método 2: Un método alternativo sería omitir el cero de la segunda multiplicación. Al utilizar este método, ponemos el último dígito de la segunda multiplicación en la segunda columna partiendo de la derecha. Al sumar, el lugar vacío se toma como cero.

$$
\begin{array}{r}
34 \\
\times\ 12 \\
\hline
68 \\
+\ 34\ \ \\
\hline
408 \\
\end{array}
$$

Visit www. SaxonMath.com/ Int4Activities for a calculator activity.

Multiplica: 31
                   × **23**

Primero multiplicamos 31 por 3.

$$
\begin{array}{r}
31 \\
\times\ 23 \\
\hline
93
\end{array}
$$

Ahora multiplicamos 31 por 2. Como este 2 es realmente 20, escribimos el último dígito del producto en la columna de las decenas. Después sumamos y obtenemos **713**.

$$
\begin{array}{r}
31 \\
\times\ 23 \\
\hline
93 \\
+\ 62 \\
\hline
713
\end{array}
\quad \text{o} \quad
\begin{array}{r}
31 \\
\times\ 23 \\
\hline
93 \\
+\ 620 \\
\hline
713
\end{array}
$$

Práctica de la lección

Multiplica:

a. 32
      × 23

b. 23
      × 32

c. 43
      × 12

d. 34
      × 21

e. 32
      × 32

f. 22
      × 14

g. 13
      × 32

h. 33
      × 33

Práctica escrita   *Integradas y distribuidas*

*1. **Analiza** Utiliza la siguiente información para contestar las partes **a–c.**
(27, 72)

Freeman recorrió 2 millas en bicicleta desde su casa a la casa de Didi. Juntos recorrieron 4 millas hasta el lago. Didi pescó 8 peces. A las 3:30 p.m. regresaron en bicicleta a casa de Didi. Luego Freeman regresó a su casa.

a. En total, ¿qué distancia recorrió Freeman en bicicleta?

b. Freeman demoró una hora y media en volver a casa desde el lago. ¿A qué hora llegó a casa?

c. Didi pescó el doble de peces que Freeman. ¿Cuántos peces pescó Freeman?

* 2. Saraj compró algunos alimentos a un precio de $12.97. El impuesto fue
(83) de 91¢. Pagó con un billete de $20. ¿Cuánto cambio debe recibir?

3. (Estima) Calcula una suma razonable de 4876 y 3149, redondeando
(59) primero cada número al millar más cercano y luego sumando.

4. ✏ (Estima) ¿Cuál es el perímetro de un pentágono si cada lado mide
(Inv. 2, 63) 20 centímetros de largo? Explica tu razonamiento.

* 5. (Estima) Calcula la longitud de este segmento al cuarto de pulgada más cercano:
(39)

pulgada   1   2   3   4

6. (Representa) La mitad de los 18 jugadores estaba en el
(70) campo de juego. ¿Cuántos jugadores había en el campo
de juego? Haz un dibujo para representar el problema.

7. Una moneda de 10¢ es $\frac{1}{10}$ de un dólar. ¿Qué fracción de un dólar es una
(36) moneda de 1¢?

8. ¿Qué porcentaje de un dólar es una moneda de 10¢?
(Inv. 5)

9. Calcula 13^2 multiplicando 13×13.
(87)

10. (Representa) Un milímetro es $\frac{1}{1000}$ de un metro. Escribe ese número como
(84) número decimal. Luego escribe el número con palabras.

* 11.   31
(87) $\times$ 21

* 12.   32
(87) $\times$ 31

* 13.   13
(87) $\times$ 32

* 14.   11
(87) $\times$ 11

* 15.   12
(87) $\times$ 14

* 16. 30×800
(86)

17. $7\overline{)1000}$
(76)

18. $3\overline{)477}$
(76)

19. $5\overline{)2535}$
(80)

20. $64.80 \div 9$
(76, 80)

21. $716 \div 4$
(76)

22. $8x = 352$
(41, 65)

*23. ¿Cuántos números diferentes de tres dígitos puedes escribir utilizando los dígitos
(10) 1, 5 y 0? Cada dígito se puede usar sólo una vez y el dígito 0 no se puede usar
en el lugar de las centenas.

*24. Calcula el perímetro y el área de este rectángulo:
(Inv. 3, 86)

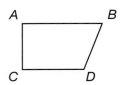

20 pulg

10 pulg

*25. (**Representa**) Dibuja un triángulo equilátero con lados de 2 cm de largo.
(78)

26. ¿Cuál es el perímetro en milímetros del triángulo que dibujaste en el
(Inv. 2, 69) problema **25?**

*27. a. (**Concluye**) En este polígono, ¿qué lado parece ser paralelo al
(23, 81) lado *AB?*

    b. (**Estima**) ¿Qué ángulo parece medir 110°?

    A   *B*

    C   *D*

28. Esta gráfica muestra la relación entre la edad de Rudy y la edad de
(Inv. 8) Neelam. ¿Qué edad tenía Neelam cuando Rudy tenía 4 años de edad?

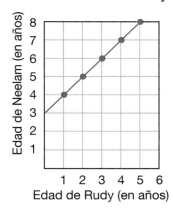

29. **Representa** Cada cuadrícula representa un número decimal.
(Inv. 4)

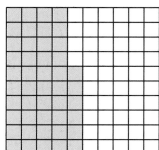 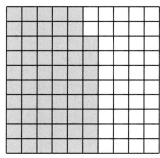

Escribe cada número decimal. Luego escribe la suma y la diferencia de esos números.

30. **Estima** Un transporte de correspondencia trabajaba de 8 a.m.
(76) al mediodía y de 1 p.m. a 4 p.m. Durante esos períodos el transporte despachó correspondencia a 691 hogares. Aproximadamente, ¿cuántos despachos hizo el transporte cada hora? Explica tu respuesta.

Para los más rápidos

Conexión con la vida diaria

Los murales son cuadros pintados en las paredes. En 2005, los arqueólogos descubrieron una pared con un mural del tamaño de una habitación pintado hace más de 2000 años en la antigua ciudad maya de San Bartolo, Guatemala.

a. Estima el área de un mural que mide 23 pies por 84 pies.

b. Calcula el area real de un mural con las medidas indicadas.

c. ¿Cuán cerca estuvo tu estimación del área real?

🔻 *Conceptos y destrezas esenciales para Texas*

(4.4)(B) representar situaciones de multiplicación y división con dibujos, palabras y números
(4.4)(E) usar división para resolver problemas
(4.14)(A) identificar las matemáticas en situaciones diarias
(4.14)(B) resolver problemas que implican comprender, hacer y llevar a cabo un plan, y evaluar la solución
(4.14)(C) desarrollar plan o estrategia para resolver problemas

• Residuo en problemas de planteo acerca de grupos iguales

Preliminares

operaciones　Preliminares G

cálculo mental

  a. Sentido numérico: $85 - 38$

  b. Sentido numérico: $4 \times 20 \times 10$

  c. Porcentaje: 10% de $20

  d. Medición: ¿Cuántas pintas son un galón?

  e. Potencias/Raíces: $9^2 - \sqrt{9}$

  f. Tiempo: ¿Qué día de la semana es 699 días después del lunes?

  g. Estimación: Estima qué porcentaje del círculo está sombreado.

  h. Cálculo: $\sqrt{81}$, ÷ 3, × 25, + 75, × 2

resolver problemas

Escoge una estrategia apropiada para resolver este problema. Tandy quiere conocer la circunferencia (la distancia alrededor) de la rueda de su bicicleta. Ella tiene un poco de cuerda y un regla de un metro. ¿Cómo puede Tandy medir la circunferencia de la rueda en centímetros?

Nuevo concepto

Hemos practicado cómo resolver problemas de "grupos iguales" utilizando la división. En esos problemas, la división no tenía residuos. En esta lección comenzamos a practicar problemas de planteo de división con residuos. Al resolver estos problemas, debemos tener cuidado de identificar exactamente qué se pregunta.

Lilly debe colocar 100 botellas en cajas que pueden contener 6 botellas cada una.

    a. ¿Cuántas cajas puede llenar?

    b. ¿Cuántas botellas sobran?

    c. ¿Cuántas cajas necesita para colocar todas las botellas?

Cada una de estas preguntas pide información diferente. Para responder las preguntas, comenzamos dividiendo 100 entre 6.

$$\begin{array}{r} 16 \text{ R } 4 \\ 6\overline{)100} \\ 6 \\ \overline{40} \\ 36 \\ \overline{4} \end{array}$$

El resultado "16 R 4" significa que las 100 botellas se pueden dividir entre 16 grupos de 6 botellas. Habrá 4 botellas adicionales.

    a. Las botellas se pueden dividir entre 16 grupos de 6 botellas, de manera que se pueden llenar **16 cajas.**

    b. Las 4 botellas que quedan no llenan completamente una caja. Por lo tanto, después de llenar 16 cajas sobrarán **4 botellas.**

    c. Aunque las botellas que sobran no llenan una caja completamente, se necesita otra caja para colocarlas. De este modo, se necesitan **17 cajas** para colocar todas las botellas.

Práctica de la lección

Interpreta Utiliza los enunciados de abajo para responder los problemas **a–e.**

Mañana, 32 estudiantes asistirán a una ceremonia de premiación. En cada mesa habrá 5 estudiantes.

    a. ¿Cuántas mesas se pueden completar?

    b. ¿Cuántas mesas se necesitan?

Tendai encuentra 31 monedas de 25¢ en su alcancía. Él forma pilas de 4 monedas de 25¢ cada una.

    c. ¿Cuántas pilas de 4 monedas de 25¢ hizo?

    d. ¿Cuántas monedas adicionales de 25¢ hay?

    e. Si Tendai hace una pila pequeña con las monedas adicionales, ¿cuántas pilas tendrá en total?

*1. **Interpreta** Taryn empacó 6 pelotas de tenis de mesa en cada paquete.
(88) Había 100 pelotas para empacar.

    a. ¿Cuántos paquetes completó?

    b. ¿Cuántas pelotas de tenis de mesa sobran?

*2. Escribe la fórmula para el área de un cuadrado. Después encuentra el área
(62, 87) de un cuadrado de 12 pulgadas de lado.

*3. **Estima** Paola compró cuatro *pretzels* a un precio de 59¢ cada
(83) uno. El impuesto sobre la venta fue de 16¢. Estima el precio total de los
pretzels. Explica tu razonamiento.

4. ¿Cuántos pies son veinticuatro pulgadas?
(Inv. 2)

*5. **a.** ¿Cuántos milímetros de longitud mide el segmento *YZ*?
(45, 69) **b.** ¿Cuántos centímetros de longitud mide el segmento *YZ*?

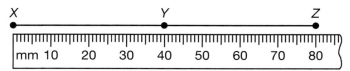

6. Jorge terminó de desayunar a la hora que muestra el reloj.
(27) Terminó de almorzar 5 horas 20 minutos más tarde. ¿A qué
hora terminó de almorzar?

7. **Representa** Escribe el número 7528 en forma desarrollada. Después
(16, 33) utiliza palabras para escribir el número.

*8. **a.** **Representa** Un quinto de los 25 miembros de la banda
(Inv. 5, desafinó. ¿Cuántos miembros de la banda desafinaron? Haz un
70) dibujo para ilustrar el problema.

    b. ¿Qué porcentaje de los miembros de la banda desafinó?

*9. Nikki cortó a lo largo de la diagonal un pedazo de papel
(73) rectangular para formar dos triángulos. ¿Qué transformaciones
puede utilizar Nikki para determinar si los triángulos son
congruentes?

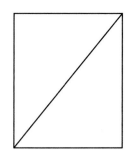

10. $6.35 + $14.25 + $0.97 + $5
(43, 51)

*11. 4.60 − (1.4 + 2.75)   **12.** $10.00 − (46¢ + $1.30)
(43, 50)   **(43, 45)**

*13. 28 × 1000   ***14.**   13   ***15.**   12
(85)   **(87)**   × 13   **(87)**   × 11

16. $8.67   ***17.**   31   ***18.**   12
(58)   ×   9   **(87)**   × 31   **(87)**   × 31

19. 7)‾3542‾   **20.** 6)‾$33.00‾   **21.** 8)‾4965‾
(80)   **(76, 80)**   **(80)**

22. 482 ÷ 5   **23.** 2700 ÷ 9   **24.** 2700 ÷ √9
(68)   **(80)**   **(Inv. 3, 80)**

25. $7 + 7 + n = 7^2$ **26.** $3n = 6^2$
(61, 62)   **(61, 62)**

*27. a. (**Representa**) Dibuja un triángulo obtusángulo.
(78)

    b. (**Explica**) Describe los segmentos del ángulo obtuso. Explica tu
razonamiento.

28. El salón mide 40 pies de largo y 30 pies de ancho.
(Inv. 3, 86) ¿Cuántas losetas cuadradas de 1 pie se necesitan para
cubrir el piso?

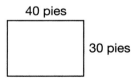

*29. a. En el polígono *ABCD,* ¿qué lado parece paralelo al
(23) lado *AD?*

    b. (**Clasifica**) Describe los ángulos.

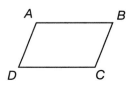

*30. **(Interpreta)** Esta tabla muestra la altura de algunos edificios. Haz una
(Inv. 6) gráfica de barras para mostrar los datos.

Edificios altos en Estados Unidos

Edificio	Ubicación	Altura (pisos)
The Pinnacle	Chicago, IL	48
Interstate Tower	Charlotte, NC	32
Two Union Square	Seattle, WA	56
28 State Street	Boston, MA	40

Para los más rápidos

Conexión con la vida diaria

En la parada Hueso de Durazno de George se venden duraznos en bolsas de papel. En cada bolsa caben 25 duraznos. George tiene una orden por 346 duraznos.

a. ¿Cuántas bolsas puede llenar?

b. ¿Cuántas bolsas necesita realmente?

c. ¿Cuántos duraznos hay en la bolsa que se llenó parcialmente?

🔷 *Conceptos y destrezas esenciales para Texas*

(4.2)(B) dar ejemplos de fracciones mayores que uno usando objetos y dibujos

(4.15)(A) Explicar observaciones con palabras y números

(4.16)(B) justificar por qué una respuesta es razonable

• Números mixtos y fracciones impropias

operaciones

cálculo mental

Preliminares G

a. **Sentido numérico:** 25×1000

b. **Sentido numérico:** $58 + 35$

c. **Porcentaje:** Alonso necesita reunir el 25% de $40. ¿Cuánto es el 25% de $40?

d. **Tiempo:** ¿Qué día es 71 días después del miércoles?

e. **Medición:** ¿Cuántos pies son 6 yardas?

f. **Dinero:** El libro costó $6.75. Si Daina pagó el libro con un billete de $10, ¿cuánto cambio debe recibir?

g. **Estimación:** El precio total por 6 marcos de fotografía es $41.94. Redondea esa cantidad al dólar más cercano y luego divide entre 6 para estimar el precio de cada marco.

h. **Cálculo:** $\sqrt{1}$, $\times 1$, $\div 1$, $- 1 + 1$

resolver problemas

Escoge la estrategia apropiada para resolver este problema. En este diagrama de Venn, el círculo de la izquierda representa los múltiplos de 3. El círculo de la derecha representa los números pares. El número 6 es ambas cosas: múltiplo de 3 y número par, por lo cual aparece dentro del espacio en que ambos círculos se superponen. El número 4 aparece dentro del círculo para números pares, pero fuera de la superposición, porque 4 no es múltiplo de 3. El número 1 aparece fuera de ambos cículos, porque no es múltiplo de 3 ni par. Copia el diagrama de Venn en tu cuaderno y escribe los números 9, 10, 11 y 12.

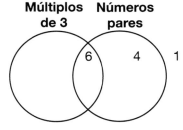

Múltiplos de 3   Números pares

Acá se muestra el dibujo de $1\frac{1}{2}$ círculos sombreados. Cada círculo está dividido en dos medios círculos.

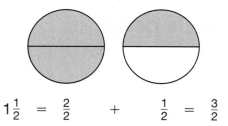

$$1\frac{1}{2} \;=\; \frac{2}{2} \;+\; \frac{1}{2} \;=\; \frac{3}{2}$$

Vocabulario de matemáticas

Una **fracción propia** es una fracción cuyo numerador es menor que el denominador.

En el dibujo vemos que $1\frac{1}{2}$ es lo mismo que *tres medios,* que se escribe como $\frac{3}{2}$. El numerador es mayor que el denominador, de manera que la fracción $\frac{3}{2}$ es mayor que 1. Las fracciones que son mayores o iguales a 1 se llaman **fracciones impropias.** En esta lección haremos dibujos para representar números mixtos y sus fracciones impropias equivalentes.

Ejemplo

Dibuja círculos para demostrar que $2\frac{3}{4}$ es igual a $\frac{11}{4}$.

Comenzamos dibujando tres círculos. El denominador de la parte fraccionaria de $2\frac{3}{4}$ es cuatro, de manera que dividimos todos los círculos en cuartos y sombreamos $2\frac{3}{4}$ de ellos.

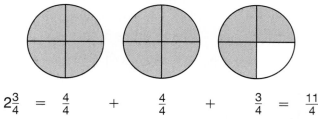

$$2\frac{3}{4} \;=\; \frac{4}{4} \;+\; \frac{4}{4} \;+\; \frac{3}{4} \;=\; \frac{11}{4}$$

Tenemos once cuartos sombreados. El dibujo muestra que $2\frac{3}{4}$ es igual a $\frac{11}{4}$.

Actividad

Hacer modelos de números mixtos y fracciones impropias

Material necesario:
- manipulables de fracciones de las **Actividades 37** y **38 de la lección**

Utiliza manipulables de fracciones para las siguientes actividades:

a. Pon cinco $\frac{1}{2}$ círculos sobre el pupitre. Luego, distribuye cuatro de los $\frac{1}{2}$ círculos para formar círculos completos. Haz un dibujo de los círculos completos y las partes de círculos que formaste y escribe la fracción impropia y el número mixto que representan los cinco $\frac{1}{2}$ círculos.

b. Pon otro $\frac{1}{2}$ círculo en el pupitre para completar otro círculo. Escribe la fracción impropia y el número entero representado.

c. Saca del escritorio los $\frac{1}{2}$ círculos y pon siete $\frac{1}{4}$ de círculo. Ensambla las piezas para formar un círculo completo y parte de un círculo y escribe la fracción impropia y el número mixto representado.

d. Pon otro $\frac{1}{4}$ de círculo en el escritorio para completar otro círculo. Escribe la fracción impropia y el número entero representado.

Práctica de la lección

a. Dibuja círculos para mostrar que $1\frac{3}{4} = \frac{7}{4}$.

b. Dibuja círculos para mostrar que $2\frac{1}{2} = \frac{5}{2}$.

c. Dibuja círculos para mostrar que $1\frac{1}{3} = \frac{4}{3}$.

Práctica escrita

Integradas y distribuidas

*1. **(Interpreta)** El entrenador divide 33 jugadores entre 4 equipos lo más
(88) equitativamente posible.

    a. ¿Cuántos equipos tienen exactamente 8 jugadores?

    b. ¿Cuántos equipos tienen 9 jugadores?

2. **(Justifica)** El paquete contiene dos estampillas de 39¢, dos de 20¢ y
(1, 43) una de 15¢. ¿Cuánto cuestan en total las estampillas del paquete? Explica por qué es razonable tu respuesta.

3. Daniella lee 20 páginas diarias. ¿Cuántas páginas lee en 2 semanas?
(49, 67)

4. En el primer encuentro de atletismo de la temporada, el mejor salto triple
(Inv. 2) de Wyatt midió 36 pies. ¿Cuál fue la distancia de ese salto en yardas?

*5. ¿Cuál es el perímetro de este triángulo isósceles en
_(Inv. 2, 69) centímetros?

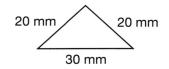

20 mm   20 mm

30 mm

*6. Selección múltiple ¿Cuál de estas cuentas representa un número
_(55, Inv. 7) primo?

    A ⊮ ||| **B** ⊮ ⊮

    C ⊮ ⊮ | **D** ⊮ ⊮ ||

*7. Selección múltiple Aproximadamente, ¿cuánto líquido hay
₍₄₀₎ en este gotero?

    A 2 milímetros   **B** 2 litros

    C 2 pintas   **D** 2 tazas

8. Resuelve para *n:* $87 + 0 = 87 \times n$
₍₆₁₎

*9. (**Representa**) Un tercio de los 24 estudiantes terminó antes
₍₇₀₎ de tiempo. ¿Cuántos alumnos terminaron antes de tiempo?
Haz un dibujo para representar el problema.

10. ¿Qué porcentaje de un dólar es una moneda de 25¢?
_(Inv. 5)

11. _(43, 51) $\begin{array}{r} \$478.63 \\ + \$\ 32.47 \\ \hline \end{array}$	**12.** ₍₅₂₎ $\begin{array}{r} 137{,}140 \\ - 129{,}536 \\ \hline \end{array}$	**13.** ₍₅₂₎ $\begin{array}{r} \$60.00 \\ - \$24.38 \\ \hline \end{array}$

*14. ₍₈₆₎ 70×90	**15.** ₍₈₇₎ $\begin{array}{r} 11 \\ \times\ 13 \\ \hline \end{array}$	***16.** ₍₈₇₎ $\begin{array}{r} 12 \\ \times\ 12 \\ \hline \end{array}$

17. ₍₅₈₎ $\begin{array}{r} \$4.76 \\ \times\ \ \ \ 8 \\ \hline \end{array}$	***18.** ₍₈₇₎ $\begin{array}{r} 21 \\ \times\ 13 \\ \hline \end{array}$	***19.** ₍₈₇₎ $\begin{array}{r} 21 \\ \times\ 21 \\ \hline \end{array}$

20. ₍₈₀₎ $4\overline{)3000}$	**21.** _(41, 76) $5n = 635$	**22.** ₍₇₁₎ $7\overline{)426}$

23. ₍₇₆₎ $8\overline{)3614}$	**24.** ₍₇₆₎ $\dfrac{2736}{6}$

25. ¿Cuánto es un cuarto de $10.00?
₍₇₀₎

*26. (**Representa**) Dibuja y sombrea círculos para demostrar que $1\frac{1}{2}$ es
₍₈₉₎ igual a $\frac{3}{2}$.

*27. **a.** (**Representa**) Dibuja un rectángulo de 5 cm de largo por 4 cm de ancho.
(Inv. 2, 21, Inv. 3)
b. ¿Cuál es el perímetro y el área del rectángulo que dibujaste?

*28. **a.** (**Concluye**) En este polígono, ¿qué lado parece ser paralelo al lado *BC?*
(23)
b. Copia esta figura y dibuja su eje de simetría.

c. ¿Tiene simetría rotacional esta figura?

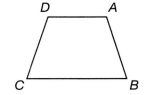

*29. (**Analiza**) ¿Qué número de dos dígitos menor que 20 es múltiplo de 4 y 6?
(55)

*30. (**Interpreta**) Esta gráfica circular muestra los resultados de una elección para presidente de la clase. Utiliza la gráfica para contestar las siguientes preguntas.
(Inv. 6)

Resultados de la elección de la clase

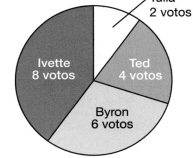

a. ¿Qué candidato ganó la elección? ¿Cuántos votos recibió ese candidato?

b. En total, ¿cuántos votos se registraron en la elección?

c. ¿Qué número es mayor, el número de votos recibidos por el ganador o la suma del número de votos recibidos por todos los otros candidatos?

Conceptos y destrezas esenciales para Texas

(4.4)(B) identificar y describir rectas paralelas e intersecantes usando objetos y dibujos

(4.4)(D) usar multiplicación para resolver problemas

(4.5)(A) redondear números enteros a la decena, centena o millar más cercanos para resolver problemas por aproximación

(4.5)(B) usar estrategias que incluyen redondeo para estimar soluciones de problemas de multiplicación y división

(4.15)(B) relacionar lenguaje informal con lenguaje matemático

(4.16)(B) justificar por qué una respuesta es razonable

• Multiplicar dos números de dos dígitos, parte 2

operaciones	Preliminares I
cálculo mental	Encuentra la mitad de cada número en **a–d.**

    a. Sentido numérico: 40

    b. Sentido numérico: 48

    c. Sentido numérico: 64

    d. Sentido numérico: 86

    e. Sentido numérico: 75 + 37

    f. Dinero: Taylor compra un par de tijeras en $3.54 y pegamento en $2.99. ¿Cuál es el precio total?

    g. Estimación: Escoge la estimación más razonable de la masa de 500 hojas de papel de copia: 2 gramos ó 2 kilogramos.

    h. Cálculo: $\sqrt{49}$, × 2, + 7, ÷ 3, × 7

resolver problemas

Escoge una estrategia apropiada para resolver este problema. Una camioneta de media tonelada de capacidad puede transportar una carga de media tonelada de peso. ¿Cuántos sacos de cemento de 100 libras puede transportar una camioneta de media tonelada de capacidad?

Nuevo concepto

Recuerda los tres pasos para multiplicar números de dos dígitos:

Paso 1: Multiplicar por el dígito de las unidades.

Paso 2: Multiplicar por el dígito de las decenas.

Paso 3: Sumar para encontrar el total.

El auditorio de la universidad tiene 27 filas de asientos y 46 asientos en cada fila. ¿Cuántas personas caben sentadas en el auditorio?

El primer paso es multiplicar 46 por 7. El resultado es 322. Pero no es el producto final. Se llama *producto parcial.*

Destreza mental

Justifica

¿Cómo podemos comprobar el resultado?

Paso 1

$$
\begin{array}{r}
\overset{4}{4}6 \\
\times\ 27 \\
\hline
322
\end{array}
$$

El segundo paso es multiplicar 46 por el 2 de 27. Como en realidad estamos multiplicando por 20, colocamos un cero en el lugar de las unidades o desplazamos este producto parcial un lugar hacia la izquierda.

Paso 2

Paso 3

$$
\begin{array}{r}
\overset{1}{\overset{4}{4}}6 \\
\times\ 27 \\
\hline
322 \\
92 \\
\hline
1242
\end{array}
\quad \text{o} \quad
\begin{array}{r}
\overset{1}{\overset{4}{4}}6 \\
\times\ 27 \\
\hline
322 \\
920 \\
\hline
1242
\end{array}
$$

El tercer paso es sumar los productos parciales. El producto final es 1242.

Vemos que caben **1242 personas** sentadas.

Ejemplo 2

Un campo de golf tiene 46 montículos distintos para espectadores. En cada montículo cabe un promedio de 72 espectadores sentados. ¿Cuántos espectadores pueden sentarse en total en los montículos?

Primero multiplicamos 46 por 2.

$$
\begin{array}{r}
\overset{1}{4}6 \\
\times\ 72 \\
\hline
92
\end{array}
$$

Después multiplicamos 46 por 7 y luego sumamos los productos parciales.

$$
\begin{array}{r}
\overset{4}{\overset{1}{4}}6 \\
\times\ 72 \\
\hline
92 \\
322 \\
\hline
3312
\end{array}
\quad \text{o} \quad
\begin{array}{r}
\overset{4}{\overset{1}{4}}6 \\
\times\ 72 \\
\hline
92 \\
3220 \\
\hline
3312
\end{array}
$$

Vemos que caben **3312 espectadores** sentados.

Adelio estimó que el producto de 86 × 74 es 6300. ¿Hizo una estimación razonable?

Antes de multiplicar, redondeamos 86 a 90 y redondeamos 74 a 70. Como 90 × 70 = 6300, su estimación es razonable. (El producto exacto es 6364).

Práctica de la lección

Multiplica:

a.   38
      × 26

b.   49
      × 82

c.   84
      × 67

d.   65
      × 48

e. Mya alquila 21 mesas para una recepción. La tarifa del alquiler es de $29 por mesa. Explica cómo puede Mya hacer una estimación razonable para el precio total.

Práctica escrita   *Integradas y distribuidas*

*1. **Interpreta** La gráfica lineal muestra la temperatura promedio mensual
(Inv. 6) de Jacksonville, Florida, en primavera. Utiliza la gráfica para responder las preguntas que siguen.

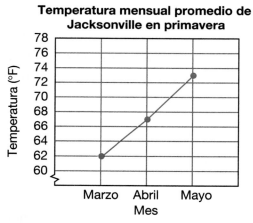

Temperatura mensual promedio de Jacksonville en primavera

a. ¿Cuál es la temperatura promedio de Jacksonville, Florida, en marzo? ¿En abril? ¿Y en mayo?

b. Escribe una oración que compare la temperatura promedio de marzo con la temperatura de congelación del agua.

c. En Salt Lake City, Utah, la temperatura promedio en mayo es 14 grados más baja que la temperatura promedio de Jacksonville, Florida, en mayo. ¿Cuál es la temperatura promedio de Salt Lake City en mayo?

2. El melón de 3 libras cuesta $1.44. ¿Cuál es el precio por libra?
(52)

3. Jin giró una vuelta completa en el aire y encestó la pelota.
(75) Aproximadamente, ¿cuántos grados giró Jin?

*4. Shunsuke compró un par de zapatos a un precio de $47.99. El impuesto
(83) sobre la venta es de $2.88. Shunsuke le paga $60.00 al dependiente.
¿Cuánto cambio debe recibir?

5. (**Analiza**) Si el perímetro de un cuadrado mide 1 pie ¿cuántas pulgadas
(Inv. 2) de largo mide cada lado?

*6. a. La masa de un billete de un dólar es aproximadamente 1 gramo.
(77) Utiliza esta información para estimar el número de billetes de un dólar
necesarios para formar 1 kilogramo.

b. ¿Seguirá siendo la masa de un billete de un dólar aproximadamente 1 gramo en
la luna? ¿Por qué?

7. a. (**Representa**) Un cuarto de los 64 globos es rojo. ¿Cuántos
(Inv. 5, globos son rojos? Haz un dibujo para ilustrar el
70) problema.

b. ¿Qué porcentaje de los globos no es rojo?

*8. a. T'Marra sabe que su viaje dura 7 horas. Si parte a las
(27) nueve y media de la mañana, aproximadamente, ¿a qué hora
llega?

b. Si T'Marra recorrió 350 millas en 7 horas, entonces ¿a cuántas
millas promedio por hora viajó?

c. Utilizando tu respuesta a la parte **b,** haz una tabla para mostrar
cuánto recorre T'Marra en 1, 2, 3 y 4 horas a esa tasa promedio.

*9. (**Explica**) El último miércoles de mayo, los autobuses llevarán a
(00) 116 estudiantes a una excursión. Cada autobús tiene asientos para
40 pasajeros. ¿Cuántos autobuses se necesitarán para transportar
a los estudiantes, 8 maestros y 13 adultos voluntarios? Explica tu
respuesta.

10. Compara: 3049 ◯ 3049.0
(33)

*11. **Estima** Shakura compra un obsequio de cumpleaños para cada
(22) uno de sus dos amigos. Incluyendo el impuesto sobre la venta, el
precio de uno de los obsequios es de $16.61 y el precio del otro es de
$14.37. ¿Cuál es una estimación razonable para el valor total de los
obsequios? Explica tu respuesta.

*12. **Representa** Manuel debe decidir qué ponerse. Debe escoger entre
(10) pantalones azules y pantalones negros y entre una camisa roja, una
camisa verde y una camisa amarilla. Haz un diagrama de árbol para
mostrar las distintas maneras de combinar dos pares de pantalones y
tres camisas.

*13. ¿Cuántos caballos se pueden herrar con ochenta y ocho herraduras?
(52, 64)

*14. a. **Concluye** Los triángulos *ABC* y *DEF* son congruentes.
(73, 78) ¿Qué transformaciones moverán △*ABC* a la misma posición de
△*DEF*?

b. Selección múltiple ¿Cuál de estas palabras *no* describe los triángulos
ABC y *DEF*?

A semejantes **B** obtusángulos **C** escalenos **D** isósceles

15. Encuentra $0.625 - (0.5 + 0.12)$. Describe los pasos en orden.
(45, 50)

16. Calcula mentalmente el producto de 47×100.
(85)

17. 328
(58) $\times\ \ \ 4$

*18. 43
(87) $\times 32$

*19. 25
(90) $\times 35$

20. $5\overline{)4317}$
(76)

21. $8\overline{)\$40.00}$
(80)

22. $6\overline{)3963}$
(80)

23. $3a = 426$
(76)

24. $2524 \div 4$
(76)

*25. 60×700
(86)

26. **Representa** Dibuja y sombrea círculos para mostrar que $2\frac{1}{2}$ es igual a $\frac{5}{2}$.
(89)

27. $4 + 3 + 27 + 35 + 8 + n = 112$
(2)

*28. a. El segmento *BC* mide 1.7 cm de largo. ¿Cuántos centímetros de
(69) longitud mide el segmento *AB*?

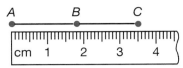

b. Escribe un problema de suma con decimales que esté ilustrado por las longitudes
de los segmentos *AB, BC* y *AC*.

*29. a. Nombra un par de aristas paralelas de la figura de la
(45) derecha.

b. Nombra un par de aristas perpendiculares.

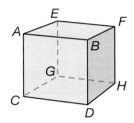

*30. Antes de multiplicar dos números, Ashley estimó el producto.
(90) Después de multiplicar los números estimó para comprobar
su trabajo. Explica cómo puede estimar el producto de
32×57.

*Conexión con
la vida diaria*

a. Describe the error Julio made on his homework.

b. ¿Cuál es la respuesta correcta?

🔺 **Conceptos y destrezas esenciales para Texas**

(4.1)(B) usar valor posicional para leer, escribir y comparar decimales con décimas y centésimas

(4.2)(A) generar fracciones equivalentes usando objetos y dibujos

(4.2)(B) dar ejemplos de fracciones mayores que uno usando objetos y dibujos

(4.2)(C) comparar fracciones con objetos y dibujos

(4.2)(D) relacionar decimales con fracciones que representan décimas y centésimas usando objetos y dibujos

Enfoque en

• Investigar fracciones con manipulables

Los manipulables de fracciones pueden ayudarnos a comprender mejor las fracciones. En esta investigación hacemos y utilizamos un conjunto de manipulables de fracciones.

Actividad 1

Utilizar manipulables de fracciones

Materiales:

- **Actividades 37, 38,** y **39 de la lección**
- tijeras
- sobres o bolsas plásticas resellables (opcional)

(**Haz un modelo**) Utiliza tus manipulables de fracciones para completar los siguientes ejercicios:

1. Otro nombre para $\frac{1}{4}$ es un *cuarto*. ¿Cuántos cuartos de un círculo se necesitan para formar un círculo entero? Muestra tu trabajo.

2. Junta dos cuartos de círculo para formar medio círculo; es decir, muestra que $\frac{2}{4}$ es igual a $\frac{1}{2}$.

3. ¿Cuántos cuartos son iguales a $1\frac{1}{4}$?

4. Este enunciado numérico muestra cómo formar un círculo entero utilizando medio círculos:

$$\frac{1}{2} + \frac{1}{2} = 1$$

Escribe un enunciado numérico que muestre cómo formar un círculo entero sólo utilizando cuartos de círculo.

5. ¿Cuántos medios círculos son iguales a $1\frac{1}{2}$ círculos?

6. ¿Cuántos círculos enteros forman cuatro medios círculos?

(**Haz un modelo**) Los manipulables nos pueden ayudar a comparar y ordenar fracciones. Utiliza tus manipulables de fracciones para ilustrar y responder estos problemas:

7. Ordena de menor a mayor $\frac{1}{2}$, $\frac{1}{8}$ y $\frac{1}{4}$.

8. Ordena de mayor a menor $\frac{3}{8}$, $\frac{3}{4}$ y $\frac{1}{2}$.

9. $\frac{2}{2}$ ◯ $\frac{2}{4}$

10. $\frac{4}{8}$ ◯ $\frac{3}{8}$

11. **Generaliza** Si los denominadores de dos fracciones son iguales, ¿cómo podemos determinar qué fracción es mayor y cuál es menor?

12. **Generaliza** Si los numeradores de dos fracciones son iguales, ¿cómo podemos determinar qué fracción es mayor y cuál es menor?

Los manipulables también nos pueden ayudar a **simplificar** fracciones. Cuando simplificamos una fracción, no cambiamos el tamaño de la fracción. Sólo utilizamos números más pequeños para nombrar la fracción, (con los manipulables, utilizamos menos piezas para formar una fracción). Por ejemplo, podemos simplificar $\frac{2}{4}$ a $\frac{1}{2}$. Tanto $\frac{2}{4}$ como $\frac{1}{2}$ nombran la misma porción de un entero, pero $\frac{1}{2}$ utiliza números más pequeños (menos piezas) para nombrar la fracción. Si no podemos simplificar una fracción, es porque está en su **mínima expresión.**

Utiliza tus manipulables de fracciones para simplificar las fracciones de los problemas **13–16.** Muestra cómo las dos fracciones coinciden.

13. $\frac{2}{4}$

14. $\frac{2}{8}$

15. $\frac{4}{8}$

16. $\frac{6}{8}$

Los manipulables también nos pueden ayudar a sumar y restar fracciones. Ilustra cada una de la siguientes sumas combinando manipulables de fracciones. Registra cada suma.

17. $\frac{1}{4} + \frac{2}{4}$

18. $\frac{2}{8} + \frac{3}{8}$

Para ilustrar cada resta de los problemas **19–21,** forma la primera fracción con tus manipulables de fracciones; después separa la segunda fracción de la primera fracción. Registra lo que queda de la primera fracción como tu respuesta.

19. $\frac{3}{4} - \frac{2}{4}$

20. $\frac{4}{8} - \frac{1}{8}$

21. $\frac{2}{2} - \frac{1}{2}$

Actividad 2

Comprender cómo se relacionan fracciones, decimales y porcentajes

Los manipulables de fracciones pueden ayudarnos a comprender cómo se relacionan las fracciones y los porcentajes. Utiliza los rótulos de porcentajes de tus manipulables para responder estos problemas:

22. ¿Qué porcentaje de un círculo es un medio de un círculo?

23. ¿Qué porcentaje de un círculo es $\frac{1}{4}$ de un círculo?

24. ¿Qué porcentaje de un círculo es $\frac{3}{4}$ de un círculo?

Los manipulables de fracciones pueden ayudarnos a comprender cómo se relacionan las fracciones y los decimales. Utiliza los rótulos de decimales de tus manipulables para responder estos problemas:

25. ¿Qué número decimal es equivalente a $\frac{1}{2}$?

26. ¿Qué número decimal es equivalente a $\frac{1}{4}$?

27. ¿Qué número decimal es equivalente a $\frac{1}{8}$?

Completa cada comparación.

28. $0.5 \bigcirc 0.2$

29. $0.2 \bigcirc 0.25$

30. Compara: $0.125 \bigcirc 0.25$

31. Ordena de mayor a menor los números decimales 0.5, 0.125 y 0.25.

32. Forma un medio círculo utilizando dos piezas de $\frac{1}{4}$. Éste es un enunciado numérico de fracciones para el modelo:

$$\frac{1}{4} + \frac{1}{4} = \frac{1}{2}$$

Escribe un enunciado numérico equivalente con los números decimales de las piezas.

33. Compara: $0.50 \bigcirc 0.5$

34. Forma un medio círculo utilizando cuatro piezas de $\frac{1}{8}$. Éste es un enunciado numérico de fracciones para el modelo:

$$\frac{1}{8} + \frac{1}{8} + \frac{1}{8} + \frac{1}{8} = \frac{1}{2}$$

Escribe un enunciado numérico equivalente con los números decimales de las piezas.

35. Compara: $0.500 \bigcirc 0.5$

36. Forma $\frac{3}{4}$ de un círculo de dos maneras. Primero utiliza tres piezas de $\frac{1}{4}$. Después utiliza una pieza de $\frac{1}{2}$ y una pieza de $\frac{1}{4}$. Éstos son dos enunciados numéricos de fracciones para estos modelos:

$$\frac{1}{4} + \frac{1}{4} + \frac{1}{4} = \frac{3}{4} \qquad \frac{1}{2} + \frac{1}{4} = \frac{3}{4}$$

Escribe enunciados numéricos equivalentes con los números decimales de estas piezas.

37. Forma un círculo entero con cuatro piezas de $\frac{1}{4}$. Después saca una de las piezas de $\frac{1}{4}$. Un enunciado numérico de fracciones para esta resta se muestra a continuación. Escribe un enunciado numérico equivalente con los números decimales de las piezas.

$$1 - \frac{1}{4} = \frac{3}{4}$$

38. Forma un medio círculo con cuatro piezas de $\frac{1}{8}$. Después saca una de las piezas. Un enunciado numérico de fracciones para esta resta se muestra a continuación. Escribe un enunciado numérico equivalente con los números decimales de las piezas.

$$\frac{1}{2} - \frac{1}{8} = \frac{3}{8}$$

39. Aquí mostramos $\frac{3}{4}$ de un círculo y $\frac{1}{2}$ de un círculo:

Vemos que $\frac{3}{4}$ es mayor que $\frac{1}{2}$. De hecho, vemos que $\frac{3}{4}$ es mayor que $\frac{1}{2}$ por una pieza de $\frac{1}{4}$. Aquí mostramos un enunciado numérico de mayor-menor-diferencia para esta comparación:

$$\frac{3}{4} - \frac{1}{2} = \frac{1}{4}$$

Escribe un enunciado numérico equivalente con los números decimales de las piezas.

Investiga más

En lugar de utilizar círculos de fracciones, podemos utilizar cuadrados divididos en 10 ó 100 partes para representar números decimales. Cada cuadrado grande representa el número entero 1. Cada fila o columna representa la fracción $\frac{1}{10}$ y el decimal 0.1. Cada cuadrado pequeño representa la fracción $\frac{1}{100}$ y el decimal 0.01. Utiliza la **Actividad 40 de la lección** para completar las siguientes actividades:

a. En la primera fila de cuadrados, sombrea el primer cuadrado completo, una columna del segundo cuadrado y un cuadrado pequeño del tercer cuadrado. Nombra la parte sombreada de cada cuadrado como fracción y como decimal. Observa los tres números en la fila de los decimales y ordena de menor a mayor los números decimales.

b. En la segunda fila de cuadrados, sombrea tres filas del primer cuadrado y 27 cuadrados pequeños del segundo cuadrado. Nombra la parte sombreada de cada cuadrado como fracción y como decimal. Escribe un enunciado de comparación que compare los dos números decimales.

c. En la tercera fila, sombrea las primeras cinco columnas del primer cuadrado y los primeros cincuenta cuadrados pequeños del segundo cuadrado. Nombra la parte sombreada de cada cuadrado como fracción y como decimal. Escribe un enunciado de comparación que compare los dos números decimales.

🔺 *Conceptos y destrezas esenciales para Texas*

(4.1)(B) usar valor posicional para leer, escribir y comparar decimales que contienen décimas y centésimas

(4.11)(B) realizar conversiones sencillas entre unidades de longitud, volumen y masa del sistema usual de medidas

(4.14)(B) resolver problemas que implican comprender, hacer y llevar a cabo un plan, y evaluar la solución

(4.14)(C) desarrollar plan o estrategia para resolver problemas

• Valor posicional decimal

operaciones Preliminares I

cálculo mental Calcula la mitad de cada número en **a–d.**

    a. Sentido numérico: 24

    b. Sentido numérico: 50

    c. Sentido numérico: 46

    d. Sentido numérico: 120

    e. Dinero: Las manzanas cuestan \$3.67. Lindsay paga con un billete de \$5. ¿Cuánto cambio recibe?

    f. Estimación: Aproximadamente, ¿cuántos pies son 298 yardas? (*Pista:* Redondea el número de yardas a la centena de yarda más cercana antes de calcular mentalmente.)

    g. Cálculo: $6 \times 7, - 2, + 30, + 5, \div 3$

    h. Números romanos[1]: Escribe 12 en números romanos.

resolver problemas Escoge una estrategia apropiada para resolver este problema. Hay dos galones de ponche para la fiesta de la clase. El ponche se sirve en vasos de 8 onzas. ¿Cuántos vasos se alcanzan a llenar con los dos galones de ponche? (Recuerda que 16 onzas es una pinta, dos pintas es un cuarto, dos cuartos es medio galón y dos medios galones es un galón.)

---

[1] En las lecciones 91 a 105, la sección Cálculo mental, "Números romanos" revisa conceptos del Tema A del Apéndice. Usted puede saltar estos problemas de cálculo mental si aún no ha tratado el Tema A del Apéndice.

El ejemplo del dinero nos puede servir para comprender el valor posicional decimal.

centenas	decenas	unidades	punto decimal	décimas	centésimas	milésimas

Hemos utilizado billetes de $100, $10 y $1 para representar valores posicionales a la izquierda del punto decimal. A la derecha del punto decimal, vemos las posiciones de las décimas, centésimas y milésimas. Como una moneda de 10 centavos es $\frac{1}{10}$ de un dólar, el lugar de las décimas es para los diez centavos. El número de monedas de 1 centavo va en el lugar de las centésimas,° porque un centavo es $\frac{1}{100}$ de un dólar. El tercer lugar a la derecha del punto decimal es el lugar de las milésimas. No existe una moneda para una milésima de dólar, pero sí tenemos un nombre para ella. Una milésima de dólar es un *mill,* de manera que un *mill* es $\frac{1}{1000}$ de un dólar. Diez *mills* son iguales a un centavo.

Visit www. SaxonMath.com/ Int4Activities for a calculator activity.

Ejemplo 1

¿Qué dígito de 12.875 está en el lugar de las decenas?

Para identificar el valor posicional decimal nos fijamos en el punto decimal y no en el final del número. El lugar de las décimas es el primer lugar a la derecha del punto decimal. El dígito en el lugar de las décimas es **8**.

Ejemplo 2

¿Qué dígito está en el lugar de las centésimas en estos dos números decimales?

    a. 4.37   **b. 4.370**

Pongamos atención al punto decimal. El lugar de las centésimas es el segundo lugar a la derecha del punto decimal.

    a. El segundo lugar a la derecha del punto decimal de 4.37 es **7**.

    b. El segundo lugar a la derecha del punto decimal de 4.370 también es **7**.

Observa que en el ejemplo 2, cada dígito de 4.37 ocupa el mismo lugar que en 4.370.

	unidades		décimas	centésimas	milésimas
4	.	3	7		
4	.	3	7	0	

El cero en el lugar de las milésimas en 4.370 no agrega valor. Así, 4.37 y 4.370 son iguales.

$$4.37 = 4.370$$

Ejemplo 3

Compara: 23.25 ◯ 23.250

Escribimos los números con el punto decimal alineado y comparamos los números lugar por lugar.

23.25

23.250

Ambos números tienen los mismos dígitos en los mismos lugares. El cero en el lugar de las milésimas de 23.250 no agrega valor, de manera que los números son iguales.

23.25 = 23.250

Cuando hacemos aritmética decimal, a menudo es recomendable agregar uno o más ceros al final de un número decimal, como vemos a continuación. Los ceros adicionales no agregan valor; por lo tanto, el problema original no cambia.

Ejemplo 4

Resta: 4.37 − 1.146

Siempre que sumamos o restamos números decimales, alineamos los puntos decimales. Esto nos asegura que sumamos o restamos dígitos con los mismos valores posicionales. En este ejemplo, observa que no hay dígito del cual restar 6. Podemos llenar el espacio vacío con un cero, porque 4.370 es igual a 4.37. Después podemos restar. La respuesta es **3.224.**

$$
\begin{array}{r}
4.37 \\
-\ 1.146 \\
\hline
\end{array}
$$

$$
\begin{array}{r}
4.3\overset{6}{\cancel{7}}0 \\
-\ 1.146 \\
\hline
3.224
\end{array}
$$

Práctica de la lección

a. ¿Qué dígito de 4.370 está en el lugar de las centésimas?

b. ¿Qué dígito de 4.370 está en el mismo lugar que el 2 de 15.24?

c. Nombra el valor posicional del 4 en 1.234.

d. Selección múltiple ¿Cuáles son los dos números iguales?

   A 12.34   **B** 12.340   **C** 1.234   **D** 123.4

e. Compara: 3.25 $\bigcirc$ 32.50

f. Compara: 3.250 $\bigcirc$ 3.25

Resta. Muestra tu trabajo en cada problema.

g. 12.34 − 1.234   **h.** 1.2 − 0.12

Práctica escrita

Integradas y distribuidas

1. **Analiza** 3 monedas de 25 centavos, 4 de 10¢, 2 de 5¢ y 7 de 1¢,
(35) ¿cuánto dinero es?

*2. **Analiza** Carmen separa los 37 libros de matemáticas en 4 pilas lo más
(88) iguales posibles.

   a. ¿Cuántas pilas tienen exactamente 9 libros?

   b. ¿Cuántas pilas tienen 10 libros?

*3. **Explica** Lily pagó $1 por una carpeta y recibió 52¢ de cambio. Si
(83) el impuesto fue 3¢, ¿cuánto costó la carpeta sin impuestos? Explica tu
razonamiento.

4. Frank escribió cinco veces cada una de sus 12 palabras de ejercicio
(49) ortográfico. En total, ¿cuántas palabras escribió?

5. **Estima** En la elección presidencial de 2004, 5992 electores de Blaine
(59) County, Idaho, votaron por el candidato John Kerry y 4034 electores
votaron por el cadidato George Bush. Estima el número total de votos que
recibieron esos dos candidatos y explica tu estimación.

6. ¿Cómo sería el conteo para 10?
(Inv. 7)

7. Nombra la parte sombreada de este cuadrado
(Inv. 4)
   a. como fracción.

   b. como número decimal.

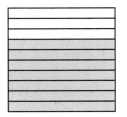

8. (**Representa**) Un sexto de los 48 crayones está en la caja. ¿Cuántos crayones hay en la caja? Haz un dibujo para representar el problema.
(70)

*9. El segmento *AB* mide 32 mm de largo. El segmento *BC* mide 26 mm de largo. El segmento *AD* mide 91 mm de largo. ¿Cuántos milímetros de largo mide el segmento *CD*?
(45, 69)

$$A \qquad\qquad B \qquad\qquad C \qquad\qquad D$$

*10. ¿Qué dígito de 6.125 está en el lugar de las centésimas?
(91)

11. (**Estima**) Si una pinta de agua pesa cerca de una libra, aproximadamente, ¿cuántas libras pesa un cuarto de agua?
(40, 77)

*12. $4.32 - 0.432$
(91)

13. $5^2 + \sqrt{25} + n = 30$
(Inv. 3, 62)

14. $\$6.08 \times 8$
(58)

*15. 47×24
(90)

*16. 36×62
(90)

17. 53×30
(67)

*18. 63×37
(90)

19. 100×32
(85)

20. $4)\overline{3456}$
(76)

21. $8n = 6912$
(76)

22. $7)\overline{\$50.40}$
(76, 80)

*23. (**Representa**) Dibuja y sombrea círculos para demostrar que $1\frac{1}{4}$ es igual a $\frac{5}{4}$.
(89)

*24. **a.** (**Representa**) Dibuja un cuadrado de 4 cm. de lado
(21, Inv. 5)

   b. Sombrea el 50% del cuadrado que dibujaste. ¿Cuántos centímetros cuadrados sombreaste?

*25. (**Representa**) Escribe veintiún milésimas como fracción y como número decimal.
(84)

*26. (**Explica**) Emma prepara dos cuartos de jugo de naranja de un concentrado congelado. Ella sabe que 1 cuarto es igual a 32 onzas líquidas. Cada uno de los vasos pequeños que llena tiene una capacidad de 6 onzas líquidas. ¿Cuántos vasos de jugo puede llenar Emma? Explica tu respuesta.
(40, 88)

*27. Selección múltiple Utiliza los siguientes polígonos para contestar las
(63, 79) partes **a–c.**

A △   B ⏢   C ▢   D ⏢

   a. ¿Cuál de estos polígonos no tiene eje de simetría?

   b. ¿Cuál de estos polígonos tiene simetría rotacional?

   c. ¿Qué polígono *no* es un cuadrilátero?

*28. ¿Cuántos grados gira el minutero del reloj en media hora?
(75)

*29. Compara: 4.2 ◯ 4.200
(91)

*30. Utiliza el siguiente pictograma para contestar las partes **a–c.**
(Inv. 6)

Animal	Peso normal (en libras)
Cocodrilo	⊖—⊖ ⊖—
Marsopa	⊖— ⊖
Jabalí	⊖—⊖ ⊖—⊖ ⊖—⊖
Foca	⊖—⊖ ⊖—⊖

Clave: ⊖——⊖ = 100 libras

Para los más rápidos

Conexión con la vida diaria

   a. ¿Qué cantidad de peso representa cada símbolo?

   b. Escribe los pesos normales de los animales, de menor a mayor.

   c. (**Haz la conexión**) Escribe una oración que compare los pesos de
   dos animales.

• Clasificar cuadriláteros

🏴 **Conceptos y destrezas esenciales para Texas**

(4.8)(B) identificar y describir rectas paralelas e intersecantes usando objetos y dibujos

(4.8)(C) usar atributos para definir figuras geométricas de dos y tres dimensiones

(4.9)(C) usar reflexiones para verificar simetría en una figura

(4.15)(A) explicar observaciones con palabras y números

(4.15)(B) relacionar lenguaje informal con lenguaje matemático

Preliminares

operaciones　　Preliminares I

cálculo mental　　Encuentra la mitad del producto en **a–c.**

   a. **Sentido numérico:** la mitad de 10×12

   b. **Sentido numérico:** la mitad de 10×24

   c. **Sentido numérico:** la mitad de 10×480

   d. **Dinero:** Los materiales de arte cuestan $17.50. Adam paga con un billete de $20. ¿Cuánto cambio recibe?

   e. **Estimación:** Aproximadamente, ¿qué porcentaje del círculo está sombreado? Aproximadamente, ¿qué porcentaje del círculo no está sombreado?

   f. **Cálculo:** 25% de 40, $\times 2$, $+ 4$, $\div 3$

   g. **Números romanos:** Escribe XI en nuestro sistema numérico.

resolver problemas　　Escoge una estrategia apropiada para resolver este problema. Abajo aparecen los primeros cinco términos de una secuencia. Los términos de la secuencia aumentan de izquierda a derecha. Estima cuántos términos habrá en la secuencia cuando llegue a un número igual o mayor que 500. Comprueba después tu estimación continuando la secuencia hasta llegar a un número igual o mayor que 500.

$$1, 2, 4, 8, 16, \ldots$$

Nuevo concepto

Recuerda de la Lección 63 que un cuadrilátero es un polígono que tiene cuatro lados. En esta lección practicamos cómo reconocer y nombrar diferentes tipos de cuadriláteros. En la página siguiente mostramos cuatro tipos diferentes de cuadriláteros.

A	B	C	D	E
paralelogramo	paralelogramo rombo	paralelogramo rectángulo	paralelogramo rombo rectángulo cuadrado	trapecio

Un **paralelogramo** es un cuadrilátero con **dos** pares de lados paralelos. Las figuras *A, B, C* y *D* tienen dos pares de lados paralelos cada una; por lo tanto, las cuatro figuras son paralelogramos. Un **trapecio** es un cuadrilátero con exactamente **un** par de lados paralelos. La figura *E* no es un paralelogramo, es un trapecio.

Un **rectángulo** es un tipo especial de paralelogramo con cuatro ángulos rectos. Las figuras *C* y *D* son rectángulos. Un **rombo** es un tipo especial de paralelogramo cuyos lados tienen igual longitud. La figura *B* es un rombo, tal como la figura *D*. Un **cuadrado** es un cuadrilátero regular. Sus lados tienen igual longitud y todos sus ángulos son rectos. La figura *D* es un cuadrado. Además es un paralelogramo, un rombo y un rectángulo.

Ejemplo 1

¿Cuál de estos cuadriláteros *no* es un paralelogramo?

Buscamos pares de lados paralelos. Un paralelogramo tiene dos pares de lados paralelos. Las figuras *F, G* e *I* tienen cada una dos pares de lados paralelos. La **figura *H*** tiene sólo un par de lados paralelos; por lo tanto, es un trapecio y no un paralelogramo.

Ejemplo 2

Dibuja dos segmentos de recta paralelos de longitudes diferentes. Forma después un cuadrilátero dibujando dos segmentos de recta que conecten los extremos. ¿Qué tipo de cuadrilátero formaste?

Primero dibujamos dos segmentos paralelos de longitudes diferentes.

Después conectamos los extremos con segmentos para formar un cuadrilátero.

Vemos que este cuadrilátero es un **trapecio.**

Ejemplo 3

Destreza mental

Haz un modelo

Encuentra un cuadrilátero en tu salón. Identifica y describe los segmentos de recta paralelos, perpendiculares y los que se intersecan en el cuadrilátero.

¿Cuál de los siguientes cuadriláteros tiene lados que *no* son paralelos ni perpendiculares?

Consideraremos las relaciones que existen entre los lados de cada cuadrilátero.

A Los lados opuestos son paralelos y los lados adyacentes son perpendiculares.

B Los lados opuestos son paralelos y los lados adyacentes se intersecan, pero no son perpendiculares.

C No hay lados opuestos ni perpendiculares.

D Un par de lados opuestos es paralelo y otro lado es perpendicular a los lados paralelos.

Sólo la **figura C** tiene lados que no son paralelos ni perpendiculares.

Ejemplo 4

Describe los ángulos de cada uno los cuadriláteros del Ejemplo 3.

La figura **A** es un cuadrado; tiene **cuatro ángulos rectos.**

La figura **B** es un paralelogramo; tiene **dos ángulos agudos y dos ángulos obtusos.**

La figura **C** es un cuadrilátero; tiene **dos ángulos obtusos y dos ángulos agudos.**

La figura **D** es un trapecio; tiene **dos ángulos rectos, un ángulo agudo y un ángulo obtuso.**

Actividad

Cuadriláteros en el salón de clase

Observa y busca cuadriláteros en el salón. Encuentra ejemplos de por lo menos tres tipos de cuadriláteros que aparecen al comienzo de esta lección. Dibuja cada ejemplo que encuentres y escribe junto a cada dibujo el nombre del objeto que dibujaste y su forma. Después, describe cómo sabes que el objeto tiene la forma que nombraste y describe las relaciones entre los lados de cada cuadrilátero.

Actividad

Simetría y cuadriláteros

Materiales:
- **Actividad 41 de la lección**
- espejo o superficie reflectante

Si mediante un eje de simetría una figura se puede dividir en imágenes especulares, entonces la figura tiene simetría refleja. Un espejo puede ayudarnos a determinar si una figura tiene simetría refleja. Si colocamos un espejo de manera vertical a lo largo de un eje de simetría, la mitad de la figura que está detrás del espejo aparece en la reflexión de la otra mitad. Utiliza un espejo para descubrir qué figuras de la **Actividad 41 de la lección** tienen simetría refleja. Si encuentras una figura con simetría refleja, dibuja su eje (o ejes) de simetría.

Práctica de la lección

(**Clasifica**) Describe cada cuadrilátero como trapecio, paralelogramo, rombo, rectángulo o cuadrado. (Cada figura puede tener más de una descripción).

a.   b.    c.   d.

e. Describe los ángulos de las figuras **a–d** y la relación entre los lados.

f. Dibuja dos segmentos de recta paralelos de igual longitud. Después forma un cuadrilátero dibujando otros dos segmentos de recta paralelos que conecten los extremos. ¿Es tu cuadrilátero un paralelogramo? ¿Por qué?

Práctica escrita   *Integradas y distribuidas*

*1. **(Analiza)** Utiliza esta información para responder las partes **a–c.**
(72, 88)

Lanisha invitó a 14 amigos a almorzar. Ella piensa preparar 12 sándwiches de atún, 10 de mortadela y 8 de pollo.

    a. ¿Cuántos sándwiches preparará Lanisha en total?

    b. Incluyendo a Lanisha, ¿cuántos sándwiches puede comer cada persona?

    c. Si Lanisha parte por la mitad cada sándwich de atún, ¿cuántas mitades habrá?

2. Cinco libras de uva cuestan $2.95. ¿Cuánto cuesta cada libra?
(53)

*3. Si cada lado de un hexágono mide 4 pulgadas de lado, ¿cuánto pies mide
(Inv. 2, 63) el perímetro del hexágono?

4. **(Representa)** ¿Cuánto mayor son nueve millones, cuatrocientos mil, que
(31, 52) dos millones setecientos mil?

*5. Tres marcas de cereal integral cuestan $4.68, $4.49 y $4.71. Ordena estos
(30) precios de menor a mayor.

*6. **(Estima)** Lauren vio que un paquete de 50 CD en blanco cuesta
(58) $9.79. Estima cuánto cuesta comprar 100 CD en blanco. Explica tu respuesta.

7. Nombra la parte sombreada del cuadrado grande
(Inv. 4)   **a.** como fracción.

    b. como número decimal.

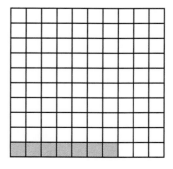

8. **Representa** Utiliza palabras para escribir $7572\frac{1}{8}$.
(35)

*9. **Representa** En la escuela de Kelvin, un quinto de los
(70) 80 estudiantes de cuarto grado utilizan el autobús para ir y venir
de la escuela diariamente. ¿Cuántos estudiantes de cuarto grado
viajan en autobús? Haz un dibujo para ilustrar el problema.

10. ¿Cuántos números diferentes de tres dígitos puedes escribir utilizando los
(3) dígitos 9, 1 y 5? Cada dígito puede utilizarse sólo una vez en cada número
que escribas.

11. El viaje de Franca sólo duró un par de horas. De acuerdo a los relojes que
(27) aparecen abajo, ¿cuánto duró exactamente el viaje?

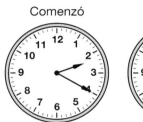

Comenzó   Termínó

*12. **Justifica** James recorrió 301 millas en 7 horas. ¿Cuántas millas por
(60) hora recorrió en promedio? Explica tu razonamiento.

*13. Martino compró 3 carpetas a un precio de $1.99 cada una. El impuesto
(83) sobre la venta fue de 33¢. Pagó con un billete de $20. ¿Cuánto dinero
debe recibir de cambio?

14. $25 + $2.75 + $15.44 + 27¢
(43, 51)

*15. $m + 0.26 = 6.2$ **16.** $100 − $89.85
(91)   (43, 52)

17. 60×900 **18.** 42×30 **19.** 21×17
(86)   (67)   (87)

*20.   36   ***21.**   48   **22.** $4.79
(90) $\times\ 74$ (90) $\times\ 25$ (58) $\times\qquad 6$

23. $9\overline{)918}$ **24.** $5r = 485$
(80)   (41)

25. $6\overline{)482}$ **26.** $50.00 \div 8$
(53)   (76)

27. 2100 ÷ 7
(80)

28. 0.875 − (0.5 + 0.375)
(45, 50)

***29.**  **Clasifica** ¿Qué tipo de cuadrilátero es este polígono?
(92) ¿Cómo lo sabes?

***30.** **Representa** Dibuja y sombrea rectángulos para mostrar que$1\frac{2}{3}$ es
(89) igual a $\frac{5}{3}$.

Conexión con la vida diaria

La clase de Stephanie tiene que identificar polígonos en la clase de matemáticas.

a. Dibuja y rotula un dibujo para cada una de las siguientes figuras que su clase puede usar como ejemplos: cuadrado, rectángulo, rombo, trapecio y paralelogramo.

b. Explica como tienen sentido el nombre de cada dibujo.

Conceptos y destrezas esenciales para Texas

(4.4)(B) representar situaciones de multiplicación y división con dibujos, palabras y números

(4.4)(D) usar multiplicación para resolver problemas

(4.5)(A) redondear números enteros a la decena, centena o millar más cercanos para resolver problemas por aproximacion

(4.5)(B) usar estrategias que incluyen redondeo para estimar soluciones de problemas de multiplicación y división

(4.16)(B) justificar por qué una respuesta es razonable

• Estimar respuestas de multiplicación y división

operaciones   Preliminares I

cálculo mental   Calcula la mitad del producto en **a–c.**

   a. Sentido numérico: la mitad de 10×18

   b. Sentido numérico: la mitad de 10×44

   c. Sentido numérico: la mitad de 10×260

   d. Tiempo: ¿Cuántos minutos hay en $1\frac{1}{2}$ horas?

   e. Medición: ¿Cuántos cuartos hay en 3 galones?

   f. Estimación: Aproximadamente, ¿cuántos pies hay en 1989 yardas?

   g. Cálculo: 3^2, $+\,1$, $\times\,5$, $-\,1$, $\sqrt{}$

   h. Números romanos: Escribe 9 en números romanos.

resolver problemas

Escoge una estrategia apropiada para este problema. En este diagrama de Venn, el círculo de la izquierda representa animales que tienen la capacidad de volar; el círculo de la derecha representa aves. La *P* en el área superpuesta de los círculos representa petirrojos, que son aves que pueden volar. La *A* representa avestruces, que son aves que no pueden volar. La *M* representa murciélagos, que pueden volar pero no son aves. La *B* representa ballenas, que no son aves ni pueden volar. Copia el diagrama de Venn en tu cuaderno y escribe una abreviatura para pingüino, águila, delfín y gato.

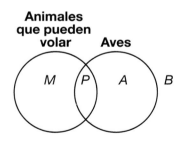

Animales que pueden volar   **Aves**

Nuevo concepto

Las estimaciones nos pueden ayudar a evitar errores. Si estimamos la respuesta antes de multiplicar, podemos determinar si nuestro resultado es razonable.

Ejemplo 1

Jim multiplicó 43 por 29 y obtuvo 203. ¿Es razonable la respuesta de Jim?

Podemos estimar el producto de 43 y 29 multiplicando los números redondeados 40 y 30.

$$40 \times 30 = 1200$$

La respuesta de Jim de 203 y nuestra estimación de 1200 son muy diferentes, de modo que la respuesta de Jim **no es razonable.** Debería comprobar su trabajo.

Comenta ¿Cuál es el producto exacto? ¿El producto exacto está cercano a 1200?

Ejemplo 2

Estima el producto de 38 y 53. Después calcula la respuesta exacta.

Estimamos el producto multiplicando los números redondeados 40 y 50.

$$40 \times 50 = 2000$$

En seguida calculamos la respuesta exacta.

$$
\begin{array}{r}
38 \\
\times\ 53 \\
\hline
114 \\
+190 \\
\hline
2014
\end{array}
$$

Nuestra estimación del producto fue **2000,** así que nuestra respuesta de **2014** es razonable.

Ejemplo 3

Destreza mental

Estima

¿Cómo estimarías el cociente $184 \div 6$?

Estima el cociente de 1845 dividido entre 6.

Escogemos un número cercano a 1845 que sea fácilmente divisible entre 6. Sabemos que 18 es múltiplo de 6, entonces 1800 es un dividendo compatible. Podemos calcular mentalmente: "18 cientos divididos entre 6 es 3 cientos".

$$1800 \div 6 = \mathbf{300}$$

592 *Matemáticas intermedias* **Saxon** *4*

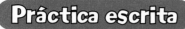

Práctica de la lección

Estima Estima cada producto o cociente. Después calcula la respuesta exacta.

a. 58×23 **b.** 49×51 **c.** 61×38 **d.** $1845 \div 9$

Práctica escrita   *Integradas y distribuidas*

*1.
(88)
Se dividen noventa y un estudiantes entre 3 salones lo más equitativamente posible.

    a. ¿Cuántos salones tienen exactamente 30 estudiantes?

    b. ¿Cuántos salones tienen 31 estudiantes?

*2.
(49)
a. **Analiza** En 1970 costaba 6¢ enviar una carta por correo. ¿Cuánto costaba enviar 20 cartas en 1970?

    b. ¿Cuánto cuesta enviar 20 cartas hoy día?

3.
(Inv. 1)
Representa ¿Qué número representa el punto A en esta recta numérica?

4.
(54)
George Washington nació en 1732 y murió en 1799. ¿Cuántos años vivió?

5.
(77)
Un billete de $1 pesa cerca de 1 gramo. ¿Cuánto pesaría un billete de $5?

*6.
(92)
Dibuja un cuadrilátero que tenga dos pares de lados paralelos.

7.
(Inv. 4)
Nombra la parte sombreada del cuadrado grande
    a. como fracción.

    b. como número decimal.

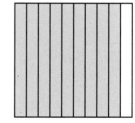

8.
(93)
Explica Jorge redondeó y determinó que 54,000 era una buena estimación para el producto de 58×87. ¿Fue razonable la estimación de Jorge? Explica por qué.

*9. **Representa** La mitad de las 32 piezas de ajedrez estaba aún en el
(70) tablero. ¿Cuántas piezas había aún en el tablero? Haz un dibujo para
representar el problema.

10. Miriam salió de casa a las 10:30 a.m. Viajó 7 horas. ¿Qué hora era cuando
(27) llegó?

11. Maureo viajó 42 millas en 1 hora. Si siguiera viajando a la misma rapidez,
(57, 67) ¿qué distancia recorrería en 20 horas?

*12. Violet le dio al cajero $40 por una tostadora que costaba $29.99 más
(83) $1.80 por impuestos. ¿Cuál fue su cambio? Escribe una ecuación para
resolver el problema.

*13. Connor miraba el sol ponerse por el oeste, después giró 90° contra el
(75) sentido del reloj y se fue a casa. ¿En qué dirección siguió Connor después
del giro?

14. $n + 8 + 2 + 3 + 5 + 2 = 24$
(2)

15. $4.12 - (3.6 + 0.2 + 0.125)$
(45, 50, 91)

16. $18 - 15.63
(43, 52)

17. $15.27 + 85.75
(43, 51)

18. $2^3 \times \sqrt{25}$
(Inv. 3, 62)

19. 30×90
(86)

20. 7.50×8
(58)

*21. $\begin{array}{r} 49 \\ \times\ 62 \\ \hline \end{array}$
(90)

*22. $\begin{array}{r} 54 \\ \times\ 23 \\ \hline \end{array}$
(90)

23. $\begin{array}{r} 74 \\ \times\ 40 \\ \hline \end{array}$
(67)

24. $4\overline{)\$6.36}$
(76)

25. $5\overline{)800}$
(80)

26. $473 \div 8$
(53)

27. $3m = 1800$
(41, 80)

*28. Estima el cociente al dividir 1520 entre 5. Después calcula el cociente exacto.
(53, 93)

*29. **Representa** Dibuja y sombrea círculos para demostrar que $2\frac{1}{4}$ es igual a $\frac{9}{4}$.
(89)

30. Calcula el perímetro y el área de este rectángulo.
(Inv. 2, Inv. 3)

50 pies

20 pies

🔻 *Conceptos y destrezas esenciales para Texas*

(4.3)(A) usar suma para resolver problemas que usan números enteros

(4.4)(B) representar situaciones de multiplicación y división con dibujos, palabras y números

(4.4)(D) usar multiplicación para resolver problemas

(4.4)(E) usar división para resolver problemas

(4.7) describe la relación entre 2 grupos de datos como ser pares ordenados en una tabla

(4.10) localizar puntos en una recta numérica usando enteros, fracciones y decimales

• Problemas de planteo en dos pasos

Preliminares

operaciones　　Preliminares H

cálculo mental　　Cinco es la mitad de 10. Para multiplicar por 5, podemos multiplicar por la mitad de 10. Por ejemplo, 5 × 12 es la mitad de 10 × 12. Encuentra cada producto multiplicando por "la mitad de 10" en **a–d.**

a. Sentido numérico: 5 × 16

b. Sentido numérico: 5 × 24

c. Sentido numérico: 5 × 28

d. Sentido numérico: 5 × 64

e. Medición: Un *stone* es una unidad de peso británica igual a 14 libras. Dos stone son 28 libras, 3 stone son 42 libras, y así sucesivamente. ¿Cuántas libras son 10 stone?

f. Estimación: Lydia caminó 1 km en 608 segundos. Aproximadamente, ¿cuántos minutos demoró en caminar 1 km?

g. Cálculo: 10% de 40, × 10, + 5, ÷ 5

h. Números romanos: Escribe XIV en el sistema decimal.

resolver problemas　　Escoge una estrategia apropiada para resolver este problema. Encuentra los cinco números que siguen en esta secuencia. Después describe la secuencia en palabras.

…, 64, 32, 16, 8, ＿＿, ＿＿, ＿＿, ＿＿, ＿＿, …

Nuevo concepto

Hemos practicado problemas de planteo de dos pasos que implican encontrar precios totales (incluyendo el impuesto) y cambio. Al comenzar esta lección practicaremos otros tipos de problemas de dos pasos. Para resolver estos es útil escribir la información que nos dan y utilizar estrategias.

Ejemplo 1

Leamos matemáticas

Para interpretar un problema, se identifica el objetivo y se hace una lista de los pasos.

Objetivo: Encontrar la edad de Jim.

Paso 1: Encontrar la edad de Ali.

Paso 2: Encontrar la edad de Jim.

Después utilizamos los pasos para hacer un plan.

Jim es 5 años mayor que Ali. Ali es dos años menor que Blanca. Blanca tiene 9 años de edad. ¿Cuántos años tiene Jim?

Realizaremos dos pasos para resolver el problema. Primero utilizamos la edad de Blanca para calcular la edad de Ali. Después utilizamos la edad de Ali para calcular la edad de Jim. Anotamos la información que nos dan.

> Blanca tiene 9 años de edad.
>
> Ali es 2 años menor que Blanca.
>
> Jim es 5 años mayor que Ali.

Sabemos que Blanca tiene 9 años de edad. Ali es 2 años menor que Blanca; por lo tanto, Ali tiene $9 - 2$, ó 7 años de edad. Jim es 5 años mayor que Ali; por lo tanto, Jim tiene $7 + 5$, ó **12 años de edad.**

Ejemplo 2

Destreza mental

Verifica

¿Cuáles son los dos pasos necesarios para encontrar el precio de cada libra?

Carlos paga por 5 libras de manzanas con un billete de $10. Su cambio fue de $6. ¿Cuánto cuesta cada libra de manzanas?

Primero encontramos cuánto cuestan 5 libras de manzanas. Si Carlos paga por las manzanas con un billete de $10 y recibe $6 de cambio, entonces las 5 libras deben costar $4.

$$
\begin{array}{rl}
\$10 & \text{cantidad pagada} \\
-\ \$\ 6 & \text{cambio} \\
\hline
\$\ 4 & \text{precio de 5 libras de manzanas}
\end{array}
$$

Para encontrar el precio de cada libra de manzanas, dividimos $4 entre 5.

$$
\begin{array}{r}
\$0.80 \\
5{\overline{\smash{\big)}\,\$4.00}} \\
\underline{4\,0} \\
00 \\
\underline{0} \\
0
\end{array}
$$

Cada libra de manzanas cuesta **$0.80.**

Ejemplo 3

Uno de los alimentos que Maribella da a su conejo es 2 onzas diarias de lechuga. ¿En cuántos días come su conejo una libra de lechuga? ¿Cuántas libras de lechuga come el conejo en 4 meses?

Una libra son 16 onzas. A 2 onzas diarias, el conejo come una libra de alimento cada **8 días.**

$$16 \div 2 = 8$$

Un mes tiene aproximadamente 30 días; por lo tanto, 4 meses son 4 × 30 días, que son 120 días. Dividimos 120 días entre grupos de 8 días para encontrar el número de libras de lechuga que come el conejo.

$$120 \div 8 = 15$$

En 4 meses, el conejo come aproximadamente **15 libras** de lechugas.

Ejemplo 4

¿Qué número representa el punto B en esta recta numérica?

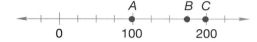

A veces los problemas de dos pasos no son problemas de planteo. Podemos resolver problemas como éste con dos o tres pasos de aritmética.

Vemos que la distancia desde el punto A al punto C es 100.

Paso 1: $200 - 100 = 100$

La distancia se divide entre 4 segmentos. Si dividimos 100 entre 4, encontramos que cada segmento mide 25.

Paso 2: $100 \div 4 = 25$

Paso 3: Si contamos de 25 en 25 desde 100, de A a B, encontramos que el punto B representa **175.** Como el punto B está a un segmento del punto C, podemos comprobar la respuesta contando 25 hacia atrás desde 200. El resultado es 175, que es nuestra respuesta original.

Comenta ¿Cómo podemos utilizar la estrategia de *estima y comprueba* para resolver este problema?

Ejemplo 5

Si y = 2x + 1, ¿cuánto vale y si x = 3?

La ecuación $y = 2x + 1$ nos muestra cómo encontrar el número que es igual a y cuando sabemos qué número es igual a x.

Esta ecuación significa: "Encontrar y, multiplicar x por 2 y después sumar 1".

En esta ecuación, x es 3; por lo tanto, multiplicamos 2 por 3 y después sumamos 1.

$$y = (2 \times 3) + 1$$
$$y = \quad 6 \quad + 1$$
$$y = 7$$

Si x es 3, y es **7.**

Representa ¿Cuánto vale y si x es igual a 5?

Para encontrar el resultado, podemos escribir estos valores en una tabla.

$$2x + 1 = y$$

x	y
3	7
4	9
5	11

Si x es igual a 5, y es **11**.

Haz una predicción ¿Cuáto vale y si x = 10? Explica cómo lo sabes.

Práctica de la lección

a. Kim paga 4 libras de duraznos con un billete de $5. Le devuelven $3. ¿Cuánto cuesta cada libra de duraznos? (*Pista:* primero encuentra el precio de 4 libras de duraznos).

b. El perímetro de este cuadrado mide 12 pulgadas. ¿Cuánto mide el área del cuadrado? (*Pista:* Primero encuentra la longitud de cada lado).

c. Orlando es 10 años menor que Gihan y Gihan es 2 años mayor que Shaniqua. Si Orlando tiene 13 años de edad, ¿cuántos años tiene Shaniqua? (*Pista:* Primero encuentra cuántos años tiene Gihan.)

d. ¿Qué número representa el punto N en esta recta numérica?

e. Si y = 3x + 2, ¿cuánto vale y si x es igual a 4?

f. El Sr. Simmons mide 5 pies 10 pulg de estatura. ¿Cuántas pulgadas son 5 pies 10 pulg?

Práctica escrita *Integradas y distribuidas*

1. Joel le dio al dependiente un billete de $5 para pagar por medio galón de leche que cuesta $1.06 y una caja de cereales que cuesta $2.39. ¿Cuánto cambio recibe?
(83)

*2. En el zoológico viven ochenta y un animales. Un tercio de ellos no son mamíferos. El resto son mamíferos. ¿Cuántos mamíferos viven en el zoológico? (*Pista:* Primero encuentra el número de animales que no son mamíferos).
(70, 94)

3. Ciante plantó 8 filas de manzanos. Hay 15 árboles en cada fila. ¿Cuántos árboles plantó?
(49)

4. Un rublo es una moneda rusa. Si cuatro libras de plátanos cuestan ciento cincuenta y seis rublos, ¿cuántos rublos cuesta cada libra de plátanos?
(52, 65)

*5. **a.** ¿Cuántos gramos pesa la masa que muestra esta balanza?
(77)

   b. 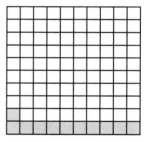 **Explica** ¿Tendrá esta fruta la misma masa en otro planeta? Explica por qué.

*6. Félix es diez años menor que Zatravian. Zatravian escribió esta fórmula para encontrar la edad de Félix: $F = Z - 10$. Encuentra F si Z es igual a 27.
(94)

7. Nombra la parte sombreada del cuadrado grande
(Inv. 4)
   a. como fracción.

   b. como número decimal.

*8. Estima el producto de 32 por 48. Después encuentra el producto exacto.
(93)

9. **Representa** Los camellos bactrianos tienen dos jorobas. Un tercio de los 24 camellos eran bactrianos. ¿Cuántos camellos eran bactrianos? Haz un dibujo para ilustrar el problema.
(70)

10. Un cuarto es un cuarto de galón. ¿Qué porcentaje de un galón es un cuarto?
(40, Inv. 5)

*11. **Clasifica** Para cada oración escribe "cierto" o "falso".
(92)
   a. Cada cuadrado es también un rectángulo.

   b. Cada rectángulo es también un cuadrado.

*12. a. (Representa) Cuatrocientos setenta y uno de los mil estudiantes de
(Inv. 4, 84) la escuela son niñas. ¿Qué fracción de los estudiantes de la escuela
representan las niñas?

b. (Representa) Escribe tu respuesta para la parte **a** como número
decimal. Después utiliza palabras para nombrar el número.

*13. ¿Qué dígito en 1.875 está en el lugar de las décimas?
(91)

*14. Si $y = 2x - 3$, ¿cuánto vale y si x es igual a 5?
(94)

15. Matthe recorrió 496 millas en 8 horas. ¿Cuántas millas por hora recorrió en
(60) promedio?

*16. Calcula $8.3 - (1.74 + 0.9)$. Describe los pasos en orden.
(45, 91)

17. 63×1000 **18.** $80 \times 50¢$ **19.**
(85)   *(86)*   *(17)*

$$
\begin{array}{r}
37 \\
81 \\
45 \\
139 \\
7 \\
15 \\
+ \ 60 \\
\end{array}
$$

*20.   52   ***21.**   36
(90) $\times\,15$ *(90)* $\times\,27$

22. $2\overline{)714}$ **23.** $6\overline{)789}$
(76)   *(53, 76)*

24. $3n = 624$ **25.** $5 + w = 5^2$
(41, 80)   *(61, 62)*

*26. (Representa) Dibuja y sombrea rectángulos para mostrar que $1\frac{2}{5}$ es
(89) igual a $\frac{7}{5}$.

27. Una habitación mide 5 yardas de largo y 4 yardas de ancho. ¿Cuántas
(Inv. 3) yardas cuadradas de alfombra se necesitan para cubrir el piso?

28. El radio de este círculo mide 15 milímetros. ¿Cuántos
(21, 69) centímetros mide el diámetro del círculo?

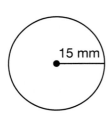

15 mm

*29. a. (Verifica) ¿Cuál de estas letras tiene dos ejes de simetría?
(79, 81)

V W X Y Z

b. (Verifica) ¿Qué par de letras tiene simetría rotacional?

c. Selección múltiple ¿Aproximadamente cuántos grados mide el ángulo formado por la letra V?

    A 45°   **B** 90°   **C** 135°   **D** 180°

*30. En el café, Rihanne y Kendra se sentaron a la mesa una en frente de la
(73) otra. Cuando Rihanna terminó de mirar el menú de una página se trasladó hacia Kendra, de manera que Kendra pudiera leer el menú. ¿Qué par de transformaciones utilizó Rihanne para mover el menú?

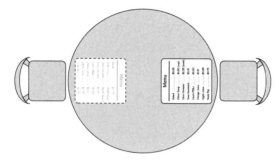

Para los más rápidos

Conexión con la vida diaria

Un sendero de una montaña alcanza una altitud de 4780 pies.

a. Si caminaras por el sendero 5 horas diarias durante cuatro días, ¿cuántos pies ganarías de altitud en promedio cada día?

b. ¿Cuántos pies ganarías de altitud en promedio por cada hora de caminata?

LECCIÓN
95

- # Problemas de dos pasos acerca de fracciones de un grupo

🔹 Conceptos y destrezas esenciales para Texas

(4.4)(B) representar situaciones de multiplicación y división con dibujos, palabras y números
(4.4)(E) usar división para resolver problemas
(4.11)(E) explicar diferencia entre peso y masa
(4.14)(A) identificar las matemáticas en situaciones diarias
(4.14)(B) resolver problemas que implican comprenderlos, hacer y llevar a cabo un plan, y evaluar la solución
(4.15)(A) explicar observaciones con palabras y números

Preliminares

operaciones   Preliminares H

cálculo mental   Calcula cada producto mutiplicando por "la mitad de 10" en **a–c.**

a. Sentido numérico: 5×46

b. Sentido numérico: 5×62

c. Sentido numérico: 5×240

d. Dinero: El precio de la blusa es $24.87. El impuesto sobre la venta es $1.95. ¿Cuál es el precio total?

e. Medición: El vaso de agua grande pesa medio kilogramo. ¿Cuántos gramos son medio kilogramo?

f. Estimación: El paquete de 10 lápices cuesta $1.98. Redondea ese precio al dólar más cercano; después, divide entre 10 para estimar el precio por lápiz.

g. Cálculo: $\sqrt{4}$, $\times\, 7$, $+\, 1$, $+\, 10$, $\sqrt{}$, $-\, 4$

h. Números romanos: Escribe 15 en números romanos.

resolver problemas   Escoge una estrategia apropiada para resolver este problema. El 4 de febrero, Edgar recordó que la fecha de devolución de los dos libros de la biblioteca era el 28 de enero. La multa por libros atrasados es 15¢ diarios por libro. Si devuelve los libros el 4 de febrero, ¿cuál será la multa total?

Nuevo concepto

Los problemas de planteo de esta lección son problemas en dos pasos acerca de fracciones de un grupo. Primero dividimos para calcular el número en una parte. Después multiplicamos para calcular el número en más de una parte.

602   *Matemáticas intermedias* **Saxon** *4*

Ejemplo 1

Destreza mental

Verifica

¿Cuáles son los dos pasos necesarios para calcular el número de campistas que lleva chaquetas verdes?

Hay 30 campistas en el parque estatal. Dos tercios llevan chaquetas verdes. ¿Cuántos campistas llevan chaquetas verdes?

La palabra *tercios* nos dice que hay 3 grupos iguales. Primero calculamos el número de campistas en cada grupo. Como hay 30 campistas en total, dividimos 30 entre 3.

$$3\overline{)30} = 10$$

Hay 10 campistas en cada grupo. Dibujemos un diagrama:

30 campistas

$\frac{2}{3}$ llevan chaquetas verdes
| 10 campistas |
| 10 campistas |

$\frac{1}{3}$ no llevan chaquetas verdes
| 10 campistas |

Dos tercios llevan chaquetas verdes. En dos grupos hay 2 × 10 campistas, o **20 campistas** que llevan chaquetas verdes. También vemos que un grupo no lleva chaquetas verdes; entonces, 10 campistas no llevan chaquetas verdes.

Ejemplo 2

La fuerza de gravedad en Marte es cerca de $\frac{2}{5}$ de la fuerza de gravedad en la Tierra. Si traemos una piedra a la Tierra desde Marte pesará 50 libras. ¿Cuánto pesa en Marte?

La masa de la piedra es la misma en la Tierra que en Marte, porque es la misma cantidad de piedra. Sin embargo, la Tierra es más masiva que Marte, de modo que la fuerza de gravedad es mayor en la Tierra. La piedra en Marte pesa sólo $\frac{2}{5}$ de su peso en la Tierra. Para calcular $\frac{2}{5}$ de 50 libras, primero calculamos $\frac{1}{5}$ de 50 libras dividiendo 50 libras entre 5.

$$50 \text{ libras} \div 5 = 10 \text{ libras}$$

peso de la piedra en Marte
| 10 libras |
| 10 libras |
| 10 libras |
| 10 libras |
| 10 libras |

Cada quinto son 10 libras, de manera que $\frac{2}{5}$ es 20 libras. Vemos que la piedra que pesa 50 libras en la Tierra pesa sólo **20 libras** en Marte.

Comenta ¿Por qué cambia el peso de la piedra cuando se trae a la Tierra? ¿Cómo se comparan la masa de la piedra en Marte con la masa de la piedra en la Tierra?

Representa Haz un diagrama de cada problema. Después, responde la pregunta.

a. Tres cuartos de las 24 fichas estaban aún sobre el tablero. ¿Cuántas fichas estaban aún sobre el tablero?

b. Dos quintos de 30 estudiantes estudiaron más de una hora para una prueba. ¿Cuántos estudiantes estudiaron más de una hora?

c. La fuerza de gravedad en Mercurio es cerca de $\frac{1}{3}$ de la fuerza de gravedad en la Tierra. ¿Cuánto menos pesaría una rueda de auto en Mercurio, si pesa 40 lb en la Tierra? ¿Sería igual la masa? ¿Por qué?

d. Explica la diferencia entre peso y masa.

Práctica escrita

Integradas y distribuidas

1. **Interpreta** Utiliza esta hoja de conteo para contestar las partes **a–c.**
(Inv. 7)

Resultado de la elección de la clase

Candidato	Conteo
Irma	ЖН II
Hamish	ЖН I
Thanh	ЖН III
Marisol	ЖН ЖН II

a. ¿Quién salió segundo en la elección?

b. ¿Quién recibió el doble de votos que Hamish?

c. En total, ¿cuántos votos se registraron?

2. Escribe estas cantidades en orden de mayor a menor:
(Inv. 4)

$1.45 $2.03 $0.99 $1.48

3. **Encuentra la fórmula** El río Osage, en Kansas, mide 500 millas
(25, 41) de largo. El río Kentucky mide 259 millas de largo. ¿Cuántas millas más mide el río Osage? Escribe y resuelve una ecuación.

*4. **Representa** Dos quintos de los 20 globos son amarillos.
(95) ¿Cuántos globos son amarillos? Haz un dibujo para
representar el problema.

*5. Tim tiene 5 años menos que DeMario. DeMario es dos años
(94) mayor que Lucinda. Lucinda tiene 11 años de edad. ¿Qué
edad tiene Tim? ¿Cómo calculaste el resultado?

6. Nombra la parte sombreada de este grupo
(Inv. 4,
74)
   a. como fracción.

   b. como número decimal.

7. La fracción $\frac{1}{10}$ es igual a 10%. ¿Qué porcentaje del grupo del problema
(Inv. 5)
6 está sombreado?

*8. Estima el producto de 88 y 59. Después, calcula el producto
(93) exacto.

9. El cumpleaños de Sue es el 2 de mayo. ¿Qué día de la
(54) semana será su cumpleaños el año 2045?

MAYO 2045						
D	L	M	M	T	V	S
	1	2	3	4	5	6
7	8	9	10	11	12	13
14	15	16	17	18	19	20
21	22	23	24	25	26	27
28	29	30	31			

*10. ¿Qué número representa el punto W en esta recta numérica?
(94)

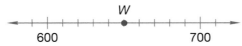

11. $32.63 + $42 + $7.56
(43, 51)

12. $86.45 − ($74.50 + $5)
(43, 45)

13. 83 × 40
(67)

14. 1000 × 53
(85)

15. $9^2 - \sqrt{81}$
(Inv. 3,
62)

*16.   32
(90) × 16

*17.   67
(90) × 32

18. $8.95
(58) ×   4

19. 3)625
(80)

20. 4)714
(53, 76)

21. 6)1385
(80)

22. $\frac{900}{5}$
(80)

23. 3748 ÷ 9
(76)

24. $8m = $28.56
(41, 76)

* 25. **(Representa)** Este círculo muestra que $\frac{2}{2}$ es igual a 1.
(89) Dibuja un círculo que demuestre que $\frac{3}{3}$ es igual a 1.

26. Calcula el perímetro y el área de este rectángulo.
(Inv. 2, Inv. 3)

50 mi

40 mi

* 27. a. Dibuja un cuadrilátero que sea congruente con el
(66, 79) cuadrilátero de la derecha. Después, escribe el nombre de
ese tipo de cuadrilátero.

b. Dibuja el eje de simetría de la figura que creaste.

* 28. Compara: 0.05 ◯ 0.050
(91)

* 29. **(Explica)** Kelly toma carrera y salta 9 pies 6 pulg. ¿Cuántas
(Inv. 2, 94) pulgadas salta Kelly?

* 30. La tabla muestra la relación entre el número de horas que trabaja Aidan y
(Inv. 8) la cantidad de dinero que gana.

Número de horas trabajadas	Dinero ganado (en dólares)
1	19
2	38
3	57
4	76
5	95

a. **(Generaliza)** Escribe una oración que describa la relación entre
los datos.

b. **(Haz una predicción)** Aidan trabaja 40 horas a la semana. ¿Cuál es
una estimación razonable para la cantidad de dinero que gana cada
semana? Explica tu respuesta.

🔻 *Conceptos y destrezas esenciales para Texas*

(4.3)(A) usar suma para resolver problemas que usan números enteros
(4.4)(B) representar situaciones de multiplicación y división con dibujos, palabras y números
(4.4)(E) usar división para resolver problemas
(4.13)(A) usar objetos para generalizar sobre determinación de combinaciones posibles de conjunto de datos
(4.14)(A) identificar las matemáticas en situaciones diarias
(4.16)(B) justificar por qué una respuesta es razonable

• Promedio

operaciones

Preliminares H

cálculo mental

Encuentra la mitad de un producto en **a–c.**

a. Sentido numérico: la mitad de 100 × 12

b. Sentido numérico: la mitad de 100 × 24

c. Sentido numérico: la mitad de 100 × 48

d. Dinero: La ensalada cuesta $4.89. Ramona paga con un billete de $10. ¿Cuánto cambio debe recibir?

e. Geometría: Los ángulos del triángulo miden 47°, 43° y 90°. ¿Cuánto suman las medidas de los ángulos?

f. Estimación: En 10 minutos, Jake contó 25 carros que pasaron por el cruce. ¿Aproximadamente cuántos carros podría contar Jake en 20 minutos?

g. Cálculo: $16 \div 2, -6, \times 2, \sqrt{}$

h. Números romanos: Escribe XXXIII en nuestro sistema numérico.

resolver problemas

Escoge una estrategia apropiada para este problema. En el salón hay tres interruptores de luz que controlan una fila de luces cada uno; una fila adelante, una al centro y una atrás. Haz un diagrama de árbol para encontrar las diferentes maneras en que pueden prenderse y apagarse las filas de luces. Utiliza el diagrama de árbol para contar el número total de combinaciones.

Nuevo concepto

Vocabulario de matemáticas
Un **promedio** describe un conjunto de datos con un número.

A continuación mostramos tres pilas de monedas:

8   3   4

Hay 15 monedas en total. Si reordenamos las monedas para tener el mismo número en cada pila, tendremos 5 monedas en cada pila.

5　　　　　　　5　　　　　　　5

Decimos que el número *promedio* de monedas en cada fila es 5. Encontrar el promedio es un proceso de dos pasos. Primero encontramos cuántas hay en total. Después encontramos cuántas habría en cada grupo si los grupos fueran iguales.

Ejemplo

Cuatro microbuses transportan el equipo de fútbol hasta la cancha. En el primer microbús hay 5 jugadores, en el segundo hay 4 jugadores, en el tercero hay 3 jugadores y en el cuarto hay 8 jugadores. ¿Cuál es el número promedio de jugadores por microbús?

El promedio es el número de jugadores que habría en cada microbús si cada uno transportara el mismo número de jugadores. Imagina que se comienza de nuevo y se vuelven a ocupar los microbuses de manera uniforme. Primero debemos encontrar el número total de jugadores. Encontramos el número total de jugadores sumando el número de jugadores que hay en cada microbús.

$$
\begin{array}{r}
5 \text{ jugadores} \\
4 \text{ jugadores} \\
3 \text{ jugadores} \\
+\ 8 \text{ jugadores} \\
\hline
20 \text{ jugadores}
\end{array}
$$

Como hay 4 microbuses, dividimos los 20 jugadores entre cuatro grupos iguales.

$$\frac{20 \text{ players}}{4 \text{ vans}} = 5 \text{ players in each van}$$

Si los microbuses se hubieran ocupado por igual, habría 5 jugadores en cada microbús. Aunque los microbuses no se ocuparan por igual, el número promedio de jugadores por microbús es de **5 jugadores.**

 Justifica Explica por qué la respuesta es razonable.

Práctica de la lección

a. En tres salones hay 24, 26 y 28 niños. ¿Cuál es el número promedio de niños por salón?

b. **Analiza** Hay dos pilas de libros en un estante: una con 17 libros y la otra con 11 libros. Allison cambia algunos libros de la pila más grande a la pila más pequeña, de manera que el número de libros en cada pila queda igual. ¿Cuántos libros hay ahora en cada pila?

c. Los puntajes de Spencer en sus tres primeros juegos fueron 85, 85 y 100. ¿Cuál es el promedio de los puntajes en sus tres primeros juegos?

Práctica escrita

Integradas y distribuidas

* 1. **Analiza** Freddie es 2 años mayor que Francesca. Francesca tiene el
(94) doble de la edad de Chloe. Chloe tiene 6 años de edad. ¿Qué edad tiene Freddie?

* 2. **Analiza** ¿Cuál es el número total de días de los tres primeros meses de
(54) un año bisiesto?

* 3. Enviar un paquete por correo cuesta $1.52. Taro puso tres estampillas
(94) de 37¢ en el paquete. ¿Cuánto franqueo más necesita para enviar el paquete?

* 4. Treinta y dos pupitres se distribuyen en 6 filas lo más uniformemente posible.
(88)
    a. ¿Cuántas filas tienen exactamente 5 pupitres?

    b. ¿Cuántas filas tienen 6 pupitres?

* 5. **Representa** Dos tercios de los 21 jinetes montaron sus
(95) caballos a pelo (sin montura). ¿Cuántos jinetes montaron a pelo?
Haz un dibujo para ilustrar el problema.

* 6. a. ¿Qué número decimal muestra la parte sombreada del
(Inv. 4, cuadrado grande de la derecha?
Inv. 5)

    b. ¿Qué número decimal muestra la parte que no está sombreada?

    c. ¿Qué porcentaje del cuadrado está sombreado?

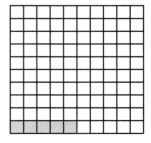

* 7. **Explica** Cerca de la hora de cierre, 31 niños y adultos esperaban en fila para
(88) subirse a un juego en el parque de diversiones. Ocho personas se subieron al juego a la vez. ¿Cuántas personas habrá en la última vuelta del día? Explica tu respuesta.

8. Redondea 3874 al millar más cercano.
(54)

9. **Estima** Alicia abrió un litro de leche y vertió la mitad en un jarro.
(40,
Inv. 5) Aproximadamente, ¿cuántos mililitros de leche vertió en el jarro? ¿Qué
porcentaje de la leche queda aún en el envase?

10. Cuando Mark comenzó a trabajar, el sol ya había salido. Cuando terminó
(27) de trabajar ese día, ya estaba oscuro. ¿Cuánto tiempo pasó?

Comenzó   Terminó

*11. Pilar anotó la temperatura máxima durante cinco días. Las temperaturas
(96) fueron de 79°F, 82°F, 84°F, 81°F y 74°F. ¿Cuál fue la temperatura máxima
promedio de esos cinco días?

12. **Explica** Leena condujo 368 millas en 8 horas. Si condujo el mismo
(60) número de millas cada hora, ¿cuánto recorrió cada hora? Explica cómo
encontraste tu respuesta.

13.   496,325
(51)   +   3,680

14. $36.00
(52)   − $30.78

15. $12.45
(22) $ 1.30
$ 2.00
$ 0.25
$ 0.04
$ 0.32
+ $ 1.29

*16.   26
(90)   × 24

*17.   25
(90)   × 25

18. $8m = \$16.40$
(41, 80)

19. 60×300
(86)

20. $\$8.56 \times 7$
(58)

21. $7\overline{)845}$
(80)

22. $9\overline{)1000}$
(76)

23. $\dfrac{432}{6}$
(65)

*24. **Representa** Dibuja y sombrea un círculo que muestre que $\frac{4}{4}$ es igual a 1.
(89)

25. La pared mide 8 pies de alto y 12 pies de ancho. ¿Cuántos pies cuadrados
(Inv. 3) de papel mural se necesitan para cubrir la pared?

26. **Analiza** Abajo se encuentran los puntajes de Claudio en los primeros
(94, 96) siete juegos. Observa estos puntajes para responder las partes **a–c**.

$$85, 85, 100, 90, 80, 100, 85$$

  a. Reordena los puntajes de menor a mayor.

  b. En tu respuesta a la parte **a,** ¿qué puntaje está en el medio de la lista?

  c. En la lista de puntajes del juego, ¿qué puntaje ocurre con mayor
     frecuencia?

*27. **Estima** ¿Cuál es una estimación razonable para el número que hay
(59, 65) en cada grupo cuando se dividen 912 objetos entre 3 grupos iguales?
Explica por qué tu estimación es razonable.

*28. De acuerdo a muchos expertos en salud, una persona debe tomar
(52) 64 onzas de agua diarias. Si en el vaso de Taeko caben 8 onzas de agua,
¿cuántos vasos de agua debe tomar al día?

*29. Connor le dijo a sus compañeros que su edad en años es un número
(10) impar de un solo dígito y mayor que uno. También les dijo que su edad no
es un número primo. ¿Qué edad tiene Connor?

*30. Si $y = 3x - 1$, ¿cuánto vale y si x es igual a 2?
(94)

**Para los
más rápidos**

*Conexión con
la vida diaria*

Mylah decidió que quería cultivar tres plantas de cacahuate para su
clase de ciencias. Después de cinco meses, una de sus plantas midió
1 pie 6 pulg de alto. La segunda planta midió 1 pie 2 pulg de alto y la
tercera midió 10 pulgadas de alto.

  a. Convierte en pulgadas las alturas de las primeras dos
     plantas de cacahuate y después encuentra la altura
     promedio de todas las plantas de Mylah (en pulgadas).

  b. Convierte el promedio en pies y pulgadas.

🔻 *Conceptos y destrezas esenciales para Texas*

(4.3)(A) usar suma para resolver problemas con números enteros

(4.4)(B) representar situaciones de multiplicación y división con dibujos, palabras y números

(4.14)(B) resolver problemas que implican comprender, hacer y llevar a cabo un plan, y evaluar la solución

(4.14)(C) desarrollar plan o estrategia para resolver problemas

(4.15)(A) explicar observaciones con palabras y números

(4.15)(B) relacionar lenguaje informal con lenguaje matemático

(4.16)(B) justificar por qué una respuesta es razonable

• Media, mediana, intervalo y moda

operaciones   Preliminares H

cálculo mental   Cincuenta es la mitad de 100. Calcula los productos multiplicando por la mitad de 100 en **a–d**.

a. Sentido numérico: 50 × 16

b. Sentido numérico: 50 × 44

c. Sentido numérico: 50 × 26

d. Sentido numérico: 50 × 68

e. Dinero: El precio de los alimentos es $32.48 y el precio de la revista es $4.99. ¿Cuál es el precio total?

f. Estimación: Cada caja mide 30.5 cm de alto. Estima la altura (en cm) de una pila de 6 cajas.

g. Cálculo: 200 ÷ 2, ÷ 2, ÷ 2

h. Números romanos: Escribe 25 en números romanos.

resolver problemas   Escoge una estrategia apropiada para resolver este problema. Un año común tiene 365 días, que son cerca de 52 semanas. Sin embargo, como 52 semanas son exactamente 364 días, un año no comienza en el mismo día de la semana que el año anterior. Si un año común comienza en martes, ¿en qué día de la semana comenzará el año siguiente?

Nuevo concepto

En la lección 96 practicamos cómo encontrar promedios. Para calcular el promedio de un conjunto de números, sumamos los números y después dividimos entre la cantidad de números. Otro nombre para el promedio es la **media.**

Ejemplo 1

Calcula la media del puntaje de los siete partidos de Ian.

80, 85, 85, 10, 90, 90, 85

Sumamos los puntajes y dividimos entre el número de puntajes. La suma de los puntajes es 525. Ahora dividimos la suma entre 7.

$$525 \div 7 = 75$$

La media, o promedio, de los siete puntajes es **75**. Esto significa que el puntaje de los siete partidos de Ian es equivalente a siete puntajes de 75. Podría parecer bajo, pues seis de los puntajes de Ian fueron mayores que 75. Sin embargo, su único puntaje muy bajo de 10 disminuyó su promedio.

La **mediana** de un conjunto de números es el número del medio cuando los números están ordenados por tamaño. Cuando hay un conjunto par de números, la *mediana* es el promedio de los dos números del medio.

Ejemplo 2

Calcula la mediana del puntaje de los siete partidos de Ian.

80, 85, 85, 10, 90, 90, 85

La mediana del puntaje es el puntaje del medio. Para calcular la mediana del puntaje ordenamos los puntajes. Comenzamos con el más bajo.

$$\underbrace{10, 80, 85,}_{\text{3 puntajes}} \ 85, \ \underbrace{85, 90, 90}_{\text{3 puntajes}}$$

medio

Vemos que la mediana del puntaje es **85**.

Comenta Explica cómo calcular la mediana del siguiente conjunto de números.

5, 4, 3, 8, 7, 7

Observa que el puntaje bajo de 10 no afecta a la mediana. El puntaje que está lejos de los otros puntajes se llama **valor extremo.** A veces los *valores extremos* afectan a la media y tienen poco o ningún efecto sobre la mediana. A continuación se muestran estos puntajes en un diagrama de puntos. Vemos que gran parte de los puntajes están cercanos entre sí.

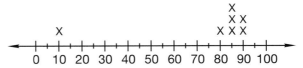

El valor extremo está muy lejos de los otros puntajes.

El **intervalo** de un conjunto de números es la diferencia entre el número más grande y el más pequeño de una lista. Para calcular el intervalo de una lista, restamos el número más pequeño del número más grande.

Ejemplo 3

Calcula el intervalo del puntaje de los siete partidos de Ian.

80, 85, 85, 10, 90, 90, 85

Los puntajes varían entre un mínimo de 10 a un máximo de 90. El intervalo es la diferencia entre los puntajes alto y bajo. Restamos 10 de 90 y vemos que el intervalo es **80**.

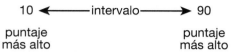

La **moda** de un conjunto de números es el número que aparece más a menudo.

Ejemplo 4

Calcula la moda del puntaje de los siete partidos de Ian.

80, 85, 85, 10, 90, 90, 85

Vemos que el puntaje de 85 aparece tres veces. Ningún otro puntaje aparece más de dos veces. Por lo tanto, la moda es **85**.

Comenta ¿Cuál es la moda del siguiente conjunto de números?

5, 5, 3, 6, 8, 7, 7

Práctica de la lección

a. **Analiza** Encuentra la media, la mediana, la moda y el intervalo de los siguientes puntos de partido de Janell. ¿Hay algún valor extremo en este conjunto de puntos?

50, 80, 90, 85, 90, 95, 90, 100

b. Calcula la media, la mediana, la moda y el intervalo de este conjunto de números:

31, 28, 31, 30, 25

c. **Explica** Calcula la mediana de los siguientes puntajes de prueba. Explica cómo encontraste el resultado.

75, 80, 80, 90, 95, 100

d. Las X de este diagrama de puntos representan la edad de los niños que asistieron a una fiesta. ¿Cuántos niños asistieron a la fiesta? ¿Cuál es la moda de las edades?

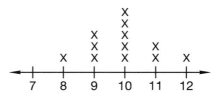

* 1. **Interpreta** Utiliza la información de esta gráfica circular para responder
(Inv. 6) las partes **a–d.**

Actividades de 100 niños en el parque

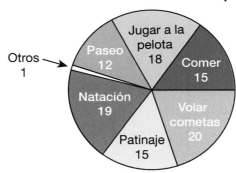

a. ¿Cuántos niños hay en total en el parque?

b. ¿Cuántos niños *no* están nadando?

c. ¿Cuántos niños están paseando o patinando?

d. ¿Cuántos niños más vuelan cometas que nadan?

* 2. **Representa** Tres cuartos de las mil monedas de oro son
(95) monedas de oro especiales llamadas doblones. ¿Cuántos doblones hay? Haz un dibujo para representar el problema.

* 3. ¿Qué porcentaje de las monedas de oro del problema **2** son
(Inv. 5, 95) doblones?

4. Escribe cada número mixto como decimal:
(84)

    a. $3\frac{5}{10}$ **b.** $14\frac{21}{1000}$ **c.** $9\frac{4}{100}$

*5. Estima el producto de 39 por 406. Calcula después el producto
(93) exacto.

*6. Si $y = 4x - 2$, ¿cuánto vale y si x vale 4?
(94)

*7. Escribe estas fracciones en orden de menor a mayor:
(Inv. 9)

$$\frac{3}{4} \qquad \frac{1}{2} \qquad \frac{5}{8}$$

8. Compara: 2 mil $\bigcirc$ 24 cientos
(33)

Consulta el rectángulo de la derecha para contestar los problemas **9** y **10**.

9. ¿Cuánto mide el perímetro del rectángulo
(Inv. 2,
69) **a.** en milímetros?

   b. en centímetros?

10. ¿Cuánto mide el área del rectángulo
(Inv. 3,
86) **a.** en milímetros cuadrados?

   b. en centímetros cuadrados?

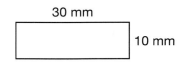
30 mm
10 mm

11. Santos calcula que el viaje dura siete horas y media. Sale a las 7 a.m. ¿A
(27) qué hora cree que llegará?

*12. (Analiza) ¿Cuál es el número promedio (media) de días por mes de los
(96) tres primeros meses de un año común?

13. 25 × 40   **14.** 98¢ × 7
(67)   (48)

15. $\sqrt{36} \times \sqrt{4}$ **16.** $\dfrac{3^3}{3}$
(Inv. 3)   (62)

17. 36
(90)   × 34

*18. 35
(90)   × 35

19.
(2)
4
2
1
3
4
7
2
2
3
4
+ x
——
42

20. 8m = $70.00
(41, 76)

21. 6)‾1234‾
(80)

22. 800 ÷ 7
(65)

23. 487 ÷ 3
(82)

24. $2.74 + $0.27 + $6 + 49¢
(43)

25. 9.487 − (3.7 + 2.36)
(45, 50)

*26. (**Representa**) Dibuja y sombrea círculos para demostrar que $2\frac{1}{3}$ es igual a $\frac{7}{3}$.
(89)

*27. (**Analiza**) La siguiente es una lista del número de puntos que Amon
(97)   anotó en sus últimos nueve partidos de baloncesto, que van de 6 a 10. En
relación a estos puntajes, contesta las partes **a–e.**

8, 7, 7, 8, 6, 10, 9, 10, 7

    a. ¿Cuál es la moda de los puntajes?

    b. ¿Cuál es la mediana de los puntajes?

    c. ¿Cuál es el intervalo de los puntajes?

    d. ¿Cuál es la media de los puntajes?

    e. ¿Hay valores extremos?

28. Cada día, la segunda clase de Brent comienza a las 9:00 a.m. ¿Qué tipo
(81)   de ángulo forman el minutero y el horario del reloj a esa hora?

*29. (**Explica**) Treinta y un estudiantes entran al salón. Los pupitres del
(58)   salón están distribuidos en filas de 7 pupitres. Si los estudiantes llenan la
primera fila de pupitres y después llenan la segunda fila de pupitres, etc.,
¿cuántas filas estarán llenas de estudiantes? ¿Cuántos estudiantes se
sentarán en una fila que no está llena? Explica tu respuesta.

*30. Melvin está leyendo un libro. Cuando termina de leer cada dos
(73)   páginas, voltea la página. ¿Voltear una página es como qué
transformación?

Conceptos y destrezas esenciales para Texas

(4.8)(C) usar atributos para definir figuras geométricas de dos y tres dimensiones
(4.14)(B) resolver problemas que implican comprender, hacer y llevar a cabo un plan, y evaluar la solución
(4.14)(C) desarrollar plan o estrategia para resolver problemas
(4.15)(B) relacionar lenguaje informal con lenguaje matemático

• Sólidos geométricos

operaciones

Preliminares H

cálculo mental

Para encontrar el producto de una multiplicación podemos doblar un factor y tomar la mitad del otro factor.

$$4 \times 18$$

doble ↓   ↓ mitad

$$8 \times 9 = 72$$

Encuentra cada producto mediante el método "el doble y la mitad" en **a–d.**

a. Sentido numérico: 3×14

b. Sentido numérico: 4×16

c. Sentido numérico: 5×22

d. Sentido numérico: 50×24

e. Dinero: $\$1.00 - 42¢$

f. Estimación: Escoge la estimación más razonable para la altura de un techo: 250 cm ó 250 m.

g. Cálculo: $6^2, + 4, - 30, \times 10$

h. Números romanos: Escribe 25 en números romanos.

resolver problemas

Escoge una estrategia apropiada para resolver este problema. Para llegar hasta la sala donde tiene su examen médico anual, Jerome atraviesa tres puertas: una puerta para entrar al edificio donde está la oficina del doctor, una puerta para entrar a la sala de espera y una puerta para entrar a la sala del examen. Cuando llega, cada puerta puede estar abierta o cerrada. Haz una lista de las combinaciones posibles de puertas abiertas y cerradas que Jerome puede encontrar en su trayecto. Utiliza las abreviaciones A para "abierta" y C para "cerrada".

Las figuras de dos dimensiones como triángulos, rectángulos y círculos son figuras planas que cubren un área, pero que no ocupan espacio. Tienen longitud y ancho, pero no tienen profundidad. Los objetos que ocupan espacio son cosas como carros, pelotas de baloncesto, pupitres y casas. Las personas también ocupan espacio. Las figuras geométricas que ocupan espacio se llaman **sólidos geométricos.** Las diapositivas también ocupan espacio. La tabla de abajo muestra los nombres de algunos sólidos geométricos.

Sólidos geométricos

Figura	Nombre
	Cubo (y prisma rectangular)
	Prisma rectangular (o sólido rectangular)
	Prisma triangular
	Pirámide
	Cilindro
	Esfera
	Cono

Ejemplo 1

Nombra cada figura:

a.   b. 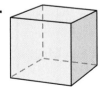   c.

Comparamos cada figura con la tabla.

a. esfera   **b. cubo**   **c. cono**

¿Qué forma tiene una lata de sopa?

Una lata de sopa tiene forma de **cilindro.**

Una superficie plana de un sólido se llama **cara.** Dos caras se unen en una **arista.** Tres o más aristas se unen en una esquina que se llama *vértice.* La cara de abajo se llama **base.**

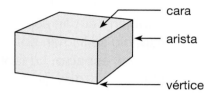

cara

arista

vértice

Un cilindro circular tiene una superficie curva y dos superficies planas circulares. Un cono tiene una superficie curva y una superficie plana circular. El extremo en punta de un cono es el **ápice.** Una esfera no tiene superficies planas.

Ejemplo 3

a. ¿Cuántas caras tiene una caja?

b. ¿Cuántos vértices tiene una caja?

c. ¿Cuántas aristas tiene una caja?

Para responder las preguntas de arriba, encuentra una caja cerrada rectangular en el salón (una caja de pañuelos de papel, por ejemplo).

a. 6 caras (superior, inferior, izquierda, derecha, frontal, posterior)

b. 8 vértices (4 en la parte superior, 4 en la parte inferior)

c. 12 aristas (4 en la parte superior, 4 en la parte inferior y 4 que van de arriba a abajo)

Actividad

Los sólidos geométricos en la vida diaria

Materiales

- **Actividad 42 de la lección**

Si miramos a nuestro alrededor vemos ejemplos de los sólidos geométricos que se muestran en la tabla de esta lección. En algunos objetos se combinan dos o más figuras. Por ejemplo, en un edificio podemos ver un prisma triangular y un prisma rectangular.

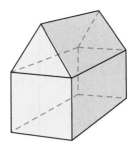

Completa la **Actividad 42 de la lección** encontrando y nombrando un objeto para cada figura. Después haz un dibujo de cada objeto de la página.

Práctica de la lección

En los problemas **a–d,** nombra la figura del objeto de la lista.

a. pelota de baloncesto

b. caja de zapatos

c. embudo

d. lata de soda

e. La figura de la derecha tiene la misma forma que varios lugares muy conocidos de Egipto. ¿Cuál es la forma?

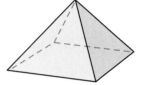

f. La figura del problema **e** tiene una base cuadrada. ¿Cuántas caras tiene la figura? ¿Cuántas aristas? ¿Cuántos vértices?

Práctica escrita   *Integradas y distribuidas*

*1. Utiliza esta información para responder las partes **a–c.**
(72, 94)

> *En la familia Lerma hay 3 niños. Juno tiene 10 años de edad. Joaquin es 2 años menor que Jovana. Joaquin es 4 años mayor que Juno.*

a. ¿Qué edad tiene Joaquin?

b. ¿Qué edad tiene Jovana?

c. Cuando Joaquin tenga 16 años de edad, ¿qué edad tendrá Jovana?

*2. D'Andra compra una alcachofa y 6 libras de zanahorias por $2.76. Si
(94) la alcachofa cuesta 84¢, ¿cuánto cuesta 1 libra de zanahorias? (*Pista:* Primero encuentra el precio de las zanahorias).

3. Compara. Escribe >, < ó =.
(33)

   a. 206,353 ◯ 209,124   **b.** 518,060 ◯ 518,006

4. Ordena estos números de mayor a menor:
(33)

        89,611   120,044   102,757   96,720

5. (**Representa**) Escribe cada número mixto como decimal:
(84)

   a. $5\frac{31}{1000}$ **b.** $16\frac{7}{10}$ **c.** $5\frac{7}{100}$

*6. (**Representa**) Tres quintos de los 40 puntos del equipo fueron
(95) anotados durante la primera mitad del juego. ¿Cuántos puntos
anotó el equipo durante la primera mitad del juego? Haz un dibujo
para ilustrar el problema.

*7. Un quinto es el 20%. ¿Qué porcentaje son tres quintos?
(Inv. 5,
95)

8. (**Representa**) Utiliza palabras para escribir 7.68.
(Inv. 4)

9. (**Representa**) Utiliza palabras para escribir 76.8.
(Inv. 4)

*10. ✎ (**Explica**) Armondo estimó que el producto exacto de 78 y 91 es
(93) cercano a 720. ¿Hizo Armondo una estimación razonable? Explica por
qué.

11. (**Haz la conexión**) Nombra el número de cuadrados sombreados que hay
(Inv. 4) abajo

   a. como número mixto.

   b. como decimal.

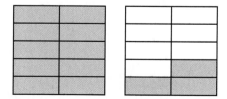

*12. Hay 24 personas en una fila y 16 personas en otra. ¿Cuál es el número
(96) promedio de personas por fila?

13. El día escolar de Makayla termina 5 horas 20 minutos después de la hora que muestra el reloj. ¿A qué hora termina el día escolar de Makayla?
(27)

14. El señor Romano hornea 27 pizzas en 3 horas.
(60)

    a. ¿Cuántas pizzas hornea en 1 hora?

    b. ¿Cuántas pizzas hornea en 5 horas?
    (*Pista:* Multiplica el resultado de la parte **a** por 5).

15. $3.65 + 4.2 + 0.625$
(50)

16. $\$13.70 - \$6.85$
(43, 51)

17. 26×100
(85)

18. $9 \times 87¢$
(48)

19. 14×16
(90)

20. 15^2
(62, 90)

21. $\dfrac{456}{6}$
(65)

22. $\begin{array}{r} 47 \\ \times\ 60 \\ \hline \end{array}$
(67)

23. $6x = 4248$
(80)

24. $1\overline{)163}$
(76)

25. $5\overline{)\$49.00}$
(76, 80)

*26. Esta tabla representa la ecuación $y = 2x + 3$ y muestra los valores de y si x es igual a 2 y si x es igual a 3. ¿Cuál es el valor de y si x es igual a 4?
(94)

$y = 2x + 3$	
x	**y**
2	7
3	9
4	?

27. ¿Cuántas losetas cuadradas de un pie se necesitan para cubrir el piso de una habitación que mide 15 pies de largo y 10 pies de ancho?
(Inv. 3, 85)

*28. Encuentra la mediana y la moda de este conjunto de números:
(97)

$$1, 1, 2, 3, 5, 8, 13$$

*29. ¿Qué figura geométrica es un globo?
(98)

*30. **a.** ¿Cuál es el nombre geométrico de este sólido?
(98)

    b. ¿Cuántas caras tiene este sólido?

    c. Describe los ángulos.

🔷 *Conceptos y destrezas esenciales para Texas*

(4.8)(A) identificar y describir ángulos
(4.8)(B) identificar y describir rectas paralelas e intersecantes usando objetos y dibujos
(4.8)(C) usar atributos para definir figuras geométricas de dos y tres dimensiones
(4.14)(A) identificar las matemáticas en la vida diaria
(4.14)(C) desarrollar plan o estrategia para resolver problemas
(4.14)(D) usar medios y tecnología para resolver problemas
(4.15)(A) hacer observaciones con palabras y números
(4.15)(B) relacionar lenguaje informal con matemático

• Construcción de prismas

Preliminares

operaciones

Preliminares J

cálculo mental

Calcula los productos con el método de "el doble y la mitad " en **a–c**.

a. Sentido numérico: 3×18

b. Sentido numérico: 15×60

c. Sentido numérico: 50×48

d. Dinero: Darius tiene $5.00. Gasta $1.75 en una tarjeta de cumpleaños para su hermano. ¿Cuánto le queda?

e. Partes fraccionarias: ¿Cuánto es $\frac{1}{5}$ de 100?

f. Estimación: Emma utiliza $11\frac{3}{4}$ pulgadas de cinta para envolver un regalo. Aproximadamente ¿cuánta cinta necesitará para envolver otros cinco regalos del mismo tamaño del primero?

g. Cálculo: $\sqrt{25}$, $\div 5$, $+ 6$, $\times 2$, $- 11$

h. Números romanos: Escribe XXVII en nuestro sistema numérico.

resolver problemas

Escoge una estrategia apropiada para resolver este problema. Emily puede caminar el doble de rápido de lo que puede nadar. Puede correr el doble de rápido de lo que puede caminar. Puede andar en bicicleta el doble de rápido de lo que puede correr. Si Emily puede recorrer en bicicleta un cuarto de milla en un minuto, ¿cuánto tardaría en nadar un cuarto de milla?

Nuevo conceptos

En la Lección 98 nombramos cuerpos sólidos según sus formas. En esta lección enfocaremos nuestra atención en la comprensión de prismas rectangulares y prismas triangulares.

Considera la forma de una caja de cereales. Esa forma se llama *sólido rectangular* (o *prisma rectangular*). Cada panel (lado) de una caja de cereales cerrada es un rectángulo.

Si tienes una caja de cereales vacía o un recipiente similar, puedes utilizarla como referencia para responder a las siguientes preguntas:

1. ¿Cuántos paneles tiene una caja de cereales cerrada?
2. ¿Qué palabra podríamos utilizar para referirnos a estos paneles?
3. Sin un espejo, ¿cuál es el mayor número de paneles que se puede ver a la vez?
4. Dos paneles se unen en un doblez, o costura, de la caja. Cada doblez es una arista. ¿Cuántas aristas tiene una caja de cereales cerrada?
5. En cada esquina de la caja se unen tres aristas. ¿Cuántas esquinas tiene una caja de cereales cerrada (vértices)?

Si cerramos una caja de cereales vacía con cinta adhesiva y la recortamos en siete de sus aristas, podremos "estirar" el envase, como muestra el dibujo.

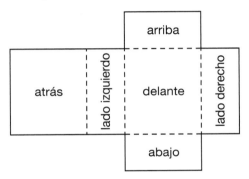

Podemos ver los seis rectángulos que formaban los paneles de la caja cerrada. Utilizaremos redes como ésta para construir modelos de sólidos.

Actividad

Construir prismas

Materiales necesarios:
- **Actividades 43, 44** y **45 de la lección**
- tijeras
- cinta adhesiva o pegamento

Podemos hacer maquetas de cubos, prismas rectangulares y prismas triangulares cortando, doblando y pegando redes de figuras para construir figuras tridimensionales. Utiliza las **Actividades 43, 44** y **45 de la lección** para construir dos prismas rectangulares, dos prismas triangulares y dos cubos. Después, estudia esas figuras para responder a las preguntas de la Práctica de la lección.

Consulta el cubo para contestar los problemas **a–e.**

a. ¿Qué forma tienen las caras?

b. ¿Son todas las caras paralelas a una cara opuesta?

c. ¿Son todas las aristas paralelas por lo menos a otra arista?

d. ¿Son todas las aristas perpendiculares por lo menos a otra arista?

e. ¿Qué tipo de ángulo forma cada par de aristas secantes?

Consulta el siguiente prisma rectangular para responder a los problemas **f–j.**

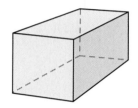

f. ¿Qué forma tienen las caras?

g. ¿Son todas las caras paralelas a una cara opuesta?

h. ¿Son todas las aristas paralelas por lo menos a otra arista?

i. ¿Son todas las aristas perpendiculares por lo menos a otra arista?

j. ¿Qué tipo de ángulo forma cada par de aristas secantes?

Consulta el prisma triangular con dos caras que son triángulos equiláteros para responder a los problemas **k–o.**

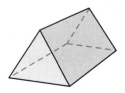

k. ¿Cuáles son las formas de las cinco caras?

l. ¿Son paralelas las caras triangulares? ¿Son paralelas las caras rectangulares?

m. ¿Son congruentes las caras triangulares? ¿Son congruentes las caras rectangulares?

n. ¿Ves pares de aristas que sean paralelas? ¿Que sean perpendiculares? ¿Que sean secantes pero no perpendiculares?

o. ¿Qué tipos de ángulos forman las aristas secantes?

Consulta el prisma triangular con dos caras que son triángulos rectos para responder los problemas **p–t**.

p. ¿Qué formas tienen las cinco caras?

q. ¿Qué caras son paralelas?

r. ¿Son congruentes las caras triangulares? ¿Son congruentes las caras rectangulares?

s. ¿Hay pares de aristas que sean paralelas? ¿Perpendiculares? ¿Secantes pero no perpendiculares?

t. ¿Qué tipos de ángulos forman las aristas secantes?

Práctica escrita — *Integradas y distribuidas*

*1. Están distribuyendo cincuenta y tres fotos familiares en un álbum. El
(88) álbum tiene 12 páginas en total y se pueden guardar 6 fotografías en cada página.

    a. ¿Cuántas páginas del álbum se llenarán de fotografías?

    b. ¿Cuántas fotografías habrá en la página que no se llene?

    c. ¿Cuántas páginas del álbum quedarán vacías?

2. **Estima** Abraham Lincoln nació en 1809 y murió en 1865.
(54) Aproximadamente, ¿cuántos años vivió?

*3. **Analiza** La playa de estacionamiento cobra $1.25 por la primera hora
(94) de estacionamiento de un carro. Cobra 75¢ por cada hora adicional. ¿Cuánto cuesta estacionar un carro allí durante 3 horas?

*4. **(Representa)** Dos tercios de los 45 puntos del equipo se anotaron
(95) en el segundo tiempo. ¿Cuántos puntos anotó el equipo en el segundo
tiempo? Haz un dibujo para representar el problema·

*5. Hay un error en el letrero de la derecha. Dibuja dos letreros
(35) diferentes que muestren cómo corregir el error.

6. **(Analiza)** ¿Cuál es el valor total de 3 billetes de $10, 4 billetes de $1, 5
(35) monedas de 10¢ y 2 de 1¢?

7. **(Representa)** Escribe con palabras 6412.5.
(Inv. 4)

8. **(Estima)** El año pasado, 5139 personas asistieron a un festival de
(59) jazz al aire libre. Este año, 6902 personas asistieron al festival. Estima
la asistencia total durante esos años y explica por qué tu estimación es
razonable.

9. a. James abrió una botella de leche de 1 galón y se sirvió 1 cuarto.
(40, ¿Cuántos cuartos de leche quedaron en la botella?
Inv. 5)

b. ¿Qué porcentaje de leche quedó en la botella?

10. Mira las siguientes monedas. Haz una lista de todas las cantidades diferentes
(36) que podrías formar utilizando sólo dos monedas.

*11. Estima el producto de 39 y 41. Después calcula el producto exacto.
(93)

12. Felicia le dio lentamente un cuarto de giro a la perilla en el sentido
(75) contrario de las manecillas del reloj. ¿Cuántos grados giró la perilla?

* 13. Cinco autobuses llenos transportaron 240 estudiantes. ¿Cuál fue el
(96) número promedio de estudiantes por autobús?

14. $68.57
(43, 51) + $36.49

15. $100.00
(52) − $ 5.43

16.
(17)
15
24
36
75
21
8
36
+ 420

17.   12
(87) × 12

18. $5.08
(58) ×   7

19. 50^2
(62, 86)

20. $\sqrt{144}$
(Inv. 3)

21. 12.08 − (9.61 − 2.4)
(45, 50)

22. 49 × 51
(90)

23. 33 × 25
(90)

24. $\dfrac{848}{8}$
(80)

25. $9w = 6300$
(80)

* 26. **(Representa)** Dibuja y sombrea círculos para demostrar que $2\frac{2}{3}$ es igual a $\frac{8}{3}$.
(89)

* 27. **(Representa)** Dibuja un rectángulo que mida tres pulgadas de largo y una
(21, pulgada de ancho. Después calcula el perímetro y el área.
Inv. 3)

* 28. Esta tabla representa la ecuación $y = 3x + 1$ y muestra los valores
(94) de y si x vale 3 y si x vale 4. ¿Cuánto vale y si x vale 5?

$y = 3x + 1$

x	y
3	10
4	13
5	?

* 29. **(Clasifica)** Consulta este prisma triangular para las partes **a** y **b**.
(23)
    a. Describe los ángulos como agudo, recto u obtuso.

    b. ¿Qué caras son paralelas?

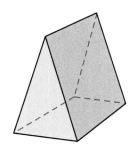

* 30. Esta pirámide tiene una base cuadrada. ¿Cuántos vértices
(98) tiene la pirámide?

▲ Conceptos y destrezas esenciales para Texas

(4.8)(C) usar atributos para definir figuras
geométricas de dos y tres dimensiones
(4.14)(B) resolver problemas que implican
comprender, hacer y llevar a cabo un plan,
y evaluar la solución
(4.14)(C) desarrollar plan o estrategia para resolver
problemas
(4.15)(A) explicar observaciones con palabras y
números

• Construcción de pirámides

operaciones Preliminares J

cálculo mental Encuentra cada producto mediante el método "el doble y la mitad" en **a–c.**

a. Sentido numérico: 4×14

b. Sentido numérico: 25×80

c. Sentido numérico: 50×64

d. Dinero: James paga con un billete de $10 por un aspersor para el césped que cuesta $8.16. ¿Cuánto cambio recibe?

e. Geometría: ¿Cuánto mide el diámetro de una rueda de radio 14 pulgadas?

f. Estimación: Estima 19×41 redondeando cada número a la decena más cercana antes de multiplicar.

g. Cálculo: $15 - 9$, eleva al cuadrado, $\div 4$, $- 8$

h. Números romanos: Escribe 19 en números romanos.

resolver problemas La familia de Franklin se está mudando de casa y empaca sus cosas en cajas idénticas. El dibujo de la derecha representa la pila de cajas que hay dentro del camión de mudanza. ¿Cuántas cajas hay en la pila?

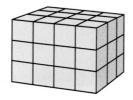

Enfoque de la estrategia: Hacer un problema más sencillo

(**Comprende**) Nos muestran un dibujo de cajas iguales apiladas. Suponemos que las cajas de los niveles inferiores sostienen las de los niveles superiores. Nos piden encontrar cuántas cajas hay en total en la pila.

(Planifica) En el dibujo vemos tres niveles de cajas. Si encontramos el número de cajas que hay en cada nivel, podemos multiplicar por 3 para encontrar el número total de cajas.

(Resuelve) Si observamos el nivel superior, vemos 4 cajas por el frente y 3 cajas por el costado. Cuatro filas de 3 cajas significa que hay 4 × 3 cajas = 12 cajas en el nivel superior. El nivel del centro y el inferior tienen el mismo número de cajas que el nivel superior. Como hay tres niveles de cajas, encontramos que en la pila hay 3 × 12 cajas = **36 cajas** en total.

(Comprende) Sabemos que nuestra respuesta es razonable, porque tres niveles de 12 cajas cada uno son 36 cajas en total. Si tenemos bloques o unidades cúbicas, podemos comprobar nuestra respuesta haciendo un modelo del problema.

Nuevo concepto

Vocabulario de matemáticas

Un *plano* es una superficie plana de 2 dimensiones, que nunca termina. En los planos encontramos rectas y figuras planas.

Recuerda de la Lección 98, que las figuras geométricas como triángulos, rectángulos y círculos tienen dos dimensiones —longitud y ancho—, pero no tienen profundidad. Este tipo de figuras ocupan un área, pero no ocupan espacio. A este tipo de figuras se les llama figuras planas, porque están confinadas a un plano.

cuadrado   triángulo
círculo

Las figuras que ocupan espacio, tales como cubos, pirámides y conos son *sólidos geométricos*. Los sólidos geométricos tienen tres dimensiones: longitud, ancho y profundidad. A estas figuras a veces las llamamos simplemente sólidos. Los sólidos no están confinados a un plano; por lo tanto, para dibujarlos intentamos crear una ilusión óptica para insinuar su forma.

cubo
pirámide
cono

En la Lección 99 estudiamos modelos de prismas rectangulares y prismas triangulares. En esta lección estudiamos modelos de pirámides.

Actividad

Construir modelos de pirámides

Materiales

- **Actividad 46 de la lección**
- tijeras
- pegamento o cinta adhesiva

Recorta los patrones para las pirámides. Las partes sombreadas de cada patrón son lengüetas que sirven para unir la figura. Dobla el papel por las aristas antes de poner pegamento en las uniones. Puedes trabajar con un compañero cuando construyas los modelos. Observa los modelos para responder las preguntas de la Práctica de la lección.

Práctica de la lección

Observa la pirámide de base cuadrada de la derecha para responder las preguntas **a–d**.

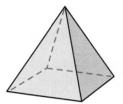

a. ¿Cuántas caras tiene la pirámide y qué figuras son?

b. ¿Tiene caras paralelas la pirámide?

c. ¿Tiene aristas paralelas o perpendiculares la pirámide? Explica.

d. ¿Qué tipos de ángulo forman las aristas secantes en la pirámide de arriba?

Observa la pirámide de base triangular para responder las preguntas **e–h**.

e. ¿Cuántas caras tiene la pirámide y qué figuras son?

f. ¿Tiene caras paralelas la pirámide?

g. ¿Tiene aristas paralelas o perpendiculares la pirámide?

h. ¿Qué tipos de ángulo forman las aristas secantes en la pirámide de arriba?

1. ¿Cuántas yardas son ciento cincuenta pies?
(Inv. 2, 71)

2. Tammy le pasa $6 al dependiente para pagar un libro. Recibe 64¢ de
(83) cambio. El impuesto es de 38¢. ¿Cuál es el precio del libro?

3. Sergio es 2 años mayor que Rebecca. Rebecca tiene el doble de edad
(94) que Dina. Sergio tiene 12 años de edad. ¿Qué edad tiene Dina? (*Pista:*
Primero encuentra la edad de Rebecca).

4. Escribe cada decimal como número mixto:
(84)
   a. 3.295 **b.** 32.9 **c.** 3.09

*5. a. (**Representa**) Tres cuartos de los 84 concursantes
(Inv. 5, 95) responden de manera incorrecta. ¿Cuántos
concursantes responden de manera incorrecta?
Haz un dibujo para ilustrar el problema.

b. ¿Qué porcentaje de los concursantes contestó
de manera incorrecta?

6. Estos termómetros muestran las temperaturas
(18, 97) mínima y máxima promedio diaria en North Little
Rock, Arkansas, durante el mes de enero. ¿Cuál es
el intervalo de temperaturas?

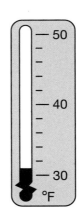 

7. a. ¿Cuánto mide el diámetro de este círculo?
(21)
   b. ¿Cuánto mide el radio de este círculo?

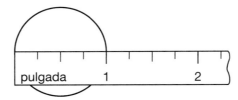

8. (**Representa**) Utiliza palabras para escribir 8.75.
(Inv. 4)

*9. (**Estima**) Cada uno de tres estudiantes hizo una estimación diferente
(93) para el cociente de 2589 ÷ 9. La estimación de Emily fue de 30, la
estimación de Tyler fue de 300 y la estimación de Allison fue de 3000.
¿Qué estudiante hizo la mejor estimación? Explica tu respuesta.

*10. Los primeros cinco números de conteo impares son 1, 3, 5, 7 y 9.
(10, 97)
Encuentra la media y la mediana de estos cinco números de conteo.

*11. ¿Qué figura geométrica es un rollo de toalla de papel?
(98)

*12. a. **Selección múltiple** ¿Cuál de estos polígonos es un
(92) paralelogramo?

A   B   C D

b. ¿Qué polígonos parecen tener por lo menos un ángulo obtuso?

c. ¿Qué polígonos parecen no tener ningún lado perpendicular?

13. $16.25 − ($6 − 50¢)
(43, 45)

14. 5 × 7 × 9   **15.** $7.83 × 6   **16.** 54 × 1000
(62)   *(58)*   *(85)*

17.   45   **18.**   32   **19.**   46
(90) × 45   *(67)* × 40   *(90)* × 44

20. 6)3625   **21.** 5)3000   **22.** 7n = 987
(80)   *(80)*   *(41, 76)*

23. $\dfrac{10^3}{\sqrt{25}}$ **24.** $13.76 ÷ 8   **25.** $\dfrac{234}{4}$
(Inv. 3, 62)   *(76)*   *(68)*

*26. (**Representa**) Dibuja y sombrea círculos para mostrar que $\frac{8}{8}$ es igual a 1.
(56)

27. El perímetro del cuadrado de la derecha mide 40 cm. ¿Cuánto
(Inv. 2, Inv. 3) mide el área de este cuadrado? (*Pista:* Primero encuentra la
longitud de cada lado.)

28. (Representa) Dibuja un triángulo que sea semejante a este
(66, 79) triángulo isósceles. Después dibuja su eje de simetría.

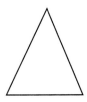

*29. a. Compara: 0.25 ◯ 0.250
(91)
   b. Compara: $0.25 ◯ 0.25¢

*30. Una de estas redes puede recortarse y doblarse para formar un cubo. La
(99) otra no forma un cubo. ¿Qué red forma un cubo?

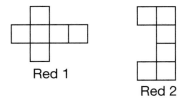

Red 1

Red 2

*Conexión con
la vida diaria*

a. Utiliza una regla para dibujar el frente, la parte superior, los lados y la parte inferior de una pirámide, un cono y un cubo.

b. ¿Qué representan las líneas punteadas en tus dibujos?

Conceptos y destrezas esenciales para Texas

(4.13)(A) usar objetos para generalizar sobre determinación de combinaciones posibles de conjunto de datos
(4.13)(B) interpretar gráficas de barra
(4.15)(A) explicar observaciones con palabras y números

Enfoque en

• Probabilidades

Muchos juegos de mesa involucran un elemento de **posibilidad.** Esto significa que cuando hacemos girar la flecha de una rueda giratoria, lanzamos cubos de números o sacamos una carta de una baraja mezclada, no podemos saber el resultado (respuesta) de un evento antes de tiempo. Sin embargo, a menudo podemos encontrar si un resultado en particular es *posible*. El grado de posibilidad de que un resultado ocurra se llama **probabilidad.**

Ésta es una rueda giratoria. La cara está dividida en seis partes iguales llamadas **sectores.** Cada sector es $\frac{1}{6}$ de la cara de la rueda giratoria. Si suponemos que la rueda giratoria está equilibrada y es justa, entonces un giro de la flecha puede terminar con la flecha indicando en cualquier dirección. La letra que da su nombre al sector donde se detiene la flecha es el resultado del giro. Para las siguientes preguntas, ignora la posibilidad de que la flecha se pueda detener en una línea.

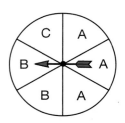

1. Si hacemos girar la flecha una vez, ¿qué resultados son posibles?

2. **Explica** ¿En qué letra es más probable que se detenga la flecha? ¿por qué?

3. **Haz una lista** Escribe en orden de menos probable a más probable los resultados posibles de un giro.

4. ¿Qué resultado de un giro es dos veces más probable que el resultado C?

5. **Haz una predicción** Si hacemos girar muchas veces la flecha, entonces ¿en qué sector es probable que esté más o menos la mitad de los resultados?

6. **Selección múltiple** Si hacemos girar muchas veces la flecha, entonces ¿qué fracción de los giros es probable que se detengan en el sector C?

   A $\frac{1}{6}$ **B** $\frac{1}{3}$ **C** $\frac{1}{2}$ **D** $\frac{5}{6}$

7. **Selección múltiple** En 60 giros, ¿más o menos cuántas veces debemos esperar que se detenga en el sector C?

   A unas 6 veces   **B** unas 10 veces

   C unas 20 veces   **D** unas 30 veces

La probabilidad de un resultado se puede expresar como un número entre 0 y 1. Un resultado que no puede ocurrir tienen una probabilidad de 0. Un resultado que es **seguro** que ocurra tiene una probabilidad de 1. Un resultado que puede ocurrir, pero que no es seguro que ocurra se expresa como una fracción entre 0 y 1.

Utiliza la rueda a la derecha para responder los problemas **8–10**.

8. ✏️ **Explica** ¿Cuál es la probabilidad de que la flecha se detenga en el sector D? ¿Por qué?

9. ✏️ **Explica** ¿Cuál es la probabilidad de que el resultado sea una de las tres primeras letras del alfabeto? ¿Por qué?

10. ¿Cuál es la probabilidad de que la flecha se detenga en C?

A la derecha, hay un cubo de puntos.

11. ¿Qué números representan los puntos que están en las caras de un cubo de puntos?

12. ✏️ **Justifica** Si lanzamos un cubo de puntos una vez, ¿qué número es más probable que muestre la cara superior? ¿Por qué?

13. **Selección múltiple** Si lanzamos un cubo de puntos muchas veces, ¿más o menos cuántas veces esperamos obtener un número mayor que 3?

   A menos de la mitad de las veces   **B** más o menos la mitad de las veces

   C más de la mitad de las veces   **D** ninguna vez

14. Si lanzamos un cubo de puntos una vez, ¿cuál es la probabilidad de obtener un 7?

15. Al lanzar una vez un cubo de puntos, ¿cuál es la probabilidad de obtener un 1?

16. **Selección múltiple** ¿Cómo describimos la posibilidad de obtener un 6 al lanzar una vez un cubo de puntos?

   A muy probable   **B** es tan probable obtener un 6 como no obtener un 6

   C poco probable   **D** seguro

La **posibilidad** de que un evento ocurra a veces se expresa como un porcentaje de 0% a 100%. Por ejemplo, si un meteorólogo pronostica que la posibilidad de lluvia es del 20%, entonces, quiere decir que puede llover, pero es más probable que no llueva. Un pronóstico del 100% de posibilidad de lluvia significa que el meteorólogo cree que es seguro que llueva.

17. El pronóstico del tiempo dice que la posibilidad de lluvia es del 40%. Según el pronóstico, ¿es más probable que llueva o que no llueva?

18. El meteorólogo dijo que la posibilidad de lluvia es del 80%. Según esto, ¿a qué porcentaje corresponde la posibilidad de que no llueva?

Experimentos de probabilidad

Materiales:
- cubo de puntos
- Actividad 47 de la lección

Experimento 1: Trabaja con un compañero en este experimento. Tú y tu compañero, hagan rodar 36 veces el cubo de puntos y tabulen el número de veces que sale cada cara del cubo de puntos. Registra los resultados en la tabla del "Experimento 1" de la **Actividad 47 de la lección.** (Más abajo se muestra una copia de la tabla).

(**Haz una predicción**) Antes de comenzar el experimento, haz una predicción del número de veces que ocurrirá cada resultado durante el experimento. Escribe tus predicciones en la columna rotulada "Predicción".

36 lanzamientos de un cubo de puntos

Resultado	Predicción	Tabulación	Frecuencia total
1			
2			
3			
4			
5			
6			

Ahora comencemos a hacer rodar el cubo de puntos. Haz una marca de tabulación para cada lanzamiento en la casilla adecuada de la columna "Tabulación". Cuando todos los grupos terminen, informa tus resultados a la clase. Como clase, sumen las tabulaciones de los grupos para cada resultado y escriban estos totales en las casillas bajo "Frecuencia total".

19. Haz una gráfica de barras utilizando los datos de tu tabla.

20. ¿Qué conclusiones puedes sacar de los resultados del Experimento 1?

21. ¿Es más fácil comparar datos utilizando la gráfica de barras o la tabla?

Experimento 2: En este experimento, tú y tu grupo, hagan rodar 36 veces un par de cubos de puntos y tabulen los resultados. Por cada lanzamiento, el resultado será la suma de los dos números que terminen en la cara superior. Registra los resultados en la tabla del "Experimento 2" de la **Actividad 47 de la lección.**

Formen grupos de modo que cada grupo pueda tener dos cubos de números.

(**Haz una predicción**) Antes de comenzar el experimento, como grupo, hagan una predicción del número de veces que ocurrirá cada resultado durante el experimento. Escriban sus predicciones en la columna rotulada "Predicción".

36 lanzamientos de dos cubos de puntos

Resultado	Predicción	Tabulación	Frecuencia total
2			
3			
4			
5			
6			
7			
8			
9			
10			
11			
12			

Ahora comencemos a hacer rodar los cubos de puntos. cada vez que hagan rodar un par de cubos de puntos, hagan una marca de conteo en la casilla adecuada. Cuando todos los grupos terminen, informa tus resultados a la clase. Como clase, sumen las tabulaciones de los grupos para cada resultado y registren estos totales en la columna de "Frecuencia total".

22. ¿Qué resultados ocurrieron con mayor frecuencia? ¿Por qué?

23. ¿Qué resultados ocurrieron con menor frecuencia? ¿Por qué?

24. ¿Qué conclusiones puedes sacar de los resultados del Experimento 2?

25. **Haz un modelo** ¿Cuáles son las combinaciones posibles de lanzamientos para que obtengas una suma de 7 como resultado? Explica.

Conceptos y destrezas esenciales para Texas

(4.3)(A) usar suma para resolver problemas con números enteros

(4.12)(A) usar termómetro para medir la temperatura y sus cambios

(4.14)(C) desarrollar plan o estrategia para resolver problemas

(4.14)(D) utilizar objetos reales para resolver problemas

(4.15)(A) explicar observaciones usando objectos, números y techología

• Tablas y horarios

operaciones   Preliminares J

cálculo mental   El pensar en cuartos nos puede facilitar la suma y la resta mental de números que terminen en 25, 50 y 75.

> **a.** **Sentido numérico:** $350 + 175$
>
> **b.** **Sentido numérico:** $325 - 150$
>
> **c.** **Sentido numérico:** $175 + 125$
>
> **d.** **Dinero:** Cada boleto cuesta $10.00 si se compra en la sala del concierto. Pero cuesta $1.95 menos, si se compra con anticipación. ¿Cuál es el precio del boleto por anticipado?
>
> **e.** **Tiempo:** El año 2011 comienza en sábado. ¿En qué día de la semana comenzará el año 2012?
>
> **f.** **Estimación:** Estima 24×21. Redondea 24 a 25, redondea 21 a 20 y después multiplica.
>
> **g.** **Cálculo:** 10% de 70, $- 5$, $\times 50$, $\sqrt{}$
>
> **h.** **Números romanos:** Compara: 29 ◯ XXXI

resolver problemas   Escoge una estrategia apropiada para resolver este problema. El Congreso se reúne en Washington, D.C., para hacer las leyes de Estados Unidos. Los 535 miembros del Congreso se dividen en dos grupos: representantes y senadores. Hay dos senadores por cada uno de los 50 estados. El resto de los miembros del Congreso son representantes. ¿Cuántos senadores hay? ¿Cuántos representantes hay?

Hemos estudiado las gráficas que muestran información numérica en forma de dibujo. Otra forma de presentar la información numérica es mediante una **tabla.**

Utiliza la información de esta tabla para responder a las siguientes preguntas:

Altura de montes importantes

Monte	Pies	Metros
Everest	29,035	8850
McKinley	20,320	6194
Kilimanjaro	19,340	5895
Matterhorn	14,691	4478
Pikes Peak	14,110	4301
Fuji	12,388	3776

a. ¿Cuántos metros más alto es el Matterhorn que el Pikes Peak?

b. ¿Cuántos pies más alto es el monte McKinley que el monte Kilimanjaro?

Comparamos las alturas restando.

a. Utilizamos los números de la columna en metros.

$$\begin{array}{r} \text{Matterhorn} \quad 4478 \text{ m} \\ \text{Pikes Peak} \quad -\ 4301 \text{ m} \\ \hline \mathbf{177 \text{ m}} \end{array}$$

b. Utilizamos los números de la columna en pies.

$$\begin{array}{r} \text{McKinley} \quad 20{,}320 \text{ pies} \\ \text{Kilimanjaro} \quad -\ 19{,}340 \text{ pies} \\ \hline \mathbf{980 \text{ pies}} \end{array}$$

Estima Aproximadamente, ¿cuántas millas de alto mide el monte Everest? (una milla es 5280 pies.)

Li Ming sigue este horario en días de escuela:

Horario del día de escuela	
6:30 a.m.	Despertar, vertirse, desayunar
7:30 a.m.	Salir a la escuela
8:00 a.m.	Comienza la escuela
12:00 p.m.	Almorzar
2:45 p.m.	Termina la escuela, caminar a casa
3:15 p.m.	Merendar
3:30 p.m.	Comenzar tareas
5:00 p.m.	Jugar
6:00 p.m.	Cenar
7:00 p.m.	Mirar TV
8:00 p.m.	Leer
8:30 p.m.	Tomar una ducha
9:00 p.m.	Ir a dormir

Destreza mental

Analiza

Si Li Ming miró la TV de 7:00 p.m. a 8:30 p.m., ¿cuántos programas de media hora podría ver?

Si el almuerzo y el recreo en conjunto duran 45 minutos, ¿cuántas horas pasa Li Ming en clases?

La escuela comienza a las 8:00 a.m. y termina a las 2:45 p.m., que es un lapso de 6 horas 45 minutos. Como 45 minutos del tiempo de escuela corresponden al almuerzo y al receso, el tiempo que pasa en clases es **6 horas.**

Ejemplo 3

El sábado en la mañana, Cameron despierta a las 8:00 a.m. Su partido de softball comienza a las 10:30 a.m. ¿Cuánto tiempo después de despertar comienza su partido de softball?

Uno de los siguientes relojes muestra la hora a la que despierta Cameron; el otro muestra la hora a la que comienza su juego. Comenzando por la hora a la que despierta, contamos una hora hasta las 9:00 a.m., dos horas hasta las 10:00 a.m. y 30 minutos hasta las 10:30 a.m. Vemos que el juego de Cameron comienza **2 horas 30 minutos (o $2\frac{1}{2}$ hrs)** después de despertar.

Analiza Si Cameron tarda 25 minutos en conducir hasta el partido, ¿a qué hora debe salir de casa para llegar 15 minutos antes al partido? Explica tu razonamiento.

Haz una tabla

Materiales necesarios:
- termómetro

a. Utiliza un termómetro para medir la temperatura fuera del salón durante cinco días. Mide la temperatura a la misma hora cada día. Haz una tabla como ésta y registra las temperaturas en grados centígrados y Fahrenheit.

Temperatura diaria a las _____ para la semana del _____

	Lun	Mar	Mie	Jue	Vie
Centígrados					
Fahrenheit					

b. Haz una segunda tabla, como la de abajo, para registrar el cambio de temperatura de un día a otro. Por ejemplo, si el lunes la temperatura fue 75°F y el martes fue 72°F, la temperatura fue inferior en tres grados, y se anota −3°.

	Lun ➤ Mar	Mar ➤ Mie	Mie ➤ Jue	Jue ➤ Vie
Centígrados				
Fahrenheit				

Práctica de la lección

Consulta la tabla y el horario de los Ejemplos 1 y 2 para responder a los problemas **a–c**.

a. ¿Cuántos metros más alto es el monte Kilimanjaro que el monte Fuji?

b. ¿Cuántos pies más alto es el monte Everest que el monte Matterhorn?

c. ¿Cuánto duerme Li Ming en una noche de escuela si sigue su horario?

d. Utilizando los siguientes termómetros, ¿cuánto cambió la temperatura entre las 4 p.m. y las 12 a.m.?

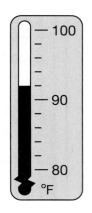 

Práctica escrita

Integradas y distribuidas

*1. **Interpreta** Utiliza la información de esta tabla para contestar las partes **a–c.**

Inv. 6, 101)

Promedio anual de precipitaciones

Ciudad	Precipitaciones (en pulgadas)
Boston	43
Chicago	36
Denver	16
Houston	48
San Francisco	20

a. ¿Qué ciudades de la tabla tienen un promedio de lluvia por debajo de 2 pies al año?

b. En un año en Houston cayeron 62 pulgadas de lluvia. ¿Cuánto más que su promedio anual fue eso?

c. Copia y completa esta gráfica de barras para mostrar la información de la tabla de precipitaciones:

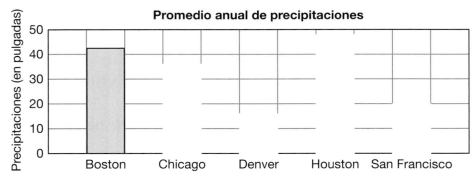

* 2. **(Representa)** Cinco sextos de las 288 personas que marchaban
(95) perdieron el paso. ¿Cuántas perdieron el paso? Haz un dibujo para
representar el problema.

* 3. **(Representa)** Hay un error en este cartel. Dibuja dos
(35) carteles diferentes que muestren cómo corregir el error.

4. ¿Cuál es el radio de este círculo en milímetros?
(21, 69)

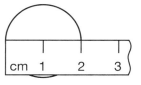

* 5. **(Concluye)** La probabilidad de lluvia es de un 60%. ¿Hay
(Inv. 10) más probabilidad de que llueva o de que no llueva? Explica tu
respuesta.

* 6. Estima el producto de 88 y 22. Después calcula el producto real.
(93)

7. La libra de manzanas cuesta 53¢. ¿Cuánto cuestan 5 libras de
(49) manzanas?

8. **(Representa)** Escribe el número 3708 en forma desarrollada. Después
(16, 33) escribe el número con palabras.

9. La parte superior del marco de la puerta está a casi dos metros del suelo.
(Inv. 2) ¿Cuántos centímetros son dos metros?

* 10. Cuatro libras de peras cuestan $1.20. ¿Cuánto cuesta 1 libra de peras?
(94) ¿Cuánto cuestan 6 libras de peras?

11. Mike condujo 150 millas en 3 horas. ¿Cuál fue su velocidad promedio en
(60) millas por hora?

12. $46.00
(52)   − $45.56

13. 10,165
(52)   −   856

14. $ 0.63
(43, 51) $ 1.49
$12.24
$ 0.38
$ 0.06
$ 5.00
+ $ 1.20

*15. 70^2
(62, 86)

16. 71×69
(90)

17. $4)\overline{\$30.00}$
(76, 80)

18. $3)\overline{263}$
(68)

19. $5x = 4080$
(76)

20. $\dfrac{344}{8}$
(65)

21.   37
(67) $\times$ 60

22.   56
(90) $\times$ 42

23. $5.97
(58) $\times$ 8

24. $10.000 - (4.468 - 2.3)$
(45, 50)

*25. Calcula la media, mediana, moda y el intervalo del conjunto de números:
(97)

$$3, 1, 4, 1, 6$$

*26. **Representa** Dibuja y sombrea círculos para mostrar que 2 es igual a $\frac{4}{2}$.
(89)

*27. a. **Representa** Dibuja un cuadrado de lado 4 cm.
21,
Inv. 3) **b.** Calcula el perímetro y el área del cuadrado que dibujaste.

*28. **Concluye** ¿Cuál de estas redes se puede doblar para formar una
(100)   pirámide?

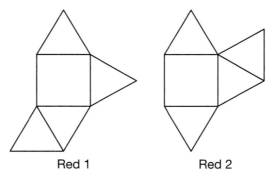

Red 1   Red 2

*29. Si $y = 6x - 4$, ¿cuánto vale y si
(94)   **a.** x vale 5?   **b.** x vale 8?

*30. En este diseño libre de losetas, hay triángulos y cuadrados:
(66)

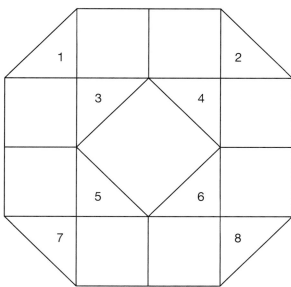

a. ¿Qué transformación se podría hacer al triángulo 7 para ver si es congruente con el triángulo 4?

b. ¿Qué transformación se podría hacer al triángulo 1 para ver si es congruente con el triángulo 3?

Para los más rápidos

Conexión con la vida diaria

Utiliza la tabla siguiente para responder **a–c.**

Aerolínea	Trempo de vuelo
Aerolínea A	2 horas 45 minutos
Aerolínea B	3 horas 15 minutos
Aerolínea C	6 horas 35 minutos

a. María tomará la Aerolínea A y su vuelo sale a las 9:00 a.m. ¿A qué hora llegará a su destino?

b. ¿Cuánto más dura el vuelo de la Aeorlínea B que el de la Aerolínea A?

c. Si Carol tomó la Aerolínea C y llegó a su destino a las 10.00 p.m., ¿a qué hora salió su vuelo?

• Décimas y centésimas en una recta numérica

Conceptos y destrezas esenciales para Texas

(4.1)(B) usar valor posicional para leer, escribir y comparar decimales que contienen décimas y centésimas

(4.2)(B) dar ejemplos de fracciones mayores que uno usando objetos y dibujos

(4.2)(D) relacionar decimales con fracciones que representan décimas y centésimas usando objetos y dibujos

(4.10) Localizar puntos en una recta numérica usando enteros, fracciones y decimales

(4.11)(A) usar instrumentos de medición para determinar longitud, área, volumen y masa, con unidades del sistema estándar y métrico

(4.15)(A) explicar observaciones con palabras y números

operaciones

cálculo mental

Preliminares A

a. Sentido numérico: 425 − 175

b. Sentido numérico: 4 × 18

c. Dinero: Gabriella compra un sándwich por $3.65 y una bebida por $0.98. ¿Cuál es el precio total?

d. Geometría: ¿Cuántos vértices tienen 4 hexágonos?

e. Tiempo: El año 2012 comienza en un domingo. ¿En qué día de la semana comenzará el año 2013? (Recuerda que el 2012 es año bisiesto.)

f. Estimación: Estima el producto de 19 × 31, redondeando un número hacia arriba y el otro número hacia abajo.

g. Cálculo: 4 × 5, − 5, + 6, ÷ 7

h. Números romanos: Escribe 24 en números romanos.

resolver problemas

Escoge una estrategia apropiada para resolver este problema. Amber dice: "Una pulgada es menos del 10% de un pie." Escribe un párrafo breve explicando por qué estás o no de acuerdo con el enunciado de Amber.

Hemos utilizado números decimales para nombrar longitudes que incluyen una fracción de un centímetro. Por ejemplo, la longitud de este segmento se puede escribir como 23 milímetros o 2.3 centímetros:

Destreza mental

(Generaliza)

¿En qué se parecen las reglas y las rectas numéricas? ¿En qué se diferencian?

Asimismo, en la siguiente recta numérica, la distancia entre dos números enteros se divide entre diez partes iguales. La flecha apunta al número tres y una décima, que podemos escribir como número mixto o como decimal.

$3\frac{1}{10}$ ó 3.1

Si la distancia entre números enteros en una recta numérica se divide entre 100 partes, los puntos entre los números enteros se deben escribir con dos lugares decimales. La flecha de abajo apunta a tres y veinticinco centésimas, que se puede escribir como 3.25 o como $3\frac{25}{100}$.

Si examinas un regla de un metro, verás que está dividida en 100 centímetros. Cada centímetro es $\frac{1}{100}$ de un metro, de manera que un lápiz que mide 18 cm de largo, mide 0.18 m (dieciocho centésimas de un metro) de largo.

Ejemplo 1

Santiago mide 162 cm de estatura. ¿Cuál es la estatura de Santiago en metros?

Cien centímetros son iguales a un metro; por lo tanto, la estatura de Santiago es de un metro más 62 centímetros. Como 62 centímetros son 62 centésimas de un metro, Santiago mide **1.62 metros** de estatura.

Escribe el número decimal al que apunta cada flecha:

a.

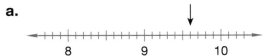

b.

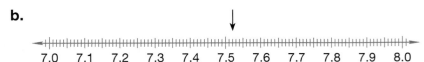

a. **9.6**

b. **7.52**

a. **Redondea 9.6 al número entero más cercano.**

b. **Redondea 7.52 a la décima más cercana.**

a. El número decimal 9.6 está entre los números enteros 9 y 10. En el medio entre 9 y 10 está 9.5, y 9.6 es mayor que 9.5. Entonces, 9.6 se redondea a **10.**

b. Redondear 7.52 a la décima más cercana es como redondear $7.52 a los diez centavos más cercanos. Así como $7.52 está entre $7.50 y $7.60, 7.52 está entre 7.5 y 7.6. Está más cerca de **7.5,** como podemos ver en la recta numérica del Ejemplo 2.

Estima la suma de 4.87 y 3.11 al número entero más cercano.

Primero redondeamos 4.87 a 5. Redondeamos 3.11 a 3. Después sumamos 5 y 3. La suma es **8.**

Actividad

Medir objetos con una regla de un metro

Materiales

- regla de un metro

a. Utilizando una regla de un metro, mide la altura y el ancho de varios objetos rectangulares de tu salón, tales como puertas, superficies de mesas, pupitres o libros. Mide al centímetro más cercano y anota cada medición dos veces: una vez en centímetros y otra en metros.

A continuación hay un ejemplo:

| altura y ancho | 203 cm (2.03 m) de alto, |
| de una puerta | 90 cm (0.90 m) de ancho |

b. Estima el área de cada objeto rectangular que mediste en la parte **a.** A continuación hay un ejemplo:

área de una puerta

200 cm × 90 cm = 18,000 cm cuadrados

Práctica de la lección

a. Julia saltó sobre la barra a 167 cm de altura. ¿Cuántos metros de altura tenía la barra?

Escribe el número decimal y el número mixto al que apunta cada flecha:

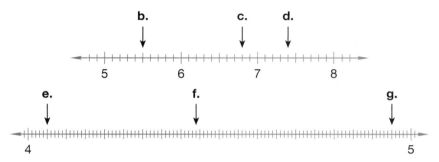

h. Ubica 6.8 en la recta numérica y redondea al número entero más cercano.

i. Redondea 4.44 al número entero más cercano.

j. Ubica 4.4 en la recta numérica y redondea al número entero más cercano.

k. Estima la suma de 6.8 y 5.9.

Práctica escrita   *Integradas y distribuidas*

* 1. **(Analiza)** Los 110 libros se deben empacar en cajas. En cada caja caben
(88) 8 libros.

    a. ¿Cuántas cajas se pueden llenar?

    b. ¿Cuántas cajas se necesitan para empacar todos los libros?

*2. **(Encuentra la fórmula)** ¿Qué número es cinco más que el producto de
(94) seis por siete? Escribe una expresión.

*3. ✎ **(Explica)** Sergio paga $7 por la cinta adhesiva. Recibe una moneda de
(83) 25¢ y dos monedas de 10¢ como cambio. El impuesto es de 42¢. ¿Cuál
es el precio de la cinta? Explica cómo encontraste la respuesta.

*4. a. **(Representa)** Cuatro quintos de los 600 gimnastas realizaron
(70, 95) flic-flacs. ¿Cuántos gimnastas realizaron flic-flacs? Haz un dibujo
para ilustrar el problema.

b. ¿Qué porcentaje de los gimnastas no realizaron flic-flacs?

5. ✎ **(Explica)** La señora Tyrone ordena 29 pupitres en filas. Si coloca
(88) 8 pupitres en cada fila, ¿cuántos pupitres hay en la última fila? Explica
cómo lo sabes.

6. **(Analiza)** ¿Cuánto valen dos billetes de $100, cinco de $10, cuatro de
(35) $1, 3 monedas de 10¢ y 1 moneda de 1¢?

7. a. Encuentra la longitud de este segmento de recta en milímetros.
(69)

b. Encuentra la longitud de este segmento de recta en centímetros.
Escribe la respuesta como número decimal.

```
mm 10    20    30    40
|ıιιιlιιιιlιιιιlιιιιlιιιιlιιιιlιιιιlιιιιlιιι|
```

```
|␣␣␣|␣␣␣|␣␣␣|␣␣␣|␣␣␣|␣␣␣|
cm  1    2    3    4
```

8. **(Representa)** Utiliza palabras para escribir 12.67.
(Inv. 4)

*9. a. Redondea 3834 al millar más cercano.
(54,
102) **b.** Redondea 38.34 al número entero más cercano.

10. El diámetro de un círculo es 1 metro. ¿Cuánto mide el radio del círculo en
(Inv. 2,
21) centímetros?

*11. Encuentra la suma de doscientos ochenta y seis mil, quinientos catorce y
(34, 51) ciento treinta y siete mil, dos.

12. Siete pares de sandalias para la playa cuestan $56. ¿Cuánto cuesta un par? ¿Cuánto cuestan 10 pares?
(94)

*13. Hay 36 niños en una fila y 24 en otra. ¿cuál es el número promedio de niños por fila?
(96)

*14. Si se hace girar la flecha una vez, ¿cuál es la probabilidad de que se detenga en el sector C?
(Inv. 10)

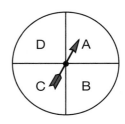

15. $7.486 - (6.47 + 0.5)$
(45, 50)

16. 40×50
(86)

17. 41×49
(90)

18. $2^3 \times 5 \times \sqrt{49}$
(Inv. 3, 62)

*19. $\begin{array}{r} 32 \\ \times\ 17 \\ \hline \end{array}$
(90)

*20. $\begin{array}{r} 38 \\ \times\ 40 \\ \hline \end{array}$
(67)

21. $7 + 4 + 6 + 8 + 5 + 2 + 7 + 3 + k = 47$
(2)

*22. $8\overline{)360}$
(65)

*23. $4\overline{)810}$
(80)

*24. $7\overline{)356}$
(65)

*25. $6n = \$4.38$
(76)

26. $7162 \div 9$
(76)

27. $\dfrac{1414}{2}$
(80)

*28. Dibuja y sombrea círculos para mostrar que 2 es igual a $\frac{8}{4}$.
(89)

*29. El jugador de baloncesto mide 211 centímetros de estatura. Escribe la estatura del jugador de baloncesto en metros.
(Inv. 2)

30. ¿Cuántas yardas cuadradas de alfombra se necesitan para cubrir el piso de un salón que mide 15 yardas de largo y 10 yardas de ancho?
(Inv. 3, 85)

⚜ *Conceptos y destrezas esenciales para Texas*

(4.2)(A) generar fracciones equivalentes con objetos y dibujos

(4.2)(C) comparar fracciones con objetos y dibujos

(4.5)(B) usar estrategias para estimar problemas de multiplicación y división

(4.10) localizar puntos en una recta numérica usando enteros, fracciones y decimales

(4.11)(A) usar herramientas para determinar longitud, área, volumen y masa, con el sistema usual y métrico

(4.14)(B) resolver problemas para llevar a cabo un plan y evaluar la solución

(4.14)(C) seleccionar estrategia y resolver problemas

(4.15)(A) explicar observaciones con objetos y dibujos.

• Fracciones equivalentes a 1 y fracciones equivalentes a $\frac{1}{2}$

Preliminares

operaciones   Preliminares A

cálculo mental

    a. Sentido numérico: $450 - 175$

    b. Sentido numérico: 50×42

    c. Dinero: Casius entregó \$2.00 al dependiente por los limones que le costaron \$1.62. ¿Cuánto recibe de cambio?

    d. Tiempo: ¿Qué fecha ocurre sólo una vez cada cuatro años?

    e. Potencias/Raíces: $2^3 \div 2$

    f. Estimación: Micalynn compró 4 cepillos de dientes por \$11.56. Redondea esta cantidad al dólar más cercano y después divide entre 4 para estimar el costo por cepillo.

    g. Cálculo: $\sqrt{36}$, $\times 3$, $+ 2$, $\div 10$, $- 1$

    h. Números romanos: Compara: 19 ◯ XVIII

resolver problemas   Escoge una estrategia apropiada para resolver este problema. En el centro comercial, Dirk vio una muestra de pelotas de baloncesto guardadas en cajas individuales y apiladas. La pila de cajas aparece a la derecha. Dirk pudo calcular rápidamente cuántas pelotas había en la pila. ¿Cuántas pelotas había? ¿Cómo calculó Dirk el número de pelotas sin contar cada pelota?

Nuevo concepto

Cada uno de los siguientes círculos está dividido en partes. En total, las partes de cada círculo forman un todo.

Vemos que 2 mitades es lo mismo que 1 todo. También vemos que 3 tercios, 4 cuartos y 5 quintos son formas de decir 1 entero. Si el numerador (número superior) y el denominador (número inferior) de una fracción son iguales, la fracción es igual a 1.

$1 = \frac{2}{2}$ $\qquad$ $1 = \frac{3}{3}$ $\qquad$ $1 = \frac{4}{4}$ $\qquad$ $1 = \frac{5}{5}$

Ejemplo 1

¿Cuál de estas fracciones es igual a 1?

$$\frac{1}{6} \qquad \frac{5}{6} \qquad \frac{6}{6} \qquad \frac{7}{6}$$

Una fracción es igual a 1 si su numerador y denominador son iguales. La fracción igual a 1 es $\frac{6}{6}$.

Haz un modelo Utiliza manipulables de fracciones para comprobar si $\frac{6}{6} = 1$.

Ejemplo 2

Escribe una fracción igual a 1 con denominador 7.

Una fracción es igual a 1 si su numerador y denominador son iguales. Si el denominador es 7, el numerador también debe ser 7. Escribimos $\frac{7}{7}$.

Si el numerador de una fracción es la mitad del denominador, la fracción será igual a $\frac{1}{2}$. Observa a continuación que el número superior de cada fracción sombreada es la mitad del número inferior de la fracción.

$\frac{1}{2}$ $\qquad\qquad$ $\frac{2}{4}$ $\qquad\qquad$ $\frac{3}{6}$ $\qquad\qquad$ $\frac{4}{8}$

Si el numerador es menor que la mitad del denominador, la fracción será menor que $\frac{1}{2}$. Si el numerador es mayor que la mitad del denominador, la fracción será mayor que $\frac{1}{2}$.

Haz un modelo Utiliza manipulables de fracciones para comprobar si $\frac{5}{10} = \frac{1}{2}$.

a. **¿Cuál de las siguientes fracciones es igual a $\frac{1}{2}$?**

b. **¿Cuál es menor que $\frac{1}{2}$?**

c. **¿Cuál es mayor que $\frac{1}{2}$?**

$$\frac{3}{7} \qquad \frac{6}{12} \qquad \frac{5}{9}$$

a. Como 6 es la mitad de 12, la fracción igual a $\frac{1}{2}$ es $\frac{6}{12}$.

b. Como 3 es menor que la mitad de 7, la fracción menor que $\frac{1}{2}$ es $\frac{3}{7}$.

c. Como 5 es mayor que la mitad de 9, la fracción mayor que $\frac{1}{2}$ es $\frac{5}{9}$.

Compara: $\frac{3}{8}$ $\bigcirc$ $\frac{1}{2}$

Como 3 es menor que la mitad de 8, sabemos que $\frac{3}{8}$ es menor que $\frac{1}{2}$.

$$\frac{3}{8} < \frac{1}{2}$$

Representa Haz un dibujo que demuestre que la respuesta es correcta.

Redondea $6\frac{7}{10}$ al número entero más cercano.

En el medio entre 6 y 7 está $6\frac{1}{2}$. Sabemos que $6\frac{7}{10}$ es mayor que $6\frac{1}{2}$, porque $\frac{7}{10}$ es mayor que $\frac{5}{10}$, que es igual a $\frac{1}{2}$.

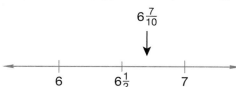

Esto significa que $6\frac{7}{10}$ se puede redondear a **7.**

Estima el perímetro y el área de este rectángulo.

$7\frac{7}{8}$ pulg

$4\frac{1}{4}$ pulg

Primero redondeamos cada dimensión al número entero de pulgadas más cercano. Como $\frac{7}{8}$ es mayor que $\frac{1}{2}$, redondeamos $7\frac{7}{8}$ pulg hacia arriba, a 8 pulg. Como $\frac{1}{4}$ es menor que $\frac{1}{2}$, redondeamos $4\frac{1}{4}$ pulg hacia abajo, a 4 pulg. Después utilizamos 8 pulg y 4 pulg para estimar el perímetro y el área.

Perímetro: 8 pulg + 4 pulg + 8 pulg + 4 pulg = **24 pulg**

Área: 8 pulg × 4 pulg = **32 pulg²**

Práctica de la lección

a. Escribe una fracción igual a 1 con denominador 6.

b. Selección múltiple ¿Cuál de estas fracciones es igual a 1?

A $\frac{1}{10}$ **B** $\frac{9}{10}$ **C** $\frac{10}{10}$ **D** $\frac{11}{10}$

¿Qué nombre de fracción para 1 muestra cada dibujo?

c. **d.**

e. Escribe una fracción igual a $\frac{1}{2}$ con denominador 12.

f. Compara: $\frac{9}{20} \bigcirc \frac{1}{2}$

g. (**Estima**) Redondea $5\frac{3}{8}$ al número entero más cercano.

h. Estima el perímetro y el área de un rectángulo que mide $6\frac{3}{4}$ pulg de largo y $4\frac{3}{8}$ pulg de ancho.

Práctica escrita

Integradas y distribuidas

1. (**Analiza**) Encuentra un número par entre 79 y 89 que se pueda dividir entre 6 sin residuo.
(64)

2. ¿Cuántos minutos son 3 horas?
(19, 49)

*3. Victor tiene $8. Dana tiene $2 menos que Victor. ¿Cuánto dinero tienen entre ambos?
(94)

*4. (**Representa**) Escribe cada fracción o número mixto como número decimal:
(84)

a. $\frac{3}{10}$ **b.** $4\frac{99}{100}$ **c.** $12\frac{1}{1000}$

*5. (**Representa**) Cinco octavos de 40 estudiantes llevan los colores de la escuela. ¿Cuántos estudiantes llevan los colores de la escuela? Haz un dibujo para representar el problema.
(95)

6. a. ¿Cuánto mide el diámetro de este círculo en centímetros?
(21, 69)

    b. ¿Cuánto mide el radio de este círculo en centímetros?

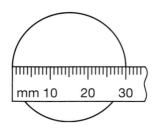

7. ¿Qué porcentaje del diámetro es el radio de un círculo?
(21, Inv. 5)

8. Estima el producto de 49 por 68. Después calcula el producto real.
(93)

*9. (Explica) Pavan llena una jarra con té helado para dos invitados y él. La
(88) jarra tiene capacidad de dos cuartos. ¿Cuántos vasos de 10 onzas de té
helado puede servir de la jarra? Explica tu respuesta.

*10. En la fila 1 hay 6 estudiantes, en la fila 2 hay 4 estudiantes, en la fila
(96) 3 hay 6 estudiantes y en la fila 4 hay 4 estudiantes. ¿Cuál es el número
promedio de estudiantes por fila?

*11. Gretchen paga $20 por cinco botellas de jugo idénticas. Recibió $6 de
(94) cambio. ¿Cuál es el precio de una botella de jugo?

*12. (Analiza) Calcula la mediana, la moda y el intervalo de los puntajes
(97) de partidos de Vonda. (Como el número de puntajes es par, la mediana
será el promedio de los dos puntajes del medio.)

100, 80, 90, 85, 100, 90, 100, 100

13. $3.85
(58) $\times \quad\quad 7$

14. 48
(90) $\times 29$

15.
(17)

16
15
23
8
217
20
6
+ 317

16.
(2)

5
4
3
7
2
5
8
1
4
+ n
45

17. 60^2
(62, 86)

18. 59×61
(90)

19. $\dfrac{400}{5}$
(71)

20. $6\overline{)582}$
(65)

21. $9\overline{)\$37.53}$
(76)

22. $7\overline{)420}$
(65)

23. $7.500 - (3.250 - 0.125)$
(43, 45)

*24. (Representa) Dibuja y sombrea círculos para demostrar que $3\frac{3}{4}$ es igual a $\frac{15}{4}$.
(89)

25. El perímetro de este cuadrado mide 20 pulgadas. ¿Cuánto
(Inv. 2, Inv. 3) mide cada lado del cuadrado? ¿Cuánto mide el área del
cuadrado?

*26. Escribe una fracción igual a 1 con denominador 8.
(103)

*27. ✎ **Explica** Si dos cubos de puntos se lanzan juntos, ¿cuál es el
(Inv. 10) resultado más probable: puntos que sumen 12 ó puntos que sumen 7?
Explica tu respuesta.

*28. Songhi midió el papel de su cuaderno y vio que medía 28 cm de largo.
(Inv. 2, 102) Escribe la longitud del papel en metros.

*29. **Estima** Redondea $12\frac{5}{12}$ al entero más cercano.
(103)

*30. **a.** **Clasifica** ¿Cuál es el nombre geométrico para la forma de
(23, 98) una caja de cereales?
b. ¿Cuántas aristas tiene esta caja?

c. Describe los ángulos.

Para los más rápidos

Conexión con la vida diaria

Ocho estudiantes deciden pintar un mural rectangular de la cafetería
de la escuela. Cinco estudiantes de la maestra Lowery y tres del
maestro Rushing pintarán secciones iguales del mural.

a. Haz un diagrama que represente cuánto del mural
pintará cada clase.

b. ¿Pintan los estudiantes de la maestra o los estudiantes
del maestro más de la mitad del mural?

c. Explica tu respuesta de la parte **b.**

• **Cambiar fracciones impropias a números enteros o mixtos**

⭑ *Conceptos y destrezas esenciales para Texas*

(4.2)(A) generar fracciones equivalentes con objetos y dibujos
(4.2)(B) dar ejemplos de fracciones mayores que uno usando objetos y dibujos
(4.14)(B) resolver problemas que implican comprender, hacer y llevar a cabo un plan, y evaluar la solución
(4.14)(C) desarrollar plan o estrategia para resolver problemas
(4.15)(A) explicar observaciones con palabras y números

operaciones

Preliminares A

cálculo mental

Piensa en un centavo más o en uno menos que veinticinco centavos en **a–c.**

a. Sentido numérico: $425 + 374$

b. Sentido numérico: $550 - 324$

c. Sentido numérico: $\$4.49 + \$2.26$

d. Sentido numérico: 15×40

e. Hora: Cada sección de la prueba dura 25 minutos. Hay una pausa de 5 minutos entre secciones. Si la clase comienza la prueba a las 9:00 a.m., ¿cuántas secciones puede la clase haber finalizado a las 10:30 a.m.?

f. Estimación: Estima 35×25. Redondea 35 a 40, redondea hacia abajo 25 a 20 y después multiplica.

g. Cálculo: 2×2, eleva al cuadrado, $+ 4$, $\div 5$, $- 4$

h. Números romanos: Escribe 34 en números romanos.

resolver problemas

Escoge una estrategia apropiada para resolver este problema. Todd bajó los 50 pies del camino de entrada en su bicicleta y contó ocho vueltas enteras de su rueda delantera. ¿Cuántas veces girará la rueda si recorre 100 yardas?

Si el numerador de una fracción es igual o mayor que el denominador, la fracción es una *fracción impropia.* Todas estas fracciones son fracciones impropias:

$$\frac{3}{2} \qquad \frac{5}{4} \qquad \frac{10}{3} \qquad \frac{9}{4} \qquad \frac{5}{5}$$

Haz un modelo Utiliza manipulables de fracciones para mostrar $\frac{3}{2}$ y $\frac{5}{4}$ como números mixtos.

Para escribir una fracción impropia como número entero o como número mixto, dividimos para encontrar cuántos enteros tiene la fracción impropia. Si no hay residuo, escribimos la fracción impropia como número entero. Si hay residuo, el residuo se convierte en el numerador de un número mixto.

Ejemplo 1

Escribe $\frac{13}{5}$ como número mixto. Haz un dibujo para mostrar que la fracción impropia y el número mixto son iguales.

Para encontrar el número de enteros, dividimos.

$$
\begin{array}{r}
2 \leftarrow \text{enteros} \\
5\overline{)13} \\
\underline{10} \\
3 \leftarrow \text{residuo de 3}
\end{array}
$$

Esta división nos dice que $\frac{13}{5}$ es igual a dos enteros y que sobran tres quintos. Escribimos esto como $2\frac{3}{5}$. Si hacemos un dibujo, podemos ver que $\frac{13}{5}$ es igual a $2\frac{3}{5}$.

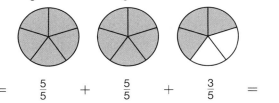

$$\frac{13}{5} \quad = \quad \frac{5}{5} \quad + \quad \frac{5}{5} \quad + \quad \frac{3}{5} \quad = \quad 2\frac{3}{5}$$

Ejemplo 2

Escribe $\frac{10}{3}$ como número mixto. Después, haz un dibujo para mostrar que la fracción impropia y el número mixto son iguales.

Primero dividimos.

$$
\begin{array}{r}
3 \\
3\overline{)10} \\
\underline{9} \\
1
\end{array}
$$

De la división observamos que hay tres enteros. Sobra un tercio. Escribimos $3\frac{1}{3}$. Después hacemos un dibujo para mostrar que $\frac{10}{3}$ es igual a $3\frac{1}{3}$.

    $\quad \frac{10}{3} = 3\frac{1}{3}$

Encuentra la fórmula Escribe un ejemplo de la vida diaria para dividir artículos entre grupos de $3\frac{1}{3}$.

Ejemplo 3

Escribe $\frac{12}{4}$ como número entero. Después, haz un dibujo para mostrar que la fracción impropia y el número entero son iguales.

Primero dividimos.

$$\begin{array}{r} 3 \\ 4\overline{)12} \\ \underline{12} \\ 0 \end{array}$$

Tenemos tres enteros sin residuo. Nuestro dibujo se ve así:

    $\frac{12}{4} = 3$

Comenta Explica qué relación hay entre $\frac{4}{4}$ y $\frac{12}{4}$.

Práctica de la lección

Representa Convierte cada fracción impropia en número entero o en número mixto. Después, haz un dibujo para mostrar que la fracción impropia es igual al número que escribiste.

a. $\frac{7}{2}$ b. $\frac{12}{3}$ c. $\frac{8}{3}$ d. $\frac{15}{5}$

Práctica escrita

Integradas y distribuidas

*1. **a.** Si el perímetro de un cuadrado mide 280 pies, ¿cuánto mide cada
(Inv. 2)   lado del cuadrado?

    b. ¿Cuánto mide el área?

*2. Un año normal tiene 365 días. ¿Cuántas semanas completas son
(54, 88) 365 días?

*3. Nia distribuyó crayones a 6 de sus amigos. Cada amigo recibió
(88, 94) 3 crayones. Quedaron 2 crayones para Nia. ¿Cuántos crayones
  tenía Nia al comienzo?

* 4. **Representa** Tres quintos de los 60 árboles del huerto miden
(95) más de 10 pies de altura. ¿Cuántos árboles miden más de 10 pies
de altura? Haz un dibujo para ilustrar el problema.

5. a. Encuentra la longitud de este segmento de recta en
(69) milímetros.

b. Encuentra la longitud de este segmento de recta en
centímetros. Escribe la respuesta como número decimal.

* 6. ¿Qué nombre fraccionario para 1 muestra este círculo?
(103)

* 7. Redondea $350,454 al millar más cercano, a la centena más cercana y a
(20, 54) la decena más cercana.

* 8. Copia esta recta numérica. Después, haz un punto en $\frac{1}{2}$ y rotúlalo como *A*.
(37, 102) Haz un punto en 1.3 y rotúlalo como *B*. Haz un punto en $1\frac{7}{10}$ y rotúlalo
como *C*.

```
◄──┼┼┼┼┼┼┼┼┼ : ┼┼┼┼┼┼┼ : ┼┼┼ : ┼┼┼┼┼┼──►
   0         1         2
```

* 9. **Representa** Convierte la fracción impropia $\frac{5}{4}$ en número mixto. Haz
(104) un dibujo para mostrar que la fracción impropia y el número mixto son
iguales.

*10. (Inv. 6) **Interpreta** La gráfica de barras muestra el número de estudiantes de cuarto grado que hay en la escuela de Sebastián. Utiliza la gráfica para responder las preguntas que siguen.

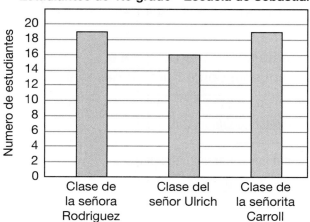

Estudiantes de 4to grado - Escuela de Sebastián

a. ¿Cuántos estudiantes menos hay en la clase del maestro Ulrich que en la clase de la maestra Carroll o en la clase de la maestra Rodríguez?.

b. ¿Cuántos estudiantes de cuarto grado representa en total la gráfica de barras?

c. ¿Qué medida de los datos es mayor: el intervalo o la mediana? Explica tu respuesta.

11. (49, 67) El panadero utiliza 30 libras de harina diarias para hacer pan. ¿Cuántas libras de harina utiliza en 73 días?

12. (96) El chef utiliza 132 libras de patatas cada 6 días. En promedio, ¿cuántas libras de patatas se utilizan cada día?

13. (43) $6.52 + $12 + $1.74 + 26¢

14. (50) $3.65 + 2.7 + 0.454 + 2.0$

15. (43, 45) $80 − ($63.72 + $2)

16. (52) $37{,}614 − 29{,}148$

17. (61) $9w = 9 \cdot 26$

*18. (62) 3^4

19. (85) 24×1000

20. (48) 79¢ × 6

21.
$\begin{array}{r} 50 \\ \times\ 50 \\ \hline \end{array}$

21.
(86)
$\begin{array}{r} 50 \\ \times\ 50 \\ \hline \end{array}$

22.
(90)
$\begin{array}{r} 51 \\ \times\ 49 \\ \hline \end{array}$

23.
(90)
$\begin{array}{r} 47 \\ \times\ 63 \\ \hline \end{array}$

24.
(76)
$4\overline{)810}$

25.
(65)
$5\overline{)490}$

26.
(65, 68)
$6\overline{)362}$

27. $1435 \div \sqrt{49}$
(Inv. 3, 80)

* **28.** ¿Cuántos vasos de leche de 8 onzas se pueden servir de un galón de
(40) leche?

* **29.** Redondea $16\frac{5}{8}$ al número entero más cercano.
(103)

* **30.** Estima el área de una ventana de las dimensiones que se muestran.
(Inv. 3)

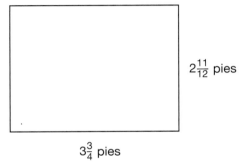

$2\frac{11}{12}$ pies

$3\frac{3}{4}$ pies

Joyce fue a extraer crustáceos con sus hermanos y extrajo $2\frac{1}{4}$ libras de cangrejos, $1\frac{1}{4}$ libras de langostas y $2\frac{3}{4}$ libras de camarones.

a. Escribe cada número mixto como fracción impropia.

b. Utiliza manipulables de fracciones o diagramas para mostrar cada cantidad y después encontrar el número total de libras de crustáceos que extrajo Joyce.

c. ¿De cuál extrajo Joyce más libras?

LECCIÓN 105

🔱 *Conceptos y destrezas esenciales para Texas*

(4.3)(A) usar suma para resolver problemas con números enteros

(4.15)(A) explicar observaciones con palabras y números

(4.16)(B) justificar por qué una respuesta es razonable

• División entre 10

Preliminares

operaciones Preliminares A

cálculo mental Piensa en un centavo más o menos que 25 centavos en **a–c.**

  a. Sentido numérico: $126 + 375$

  b. Sentido numérico: $651 - 225$

  c. Sentido numérico: $\$6.51 + \$2.75$

  d. Dinero: El atlas cuesta $\$16.25$. Amol paga con un billete de $\$20$. ¿Cuánto cambio recibe?

  e. Medición: Fran bebe $1\frac{1}{2}$ cuartos de agua. ¿Cuántas pintas bebe?

  f. Estimación: Estima 32×28.

  g. Cálculo: $40 \div 4$, $\times 6$, $+ 4$, $\sqrt{}$, $- 8$

  h. Números romanos: Compara: XIX ◯ 20

resolver problemas Escoge una estrategia apropiada para resolver este problema. Esta secuencia tiene un patrón alternante. Copia esta secuencia en tu cuaderno y continúa la secuencia hasta 18. Después describe el patrón con palabras.

$$0, 5, 3, 8, 6, 11, 9, 14, \ldots$$

Nuevo concepto

Destreza mental

Verifica

¿Cuáles son los 4 pasos de la división?

Hemos utilizado un procedimiento de cuatro pasos para dividir entre números de un dígito. Utilizamos el mismo procedimiento de cuatro pasos para dividir entre números de dos dígitos. En esta lección aprenderemos a dividir entre 10.

Divide: 10)‾432‾

Diez no se divide entre 4 pero sí se dividirá cuatro veces entre 43. En el Paso 1 debemos recordar escribir el 4 sobre el 3 en 432.

Destreza mental

Comenta

¿Por qué ponemos el dígito 4 en el lugar de las decenas del cociente?

Paso 1: Calculamos 10)‾43‾ y escribimos "4".

Paso 2: Multiplicamos 4 por 10 y escribimos "40".

Paso 3: Restamos 40 de 43 y escribimos "3".

Paso 4: Bajamos el 2 y nos da 32.

$$\begin{array}{r} 4 \\ 10\overline{)432} \\ \underline{40} \\ 32 \end{array}$$

Repite:

Paso 1: Dividimos 32 entre 10 y escribimos "3".

Paso 2: Multiplicamos 3 por 10 y escribimos "30".

Paso 3: Restamos 30 de 32 y escribimos "2".

Paso 4: No hay número que bajar.

La respuesta es 43 con residuo 2.

$$\begin{array}{r} \textbf{43 R 2} \\ 10\overline{)432} \\ \underline{40} \\ 32 \\ \underline{30} \\ 2 \end{array}$$

Observa que el residuo es el último dígito del dividendo. Cuando divides entre 10, no hay residuo si el último dígito del dividendo formado por un número entero es cero. En caso contrario, el residuo será el último dígito del dividendo.

Justifica ¿Cómo podemos comprobar la respuesta?

Práctica de la lección

Divide:

a. 10)‾73‾

b. 10)‾342‾

c. 10)‾243‾

d. 10)‾720‾

e. 10)‾561‾

f. 10)‾380‾

g. Selección múltiple ¿Cuál de estos números se puede dividir entre 10 sin dejar residuo?

A 365 **B** 472 **C** 560 **D** 307

Práctica escrita *Integradas y distribuidas*

1. ¿Cuántos borradores de 6¢ se pueden comprar con 2 monedas de
(88) 25 centavos?

2. ¿Qué porcentaje de un dólar son dos monedas de 25 centavos?
(Inv. 5)

3. D'Jimon tiene $8. Parisa tiene $2 más que D'Jimon. ¿Cuánto dinero tienen
(94) entre ambos?

*4. (**Representa**) Tres cuartos de los 20 estudiantes de una
(95) clase participan en una actividad extracurricular. ¿Cuántos
estudiantes participan? Haz un dibujo para representar y
resolver el problema.

*5. (**Justifica**) Si se saca una carta de una baraja común, ¿es más
(Inv. 10) probable que la carta sea una "carta con número" o una "carta con letra"?
Explica tu respuesta.

*6. Escribe una fracción igual a una con denominador 10.
(103)

7. (**Representa**) Escribe 86.743 con palabras.
(84)

*8. (**Estima**) Existen muchas formas de hacer una estimación. Describe
(59) dos formas diferentes de estimar la diferencia de 496 menos 605.

*9. Cambia cada fracción impropia por un número entero o por un número
(104) mixto:

a. $\dfrac{9}{5}$ **b.** $\dfrac{9}{3}$ **c.** $\dfrac{9}{2}$

*10. (**Estima**) Poco tiempo después que James Marshall descubriera oro en
(94, 105) el molino de John Sutter en California el 24 de enero de 1848, comenzó la
"fiebre del oro". Si en 10 días llegaron 2400 personas, aproximadamente,
¿cuántas personas llegaron por día? Aproximadamente, ¿cuántas
personas llegaron en 1 semana?

11. Calcula la longitud de este segmento a la décima de centímetro más
(69) cercana. Escribe la longitud como número decimal.

*12. Un minero compra 6 sacos de harina por $4.20 el saco y 8 libras de sal
(94) por 12¢ la libra. ¿Cuánto dinero gasta?

*13. a. ¿Qué dígito de 86.743 está en el lugar de las décimas?
(91, 102)

    b. ¿Está 86.74 más cerca de 86.7 o de 86.8?

*14. Dibuja un trapecio.
(92)

15. $4.867 - (2.8 + 0.56)$
(45, 50)

16. 30^2
(62, 86)

17. 54×29
(90)

*18. $10\overline{)230}$
(105)

19. $7\overline{)2383}$
(80)

*20 $372 \div 10$
(105)

21 $8c = \$5.76$
(41)

22
(17)

    12
    26
    13
    35
  110
     8
+ 15

23
(51)
$$351,426 + 449,576$$

24
(52)
$$\$50.00 - \$49.49$$

2
(48)
$$\$12.49 \times 8$$

2
(90)
$$73 \times 62$$

*2 Una cancha mide 300 pies de largo y 200 pies de ancho.
(Inv. 2) ¿Cuántos pies de cerco se necesitarían para rodear la cancha?

    Explica ¿Es éste un problema de perímetro o de área? ¿Cómo lo sabes?

300 pies

200 pies

*2 ¿Qué letras de **M** **H** tienen un eje de simetría? ¿Cuáles tienen dos ejes
(79) de simetría? ¿Cuáles tienen simetría rotacional?

*29. ¿Qué transformación puede hacer que el dígito 6 se vea como el
(73) dígito 9?

*30. (**Interpreta**) Utiliza esta matriz para contestar las partes **a–c**.
(101)

Tabla de millaje

	Atlanta	Boston	Chicago	Kansas City	Los Ángeles	Ciudad de Nueva York	Wash., D.C.
Chicago	674	963		499	2054	802	671
Dallas	795	1748	917	489	1387	1552	1319
Denver	1398	1949	996	600	1059	1771	1616
Los Ángeles	2182	2979	2054	1589		2786	2631
Ciudad de Nueva York	841	206	802	1198	2786		233
St. Louis	541	1141	289	257	1845	948	793

a. ¿Cuánto mayor es la distancia de Los Ángeles a Boston que de Los Ángeles a la ciudad de New York?

b. Rebecca planea viajar de Chicago a Dallas, a Los Ángeles, a Chicago. ¿Cuántas millas viajará?

c. La matriz tiene tres casilleros vacíos. ¿Qué número iría en estos casilleros?

Para los más rápidos

Conexión con la vida diaria

Hay 728 estudiantes en el auditorio. Diez estudiantes caben en cada fila. Los estudiantes deben llenar la mayor cantidad posible de filas.

a. Divide 722 entre 10.

b. ¿Cuántas filas se llenan?

c. ¿Cuántas filas se llenan parcialmente? ¿Por qué?

LECCIÓN 106

Conceptos y destrezas esenciales para Texas

(4.11)(B) realizar conversiones sencillas entre unidades de longitud, volumen y masa del sistema usual de medidas

(4.15)(B) relacionar lenguaje informal con lenguaje matemático

• Evaluar expresiones

operaciones Preliminares A

cálculo mental Encuentra cada fracción de 24.

a. Partes fraccionarias: $\frac{1}{2}$ de 24

b. Partes fraccionarias: $\frac{1}{3}$ de 24

c. Partes fraccionarias: $\frac{1}{4}$ de 24

d. Sentido numérico: 4×18

e. Dinero: Manuel tiene $3.75 en su bolsillo y $4.51 en su alcancía. ¿Cuánto dinero tiene en total?

f. Estimación: Estima 62×19.

g. Cálculo: $5^2, +10, -3, \div 4, \times 2$

h. Números romanos:[1] Escribe CX en el sistema decimal.

resolver problemas Escoge una estrategia apropiada para resolver este problema. Dos tazas hacen una pinta. Dos pintas hacen un cuarto. Dos cuartos hacen medio galón y dos medio galones hacen un galón. Una pinta de agua pesa como una libra. Encuentra el peso aproximado de una taza, un cuarto, medio galón y un galón de agua.

Nuevo concepto

Vocabulario de matemáticas

Podemos *evaluar* una expresión reemplazando una letra por su valor. Luego se simplifica.

¿Cuál es el valor de la siguiente expresión?

$$n + 7$$

El valor de la expresión depende del valor de *n*. Si conocemos el valor de *n*, podemos **evaluar** la expresión sumando 7 al valor de *n*.

---

[1] En las lecciones 106 – 120, la sección de Cálculo mental: "Números romanos", repasa conceptos del Apéndice Tópico B. Omita estos problemas si no ha cubierto el Apéndice Tópico B.

Si _r_ es 5, ¿cuánto vale cada una de estas expresiones?

a. _r_ + 3　　　　　　**b. _r_ − 3**　　　　　　**c. 3_r_**

Nos dicen que _r_ vale 5. Para encontrar el valor de cada expresión, reemplazamos _r_ por 5 y realizamos el cálculo.

a. _r_ + 3　　　　　　**b.** _r_ − 3　　　　　　**c.** 3_r_

$5 + 3 = \mathbf{8}$　　　　$5 - 3 = \mathbf{2}$　　　　$3 \times 5 = \mathbf{15}$

Práctica de la lección

a. Si _m_ es igual a 12, ¿cuánto vale _m_ − 10?

b. Evalúa _a_ + _b_ si _a_ = 9 y _b_ = 15.

c. ¿Cuánto vale _xy_ si _x_ vale 6 e _y_ es 7?

d. ¿Cuánto vale w^2 si _w_ vale 5?

e. Si _A_ = _lw_, ¿cuánto vale _A_ si _l_ vale 8 y _w_ vale 4?

f. Evalua $\frac{m}{n}$, utilizando _m_ = 12 y _n_ = 3.

g. Encuentra el valor de $\sqrt{t}$ si _t_ vale 16.

Práctica escrita

Integradas y distribuidas

*1. Utiliza esta información para responder las partes **a–c.**
(94)

Nara tiene 6 gatos. Cada gato come media lata de alimento diariamente. El alimento para gatos cuesta 47¢ por lata.

a. ¿Cuántas latas de alimento se consumen a diario?

b. ¿Cuánto gasta Nara en alimento para gatos por día?

c. ¿Cuánto gasta Nara en alimento para gatos en una semana?

*2. a. Dibuja un triángulo rectángulo. Rotula los vértices _A, B_ y _C,_ de
(63)　　manera que _C_ esté en el ángulo recto.

b. Nombra dos segmentos que sean perpendiculares.

c. Nombra dos segmentos que se intersequen, pero que no sean perpendiculares.

d. ¿Puede un triángulo tener dos lados paralelos?

*3. (**Representa**) Cuatro estudiantes planifican una carrera. Dibuja un
(39) diagrama de árbol para mostrar todas las maneras diferentes en que Juan,
Katelyn y Eric pueden finalizar la carrera si Raisa gana la carrera. Después,
haz una lista de todas las combinaciones posibles.

| Juan | Katelyn | Eric | Raisa |

4. Si el perímetro de un salón cuadrado mide 120 pies,
(Inv.3, 86) ¿cuánto mide cada lado del salón? ¿Cuánto mide el área del
salón?

*5. (**Representa**) Matemáticas es la clase favorita de cinco séptimos de los
(95) 28 estudiantes. ¿Cuántos estudiantes prefieren la clase de matemáticas?
Haz un dibujo para ilustrar el problema.

*6. (**Analiza**) Hay un error en este letrero. Dibuja dos letreros
(99) diferentes para mostrar cómo corregir el error.

Entrada
.75¢
cada una

7. Si el radio de un círculo mide $1\frac{1}{2}$ pulgadas, ¿cuánto mide el diámetro del
(21, 39) círculo?

8. (**Representa**) Utiliza palabras para escribir 523.43.
(Inv. 4)

9. (**Estima**) Colin utilizó el redondeo para estimar el producto de 61 por
(93) 397. ¿Qué estimación hizo Colin? Explica tu respuesta.

*10. Convierte cada fracción impropia en número entero o número mixto:
(104)
a. $\frac{10}{10}$ **b.** $\frac{10}{5}$ **c.** $\frac{10}{3}$

*11. LaTonya va al parque de diversiones con $20. Paga $6.85 por un collar
(94) y $4.50 por el almuerzo. Después compra un refresco por 75¢. ¿Cuánto
dinero le queda?

*12. (**Explica**) Clara compra dos muñecas a un precio de $7.40 cada
(83) una. El impuesto es de 98¢. Paga al dependiente con un billete
de $20. ¿Cuánto cambio recibe? Explica por qué tu respuesta es
razonable.

13. El enorme camión que transporta la rueda de Chicago puede recorrer sólo
(60) 140 millas en 5 horas. ¿Cuál es la rapidez promedio del camión en millas por hora?

*14. Compara: $\dfrac{49}{100} \bigcirc \dfrac{1}{2}$
(103)

*15. **a.** (**Estima**) Redondea $12.25 al dólar más cercano.
(20, 102)
   b. Redondea 12.25 al número entero más cercano.

*16. **a.** ¿Qué dígito de 36.47 está en el lugar de las décimas?
(91, 102)
   b. (**Estima**) ¿Está 36.47 más cerca de 36.4 ó de 36.5?

17. 73.48   **18.** $65.00   **19.** 24,375   **20.** $3.68
(50)   5.63   (52) − $29.87   (52) − 8,416   (58) ×   9
      + 17.9

21. 89 × 91   **22.** 3)$\overline{3210}$ ***23.** 10)$\overline{4300}$
(90)   (76)   (105)

24. 6)$\overline{\$57.24}$ **25.** 765 ÷ 9   ***26.** 563 ÷ 10
(76)   (65)   (105)

*27. Encuentra el valor de n^2 si n vale 90.
(106)

*28. Encuentra el valor de $\dfrac{m}{\sqrt{m}}$ si m vale 36.
(106)

*29. **a.** **Selección múltiple** ¿Entre qué par de números está la suma
(59)   de $6\frac{3}{4}$ y $5\frac{3}{5}$?

   A 5 y 7   **B** 30 y 40   **C** 0 y 2   **D** 11 y 13

   b. Explica la respuesta a la parte **a.**

*30. El elefante africano de la sabana es el mamífero terrestre más pesado
(77) de la tierra. Aunque sólo come ramas, hojas, frutas y pasto, un elefante
      africano de la sabana puede pesar 7 toneladas. ¿Cuántas libras son siete
      toneladas?

◆ *Conceptos y destrezas esenciales para Texas*

(4.14)(A) identificar las matemáticas en situaciones diarias
(4.15)(A) explicar observaciones con palabras y números
(4.15)(B) relacionar lenguaje informal con lenguaje matemático
(4.16)(B) justificar por qué una respuesta es razonable

• Sumar y restar fracciones con denominadores comunes

operaciones	Preliminares B

cálculo mental

Calcula cada fracción de 30 en **a–c**.

   a. Partes fraccionarias: $\frac{1}{2}$ de 30

   b. Partes fraccionarias: $\frac{1}{3}$ de 30

   c. Partes fraccionarias: $\frac{1}{5}$ de 30

   d. Sentido numérico: 50×28

   e. Tiempo: El partido de fútbol terminó a la 1:15 p.m. Y había comenzado $1\frac{1}{2}$ horas antes. ¿A qué hora comenzó?

   f. Estimación: Para estimar 26×19, redondea 26 hacia abajo a 25, redondea 19 hacia arriba a 20 y después multiplica.

   g. Cálculo: $5 \times 2, \times 10, \div 2, -1, \sqrt{}$

   h. Números romanos: Escribe LXV en el sistema decimal.

resolver problemas

Escoge una estrategia apropiada para resolver este problema. En los lugares en donde se observa el "horario de verano", la regla es de "adelante en primavera, atrás en otoño". Quiere decir que adelantamos los relojes una hora en primavera y los retrasamos una hora en el otoño. Oficialmente, los relojes se reprograman a las 2 a.m. de un domingo. ¿Cuántas horas duran esos domingos en que se reprograman los relojes?

Nuevo concepto

Para sumar fracciones, hay que pensar en los denominadores como si fueran objetos. Así como 1 manzana más 1 manzana es igual a 2 manzanas, 1 tercio más 1 tercio es igual a 2 tercios.

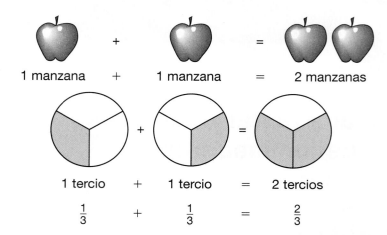

1 manzana + 1 manzana = 2 manzanas

1 tercio + 1 tercio = 2 tercios

$$\frac{1}{3} \quad + \quad \frac{1}{3} \quad = \quad \frac{2}{3}$$

Cuando sumamos fracciones, sumamos los numeradores (números superiores). No sumamos los denominadores (números inferiores).

Ejemplo 1

Blake mezcló $\frac{3}{5}$ de libra de anacardos $\frac{1}{5}$ de libra de pacanas. ¿Cuánto pesa en libras la mezcla de anacardos y pacanas?

Sólo sumamos los números superiores. Tres quintos más un quinto es cuatro quintos. La mezcla de anacardos y pacanas pesa $\frac{4}{5}$ **de libra.**

$$\frac{3}{5} + \frac{1}{5} = \frac{4}{5}$$

Asimismo, al restar fracciones, restamos sólo los numeradores. El denominador no cambia. Por ejemplo, cinco séptimos menos dos séptimos son tres séptimos.

$$\frac{5}{7} - \frac{2}{7} = \frac{3}{7}$$

Ejemplo 2

Para hacer un pequeño lazo para un regalo, Sakura cortó $\frac{1}{5}$ de yarda de cinta de una cinta que medía $\frac{3}{5}$ de yarda de largo. ¿Cuál es la longitud de la cinta que no se usó para el lazo?

Restamos sólo los numeradores. Tres quintos menos un quinto es dos quintos. La longitud de la cinta que no se usó para el lazo es $\frac{2}{5}$ **de yarda.**

$$\frac{3}{5} - \frac{1}{5} = \frac{2}{5}$$

Comenta ¿Cómo podemos comprobar la respuesta?

Recuerda que un número mixto es un número entero más una fracción, como $2\frac{3}{5}$. Para sumar números mixtos, sumamos las partes fraccionarias y después las partes enteras.

Suma: $2\frac{3}{5} + 3\frac{1}{5}$

Se recomienda escribir los números uno sobre otro. Primero sumamos las fracciones y obtenemos $\frac{4}{5}$. Después sumamos los números enteros y obtenemos 5. La suma de los números mixtos es $5\frac{4}{5}$.

$$
\begin{array}{r}
2\frac{3}{5} \\
+\,3\frac{1}{5} \\
\hline
5\frac{4}{5}
\end{array}
$$

Ejemplo 4

Resta: $5\frac{2}{3} - 1\frac{1}{3}$

Restamos el segundo número del primer número. Para hacerlo, escribimos el primer número sobre el segundo número. Restamos las fracciones y obtenemos $\frac{1}{3}$. Después restamos los números enteros y obtenemos 4. La diferencia es $4\frac{1}{3}$.

$$
\begin{array}{r}
5\frac{2}{3} \\
-\,1\frac{1}{3} \\
\hline
4\frac{1}{3}
\end{array}
$$

Ejemplo 5

En la carrera, Martín montó en su bicicleta $7\frac{1}{2}$ millas y corrió $2\frac{1}{2}$ millas. En total, ¿qué distancia montó en bicicleta y corrió Martín?

Esta es una historia de combinaciones. Sumamos $7\frac{1}{2}$ millas y $2\frac{1}{2}$ millas. Las dos medias millas se combinan para formar una milla completa. La distancia total es **10 millas.**

$$
\begin{array}{r}
7\frac{1}{2} \\
+\,2\frac{1}{2} \\
\hline
9\frac{2}{2} = 10
\end{array}
$$

Práctica de la lección

Calcula la suma o diferencia:

a. $\frac{1}{3} + \frac{1}{3}$

b. $\frac{1}{4} + \frac{2}{4}$

c. $\frac{3}{10} + \frac{4}{10}$

d. $\frac{2}{3} - \frac{1}{3}$

e. $\frac{3}{4} - \frac{2}{4}$

f. $\frac{9}{10} - \frac{6}{10}$

g. $2\frac{1}{4} + 4\frac{2}{4}$

h. $5\frac{3}{8} + 1\frac{2}{8}$

i. $8 + 1\frac{2}{5}$

j. $4\frac{3}{5} - 1\frac{1}{5}$

k. $9\frac{3}{4} - 4\frac{2}{4}$

l. $12\frac{8}{9} - 3\frac{3}{9}$

m. ¿Cuánto es tres octavos más cuatro octavos?

n. La tropa caminó hasta el final de la pista y volvió. Si la pista medía $3\frac{1}{2}$ millas de largo, ¿qué distancia caminó la tropa?

*1. **Justifica** Wendy compra 5 boletos por $2.75 cada uno. Los paga
(83) con un billete de $20. ¿Cuánto cambio debe recibir? Explica por qué tu
respuesta es razonable.

2. Si 3 amigos se reparten cincuenta centavos en partes iguales, sobrarán
(88) algunos centavos. ¿Cuántos centavos sobrarán?

3. ¿Cuál es la diferencia al restar cuatrocientos nueve de
(30) novecientos cuatro?

*4. **Representa** Dos quintos de las 45 estampillas eran de
(95) Brasil. ¿Cuántas estampillas eran de Brasil? Haz un dibujo para
representar el problema.

*5. **a.** Calcula la longitud de este segmento de recta en
(69) milímetros.

b. Calcula la longitud del segmento en centímetros.

*6. **a.** La pizza se cortó en 10 pedazos iguales. ¿Qué nombre
(Inv. 5, de fracción para 1 muestra la pizza cortada?
103)

b. ¿Qué porcentaje de toda la pizza es un pedazo de
pizza?

*7. **Selección múltiple** Si se lanza una vez un cubo de números, ¿cuál de
(Inv. 10) éstos es el resultado más probable?

A 1   **B** 3

C un número mayor que 1   **D** un número menor que 3

8. **Estima** Redondea 5167 al millar más cercano.
(54)

*9. Convierte la fracción impropia $\frac{9}{4}$ en número mixto.
(104)

*10. **Selección múltiple** ¿Cuál de estas fracciones *no* es igual a 1?
(103)

A $\frac{12}{12}$ **B** $\frac{11}{11}$ **C** $\frac{11}{10}$ **D** $\frac{10}{10}$

11. En el verano de 1926 existían sólo 17 tiendas en la ciudad. Hoy existen
(42, 72) 8 veces esa cantidad de tiendas en la ciudad. ¿Cuántas tiendas existen hoy día?

12. El tren de carga tarda 9 días en recorrer las 243 millas del viaje. ¿Cuál es
(96) el número promedio de millas que recorre por día?

*13. ✎ **Explica** El sábado, Jacinda jugó afuera durante $1\frac{1}{2}$ horas y jugó
(107) juegos de salón durante $2\frac{1}{2}$ horas. En total, ¿cuánto tiempo pasó Jacinda jugando afuera y jugando juegos de salón? Explica cómo encontraste la respuesta.

*14. **Estima** Redondea $8\frac{21}{100}$ al número entero más cercano.
(37, 59)

15. 36.31
(50) $-\ \ 7.4$

*16. $\frac{5}{8} + \frac{2}{8}$
(107)

17.   6
(2)   5
       4
       3
     $+\ n$
      $\overline{25}$

*18. $\frac{9}{10} - \frac{2}{10}$
(107)

*19. $3\frac{2}{5} + 1\frac{1}{5}$
(107)

20. 27×32
(90)

21. 62×15
(90)

22. $7^2 + \sqrt{49}$
(Inv. 3, 62)

*23. $10\overline{)460}$
(105)

24. $9\overline{)\$27.36}$
(76, 80)

25. $6w = 2316$
(41, 76)

26. $1543 \div 7$
(80)

*27. $532 \div 10$
(105)

28. $\frac{256}{8}$
(65)

*29. **a.** ¿Cuántos pies cuadrados de tejas se necesitan para cubrir
(Inv. 3, 86) un tejado rectangular que mide 40 pies de ancho y 60 pies de largo?

  b. ¿Es éste un problema de área o de perímetro? ¿Cómo lo sabes?

30. Shaun caminó $2\frac{1}{5}$ millas el lunes. Caminó $3\frac{4}{5}$ millas el miércoles. ¿Cuántas
(107) millas más caminó Shaun el miércoles respecto del lunes?

🔷 *Conceptos y destrezas esenciales para Texas*

(4.3)(A) usar suma para resolver problemas con
números enteros
(4.4)(B) representar situaciones de multiplicación y
división con dibujos, palabras y números
(4.4)(D) usar multiplicación para resolver problemas
(4.14)(A) identificar las matemáticas en situaciones
diarias
(4.16)(B) justificar por qué una respuesta es razonable

- ## Fórmulas

- ## Propiedad distributiva

operaciones Preliminares B

cálculo mental Encuentra cada fracción de 36 en **a–c**.

    a. **Partes fraccionarias:** $\frac{1}{2}$ de 36

    b. **Partes fraccionarias:** $\frac{1}{3}$ de 36

    c. **Partes fraccionarias:** $\frac{1}{4}$ de 36

    d. **Sentido numérico:** $83 - 68$

    e. **Geometría:** ¿Cuánto mide el perímetro de un hexágono que tiene lados de 5 cm de largo cada uno?

    f. **Estimación:** Camille corta pedazos de hilo que miden $7\frac{3}{4}$ pulgadas de largo cada uno. Si debe cortar 6 pedazos de hilo, aproximadamente, ¿cuántas pulgadas de hilo necesita?

    g. **Cálculo:** $10 \div 2, \times 8, - 4, \div 6$

    h. **Números romanos:** Escribe CL en nuestro sistema numérico.

resolver problemas Escoge una estrategia apropiada para resolver este problema.
En esta secuencia, cada término es la suma de los dos términos anteriores. Copia esta secuencia y encuentra los cuatro términos que siguen.

$$1, 1, 2, 3, 5, 8, \underline{\quad}, \underline{\quad}, \underline{\quad}, \underline{\quad}, \ldots$$

Nuevos conceptos

Fórmulas Recuerda que encontramos el área de un rectángulo multiplicando su largo por su ancho.

$$\text{Área} = largo \times ancho$$

Esta expresión es una *fórmula* para encontrar el área de cualquier ángulo. Generalmente, las fórmulas se escriben de modo que una letra representa cada medida.

Abajo tenemos una lista de varias fórmulas comunes. En estas fórmulas, *P* representa el perímetro y *l* representa la longitud de lado de un cuadrado.

Algunas fórmulas comunes

Área de un rectángulo	$A = la$
Perímetro de un rectángulo	$P = 2(l + a)$ $P = 2l + 2a$
Área de un cuadrado	$A = l^2$
Perímetro de un cuadrado	$P = 4l$

Algunas figuras son combinaciones de rectángulo. En el ejemplo 1 vemos que el área del piso de una casa puede encontrarse dividiendo la figura en rectángulos y sumando luego las áreas de los rectángulos.

Ejemplo 1

El diagrama muestra el plano de una casa de un piso.

a. ¿Cuánto mide el perímetro de la casa?

b. ¿Cuánto mide el área del piso de la casa?

20 pies

10 pies
20 pies

40 pies

30 pies

40 pies

a. El perímetro de la casa es la distancia alrededor de la casa. Sumamos las longitudes de los seis lados.

$$30 + 40 + 40 + 20 + 10 + 20 = 160$$

Sumando las longitudes de los lados, encontramos que el perímetro de la casa mide **160 pies.**

b. Para encontrar el área, primero dividimos la figura en dos rectángulos. A continuación mostramos una manera de hacerlo.

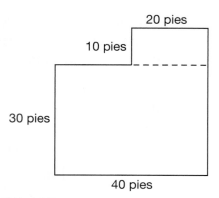

20 pies

10 pies

30 pies

40 pies

Hemos dividido la figura con una línea punteada y hemos rotulado el largo y el ancho de ambos rectángulos. Ahora encontramos el área de cada rectángulo.

Rectángulo pequeño = 200 pies cuadrados
+ Rectángulo grande = 1200 pies cuadrados
Área total de la figura = 1400 pies cuadrados

Sumando las áreas de los dos rectángulos, encontramos que el área total del piso mide **1400 pies cuadrados.**

Propiedad distributiva

Hay dos fórmulas para el perímetro de un rectángulo. Una de las fórmulas es

$$P = 2(l + a)$$

Esta fórmula nos dice que hay que sumar el largo y el ancho de un rectángulo y luego multiplicar por 2. Aplicando esta fórmula al rectángulo de abajo, sumamos 8 cm a 5 cm y obtenemos 13 cm. Después doblamos los 13 cm y obtenemos 26 cm.

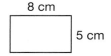

8 cm

5 cm

La otra fórmula para el perímetro de un rectángulo es

$$P = 2l + 2a$$

Esta fórmula nos dice que hay que doblar el largo, doblar el ancho y después sumar los resultados. Aplicando esta fórmula al mismo rectángulo, doblamos los 8 cm y obtenemos 16 cm. Después doblamos los 5 cm y obtenemos 10 cm. Después sumamos 16 cm a 10 cm y obtenemos 26 cm.

Vemos que el resultado de nuestros cálculos es el mismo utilizando cualquiera de las dos fórmulas para el perímetro de un rectángulo. La igualdad de estas dos fórmulas ilustra una propiedad importante de las matemáticas llamada **Propiedad distributiva.**

$$2(l + a) = 2l + 2a$$

En la expresión $2(l + a)$, ambos, l y a, se multiplican por 2. En otras palabras, la multiplicación por 2 es distribuida a l y a.

$$2(l + a)$$

Cuando multiplicamos 2 por l, el producto es $2l$.

Cuando multiplicamos 2 por a, el producto es $2a$.

Ejemplo 2

Destreza mental

Evalúa

¿Por qué 4×23 es igual a $4(20 + 3)$?

Utiliza la Propiedad distributiva para multiplicar:

$$4(20 + 3)$$

Este problema es lo mismo que 4×23, excepto que 23 se escribe como $20 + 3$. Estamos acostumbrados a sumar 20 y 3 antes de multiplicar, pero la Propiedad distributiva nos permite multiplicar primero y después sumar los productos.

$$4(20 + 3) = \mathbf{80 + 12 = 92}$$

Práctica de la lección

La figura de abajo muestra los límites de un jardín. Observa la figura para resolver los problemas **a** y **b**.

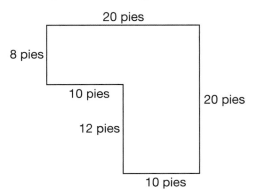

a. ¿Cuántos pies de reja de alambre se necesitan para cercar el jardín a lo largo de sus límites?

b. ¿Cuánto mide el área del jardín?

c. Utiliza la Propiedad distributiva para multiplicar:

$$6(10 + 6)$$

d. Utiliza la fórmula $P = 2(l + a)$ para encontrar el perímetro de un rectángulo que mide 15 cm de largo y 10 cm de ancho.

e. Utiliza la fórmula $A = S^2$ para encontrar el área de un cuadrado con lados de 20 pies de largo.

Práctica escrita — *Integradas y distribuidas*

*1. **(Analiza)** Nelson compró 8 libras de naranjas. Le dio al tendero un billete de $5 y recibió $1.96 de cambio. ¿Cuánto costó 1 libra de naranjas? ¿Cuál es el primer paso para resolver este problema?
(94)

2. Después de hornear una docena de panecillos de pasas, Richard comió dos panecillos como merienda. Después puso la mitad de los panecillos que quedaban en el refrigerador. ¿Cuántos panecillos puso Richard en el refrigerador?
(94)

3. ¿Qué número es seis menos que el producto de cinco por cuatro?
(94)

4. Dos tercios de las 12 cuerdas de la guitarra estaban desafinadas. ¿Cuántas cuerdas de la guitarra estaban desafinadas? Haz un dibujo para ilustrar el problema.
(95)

*5. ¿Cuál es la probabilidad de que al lanzar un cubo de números se detenga exactamente con dos puntos hacia arriba?
(Inv. 10)

*6. Escribe una fracción igual a 1 con denominador 5.
(103)

7. **(Representa)** Utiliza palabras para escribir $397\frac{3}{4}$.
(35)

8. Estima la suma de 4178 y 6899 redondeando ambos números al millar más cercano antes de sumar.
(59)

*9. Transforma cada fracción impropia a número entero o número mixto:
(104)

    a. $\dfrac{7}{3}$ **b.** $\dfrac{8}{4}$ **c.** $\dfrac{9}{5}$

*10. El club de excursionismo realizó caminatas de 8 millas, 15 millas, 11 millas y 18 millas. ¿Cuál fue la distancia promedio de las caminatas del club?
(96)

*11. Durante las primeras 3 horas, los excursionistas caminaron a 3 millas por
(57, 94) hora. Durante las 2 horas siguientes caminaron a 4 millas por hora. Si el viaje total era de 25 millas, ¿cuánto les queda por recorrer?

12. ¿Qué porcentaje de un cuarto es una pinta?
(40, Inv. 5)

13. $41.6 + 13.17 + 9.2$
(50)

14. $h + 8.7 = 26.47$
(50)

*15. $6\frac{3}{8} + 4\frac{2}{8}$
(107)

*16. $4\frac{7}{10} - 1\frac{6}{10}$
(107)

*17. Podemos escribir 48 como $40 + 8$. Utiliza la Propiedad distributiva para
(108) encontrar $5(40 + 8)$.

*18. (**Analiza**) Dos quintos de los estudiantes viajaron en autobús y un quinto
(107) viajó en carro. ¿Qué fracción de los estudiantes viajó en autobús o en carro?

19. $\$0.48 \times 5$
(48)

20. 80^2
(62, 86)

21. $\sqrt{25} \times \sqrt{25}$
(Inv. 3)

22. $4d = \$6.36$
(41, 76)

*23. $10\overline{)520}$
(105)

24. $\dfrac{175}{5}$
(65)

*25. ¿Cuánto miden el perímetro y el área de este cuadrado?
(Inv. 2, Inv. 3)

10 pulg

*26. Si se recorta un rectángulo de 3 pulg por 4 pulg del cuadrado del
(Inv. 3, 108) problema **25,** ¿cuánto miden el perímetro y el área de la figura que queda?

*27. La cubierta de la mesa está a 76 cm del piso. ¿A cuántos metros del piso
(69, 102) está la cubierta de la mesa?

*28. **Interpreta** Utiliza la gráfica lineal para responder las partes **a–c.**
(Inv. 6, 97)

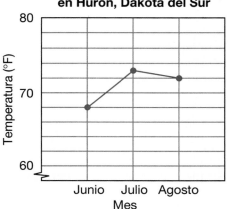

Temperaturas de verano promedio
en Hurón, Dakota del Sur

a. Escribe el nombre de los meses ordenados desde el más caluroso al más frío.

b. ¿Cuántos grados más alta es la temperatura promedio de julio que la temperatura promedio de junio?

c. Escribe un enunciado que explique en qué se parecen y en qué se diferencian la media y la mediana de la temperatura.

*29. Había $3\frac{4}{5}$ de pasteles de carne en la cocina del chef. Después el chef sacó $1\frac{3}{5}$
(107) de los pasteles de carne. ¿Cuántos pasteles de carne quedaron en la cocina del chef?

*30. **Selección múltiple** Los números mixtos $5\frac{3}{8}$ y $7\frac{4}{5}$ no tienen denominadores
(103) comunes, pero ¿entre qué par de números está su suma?

    A 14 y 16   **B** 12 y 14

    C 10 y 12   **D** 5 y 8

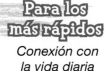

Conexión con la vida diaria

La escuela primaria Cardinal prepara el escenario para una obra escolar. El escenario se cubrirá con heno. El escenario rectangular mide 12 pies de largo y 14 pies de ancho.

a. ¿Qué área debe cubrirse con heno?

b. El perímetro del escenario se rodeará con césped. Utiliza la fórmula $2(l + a)$ para encontrar el número de pies que cubrirá el césped.

• Fracciones equivalentes

Preliminares

operaciones

cálculo mental

Preliminares B

Calcula cada fracción de 40 en **a–c.**

  a. **Partes fraccionarias:** $\frac{1}{2}$ de 40

  b. **Partes fraccionarias:** $\frac{1}{4}$ de 40

  c. **Partes fraccionarias:** $\frac{1}{10}$ de 40

  d. **Dinero:** Shelby le entrega al dependiente un billete de $10 por medio galón de leche que cuesta $1.95. ¿Cuánto cambio debe recibir?

  e. **Tiempo:** Rashid nació un lunes de abril de 2000. ¿Qué día de la semana fue su primer cumpleaños?

  f. **Estimación:** Estima el área del rectángulo de la derecha.

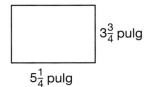

$3\frac{3}{4}$ pulg

$5\frac{1}{4}$ pulg

  g. **Cálculo:** $\sqrt{64}$, $-\,3$, $\times\,7$, $-\,3$, $\div\,8$

  h. **Números romanos:** Escribe XL en nuestro sistema numérico.

resolver problemas

Escoge una estrategia apropiada para resolver este problema. Hay cuatro estacionamientos (1, 2, 3 y 4) en la fila más cerca de la entrada al edificio. Imagina que sólo dos de los cuatro estacionamientos están ocupados. ¿Cuáles son las combinaciones de dos espacios de estacionamiento que podrían ocuparse?

Nuevo concepto

Vocabulario de matemáticas

Equivalente es otra palabra para igual. Por ejemplo, $\frac{1}{2}$ y $\frac{2}{4}$ son fracciones equivalentes así como también son fracciones iguales.

Se han sombreado porciones iguales de los siguientes círculos. Como vemos, se han utilizado diferentes fracciones para nombrar las porciones sombreadas.

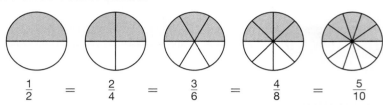

$$\frac{1}{2} \quad = \quad \frac{2}{4} \quad = \quad \frac{3}{6} \quad = \quad \frac{4}{8} \quad = \quad \frac{5}{10}$$

Todas estas fracciones nombran la misma cantidad. Las fracciones diferentes que nombran la misma cantidad se llaman **fracciones equivalentes**.

Ejemplo 1

El rectángulo de la izquierda tiene tres partes iguales. Vemos que dos partes están sombreadas, así que dos tercios de la figura están sombreadas.

$$\frac{2}{3} \quad \blacksquare \quad = \quad \square \quad \frac{?}{6}$$

El rectángulo de la derecha tiene seis partes iguales. ¿Cuántas partes deben estar sombreadas para representar la misma fracción de este rectángulo?

Vemos que **cuatro partes** de las seis deben estar sombreadas. Esto significa que dos tercios es lo mismo que cuatro sextos.

$$\frac{2}{3} \quad \blacksquare \quad = \quad \blacksquare \quad \frac{4}{6}$$

$\frac{2}{3}$ y $\frac{4}{6}$ son fracciones equivalentes.

Destreza mental

Concluye

¿Utilizamos una traslación, una reflexión o una rotación para decidir si las áreas sombreadas de los rectángulos son congruentes?

Ejemplo 2

¿Qué fracciones equivalentes se muestran a la derecha?

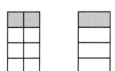

Se ha sombreado una porción igual de cada rectángulo. Los rectángulos que se muestran son iguales.

$$\frac{2}{8} = \frac{1}{4}$$

Destreza mental

Verifica

¿Qué propiedad dice que podemos multiplicar cualquier número por 1 y la respuesta será ese número?

Recordemos que cuando multiplicamos un número por 1, el resultado es igual al número que multiplicamos.

$$2 \times 1 = 2 \qquad 2000 \times 1 = 2000 \qquad \frac{1}{2} \times 1 = \frac{1}{2}$$

Recordemos también que hay muchas formas de escribir "1".

$$1 = \frac{2}{2} = \frac{3}{3} = \frac{4}{4} = \frac{5}{5} = \frac{6}{6} = \cdots$$

Podemos utilizar estos dos datos para calcular fracciones equivalentes. Si multiplicamos una fracción por un nombre de fracción para 1, el producto es una fracción equivalente.

$$\frac{1}{2} \times \frac{2}{2} = \frac{2}{4} \qquad \begin{array}{l}(1 \times 2 = 2)\\(2 \times 2 = 4)\end{array}$$

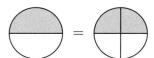

Al multiplicar $\frac{1}{2}$ por $\frac{2}{2}$, que es un nombre de fracción para 1, encontramos que $\frac{1}{2}$ es igual a $\frac{2}{4}$. Observa que multiplicamos numerador por numerador y denominador por denominador. Podemos calcular otras fracciones iguales a $\frac{1}{2}$ multiplicando por otros nombres de fracción para 1:

$$\frac{1}{2} \times \frac{3}{3} = \frac{3}{6} \qquad \frac{1}{2} \times \frac{4}{4} = \frac{4}{8} \qquad \frac{1}{2} \times \frac{5}{5} = \frac{5}{10}$$

Ejemplo 3

Encuentra cuatro fracciones iguales a $\frac{1}{3}$ multiplicando $\frac{1}{3}$ por $\frac{2}{2}, \frac{3}{3}, \frac{4}{4}$ y $\frac{5}{5}$.

$$\frac{1}{3} \times \frac{2}{2} = \frac{2}{6} \qquad\qquad \frac{1}{3} \times \frac{3}{3} = \frac{3}{9}$$

$$\frac{1}{3} \times \frac{4}{4} = \frac{4}{12} \qquad\qquad \frac{1}{3} \times \frac{5}{5} = \frac{5}{15}$$

Todas nuestras respuestas son una fracción igual a $\frac{1}{3}$.

Práctica de la lección

Nombra las siguientes fracciones equivalentes:

a.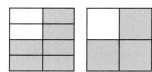

b.

Haz dibujos para mostrar que los siguientes pares de fracciones son equivalentes:

c. $\dfrac{2}{4} = \dfrac{1}{2}$ **d.** $\dfrac{4}{6} = \dfrac{2}{3}$ **e.** $\dfrac{2}{8} = \dfrac{1}{4}$

Calcula cuatro fracciones equivalentes para las siguientes fracciones. Para hacerlo, multiplica cada fracción por $\dfrac{2}{2}$, $\dfrac{3}{3}$, $\dfrac{4}{4}$ y $\dfrac{5}{5}$.

f. $\dfrac{1}{4}$ **g.** $\dfrac{5}{6}$ **h.** $\dfrac{2}{5}$ **i.** $\dfrac{1}{10}$

Práctica escrita

Integradas y distribuidas

1. *(Inv. 6)* **Interpreta** El pictograma muestra el número de vehículos motorizados que pasaron por la casa de Mario durante 1 hora. Utiliza el pictograma para responder las siguientes preguntas.

Tipo de vehículo	Número de vehículos
Carros	⊘ ⊘ ⊘ ⊘ ⊘ ⊘
Camiones	⊘ ⊘
Mopeds	◖
Motocicletas	⊘ ◖

Clave: ⊘ = 4 vehículos

a. ¿Qué tipo de vehículo pasó dos veces por la casa de Mario?

b. Escribe una oración que compare el número de camiones con el número de carros.

c. Imagina que diez motociclistas pasaron por fuera de la casa de Mario. ¿Cuántos símbolos se necesitarían para representar el número de motocicletas en el pictograma? Explica tu respuesta.

*2. *(94)* ¿Qué número es seis menos que la suma de siete y ocho? Escribe una expresión.

*3. *(95)* Beth leyó tres décimos de 180 páginas en un día. ¿Cuántas páginas leyó en un día?

4. El termómetro muestra la temperatura de un día tibio en Buffalo, Nueva York. ¿Qué temperatura muestra el termómetro?
(18)

5. Un disco, dividido en 8 partes iguales, ¿qué nombre de fracción para 1 representa?
(103)

6. a. ¿Cuánto mide el diámetro de esta moneda de diez centavos?
(21, 69)

b. ¿Cuál es el radio de la moneda de diez centavos?

c. ¿Cuánto mide el diámetro de esta moneda en centímetros?

7. En un equipo de fútbol americano hay 11 jugadores, de manera que cuando juegan dos equipos, en la cancha hay 22 jugadores al mismo tiempo. En octubre, en el país se juegan muchos partidos los viernes por la noche. La tabla muestra el número de jugadores en la cancha para un determinado número de partidos. ¿Cuántos jugadores hay en la cancha en 5 partidos? ¿En 10 juegos?
(32)

Number of games	1	2	3	4	5
Number of players	22	44	66	88	?

8. Justin salió de casa a la hora que muestra el reloj y llegó a la casa de un amigo 15 minutos después. ¿A qué hora llegó Justin a casa de su amigo?
(19)

*9. (**Representa**) Convierte la fracción impropia $\frac{5}{2}$ a número mixto. Haz un dibujo para demostrar que la fracción impropia y el número mixto son iguales.
(104)

* 10. Utiliza la siguiente información para contestar las partes **a** y **b.**
(94, 96)

> *Miguel hizo 12 planchas de ejercicios el primer día. Los cuatro días siguientes, hizo dos planchas más que el día anterior.*

    a. En total, ¿cuántas planchas hizo Miguel en cinco días?

    b. ¿Cuál fue el número promedio de planchas que hizo Miguel por día?

* 11. La línea punteada de este polígono divide la figura en dos rectángulos.
(Inv. 3, 79)

    a. ¿Cuánto mide el área del rectángulo *A*?

    b. ¿Cuánto mide el área del rectángulo *B*?

    c. ¿Cuánto mide el área de todo el polígono?

    d. ¿Muestra un eje de simetría la línea punteada de la figura?

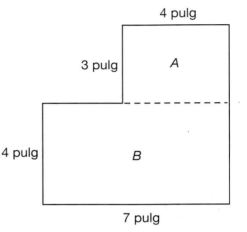

* 12. (**Analiza**) En el tablero hay fichas rojas y negras. Hay 8 fichas rojas más que negras. En total hay 20 fichas. ¿Cuántas fichas son rojas y cuántas son negras? Estima y comprueba para resolver.
(94)

* 13. Encuentra tres fracciones equivalentes a $\frac{2}{3}$ multiplicando $\frac{2}{3}$ por $\frac{2}{2}$, $\frac{3}{3}$ y $\frac{10}{10}$.
(109)

* 14. Como 63 es igual a 60 + 3, podemos encontrar 5 × 63 calculando 5(60 + 3). Utiliza la Propiedad distributiva para calcular 5(60 + 3).
(108)

* 15. Calcula *ac* si *a* vale 18 y *c* vale 22.
(106)

16. Para abrir la ventana, Marla desliza la hoja de vidrio rectangular de la derecha a la posición de la hoja de la izquierda. ¿Qué transformación describe el movimiento de la hoja de vidrio?
(73)

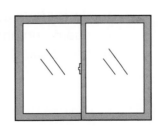

17. Calcula la mediana, la moda y el intervalo de este grupo de puntajes:
(97)

    100, 100, 95, 90, 90, 80, 80, 80, 60

* 18. **Selección múltiple** Si un cuadrilátero tiene dos pares de lados
(92) paralelos, el cuadrilátero es de seguro un _____.

    A rectángulo   **B** paralelogramo

    C trapecio   **D** cuadrado

19. $v + 8.5 = 24.34$
(50)

20. $26.4 - 15.18$
(91)

21. $4 \times 3 \times 2 \times 1$
(62)

22. 26×30
(67)

23. $8\overline{)\$16.48}$
(76, 80)

* 24. $10n = 250$
(41, 405)

* 25. $\dfrac{5}{12} + \dfrac{6}{12}$
(107)

* 26. $\dfrac{8}{12} - \dfrac{3}{12}$
(107)

27. ¿Cuántos pies cuadrados de papel se necesitan para cubrir un tablero de
(Inv. 3) anuncios que mide 3 pies de alto y 6 pies de ancho?

* 28. La receta de pan requiere $7\frac{1}{2}$ tazas de harina para hacer 2 barras de pan.
(107) El panadero desea hacer 4 barras de pan. ¿Cuántas tazas de harina
necesita?

* 29. Los mochileros acamparon en una tienda. Consulta la figura de la
(98) derecha para contestar las partes **a–c.**

    a. ¿Qué forma de sólido geométrico tiene la tienda?

    b. ¿Cuántas caras tiene, incluyendo la base?

    c. ¿Cuántas aristas tiene?

* 30. La bandera de Estados Unidos tiene trece franjas. Seis franjas son
(11, 74) blancas y el resto rojas.

    a. ¿Cuántas franjas rojas tiene la bandera de Estados Unidos?

    b. ¿Qué fracción de las franjas de la bandera son blancas?

    c. ¿Qué fracción de las franjas de la bandera son rojas?

Conceptos y destrezas esenciales para Texas

(4.15)(A) explicar observaciones con palabras y números

(4.16)(A) hacer generalizaciones a partir de patrones o de conjuntos de ejemplos y contraejemplos

• División entre múltiplos de 10

Preliminares

operaciones   Preliminares B

cálculo mental   Encuentra cada fracción de 100 en **a–c.**

    a. Partes fraccionarias: $\frac{1}{2}$ de 100

    b. Partes fraccionarias: $\frac{1}{4}$ de 100

    c. Partes fraccionarias: $\frac{1}{10}$ de 100

    d. Sentido numérico: 5×46

    e. Dinero: Jack compra calcetines por $4.37 y un cepillo para el pelo por $2.98. ¿Cuánto gasta?

    f. Estimación: Estima el área del rectángulo que se muestra a la derecha.

        $2\frac{3}{4}$ pulg $5\frac{3}{4}$ pulg

    g. Cálculo: 12×3, $\sqrt{}$, $\div 2$, $\div 3$

    h. Números romanos: Escribe MCX en nuestro sistema numérico.

resolver problemas   Escoge una estrategia apropiada para resolver este problema. Tomando por lo menos una de cada moneda desde la moneda de un centavo hasta la moneda de medio dólar, ¿qué nueve monedas se necesitan para completar exactamente 99¢?

Nuevo concepto

En esta lección comenzamos a dividir entre múltiplos de 10. Los múltiplos de 10 son los números 10, 20, 30, 40, 50, 60, y así sucesivamente. Como ayuda para dividir entre un número de dos dígitos, podemos pensar en dividir entre el primer dígito solamente.

Como ayuda para dividir: $20\overline{)72}$

podemos pensar en: $2\overline{)7}$

Utilizamos la división más fácil para estimar el resultado de la división más difícil. Como en 7 caben tres 2, estimamos que también en 72 caben tres 20. Como estamos dividiendo 72 entre 20, escribimos el 3 sobre el 2 en 72.

$$\begin{array}{r} 3 \\ 20\overline{)72} \end{array}$$

Esto es correcto.
El 3 sobre el 2 significa que en 72 caben tres 20.

$$\begin{array}{r} 3 \\ 20\overline{)72} \end{array}$$

¡Esto no es correcto!
No escribas el 3 sobre el 7. Eso significaría que en 7 caben tres 20, lo que no es cierto.

Es importante colocar los dígitos del resultado de manera correcta.

Ahora completamos los pasos de la multiplicación y de la resta para encontrar el residuo.

$$\begin{array}{r} 3\ R\ 12 \\ 20\overline{)72} \\ \underline{60} \\ 12 \end{array}$$
← Escribimos así el resultado

Ejemplo

Divide: $30\overline{)127}$

Destreza mental

Comenta

¿Por qué escribimos el dígito 4 en el lugar de las unidades del cociente?

Como ayuda para dividir, dejamos mentalmente de lado el último dígito de cada número. Entonces pensamos "$3\overline{)12}$". Como en 12 caben cuatro 3, estimamos que en 127 también caben cuatro 30. Escribimos "4" sobre el 7 de 127. Después multiplicamos 4 por 30 y escribimos "120". Después restamos 120 de 127 y escribimos "7" como residuo.

$$\begin{array}{r} 4\ R\ 7 \\ 30\overline{)127} \\ \underline{120} \\ 7 \end{array}$$

Justifica Explica cómo puedes comprobar el resultado utilizando una calculadora.

Práctica de la lección

Divide:

a. $30\overline{)72}$

b. $20\overline{)87}$

c. $40\overline{)95}$

d. $20\overline{)127}$

e. $40\overline{)127}$

f. $30\overline{)217}$

Práctica escrita   *Integradas y distribuidas*

*1. **Analiza** Ochenta estudiantes se dividieron entre tres salones tan
(88) uniformemente como fue posible. Escribe tres números para mostrar cuántos estudiantes había en cada uno de los tres salones.

* 2. **Encuentra la fórmula** ¿Cuál es la diferencia cuando se resta la suma de
_(94)_ tres y cuatro del producto de tres y cuatro? Escribe una ecuación.

3. **Explica** Inma tiene el doble de edad que su hermana y es tres años
_(94)_ menor que su hermano. La hermana de Inma tiene seis años. ¿Qué edad
tiene el hermano de Inma? ¿Cuál es el primer paso?

* 4. Cuatro novenos de los 513 aficionados aplaudieron cuando el gol.
_(95)_ ¿Cuántos aficionados aplaudieron?

5. Este cartel tiene un error. Dibuja dos carteles diferentes que
_(35)_ muestren cómo corregir el error.

* 6. **Haz la conexión** Estos círculos muestran fracciones
_(109)_ equivalentes a $\frac{1}{2}$. Nombra las fracciones que se muestran.

7. **Haz una predicción** La posibilidad de ganar el premio mayor es del 1%.
(Inv. 10) ¿Qué es más probable, ganar o no ganar?

* 8. **Explica** En una tienda de artículos deportivos, un bate de béisbol de
_(20, 22)_ aluminio se vende en $38.49, una pelota de béisbol en $4.99 y un guante
de béisbol en $24.95. ¿Cuál es una estimación razonable de cuánto
cuesta comprar un bate, un guante y dos pelotas de béisbol? Explica por
qué tu estimación es razonable.

* 9. Convierte la fracción impropia $\frac{5}{2}$ a número mixto.
_(104)_

10. Reuben corrió 7 millas en 42 minutos. ¿Cuál es el número promedio
_(60, 96)_ de minutos que demoró Reuben en correr una milla?

* 11. Kia compra 3 bufandas a un precio de $2.75 cada una. El impuesto
_(83)_ es de 58¢. Paga con un billete de $10. ¿Cuánto cambio debe recibir?

12. **Analiza** Dos boletos para la obra cuestan $26. A esa tasa, ¿cuánto
_(94)_ cuestan veinte boletos?

*13. Dawn mide $49\frac{1}{2}$ pulgadas de estatura. Tim mide $47\frac{1}{2}$ pulgadas de estatura.
(107) ¿Cuántas pulgadas más alta es Dawn que Tim?

14. 7.43 + 6.25 + 12.7   **15.** $q + 7.5 = 14.36$
(50)   (50)

16. 90 × 8000   **17.** 8 × 73¢
(86)   (48)

18. 7 × 6 × 5 × 0   **19.** 15^2
(62)   (Inv. 3, 62)

20. 60×5^2 **21.** $\sqrt{49} \times \sqrt{49}$
(62, 67)   (Inv. 3)

*22. $5\frac{1}{3} + 3\frac{1}{3}$ ***23.** $4\frac{4}{5} - 3\frac{3}{5}$
(107)   (107)

*24. $\dfrac{1240}{10}$ ***25.** $60\overline{)240}$
(105)   (110)

26. El perímetro de este cuadrado mide 8 cm. Encuentra la
(Inv. 2, longitud de cada lado. Después encuentra el área del
Inv. 3) cuadrado.

*27. Consulta este itinerario de autobús para responder las partes **a–c.**
(27, 101)

Línea 346

Terminal	6:43 a.m	7:25 a.m.	3:45 p.m.
5a. & Western	6:50 a.m.	7:32 a.m.	3:50 p.m.
5a. & Cypress	6:54 a.m.	7:36 a.m.	3:55 p.m.
Cypress & Hill	7:01 a.m.	7:43 a.m.	4:03 p.m.
Hill & Lincoln	7:08 a.m.	7:50 a.m.	4:12 p.m.
Lincoln & 5a.	7:16 a.m.	7:58 a.m.	4:20 p.m.

a. Nikki toma el autobús de las 6:50 a.m. en 5a. con Western. ¿A qué hora espera llegar a Hill con Lincoln?

b. Si el autobús circula de acuerdo al itinerario, ¿cuántos minutos dura su viaje?

c. Si ella pierde el autobús de las 6:50 a.m., ¿a qué hora puede tomar el siguiente autobús de la Línea 346 en esa esquina?

28. (**Haz una predicción**) Cuando Xena dice un número, Yoli duplica el
(94) número y suma 3. Xena y Yoli anotan sus números en una tabla.

X	1	2	5	7
Y	5	7	13	17

¿Qué número incribe en la carta Yoli si Xena dice 11?

*29. Los trabajadores están reemplazando una sección rota de la acera. Antes de
(Inv. 3, 108) echar el concreto, los trabajadores construyen un borde a lo largo del
perímetro.

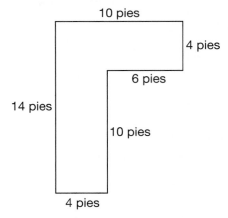

a. ¿Cuánto mide el perímetro de la acera que se reemplazó?

b. ¿Cuánto mide el área de la acera que se reemplazó?

*30. (**Representa**) En la tabla de abajo se muestran diversas horas y
(Inv. 6) temperaturas.

Temperaturas en la mañana

Hora	Temperatura (°F)
12:00 a.m.	51
2:00 a.m.	48
4:00 a.m.	49
6:00 a.m.	50
8:00 a.m.	56
10:00 a.m.	62

Muestra los datos en una gráfica lineal. Luego escribe un enunciado que describa
los datos.

Conceptos y destrezas esenciales para Texas

(4.7)   usar estructuras de organización para analizar relaciones entre conjuntos de datos, como los pares ordenados en una tabla

(4.11)(A) usar instrumentos de medición para determinar longitud, área, volumen y masa, con unidades del sistema usual y métrico

(4.11)(C) usar modelos de unidades cúbicas estándares para medir volumen

(4.11)(D) estimar volumen en unidades cúbicas

Enfoque en

• Volumen

Las figuras como cubos, pirámides y conos ocupan espacio. La cantidad de espacio que una figura ocupa se conoce como su **volumen.** Medimos el volumen con **unidades cúbicas,** como centímetros cúbicos, pulgadas cúbicas, pies cúbicos y metros cúbicos.

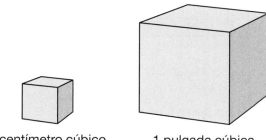

1 centímetro cúbico   1 pulgada cúbica

El modelo del cubo que construimos en la Lección 99 tenía un volumen de una pulgada cúbica.

Éste es el modelo de un sólido rectangular construido con cubos. Cada cubo tiene un volumen de 1 centímetro cúbico. Para encontrar el volumen del sólido rectangular, podemos contar el número de centímetros cúbicos que se utilizaron para hacerlo.

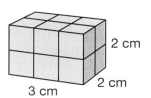

Una manera de contar los cubos pequeños es contar los cubos de la primera capa y después multiplicar ese número por el número de capas. Hay seis cubos en la capa de arriba y hay dos capas en total. El volumen del sólido rectangular es de 12 centímetros cúbicos.

Cuenta los cubos para encontrar el volumen de cada uno de los siguientes sólidos rectangulares. Fíjate en las unidades utilizadas en cada figura.

1.
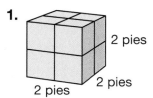

2.
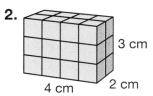

3.
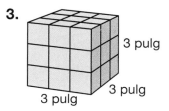

4.
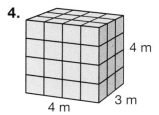

Otra manera de calcular el volumen de sólidos rectangulares es multiplicar el largo, el ancho y la altura (profundidad) del sólido. El producto de las tres medidas es el volumen del sólido rectangular en unidades cúbicas. Utiliza el método de multiplicación para encontrar el volumen de cada sólido rectangular en los problemas **1–4**.

Recuerda que 3 pies es igual a 1 yarda y que 9 pies cuadrados forman 1 yarda cuadrada. Utiliza esta información para resolver el problema 5.

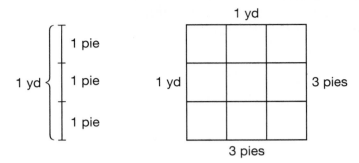

5. (**Analiza**) El largo, el ancho y la altura de este cubo miden 1 yarda cada uno, por lo tanto su volumen es de 1 yarda cúbica. ¿Cuál es el volumen del cubo en pies cúbicos?

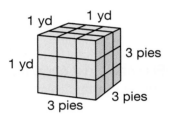

6. Un pie es igual a 12 pulgadas. Un pie cuadrado es igual a 144 pulgadas cuadradas. El volumen de esta figura es de 1 pie cúbico. ¿Cuál es el volumen en pulgadas cúbicas?

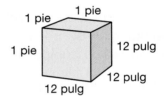

7. (**Analiza**) Un metro es igual a 100 centímetros. Un metro cuadrado es igual a 10,000 centímetros cuadrados. ¿cuántos centímetros cúbicos de volumen tiene una figura con un volumen de 1 metro cúbico?

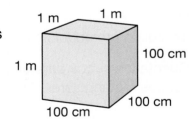

Generalmente, los objetos que vemos en las tiendas llegan en camiones a las tiendas. La cantidad de mercancías que un camión puede transportar depende de la capacidad del remolque del camión y del volumen de los objetos enviados.

Imagina que el área de almacenaje de un camión de reparto tiene la forma de una caja que mide, en su interior, 5 pies de ancho, 6 pies de altura y 20 pies de largo.

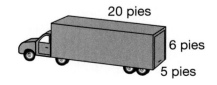

8. ¿Cuál es el volumen (capacidad) de almacenaje en pies cúbicos?

Ahora imagina que cargan el camión con cajas de las dimensiones que aparecen a la derecha. Las primeras cajas están apiladas contra la superficie posterior (que mide 5 pies de ancho y 6 pies de altura).

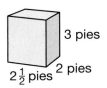

3 pies

$2\frac{1}{2}$ pies   2 pies

9. **Representa** ¿Cuántas de estas cajas se pueden apilar contra la superficie posterior? Haz un diagrama.

10. **Explica** Si continúan apilando de la misma manera cajas de igual tamaño en el camión, entonces ¿cuántas cajas caben en el camión? Explica tu respuesta.

Actividad 1

Estimar el volumen

Como clase, calculen dos veces el volumen de su salón de clases, una vez en unidades métricas y una vez en unidades usuales. Primero, estimen el volumen en metros cúbicos, encontrando el número de cajas, de un metro por lado, que se pueden amontonar en su salón. (Imaginen que sacaron todos los armarios y muebles del salón).

11. **Estima** ¿Qué debes medir antes de realizar el cálculo? ¿Qué unidades debes utilizar? Registra las dimensiones al metro más cercano?

12. Utiliza las dimensiones del salón para estimar el volumen de tu salón de clase en metros cúbicos.

Realiza un segundo cálculo del volumen de tu salón de clase, esta vez en pies cúbicos.

13. **Estima** Registra el largo, el ancho y la altura del salón en pies. (Redondea al pie más cercano).

14. Utiliza las dimensiones del salón para estimar el volumen de tu salón de clase en pies cúbicos.

Un salón de clase con 30 pupitres puede verse lleno. Sin embargo, pueden caber más de 30 pupitres en la mayoría de los salones de clase. Imagina que los pupitres de los estudiantes se envían en cajas que miden 3 pies de largo, 2 pies de ancho y 3 pies de alto.

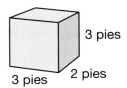

3 pies

3 pies   2 pies

15. **Representa** ¿Cuántas cajas de este tamaño se pueden apilar contra una pared de tu salón de clase? Haz un diagrama.

16. **Estima** ¿Cuántas de estas pilas caben en el salón de clases?

17. **Estima** En total, ¿cuántos pupitres embalados caben en tu salón de clase?

Actividad 2

Estimar perímetro, área y volumen

Materiales:

• **Actividad 48 de la lección**

Escoge un salón rectangular en la escuela o en casa y completa las tareas descritas en la **Actividad 48 de la lección.**

Investiga más

a. En grupo, utilicen los manipulables de cubos de papel de 1 pulgada de la Lección 99 y cinta adhesiva o pegamento para hacer modelos de figuras poco comunes. Escribe con un lápiz el volumen en la parte inferior de tu figura. Pide a otros estudiantes que estimen el volumen de tu figura tridimensional y compara con tus estimaciones.

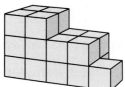

Opción:

Trabajen en conjunto como clase para fijar con cinta adhesiva los cubos de papel de 1 pulgada y formar una estructura grande. Muestren la figura y pidan a los invitados de la clase que estimen el volumen.

b. El rectángulo tiene un largo de 3 unidades y un ancho de 1 unidad.

Esta tabla muestra los valores para *l,* cuando *a* = 1, 2, 3 y 4.

3 unidades (*l*)

1 unidad (*a*)

a	l
1	3
2	6
3	9
4	12

• Escribe una ecuación que muestre la relación entre los dos conjuntos de datos.

• Utiliza tu ecuación para determinar el largo cuando el ancho es de 8 unidades.

c. Pide a tu maestro un recipiente vacío. Estima el número de tazas de agua que puede contener tu recipiente. Utiliza tazas para determinar exactamente cuántas tazas de agua puede contener tu recipiente. ¿Qué tan cerca estuvo tu estimación del verdadero número de tazas de agua que puede contener tu recipiente?

d. Pide a tu maestro un recipiente vacío. Estima el número de mililitros que puede contener tu recipiente. Utiliza mililitros para determinar exactamente cuántos mililitros de agua puede contener tu recipiente. ¿Cuán cerca estuvo tu estimación de la verdadera cantidad de mililitros de agua que puede contener tu recipiente?

• Estimar perímetro, área y volumen

📌 *Conceptos y destrezas esenciales para Texas*

(4.11)(A) usar instrumentos de medición para determinar longitud, área, volumen y masa, con el sistema usual y métrico

(4.11)(C) usar modelos de unidades cúbicas estándares para medir volumen

(4.11)(D) estimar volumen en unidades cúbicas

(4.14)(B) resolver problemas que implican comprender, hacer y llevar a cabo un plan, y evaluar la solución

(4.14)(C) desarrollar plan o estrategia para resolver problemas

(4.14)(D) usar herramientas y tecnología para resolver problemas

(4.15)(A) explicar observaciones con palabras y números

operaciones Preliminares C

cálculo mental Calcula las fracciones de 60 en **a–c**.

    a. Partes fraccionarias: $\frac{1}{3}$ de 60

    b. Partes fraccionarias: $\frac{2}{3}$ de 60

    c. Partes fraccionarias: $\frac{3}{3}$ de 60

    d. Sentido numérico: 50×46

    e. Probabilidad: Si lanzo una vez un cubo de puntos, ¿cuál es la probabilidad de obtener 4?

    f. Estimación: Estima 49×21.

    g. Cálculo: $\frac{1}{3}$ de 90, $+ 50$, $+ 1$, $\sqrt{\ }$, $\sqrt{\ }$, $- 2$

    h. Números romanos: Compara XLVI $\bigcirc$ 45

resolver problemas Escoge una estrategia apropiada para resolver este problema. Marco pagó con un dólar por un artículo que le costó 54¢. Recibió cuatro monedas de cambio. ¿Cuáles fueron esas cuatro monedas?

Para estimar áreas de figuras, podemos usar una cuadrícula. En la siguiente página se muestra un triángulo dibujado sobre un papel cuadriculado de 1 pulgada. Describimos dos estrategias que se pueden utilizar para estimar el área del triángulo.

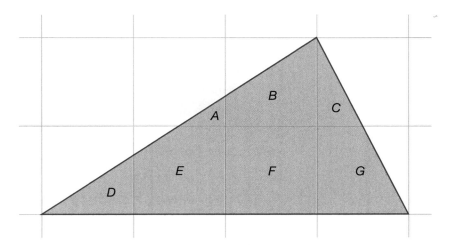

Primera estrategia:

Observa el interior de la figura. Cuenta todos los cuadrados completos. Después, estima el número de cuadrados enteros que se podrían formar con los cuadrados parciales que quedaron.

Utilizando esta estrategia, contamos *F* como un cuadrado completo. *C* y *G* se podían ensamblar como piezas de rompecabezas para formar otro cuadrado. *D* y *B* podrían formar un tercer cuadrado. *A* y *E* podrían formar un cuarto cuadrado. Estimamos que el área del triángulo es cerca de 4 pulgadas cuadradas.

Segunda estrategia:

Observa el interior de la figura. Como en la primera estrategia, cuenta todos los cuadrados completos. Después, cuenta todos los cuadrados que parecen tener por lo menos la mitad de su área dentro del contorno de la figura. No cuentes los cuadrados que tengan menos de la mitad de su área dentro de la figura.

Utilizando esta estrategia, nuevamente contamos *F* como un cuadrado completo. Después contamos *E, B* y *G,* porque por lo menos la mitad del área de cada cuadrado está dentro del contorno del triángulo. No contamos *A, C* ni *D.* Utilizando esta estrategia, nuevamente estimamos que el área del triángulo es cerca de 4 pulgadas cuadradas.

Ambas estrategias nos ayudan a estimar áreas. Una estimación es una **aproximación.** Las estimaciones pueden diferir ligeramente de persona a persona. El propósito es efectuar cuidadosamente cada estimación.

También podemos estimar el perímetro del triángulo.

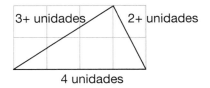

Vemos que la base del triángulo mide 4 unidades. Los otros dos lados miden un poco más de tres unidades y un poco más de 2 unidades, respectivamente. Así, el perímetro mide un poco más de 9 unidades, o quizás 10 unidades.

Actividad 1

Estimar perímetro y área (en pulgadas)

Materiales necesarios:

- **Actividades 9** y **35 de la lección**

1. Marca el contorno de tu mano en **Actividad 35 de la lección** (cuadrícula de 1 pulgada). Después estima el área de la huella de tu mano.

2. Marca el contorno de tu mano nuevamente, ahora en **Actividad 9 de la lección** (cuadrícula de 1 cm). Después estima el perímetro y el área de la huella de tu mano.

Una forma de estimar el volumen de un recipiente es llenarlo primero con unidades cúbicas y contar después el número de cubos que contiene.

Actividad 2

Estimar el volumen

Materiales necesarios:

- **Actividad 31 de la lección** o unidades cúbicas

Busca una caja como del tamaño de una caja de pañuelos de papel e introduce en ella la mayor cantidad de unidades cúbicas que puedas. Estima el volumen de la caja contando el número de cubos.

Práctica de la lección

Estima el perímetro y el área de las figuras de estas cuadrículas. Cada cuadrado pequeño representa un centímetro cuadrado en el problema **a**. Cada cuadrado pequeño representa una pulgada cuadrada en el problema **b**.

a.

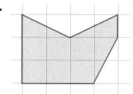

b.

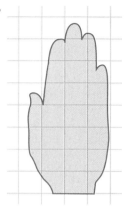

c. **Estima** En el piso del salón, marca 1 pie cuadrado, 1 yarda cuadrada y 1 metro cuadrado. Estima el número de cada tipo de cuadrado necesarios para cubrir todo el piso.

Práctica escrita *Integradas y distribuidas*

* 1. **a.** ¿Cuántos minutos son trescientos segundos? (Hay 60 segundos en
(52, 110)   cada minuto.)

b. ¿Cuántos segundos son sesenta minutos?

* 2. **Explica** David, Ann y Cho estaban jugando a las canicas. Ann
(94)   tenía el doble de canicas que David y Cho tenía 5 canicas más que Ann. David tenía 9 canicas. ¿Cuántas canicas tenía Cho? ¿Cuál es el primer paso?

3. Cada uno de los 5 estantes tiene 44 libros. ¿Cuántos libros hay en los
(49)   5 estantes?

* 4. **a.** Nueve décimos de los 30 estudiantes entregaron la tarea. ¿Cuántos
(Inv. 5,   estudiantes entregaron tarea?
95)

b. ¿Qué porcentaje de los estudiantes no entregó la tarea?

5. Para las partes **a–c,** consulta esta recta numérica:
_(37, 102)

a. ¿Qué fracción es el número para el punto *A*?

b. ¿Qué número decimal es el número para el punto *B*?

c. ¿Qué fracción es el número para el punto C?

6. ¿Qué nombre de fracción para 1 tiene 3 como denominador?
₍₁₀₃₎

*7. ¿Qué fracciones equivalentes se muestran?
₍₁₀₉₎

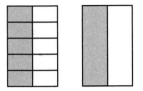

*8. (**Representa**) Haz un dibujo para demostrar que $\frac{6}{8}$ y $\frac{3}{4}$ son fracciones
₍₁₀₉₎ equivalentes.

9. La siguiente es una tarjeta de puntaje de golf para 9 hoyos de golf en
₍₉₆₎ miniatura. ¿Cuál fue el puntaje promedio de Michelle por hoyo?

Putt 'N' Putt

Jugador	1	2	3	4	5	6	7	8	9	Total
Michelle	6	7	5	2	4	1	3	5	3	36
Mathea	5	4	4	3	4	3	2	5	3	33

10. Son las 11:00 a.m. y Sarah debe limpiar el laboratorio antes de las
₍₂₇₎ 4:20 p.m. ¿Cuánto tiempo tiene para limpiar el laboratorio?

*11. Dibuja un cuadrilátero que tenga dos lados paralelos, un tercer
₍₆₃₎ lado perpendicular a los lados paralelos y un cuarto lado que no
sea perpendicular a los lados paralelos. ¿Qué tipo de cuadrilátero
dibujaste?

12. Los factores de 10 son 1, 2, 5 y 10. Los factores de 15 son 1, 3, 5 y 15.
₍₅₅₎ ¿Qué número es el mayor factor de 10 y también de 15?

13. Haz una lista de los factores de 8. Haz una lista de los factores de 12.
₍₅₅₎ ¿Qué número es el mayor factor de 8 y también de 12?

14. $4.3 + 12.6 + 3.75$
(50)

15. $364.1 - 16.41$
(91)

*16. $\dfrac{5}{8} + \dfrac{2}{8}$
(107)

*17. $\dfrac{3}{5} + \dfrac{1}{5}$
(107)

*18. $1\dfrac{9}{10} - 1\dfrac{2}{10}$
(107)

19. 60×800
(86)

20. 73×48
(90)

21. 9×78¢
(48)

22. 10^3
(62, 86)

23. $4x = 3500$
(41,76)

24. $\dfrac{4824}{8}$
(80)

*25. $60\overline{)540}$
(110)

*26. $10\overline{)463}$
(105)

*27. Estima el perímetro y el área de esta figura. Cada cuadrado
(111)   pequeño representa una pulgada cuadrada.

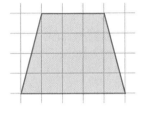

*28. **(Representa)** Dibuja un rectángulo que mida 4 cm de largo y 1 cm de
(21,
Inv. 5) ancho. Después sombrea 25% del mismo.

29. **Selección múltiple** ¿Cuál es un cilindro?
(98)

A   **B**    **C**    **D**

*30. **(Justifica)** ¿Cuál es el volumen de este sólido rectangular?
(Inv. 11) Explica por qué es razonable tu respuesta.

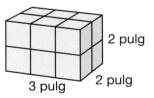
2 pulg
3 pulg   2 pulg

Para los más rápidos

Conexión con la vida diaria

a. Escoge una caja de tu clase y estima su perímetro, área y volumen.
Luego halla el perímetro, área y volumen exactos.

b. Explica como haílaste el perímetro, área y volumen de la
caja.

🔸 *Conceptos y destrezas esenciales para Texas*

(4.2)(A) generar fracciones equivalentes con objetos y dibujos
(4.14)(D) usar herramientas y tecnología para resolver problemas
(4.15)(A) explicar observaciones con palabras y números

• Simplificar fracciones

operaciones Preliminares G

cálculo mental Encuentra cada fracción de 60 en **a–c.**

a. Partes fraccionarias: $\frac{1}{4}$ de 60

b. Partes fraccionarias: $\frac{2}{4}$ de 60

c. Partes fraccionarias: $\frac{3}{4}$ de 60

d. Sentido numérico: 30×12

e. Dinero: Taima tiene $10.00. Después gasta $5.63 en una revista. ¿Cuánto dinero le queda?

f. Estimación: Ocho botellas de detergente para la ropa cuestan $40.32. Redondea esa cantidad al dólar más cercano y después divide entre 8 para estimar el precio por botella.

g. Cálculo: $\frac{1}{2}$ de 24, $\div$ 6, eleva el número al cuadrado, + 8, $\times$ 2

h. Números romanos: Escribe MMCL en nuestro sistema numérico.

resolver problemas Escoge una estrategia apropiada para resolver este problema. Encuentra los cinco términos que siguen en esta secuencia. Después describe la secuencia en palabras.

$$\frac{1}{2}, \frac{2}{4}, \frac{3}{6}, \frac{4}{8}, \underline{\quad}, \underline{\quad}, \underline{\quad}, \underline{\quad}, \underline{\quad}, \ldots$$

Nuevo concepto

Recuerda de la Investigación 9 que cuando *simplificamos* una fracción, encontramos una fracción equivalente escrita con números más pequeños. El dibujo de abajo muestra $\frac{4}{6}$ simplificado a $\frac{2}{3}$.

Visita www.SaxonMath.com/Int4Activities para una actividad con calculadora.

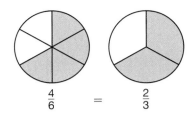

$$\frac{4}{6} \quad = \quad \frac{2}{3}$$

No todas las fracciones se pueden simplificar. Sólo una fracción cuyo numerador y denominador se pueden dividir por el mismo número se puede simplificar. Como el numerador y el denominador de $\frac{4}{6}$ se pueden dividir entre 2, podemos simplificar la fracción $\frac{4}{6}$.

Para simplificar una fracción, utilizamos una fracción igual a 1. Para simplificar $\frac{4}{6}$, utilizamos la fracción $\frac{2}{2}$. Dividimos el 4 y el 6 entre 2, como se muestra.

$$\frac{4}{6} \div \frac{2}{2} = \frac{4 \div 2}{6 \div 2} = \frac{2}{3}$$

Ejemplo

Destreza mental

Comenta

¿Cómo sabemos que tanto 6 como 8 son divisibles entre 2?

Escribe la forma simplificada de cada fracción:

a. $\frac{6}{8}$ 　　　　 b. $\frac{3}{6}$ 　　　　 c. $\frac{6}{7}$

a. El numerador es 6 y el denominador es 8. Estos números se pueden dividir entre 2. Eso significa que podemos simplificar la fracción dividiendo 6 y 8 entre 2.

$$\frac{6}{8} \div \frac{2}{2} = \frac{6 \div 2}{8 \div 2} = \frac{3}{4}$$

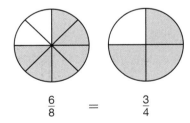

$$\frac{6}{8} \quad = \quad \frac{3}{4}$$

b. El numerador es 3 y el denominador es 6. Estos números se pueden dividir entre 3; por lo tanto, simplificamos $\frac{3}{6}$ dividiendo 3 y 6 entre 3.

$$\frac{3}{6} \div \frac{3}{3} = \frac{3 \div 3}{6 \div 3} = \frac{1}{2}$$

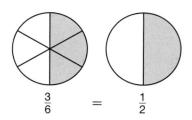

$$\frac{3}{6} \quad = \quad \frac{1}{2}$$

c. El numerador es 6 y el denominador es 7. El único número que divide a 6 y 7 es 1. Al dividir los términos de una fracción entre 1 la fracción no se simplifica.

$$\frac{6}{7} \div \mathbf{\frac{1}{1}} = \frac{6 \div 1}{7 \div 1} = \mathbf{\frac{6}{7}}$$

La fracción $\frac{6}{7}$ no se puede simplificar.

Justifica ¿Qué número es primo, el 6 ó el 7? Explica por qué.

Práctica de la lección

Escribe la forma simplificada de cada fracción:

a. $\frac{2}{4}$ **b.** $\frac{2}{6}$ **c.** $\frac{3}{9}$ **d.** $\frac{3}{8}$

e. $\frac{2}{10}$ **f.** $\frac{4}{10}$ **g.** $\frac{9}{12}$ **h.** $\frac{9}{10}$

Práctica escrita   *Integradas y distribuidas*

*1. Utiliza la siguiente información para responder las partes **a** y **b**:
(94)

> Un poste para cerco cuesta 90¢. Se necesitan 10 postes para construir 5 pies de cerco.

     a. ¿Cuántos postes se necesitan para construir 50 pies de cerco?

     b. ¿Cuánto cuestan en total los postes?

2. Encuentra el perímetro y el área de este rectángulo:
(Inv. 2, Inv. 3)

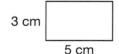
3 cm

5 cm

3. a. Encuentra la longitud en milímetros de este segmento de recta.
(69)

     b. Encuentra la longitud en centímetros de este segmento de recta.

```
mm 10   20   30   40   50
```

```
cm  1    2    3    4    5
```

* 4. Cinco novenos de los 36 caballos son grises. ¿Cuántos caballos son grises?
(95)

* 5. Convierte cada fracción impropia a número entero o a número mixto:
(104)

   a. $\dfrac{15}{2}$ **b.** $\dfrac{15}{3}$ **c.** $\dfrac{15}{4}$

* 6. La madre de Angelina tiene más de 32 años de edad, pero menos de
(55) 40, y su edad en años es un número primo. ¿Qué edad tiene la madre de Angelina?

* 7. a. ¿Qué fracciones equivalentes aparecen en el dibujo de la
(Inv. 5, derecha?
109)

   b. ¿Qué porcentaje de cada rectángulo grande está sombreado?

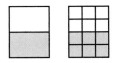

* 8. Un polígono regular tiene todos los lados de igual longitud y todos los
(79, 92) ángulos de igual medida.

   a. Dibuja un cuadrilátero regular. Muestra todos los ejes de simetría.

   b. ¿Cuántos ejes de simetría tiene un cuadrilátero regular?

   c. ¿Tiene simetría rotacional un cuadrilátero regular?

* 9. Escribe la forma simplificada de cada fracción:
(112)

   a. $\dfrac{3}{6}$ **b.** $\dfrac{4}{6}$ **c.** $\dfrac{6}{12}$

10. En tres intentos, Rodney hizo rebotar la pelota de fútbol en su pie 23 veces,
(96) 36 veces y 34 veces. ¿Cuál fue el número promedio de rebotes en cada intento?

11. Las camisetas tenían un precio de $5 cada una. Yoshi tenía $27 y compró
(83) 5 camisetas. El impuesto fue de $1.50. ¿Cuánto dinero le quedó?

* 12. $3\dfrac{3}{9} + 4\dfrac{4}{9}$ *** 13.** $\dfrac{1}{7} + \dfrac{2}{7} + \dfrac{3}{7}$
(107)   (107)

14.
(50)
$$
\begin{array}{r}
37.2 \\
135.7 \\
10.62 \\
2.47 \\
+\ 14.0 \\
\end{array}
$$

* 15. $\dfrac{11}{12} - \dfrac{10}{12}$ *** 16.** $\dfrac{8}{10} - \dfrac{5}{10}$
(107)   (107)

17. 48
(90) × 36

18. 72
(90) × 58

19. $4.08
(58) × 7

20. 25.42 + 24.8
(50)

21. 36.2 − 4.27
(50)

*22. 90 ÷ 20
(110)

23. $\frac{5}{8} - \frac{5}{8}$
(107)

24. 7)‾2549‾
(76)

*25. $19.40 ÷ 10
(105)

26. ¿Qué número está en el medio entre 400,000 y 500,000?
(Inv. 1)

27. (Haz una predicción) ¿Cuál es la probabilidad de que una moneda lanzada
(Inv. 10) al aire salga cara?

*28. **a.** ¿Cuál es el nombre geométrico de la forma de esta caja?
(98, Inv. 11) **b.** ¿Cuál es el volumen de la caja?

c. Cierto o falso: Todas las caras opuestas de la caja son paralelas.

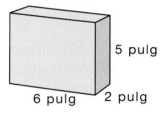

5 pulg

6 pulg   2 pulg

29. Fran abre su cuaderno y pasa una página de derecha a izquierda. ¿A qué
(73) transformación geométrica se parece el pasar una página?

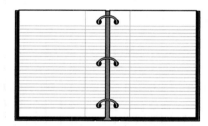

*30. (Explica) Estima el perímetro y el área de esta huella de
(111) zapato. Cada cuadrado pequeño representa una pulgada cuadrada. Describe el método que utilizaste.

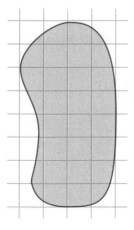

• Multiplicar un número de tres dígitos por otro de dos dígitos

operaciones

cálculo mental

Preliminares I

Un número impar se puede escribir como un número par más 1. Por ejemplo, 9 es 8 + 1. Así, la mitad de 9 es la mitad de 8 más la mitad de 1, que es $4 + \frac{1}{2}$, o $4\frac{1}{2}$. Utiliza esta estrategia para calcular la mitad de cada número impar en **a–d.**

a. **Partes fraccionarias:** 7

b. **Partes fraccionarias:** 11

c. **Partes fraccionarias:** 21

d. **Partes fraccionarias:** 33

e. **Probabilidad:** Si la probabilidad de que llueva es 30%, ¿cuál es la probabilidad de que no llueva?

f. **Estimación:** La mamá de Nanda llena el carro de gasolina, lo que le cuesta $33.43. Después compra una merienda por $4.48. Estima el precio total.

g. **Cálculo:** $\frac{1}{2}$ de 100, $-$ 1, $\sqrt{}$, $+$ 2, $\sqrt{}$, $+$ 1, $\sqrt{}$

h. **Números romanos:** Compara MD $\bigcirc$ 2000

resolver problemas

Escoge una estrategia apropiada para resolver este problema. Los números 1, 8 y 27 inician la siguiente secuencia. (Observa que $1 = 1^3$, $8 = 2^3$ y $27 = 3^3$.) Encuentra los siguientes tres números de la secuencia.

$$1, 8, 27, \underline{\quad}, \underline{\quad}, \underline{\quad}, \ldots$$

Hemos aprendido a multiplicar un número de dos dígitos por otro de dos dígitos. En esta lección aprendemos a multiplicar un número de tres dígitos por otro de dos dígitos.

Ejemplo 1

Una panadería está abierta 364 días al año. Cada día, el dueño hornea 24 barras de pan. ¿Cuántas barras de pan hornea cada año?

Destreza mental

Justifica

¿Por qué hay dos productos parciales?

Escribimos el número de tres dígitos sobre el número de dos dígitos, de manera que los últimos números de cada dígito queden alineados. Multiplicamos 364 por 4. Después multiplicamos 364 por 2. Como este 2 es en realidad 20, escribimos el último dígito de este producto en el lugar de las decenas, que está debajo del 2 en 24. Enseguida sumamos y encontramos que el dueño hornea **8736 barras de pan** al año.

$$\begin{array}{r} \overset{1}{\underset{}{}} \\ \overset{2\,1}{364} \\ \times\ \ 24 \\ \hline 1456 \\ +728\ \ \\ \hline 8736 \end{array}$$

Ejemplo 2

Durante las vacaciones de verano, el director de una escuela compra 38 diccionarios en rústica para la librería de la escuela. El precio de cada diccionario es de $4.07. ¿Cuál es el precio total de los diccionarios?

Destreza mental

Generaliza

Cuando un factor de una multiplicación contiene dólares y centavos, ¿cuántos lugares decimales tendrá el producto? Nombra los lugares.

Ignoraremos el signo de dólar y el punto decimal hasta que terminemos de multiplicar. Primero multiplicamos 407 por 8. Después multiplicamos 407 por 3 (que en realidad es 30), sin olvidar mover los dígitos del producto un lugar a la izquierda. Sumamos y encontramos que el producto es 15466. Ahora escribimos el signo de dólar e insertamos el punto decimal a dos lugares desde la derecha. Encontramos que el precio total de los diccionarios es **$154.66.**

$$\begin{array}{r} \overset{2}{\underset{}{}} \\ \overset{5}{\$4.07} \\ \times\ \ \ 38 \\ \hline 32\,56 \\ +\ 122\,1\ \ \\ \hline \$154.66 \end{array}$$

Práctica de la lección

Multiplica:

a. 235×24 **b.** 14×430 **c.** $\$1.25 \times 24$

d. $\begin{array}{r} 406 \\ \times\ \ 32 \end{array}$ **e.** $\begin{array}{r} \$6.20 \\ \times\ \ \ 31 \end{array}$ **f.** $\begin{array}{r} 562 \\ \times\ \ 47 \end{array}$

1. Carrie fue en auto a visitar a su primo que vive a 3000 millas de distancia.
(11, 52) Si Carrie condujo 638 millas el primer día, 456 millas el segundo día y
589 millas el tercer día, ¿cuánto más debe conducir para llegar a casa de
su primo?

2. Calcula el perímetro y el área de este cuadrado:
(Inv. 2, Inv. 3)

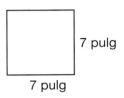

7 pulg

7 pulg

3. Si el perímetro de un cuadrado es 2 metros, ¿cuántos centímetros de
(Inv. 2) largo mide cada lado?

*4. La siguiente figura muestra la forma y las dimensiones de una habitación.
(Inv. 3, 108)

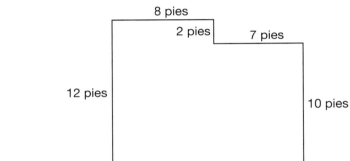

8 pies

2 pies   7 pies

12 pies

10 pies

15 pies

   a. ¿Cuántos pies de moldura se necesitan para cubrir el perímetro de la
   habitación?

   b. ¿Cuántas losetas de 1 pie cuadrado se necesitan para cubrir el
   piso?

5. (**Estima**) Redondea 6843 al millar más cercano.
(54)

*6. Escribe la forma reducida de cada fracción:
(112)

   a. $\dfrac{4}{5}$ **b.** $\dfrac{5}{10}$ **c.** $\dfrac{4}{10}$

7. (**Representa**) Escribe 374.251 en palabras.
(84)

*8. **(Representa)** Haz un dibujo para representar que $\frac{1}{2}$ y $\frac{4}{8}$ son fracciones
(109)   equivalentes.

*9. **(Haz la conexión)** Escribe tres fracciones equivalentes a $\frac{1}{4}$.
(109)

10. El puesto de meriendas para un torneo de baloncesto de una escuela
(96)   primaria obtuvo ganancias por $750 durante los 3 días del torneo. ¿Cuál
      es el promedio de ganancias obtenido cada día de torneo?

*11. **(Estima)** El explorador Zebulon Pike estimó que la altura de la montaña
(12, 51) era de ocho mil, setecientos cuarenta y dos pies. Su estimación fue
       de cinco mil, trescientos sesenta y ocho pies menos que la altura real.
       Actualmente esta montaña se llama Pikes Peak. ¿Cuál es la altura de
       Pikes Peak?

12. $6\overline{)4837}$ **13.** $\dfrac{1372}{\sqrt{16}}$ ***14.** $40\overline{)960}$ ***15.** $20\overline{)1360}$
(80)   *(Inv. 3, 76)*   (110)   (110)

16. $30.07 - 3.7$ **17.** $46.0 - 12.46$ **18.** 37.15
(50)   (91)   (50)   6.84

*19. $\begin{array}{r} \$3.20 \\ \times \quad 46 \\ \hline \end{array}$ ***20.** $\begin{array}{r} 307 \\ \times \quad 25 \\ \hline \end{array}$ $\begin{array}{r} 1.29 \\ 29.1 \\ + \quad 3.6 \\ \hline \end{array}$
(113)   (113)

*21. $\dfrac{8}{15} + \dfrac{6}{15}$ ***22.** $4\dfrac{4}{5} - 1\dfrac{3}{5}$
(107)   (107)

*23. Estima el perímetro y el área de este triángulo. Cada
(111)   cuadrado pequeño representa un centímetro cuadrado.

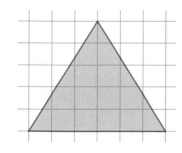

24. **(Concluye)** Escribe los tres números siguientes de esta secuencia de conteo:
(3)

           ..., 10,000, 20,000, 30,000, ...

* **25.** **a.** **Selección múltiple** ¿Cuál de estos triángulos parece un triángulo
(63, 78)   equilátero?

   A   **B**   **C**   **D**

   b. Describe los ángulos del triángulo **B.**

   c. Describe los segmentos del triángulo **B.**

26. **Selección múltiple** Para destapar el frasco de pepinillos, Nadir le dio
(75)   a la tapa dos giros completos en sentido contrario de las manecillas del
   reloj. Aproximadamente, ¿cuántos grados giró Nadir la tapa?

   A 360°   **B** 180°   **C** 720°   **D** 90°

* **27.** **a.** ¿Cuál de estas letras no tiene eje de simetría?
(79)

M I C K E Y

   b. ¿Qué letra tiene simetría rotacional?

* **28.** Los triángulos *ABC* y *DEF* son congruentes. ¿Qué
(73)   transformaciones moverían △*ABC* a la posición
   de △*DEF?*

* **29.** Si cada lado de un triángulo equilátero mide $2\frac{1}{4}$ pulgadas de longitud,
(Inv. 2,   ¿cuál es el perímetro del triángulo?
107)

* **30.** ¿Cuál es el volumen de esta pila de cubos?
(Inv. 11)

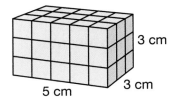

3 cm

3 cm

5 cm

⚓ *Conceptos y destrezas esenciales para Texas*

(4.2)(A) generar fracciones equivalentes con objetos y dibujos
(4.14)(B) resolver problemas que implican comprender, hacer y llevar a cabo un plan, y evaluar la solución
(4.14)(C) desarrollar plan o estrategia para resolver problemas
(4.15)(B) relacionar lenguaje informal con lenguaje matemático

• Simplificar respuestas con fracciones

operaciones Preliminares H

cálculo mental

  a. Porcentaje: 25% de 24

  b. Porcentaje: 50% de 24

  c. Porcentaje: 75% de 24

  d. Sentido numérico: 20×250

  e. Medición: El recipiente de medio galón está a medio llenar. ¿Cuántos cuartos de líquido hay en el recipiente?

  f. Estimación: Cada mesa cuadrada plegable mide 122 cm por lado. Estima la longitud total de 4 mesas plegables alineadas en fila.

  g. Cálculo: $6^2 - 6$, $+ 20$, $\div 2$, $- 1$, $\div 2$

  h. Números romanos: Escribe MDX en nuestro sistema numérico.

resolver problemas Escoge una estrategia apropiada para resolver este problema. Ashley resolvió un problema de división y después borró algunos dígitos. Se lo dio a Nala como ejercicio de resolución de problemas. Encuentra los dígitos que faltan para Nala.

$$
\begin{array}{r}
8\_ \\
\_\,\overline{)\_\_\,7} \\
2\,4 \\
\hline
2\_ \\
\_\_ \\
\hline
0
\end{array}
$$

A menudo escribimos los resultados de problemas de matemáticas de la forma más simple posible. Si un resultado contiene una fracción, hay dos procedimientos que seguimos generalmente.

1. Escribimos fracciones impropias como números mixtos (o números enteros).

2. Simplificamos fracciones cuando es posible.

Ejemplo 1

Suma: $\dfrac{2}{3} + \dfrac{2}{3}$

Sumamos las fracciones y obtenemos la suma $\frac{4}{3}$. Observa que $\frac{4}{3}$ es una fracción impropia. Realizamos el paso adicional de convertir $\frac{4}{3}$ al número mixto $\mathbf{1\frac{1}{3}}$.

$$\frac{2}{3} + \frac{2}{3} = \frac{4}{3}$$

$$\frac{4}{3} = 1\frac{1}{3}$$

Ejemplo 2

Resta: $\dfrac{3}{4} - \dfrac{1}{4}$

Restamos y obtenemos la diferencia $\frac{2}{4}$. Observa que $\frac{2}{4}$ se puede simplificar. Realizamos el paso adicional de simplificar $\frac{2}{4}$ a $\mathbf{\frac{1}{2}}$.

$$\frac{3}{4} - \frac{1}{4} = \frac{2}{4}$$

$$\frac{2}{4} = \frac{1}{2}$$

Ejemplo 3

Nicholas se ejercita diariamente caminando. La ruta que camina cada mañana es de $3\frac{1}{3}$ millas de largo y la ruta que camina cada tarde es de $4\frac{2}{3}$ millas de largo. ¿Cuántas millas camina en total Nicholas diaramente?

Sumamos los números mixtos y obtenemos la suma de $7\frac{3}{3}$. Observa que $\frac{3}{3}$ es una fracción impropia igual a 1. Por lo tanto, $7\frac{3}{3} = 7 + 1$, que es 8. Nicholas camina **8 millas** en total.

$$3\frac{1}{3} + 4\frac{2}{3} = 7\frac{3}{3}$$

$$7\frac{3}{3} = 8$$

Ejemplo 4

Suma: $\mathbf{5\dfrac{3}{5} + 6\dfrac{4}{5}}$

Sumamos los números mixtos y obtenemos $11\frac{7}{5}$. Observa que $\frac{7}{5}$ es una fracción impropia que puede transformarse en $1\frac{2}{5}$. Por lo tanto, $11\frac{7}{5}$ es igual a $11 + 1\frac{2}{5}$, que es $\mathbf{12\frac{2}{5}}$.

$$5\frac{3}{5} + 6\frac{4}{5} = 11\frac{7}{5}$$

$$11\frac{7}{5} = 12\frac{2}{5}$$

Ejemplo 5

Se cortó un pedazo de tela de $1\frac{3}{8}$ yardas de longitud de un rollo de tela que medía $6\frac{5}{8}$ yardas de largo. ¿Cuánto mide el pedazo de tela que queda en el rollo?

<table>
<tr><td>**Destreza mental**</td></tr>
<tr><td>**Representa**</td></tr>
</table>

Haz un dibujo para mostrar que $\frac{2}{8} = \frac{1}{4}$.

Restamos y obtenemos $5\frac{2}{8}$. Observa que $\frac{2}{8}$ se puede simplificar, así que simplificamos $\frac{2}{8}$ a $\frac{1}{4}$ y obtenemos $5\frac{1}{4}$. La longitud de la tela es **$5\frac{1}{4}$ yardas.**

$$6\frac{5}{8} - 1\frac{3}{8} = 5\frac{2}{8}$$

$$5\frac{2}{8} = 5\frac{1}{4}$$

Práctica de la lección

Simplifica el resultado de cada suma o resta:

a. $\frac{4}{5} + \frac{4}{5}$

b. $\frac{5}{6} - \frac{1}{6}$

c. $3\frac{2}{3} + 1\frac{2}{3}$

d. $5\frac{1}{4} + 6\frac{3}{4}$

e. $7\frac{7}{8} - 1\frac{1}{8}$

f. $5\frac{3}{5} + 1\frac{3}{5}$

Práctica escrita

Integradas y distribuidas

*1. (83) **Justifica** Tessa hizo 70 fotocopias. Si pagó 6¢ por copia y el impuesto total fue de 25¢, ¿cuánto cambio debe recibir si pagó con un billete de $5? ¿Es razonable tu respuesta? ¿Por qué?

2. (Inv. 2, Inv. 3) **a.** ¿Cuánto mide el área de este cuadrado?

b. ¿Cuánto mide el perímetro de este cuadrado?

6 cm

*3. (94, 96) Utiliza la información de abajo para responder las partes **a** y **b**.

Walker tiene $9. Dembe tiene el doble de dinero que Walker. Chris tiene $6 más que Dembe.

a. ¿Cuánto dinero tiene Chris?

b. ¿Cuánto dinero tiene en promedio cada niño?

4. (32) Utiliza esta tabla para responder las preguntas que siguen:

Número de Bagels	12	24	36	48	60
Número de docenas	1	2	3	4	5

a. **Generaliza** Escribe una regla que describa la relación de los datos.

b. **Haz una predicción** ¿Cuántos bagels son 12 docenas de bagels?

5. **Analiza** Hay 40 monedas de veinticinco centavos en un rollo de
(94) monedas. ¿Cuál es el valor de 2 rollos de monedas de veinticinco
centavos?

6. **Estima** Lucio estimó que el cociente exacto de 1754 dividido entre
(76) 9 estaba cerca de 20. ¿Hizo Lucio una estimación razonable? Explica por
qué.

*7. Escribe la forma simplificada de cada fracción:
(112)
    a. $\frac{2}{12}$ **b.** $\frac{6}{8}$ **c.** $\frac{3}{9}$

*8. **Analiza** Encuentra una fracción igual a $\frac{1}{3}$ multiplicando $\frac{1}{3}$ por $\frac{2}{2}$. Escribe
(107, esa fracción y después súmala a $\frac{3}{6}$. ¿Cuáto vale la suma?
109)

*9. **Concluye** Los tres corredores vestían camisetas negra, roja y verde. El
(72) corredor que vestía de verde finalizó un lugar antes que el que vestía de
negro, y el que vestía de rojo no fue último. ¿Quién finalizó primero? Haz
una diagrama para resolver este problema.

*10. Si un suceso no puede ocurrir, su probabilidad es 0. Si es seguro que un
(Inv. 10) suceso ocurra, su probabilidad es 1. ¿Cuál es la probabilidad de obtener 7
en un lanzamiento de un cubo de números común?

11. Los vestidos estaban rebajados en un 50%. Si el precio normal del
(Inv. 5, vestido era de $40, ¿cuál es el precio rebajado?
70)

12. $4.62 + 16.7 + 9.8$ **13.** $14.62 - (6.3 - 2.37)$
(50)   (45, 91)

*14. $\frac{3}{5} + \frac{4}{5}$ ***15.** $16 + 3\frac{3}{4}$ ***16.** $1\frac{2}{3} + 3\frac{1}{3}$
(114)   (107)   (114)

*17. $\frac{2}{5} + \frac{3}{5}$ ***18.** $7\frac{4}{5} + 7\frac{1}{5}$ ***19.** $6\frac{2}{3} + 3\frac{2}{3}$
(114)   (114)   (114)

*20. 372×39 ***21.** 47×142 ***22.** $360 \times \sqrt{36}$
(113)   (113)   (Inv. 3,
                                                    58)

*23. Estima el área de este círculo. Cada cuadrado pequeño
(111) representa un centímetro cuadrado.

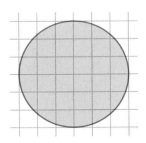

24. $8y = 4832$
(41, 80)

25. $\dfrac{2840}{2^3}$
(62, 76)

*26. $30\overline{)963}$
(110)

*27. (Representa) ¿Qué flecha apunta a 427,063?
(Inv. 1)

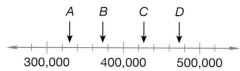

         A   B   C   D

300,000   400,000   500,000

*28. Si la longitud de cada lado de un cuadrado mide $1\frac{1}{4}$ pulgadas, ¿cuánto
(Inv. 2, 114) mide el perímetro del cuadrado?

29. ¿Qué forma geométrica tiene una pelota de voleibol?
(98)

*30. Utiliza la Propiedad distributiva para multiplicar:
(108)

$$5(20 + 6)$$

Para los más rápidos

Conexión con la vida diaria

Lun Lun es un panda gigante del zoológico de Atlanta. Lun Lun come aproximadamente 210 libras de bambú a la semana.

a. Si come $\frac{1}{7}$ del bambú el lunes y $\frac{2}{7}$ del bambú el martes, ¿qué parte fraccionaria de su porción semanal comió Lun Lun?

b. Si Lun Lun come $\frac{3}{7}$ de su bambú de miércoles a sábado, ¿cuánto bambú le quedará el domingo? Escribe tu respuesta como fracción.

LECCIÓN
115

● Reescribir fracciones

operaciones	Preliminares H
cálculo mental	**a. Porcentaje:** 25% de 36
	b. Porcentaje: 75% de 36
	c. Porcentaje: 100% de 36
	d. Porcentaje: Tres de los 30 estudiantes son zurdos. ¿Qué porcentaje de los estudiantes son zurdos?
	e. Medición: Vicki bateó la pelota de softball a 116 pies. Después la pelota rodó 29 pies. ¿Cuántos pies viajó la pelota?
	f. Estimación: Estima 16 × 49. Primero, redondea 49 a la decena más cercana; después, utiliza el método de "el doble y la mitad".
	g. Cálculo: 3 × 20, + 40, $\sqrt{}$, − 7, eleva el número al cuadrado
	h. Números romanos: Compara: 65 ◯ LXV
resolver problemas	Escoge una estrategia apropiada para resolver este problema. Encuentra los tres términos siguientes de esta secuencia. Después, describe la secuencia con palabras.

$$\ldots, \$1000.00, \$100.00, \$10.00, \underline{\quad}, \underline{\quad}, \underline{\quad}, \ldots$$

Nuevo concepto

Recuerda que cuando multiplicamos una fracción por algún nombre de fracción para 1, el resultado es una fracción equivalente. Por ejemplo, si multiplicamos $\frac{1}{2}$ por $\frac{2}{2}$, obtenemos $\frac{2}{4}$. Las fracciones $\frac{1}{2}$ y $\frac{2}{4}$ son fracciones equivalentes, porque tienen el mismo valor.

$$\frac{1}{2} \times \frac{2}{2} = \frac{2}{4}$$

A veces debemos escoger un multiplicador particular que sea igual a 1.

Comenta

¿Cómo podemos comprobar la respuesta?

Calcula la fracción equivalente para $\frac{1}{4}$ cuyo denominador es 12.

Para cambiar 4 a 12, debemos multiplicar por 3. Así que multiplicamos $\frac{1}{4}$ por $\frac{3}{3}$.

$$\frac{1}{4} \times \frac{3}{3} = \frac{3}{12}$$

La fracción $\frac{1}{4}$ es equivalente a $\frac{3}{12}$.

Destreza mental

Verifica

¿Cómo podemos comprobar la respuesta?

Completa la fracción equivalente: $\frac{2}{3} = \frac{?}{15}$

El denominador cambió de 3 a 15. Como multiplicamos el denominador por 5, el multiplicador correcto es $\frac{5}{5}$.

$$\frac{2}{3} \times \frac{5}{5} = \frac{10}{15}$$

Por lo tanto, el numerador que faltaba en la fracción equivalente es **10.**

Práctica de la lección

Completa las fracciones equivalentes:

a. $\frac{1}{4} = \frac{?}{12}$ b. $\frac{2}{3} = \frac{?}{12}$ c. $\frac{5}{6} = \frac{?}{12}$

d. $\frac{3}{5} = \frac{?}{10}$ e. $\frac{2}{3} = \frac{?}{9}$ f. $\frac{3}{4} = \frac{?}{8}$

Práctica escrita *Integradas y distribuidas*

1. Si una lata de sopa cuesta $1.50 y alcanza para 3 personas, ¿cuánto
(94) cuesta servirle sopa a 12 personas?

*2. El polígono de la derecha está dividido en dos rectángulos.
(Inv. 3, 108)
    a. ¿Cuánto mide el perímetro de la figura?

    b. ¿Cuánto mide el área de la figura?

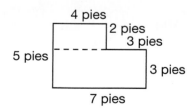

3. ¿Qué número es ocho menos que el producto de nueve por diez? Escribe
(94) una expresión.

4. Yoshi debe aprender 306 palabras nuevas para el concurso regional de ortografía. Ya ha memorizado $\frac{2}{3}$ de las palabras nuevas. ¿Cuántas palabras debe memorizar Yoshi aún? Haz un dibujo para representar el problema.
(95)

5. a. Calcula la longitud en centímetros de este segmento de recta.
(69)

    b. Calcula la longitud en milímetros del segmento.

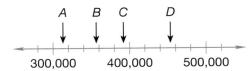

6. (**Representa**) Escribe 356,420 con palabras.
(33)

* 7. (**Representa**) ¿Qué flecha podría apuntar a 356,420?
(Inv. 1)

* 8. Completa las fracciones equivalentes:
(115)

    a. $\frac{1}{2} = \frac{?}{6}$ **b.** $\frac{1}{3} = \frac{?}{6}$ **c.** $\frac{2}{3} = \frac{?}{6}$

* 9. Escribe la forma simplificada de cada fracción:
(112)

    a. $\frac{2}{6}$ **b.** $\frac{6}{9}$ **c.** $\frac{9}{16}$

* 10. a. Hay 40 trabajadores en la oficina. De esos trabajadores, 10 trabajan sobretiempo. ¿Qué fracción de los trabajadores trabaja sobretiempo? (Recuerda simplificar la fracción.)
(Inv. 5, 112)

    b. ¿Qué porcentaje de los trabajadores trabaja sobretiempo?

11. ¿Cuántos números diferentes de tres dígitos puedes escribir utilizando los dígitos 6, 3 y 2? Puedes utilizar cada dígito sólo una vez en cada número que escribas.
(3)

12. (**Concluye**) Jamar recibió $10 en su décimo cumpleaños. Después de eso, cada año recibió $1 más que el año anterior. Si ahorró todo el dinero de sus cumpleaños, ¿cuánto dinero tiene reunido Jamar al cumplir quince años?
(3, 94)

*13. (114) **Analiza** Cada mañana, Marta camina $2\frac{1}{2}$ millas. ¿Cuántas millas camina en dos mañanas?

14. (45, 50) $9.36 - (4.37 - 3.8)$

15. (45, 50) $24.32 - (8.61 + 12.5)$

*16. (114) $5\frac{5}{8} + 3\frac{3}{8}$

*17. (114) $6\frac{3}{10} + 1\frac{2}{10}$

*18. (107) $8\frac{2}{3} - 5\frac{1}{3}$

*19. (114) $4\frac{3}{4} - 2\frac{1}{4}$

*20. (113) 125×16

*21. (113) $12 \times \$1.50$

22. (80) $6m = 3642$

23. (65, 76) $\$125 \div 5$

*24. (110) $40\overline{)645}$

25. (61, 62) $3m = 6^2$

26. (106) **Evalúa** Si n vale 16, ¿cuánto vale $3n$?

27. (96) En los tres salones hay 18, 21 y 21 estudiantes. ¿Cuál es el número promedio de estudiantes por salón?

28. (31, 43) La temperatura de Dion es 99.8°F. La temperatura corporal normal es cerca de 98.6°F. ¿A cuántos grados sobre la temperatura corporal normal está la temperatura de Dion?

*29. (111) Estima el perímetro y el área de este terreno. Cada cuadrado pequeño representa una milla cuadrada.

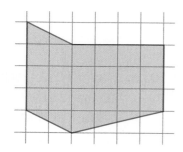

*30. (Inv. 10) **Haz una predicción** Si se hace girar la flecha, ¿cuál es la probabilidad de que se detenga en un número mayor que 5?

🔻 *Conceptos y destrezas esenciales para Texas*

(4.4)(B) representar situaciones de multiplicación y división con dibujos, palabras y números

(4.4)(D) usar multiplicación para resolver problemas

(4.14)(B) resolver problemas que implican comprender, hacer y llevar a cabo un plan y evaluar la solución

(4.14)(C) desarrollar plan o estrategia para resolver problemas

(4.16)(B) justificar por qué una respuesta es razonable

• Denominadores comunes

operaciones

cálculo mental

Preliminares H

a. **Porcentaje:** 10% de 60

b. **Porcentaje:** 20% de 60

c. **Porcentaje:** 30% de 60

d. **Partes fraccionarias:** $\frac{1}{2}$ de 27

e. **Probabilidad:** Utiliza una de las palabras *seguro, probable, poco probable* o *imposible* para describir la probabilidad de esta situación: *Steve obtendrá un número mayor que 0 al lanzar un cubo de puntos.*

f. **Estimación:** Estima 14 × 41. Primero redondea 41 a la decena más cercana; después utiliza el método de "el doble y la mitad".

g. **Cálculo:** 11 × 3, + 3, ÷ 9, − 4 × 1

h. **Números romanos:** Escribe CM en nuestro sistema numérico.

resolver problemas

Escoge una estrategia apropiada para resolver este problema. Samantha guarda los DVD en una caja que mide 15 pulgadas de largo, $7\frac{3}{4}$ pulgadas de ancho y $5\frac{1}{4}$ pulgadas de alto. Los DVD miden $7\frac{1}{2}$ pulgadas de largo, $5\frac{1}{4}$ pulgadas de ancho y $\frac{1}{2}$ pulgada de grosor. ¿Cuál es el mayor número de DVDs que puede colocar en la caja?

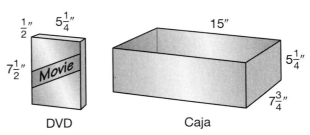

DVD   Caja

Dos o más fracciones tienen **denominador común** si sus denominadores son iguales.

$$\frac{3}{8} \qquad \frac{5}{8} \qquad\qquad \frac{3}{8} \qquad \frac{5}{9}$$

Estas dos fracciones tienen denominadores comunes.

Estas dos fracciones *no* tienen denominadores comunes.

En esta lección utilizamos denominadores comunes para reescribir fracciones cuyos denominadores no son iguales.

Ejemplo 1

Vocabulario de matemáticas

Una manera de encontrar un *denominador común* es multiplicar los denominadores.

$$3 \times 4 = 12$$

Al multiplicar dos números cada número es un factor del producto.

Reescribe $\frac{2}{3}$ y $\frac{3}{4}$ de manera que tengan denominador común 12.

Para reescribir una fracción, la multiplicamos por una fracción de valor 1. Para convertir el denominador de $\frac{2}{3}$ en 12, multiplicamos $\frac{2}{3}$ por $\frac{4}{4}$. Para convertir el denominador de $\frac{3}{4}$ en 12, multiplicamos $\frac{3}{4}$ por $\frac{3}{3}$.

$$\frac{2}{3} \times \frac{4}{4} = \frac{8}{12} \qquad\qquad \frac{3}{4} \times \frac{3}{3} = \frac{9}{12}$$

$$\frac{2}{3} = \frac{8}{12} \qquad\qquad \frac{3}{4} = \frac{9}{12}$$

Ejemplo 2

Reescribe $\frac{1}{2}$ y $\frac{1}{3}$ de modo que tengan denominador común.

Esta vez debemos encontrar un denominador común antes de reescribir las fracciones. Los denominadores son 2 y 3. El producto de 2 y 3 es 6, entonces 6 es un denominador común.

Para obtener denominadores 6, multiplicamos $\frac{1}{2}$ por $\frac{3}{3}$ y $\frac{1}{3}$ por $\frac{2}{2}$.

$$\frac{1}{2} \times \frac{3}{3} = \frac{3}{6} \qquad\qquad \frac{1}{3} \times \frac{2}{2} = \frac{2}{6}$$

$$\frac{1}{2} = \frac{3}{6} \qquad\qquad \frac{1}{3} = \frac{2}{6}$$

En los Ejemplos 1 y 2, encontramos un denominador común de dos fracciones multiplicando los denominadores. Este método funciona para cualquier par de fracciones. Sin embargo, este método a menudo produce un denominador mayor que el necesario. Por ejemplo, un denominador común para $\frac{1}{2}$ y $\frac{3}{8}$ es 16, pero el menor denominador común es 8. Generalmente, cuando queremos reescribir fracciones con denominadores comunes, buscamos el **mínimo común denominador**.

Ejemplo 3

Escribe $\frac{1}{3}$ y $\frac{1}{6}$ con denominadores comunes.

Un denominador común es el producto de 3 y 6, que es 18. Sin embargo, el mínimo común denominador es 6, porque $\frac{1}{3}$ se puede reescribir como sextos.

$$\frac{1}{3} \cdot \frac{2}{2} = \frac{2}{6}$$

Las fracciones son $\frac{2}{6}$ y $\frac{1}{6}$.

Práctica de la lección

a. Reescribe $\frac{1}{2}$ y $\frac{1}{5}$ de modo que tengan denominador común 10.

b. Reescribe $\frac{1}{2}$ y $\frac{5}{6}$ de modo que tengan denominador común 12.

Reescribe cada par de fracciones utilizando su mínimo común denominador:

c. $\frac{1}{2}$ y $\frac{2}{3}$ **d.** $\frac{1}{3}$ y $\frac{1}{4}$

e. $\frac{1}{2}$ y $\frac{3}{5}$ **f.** $\frac{2}{3}$ y $\frac{2}{5}$

Práctica escrita

Integradas y distribuidas

1. Mona encontró 24 caracolas. Si le da un cuarto de las caracolas a su hermano, ¿con cuántas se queda?
(95)

2. El Parque Rectangular mide 2 millas de largo y 1 milla de ancho. Gordon corrió dos veces alrededor del parque. ¿Cuántas millas corrió?
(Inv. 2)

2 mi
1 mi

*3. Si 2 naranjas cuestan 42¢, ¿cuánto cuestan 8 naranjas?
(94)

4. a. (**Representa**) Tres cuartos de las 64 tarjetas de béisbol muestran
(Inv. 5, 95) jugadores novatos. ¿Cuántas tarjetas muestran jugadores novatos?
Haz un dibujo para ilustrar el problema.

b. ¿Qué porcentaje de las tarjetasl muestran jugadores novatos?

5. Ordena estos números de mayor a menor:
(Inv. 9)

$$7.2 \quad 7\frac{7}{10} \quad 7\frac{3}{10} \quad 7.5$$

*6. Selección múltiple ¿Cuál de estas fracciones *no* es equivalente a $\frac{1}{2}$?
(103, 109) **A** $\frac{3}{6}$ **B** $\frac{5}{10}$ **C** $\frac{10}{21}$ **D** $\frac{50}{100}$

*7. Completa cada fracción equivalente:
(115)
a. $\frac{1}{2} = \frac{?}{12}$ **b.** $\frac{1}{3} = \frac{?}{12}$ **c.** $\frac{1}{4} = \frac{?}{12}$

*8. Escribe la forma simplificada de cada fracción:
(112)
a. $\frac{5}{10}$ **b.** $\frac{8}{15}$ **c.** $\frac{6}{12}$

9. (**Analiza**) Randy pagó 42¢ por 6 clips y 64¢ por 8 borradores. ¿Cuánto
(94) cuesta cada clip y cada borrador? ¿Cuál es el precio total de 10 clips y 20
borradores?

10. (**Concluye**) El primer año había 14 voluntarios, el segundo año había
(3, 72) 16 voluntarios y el tercer año había 18. Si el número de voluntarios
continúa aumentando en 2 cada año, ¿cuántos voluntarios habrá el
décimo año? Explica cómo lo sabes.

*11. a. Reescribe $\frac{1}{4}$ y $\frac{2}{3}$ multiplicando los denominadores.
(116)
b. Reescribe $\frac{1}{3}$ y $\frac{3}{4}$ utilizando su mínimo común denominador.

12. (**Haz una predicción**) Se lanza un cubo de puntos. ¿Cuál es la probabilidad
(Inv. 10) de que el número de puntos que se obtenga sea menor que siete?

13. $47.14 - (3.63 + 36.3)$
(45, 50)

14. $50.1 + (6.4 - 1.46)$
(45, 50)

*15. $\frac{3}{4} + \frac{3}{4} + \frac{3}{4}$ ***16.** $4\frac{1}{6} + 1\frac{1}{6}$ ***17.** $5\frac{3}{5} + 1\frac{2}{5}$
(114) *(114)* *(114)*

* 18. $\frac{5}{6} + \frac{1}{6}$
(114)

* 19. $12\frac{3}{4} - 3\frac{1}{4}$
(114)

* 20. $6\frac{1}{5} - 1\frac{1}{5}$
(114)

* 21. 340×15
(113)

* 22. 26×307
(113)

* 23. 70×250
(113)

24. $\frac{3550}{5}$
(80)

* 25. $432 \div 30$
(110)

26. $9\overline{)5784}$
(76)

* 27. Karen planea un viaje de Chicago a Los Ángeles para sus vacaciones. Ella
(19, 100) encontró los dos itinerarios siguientes para vuelos de ida y vuelta. Utiliza esta información para responder los problemas **a–c.**

Pasajeros: 1			Precio: $246.00	
Número de vuelo	Ciudad de salida	Fecha Hora	Ciudad de llegada	Fecha Hora
12A	ORD Chicago	7/21 06:11 PM	LAX Los Ángeles	7/21 08:21 PM
46	LAX Los Ángeles	7/28 06:39 PM	ORD Chicago	7/29 12:29 AM

Pasajeros: 1			Precio: $412.00	
Número de vuelo	Ciudad de salida	Fecha Hora	Ciudad de llegada	Fecha Hora
24	ORD Chicago	7/21 08:17 AM	LAX Los Ángeles	7/21 10:28 AM
142	LAX Los Ángeles	7/28 03:28 PM	ORD Chicago	7/28 09:18 PM

a. Si Karen quiere llegar a Los Ángeles en la mañana, ¿cuánto deberá pagar por la tarifa aérea?

b. Si Karen escoge el viaje de ida y vuelta más económico, ¿para cuándo está programado el aterrizaje de su vuelo de regreso?

c. Selección múltiple Hay una diferencia de 2 horas entre Chicago y Los Ángeles. Aproximadamente, ¿cuánto dura un viaje entre esas ciudades?

A 2 horas **B** 4 horas **C** 6 horas **D** 8 horas

Para los problemas **28** y **29,** observa el pentágono de la derecha.

*28. Estima el área del pentágono. Cada cuadrado pequeño
(111) representa una pulgada cuadrada.

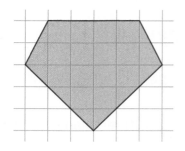

*29. **a.** ¿Tiene simetría de reflexión el pentágono?
(79)
    b. ¿Tiene simetría rotacional el pentágono?

*30. Observa la figura para responder las partes **a** y **b.**
(73, 108)

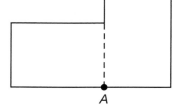

    a. El hexágono está formado por dos rectángulos unidos.
¿Qué transformación movería un rectángulo a la posición
del otro?

    b. Si cada rectángulo mide 5 pulgadas por 7 pulgadas,
¿cuánto mide el área del hexágono?

Para los más rápidos

Conexión con la vida diaria

En la escuela de Emmy se lleva a cabo una feria de ciencias. Ella diseñó
un experimento que consistía en regar plantas de frijoles con un líquido
distinto del agua. Decidió probar regando una planta con vinagre. Emmy
tenía 9/15 oz de vinagre. Regó la planta con 2/5 oz de vinagre. ¿Cuánto
vinagre quedó después del experimento? Simplifica tu resultado.

Conceptos y destrezas esenciales para Texas

(4.1)(A) usar valor posicional para leer, escribir y comparar números enteros hasta el 999,999,999

(4.5)(A) redondear números enteros a la decena, centena o millar más cercanos para resolver problemas por aproximación

(4.15)(A) explicar y registrar observaciones con palabras y números

• Redondear números enteros hasta cien millones

Preliminares

operaciones   Preliminares J

cálculo mental

    a. Porcentaje: 10% de 70

    b. Porcentaje: 20% de 70

    c. Porcentaje: 30% de 70

    d. Porcentaje: 40% de 70

    e. Porcentaje: 60% de 70

    f. Estimación: Escoge la estimación más razonable para la longitud del balancín de un patio de juegos: 2.7 metros o 2.7 pies.

    g. Cálculo: $100 \times 5, - 400, \div 4, \sqrt{}$

    h. Números romanos: Compara CXC $\bigcirc$ 120

resolver problemas

Escoge una estrategia apropiada para resolver este problema. Escribe las siguientes cuatro fracciones de esta secuencia. Después, describe la secuencia con palabras.

$$\frac{1}{4}, \frac{2}{8}, \frac{3}{12}, \underline{\quad}, \underline{\quad}, \underline{\quad}, \underline{\quad}, \ldots$$

Nuevo concepto

Hemos redondeado números enteros a la centena más cercana y al millar más cercano. En esta lección practicamos redondeo de números a la decena de millares más cercana, a la centena de millares más cercana, y así hasta la centena de millones.

Recuerda las ubicaciones de los valores posicionales de los números enteros hasta las centenas de trillón:

Visita www. SaxonMath.com/ Int4Activities para una actividad en línea.

Valores posicionales de números enteros

centena de billón	decena de billón	billón	centena de millar de millón	decena de millar de millón	millar de millón	centena de millón	decena de millón	millón	centena de millar	decena de millar	millar	centena	decena	unidad	punto decimal

— — — , — — — , — — — , — — — , — — — .

Después de redondear hasta la decena de millar más cercana, cada lugar a la derecha del lugar de las decenas de millar será cero.

Analiza ¿Cuál es el valor de cada lugar en relación al valor del lugar a su derecha?

Ejemplo 1

Redondea 38,274 a la decena de millares más cercana.

Si contamos de decena de millar en decena de millar, decimos "diez mil, veinte mil, treinta mil, cuarenta mil", etc. Sabemos que 38,274 está entre 30,000 y 40,000. En la mitad está 35,000. Como 38,274 es mayor que 35,000, redondeamos hacia arriba a **40,000.**

Después de redondear a la centena de millar más cercana, cualquier lugar a la derecha del lugar de las centenas de millar será cero.

Ejemplo 2

Redondea 47,681 al millar más cercano.

Si contamos de millar en millar, 47,681 está entre 47,000 y 48,000. En la mitad está 47,500. Como 47,681 es mayor que 47,500, redondeamos hacia arriba a **48,000.**

Ejemplo 3

Redondea 427,063 a la centena de millar más cercana.

Si contamos de centena de millar en centena de millar, decimos "cien mil, doscientos mil, trescientos mil, cuatrocientos mil", etc. Sabemos que 427,063 está entre 400,000 y 500,000. En la mitad está 450,000. Como 427,063 está antes de llegar a la mitad entre 400,000 y 500,000, redondeamos hacia abajo a **400,000.**

Ejemplo 4

Redondea 12,876,250 al millón más cercano.

El número comienza con "doce millones." Si contamos de millón en millón desde los 12 millones, decimos "doce millones, trece millones," etc. Sabemos que 12,876,250 está entre 12 millones y 13 millones. Como 12,876,250 está después de la mitad hasta 13 millones, redondeamos hacia arriba a **13,000,000.**

Práctica de la lección

Estima Redondea cada número a la decena de millar más cercana:

a. 19,362   **b.** 31,289

Estima Redondea cada número a la centena de millar más cercana:

c. 868,367   **d.** 517,867

e. Redondea 2,156,324 al millón más cercano.

f. Redondea 28,376,000 a la decena de millón más cercana.

g. Redondea 412,500,000 a la centena de millón más cercana.

Práctica escrita   *Integradas y distribuidas*

1. **Explica** Cuarenta y cinco estudiantes están separados en cuatro
(88)   grupos. El número de estudiantes de cada grupo es lo más uniforme
posible. ¿Cuántos estudiantes hay en el grupo más grande? Explica tu
razonamiento.

2. a. ¿Cuánto mide el área de este rectángulo?
(Inv. 2,
Inv. 3) **b.** ¿Cuánto mide el perímetro de este rectángulo?

12 cm

8 cm

*3. **Representa** Julio contestó correctamente $\frac{5}{6}$ de las 90 preguntas.
(95)   ¿Cuántas preguntas contestó Julio correctamente? Haz un dibujo
para representar el problema.

4. Nombra la figura de cada objeto:
(98)
   a. rollo de toalla de papel   **b.** pelota de béisbol

*5. Escribe la forma simplificada de cada fracción:
(112)

    a. $\dfrac{3}{6}$ **b.** $\dfrac{5}{15}$ **c.** $\dfrac{8}{12}$

*6. Reescribe $\dfrac{3}{4}$ y $\dfrac{5}{6}$ utilizando su mínimo común denominador.
(116)

7. ¿Qué dígito está en el lugar de las decenas de millón en 328,496,175?
(33)

8. (**Analiza**) Haz un dibujo que te ayude a resolver este problema:
(25)

    Winder está entre Atlanta y Athens. Hay 73 millas de Athens a Atlanta. Hay 23 millas de Winder a Athens. ¿Cuántas millas hay de Winder a Atlanta?

9. Anthony trabaja como tutor voluntario después de la escuela.
(27) Cada tarde comienza una sesión de tutoría a la misma hora que muestra el reloj y termina tres cuartos de hora después. ¿A qué hora termina cada sesión de tutoría?

10. Estos termómetros muestran el promedio de temperaturas mínimas y
(18) máximas diarias en Helena, Montana, durante el mes de julio. ¿Cuáles son esas temperaturas?

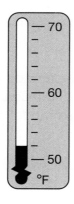 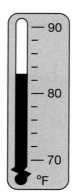

11. 4.36 + 12.7 + 10.72   **12.** 8.54 − (4.2 − 2.17)
(50)   (45, 91)

*13. $\dfrac{5}{9} + \dfrac{5}{9}$ ***14.** $3\dfrac{2}{3} + 1\dfrac{2}{3}$ **15.** $4\dfrac{5}{8} + 1$
(114)   (114)   (107)

*16. $7\dfrac{2}{3} + 1\dfrac{2}{3}$ ***17.** $4\dfrac{4}{9} + 1\dfrac{1}{9}$ ***18.** $\dfrac{11}{12} + \dfrac{1}{12}$
(114)   (107)   (114)

*19. 570 × 64   ***20.** 382 × 31   **21.** 54 × 18
(113)   (113)   (90)

22. $\dfrac{3731}{7}$
(76)

23. $9\overline{)5432}$
(80)

*24. $60\overline{)548}$
(110)

25. (**Haz una predicción**) Los primeros cinco números cuadrados son 1, 4, 9,
(Inv. 3) 16 y 25.

¿Cuál es el octavo término de esta secuencia? Escribe una ecuación que apoye tu respuesta.

*26. (**Estima**) En el año 2000 la población de Texas era de 20,851,820.
(117) Redondea ese número al millón más cercano.

*27. a. Selección múltiple Dacus construyó un marco
(92) cuadrado utilizando pedazos de madera de dos por
cuatro; pero cuando se apoyó en él, el marco tomó
esta forma de la derecha. ¿Qué palabra *no* nombra
esta forma?

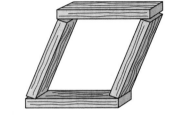

   A cuadrilátero   **B** paralelogramo

   C rombo   **D** trapecio

  b. Describe los ángulos.

  c. Describe los lados.

28. Si el perímetro de un cuadrado es 6 centímetros, ¿cuántos milímetros
(Inv. 2, mide cada lado?
69)

*29. a. ¿De cuántos cubos más pequeños está hecho este
(98) cubo?

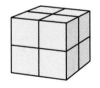

  b. ¿Cuántos vértices más tiene un cubo respecto de esta
pirámide?

*30.  **Interpreta** La gráfica muestra las alturas aproximadas de cuatro
(Inv. 6) ciudades de Estados Unidos.

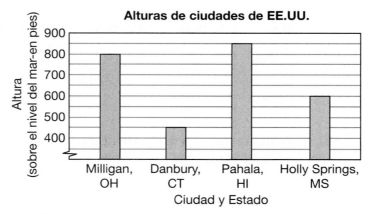

Utiliza la gráfica para contestar las partes **a** y **b**.

a. ¿Qué ciudades tienen una diferencia de altura de 250 pies?

b. ¿Qué ciudad está más cerca del nivel del mar? Explica tu respuesta.

Para los más rápidos

Conexión con la vida diaria

La Tierra es el tercer planeta desde el Sol en nuestro sistema solar. La distancia promedio de la Tierra al Sol es de 92,750,000 millas. Marte es el cuarto planeta desde el Sol en nuestro sistema solar. La distancia promedio desde Marte al Sol es de 141,650,000 millas.

a. Redondea cada distancia a las cien mil millas más cercanas.

b. Redondea cada distancia al millón de millas más cercano.

🔻 *Conceptos y destrezas esenciales para Texas*

(4.4)(B) representar situaciones de multiplicación y división con dibujos, palabras y números.
(4.4)(E) usar división para resolver problemas.
(4.14)(A) identificar las matemáticas en situaciones diarias.
(4.15)(B) relacionar lenguaje informal con lenguaje matemático.
(4.16)(B) justificar por qué una respuesta es razonable.

• Dividir entre números de dos dígitos

Preliminares

operaciones

Preliminares I

cálculo mental

a. Porcentaje: 50% de 34

b. Porcentaje: 50% de 25

c. Porcentaje: 100% de 25

d. Sentido numérico: 5×66

e. Dinero: Toby le da un billete de $10 al dependiente para comprar guantes de bateo que cuestan $9.13. ¿Cuánto cambio debe recibir?

f. Estimación: Stan compró 2 libros a un precio de $8.95 cada uno y otro libro que costó $13.88. Estima el precio total de los libros.

g. Cálculo: $5 \times 6, - 6, - 4, \div 5, \div 4$

h. Números romanos: Escribe XCI en nuestro sistema numérico.

resolver problemas

Escoge una estrategia apropiada para resolver este problema. En este diagrama de Venn, el círculo exterior representa los múltiplos de 5. El círculo interior representa los múltiplos de 10. El círculo exterior contiene completamente al círculo interior, porque cada múltiplo de 10 también es múltiplo de 5. Copia este diagrama de Venn en tu hoja y coloca los números 15, 20, 45, 70 y 63.

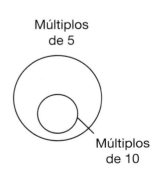

Múltiplos de 5

Múltiplos de 10

Hemos dividido entre números de dos dígitos que son múltiplos de 10. En esta lección comenzaremos a dividir entre otros números de dos dígitos. A veces, cuando dividimos entre números de dos dígitos, accidentalmente podemos escoger un "resultado" muy grande. Si esto ocurre, comenzamos nuevamente e intentamos con un número más pequeño.

Ejemplo 1

Divide: $31\overline{)95}$

$$\begin{array}{r} 3\ R \\ 31\overline{)95} \\ \underline{93} \\ 2 \end{array}$$

Paso 1: Como ayuda para dividir $31\overline{)95}$, podemos pensar en "$3\overline{)9}$". Escribimos "3" sobre el 5 en 95.

Paso 2: Multiplicamos 3 por 31 y escribimos "93".

Paso 3: Restamos 93 de 95 y escribimos "2".

Paso 4: No hay dígitos que bajar. El resultado es **3 R 2.**

Ejemplo 2

Divide: $43\overline{)246}$

Paso 1: Como ayuda para dividir $43\overline{)246}$, podemos pensar en "$4\overline{)24}$". Escribimos "6" sobre el 6 en 246.

$$\begin{array}{r} 6 \\ 43\overline{)246} \\ \underline{258} \end{array}$$ ← demasiado grande

Paso 2: Multiplicamos 6 por 43 y escribimos "258". Vemos que 258 es mayor que 246; por lo tanto, 6 es muy grande para nuestro resultado.

Comenzamos de nuevo:

Paso 1: Esta vez probamos con 5 como nuestro resultado.

$$\begin{array}{r} 5\ R\ 31 \\ 43\overline{)246} \\ \underline{215} \\ 31 \end{array}$$

Paso 2: Multiplicamos 5 por 43 y escribimos "215".

Paso 3: Restamos 215 de 246 y escribimos "31".

Paso 4: No hay dígitos que bajar. El resultado es **5 R 31.**

Justifica ¿Cómo podemos comprobar el resultado?

Ejemplo 3

Cuatrocientos ochenta y siete estudiantes serán asignados a distintos salones, de manera que el número promedio de estudiantes en cada salón sea 21. ¿Cuántos salones de estudiantes habrá?

Dividimos 487 entre 21. Seguimos los cuatro pasos: dividir, multiplicar, restar y bajar.

Paso 1: Separamos el problema en un problema de división más pequeño. Pensamos "21)48" y escribimos "2" sobre el 8 de 487.

$$\begin{array}{r} 2 \\ 21\overline{)487} \\ \underline{42} \\ 67 \end{array}$$

Paso 2: Multiplicamos 2 por 21 y escribimos "42".

Paso 3: Restamos 42 de 48 y escribimos "6".

Paso 4: Bajamos el 7, formando el 67.

Repetimos:

Paso 1: Dividimos 67 entre 21 y escribimos "3" sobre la caja de división.

$$\begin{array}{r} 23 \text{ R } 4 \\ 21\overline{)487} \\ \underline{42} \\ 67 \\ \underline{63} \\ 4 \end{array}$$

Paso 2: Multiplicamos 3 por 21 y escribimos "63".

Paso 3: Restamos 63 de 67 y escribimos "4".

Paso 4: No hay más dígitos que bajar. El resultado es 23 R 4.

El cociente 23 R 4 significa que 487 estudiantes ocuparán **23 salones** con 21 estudiantes cada uno y que habrá 4 estudiantes extra. Cuatro estudiantes no son suficientes para completar otro salón; por lo tanto, algunos salones tendrán más de 21 estudiantes.

Destreza mental

Comenta

¿Por qué escribimos el dígito 2 en el lugar de las decenas del cociente?

Práctica de la lección

Divide:

a. $32\overline{)128}$

b. $21\overline{)90}$

c. $25\overline{)68}$

d. $42\overline{)250}$

e. $41\overline{)880}$

f. $11\overline{)555}$

Práctica escrita

Integradas y distribuidas

*1. **Interpreta** Utiliza la información de la gráfica para responder las partes **a–c**.
(Inv. 6)

a. ¿Qué día hubo la temperatura más alta?

b. ¿Cuál fue la temperatura máxima el martes?

c. ¿Cuántos grados subió la temperatura máxima del lunes al miércoles?

Temperatura máxima para la semana

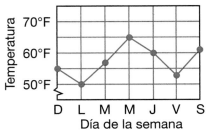

2. a. ¿Cuánto mide el perímetro de este rectángulo?

(Inv. 2, Inv. 3)

b. ¿Cuánto mide el área del rectángulo?

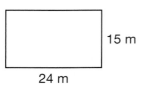

15 m

24 m

3. (**Analiza**) Los cinco primeros números cuadrados son 1, 4, 9, 16 y 25 y su
(96) promedio es 11. ¿Cuál es el promedio de los cinco números cuadrados que
siguen?

4. ¿Qué porcentaje de los meses del año son tres meses?
(Inv. 5, 54)

5. En una baraja hay 52 cartas. Cuatro cartas son ases. ¿Cuál es la
(Inv. 10, 112) probabilidad de sacar un as de entre una baraja completa?

6. (**Clasifica**) Nombra cada figura:
(98)

a.   **b.**   **c.**

* 7. Escribe la forma simplificada de cada fracción:
(112)

a. $\frac{6}{8}$ **b.** $\frac{4}{9}$ **c.** $\frac{4}{16}$

* 8. Reescribe $\frac{2}{3}$ y $\frac{3}{4}$ utilizando su mínimo común denominador.
(116)

* 9. (**Representa**) Utiliza palabras para escribir el número 27386415.
(34)

10. (**Representa**) ¿Qué número representa el punto *W* en esta recta
(94) numérica?

W

400   500   600

* 11. (**Representa**) Dibuja dos segmentos paralelos de una pulgada de largo y
(23, 92) con una pulgada de separación. Después, haz un cuadrilátero dibujando
otros dos segmentos paralelos. ¿Qué tipo de cuadrilátero dibujaste?

* 12. $4\frac{4}{5} + 3\frac{3}{5}$ *** 13.** $5\frac{1}{6} + 1\frac{2}{6}$ *** 14.** $7\frac{3}{4} + \frac{1}{4}$
(114)   (114)   (114)

* 15. $13\overline{)50}$ *** 16.** $72\overline{)297}$ **17.** $5\frac{3}{8} + 5\frac{1}{8}$
(118)   (118)   (114)

18. $4\frac{1}{6} + 2\frac{1}{6}$
(114)

19. 720×36
(113)

20. 147×54
(113)

21. $8\overline{)5766}$
(80)

*22. $21\overline{)441}$
(118)

23. $4.75 + 16.14 + 10.9$
(50)

24. $18.4 - (4.32 - 2.6)$
(45, 91)

*25. (Estima) En el año 2000 la población del estado de Nueva York
(117) era de 18,976,457 personas. Redondea ese número al millón más cercano.

*26. (Estima) Redondea 297,576,320 a la centena de millón más
(117) cercana.

*27. En los primeros nueve juegos, Gabriella obtuvo estos puntajes:
(97)

90, 95, 80, 85, 100, 95, 75, 95, 90

Utiliza esta información para responder las partes **a** y **b**.

   a. ¿Cuál es la mediana y el intervalo de los puntajes de Gabriella?

   b. ¿Cuál es la moda de los puntajes de Gabriella?

28. Ordena estos números de menor a mayor:
(Inv. 9)

$5\frac{11}{100}$ 5.67 5.02 $5\frac{83}{100}$

29. Maranie quiere dividir 57 botones entre 13 grupos. ¿Cuántos grupos
(118) tendrá? ¿Sobrará algún botón?

30. Reescribe $\frac{2}{3}$ y $\frac{3}{5}$ de modo que tengan denominador común 15.
(116)

◆ *Conceptos y destrezas esenciales para Texas*
(4.14)(A) identificar las matemáticas en situaciones diarias
(4.14)(B) resolver problemas que implican comprender, hacer y llevar a cabo un plan, y evaluar la solución
(4.14)(C) desarrollar plan o estrategia para resolver problemas
(4.15)(B) relacionar lenguaje informal con lenguaje matemático
(4.16)(B) justificar por qué una respuesta es razonable

• Sumar y restar fracciones con distinto denominador

operaciones

cálculo mental

Preliminares J

a. Porcentaje: 50% de 90

b. Porcentaje: 10% de 90

c. Porcentaje: 90% de 90

d. Sentido numérico: 5×84

e. Probabilidad: Utiliza las palabras: *seguro, probable, poco probable,* o *imposible* para describir la probabilidad de que Lisa pueda lanzar una moneda 100 veces y obtener cara todas las veces.

f. Estimación: Estima 48×34. Aumenta 48 en 2 y disminuye 34 en 2; después utiliza el método de "el doble y la mitad".

g. Cálculo: 50% de 10, + 7, − 8, ÷ 2, ÷ 2

h. Números romanos: Compara: XCIV ◯ 110

resolver problemas

Escoge una estrategia apropiada para resolver este problema. Cassie tiene una cerradura con combinación de dos dígitos para su bicicleta. Puede escoger cualquier combinación desde 00 hasta 99. Cassie desea fijar una combinación en la cual el segundo dígito sea mayor que el primer dígito, como 05 ó 47, pero no 42. ¿Cuántas posibilidades de elección tiene Cassie? Explica cómo encontraste la respuesta.

Para sumar o restar fracciones de distinto denominador, primero debemos reescribir las fracciones para que queden con denominadores comunes. Recuerda que una fracción se reescribe multiplicándola por una, fracción igual a 1.

Ejemplo 1

Una receta requiere $\frac{1}{4}$ de taza de leche entera y $\frac{3}{8}$ de taza de leche descremada. ¿Qué cantidad total de leche requiere la receta?

Los denominadores son diferentes. Observa que un denominador común es 8. Reescribimos $\frac{1}{4}$ multiplicándolo por $\frac{2}{2}$. El resultado es $\frac{2}{8}$. Ahora podemos sumar.

Destreza mental

Comenta

¿Por qué podemos utilizar 8 como el común denominador?

Reescribir.

$$\frac{1}{4} \times \frac{2}{2} = \frac{2}{8}$$

$$+ \frac{3}{8} \quad = \frac{3}{8}$$

Sumar.

$$\frac{5}{8}$$

En total, la receta requiere $\frac{5}{8}$ **de taza de leche.**

Ejemplo 2

Chuck miró el reloj y vio que la campana del almuerzo sonaría en $\frac{5}{6}$ de hora. Chuck miró el reloj nuevamente $\frac{1}{2}$ hora después. A esa hora, ¿qué fracción de una hora quedaba para que sonara la campana del almuerzo?

Al comienzo quedaban $\frac{5}{6}$ de hora. Después pasó $\frac{1}{2}$ hora. Si restamos $\frac{1}{2}$ de $\frac{5}{6}$, podemos encontrar qué fracción de una hora queda. Los denominadores son diferentes, pero podemos reescribir $\frac{1}{2}$ como fracción con denominador 6. Después restamos y reducimos la respuesta.

Reescribir.

$$\frac{5}{6} \quad = \frac{5}{6}$$

$$- \frac{1}{2} \times \frac{3}{3} = \frac{3}{6}$$

Restar.

$$\frac{2}{6} = \frac{1}{3}$$

Simplificar.

Vemos que queda $\frac{1}{3}$ **hora** para el almuerzo.

Práctica de la lección

Calcula la suma o la diferencia. Simplifica cuando sea posible.

a. $\frac{1}{2} + \frac{2}{6}$ b. $\frac{1}{3} + \frac{1}{9}$ c. $\frac{1}{8} + \frac{1}{2}$

d. $\frac{3}{8} - \frac{1}{4}$ e. $\frac{2}{3} - \frac{2}{9}$ f. $\frac{7}{8} - \frac{1}{2}$

1. Clotilda utilizó losetas de 1 pie cuadrado para cubrir el piso de una
(Inv. 3, 90) habitación de 15 pies de largo y 12 pies de ancho. ¿Cuántas losetas utilizó?

2. a. ¿Cuál es el perímetro de este triángulo?
(Inv. 2, 78)
b. ¿Es este triángulo equilátero, isósceles o escaleno?

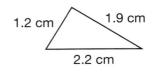
1.2 cm   1.9 cm   2.2 cm

*3. **Representa** Tim encontró que $\frac{3}{8}$ de los 32 lápices del salón no tenían
(95) borrador. ¿Cuántos lápices no tenían borrador? Haz un dibujo para representar el problema.

4. a. ¿Cuántas docenas de lápices son setenta y dos lápices?
(41, Inv. 5)
b. ¿Cuántos lápices es el 50% de una docena de lápices?

*5. **Estima** Utilizando redondeo o números compatibles, ¿qué números
(42, 49) escogerías para estimar el producto exacto de 75 × 75? Explica tu razonamiento.

6. Este cubo está hecho de cubos más pequeños que
(Inv. 11) miden un centímetro cúbico de volumen. ¿Cuál es el volumen del cubo más grande?

7. Fausta compró 2 DVD por un valor de $21.95 cada uno y 2 CD por un
(83) valor de $14.99 cada uno. El impuesto fue $4.62. ¿Cuál fue el precio total de los artículos? Explica cómo encontraste el resultado.

8. Roger condujo 285 millas en 5 horas. ¿Cuál fue su rapidez promedio en
(96) millas por hora?

9. Selección múltiple ¿Cuál de estas fracciones *no* es equivalente a $\frac{1}{2}$?
(103, 109)
   A $\frac{4}{8}$ **B** $\frac{11}{22}$ **C** $\frac{15}{30}$ **D** $\frac{12}{25}$

*10. Escribe la forma simplificada de cada fracción:
(112)
   a. $\frac{8}{10}$ **b.** $\frac{6}{15}$ **c.** $\frac{8}{16}$

* 11. (33) (**Representa**) Escribe con palabras el número 123415720.

12. (50) $8.3 + 4.72 + 0.6 + 12.1$ **13.** (45, 91) $17.42 - (6.7 - 1.23)$

* 14. (114) $3\frac{3}{8} + 3\frac{3}{8}$ *** 15.** (119) $\frac{1}{4} + \frac{1}{8}$ *** 16.** (119) $\frac{1}{2} + \frac{1}{6}$

* 17. (114) $5\frac{5}{6} - 1\frac{1}{6}$ *** 18.** (119) $\frac{1}{4} - \frac{1}{8}$ *** 19.** (119) $\frac{1}{2} - \frac{1}{6}$

* 20. (90) 87×16 *** 21.** (86, 113) 49×340 *** 22.** (86, 113) 504×30

23. (71, 80) $\$35.40 \div 6$ **24.** (76) $\frac{5784}{4}$ **25.** (80) $7\overline{)2385}$

26. (110) $30\overline{)450}$ *** 27.** (118) $32\overline{)450}$ *** 28.** (118) $15\overline{)450}$

* 29. (Inv. 10, 112) (**Haz una predicción**) ¿Cuál es la probabilidad de sacar un corazón de una baraja completa de cartas? (*Pista:* Una baraja tiene 13 cartas de corazones.)

* 30. (21, Inv. 5) (**Representa**) Haz un rectángulo que mida 5 cm de largo y 2 cm de ancho y divide el rectángulo en centímetros cuadrados. Después sombrea 30% del rectángulo.

Para los más rápidos

Conexión con la vida diaria

Vic quiere hacer un CD para su fiesta. Compro un CD en blanco que tiene capacidad para 4 horas de musica. La mitad del espacio del CD de Vic contiene musica rock, $\frac{1}{4}$ es musica hip-hop y $\frac{1}{8}$ es jazz. El quiere agregar en el CD unas cuantas canciones de musica country en el espacio sobrante. El metodo que uso Vic para calcular la cantidad de espacio que queda para agregar las canciones country se muestra debajo:

$$\frac{1}{2} + \frac{1}{4} + \frac{1}{8} = \frac{2}{4} + \frac{1}{4} + \frac{1}{8} = \frac{3}{4} + \frac{1}{8} = \frac{6}{8} + \frac{1}{8} = \frac{7}{8} \text{ de musica grabada.}$$

$$4 \text{ horas} - \frac{7}{8} = \frac{32}{8} - \frac{7}{8} = \frac{25}{8} = 3\frac{1}{8} \text{ horas que quedan.}$$

Es correcto el calculo de Vic? Si no, donde se equivoco y cual debe ser la respuesta correcta?

120

Conceptos y destrezas esenciales para Texas

(4.10) localizar puntos en una recta numérica usando enteros, fracciones y decimales

(4.14)(A) identificar las matemáticas en situaciones diarias

(4.15)(B) relacionar lenguaje informal con lenguaje matemático

(4.16)(B) justificar por qué una respuesta es razonable

• Sumar y restar números mixtos con diferente denominador

Preliminares

operaciones   Preliminares J

cálculo mental

    a. Porcentaje: 75% de 60

    b. Porcentaje: 70% de 60

    c. Porcentaje: 90% de 60

    d. Sentido numérico: 20×23

    e. Medición: Un cúbito son aproximadamente 18 pulgadas. ¿Aproximadamente cuántos pies son dos cúbitos?

    f. Estimación: Si Ricardo tiene $12, ¿tiene suficiente dinero para comprar 4 mapas que cuestan $2.87 cada uno?

    g. Cálculo: $\frac{1}{2}$ de $44, -12, -6, \times 6$

    h. Números romanos: Escribe MCM en nuestro sistema numérico.

resolver problemas

Escoge una estrategia apropiada para resolver este problema. Encuentra los ocho números que siguen en esta secuencia. Luego describe la secuencia en palabras.

$$\frac{1}{8}, \frac{1}{4}, \frac{3}{8}, \frac{1}{2}, \frac{5}{8}, \frac{3}{4}, \frac{7}{8}, 1, \underline{\quad}, \underline{\quad}, \underline{\quad}, \underline{\quad}, \underline{\quad}, \underline{\quad}, \underline{\quad}, \underline{\quad}, \dots$$

Nuevo concepto

Para sumar o restar números mixtos, primero nos aseguramos de que las fracciones tengan un denominador común.

750   *Matemáticas intermedias* **Saxon 4**

Ejemplo 1

Destreza mental

Haz la conexión

¿Cuáles son los pasos para sumar y restar fracciones y números mixtos con diferente denominador?

Suma: $4\frac{1}{6} + 2\frac{1}{2}$

Los denominadores de las fracciones no son iguales. Podemos reescribir $\frac{1}{2}$ de manera que tenga denominador 6, multiplicando $\frac{1}{2}$ por $\frac{3}{3}$. Después sumamos, recordando simplificar la parte fraccionaria de nuestro resultado.

$$4\frac{1}{6} = 4\frac{1}{6}$$
$$+\, 2\frac{1}{2} = 2\frac{3}{6}$$
$$\overline{\qquad\qquad}$$
$$6\frac{4}{6} = 6\frac{2}{3}$$

Ejemplo 2

Un sendero de bicicleta de un parque estatal mide $5\frac{3}{4}$ millas de largo. El sendero es plano a lo largo de $3\frac{1}{2}$ millas. ¿Cuántas millas del sendero no son planas? Dibuja una recta numérica y utiliza números para mostrar la resta.

Primero reescribimos el problema de manera que las fracciones tengan denominador común. Podemos reescribir $\frac{1}{2}$ de manera que tenga denominador 4, multiplicando $\frac{1}{2}$ por $\frac{2}{2}$. Después restamos.

$$5\frac{3}{4} = 5\frac{3}{4}$$
$$-\, 3\frac{1}{2} \times \frac{2}{2} = 3\frac{2}{4}$$
$$\overline{\qquad\qquad}$$
$$2\frac{1}{4}$$

Vemos que **$2\frac{1}{4}$ millas** no son planas.

Práctica de la lección

Suma. Simplifica cuando sea posible.

a. $3\frac{1}{2} + 1\frac{1}{4}$ **b.** $4\frac{3}{4} + 1\frac{1}{8}$

c. $4\frac{1}{5} + 1\frac{3}{10}$ **d.** $6\frac{1}{6} + 1\frac{1}{3}$

Resta. Simplifica cuando sea posible.

e. $3\frac{7}{8} - 1\frac{1}{4}$ **f.** $2\frac{3}{5} - 2\frac{1}{10}$

g. $6\frac{7}{12} - 1\frac{1}{6}$ **h.** $4\frac{3}{4} - 1\frac{1}{2}$

1. Los Lorenzo beben 11 galones de leche mensualmente. ¿Cuántos cuartos
(40) de leche beben mensualmente?

2. En la banda hay sesenta personas. Si un cuarto de ellas toca trompeta,
(95) ¿cuántas no tocan trompeta? Haz un dibujo para ilustrar el problema.

3. a. ¿Cuánto mide el área de este cuadrado?
(Inv. 2, Inv. 3) **b.** ¿Cuánto mide el perímetro del cuadrado?

 10 mm

*4. a. (**Analiza**) María es 8 pulgadas más alta que Jermaine. Jermaine es
(94, 96) 5 pulgadas más alto que Jan. María mide 61 pulgadas de estatura.
¿Cuántas pulgadas de estatura mide Jan?

b. ¿Cuál es el promedio de estatura de los tres niños?

5. ¿Qué segmentos de recta en la figura *ABCD* parecen paralelos?
(23)

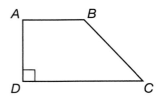

6. (**Explica**) Mayville está entre Altoona y Watson. De Mayville a Altoona hay
(25) 47 millas. De Mayville a Watson hay 24 millas. ¿Cuánto hay de Altoona a
Watson? Explica por qué es razonable tu respuesta.

*7. (**Haz una predicción**) Si se hace girar la flecha, ¿cuál es la
(Inv. 10) probabilidad de que se detenga en un número mayor que 4?

*8. (**Estima**) El precio de venta de una casa nueva es de $298,900.
(117) Redondea esa cantidad de dinero a la centena de millares de dólares más
cercana.

*9. (Clasifica) Nombra cada una de las figuras que siguen. Después, haz una
(98) lista del número de vértices, aristas y caras de cada figura.

a.

b.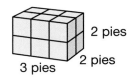

*10. Escribe la forma simplificada de cada fracción:
(112)
a. $\dfrac{9}{15}$ b. $\dfrac{10}{12}$ c. $\dfrac{12}{16}$

11. (Representa) Utiliza dígitos para escribir ciento diecinueve millones,
(34) doscientos cuarenta y siete mil, novecientos ochenta y cuatro.

12. $14.94 - (8.6 - 4.7)$ 13. $6.8 - (1.37 + 2.2)$
(45, 50)   (45, 91)

*14. $3\dfrac{2}{5} + 1\dfrac{4}{5}$ *15. $\dfrac{5}{8} + \dfrac{1}{4}$ *16. $1\dfrac{1}{3} + 1\dfrac{1}{6}$
(114)   (119)   (120)

*17. $5\dfrac{9}{10} - 1\dfrac{1}{5}$ *18. $\dfrac{5}{8} - \dfrac{1}{4}$ *19. $\dfrac{1}{3} - \dfrac{1}{6}$
(120)   (119)   (119)

*20. 38×217 *21. 173×60 *22. 90×500
(113)   (113)   (86)

23. $7\overline{)2942}$ 24. $10\overline{)453}$ *25. $11\overline{)453}$
(80)   (105)   (118)

*26. Evalúa $m + n$ si m es $3\dfrac{2}{5}$ y n es $2\dfrac{1}{10}$.
(106, 120)

27. ¿Cuánto mide el volumen de este sólido rectangular?
(Inv. 11)

2 pies
2 pies
3 pies

*28. (Haz la conexión) El segmento AC mide $3\dfrac{1}{2}$ pulgadas. El segmento AB
(114) mide $1\dfrac{1}{2}$ pulgadas. ¿Cuánto mide el segmento BC?

A   B   C

*29. (Estima) En Wyoming viven menos personas que en cualquier otro
(117) estado. De acuerdo al censo del año 2000 en EE.UU., en Wyoming viven
493,782 personas. Redondea ese número de personas a la centena de
millares más cercana.

30. ¿Qué porcentaje de un dólar es medio dólar más $\dfrac{1}{4}$ de dólar?
(36, Inv. 5)

⚑ *Conceptos y destrezas esenciales para Texas*

(4.15)(A) explicar observaciones usando palabras y números

(4.16)(B) justificar por qué una respuesta es razonable

Enfoque en

• Resolver ecuaciones balanceadas

Una *ecuación* establece que dos cantidades son iguales. Un modelo de una ecuación es una balanza equilibrada. La siguiente balanza está equilibrada, porque el peso combinado en un lado de la balanza es igual al peso combinado del otro lado. El peso de cada bloque está dado por su número. No conocemos el peso del bloque rotulado *N.* Bajo la balanza escribimos una ecuación para la ilustración.

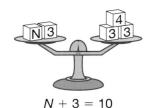

$$N + 3 = 10$$

Podemos encontrar el peso *N* sacando el peso de 3 de cada lado de la balanza. Entonces *N* queda solo a un lado de la balanza y el peso al otro lado de la balanza debe ser igual a *N.*

Saca 3 de cada lado de la balanza:

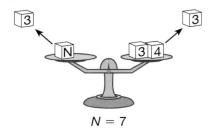

$$N = 7$$

A continuación se muestra otra balanza equilibrada. Vemos que dos bloques de peso *X* se equilibran con cuatro bloques de peso 3.

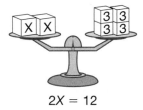

$$2X = 12$$

Podemos encontrar el peso *X* sacando la mitad del peso de cada lado de la balanza. Ahora un bloque de peso *X* se equilibra con dos bloques de peso 3.

Saca la mitad del peso de cada lado de la balanza:

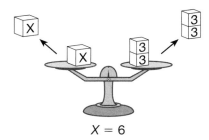

$X = 6$

Resolver ecuaciones

Materiales:
- **Actividad 49 de la lección**

Como clase, trabajen en los problemas **1–8** de la **Actividad 49 de la lección.** Escriban una ecuación para cada ilustración y comenten cómo dejar el bloque rotulado con una letra solo en un lado de la balanza mientras mantienen la balanza equilibrada.

Investiga más

a. Crea una ecuación que la clase resuelva usando el modelo de la balanza equilibrada y un peso desconocido.

b. Copia la siguiente tabla para la ecuación $y = \frac{x+1}{2}$ y encuentra los valores que faltan para y.

x	1	5	7	11	
y	1	3			

c. Escoge un número impar diferente para x y completa la tabla. Después encuentra y.

• Números romanos hasta el 39

Nuevo concepto

Los números romanos eran utilizados por los antiguos romanos para escribir números. Actualmente, los números romanos aún se utilizan para enumerar cosas como capítulos de libros, secuencias de películas y juegos del Super Bowl. También podemos encontrar los números romanos en relojes y edificios.

Estos son algunos ejemplos de números romanos:

I que representa 1

V que representa 5

X que representa 10

El sistema de números romanos no utiliza valor posicional. En lugar de eso, los valores de los números se suman o se restan dependiendo de su posición. Por ejemplo:

II significa 1 más 1, que es 2 (II no significa "11")

A continuación presentamos una lista de los números romanos desde el 1 hasta el 20. Examina los patrones.

1 = I	11 = XI
2 = II	12 = XII
3 = III	13 = XIII
4 = IV	14 = XIV
5 = V	15 = XV
6 = VI	16 = XVI
7 = VII	17 = XVII
8 = VIII	18 = XVIII
9 = IX	19 = XIX
10 = X	20 = XX

Los múltiplos de 5 son 5, 10, 15, 20 y así sucesivamente. Los números que son uno menos que éstos (4, 9, 14, 19, . . .) tienen números romanos que involucran resta.

$$4 = IV \quad \text{("uno menos que cinco")}$$

$$9 = IX \quad \text{("uno menos que diez")}$$

$$14 = XIV \quad \text{(diez más "uno menos que cinco")}$$

$$19 = XIX \quad \text{(diez más "uno menos que diez")}$$

En cada caso un número romano pequeño (I) antecede a un número romano mayor (V o X), restamos el número pequeño del número mayor.

Ejemplo

a. **Escribe XXVII en nuestro sistema numérico.[1]**

b. **Escribe 34 en números romanos.**

a. Podemos descomponer el número romano y ver que es igual a 2 decenas más 1 cinco más 2 unidades.

$$XX \quad V \quad II$$

$$20 + 5 + 2 = \mathbf{27}$$

b. Pensamos en 34 como "30 más 4".

$$30 + 4$$

$$XXX \quad IV$$

El número romano para 34 es **XXXIV.**

Práctica de la lección

Escribe los números romanos desde el 1 hasta el 39 en orden.

---

[1] El mundo moderno ha adoptado el sistema de números indo arábigos con los dígitos 0, 1, 2, 3, 4, 5, 6, 7, 8, 9 y el valor posicional en base diez. Para mayor simplicidad, nos referimos al sistema de números indo arábigos como "nuestro sistema numérico".

• Números romanos hasta los millares

Nuevo concepto

Hemos practicado utilizando estos números romanos:

I   V   X

Con estos números romanos podemos escribir números de conteo hasta el XXXIX (39). Para escribir números más grandes, debemos utilizar los números romanos L (50), C (100), D (500) y M (1000). La tabla de abajo muestra los diferentes "dígitos" de los números romanos que hemos estudiado, así como sus valores respectivos.

Número	Valor
I	1
V	5
X	10
L	50
C	100
D	500
M	1000

Ejemplo

Escribe cada número romano en nuestro sistema:

a. LXX   **b. DCCL**   **c. XLIV**   **d. MMI**

a. LXX es 50 + 10 + 10, que es **70.**

b. DCCL es 500 + 100 + 100 + 50, que es **750.**

c. XLIV es "10 menos que 50" más "1 menos que 5"; que es, 40 + 4 = **44.**

d. MMI es 1000 + 1000 + 1, que es **2001.**

Escribe cada número romano en nuestro sistema:

a. CCCLXII   **b.** CCLXXXV   **c.** CD

d. XLVII   **e.** MMMCCLVI   **f.** MCMXCIX

A

a.m.
a.m.
(19)

Período de tiempo desde la medianoche hasta justo antes del mediodía.

*Me levanto a las 7 **a.m.,** lo cual es las 7 en punto de la mañana.*

ángulo
angle
(23)

Abertura que se forma cuando se intersecan dos rectas, segmentos de recta o rayos.

*Estos segmentos de recta forman un **ángulo.***

ángulo agudo
acute angle
(23)

Ángulo que mide más de 0° y menos de 90°.

ángulo recto   ángulo obtuso

ángulo agudo   no son **ángulos agudos**

*Un **ángulo agudo** es menor que un ángulo recto y que un ángulo obtuso.*

ángulo llano
straight angle
(81)

Ángulo que mide 180° y cuyos lados forman una línea recta.

C

A   B   D

*El ángulo ABD es un **ángulo llano.** Los ángulos ABC y CBD no son **ángulos llanos.***

ángulo obtuso
obtuse angle
(23)

Ángulo que mide más de 90° y menos de 180°.

ángulo recto / ángulo agudo

ángulo obtuso   no son **ángulos obtusos**

*Un **ángulo obtuso** es más grande que un ángulo recto y que un ángulo agudo.*

ángulo recto
right angle
(23)

Ángulo que forma una esquina cuadrada y mide 90°. Se indica con frecuencia con un pequeño cuadrado.

ángulo obtuso / ángulo agudo

ángulo recto   no son **ángulos rectos**

*Un **ángulo recto** es mayor que un ángulo agudo y más pequeño que un ángulo obtuso.*

año bisiesto leap year *(54)*	Un año con 366 dias; no es un año común. *En un **año bisiesto** febrero tiene 29 días.*
año común common year *(54)*	Un año con 365 días; no es un año bisiesto. *El año 2000 es un año bisiesto, pero 2001 es un **año común**. En un **año común** febrero tiene 28 días. En un año bisiesto febrero tiene 29 días.*
ápice apex *(98)*	El vértice (punta) de un cono.
aproximación approximation *(111)*	Ver *estimar.*

área
area
(Inv. 3)

El número de unidades cuadradas que se necesita para cubrir una superficie.

5 pulg

2 pulg

*El **área** de este rectángulo es de 10 pulgadas cuadradas.*

arista
edge
(98)

Segmento de recta formado donde se intersecan dos caras de un sólido.

*La flecha apunta hacia una **arista** de este cubo. Un cubo tiene 12 **aristas**.*

B

base
base
(62, 98)

1. El número inferior en una expresión exponencial.

$$base \longrightarrow 5^3 \longleftarrow exponente$$

5^3 *significa* $5 \times 5 \times 5$, *y su valor es 125.*

2. Lado (o cara) determinado de una figura geométrica.

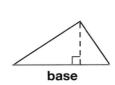
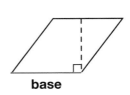

base · · · · · · base · · · · · · base

C

calendario
calendar
(54)

Una tabla que muestra los días de la semana y sus fechas.

SEPTIEMBRE 2007

D	L	M	M	J	V	S
						1
2	3	4	5	6	7	8
9	10	11	12	13	14	15
16	17	18	19	20	21	22
23	24	25	26	27	28	29
30						

calendario

---

capacidad
capacity
(40)

Cantidad de líquido que puede contener un recipiente.

*Tazas, galones y litros son medidas de **capacidad.***

---

cara
face
(98)

Superficie plana de un cuerpo geométrico.

*La flecha apunta a una **cara** del cubo.*
*Un cubo tiene seis **caras.***

Celsius
Celsius
(18)

Escala que se usa en algunos termómetros para medir la temperatura.

*En la escala **Celsius,** el agua se congela a 0°C y hierve a 100°C.*

---

centésima(s)
hundredth(s)
(Inv. 4)

Una de cien partes.

*La forma decimal de una **centésima** es 0.01.*

---

centímetro
centimeter
(Inv. 2)

Una centésima de un metro.

*El ancho de tu dedo meñique mide aproximadamente un **centímetro.***

---

centímetro cuadrado
square centimeter
(Inv. 3)

Medida de un área igual a la de un cuadrado con lados de 1 centímetro.

1 cm   **centímetro cuadrado**

1 cm

---

centro
center
(21)

Punto interior de un círculo o esfera, que equidista de cualquier punto del círculo o de la esfera.

*El **centro** del círculo A está a 2 pulgadas de cualquier punto del círculo.*

cifras decimales

decimal place(s)

(Inv. 4)

Lugares ubicados a la derecha del punto decimal.

*5.47 tiene dos **cifras decimales.***

*6.3 tiene una **cifra decimal.***

*8 no tiene **cifras decimales.***

---

cilindro

cylinder

(98)

Un sólido tridimensional con dos bases circulares que son opuestas y paralelas entre sí.

cilindro

---

círculo

circle

(21)

Una forma cerrada curva en la cual todos los puntos en la figura están a la misma distancia de su centro.

círculo

---

circunferencia

circumference

(21)

La distancia alrededor de un círculo; el perímetro de un círculo.

A

*Si la distancia desde el punto A alrededor del círculo hasta el punto A es 3 pulgadas, entonces la **circunferencia** o perímetro del círculo mide 3 pulgadas.*

---

clave

key

(Inv. 6)

*Ver **rótulo.***

---

cociente

quotient

(65)

Resultado de una división.

$12 \div 3 = 4$ $3\overline{)12}$ con 4 $\dfrac{12}{3} = 4$

*El **cociente** es 4 en cada una de estas operaciones.*

---

combinaciones

combinations

(36)

Una o más partes seleccionadas de un conjunto que son colocadas en grupos donde el orden no es importante.

*Las **Combinaciones** de letras A, B, C, D, y E son AB, BC, CD, DE, AC, BD, CE, BE, y AE.*

compás	Instrumento para dibujar círculos y arcos.
compass	
(21)	

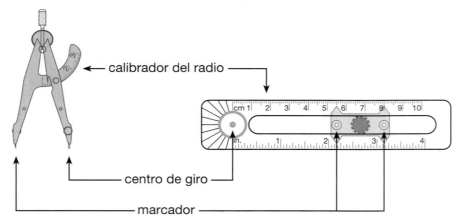

dos tipos de **compases**

congruentes	Que tienen igual tamaño y forma.
congruent	
(56)	

Estos polígonos son **congruentes.** *Tienen igual tamaño y forma.*

cono	Un sólido tridimensional con una superficie curva y una
cone	superficie plana y circular. El extremo puntiagudo de un cono
(98)	es su ápice.

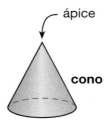

coordenada(s)
coordinate(s)
(Inv. 8)

1. Número que se utiliza para ubicar un punto sobre una recta numérica.

*La **coordenada** del punto A es −2.*

2. Par ordenado de números que se utiliza para ubicar un punto sobre un plano coordenado.

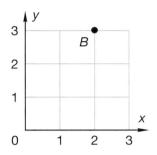

*Las **coordenadas** del punto B son (2, 3). La coordenada x se escribe primero, seguida de la coordenada y.*

cuadrado
square
(92, Inv. 3)

1. Un rectángulo con sus cuatro lados de igual longitud.

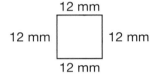

*Los cuatro lados de este **cuadrado** miden 12 milímetros.*

2. El producto de un número por sí mismo.

*El **cuadrado** de 4 es 16.*

cuadrado perfecto
perfect square
(Inv. 3)

*Ver **número al cuadrado.***

cuadrilátero
quadrilateral
(63)

Cualquier polígono de cuatro lados.

*Cada uno de estos polígonos tiene 4 lados. Todos son **cuadriláteros.***

cuarto
quarter
(22)

1. Un término que significa la cuarta parte de un entero.

cuarto de giro
quarter turn
(75)

Un giro que mide 90°.

cubo **cube** *(98)*	Un sólido tridimensional con seis caras cuadradas. Las caras adyacentes son perpendiculares y las caras opuestas son paralelas.  cubo

D

datos **data** *(Inv. 7)*	Información reunida de observaciones o cálculos. *82, 76, 95, 86, 98, 97, 93* *Estos **datos** son el promedio diario de las temperaturas de una semana en Utah.*
década **decade** *(54)*	Un periodo de diez años. *Los años 2001–2010 forman una **década.***
decágono **decagon** *(63)*	Un polígono de diez lados. 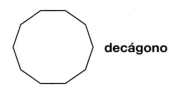 **decágono**
décimo(a) **tenth** *(Inv. 4)*	Una de diez partes ó $\frac{1}{10}$. *La forma decimal de un **décimo** es 0.1.*
denominador **denominator** *(22)*	El número inferior de una fracción; el número que indica cuántas partes hay en un entero. $\frac{1}{4}$ *El **denominador** de la fracción es 4.* *Hay 4 partes en el círculo completo.*
denominadores comunes **common denominators** *(116)*	Denominadores que son iguales. *Las fracciones $\frac{2}{5}$ y $\frac{3}{5}$ tienen **denominadores comunes.***
diagrama de árbol **tree diagram** *(82)*	Una manera de usar ramas para organizar las opciones de un problema de comparación. 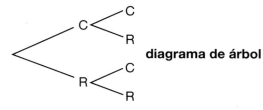 **diagrama de árbol**

diámetro **diameter** *(21)*	Distancia que atravieza un círculo a través de su centro. 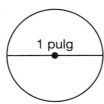 *El **diámetro** de este círculo mide 1 pulgada.*
diferencia **difference** *(6)*	Resultado de una resta. $12 - 8 = 4$ — *La **diferencia** en este problema es 4.*
dígito **digit** *(3)*	Cualquiera de los símbolos que se utilizan para escribir números: 0, 1, 2, 3, 4, 5, 6, 7, 8, 9. *El último **dígito** del número 2587 es 7.*
dividendo **dividend** *(65)*	Número que se divide. $12 \div 3 = 4 \qquad 3\overline{)12} = 4 \qquad \dfrac{12}{3} = 4$ *El **dividendo** es 12 en cada una de estas operaciones.*
divisible **divisible** *(55)*	Número que se puede dividir exactamente por un entero, es decir, sin residuo. $\dfrac{5}{4\overline{)20}}$ — *El número 20 es **divisible** entre 4, ya que 20 ÷ 4 no tiene residuo.* $\dfrac{6\ R\ 2}{3\overline{)20}}$ — *El número 20 no es **divisible** entre 3, ya que 20 ÷ 3 tiene residuo.*
división **division** *(46)*	Una operación que separa un número en un número dado de partes iguales o en un número de partes de una medida dada. *Usamos la división para separar 21 en 3 grupos de 7.*
divisor **divisor** *(65)*	Número que divide a otro en una división. $12 \div 3 = 4 \qquad 3\overline{)12} \qquad \dfrac{12}{3} = 4$ *El **divisor** es 3 en cada una de estas operaciones.*
docena **dozen** *(49)*	Un grupo de doce. *La caja contiene una **docena** de huevos.* *La caja contiene 12 huevos.*

E

ecuación **equation** *(2)*	Enunciado que usa el símbolo de igualdad (=) para indicar que dos cantidades son iguales. $x = 3 \qquad 3 + 7 = 10 \qquad\qquad 4 + 1 \qquad x < 7$ son **ecuaciones** $\qquad\qquad$ no son **ecuaciones**

eje de simetría **line of symmetry** *(79)*	Una línea que divide una figura en dos mitades que son imágenes especulares una de otra. Ver *también* **simetría.**

ejes de simetría   no son **ejes de simetría**

en el sentido de las manecillas del reloj **clockwise** *(75)*	La misma dirección que el movimiento de las manecillas de un reloj.

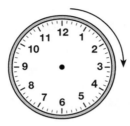   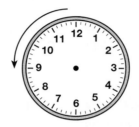

giro **en sentido horario**   giro en sentido anti-horario

en sentido contrario a las manecillas del reloj **counter-clockwise** *(75)*	La dirección opuesta al movimiento de las manecillas de un reloj.

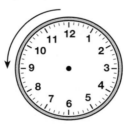   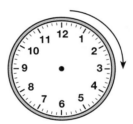

giro **en sentido anti-horario**   giro en sentido horario

encuesta **survey** *(Inv. 7)*	Método de reunir información acerca de una población en particular. *Maria hizo una **encuesta** entre sus compañeros para averiguar cuál era su programa favorito de televisión.*
enunciado numérico **number sentence** *(1)*	Un enunciado completo que usa números y símbolos en lugar de palabras. *Ver también **ecuación.*** *El **enunciado numérico** 4 + 5 = 9 significa "cuatro más cinco es igual a nueve".*
equiángulo **equiangular** *(78)*	Una figura con ángulos de la misma medida. *Un triángulo equilátero es también **equiángulo** porque sus tres ángulos miden 60°.*
es igual a **equals** *(Inv. 1)*	Con el mismo valor. *12 pulgadas **es igual a** 1 pie.*

escala scale *(18)*	Un tipo de recta númerica que se usa para medir. *La distancia entre cada marca en la **escala** de esta regla es 1 centímetro.*
esfera sphere *(98)*	Un sólido geométrico redondo que tiene cada punto de su superficie a la misma distancia de su centro. esfera
estimar estimate *(22)*	Encontrar un valor aproximado. *Puedo **estimar** que la suma de 199 más 205 es aproximadamente 400.*
evaluar evaluate *(106)*	Calcular el valor de una expresión. *Para **evaluar** a + b, con a = 7 y b = 13, se reemplaza a por 7 y b por 13:* $$7 + 13 = 20$$
exponente exponent *(62)*	El número superior en una expresión exponencial; muestra cuántas veces debe usarse la base como factor. base $\longrightarrow 5^3 \longleftarrow$ **exponente** 5^3 significa $5 \times 5 \times 5$, y su valor es 125.
expresión expression *(6)*	Un número, una letra o una combinación de los dos. *Las **expresiones** no incluyen símbolos de comparación, como el signo de igualdad. 3n es una **expresión** que también puede ser escrita como 3 × n.*
expresión exponencial exponential expression *(62)*	Expresión que indica que la base debe usarse como factor el número de veces que indica el exponente. $$4^3 = 4 \times 4 \times 4 = 64$$ *La **expresión exponencial** 4^3 se calcula usando 3 veces el 4 como factor. Su valor es 64.*

F

factor factor *(28)*	Cualquier número que se multiplica en un problema de multiplicación. $2 \times 3 = 6$ *Los **factores** en este problema son 2 y 3.*

Fahrenheit **Fahrenheit** *(18)*	Escala que se usa en algunos termómetros para medir la temperatura. *En la **escala Fahrenheit,** el agua se congela a 32°F y hierve a 212°F.*
familia de operaciones **fact family** *(6)*	Grupo de tres números relacionados por sumas y restas o por multiplicaciones y divisiones. *Los números 3, 4 y 7 forman una **familia de operaciones.** Con ellos se pueden formar estas cuatro operaciones:* $$3 + 4 = 7 \qquad 4 + 3 = 7 \qquad 7 - 3 = 4 \qquad 7 - 4 = 3$$
forma desarrollada **expanded form** *(16)*	Una manera de escribir un número mostrando el valor de cada dígito. *La **forma desarrollada** de 234 es 200 + 30 + 4.*
forma digital **digital form** *(19)*	Cuando nos referimos al tiempo marcado por un reloj, la forma digital es una manera de escribir el tiempo usando dos puntos y a.m. o p.m. *11:30 a.m. está en **forma digital.***
fórmula **formula** *(1)*	Una expresión o ecuación que describe un método para resolver cierto tipo de problemas. Frecuentemente escribimos *fórmulas* con letras que representan palabras completas. *Una **fórmula** para el perímetro del rectángulo es P = 2l + 2a, donde P representa "perímetro", l representa "longitud" y a representa "ancho".*
fracción **fraction** *(22)*	Número que representa una parte de un entero. $\frac{1}{4}$ *del círculo está sombreado.* $\frac{1}{4}$ *es una **fracción.***
fracción impropia **improper fraction** *(89)*	Fracción con el numerador igual o mayor que el denominador. $\frac{4}{3}$ $\frac{2}{2}$ *Estas fracciones son **fracciones impropias.***
fracción propia **proper fraction** *(89)*	Una fracción cuyo denominador es mayor que el numerador. $\frac{3}{4}$ *es una **fracción propia.*** $\frac{4}{3}$ *no es una **fracción propia.***
fracciones equivalentes **equivalent fractions** *(109)*	Fracciones diferentes que representan la misma cantidad. $\frac{1}{2}$ *y* $\frac{2}{4}$ *son **fracciones equivalentes.***

G

| **geometría**
geometry
(73) | Rama importante de las matemáticas, que trata de las formas, tamaños y otras propiedades de las figuras.

*Algunas de las figuras que se estudian en **geometría** son los ángulos, círculos y polígonos.* |

| **giro completo**
full turn
(75) | Giro que mide 360°. |

| **grado (°)**
degree (°)
(18, 75) | 1. Unidad para medir temperatura. |

El agua hierve

*Hay 100 **grados** de diferencia entre los puntos de ebullición y congelación del agua en la escala Celsius, o escala centígrada.*

El agua se congela

2. Unidad para medir ángulos.

*Un ángulo recto mide 90 **grados** (90°).*

| **gráfica**
graph
(Inv. 6) | Diagrama que muestra datos de una forma organizada. Ver también **gráfica de barras, gráfica circular, gráfica lineal, y pictograma.** |

gráfica de barras

Color de zapatos de los estudiantes

gráfica circular

gráfica circular **circle graph/pie chart** *(Inv. 6)*	Una gráfica que consiste de un círculo dividido en sectores.

Color de zapatos de los estudiantes

*Esta **gráfica circular** representa los datos de los colores de los zapatos de los estudiantes.*

gráfica circular **pie graph** *(Inv. 6)*	*Ver **gráfica circular.***

gráfica de barras **bar graph** *(Inv. 6)*	Una gráfica que utiliza rectángulos (barras) para mostrar números o medidas.

Días lluviosos

*Esta **gráfica de barras** muestra cuántos días lluviosos hubo en cada uno de estos cuatro meses.*

gráfica lineal **line graph** *(Inv. 6)*	Una gráfica que conecta puntos para mostrar como la información cambia con el tiempo.

Promedio de lluvia en Arizona

*Esta **gráfica lineal** muestra el promedio de lluvias en Arizona en un periodo de cuatro meses.*

H

hexágono **hexagon** *(63)*	Un polígono con seis lados.

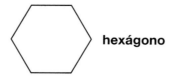

hexágono

horario, calendario **schedule** *(101)*	Una lista de sucesos organizados según la hora cuando están planeados.

Horario de clases de Sarah

Hora	Clase
8:15 a.m.	Llegada a la escuela
9:00 a.m.	Ciencias
10:15 a.m.	Lectura
11:30 a.m.	Almuerzo y recreo
12:15 p.m.	Matemáticas
1:30 p.m.	Inglés
2:45 p.m.	Arte y música
3:30 p.m.	Salida de la escuela

horizontal
horizontal
(23)

De lado a lado; perpendicular a la vertical.

recta **horizontal**

recta oblicua   recta vertical

no son rectas **horizontales**

I

impuesto sobre la venta
sales tax
(83)

Impuesto que se carga al vender un objeto y que se calcula como un porcentaje del precio del objeto.

*Si la tasa de impuesto es 8%, el **impuesto sobre la venta** de un objeto que cuesta $5.00 es: $5.00 × 8% = $0.40.*

intercambiar
exchanging
(15)

*Ver **reagrupación**.*

intersecar
intersect
(23)

Compartir uno o varios puntos en común.

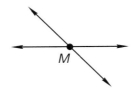

M

*Estas dos rectas se **intersecan**. Tienen el punto común M.*

intervalo
range
(97)

Diferencia entre el número mayor y el número menor de una lista.

5, 17, 12, 34, 28, 13

*Para calcular el **intervalo** de esta lista, se resta el número menor del número mayor. El **intervalo** de esta lista es 29.*

K

kilómetro
kilometer
(Inv. 2)

Una unidad métrica de longitud igual a 1000 metros.

*Un **kilómetro** es aproximadamente 0.62 milla.*

L

lado
side
(63)

Segmento de recta que forma parte de un polígono.

*La flecha apunta hacia un lado. Este pentágono tiene 5 **lados.***

libra
pound
(77)

Una medida usual de peso.

*Una **libra** es igual a 16 onzas.*

litro
liter
(40)

Una unidad métrica de capacidad o volumen.

*Un **litro** es un poco más que un cuarto.*

M

marca de conteo
tally mark
(Inv. 7)

Una pequeña marca que se usa para llevar la cuenta.

*Usé **marcas de conteo** para contar carros. Yo conté cinco carros.*

marca de un punto
tick mark
(Inv. 1)

Una marca que divide a una recta numérica en partes más pequeñas.

masa
mass
(77)

La cantidad de materia que contiene un objeto. Un kilogramo es una unidad métrica de masa.

*La **masa** de una bola de boliche es la misma en la Luna que en la Tierra. Aunque el peso de la bola de boliche es diferente.*

matriz
array
(Inv. 3)

Un arreglo rectangular de números o símbolos en columnas y filas.

X X X
X X X
X X X
X X X

*Esta es una **matriz** de X de 3 por 4. Tiene 3 columnas y 4 filas.*

mayor que
greater than
(Inv. 1)

Que tiene un valor mayor que.

$5 > 3$ *Cinco es **mayor que** tres.*

media
mean
(97)

*Ver **promedio.***

mediana median *(97)*	Número que está en medio (o el promedio de los dos números centrales) en una lista de datos, cuando los números se ordenan de menor a mayor. *1, 1, 2, 4, 5, 7, 9, 15, 24, 36, 44* *En esta lista de datos, 7 es la **mediana.***
medianoche midnight *(19)*	12:00 a.m. *La **medianoche** es una hora después de las 11 p.m.*
medio giro half turn *(75)*	Un giro que mide 180°.
mediodía noon *(19)*	12:00 p.m. ***Mediodía** es una hora después de las 11 a.m.*
menor que less than *(Inv. 1)*	Con un valor menor que. $3 < 5$ *Tres es **menor que** cinco.*
metro meter *(Inv. 2)*	La unidad básica de longitud en el sistema métrico *Un **metro** es igual a 100 centímetros y es un poco más largo que una yarda.* *Muchos salones de clase son de alrededor de 10 **metros** de largo y 10 **metros** de ancho.*
milésimo(a) thousandth *(84)*	Una de mil partes. *Una **milésima** en forma decimal es 0.001.*
milímetro millimeter *(Inv. 2)*	Una unidad métrica de longitud *Hay 1000 **milímetros** en 1 metro y 10 **milímetros** en 1 centímetro.*
mill (milésima parte de un dólar) mill *(91)*	Una cantidad de dinero igual a una milésima de un dólar (una décima de una moneda de un centavo). *El precio de la gasolina es de $3.199 por galón igual a $3.19 más 9 **milésimas** de dólar.*
mínima expresión lowest terms *(Inv. 9)*	Una fracción está en su mínima expresión si no se puede reducir. *En su **mínima expresión** la fracción $\frac{8}{20}$ es $\frac{2}{5}$.*

mínimo común denominador (mcd) **least common denominator (LCD)** *(116)*	El mínimo común múltiplo de los denominadores de dos o más fracciones. El **mínimo común denominador** de $\frac{5}{6}$ y $\frac{3}{8}$ es el mínimo común múltiplo de 6 y 8, que es 24.
mitad **half** *(22)*	Una de dos partes iguales que juntas forman un entero.
moda **mode** *(97)*	Número o números que aparecen con más frecuencia en una lista de datos. 5, 12, 32, 5, 16, 5, 7, 12 *En esta lista de datos, el número 5 es la **moda.***
mosaico **tessellation** *(82)*	El uso repetido de figuras para llenar una superficie plana sin crear huecos o traslapes. **mosaicos**
muestra **sample** *(Inv. 7)*	Una parte de una población que se usa para realizar una encuesta. *Mya quería saber cuál es el programa favorito de los estudiantes de cuarto grado de su escuela. Ella hizo la pregunta de su encuesta a sólo el Salón 3. En su encuesta, la población era los estudiantes del cuarto grado de su escuela, y su **muestra** fue los estudiantes del Salón 3.*
multiplicación **multiplication** *(27)*	Una operación que usa un número como sumando un número específico de veces. $7 \times 3 = 21$ *Podemos usar la **multiplicación** para* $7 + 7 + 7 = 21$ *usar el 7 como sumando 3 veces.*
múltiplo **multiple** *(20)*	Producto de un número de conteo y otro número. *Los **múltiplos** de 3 incluyen 3, 6, 9 y 12.*

N

numerador **numerator** *(22)*	El término superior de una fracción. El número que nos dice cuantas partes de un entero se cuentan. *El **numerador** de la fracción es 1. Una parte del círculo completo esta sombreada.*

numeral numeral *(Appendix A)*	Símbolo, o grupo de símbolos numéricos, que representa un número. *4, 72 y $\frac{1}{2}$ son ejemplos de **numerales.** "Cuatro", "setenta y dos" y "un medio" son palabras que identifican números, pero no son **numerales.***
número al cuadrado square number *(Inv. 3)*	El producto de un número entero multiplicado por sí mismo. *El número 9 es un **número al cuadrado** porque $9 = 3^2$.*
número decimal decimal number *(Inv. 4)*	Número que contiene un punto decimal. *23.94 es un **número decimal,** porque tiene punto decimal.*
número mixto mixed number *(35)*	Un número expresado como un número entero más una fracción. *El **número mixto** $5\frac{3}{4}$ significa "cinco y tres cuartos."*
número primo prime number *(55)*	Número natural mayor que 1, cuyos dos únicos factores son el 1 y el propio número. *7 es un **número primo.** Sus únicos factores son 1 y 7.* *10 no es un **número primo.** Sus factores son 1, 2, 5 y 10.*
números cardinales cardinal numbers *(5)*	Los números de conteo 1, 2, 3, 4, ...
números compatibles compatible numbers *(22)*	Números que tienen un valor cercano a los números reales y que son fáciles de sumar, restar, multiplicar, o dividir.
números compuestos composite numbers *(55)*	Un número de conteo mayor que 1, divisible entre algún otro número distinto de sí mismo y de 1. Cada número compuesto tiene tres o más factores. Cada número de conteo puede ser expresado como el producto de dos o más números primos. *9 es divisible entre 1, 3 y 9. Es **compuesto.*** *11 es divisible entre 1 y 11. No es **compuesto.***
números de conteo counting numbers *(3)*	Números que se utilizan para contar; los números en esta secuencia: 1, 2, 3, 4, 5, 6, 7, 8, 9, ... *Los números 12 y 37 son **números de conteo,** pero 0.98 y $\frac{1}{2}$ no son **números de conteo.***

números enteros *whole numbers* *(7)*	Todos los números en esta secuencia: 0, 1, 2, 3, 4, 5, 6, 7, 8, 9 .... *El número 35 es un **número entero** pero $35\frac{1}{2}$ y 3.2 no lo son.* *Los **números enteros** son los números de conteo y el cero.*
números impares *odd numbers* *(10)*	Números que cuando se dividen entre 2 tienen residuo de 1; los números en esta secuencia: 1, 3, 5, 7, 9, 11.... *Los **números impares** tienen 1, 3, 5, 7 ó 9 en el lugar de las unidades.*
números negativos *negative numbers* *(Inv. 1)*	Los números menores que cero. *−15 y −2.86 son **números negativos.*** *19 y 0.74 no son **números negativos.***
números ordinales *ordinal numbers* *(5)*	Números que describen posición u orden. *"Primero", "segundo" y "tercero" son **números ordinales.***
números pares *even numbers* *(10)*	Números que se pueden dividir entre 2 sin residuo; los números en esta secuencia: 0, 2, 4, 6, 8, 10, ... *Los **números pares** terminan en 0, 2, 4, 6 u 8 en el lugar de las unidades.*
números positivos *positive numbers* *(Inv. 1)*	Números mayores que cero. *0.25 y 157 son **números positivos.*** *−40 y 0 no son **números positivos.***
números romanos *Roman numerals* *(Appendix A)*	Símbolos usados por los antiguos romanos para escribir números. *El **número romano** para el 3 es III.* *El **número romano** para el 13 es XIII.*

O

oblicuo *oblique* *(23)*	Sesgado o inclinado; no horizontal o vertical.

recta horizontal

recta vertical

recta oblicua

no son rectas **oblicuas**

octágono octagon (63)	Un polígono con ocho lados. octágono

onza ounce (77)	Una unidad de peso en el sistema usual. También es una medida de capacidad. *Ver también* **onza líquida.** *Dieciseis* **onzas** *es igual a una libra. Dieciséis* **onzas** *líquidas es igual a una pinta.*

onza líquida (oz. liq.) fluid ounce (40)	Una unidad de medida para líquidos en el sistema usual. *Hay 8* **onzas líquidas** *en una taza, 16* **onzas líquidas** *en una pinta y 32* **onzas líquidas** *en un cuarto.*

operaciones inversas inverse operation(s) (24)	Una operación que cancela a otra. *La resta es la* **operación inversa** *de la suma.*

orden cronológico chronological order (54)	El orden de fechas o tiempos cuando se enlistan del más temprano al más tardío. *1952, 1962, 1969, 1973, 1981, 2001* *Estos años están listados en* **orden cronológico.** *Están listados del más temprano al más tardío.*

orden de operaciones order of operations (45)	El conjunto de reglas del orden para resolver problemas matemáticos. *Siguiendo el* **orden de operaciones** *multiplicamos y dividimos dentro de la expresión antes de sumar y restar.*

orientación orientation (73)	Posición de una figura. *La ilustración muestra el mismo triángulo en tres* **orientaciones** *diferentes.*

P

p.m. p.m. (19)	Período de tiempo desde el mediodía hasta justo la medianoche. *Me voy a dormir a las 9* **p.m.** *lo cual es las 9 de la noche.*

paralelogramo parallelogram (92)	Cuadrilátero que tiene dos pares de lados paralelos.  **paralelogramos** no es un **paralelogramo**
paréntesis parentheses (45)	Un par de símbolos que se usan para separar partes de una expresión para que esas partes puedan ser evaluadas primero. $15 - (12 - 4)$ *En la expresión 15 − (12 − 4) el* **paréntesis** *indica que 12 − 4 debe ser calculado antes de restar el resultado de 15.*
pentágono pentagon (63)	Un polígono con cinco lados. 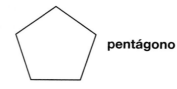 **pentágono**
perímetro perimeter (Inv. 2)	Distancia alrededor de una figura cerrada y plana. 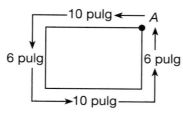 *El* **perímetro** *de este rectángulo (desde el punto A alrededor del rectángulo hasta el punto A) es 32 pulgadas.*
peso weight (77)	La medida de la fuerza de gravedad sobre un objeto. Las unidades de peso en el sistema usual incluyen onzas, libras y toneladas. *El* **peso** *de una bola de boliche es menor en la Luna que en la Tierra porque la fuerza de gravedad es menor en la Luna.*
pictograma pictograph (Inv. 6)	Gráfica que utiliza símbolos para representar datos. | **Estrellas que vimos**	
Tom	☆ ☆ ☆ ☆ ☆
Bob	☆ ☆
Sue	☆ ☆ ☆ ☆
Ming	☆ ☆ ☆ ☆ ☆
Juan	☆ ☆ ☆ ☆ ☆ ☆ | *Éste es un* **pictograma***. Muestra el número de estrellas que vio cada persona.*
pirámide pyramid (98)	Figura geométrica de tres dimensiones, con un polígono en su base y caras triangulares que se unen en un vértice.  **pirámide**

población population *(Inv. 7)*	Un grupo de gente de la cual se obtiene información durante una encuesta. *Una compañía de sodas quería saber cuál es la bebida favorita de la gente en Indiana. La **población** de la cual recolectaron información fue la gente de Indiana.*
polígono polygon *(63)*	Figura cerrada y plana que tiene lados rectos. **polígonos** no son **polígonos**
polígono regular regular polygon *(63)*	Polígono en el cual todos los lados tienen la misma longitud y todos los ángulos tienen la misma medida. **polígonos regulares** no son **polígonos regulares**
por cada per *(57)*	Un término que significa "en cada". *Un carro viajando 50 millas por hora (50 mph) está viajando 50 millas **por cada** hora.*
porcentaje percent *(Inv. 5)*	Fracción cuyo denominador de 100 se expresa con un signo (%), que se lee *por ciento*. $$\frac{99}{100} = 99\% = 99 \textbf{ percent}$$
posibilidad chance *(Inv. 10)*	Modo de expresar la probabilidad de ocurrencia de un suceso; la probabilidad de un suceso expresada como porcentaje. *La **posibilidad** de lluvia es del 20%. Es poco probable que llueva.* *Hay un 90% de **posibilidad** de nieve. Es muy probable que nieve.*
prisma rectangular rectangular prism *(98)*	Un sólido geométrico con 6 caras rectangulares. **prisma rectangular**

prisma triangular	Un sólido geométrico con 3 caras rectangulares y 2 bases triangulares.
triangular prism *(82)*	

prisma triangular

probabilidad	Manera de describir la ocurrencia de un suceso; la razón de resultados favorables a todos los resultados posibles.
probability *(Inv. 10)*	

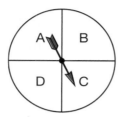

*La **probabilidad** de que la flecha caiga en C es $\frac{1}{4}$.*

producto	Resultado de una multiplicación.
product *(28)*	$5 \times 3 = 15$ El **producto** de 5 por 3 es 15.

promedio
average
(96)

Número que se obtiene al dividir la suma de dos o más números por la cantidad de sumandos; también se le llama media.

*Para calcular el **promedio** de los números 5, 6 y 10, primero se suman.*

$$5 + 6 + 10 = 21$$

Como hay tres sumandos, se divide la suma entre 3.

$$21 \div 3 = 7$$

*El **promedio** de 5, 6 y 10 es 7.*

Propiedad asociativa de la multiplicación
Associative Property of Multiplication
(45)

La agrupación de los factores no altera el producto. En forma simbólica, $a \times (b \times c) = (a \times b) \times c$. A diferencia de la multiplicación, la división no es asociativa.

$(8 \times 4) \times 2 = 8 \times (4 \times 2)$ $(8 \div 4) \div 2 \neq 8 \div (4 \div 2)$

La multiplicación es **asociativa.**   *La división no es* **asociativa.**

Propiedad asociativa de la suma
Associative Property of Addition
(45)

La agrupación de los sumandos no altera la suma. En forma simbólica, $a + (b + c) = (a + b) + c$. A diferencia de la suma, la resta no es asociativa.

$(8 + 4) + 2 = 8 + (4 + 2)$ $(8 - 4) - 2 \neq 8 - (4 - 2)$

*La suma es **asociativa.***   *La resta no es **asociativa.***

Propiedad conmutativa de la multiplicación **Commutative Property of Multiplication** *(28)*	El orden de los factores no altera el producto. En forma simbólica, $a \times b = b \times a$. A diferencia de la multiplicación, la división no es conmutativa. $8 \times 2 = 2 \times 8$ $8 \div 2 \neq 2 \div 8$ *La multiplicación es* **conmutativa.** *La división no es* **conmutativa.**
Propiedad conmutativa de la suma **Commutative Property of Addition** *(1)*	El orden de los sumandos no altera la suma. En forma simbólica, $a + b = b + a$. A diferencia de la suma, la resta no es conmutativa. $8 + 2 = 2 + 8$ $8 - 2 \neq 2 - 8$ *La suma es* **conmutativa.** *La resta no es* **conmutativa.**
Propiedad de identidad de la multiplicación **Identity Property of Multiplication** *(28)*	El producto de cualquier número por 1 es igual al número inicial. En forma simbólica, $a \times 1 = a$. El número 1 se conoce como *identidad multiplicativa*. *La* **Propiedad de identidad de la multiplicación** *se muestra en el siguiente enunciado:* $94 \times 1 = 94$
Propiedad de identidad de la suma **Identity Property of Addition** *(1)*	La suma de cualquier número más 0 es igual al número inicial. En forma simbólica, $a + 0 = a$. El número 0 se conoce como *identidad aditiva*. *La* **Propiedad de identidad de la suma** *se muestra en el siguiente enunciado:* $13 + 0 = 13$
Propiedad del cero en la multiplicación **Property of Zero for Multiplication** *(28)*	Cero multiplicado por cualquier número es cero. En forma simbólica, $0 \times a = 0$. *La* **Propiedad del cero en la multiplicación** *dice que* $89 \times 0 = 0$.
Propiedad distributiva **Distributive Property** *(108)*	Un número multiplicado por la suma de dos sumandos es igual a la suma de los productos de ese número por cada uno de los sumandos. $a \times (b + c) = (a \times b) + (a \times c)$ $8 \times (2 + 3) = (8 \times 2) + (8 \times 3)$ $8 \times 5 = 16 + 24$ $40 = 40$ *La multiplicación es* **distributiva** *con respecto a la suma.*

pulgada cuadrada square inch *(Inv. 3)*	Medida de un área igual a la de un cuadrado con lados de 1 pulgada. 1 pulg □ **pulgada cuadrada** 1 pulg
punto point *(23)*	Una posición exacta. •*A* *Esta marca representa el **punto** A.*
punto decimal decimal point *(22)*	Un símbolo que se usa para separar el lugar de las unidades del lugar de las décimas en números decimales (o los dólares de los centavos en dinero). *34.15*  **punto decimal**
punto(s) extremo(s) endpoint(s) *(23)*	Punto(s) donde termina un segmento de recta. *A* ●——————————● *B* *Los puntos A y B son los **puntos extremos** del segmento AB.*

R

radio radius *(21)*	Distancia desde el centro de un círculo hasta un punto del círculo. 1 cm *El **radio** de este círculo mide 1 centímetro.*
raíz cuadrada square root *(Inv. 3)*	Uno de dos factores iguales de un número. El símbolo de la raíz cuadrada de un número es $\sqrt{\ }$, y se le llama *radical*. *La **raíz cuadrada** de 49 es 7, porque 7 × 7 = 49.*
rayo ray *(23)*	Parte de una recta que empieza en un punto y continúa indefinidamente en una dirección. *A* ●——————————● *B* → 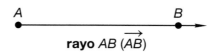**rayo** AB ($\overrightarrow{AB}$)

reagrupación **regrouping** *(15)*	Reordenar cantidades según los valores posicionales de números al hacer cálculos.  *Restar 39 de 214 requiere* **reagrupación.**
recta **line** *(Inv. 1)*	Un grupo de puntos en línea recta que se extienden sin fin en direcciones opuestas. 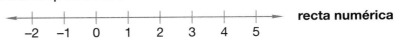
recta numérica **number line** *(Inv. 1)*	Recta para representar y graficar números. Cada punto de la recta corresponde a un número. 
rectángulo **rectangle** *(92)*	Cuadrilátero que tiene cuatro ángulos rectos. 
rectas paralelas **parallel lines** *(23)*	Rectas que permanecen separadas a la misma distancia y que nunca se cruzan. 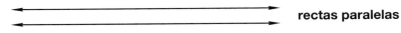
rectas perpendiculares **perpendicular lines** *(23)*	Dos rectas que se intersecan en ángulos rectos. 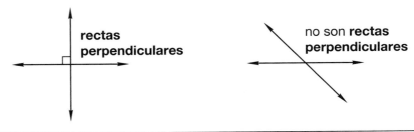
rectas que se cruzan o intersecan **intersecting lines** *(23)*	Rectas que se cruzan. rectas secantes

red **net** *(99)*	Un arreglo de polígonos unidos por el borde que pueden ser doblados para convertirse en las caras de un sólido geométrico. 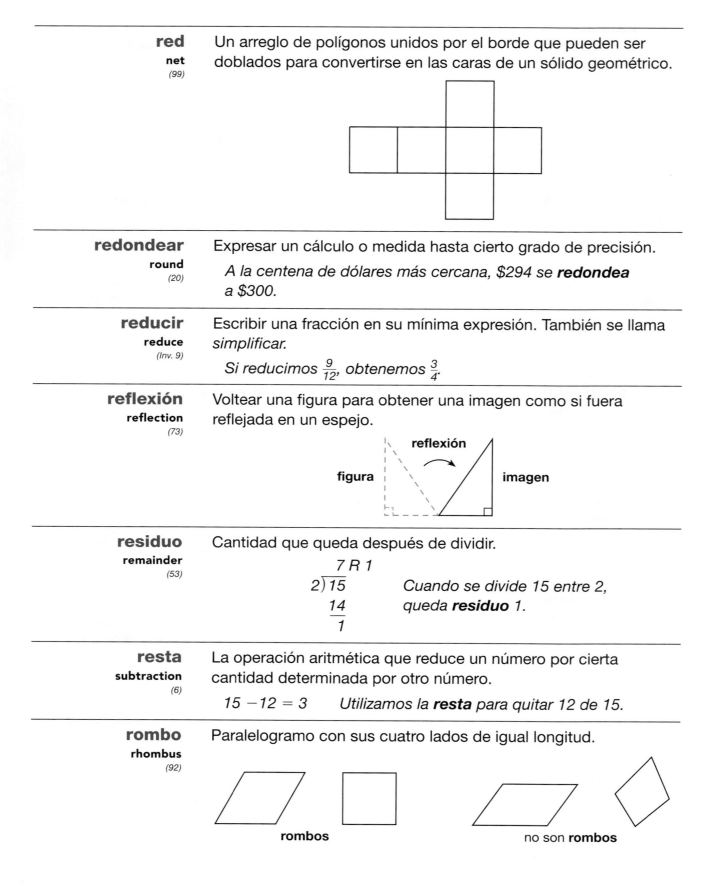
redondear **round** *(20)*	Expresar un cálculo o medida hasta cierto grado de precisión. *A la centena de dólares más cercana, $294 se **redondea** a $300.*
reducir **reduce** *(Inv. 9)*	Escribir una fracción en su mínima expresión. También se llama *simplificar.* *Si reducimos $\frac{9}{12}$, obtenemos $\frac{3}{4}$.*
reflexión **reflection** *(73)*	Voltear una figura para obtener una imagen como si fuera reflejada en un espejo.
residuo **remainder** *(53)*	Cantidad que queda después de dividir. $$\begin{array}{r} 7\ R\ 1 \\ 2\overline{)15} \\ 14 \\ \hline 1 \end{array}$$ *Cuando se divide 15 entre 2, queda **residuo** 1.*
resta **subtraction** *(6)*	La operación aritmética que reduce un número por cierta cantidad determinada por otro número. $15 - 12 = 3$ *Utilizamos la **resta** para quitar 12 de 15.*
rombo **rhombus** *(92)*	Paralelogramo con sus cuatro lados de igual longitud. rombos no son **rombos**

rotación rotation *(73)*	Giro de una figura alrededor de un punto específico llamado centro de rotación. 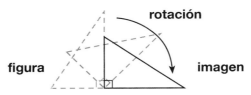
rótulo legend *(Inv. 6)*	Una anotación en un mapa, gráfica o diagrama que describe el significado de los símbolos y/o la escala usada. 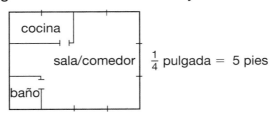 $\frac{1}{4}$ pulgada = 5 pies *El **rótulo** en el dibujo de esta escala muestra que $\frac{1}{4}$ de pulgada representa 5 pies.*

S

sector sector *(Inv. 10)*	Región de un círculo limitada por un arco y dos radios. *Este círculo esta dividido en 3 **sectores**. Un **sector** del círculo está sombreado.*
secuencia sequence *(3)*	Lista de números ordenados de acuerdo a una regla. *Los números 5, 10, 15, 20, ... forman una **secuencia**. La regla es "contar hacia adelante de cinco en cinco".*
segmento segment *(Inv. 1)*	*Ver **segmento de recta**.*
segmento de recta line segment *(Inv. 1)*	Una parte de una línea con dos extremos específicos.  $\overline{AB}$ *es un **segmento de recta**.*
seguro certain *(Inv. 10)*	Decimos que un suceso es ***seguro*** cuando la probabilidad del suceso es 1. Esto significa que el suceso ocurrirá definitivamente.

semejante similar *(66)*	Que tiene la misma forma, pero no necesariamente el mismo tamaño. Las dimensiones de figuras semejantes son proporcionales.

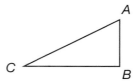 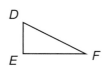

△ABC y △DEF son **semejantes.** *Tienen la misma forma, pero diferente tamaño.*

sesgo bias *(Inv. 7)*	Dar preferencia a una opción más que a otras en una encuesta. *"¿Qué prefieres tomar en el almuerzo: una limonada dulce y fresca o leche que ha estado una hora fuera del refrigerador?" Palabras como "dulce" y "fresca" introducen* **sesgo** *en esta pregunta de encuesta para favorecer a la opción de limonada.*
siglo century *(54)*	Un período de cien años. *Los años 2001–2100 forman un* **siglo.**
signos de comparación comparison symbol *(Inv. 1)*	Un símbolo matemático que se usa para comparar números. *Los* **signos de comparación** *incluyen el signo de igualdad (=) y los signos de "mayor que/menor que" ($>$ ó $<$).*
simetría symmetry *(79)*	Correspondencia en tamaño y forma a cada lado de una línea divisoria. Este tipo de simetría es conocida como *simetría de reflexión. Ver también* **eje de simetría.**

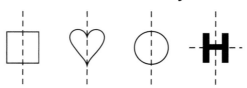

Estas figuras tienen **simetría de reflexión**

Estas figuras no tienen **simetría de reflexión.**

simetría de reflexión reflective symmetry *(79)*	Una figura tiene simetría de reflexión si puede ser dividida en dos mitades una de las cuales es la imagen espejo de la otra. *Ver también* **línea de simetría.**

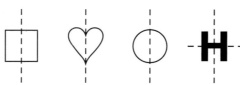

Estas figuras tienen **simetría de reflexión**

Estas figuras no tienen **simetría de reflexión.**

simetría de rotación rotational symmetry *(79)*	Una figura tiene simetría de rotación si puede ser rotada menos de un giro completo y aparecer en su orientación original.  Estas figuras tienen **simetría de rotación.** Estas figuras no tienen **simetría de rotación.**
sistema decimal base-ten system *(Inv. 4)*	Un sistema de valor posicional en el cual cada valor posicional es 10 veces mayor que el valor posicional que está a su derecha. *El sistema decimal es un **sistema de base diez.***
sistema métrico metric system *(Inv. 2)*	Un sistema internacional de medidas en donde las unidades se relacionan con una potencia de diez. También llamado el *Sistema internacional.* *Los centímetros y los kilogramos son unidades del **sistema métrico.***
Sistema usual de EE.UU. U.S. Customary System *(Inv. 2)*	Unidades de medida que se usan exclusivamente en EE.UU. *Libras, cuartos y pies son unidades del **Sistema usual de EE.UU.***
sólido solid *(98)*	*Ver **sólido geométrico.***
sólido geométrico geometric solid *(98)*	Una figura que ocupa espacio. sólidos geométricos no son **sólidos geométricos**  cubo cilindro círculo rectángulo hexágono
suma addition *(1)*	Una operación que combina dos o mas números para encontrar un número total. $7 + 6 = 13$ *Usamos la **suma** para combinar el 7 y el 6.*
suma sum *(1)*	Resultado de una suma. $2 + 3 = 5$ *La **suma** de 2 más 3 es 5.*
sumando addend *(1)*	Cualquiera de los números en un problema de suma. $2 + 3 = 5$ *Los **sumandos** en este problema son el 2 y el 3.*

tabla **table** *(101)*	Una manera de organizar datos en columnas y filas.

Puntaje de nuestro grupo

Nombre	Grado
Grupo 1	98
Grupo 2	72
Grupo 3	85
Grupo 4	96

*Esta **tabla** muestra las calificaciones de cuatro grupos.*

tabla de multiplicación **multiplication table** *(28)*	Una tabla que se usa para encontrar el producto de dos números. El producto de dos números se encuentra en la intersección de la fila y la columna para los dos números.
tasa **rate** *(57)*	Una medida de cuánto hay en un grupo por unidad de tiempo. *La llave de agua con fuga desperdiciaba agua a una **tasa** de 1 litro al día.*
tiempo transcurrido **elapsed time** *(19)*	La diferencia entre el tiempo de comienzo y tiempo final. *La carrera comenzó a las 6:30 p.m. y terminó a las 9:12 p.m. El **tiempo transcurrido** de la carrera fue de 2 horas 42 minutos.*
tomar prestado **borrowing** *(15)*	*Ver **reagrupación**.*
tonelada **ton** *(77)*	Una medida usual de peso.
transformación **transformation** *(73)*	Cambio en la posición de una figura por medio de una rotación, reflexión o traslación.

Transformaciones

Movimiento	Nombre
Invertir	Reflexión
Deslizar	Traslación
Girar	Rotación

trapecio **trapezoid** *(92)*	Cuadrilátero que tiene exactamente un par de lados paralelos.

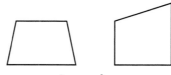

trapecios

no son **trapecios**

traslación **translation** *(73)*	Deslizamiento de una figura de una posición a otra, sin rotar ni voltear la figura.

figura → **traslación** → imagen

triángulo **triangle** *(63)*	Un polígono con tres lados y tres ángulos.

triángulos

triángulo **acutángulo** **acute triangle** *(78)*	Triángulo cuyo ángulo mayor es menor que 90°.

triángulo acutángulo

triángulo rectángulo   triángulo obtusángulo

no son **triángulos acutángulos**

triángulo **equilátero** **equilateral triangle** *(21)*	Triángulo que tiene todos sus lados de la misma longitud.

*Éste es un **triángulo equilátero.** Sus tres lados tienen la misma longitud. Todos sus ángulos miden los mismo.*

triángulo **escaleno** **scalene triangle** *(78)*	Triángulo con todos sus lados de diferente longitud.

*Los tres lados de este **triángulo escaleno** tienen diferente longitud.*

triángulo **isósceles** **isosceles triangle** *(78)*	Triángulo que tiene por lo menos dos lados de igual longitud y dos lados de igual medida.

*Dos de los lados de este **triángulo isósceles** tienen igual longitud. Dos de los ángulos tienen medidas iguales.*

triángulo **obtusángulo** **obtuse triangle** *(78)*	Triángulo cuyo ángulo mayor mide más que 90° y menos que 180°.

triángulo obtusángulo

triángulo agudo   triángulo rectángulo

no son **triángulos obtusángulos**

triángulo rectángulo **right triangle** *(78)*	Triángulo cuyo ángulo mayor mide 90°. triángulo acutángulo triángulo obtusángulo **triángulo rectángulo** no son **triángulos rectángulos**

U

unidad **unit** *(Inv. 2)*	Cualquier objeto o cantidad estándar que se usa para medir. *Gramos, libras, galones, pulgadas y metros son **unidades.***
unidad cuadrada **square unit** *(Inv. 3)*	Un área igual al área de un cuadrado con lados de una longitud designada. *La parte sombreada es 1 **unidad cuadrada.** El área del rectángulo grande es de 8 **unidades cuadradas.***
unidad cúbica **cubic unit** *(Inv. 11)*	Un cubo con aristas de una longitud designada. Las unidades cúbicas se usan para medir volumen. *La parte sombreada tiene 1 **unidad cúbica.** El volumen del cubo mayor es de 8 **unidades cúbicas.***

V

valor lejano **outlier** *(97)*	Un número en una lista de datos que está distante de los demás números en la lista. *1, 5, 4, 3, 6, 28, 7, 2* *En los datos el número 28 es un **valor lejano,** porque su valor es mayor que el de los demás números de la lista.*
valor posicional **place value** *(4)*	Valor de un dígito de acuerdo al lugar que ocupa en el número. 341 *El **valor posicional** indica que el 4 en 341 vale* 23 *"cuatro decenas". En los problemas de suma y* + 7 *resta, se alinean los dígitos que tienen el mismo* 371 ***valor posicional.***
vertical **vertical** *(23)*	De arriba abajo; perpendicular a la horizontal. recta **vertical** no son rectas **verticales**

| **vértice**
vertex
(23) | Punto de un ángulo, polígono o sólido, donde se unen dos o más rectas, semirrectas o segmentos de recta. |

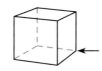

*La flecha apunta hacia un **vértice** de este cubo. Un cubo tiene ocho **vértices.***

| **volumen**
volume
(Inv. 11) | La cantidad de espacio ocupado por una figura sólida. El volumen se mide en unidades cúbicas. |

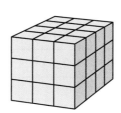

*Este prisma rectangular tiene 3 unidades de ancho, 3 unidades de altura y 4 unidades de profundidad. Su **volumen** es 3 · 3 · 4 = 36 unidades cúbicas.*

Y

| **yarda**
yard
(Inv. 2) | Una medida usual de longitud. |

Símbolos/Signos

Símbolo/Signo	Significa	Ejemplo
$\triangle$	Triángulo	$\triangle ABC$
$\angle$	Ángulo	$\angle ABC$
$\rightarrow$	Rayo	$\overrightarrow{AB}$
$\leftrightarrow$	Recta	$\overleftrightarrow{AB}$
$-$	Segmento de recta	$\overline{AB}$
$\perp$	Perpendicular a	$AB \perp BC$
$\parallel$	Paralelo a	$AB \parallel BC$
$<$	Menor que	$2 < 3$
$>$	Mayor que	$3 > 2$
$=$	Igual a	$2 = 2$
°F	Grados Fahrenheit	100°F
°C	Grados Celsius	32°C
$\llcorner$	Ángulo recto (ángulo de 90°)	⊡
...	Y más, etcétera	1, 2, 3, ...
$\times$	Multiplica	9×3
$\cdot$	Multiplica	$3 \cdot 3 = 9$
$\div$	Divide	$9 \div 3$
$+$	Suma	$9 + 3$
$-$	Resta	$9 - 3$
$\overline{)}$	Dividido entre	$3\overline{)9}$
R ó r	Residuo	3 R 2
%	Por ciento, porcentaje	50%
x^2	"x" al cuadrado (por sí mismo)	$3^2 = 3 \times 3 = 9$
x^3	"x" al cubo	$3^3 = 3 \times 3 \times 3 = 27$
$\sqrt{}$	Raíz cuadrada	$\sqrt{9} = 3$ por que $3 \times 3 = 9$.

Abreviaturas

Abreviatura	Significa
pie	pie
pulg	pulgada
yd	yarda
mi	milla
m	metro
cm	centímetro
mm	milímetro
km	kilómetro
L	litro
mL	mililitro
lb	libra
oz	onza
kg	kilogramo
g	gramo
mg	miligramo
ct	cuarto
pt	pinta
tz	taza
gal	galón

Fórmulas

Propósito	Fórmula
Perímetro de un rectángulo	$P = 2L + 2a$
Área de un cuadrado	$A = 4l$
Área de un rectángulo	$A = L \cdot a$
Volumen de un cubo	$V = l^3$
Volumen de un prisma rectangular	$V = L \cdot a \cdot h$

377–379, 592.
Ver también **Estimar; Redondear**

B

Bases (de sólidos geométricos), 620
Bases (potencias), 401
Billones (valor posicional), 736

C

C. *Ver* **Números romanos**
°C (Celsius), 105–106
Calendarios, 345
Capacidad de recipientes, 250–252, 706. *Ver también* unidades de medida individuales
Caras de cuerpos sólidos, 620
Celsius (°C), 105–106
Centenas (valor posicional), 25–26, 78, 206–208, 579
redondear números a la, 271–272, 347, 735–737
y redondear a los millares de, 347
Centenas de billones (valor posicional), 735–737
Centenas de millares (valor posicional), 206–208
redondear a, 735–737
Centenas de millares de millones (valor posicional), 735–737
Centenas de millones (valor posicional), 212–215
redondear a, 735–737
Centésimas (valor posicional), 256–259, 261, 318, 579, 649–650
Centímetro (cm), 123, 440–442, 649
Centímetros cuadrados, 187
Centro, de un círculo, 129
Cero. *Ver* **0**
Certidumbre, 636. *Ver también* **Probabilidad**
Cilindros, 619–620
Círculos, 128–130
centro de, 129
dibujar fracciones con, 159
Circunferencia, 129
cm (centímetro), 123, 440–442, 649
Cocientes, 417–418
Comas, escribir números con, 206–208, 212–215
Combinaciones, 227
Comparar números con signos de comparación, 64–65
Compases, para trazar círculos, 129
Conjuntos, fracciones de, 474
Conos, 619–620
Coordenadas y planos de coordenadas, 517
Corchetes. *Ver* **Paréntesis**

ct (cuarto), 250–252
Cuadrados, 128–130, 189, 585. *Ver también* **Rectángulos; Unidades cuadradas, fracciones de**
área de, 401, 681
como cuadriláteros y bases de pirámides, 407
dibujar fracciones con, 159
ejes de simetría en, 503
en ángulos rectos, 142
perímetro de, 124, 126, 681
Cuadrados perfectos. *Ver* **Números cuadrados**
Cuadriláteros, 406–407, 584. *Ver también* **Cuadrados; Rectángulos**
clasificar, 584–586
en mosaicos, 526. *Ver también* **Mosaicos**
Cuarto ($\frac{1}{2}$), 259, 574, 655–656
Cuarto ($\frac{1}{4}$), 259, 574, 655–656
Cuarto (ct), 250–252
Cubos, 619
Cucharada, 250
Cucharadita, 250
Cuerpos sólidos, 619–620, 631. *Ver también* sólidos específicos

D

D. *Ver* **Números romanos**
Datos. *Ver también* **Relaciones, analizar y graficar**
continuos, 388
representar en gráficas, 387–393
y encuestas, 451–454
Datos continuos, 388. *Ver también* **Datos**
Décadas, 345
Decágonos, 407
Decenas (valor posicional), 25, 78, 206–208, 579
redondear a las, 347, 735–737
redondear a las centenas, 271–272
Decenas de billones (valor posicional), 736
Decenas de millares (valor posicional), 206–208
redondear a las, 735–737
Decenas de millares de millones (valor posicional), 735–737
Decenas de millones (valor posicional), 212–215
redondear a las, 735–737
Décimas (valor posicional), 256–259, 261, 318, 579, 649–650
Denominadores, 134, 564
como 1000, 539–540
comunes y mínimo común, 730–731
en fracciones, 564
en números decimales, 260
numerador igual al denominador, 655
Denominadores comunes, 730–731
Deslizamiento, *Ver también* **Traslaciones**

que faltan, 265–266, 296–298

Fahrenheit (°F), 105–106

Familias de operaciones
multiplicación y división, 303
suma y resta, 37, 148–149

Fechas, 31–32

Figuras. *Ver también* **Polígonos;** figuras específicas
estimar área y perímetro de, 704–706
mosaicos, 526

Figuras. *Ver también* **Figuras; Planos y figuras planas; Polígonos; figuras específicas**
congruentes, 361, 425–426, 466–467
semejantes, 425–426

Figuras congruentes, 361, 425–426, 466–467
triángulos, 425

Figuras semejantes, 425–426

Forma desarrollada, 95–96, 207

Forma digital (hora), 111. *Ver también* **Relojes**

Fórmula mayor–menor–diferencia, 193–195

Fórmulas. *Ver también* **Ecuaciones; Expresiones**
área de rectángulos y cuadrados, 680–682
perímetro de rectángulos y cuadrados, 124, 681–683
problemas de diferencia mayor-menor, 193–195
resta, 152–155, 193–195
suma, 9–10, 69
volumen de sólidos rectangulares, 700

Fracciones, 260, 446. *Ver también* **Denominadores; Numeradores; Números mixtos; tipos específicos de fracciones**
$\frac{1}{4}$, 228, 259, 324, 574–575
$\frac{1}{2}$, 259, 574, 655–656
1, dividir entre, 711–712
1, iguales a, 654–655
círculos, dibujar con, 159
comparar, 135, 360–361, 656
de conjuntos, 474
de dinero, 135, 228–230, 256
de dólares, 228–230. *Ver también* **Fracciones: dinero**
de unidades cuadradas, 258–259
denominadores comunes, 730–731
dibujar con círculos, 159
en una recta numérica, 234–235
ilustraciones de, 158–159, 360–361
manipulables, 574–577
multiplicar por 1, 689, 725–726
nombrar, 134–137
números decimales y, 260–261, 575–577
números mixtos y, 219, 564
problemas de planteo, 446–448, 602–603
que quedan, 395
reescribir, 725–726, 730, 746–747

restar
con denominadores comunes, 675–677
con distintos denominadores, 746–747, 750–751
simplificar, 575, 710–712
simplificar resultados, 720–722
sumar
con denominadores comunes, 675–677
con distintos denominadores, 746–747, 750–751
y el lugar de las milésimas, 539–540
y porcentajes, 322. *Ver también* **Porcentajes**

Fracciones equivalentes, 244, 688–689, 725–726

Fracciones impropias, 564
convertir a números enteros y números mixtos, 660–662

Fracciones propias, 564

G

g (gramo), 491–492

Galón (gal), 250–252

Geometría, 466

Giros, 478–480. *Ver también* **Rotaciones**

Grados
de ángulos, 520
de rotación, 478–480

Grados (temperatura), 104–106

Gráfica circular, 389, 391–392

Gráficas, 387–392
relaciones y, 515–517
y puntos en planos de coordenadas, 517

Gráficas circulares, 389, 391–392

Gráficas de barras, 388, 390

Gráficas lineales, 388–389, 391

Gramo (g), 491–492

Grupo de memoria (multiplicación), 238–239

H

Hacer o utilizar una tabla o gráfica. *Ver* bajo Enfoque de la estrategia

Hacer un dibujo o diagrama. *Ver* bajo Enfoque de la estrategia

Hacer un problema más sencillo. *Ver* bajo Enfoque de la estrategia

Hacer una actuación o un modelo. *Ver* bajo Enfoque de la estrategia

Hacer una lista organizada. *Ver* bajo Enfoque de la estrategia

Hexágonos, 406
en mosaicos, 526

Horarios, calendarios 642–643. *Ver también* **Hora**

Horas, 110–113. *Ver también* **Hora**